PRAGMÁTICA

PRAGMÁTICA

Stephen C. Levinson

Tradução
LUÍS CARLOS BORGES
ANÍBAL MARI

Revisão da tradução
ANÍBAL MARI

Revisão técnica
RODOLFO ILARI

Esta obra foi publicada originalmente em inglês com o título
PRAGMATICS por The Press Syndicate of the University of Cambridge.
Copyright © Cambridge University Press, 1983.
Copyright © 2007, Livraria Martins Fontes Editora Ltda.,
São Paulo, para a presente edição.

1ª edição 2007
2ª edição 2020

Tradução
LUÍS CARLOS BORGES
ANÍBAL MARI

Revisão da tradução
Aníbal Mari
Revisão técnica
Rodolfo Ilari
Acompanhamento editorial
Luzia Aparecida dos Santos
Revisões
Ana Luiza Couto
Maria Regina Ribeiro Machado
Maria Luiza Favret
Dinarte Zorzanelli da Silva
Produção gráfica
Geraldo Alves
Paginação
Studio 3 Desenvolvimento Editorial
Capa
1+1 DESIGN

Dados Internacionais de Catalogação na Publicação (CIP)
(Câmara Brasileira do Livro, SP, Brasil)

Levinson, Stephen C.
Pragmática / Stephen C. Levinson ; tradução Luís Carlos Borges, Aníbal Mari – 2ª ed. – São Paulo : Editora WMF Martins Fontes, 2020.

Título original: Pragmatics.
ISBN 978-65-86016-33-8

1. Linguística 2. Pragmática I. Borges, Luís Carlos. II. Título.

20-46077   CDD-401

Índices para catálogo sistemático:
1. Pragmática : Linguagem   401

Aline Graziele Benitez – Bibliotecária – CRB-1/3129

Todos os direitos desta edição reservados à
Editora WMF Martins Fontes Ltda.
Rua Prof. Laerte Ramos de Carvalho, 133 01325-030 São Paulo SP Brasil
Tel. (11) 3293.8150 e-mail: info@wmfmartinsfontes.com.br
http://www.wmfmartinsfontes.com.br

SUMÁRIO

Prefácio IX
Agradecimentos XV
Convenções de notação XIX

1 | O âmbito da pragmática 1
   1.1 A origem e as oscilações históricas do termo *pragmática* . 1
   1.2 Definição de pragmática 6
   1.3 O presente interesse pela pragmática 42
   1.4 Computando o contexto: um exemplo 56

2 | A dêixis 65
   2.0 Introdução 65
   2.1 Abordagens filosóficas 67
   2.2 Abordagens descritivas 74
      2.2.1 Dêixis de pessoa 83
      2.2.2 Dêixis de tempo 89
      2.2.3 Dêixis de lugar 97
      2.2.4 Dêixis de discurso 105
      2.2.5 Dêixis social 110
   2.3 Conclusões 116

3 | A implicatura conversacional 121

3.0 Introdução 121
3.1 A teoria da implicatura de Grice 125
3.2 Revisões, problemas e aplicações 147
　3.2.1 Testes para a implicatura 147
　3.2.2 A implicatura e a forma lógica 152
　3.2.3 Tipos de implicatura 156
　3.2.4 Implicaturas de qualidade generalizadas 164
　3.2.5 A metáfora: um caso de exploração de máxima .. 183
　3.2.6 A implicatura e a estrutura da língua 201

4 | A pressuposição 209
4.0 Introdução 209
4.1 Contextualização histórica 211
4.2 Os fenômenos: observações iniciais 222
4.3 As propriedades problemáticas 234
　4.3.1 A anulabilidade 235
　4.3.2 O problema da projeção 242
4.4 Tipos de explicação 252
　4.4.1 A pressuposição semântica 253
　4.4.2 As teorias pragmáticas da pressuposição 260
4.5 Conclusões 285

5 | Os atos de fala 287
5.0 Introdução 287
5.1 O pano de fundo filosófico 288
5.2 Tese: os atos de fala são irredutíveis a questões de verdade
　 e falsidade 308
5.3 A antítese: a redução da força ilocucionária à sintaxe e à
　 semântica comuns 312
5.4 O malogro da antítese 318
　5.4.1 Problemas semânticos 319
　5.4.2 Problemas sintáticos 330
5.5 Atos de fala indiretos: um problema para a tese e a antí-
　 tese 334
5.6 A teoria como mudança de contexto dos atos de fala ... 352
5.7 Para além das teorias dos atos de fala 354

6 | **A estrutura conversacional** 361
6.0 Introdução 361
6.1 A análise do discurso *x* a análise da conversação 363
6.2 A análise da conversação 374
   6.2.1 Algumas descobertas básicas 376
      6.2.1.1 Turnos 376
      6.2.1.2 Pares de adjacência 385
      6.2.1.3 Organização geral 392
   6.2.2 Algumas observações sobre a metodologia 406
   6.2.3 Algumas aplicações 416
6.3 Organização de preferências 425
   6.3.1 Segundos turnos preferidos 425
   6.3.2 Seqüências preferidas 434
6.4 Pré-seqüências 444
   6.4.1 Comentários gerais 444
   6.4.2 Pré-anúncios 449
   6.4.3 Pré-solicitações: um reexame dos atos de fala indiretos 458
6.5 Conclusões 468
   6.5.1 Análise da conversação e a lingüística 468
   6.5.2 Algumas questões remanescentes 471
Apêndice: convenções da transcrição 475

7 | **Conclusões** 477
7.0 Introdução 477
7.1 Pragmática e lingüística "nuclear" 478
7.2 Pragmática, sociolingüística e psicolingüística 481
7.3 Pragmática aplicada: a pragmática e outros campos 483

Bibliografia 487
Índice remissivo 513
Índice onomástico 543

PREFÁCIO

Comprimir nos limites de um livro didático de lingüística tudo o que responde pelo título de **pragmática** não seria possível nem desejável. Por conseguinte, este livro é bastante conservador na abrangência e na abordagem e apresenta os principais tópicos na perspectiva de uma tradição de trabalho específica. Trata-se, em grande parte, da tradição lingüística e filosófica anglo-americana que, na maioria das vezes, se constrói diretamente sobre abordagens filosóficas da linguagem, tanto do tipo lógico como do tipo da "linguagem comum" (uma exceção é o conjunto de tópicos tratados no capítulo 6, que têm origem sociológica). Em contraposição, a tradição da Europa continental é bem mais ampla e incluiria muita coisa que também se classifica sob o título de *sociolingüística*. Contudo, mesmo nesse campo muito mais estreito, o livro é restrito sob certos aspectos, já que seu principal objetivo é fornecer uma introdução e um pano de fundo para aqueles tópicos que, talvez sobretudo por razões históricas, são centrais para a tradição anglo-americana de pesquisa em pragmática. Quem pretende ser pragmaticista deve compreender essas questões a fundo para entender os fundamentos de boa parte das pesquisas correntes na lingüística e na filosofia.

Um dos principais motivos pelos quais este livro talvez seja inovador é a inclusão, no capítulo 6, de uma apresentação geral dos trabalhos sobre análise da conversação. Além de sua importância plausível para as teorias do uso lingüístico, a pesquisa em análise da conversação tem relação direta com muitas das questões que têm preocupado os filósofos da linguagem e, portanto, os lingüistas, embora empregue uma metodologia notavelmente diferente. Assim, embora a análise da conversação tenha origem numa tradição bem diferente da dos outros tópicos examinados, mas também por causa desse mesmo fato, foi incluído um resumo de suas descobertas. Nesse capítulo, apresentei explicitamente uma reanálise de algumas questões da teoria filosófica dos atos de fala feita na linha de análise da conversação, mas o leitor poderá perceber que há também muitas outras reanálises de fatos que foram tratados diferentemente em outras partes do livro.

Não obstante, é preciso explicar por que certos tópicos foram omitidos neste livro. Em primeiro lugar, só um conjunto relativamente restrito de fatores contextuais e seus correlatos lingüísticos são considerados aqui: o **contexto** neste livro inclui alguns dos parâmetros básicos do contexto de enunciação, entre os quais a identidade, o papel e a localização dos participantes, suposições sobre o que os participantes sabem ou têm como certo, o lugar de uma enunciação numa seqüência de turnos na conversação etc. Sabemos, na verdade, que há muitos outros parâmetros contextuais sistematicamente relacionados com a organização lingüística, particularmente princípios de interação social de várias espécies, quer específicos de uma cultura, quer de tipo universal (ver, por exemplo, Brown e Levinson, 1978). Essas omissões refletem o objetivo principal do livro, ou seja, fornecer uma introdução à tradição filosófico-lingüística, em vez de tentar abranger exaustivamente todas as coordenadas contextuais da organização lingüística.

Em segundo lugar, omitiram-se dois tópicos específicos que geralmente se admite fazerem parte de uma visão bem estreita do que constitui a pragmática. Um deles é a distinção **tópico/comentário** (ou **tema/rema**). A profusão e a confusão terminológicas e a imprecisão conceitual subjacente infestam a literatura de relevo, a tal ponto que pouca coisa se salva (ver, porém, Gundel, 1977). Por exemplo, embora possam nos dizer como se identifica o tópico numa sentença declarativa simples, nunca nos dizem como se identifica o tópico de uma sentença de complexidade arbitrária (isto é, nunca nos oferecem um princípio de projeção). Além disso, temos motivos para pensar que toda a área pode ser reduzida a certo número de diferentes fatores: a questões de pressuposição e implicatura, por um lado, e às funções discursivas das posições iniciais (e outras), dos enunciados, por outro lado. A outra omissão importante é menos defensável, e consiste especificamente na ausência de observações sistemáticas sobre prosódia e sobre a entonação e o acento tônico. O fato é que, dada a evidente importância dos fatores prosódicos na pragmática, a área é grosseiramente subestudada. Há discordância até mesmo a respeito das decisões fundamentais sobre como devem ser descritos tais fatores, se como elementos discretos ou como variáveis, como inteiros (por exemplo, contornos tonais) ou como partes (por exemplo, "níveis"), e essa discordância se evidencia por abordagens inteiramente diferentes em cada lado do Atlântico. Contudo, se a maneira pela qual os fenômenos devem ser registrados é incerta, as funções pragmáticas dos padrões prosódicos permanecem completamente inexploradas (ver, porém, Brazil, Coulthard e Johns, 1980). É desejável que os futuros autores de livros didáticos encontrem uma situação mais confortável. Enquanto isso, a omissão deve ser registrada.

O leitor também pode ficar desapontado ao encontrar poucas referências a outras línguas que não o inglês (o capítulo 2 é uma exceção parcial). O problema, no caso, é que as outras línguas, especialmente as não indo-européias, simplesmente não passaram pelo mesmo tipo de análise. Isto é tanto mais lamentável porque, a partir das investigações já feitas (por exemplo, Filmore, 1875; Anderson e Keenan, no prelo; Sadock e Zwicky, no prelo), parece provável que a organização pragmática esteja sujeita a variações translingüísticas muito interessantes. Até termos mais informações, porém, só podemos conjeturar sobre a aplicação universal (ou não) das categorias de análise já desenvolvidas. Nesse aspecto, podemos esperar avanços significativos na próxima década, mais ou menos.

O livro tampouco contém observações e teorias sistemáticas a respeito das relações entre a pragmática e a sintaxe. Naturalmente, existem teóricos que sustentam, por meio de um *fiat* teórico, que tais relações não existem (Lightfoot, 1979, 43-4). Resta o fato de que existem interações claras entre a organização dos elementos sintáticos em uma oração e restrições pragmáticas de vários tipos (ver, por exemplo, Green, 1978a, 1978b; Givon, 1979a; Gazdar, 1980a). Aqui, surgem duas questões gerais. Uma é como essas interações devem ser descritas nos modelos de gramática: devemos pensar numa sintaxe que possa referir-se a condicionamentos pragmáticos (ver, por exemplo, Ross, 1975) ou, antes, devemos deixar que a sintaxe gere anomalias pragmáticas, que algum componente pragmático possa filtrar posteriormente (ver, por exemplo, Gazdar e Klein, 1977)? O pensamento corrente tende a preferir a segunda solução, mas houve poucas propostas concretas para tal dispositivo de filtragem pragmática e nenhuma avaliação séria do grau em que tal dispositivo simplesmente duplicaria o maquinário sintático. Uma segunda questão geral que surge é se essas interações observáveis possuem alguma base sistemática: pode uma teoria pragmática prever com precisão que tipo de limitações pragmáticas têm possibilidade de ocorrer com que tipos de processos sintáticos? Essa expectativa certamente seria razoável, mas, no momento, só podemos relacionar uma coleção aparentemente heterogênea de limitações, de muitos tipos diferentes. A atual falta de respostas interessantes a qualquer uma dessas questões motiva o tratamento ligeiro dado a elas no livro, embora as possíveis interações entre a pragmática e a sintaxe sejam apontadas de passagem.

A aquisição de aspectos pragmáticos da linguagem pelas crianças também não é considerada aqui, em parte porque os primeiros trabalhos na área (por exemplo, Bates) são derivados dos conceitos básicos examinados neste livro, e não contribuem para eles. Recentemente, porém, estudos de aquisição começaram a contribuir diretamente para as questões teóricas da pragmática (ver, por exemplo, Ochs e Schieffelin, 1979), e um exame desses trabalhos seria valioso num volume de dimensões maiores.

Finalmente, aqueles cuja visão lingüística alcança épocas anteriores a 1957 podem estranhar a ausência de referências a Malinowski, Firth e outros "protopragmaticistas". E, naturalmente, na história da lingüística, a pragmática é uma disciplina nascida, ou renascida, para remediar a rígida delimitação de escopo adotada pela lingüística chomskyana (ao passo que, na filosofia, o interesse pelo uso lingüístico pode ser parcialmente atribuído a uma reação contra os extremos do positivismo lógico e do "reformismo lingüístico"). Pode-se dizer que a pragmática anterior a 1957 era praticada (ainda que de maneira informal) sem ser pregada. Como desculpa para essa miopia histórica, pode-se afirmar que este livro está, pelo menos, alinhado com as posturas da maioria dos praticantes atuais da pragmática.

Reconhecidas essas limitações, espero que este livro seja útil para os estudantes avançados de graduação, assim como para os pesquisadores avançados em lingüística, estudos literários, psicologia, antropologia e outras disciplinas interessadas no uso lingüístico; que ele sirva como uma cristalização das questões propostas, mas raramente explicadas por completo em outros lugares. Mesmo os filósofos podem achar interessante a distorção que muitas idéias filosóficas sofrem num espelho lingüístico.

NOTA SOBRE COMO USAR ESTE LIVRO

Há uma progressão lógica ao longo dos capítulos, na medida em que cada um deles pressupõe conceitos explicados em capítulos anteriores. Contudo, o uso de conceitos introduzidos anteriormente varia: os capítulos 2, 3 e 5 são relativamente autônomos, e o 6 quase poderia ser um trabalho independente. O capítulo 4, porém, terá pouco sentido sem a leitura prévia do capítulo 3. O uso habilidoso do índice temático para esclarecer conceitos já apresentados deve permitir que a maioria dos capítulos sejam lidos de maneira independente. Enfim, o capítulo introdutório refere-se constantemente aos capítulos posteriores – é difícil não pressupor muitos conceitos pragmáticos ao discutir o âmbito e a natureza do campo. Na verdade, se os leitores acharem difícil a introdução, deverão ler apenas a última seção, mergulhar no corpo do livro e retornar ao capítulo 1 quando surgirem enigmas a respeito da natureza geral do campo.

Apesar de ter tentado tornar este livro autônomo, não há dúvida de que os leitores poderão aproveitá-lo melhor se possuírem algum embasamento em semântica, especificamente. A esse respeito, devem ser úteis dois outros livros desta série, *Semantic Theory* e *Logic in Linguistics*. Sempre que forem necessárias mais leituras sobre um determinado assunto, as muitas referências fornecerão um guia, mas duas obras, especialmente, serão de uso geral, a saber, Lyons, 1977a, e Gazdar, 1979a. As coleções mais úteis de fontes primárias são Cole e Morgan, 1975; Rogers, Wall e Murphy, 1977; Cole, 1978; Schenkein, 1978; Oh e Dinneen, 1979; e Cole, 1981. A bibliografia de Gazdar, Klein e Pullum (1978) tem listas para vários tópicos da pragmática, e há uma bibliografia comentada de pragmática em Verschueren (1978). Artigos sobre pragmática agora estão aparecendo na maioria das publicações de lingüística, mas o *Journal of Pragmatics* e a série *Pragmatics and Beyond* podem ser de especial interesse.

AGRADECIMENTOS

Os autores de livros didáticos devem, em geral, absorver e difundir idéias. Aqui, entre aqueles cujas idéias foram absorvidas, há tantos amigos, colegas e alunos que agradecer a todos relevantes, quanto mais em todas as passagens, seria impossível. Espero que me perdoarão se encontrarem uma idéia ou expressão sua emprestada sem os créditos específicos. Devo, porém, agradecer especificamente a Penny Brown, Paul Drew, John Haviland, John Heritage, Peter Matthews, Marion Owen, Alan Rumsey, Jerrold Sadock e Deirdre Wilson, que me ofereceram comentários proveitosos sobre partes do rascunho, e, especialmente, a Jay Atlas, Gerald Gazdar e a meu editor extraordinariamente diligente, John Lyons, que ofereceu comentários detalhados sobre o todo. O livro foi muitíssimo melhorado graças aos seus cuidados. Nem sempre segui os conselhos destas pessoas, e, onde restaram falhas e impropriedades, elas quase certamente são minhas. Devo também registrar minha dívida de gratidão para com meus primeiros mentores em pragmática, Charles Filmore, John Gumperz, George Lakoff, Robin Lakoff, Emanuel Shegloff e John Trim. A título experimental, este livro foi impresso com a ajuda de arquivos computadorizados fornecidos pelo autor: contudo, sem a reorganização dos arquivos feita por Colin Duly, ele seria um amontoado de palavras sem sentido, e, sem a ajuda de John Haviland na conversão dos arquivos, de uma instalação em Cambridge para outra em Canberra e de novo em Cambridge, ele não existiria. Penny Carter, e outros funcionários da Cambridge University Press, foram pacientes o bastante para assistir a um processo até o fim. Finalmente, meus agradecimentos ao Departamento de Antropologia, Research School of Pacific Studies, Australian National University, por fornecer as instalações em que este livro foi terminado em companhia afinada e estimulante. Se os leitores conseguirem aproveitar algo deste livro, aqui vão meus agradecimentos e os agradecimentos deles aos que foram e aos que não foram mencionados nestes créditos.

Para os avós de Nicholas

CONVENÇÕES DE NOTAÇÃO

(Para explicações elementares do simbolismo lógico, ver Allwood, Andersson e Dahl, 1977; para convenções de transcrição, usadas principalmente no capítulo 6, ver o Apêndice daquele capítulo.)

A, B, C	variáveis sentenciais (especialmente capítulo 4)
p, q, r	variáveis sentenciais
$A(e_1)$	notação *ad hoc* para uma variável sentencial que indica a ocorrência de uma expressão e_1 numa sentença A
F, G	constantes predicativas, como em $F(x)$; também variáveis para predicados na seção 3.2.6
a, b, c	constantes individuais; também pessoas em expressões como "a sabe que p"
x, y, z	variáveis individuais
$\bigvee$	disjunção inclusiva
$\vee$	disjunção exclusiva
$\sim$	negação
$\rightarrow$	condicional material
$\leftrightarrow$	bicondicional
$=$	identidade
$\neq$	identidade negativa
$\forall$	quantificador universal

∃	quantificador existencial
∈	elemento de um conjunto
{ }	conjuntos
⟨ ⟩	conjuntos ordenado ou n-tuplas
∥-	acarretamento
>>	pressupõe
+⟩	tem como implicatura
S	o falante sabe que; portanto, Sp = o falante sabe que p
P	possibilidade epistêmica para o falante; portanto, $Pp = p$ é compatível com tudo o que o falante sabe
□	necessário; por exemplo, $□p$ = é necessário que p
◇	possível; por exemplo, $◇p$ = é possível que p
l	operador lâmbda (capítulo 4)
g	operador gama (capítulo 4)
VP	sintagma verbal (*verb phrase*)

CAPÍTULO 1

O ÂMBITO DA PRAGMÁTICA

O propósito deste capítulo é oferecer algumas indicações sobre o âmbito da pragmática lingüística. Primeiro, resumiremos a origem histórica do termo **pragmática**, para indicar certos usos do termo que divergem do uso adotado neste livro. Depois, examinaremos algumas definições do campo, que, apesar de não serem plenamente satisfatórias, servirão, pelo menos, para indicar o âmbito aproximado da pragmática lingüística. Em seguida, explicaremos algumas razões para o atual interesse por esse campo. Numa seção final ilustraremos alguns tipos básicos de fenômenos pragmáticos. De passagem, serão apresentadas algumas noções analíticas que constituem um pano de fundo útil.

1.1 A ORIGEM E AS OSCILAÇÕES HISTÓRICAS DO TERMO *PRAGMÁTICA*

O uso moderno do termo **pragmática** pode ser atribuído ao filósofo Charles Morris (1938), que estava interessado em esboçar (seguindo Locke e Peirce)[1] a forma geral de uma ciência dos signos, ou

▼

1. Além dessa ligação, existe apenas uma relação histórica muito tênue entre a pragmática e as doutrinas filosóficas do **pragmatismo** (ver Morris, 1938 (1971, 43); Lyons, 1977a, 119). Houve, porém, tentativas recentes de reformular a tricotomia de Morris

semiótica (*semiotics*) [ou *semiotic*, como Morris preferia]. Na semiótica, Morris identificou três ramos de investigação distintos: a **sintática** ou **sintaxe**, que é o estudo da "relação formal dos signos entre si", a **semântica**, o estudo das "relações dos signos com os objetos aos quais os signos são aplicáveis" (os seus *designata*), e a **pragmática**, o estudo da "relação dos signos com os intérpretes" (1938, 6). Em cada ramo da semiótica, poderíamos fazer uma distinção entre os estudos **puros**, que tratam da elaboração da metalinguagem aplicável àquele campo, e os estudos **descritivos**, que aplicaram a metalinguagem à descrição dos sinais específicos e de seus usos (1938 (1971, 24)).

Como exemplos de uso governado por **regra pragmática**, Morris observou que "interjeições como *Oh!*, comandos como *Venha aqui!*..., expressões como *Bom dia!* e vários recursos retóricos e poéticos só ocorrem sob certas condições definidas nos usuários da língua" [1938 (1971, 48)]. Tais questões, ainda hoje, seriam tratadas dentro da pragmática lingüística. Mas Morris foi em frente e expandiu o âmbito da pragmática segundo sua teoria específica da semiótica, de caráter behaviourista (Black, 1947): "Para caracterizar a pragmática de modo suficientemente preciso, podemos dizer que ela lida com os aspectos bióticos da semiose, isto é, com todos os fenômenos psicológicos, biológicos e sociológicos que ocorrem no funcionamento dos signos" (1938, 108). Tal âmbito é muito mais amplo do que o trabalho que presentemente se faz sob o rótulo de pragmática lingüística, pois incluiria o que agora se chama de psicolingüística, sociolingüística, neurolingüística e muito mais.

Desde a época em que Morris introduziu a tricotomia sintaxe, semântica e pragmática, o último termo passou a ser usado de duas maneiras diferentes. Por um lado, o uso muito amplo idealizado por Morris foi conservado, e isso explica o uso do termo *pragmática* nos títulos de livros que lidam, por exemplo, com matérias tão díspares quanto a psicopatologia da comunicação (à maneira de G. Bateson e R. D. Laing

▼

em moldes peircianos (ou pragmatistas), que não são tratadas neste livro; ver Silverstein, 1976; Bean, 1978.

– ver Watzlawick, Beavin e Jackson, 1967) e a evolução dos sistemas simbólicos (ver Cherry, 1974). Mesmo nesse caso, porém, tende-se a usar a denominação *pragmática* exclusivamente como uma divisão da semiótica *lingüística*, não como algo relativo aos sistemas de signos em geral. Este uso amplo do termo, que abrange a sociolingüística, a psicolingüística e outras disciplinas, ainda é o mais aceito no continente europeu (ver, por exemplo, os trabalhos reunidos em Wunderlich, 1972, e as edições do *Journal of Pragmatics*).

Por outro lado, e especialmente na filosofia analítica, o termo *pragmática* sofreu um estreitamento progressivo de seu âmbito. Nesse campo, o filósofo e lógico Carnap foi particularmente influente. Depois de um uso morrisiano inicial (Carnap, 1938, 2), ele adotou a seguinte versão da tricotomia:

> Se, numa investigação, faz-se referência explícita ao falante ou, para dizê-lo em termos mais gerais, ao usuário da linguagem, então, consignamo-la [a investigação] ao campo da pragmática ... Se abstraímos o usuário da linguagem e analisamos apenas as expressões e seus *designata*, estamos no campo da semântica. E, finalmente, se abstraímos também os *designata* e analisamos apenas as relações entre as expressões, estamos no campo da sintaxe (lógica).

Infelizmente, o uso que Carnap fez do termo *pragmática* tornou-se confuso porque ele adotou a distinção adicional de Morris entre estudos puros e estudos descritivos e passou a igualar a pragmática à semiótica descritiva em geral e, portanto, ao estudo das linguagens naturais (em oposição às da lógica) (Carnap, 1959, 13; ver o útil esclarecimento em Lieb, 1956). Carnap, contudo, nem sequer foi coerente nisso: ele também sustentou (Carnap, 1956) que havia espaço para uma **pragmática pura**, que se ocuparia de conceitos como *crença, enunciação* e *intensão* e de sua inter-relação lógica. Este último uso, agora mais ou menos extinto, explica o uso do termo, por exemplo, no título de um livro de Martin (1959). Portanto, pelos menos quatro sentidos diferentes do termo podem ser encontrados nos trabalhos de Carnap, mas foi a definição citada acima que acabou por ser influente.

A propósito, já nos usos de Morris e Carnap pode-se encontrar uma tripla ambigüidade: o termo *pragmática* foi aplicado não apenas a ramos da investigação (como na diferença entre pragmática e semântica), mas também a características da linguagem-objeto (ou linguagem sob investigação), de modo que foi possível falar, digamos, da "partícula pragmática"*Oh!* do inglês; e ainda a características da metalinguagem (ou descrição técnica), de modo que foi possível falar, digamos, de uma "descrição pragmática", em contraposição a uma descrição semântica, da partícula *Oh!*. Aparentemente, tal ambiguidade é meramente paralela à maneira como são usados os termos-irmãos, *semântica* e *sintaxe*, e gera poucas confusões (mas cf. Sayward, 1974).

A idéia de que a pragmática era o estudo dos aspectos da linguagem que *exigiam* a referência aos usuários da linguagem levou a uma restrição adicional do termo, aliás muito natural, na filosofia analítica. Pois há um aspecto das linguagens naturais que indubitavelmente exige essa referência, isto é, o estudo de palavras **dêiticas** ou **indiciais**, como os pronomes *I* (eu) e *you* (você, vocês) (ver capítulo 2). O interesse filosófico e, especialmente, lógico por esses termos justifica-se simplesmente porque eles respondem pelo fracasso potencial de esquemas de raciocínio geralmente válidos. Por exemplo, "Eu sou Greta Garbo; Greta Garbo é uma mulher; portanto, eu sou uma mulher" só é necessariamente verdadeiro se, além de serem verdadeiras as duas primeiras premissas, o falante da conclusão for o mesmo que o da primeira premissa. Bar-Hillel (1954), portanto, adotou a visão de que a pragmática é o estudo das linguagens, naturais e artificiais, que contêm termos indiciais ou dêiticos, e este uso foi explicitamente adotado por Kalish (1967) e, com mais influência, por Montague (1968). Tal uso tem pouco a oferecer aos lingüistas, já que todas as linguagens naturais têm termos dêiticos e seguir-se-ia, como assinala Gazdar (1979a, 2), que as línguas naturais não possuem nenhuma semântica, mas apenas uma sintaxe e uma pragmática. Para que a tricotomia tenha alguma função na lingüística, é preciso encontrar algum âmbito menos restrito para a pragmática.

Na verdade, no fim da década de 1960, uma versão implícita da definição de Carnap – investigações que exigem referência aos usuários de uma linguagem – foi adotada na lingüística e, especificamente, no movimento conhecido como **semântica gerativa**. A história desse movimento está à espera de um historiador das idéias (ver, porém, Newmayer, 1980), mas sua associação com a pragmática pode ser explicada pelo ressurgimento do interesse pelo significado, um interesse que o movimento incorporou. Tal interesse inevitavelmente envolve a pragmática, como veremos. Além disso, esse interesse pelo significado num sentido amplo mostrou ser uma das melhores bases a partir das quais a semântica gerativa podia atacar a **teoria-padrão** de Chomsky (1965). Ao mesmo tempo, os lingüistas manifestaram forte interesse pelas tentativas dos filósofos de lidar com problemas de significado, feitas às vezes do ponto de vista dos "usuários da linguagem". Pelo menos durante um certo período, lingüistas e filósofos deram a impressão de trilhar um caminho comum, e essa comunidade de interesses cristalizou muitas das questões de que se ocupa este livro. Durante esse período, o âmbito da pragmática foi implicitamente restringido. A definição de Carnap, "investigações que fazem referência aos usuários da linguagem", é simultaneamente muito estreita e muito ampla para os interesses lingüísticos. É ampla demais porque admite estudos tão pouco lingüísticos quanto as investigações de Freud sobre a *"lapsus linguae"* ou os estudos de Jung sobre as associações de palavras. Portanto, os estudos da pragmática lingüística precisam restringir-se a investigações que tenham, pelo menos, implicações lingüísticas potenciais. Por outro lado, a definição de Carnap é estreita demais no sentido de que, numa interpretação simples, ela exclui fenômenos paralelos[2]. Por exemplo, assim como a interpretação das palavras *eu* e *você* se vale da identificação de participantes (ou "usuários") específicos e de seu papel no acontecimento discursivo, as palavras *aqui* e *agora* valem-se, para sua interpretação, do lugar e do tempo do acontecimento discursivo. Portanto, a definição de Carnap pode ser corrigida para algo como: "as investigações lingüísticas que tornam necessária a referência a aspectos do contexto", onde o termo **contexto** é compreendido de modo que abranja as identidades dos participantes, os parâmetros temporais e espaciais do

▼

2. Numa outra interpretação, todos os parâmetros pragmáticos referem-se aos usuários da linguagem, ainda que seja apenas porque tais parâmetros devem ser conhecidos e os participantes devem crer neles para que sejam pertinentes.

acontecimento discursivo e (como veremos) as crenças, o conhecimento e as intenções dos participantes do acontecimento discursivo e, sem dúvida, muito mais.

Para resumir, muitos usos distintos do termo *pragmática* originaram-se da divisão original da semiótica feita por Morris: o estudo do enorme leque de fenômenos psicológicos e sociológicos envolvidos nos sistemas de signos em geral ou na linguagem em particular (sentido que o termo assume na Europa continental), o estudo de certos conceitos abstratos que fazem referência aos agentes (um dos sentidos de Carnap), o estudo dos termos indiciais ou dêiticos (o sentido de Montague) ou, finalmente, o uso recente na lingüística e na filosofia anglo-americanas. Este livro ocupa-se exclusivamente do último sentido do termo, e é para uma explicação deste uso particular que agora devemos nos voltar.

1.2 DEFINIÇÃO DE PRAGMÁTICA

O sentido relativamente restrito que o termo *pragmática* tem na filosofia e na lingüística anglo-americanas e, portanto, neste livro, merece uma tentativa de definição. Contudo, não é fácil oferecer tal definição, e jogaremos com certo número de possibilidades, cada uma das quais pouco fará além de esboçar um leque de possíveis âmbitos para o campo. Esta diversidade de definições possíveis e a falta de fronteiras claras podem ser desconcertantes, mas não incomuns: como os campos acadêmicos são amontoados de métodos preferidos, pressupostos implícitos e problemas ou assuntos enfocados, é raro que as tentativas de defini-los sejam inteiramente satisfatórias. E, na verdade, num certo sentido, não há absolutamente nenhum problema de definição: assim como, tradicionalmente, a sintaxe é considerada o estudo das propriedades combinatórias das palavras e suas partes, e a semântica o estudo do significado, a pragmática é o estudo do uso lingüístico. Tal definição é tão boa (e tão ruim) quanto as definições paralelas dos termos-irmãos, mas não será suficiente para indicar o que fazem, efetivamente, os estudiosos que trabalham com pragmática; para descobrir isso, como em qualquer disciplina, é preciso ir dar uma olhada.

Não obstante, há razões para tentar oferecer, pelo menos, alguma indicação do âmbito da pragmática. Em primeiro lugar, trata-se simplesmente de um termo bastante incomum. Em segundo lugar, não é tão fácil simplesmente "ir dar uma olhada" no que fazem os que trabalham com pragmática: não existem (na época em que escrevo) manuais disponíveis, apenas uma publicação especializada (*Journal of Pragmatics*) que abrange o uso europeu mais amplo do termo, um punhado de monografias e algumas coletâneas de artigos. Não obstante, há muitos trabalhos espalhados em todas as inúmeras publicações de lingüística e filosofia. Em terceiro lugar, alguns autores parecem sugerir que não existe absolutamente nenhum campo coerente; assim, Lyons (1977a) afirma que "a aplicabilidade [da distinção entre sintaxe, semântica e pragmática] à descrição das línguas naturais, em contraste com o que acontece na descrição ou construção de cálculos lógicos, é, para dizer o mínimo, incerta", enquanto Searle, Kiefer e Bierwisch (1980, viii) sugerem que "*pragmática* é uma daquelas palavras (*social* e *cognitivo* são outras) que dão a impressão de que se está falando de algo inteiramente específico e técnico, quando, na verdade, muitas vezes, ela não tem nenhum significado claro". O pragmaticista, portanto, tem o desafio de demonstrar que, pelo menos dentro da tradição lingüística e filosófica de que trata este livro, o termo realmente tem aplicação clara.

Consideremos, portanto, um conjunto de definições possíveis de pragmática. Vamos descobrir que cada uma delas tem deficiências ou dificuldades de um tipo que afetaria igualmente as definições de outros campos, mas, pelo menos, desta maneira, atacando por todos os flancos, poderemos obter um bom esboço da topografia geral.

Comecemos com algumas definições que, na verdade, não chegam a ser satisfatórias. Uma possível definição teria chance de ser esta: a pragmática é o estudo dos princípios que explicarão por que certo conjunto de sentenças é anômalo ou não constitui enunciações possíveis. Este conjunto poderia incluir:[3]

▼

3. Usaremos o símbolo ?? no início de sentenças para indicar que elas são (pelo menos supostamente) anômalas do ponto de vista pragmático; reservaremos * para sentenças

(1) ??Venha lá, por favor!
(2) ??Aristóteles era grego, mas eu não acredito
(3) ??Os filhos de Fred são *hippies*, e ele não tem nenhum filho
(4) ??Os filhos de Fred são *hippies*, e ele tem filhos
(5) ??Ordeno que você não obedeça a esta ordem
(6) ??Eu, por meio desta, canto
(7) ??Como todos sabem, a terra, por favor, gira em torno do Sol

Poder-se-ia explicar as anomalias exibidas por estas sentenças assinalando que não há contextos, ou, pelo menos, nenhum contexto comum em que pudessem ser adequadamente usadas[4]. Embora uma abordagem deste tipo possa ser uma maneira bastante boa de ilustrar o tipo de princípios de que se ocupa a pragmática, ela não servirá como definição explícita do campo – pela simples razão de que o conjunto das anomalias pragmáticas (em oposição às semânticas, sintáticas ou sociolingüísticas) são antes pressupostas que explicadas[5].

Outro tipo de definição que poderia ser oferecido seria que a pragmática é o estudo da linguagem a partir de uma perspectiva **funcional**, isto é, que ela tenta explicar facetas da estrutura lingüística por referência a pressões e causas não lingüísticas. Contudo, tal definição ou âmbito para a pragmática deixaria de distinguir a pragmática lingüística de muitas outras disciplinas interessadas nas abordagens funcionais da linguagem, inclusive a psicolingüística e a sociolingüística. Além disso, pode-se argumentar plausivelmente que adotar uma definição desse tipo é confundir os *motivos* para estudar pragmática com os *objetivos* ou a forma geral de uma teoria (mais detalhes posteriormente).

▼

que são sintaticamente mal formadas ou semanticamente anômalas; um único ? inicial indica anomalia em pelo menos um desses três níveis, mas é neutro no que diz respeito à natureza da anomalia.

4. Essa linha de argumentação vale-se da distinção entre **uso** e **menção** ou entre o uso "comum" e o uso metalingüístico; sobre essas noções, ver Lyons, 1977a, 5 ss. e referências. No sentido dessa distinção, sentenças como (1)-(7) podem ser mencionadas, mas não podem ser usadas facilmente.

5. Outro problema é que, na verdade, muitas vezes é possível imaginar contextos em que as alegadas anomalias são, no fim das contas, perfeitamente utilizáveis – o leitor pode fazer o teste com os exemplos acima. Esse problema reaparecerá quando considerarmos o conceito de adequação de um enunciado, discutido abaixo.

Um âmbito bastante restrito proposto para a pragmática é que ela deve preocupar-se unicamente com os princípios do uso da linguagem e não ter nada que ver com a descrição da estrutura lingüística. Ou, para invocar a distinção de Chomsky entre **competência** e **desempenho**, a pragmática ocupa-se unicamente dos princípios de desempenho do uso lingüístico. Nessa linha, Katz e Fodor (1963) sugeriram que uma teoria da pragmática (ou uma teoria de **seleção de contextos**, como então a chamaram) ocupar-se-ia essencialmente da desambiguação das sentenças por meio dos contextos em que foram enunciadas. Na verdade, está claro que os contextos fazem muito mais do que meramente selecionar entre as leituras semânticas disponíveis das sentenças – por exemplo, a ironia, o enunciado atenuado (*understatement*) e coisas semelhantes são tipos de uso que efetivamente criam novas interpretações no contexto. Ainda assim, poderíamos afirmar que a gramática (no sentido amplo que inclui fonologia, sintaxe e semântica) ocupa-se da atribuição de significado às formas lingüísticas independentemente do contexto, ao passo que a pragmática ocupa-se da interpretação destas formas que é acrescentada pelo contexto:

> [As gramáticas] são teorias a respeito da estrutura dos tipos de sentenças ... as teorias pragmáticas, ao contrário, não fazem nada para explicar a estrutura das construções lingüísticas ou das propriedades e relações gramaticais ... Elas explicam como raciocinam os falantes e ouvintes ao resolverem a correlação num contexto de uma ocorrência de sentença com uma proposição. Nesse aspecto, uma teoria pragmática é parte do desempenho. (Katz 1977, 19)

Essa posição tem vários adeptos (Kempson 1975, 1977; Smith e Wilson, 1979), mas apresenta uma séria dificuldade. O problema é que os aspectos da estrutura lingüística às vezes codificam diretamente (ou, dito de outra maneira, interagem com) características do contexto. Torna-se, então, impossível traçar uma fronteira precisa entre a gramática independente do contexto (a competência) e a interpretação dependente do contexto (o desempenho). Este problema é involutariamente ilustrado pela explicação dada por Katz desta fronteira: ele assinala que os pares *rabbit* e *bunny* "coelho" ou *dog* e *doggie* "cão" diferem pelo fato de que o segundo membro de cada par é adequado para ser usado por crianças ou com crianças. Como essa distinção se relaciona com os usuários adequados dos termos num contexto, ela não faria parte de uma descrição lingüística do inglês, a qual meramente observaria que os membros de cada par são sinônimos. Contudo, está claro que a distinção está embutida na linguagem, da mesma maneira que, em muitas línguas, os graus de respeito entre os participantes são codificados no léxico e na morfologia. Katz sugere que, para determinar se uma característica lingüística é dependente ou independente do contexto, imaginemos que ela ocorra num cartão-postal anônimo (como uma aproximação do **contexto** vazio ou **nulo**)[6]. Mas, se aplicarmos esse critério, perceberemos que a ilação ou inferência de que o falante ou destinatário é uma criança encontra-se tão disponível quando *bunny* está escrito num cartão-postal anônimo como quando é dito num contexto adequado (Gazdar, 1979a, 3). E isto, é claro, porque o tipo de falante ou destinatário adequado é codificado pelo termo *bunny*.

Aqui, chegamos ao âmago do problema da definição: o termo *pragmática* abrange tanto aspectos da estrutura lingüística dependentes do contexto como princípios do uso e da compreensão lingüística que não têm nenhuma ou têm muito pouca relação com a estrutura lingüística. É difícil construir uma definição que abranja confortavelmente ambos os aspectos. Não se deve, porém, considerar isto como uma indicação de que a pragmática é uma mixórdia, interessada em aspectos inteiramente disparatados e não relacionados da língua; pelo contrário, os pragmaticistas estão especificamente interessados na inter-relação da estrutura lingüística e dos princípios do uso lingüístico. Consideremos agora algumas definições potenciais que são candidatas mais plausíveis.

▼

6. Aqui contraste-se com Searle (1979b, 117): "Não existe contexto zero ou nulo para a interpretação das sentenças ... compreendemos o significado dessas sentenças apenas em confronto com um conjunto de suposições de fundo a respeito dos contextos em que as sentenças podem ser adequadamente enunciadas."

Podemos começar com uma definição que almeja especificamente capturar o interesse da pragmática por características da estrutura lingüística. A definição poderia ser a seguinte:

(8) Pragmática é o estudo das relações entre língua e contexto que são **gramaticalizadas** ou codificadas na estrutura de uma língua[7].

Ou, em outras palavras, poderíamos dizer que pragmática é o estudo apenas dos aspectos da relação entre a língua e o contexto que são relevantes para a elaboração das gramáticas. Tal definição restringe a pragmática ao estudo de certos aspectos da estrutura lingüística e contrapõe-se fortemente à proposta de Katz, delineada acima, que restringiria a pragmática ao estudo de aspectos gramaticalmente irrelevantes do uso lingüístico. Tal âmbito para a pragmática abrangeria o estudo da **dêixis**, incluindo os honoríficos e assemelhados e, provavelmente, o estudo da **pressuposição** e dos **atos de fala**, isto é, boa parte do presente livro. Ela excluiria o estudo dos princípios do uso lingüístico cujas repercussões na gramática das línguas não pudessem ser demonstradas, e isto poderia ser um embaraço, porque, pelo menos à primeira vista, os implícitos extremamente importantes chamados **implicaturas conversacionais** estariam fora do campo da teoria pragmática. Por outro lado, tal âmbito para a pragmática teria a possível vantagem de delimitar com eficácia o campo e de excluir campos vizinhos, como a sociolingüística e a psicolingüística – em resumo, restringiria as definições de Morris e de Carnap de modo que garanta a relevância lingüística.

Ora, é improvável que seja atraente qualquer definição de pragmática que exclua um de seus presumidos fenômenos focais, isto é, a implicatura conversacional. Não obstante, seus adeptos poderiam recorrer à plausibilidade do seguinte princípio geral: no final das contas, é provável que qualquer princípio sistemático do uso lingüístico tenha

▼

7. O termo *gramaticalização* é usado ao longo de todo este livro no sentido amplo que abrange a codificação das distinções de significado – este também em um sentido amplo – no léxico, na morfologia, na sintaxe e na fonologia das línguas.

impacto sobre a estrutura lingüística. Talvez haja algum fundamento para essa suposição (ver, por exemplo, Brown e Levinson, 1978, 260 ss.). E, na verdade, pode-se demonstrar que as implicaturas conversacionais, que são inferências que surgem com base em algumas regras ou máximas gerais do comportamento conversacional, têm repercussões na estrutura lingüística (ver capítulo 3 abaixo). Portanto, é possível que a definição, na verdade, seja muito menos restritiva do que parece à primeira vista.

Outros problemas dizem respeito à noção de contexto e gramaticalização em que a definição se apóia. Contudo, pode-se argumentar que é uma força desta abordagem o fato de não exigir uma caracterização prévia da noção de contexto. Pois, supondo que temos uma idéia clara dos limites da semântica, então, a pragmática estuda todas as características não semânticas codificadas nas línguas, e estas características são aspectos do contexto. Determinar quais dentre os aspectos físicos, sociais e interacionais brutos da situação de enunciação são lingüisticamente relevantes, portanto, é uma questão empírica, e podemos estudar as línguas do mundo para descobrir o que são. Naturalmente, no caso, precisaríamos fazer uma distinção importante entre a **pragmática universal**, a teoria geral de quais aspectos do contexto são codificados e como o são, e a **pragmática específica por língua** das línguas individuais; por exemplo, a pragmática do inglês poderia ter relativamente pouco a dizer sobre o *status* social (além do tanto de que precisamos para descrever os contextos adequados para o uso de *sir*, *your honour* e similares), enquanto, ao contrário, a pragmática do japonês estaria muito preocupada com a gramaticalização das posições sociais relativas dos participantes e referentes.

Por outro lado, a noção de gramaticalização, ou codificação lingüística, é espinhosa. Para sermos eficazes, precisamos ser capazes de distinguir a mera correlação entre a forma lingüística e o contexto da incorporação da significação contextual na forma lingüística associada. Há pouca dúvida de que existem casos claros de uma e da outra: por exemplo, a fala arrastada associada à embriaguez pode ser mera correlação, ao passo que a intimidade ou solidariedade que associamos com o pronome francês *tu* é uma característica gramaticalizada do contexto.

Há, porém, muitos casos limítrofes. Para fazer a distinção, talvez os seguintes critérios possam ser sugeridos: para que a característica do contexto seja lingüisticamente codificada, (a) ela deve ser comunicada intencionalmente, (b) ela deve ser associada convencionalmente à forma lingüística em questão, (c) a forma codificadora deve ser membro de um conjunto contrastivo e os outros membros deste codificarem diferentes características, (d) a forma lingüística deve estar sujeita a processos gramaticais regulares. Com base nesses fundamentos, podemos ter a esperança de excluir, digamos, a associação de um dialeto específico a um falante procedente de uma área específica – já que tal associação, talvez, não seja normalmente comunicada de maneira intencional e não seja associada às características lingüísticas por convenção arbitrária, mas por "acidente" histórico, e assim por diante. Por outro lado, características da "conversa de bebê", das quais a alternativa *bunny* faz parte, presumivelmente seriam consideradas codificadas em inglês porque pelo menos algumas delas parecem satisfazer aqueles critérios. Contudo, é improvável que aqueles critérios sejam suficientes para distinguir muitos casos limítrofes, e a noção necessitaria de explicação adicional[8].

Em resumo, a principal força desta definição de pragmática é que ela restringe o campo a questões puramente lingüísticas. Não obstante, é provavelmente muito restritiva para refletir com exatidão o uso corrente. A restrição mais infeliz é a exclusão dos princípios do uso lingüístico e da interpretação que explicam como o significado extra (em um sentido amplo) é atribuído pela interpretação às enunciações sem estar efetivamente codificado nelas. Trata-se, então, de uma definição que lida com a face da pragmática que diz respeito à estrutura lingüística, mas não com a face que diz respeito aos princípios do uso lingüístico ou, pelo menos, só indiretamente, quando eles interferem na organização lingüística.

Na definição acima, a noção de codificação sugere que a pragmática se ocupa de certos aspectos do significado. Um tipo de definição que tornaria isto central diz o seguinte:

▼

8. Considere-se, por exemplo, o francês *Je suis malheureuse*, que codifica que o falante é uma mulher: em que sentido isto seria *intencionalmente* comunicado?

(9)   Pragmática é o estudo de todos os aspectos do significado não capturados em uma teoria semântica.

Ou, como diz Gazdar (1979a, 2), supondo que a semântica seja limitada à formulação de condições de verdade:

> A pragmática tem como tópico os aspectos do significado das enunciações que não podem ser explicados por referência direta às condições de verdade das sentenças enunciadas.[9] Grosso modo: PRAGMÁTICA = SIGNIFICADO − CONDIÇÕES DE VERDADE.

É provável que tal definição, no início, pareça enigmática. Com certeza, a semântica, por definição, é o estudo do significado na sua inteireza; portanto, como pode haver qualquer resíduo que constitua o tópico da pragmática? Aqui, porém, precisamos observar que a definição de semântica como o estudo do significado é exatamente tão simplista quanto a definição da pragmática como o estudo do uso lingüístico. Primeiro, precisamos distinguir entre um sentido amplo do termo *semântica*, usado de uma maneira mais ou menos pré-teórica (ver, por exemplo, o tratamento em Lyons, 1977a)[10], e um uso técnico do termo, feito de modo que abranja uma teoria semântica deliberadamente restrita inserida em uma teoria geral da gramática ou estrutura lingüística. A teoria semântica neste uso terá um âmbito muito mais estreito que o estudo do significado na sua inteireza, como indicaremos imediatamente abaixo. Segundo, o âmbito pretendido do termo *significado* na definição é extremamente amplo, de uma maneira que necessitará de explicação. Portanto, a resposta para o enigma é que, do ponto de vista de uma teoria lingüística integrada geral, uma teoria semântica restrita não dará conta de uma grande parte do campo geral do significado, e esta poderia realmente constituir o domínio da pragmática.

▼

9. A qualificação "direta", Gazdar explica, é necessária porque as implicações pragmáticas muitas vezes derivam parcialmente das condições de verdade das sentenças enunciadas. Ver capítulo 3 abaixo.
10. Um uso geral na lingüística até a influência da semântica formal, praticada pelos filósofos, é sensível na década de 1960.

Uma objeção a tal definição poderia ser que o âmbito da pragmática pareceria variar consideravelmente, segundo o tipo de teoria semântica adotada – teorias semânticas estreitas, como as que se baseiam em condições de verdade, deixariam um grande resíduo de "significado" a ser estudado na pragmática; teorias semânticas aparentemente mais amplas, como as que se baseiam em componentes ou traços do significado, poderiam deixar à pragmática muito menos com que lidar[11]. Certamente, deve-se admitir que, até certo ponto, a natureza de uma teoria pragmática deve depender crucialmente do tipo de teoria semântica adotada, mas isto será verdadeiro para qualquer definição de pragmática que busque um domínio exclusivo, complementar e não sobreposto à semântica. É importante, porém, perceber que esta dependência é apenas parcial, pois agora sabemos o suficiente a respeito da natureza do significado no sentido amplo para que se torne provável a existência de áreas substanciais que não poderiam ser acomodadas dentro de *nenhuma* teoria semântica construída sobre princípios homogêneos.

Este conhecimento baseia-se em alguns avanços substanciais feitos aproximadamente nos últimos dez anos, mais precisamente, a descoberta de que há, pelo menos, seis tipos distintos e diferentes de componentes ou implícitos (inferências) de significado envolvidos no significado das enunciações da língua natural. As distinções baseiam-se no fato de que cada um destes tipos de inferência comporta-se de diferentes maneiras. Em particular, comportam-se de maneira diferente na **projeção**, isto é, nas maneiras pelas quais se compõem quando é construída uma sentença complexa, cujas partes produzem as inferências em questão. Alguns destes componentes de significado desaparecem sob condições específicas e distintas, isto é, construções lingüísticas específicas. Além disso, alguns destes componentes de significado são **anuláveis**, isto é, sujeitos a cancelamento por características do contexto

▼

11. As teorias semânticas baseadas em traços não são, é claro, *inerentemente* mais amplas do que aquelas baseadas em condições de verdade. Contudo, as teorias baseadas em traços geralmente são associadas com um âmbito para a semântica que incluiria todo o conteúdo convencional das sentenças, ao passo que (como veremos) as teorias vericondicionais não podem ter um âmbito assim amplo.

(uma noção que será explicada no capítulo 3 abaixo). Tais traços interagem com pressupostos ou originam-se de pressupostos feitos pelos participantes em contexto e são aspectos do significado particularmente inadequados a serem incorporados numa teoria semântica. O dilema que esses múltiplos aspectos do significado colocam para o semanticista talvez possa ser avaliado melhor pela Tabela 1.1. Nela, relacionamos sete de tais componentes previsíveis do significado ou relações inferenciais de uma enunciação, mas deve-se ter em mente que esses aspectos particulares do significado estão sujeitos a revisão e acréscimo: alguns podem ser absorvidos por outros, enquanto outros tipos de inferências certamente estão por descobrir (na verdade, nos capítulos abaixo, estaremos muito interessados em quão bem cada um daqueles conceitos é estabelecido).

Tabela 1.1 *Elementos do conteúdo comunicacional de uma enunciação*

1. condições de verdade ou acarretamentos (capítulo 2 e *passim*)
2. implicaturas convencionais (capítulo 3)
3. pressuposições (capítulo 4)
4. condições de felicidade (capítulo 5)
5. implicatura conversacional – generalizada (capítulo 3)
6. implicatura conversacional – particularizada (capítulo 3)
7. inferências baseadas na estrutura conversacional (capítulo 6)

Nota: 1-2 e, possivelmente, também 3 e 4, são *convencionais*; 3-7 são *anuláveis* ou dependentes do contexto.

O problema colocado ao semanticista teórico é com que pedaço compensa ficar – certamente nenhuma teoria semântica coerente pode abranger todos estes aspectos divergentes do significado. Se o teórico admite apenas o primeiro tipo de componente de significado, o conteúdo vericondicional, então, pelo menos, (a) não há princípios conflitantes para a inclusão ou exclusão dos fenômenos e (b) a teoria semântica pode ser construída em linhas estritamente homogêneas. Tal semântica será estreita e deixará muito à pragmática. Por outro lado, se o teórico estiver determinado a fazer com que a semântica lide com todo o conteúdo convencional do significado de uma enunciação (qualquer que seja exatamente o modo como isso será determinado)[12], então, a teoria semântica lidará com os aspectos 1 e 2, muito provavelmente com o 3 e possivelmente também com o 4. A inclusão da pressuposição é complicada, pois se a pressuposição é convencional, também é anulável ou dependente do contexto, e é melhor deixar as questões de contexto aos cuidados da pragmática. Portanto, tal teoria semântica (a) conterá princípios conflitantes favoráveis à inclusão (convencionalidade) e à exclusão (anulabilidade) dos fenômenos e (b) terá de ser construída em linhas heterogêneas para incluir fenômenos com propriedades bem diferentes. Tais dificuldades podem motivar um recuo para uma teoria semântica que lide apenas com os aspectos 1 e 2, isto é, o conteúdo convencional que é não anulável, como uma solução de compromisso infeliz.

Neste livro vamos supor, como hipótese de trabalho, que uma teoria semântica é vericondicional. Além de evitar os dilemas acima, ao reivindicar apenas o âmbito mais restrito para a semântica, tal teoria é recomendada ao pragmaticista pelas seguintes razões. Primeiro, é o único tipo de teoria agora disponível que é suficientemente precisa e preditiva para tornar investigável a natureza de uma fronteira semântica/pragmática ou a interação entre os dois componentes. Segundo, pode-se argumentar que ela é capaz de **subsumir** a maioria das outras teorias, por exemplo as que se baseiam em componentes, na medida em que sejam construídas em sentido coerente e lógico. Terceiro, talvez ainda seja o tipo de teoria com mais apoio nos círculos lingüísticos e filo-

▼

12. A noção de conteúdo convencional é mais clara intuitiva do que teoricamente; por exemplo, desejaríamos dizer que o termo *gênio* tem o conteúdo convencional de "intelecto excepcional" ou semelhante, embora possa ser usado ironicamente e, assim, transmitir o sentido não convencional de "idiota excepcional". Tal distinção aparentemente repousaria na distinção entre conteúdo que é inerente ou "dado" (cf. a noção saussureana da arbitrariedade do signo lingüístico) e sentido que pode ser derivado por princípios gerais de inferência levando em conta fatores contextuais. Ver Lewis, 1969, para uma importante análise filosófica do conceito de convenção, que acentua a natureza essencialmente arbitrária de qualquer convenção. Ver também Morgan, 1978; Searle, 1979b, sobre a noção de *sentido literal*.

sóficos, apesar dos muitos dissidentes e dos muitos problemas não solucionados. Finalmente, muitas questões da pragmática surgiram historicamente desse ponto de observação específico, e, para compreendê-las, devemos, inicialmente, pelo menos, abordá-las a partir da mesma direção. Por fim, contudo, pode ser que o pragmaticista tenha interesse em permanecer agnóstico, seja qual for a teoria semântica suposta como hipótese de trabalho.

Neste caso, em qualquer hipótese, a idéia essencial é que, seja qual for a teoria semântica adotada, muitos aspectos do significado em sentido amplo simplesmente não podem ser acomodados caso se pretenda que a teoria tenha coerência e consistência internas. Pelo que sabemos da natureza do significado, uma descrição híbrida ou modular parece inevitável: resta a esperança de que, com dois componentes, uma semântica e uma pragmática que atuem concertadamente, cada uma possa ser construída em bases relativamente homogêneas e sistemáticas. Tal teoria híbrida quase certamente será mais simples e mais bem resolvida em matéria de princípios do que uma única teoria amorfa e heterogênea da semântica.

Portanto, a noção de que a pragmática poderia ser o estudo dos aspectos do significado não abrangidos pela semântica certamente possui certo poder de convicção. Precisamos, porém, saber como o sentido amplo do significado, do qual se vale a definição, deve ser delimitado. Esse sentido amplo deve incluir o conteúdo irônico, metafórico e implícito de uma enunciação e, portanto, não pode ser restringido ao conteúdo convencional do que é dito. Inclui, porém, *todas* as inferências que podem ser feitas a partir de (a) o que é dito e (b) todos os fatos disponíveis a respeito do mundo conhecidos pelos participantes? Suponha que Moriarty diga que seu relógio quebrou e, a partir disso, Sherlock Holmes infira que ele perpetrou o crime: embora a informação possa ter sido comunicada indiretamente, não devemos inclinar-nos a dizer que Moriarty a comunicou. Pois a comunicação envolve as noções de intenção e agentividade e é apenas das influências cuja comunicação é abertamente pretendida que se pode falar apropriadamente que foram comunicadas. Para ajudar-nos a traçar uma linha entre a transferência incidental de informação e a comunicação propriamente dita, podemos recorrer a uma importante idéia do filósofo Grice (1957). Ao distinguir entre o que chama de **significado natural** (como em *Aquelas nuvens negras significam chuva*) e **significado-não natural** ou **significado-nn** (equivalente à noção de comunicação intencional), Grice oferece a seguinte caracterização do significado-nn:[13]

(10)   F *quis dizer (significado-nn)* z ao enunciar E se e apenas se:
(i) F pretendia que E causasse algum efeito z no receptor O
(ii) F pretendia que (i) fosse conseguida simplesmente pelo fato de O reconhecer esta intenção (i)

onde F representa o falante (no caso da comunicação falada; o emissor ou comunicador em outros casos); O o ouvinte ou, mais precisamente, o receptor pretendido; "enunciar E" a enunciação de um símbolo lingüístico, isto é, uma parte de sentença, uma sentença ou uma série de sentenças ou partes de sentenças (ou a produção de atos comunicativos não lingüísticos); e z (*grosso modo*) alguma crença ou volição causada em O.

É provável que tal definição pareça opaca na primeira leitura, mas o que ela essencialmente formula é que a comunicação consiste no fato de que o "emissor" que intenta fazer com que o "receptor" pense ou faça alguma coisa, simplesmente fazendo o "receptor" reconhecer que o "emissor" está tentando causar tal pensamento ou a ação. Portanto, a comunicação é um tipo complexo de intenção, que é realizada ou satisfeita simplesmente por ser reconhecida. No processo de comunicação, a intenção comunicativa do "emissor" torna-se **conhecimento mútuo** para o "emissor" (F) e o "receptor" (O), isto é, F sabe que O sabe que F sabe que O sabe (e assim *ad infinitum*) que F tem esta intenção específica[14].

▼

---

13. Aqui há um ligeiro ajuste na formulação de Grice (1957), legitimado, espero, pela discussão de Schiffer (1972, 14).
14. O conceito de conhecimento mútuo é discutido em Lewis, 1969, e em Schiffer, 1972, 30 ss., e é potencialmente nesse enfoque de importância considerável para a teoria pragmática; por exemplo, podemos querer dizer que o falante *pressupõe* o que falante e destinatário conhecem mutuamente (embora haja dificuldades – ver capítulo 4 abaixo). Schiffer (1972, 39) argumenta que a definição de *significado nn* devia, na verdade, tornar explícita a referência ao conceito de conhecimento mútuo. Para uma coletânea de ensaios recentes sobre o tema, ver Smith, 1982.

Conseguir esse estado de conhecimento mútuo de uma intenção comunicativa é ter se comunicado com sucesso. Uma ilustração simples pode ajudar a esclarecer o conceito: ela distingue dois tipos de "bus", ou tentativas de assustar alguém. Suponha que eu pule de trás de uma árvore e, pelo inesperado de minha ação, assuste você. Eu causei um efeito em você por meios "naturais". Agora, porém, suponha que você saiba que eu estou atrás da árvore, que você está esperando que eu pule, e eu sei que você sabe tudo isto: ainda assim, eu posso (talvez) assustá-lo ao pular, simplesmente ao fazê-lo perceber que pretendo assustá-lo. Apenas o segundo é um caso de comunicação (significado-nn) no sentido de Grice, que pretendia que sua definição de comunicação abrangesse tais casos não verbais, mas aqui (e daqui em diante) estaremos interessados apenas nos casos em que o comportamento lingüístico faz parte dos meios pelos quais a intenção comunicativa é reconhecida.

Uma questão intricada que imediatamente surge é como essa complexa intenção comunicativa reflexiva deve ser reconhecida pelo receptor. Certamente poderíamos dizer que ela só pode ser reconhecida pelo conhecimento de alguma convenção de que F significar z; mas, nesse caso, podemos deixar de falar de intenções complexas e construir uma descrição da comunicação baseada diretamente na noção de sinal convencional. Isso, porém, elimina o *insight* essencial de Grice, isto é, aquilo que o falante pretende (significar) com E não tem necessariamente nenhuma relação íntima com o significado de E. Na verdade, E pode não ter nenhum significado convencional, o que permite a criação de novos termos, expressões improvisadas e, finalmente, portanto, alguns aspectos da mudança lingüística (para uma explicação de como estas comunicações podem ser compreendidas, ver Schiffer, 1972, capítulo V). Crucial para a pragmática, porém, é que a teoria de Grice explica como pode haver discrepâncias interessantes entre o **significado do falante** (o significado-nn de Grice) e o **significado da sentença**[15]. Por exemplo, com *A lingüística é fascinante*, dito ironicamente, o fa-

▼

15. Essa distinção às vezes é discutida em termos de **significado comunicado x significado literal**. Neste livro, em lugar da noção de significado literal, preferiremos os termos **significado de sentença** e **conteúdo convencional** (este para abranger as

lante pode querer comunicar "A lingüística é tremendamente chata". Além disso, parece haver convenções gerais a respeito do uso da linguagem que requerem (ou, talvez, meramente recomendem) um certo grau de conteúdo implícito na comunicação, tendo como conseqüência quase certa que aquilo que o falante quer dizer com qualquer enunciação E não se esgote com o significado da forma lingüística enunciada (ver capítulo 3 abaixo). Como, então, a intenção comunicativa completa deve ser reconhecida? Levando em conta não apenas o significado de E, mas também os mecanismos precisos (como a ironia, ou suposições gerais de certo grau de implicitude) que podem causar uma divergência entre o significado de E e o que é comunicado pela enunciação de E num contexto específico. Boa parte deste livro preocupa-se em explicitar esses mecanismos que, como outros aspectos do conhecimento lingüístico, usamos diariamente de maneira inconsciente.

Se então adotarmos o *significado-nn* de Grice como o âmbito do significado na definição de pragmática em (9), incluiremos a maioria dos fenômenos que queremos incluir, como os implícitos irônicos, metafóricos e indiretos do que dizemos (elementos 5, 6 e 7, na Tabela 1.1), e excluiremos as inferências não pretendidas que, intuitivamente, não têm nenhum papel a desempenhar numa teoria da comunicação. Deve-se acrescentar que há vários problemas filosóficos na teoria de Grice (ver, por exemplo, Schiffer, 1972), mas eles não parecem viciar o valor da idéia central.

Agora temos certo esboço do âmbito do significado a que a definição se refere, a saber, tudo que se pode dizer que foi comunicado, no sentido de Grice, pelo uso de um elemento lingüístico num contexto. Mas não podemos oferecer como definição de pragmática nada a não

▼

> expressões lingüísticas que não são necessariamente sentenças), embora seja difícil dispensar os usos adjetivais de *literal*. Previne-se o leitor de que nenhum desses conceitos é inteiramente claro (ver, por exemplo, Gazdar, 1979a, 157 ss.; Searle, 1979b, capítulo 5). Há uma distinção possível entre as noções de significado de sentença e significado literal, de tal modo que, por exemplo, *kick the bucket* [literalmente, chutar o balde = morrer] tem dois significados de sentença (um como idiomatismo, outro composicional) mas somente um significado literal (a interpretação composicional, não como idiomatismo). Vamos, porém, explicar essa distinção abaixo.

ser o complemento ou o resíduo deixado pela semântica no campo do significado? Não há nenhuma integridade conceitual para o âmbito da pragmática? Podemos tentar encontrar tal unidade conceitual fazendo a distinção entre o significado da sentença e o significado da enunciação com a esperança de poder identificar a semântica com o estudo do significado da sentença e a pragmática com o estudo do significado da enunciação.

A distinção entre **sentença** e **enunciação** é de importância fundamental tanto para a semântica como para a pragmática. Essencialmente, queremos dizer que sentença é uma entidade teórica abstrata, definida numa teoria da gramática, enquanto uma enunciação é a emissão de uma sentença, um análogo de sentença ou fragmento de sentença, num contexto efetivo. Empiricamente, a relação entre uma enunciação e a sentença correspondente pode ser bem obscura (por exemplo, a enunciação pode ser elíptica ou conter fragmentos de sentença ou "falsos começos"), mas é costume (desde Bar-Hillel) pensar numa enunciação como o emparelhamento de uma sentença e um contexto, isto é, o contexto em que a sentença foi enunciada. É importante, mas extremamente difícil na prática manter sempre essa distinção no estudo do significado. Como índice da dificuldade, podemos observar que os lingüistas freqüentemente oscilam entre atribuir noções como *pressuposição, força ilocucionária, condição de verdade* a sentenças ou enunciações, embora importantes conseqüências teóricas possam decorrer da escolha. Podemos afirmar que a confusão, no caso, resulta da necessidade de mais distinções: portanto, Lyons (1977a) defende distinções entre sentenças de texto e sentenças de sistema, tipos de sentença e ocorrências de sentença, tipos de enunciação e ocorrências de enunciação, atos de enunciação e produtos de enunciação. É improvável, porém, que consigamos manejar se não conseguirmos fazer sistematicamente a primeira distinção (e o leitor atento, sem dúvida, pode encontrar erros desse tipo neste livro). Por razões expositivas, precisaremos usar a palavra *enunciação* de várias maneiras neste livro, mas, onde ela for usada para contrastar com *sentença*, deve ser considerada no sentido proposto por Bar-Hillel, como uma sentença (ou, às vezes, séries de sentenças) emparelhada com um contexto[16]. E este é o sentido relevante para a proposta de que a semântica trata do significado da sentença e a pragmática, do significado da enunciação. Muitos autores aceitam tacitamente essa equação, mas há vários problemas nela. Em primeiro lugar, nos casos (raros) em que o significado da sentença esgota o significado da enunciação (isto é, quando o falante quis dizer exatamente o que disse, nem mais nem menos), o mesmo conteúdo seria atribuído à semântica e à pragmática. Em outras palavras, precisaríamos restringir a noção de significado de enunciação, de modo que subtrairíamos o significado da sentença e, nesse caso, estaríamos de volta a uma definição de pragmática por resíduo. Existem, porém, outros problemas, pois há aspectos do significado da sentença que, pelo menos nas teorias vericondicionais ou em outras teorias semânticas estritas, não podem ser explicados na teoria semântica. Tais aspectos são convencionais, mas são elementos vericondicionais do significado da sentença, por exemplo, o que chamaremos *implicaturas convencionais* e (pelo menos em muitas teorias) *pressuposições* e, talvez, até mesmo aspectos da *força ilocucionária* (conceitos expostos nos próximos capítulos). Pressupondo uma semântica vericondicional, teríamos de lidar com tais aspectos do significado da sentença na pragmática e, portanto, não pode haver nenhum equacionamento direto entre significado de sentença e semântica. Com base no mesmo pressuposto, há outro problema avassalador na proposta: pois não são as sentenças, mas as enunciações que fazem declarações definidas e, portanto, é a elas que podemos atribuir condições de verdade (como foi há muito tempo observado pelos filósofos; ver, por exemplo, Strawson, 1950; Stalnaker, 1972). O argumento baseia-se parcialmente na natureza onipresente da dêixis (ver capítulo 2 abaixo) nas línguas naturais,

▼

16. Aqui, faz-se a suposição simplificadora de que aquilo que os falantes produzem – os *produtos da enunciação* de Lyons – são equivalentes a sentenças, as *sentenças do sistema* ou entidades teóricas de Lyons. A limitação de tal suposição ficará clara no capítulo 6. O outro uso principal do termo *enunciação* será como termo pré-teórico para designar "qualquer extensão de conversa, de uma pessoa, antes e depois da qual ocorre silêncio da parte dessa pessoa" (Harris, 1951, 14; adotado em Lyons, 1977a, 26).

pois sentenças como (11) são verdadeiras ou falsas apenas em relação a parâmetros contextuais, graças ao fato de que *eu*, *agora* e o tempo verbal de *sou* são variáveis que recebem valores específicos apenas em ocasiões específicas da enunciação (isto é, (11) é verdadeira apenas quando dita por certos falantes, aqueles que têm sessenta e três anos, ou verdadeira para os indivíduos apenas em determinado momento, quando eles têm sessenta e três anos):

(11)   Eu agora tenho sessenta e três anos

Esses fatos parecem estabelecer que devem ser atribuídas condições de verdade às enunciações, isto é, às sentenças mais seus contextos de enunciação associados, não a sentenças isoladas (ou, se quisermos, as condições de verdade incluem as condições de contexto). Portanto, mais uma vez, não faz nenhum sentido igualar a semântica com o estudo do significado da sentença.

Há outra formulação essencialmente da mesma proposta: a semântica deve interessar-se pelo significado fora do contexto, ou do significado não dependente do contexto, e a pragmática pelo significado em contexto. A versão forte dessa formulação, aparentemente sustentada por Katz (1977), pressupõe que haja um certo nível natural e dado de significado independente do contexto, e que esse significado da sentença pode ser descrito independentemente e antes do significado da enunciação. Como argumentamos, porém, e ilustrarei abaixo, não parece ser esse o caso. Pois, se aceitamos uma semântica vericondicional, somos obrigados a formular condições de verdade para sentenças em contexto ou, se preferirmos (como Katz preferiria), que a semântica se ocupe de aspectos do significado atribuídos por convenção a formas lingüísticas, incluiremos na semântica aspectos do significado dependentes do contexto. Uma versão mais fraca da mesma proposta seria considerar que a semântica é uma abstração a partir de enunciações dependentes do contexto, na medida em que isso for possível (como sugerem Carnap, 1959, 13; Lyons, 1977a, 591). Seja como for, não parece que possamos nos valer da distinção entre significado da sentença e significado da enunciação para esclarecer a distinção entre semântica e pragmática.

Resta-nos a definição grosseira segundo a qual a pragmática se interessa pelo estudo dos aspectos do significado não abrangidos pela semântica. Apesar de muitas vantagens, tal definição deixa de chamar a atenção para o caráter unificador dos fenômenos pragmáticos. Voltemo-nos para uma outra definição que daria uma posição mais central à natureza dependente de contexto de tais fenômenos:

(12)   A pragmática é o estudo das relações entre a língua e o contexto que são básicas para uma descrição da compreensão da linguagem

No caso, o termo **compreensão da linguagem** é preferido pelos que trabalham com inteligência artificial, para chamar a atenção para o fato de que a compreensão de uma enunciação envolve muito mais do que conhecer os significados das palavras enunciadas e as relações gramaticais entre elas. Acima de tudo, compreender uma enunciação envolve fazer *inferências* que ligarão o que é dito ao que é mutuamente suposto ou ao que foi dito antes.

Os pontos fortes dessa definição são os seguintes. Primeiro, ela reconhece que a pragmática está essencialmente interessada na inferência (Thomason, 1977): dada uma forma lingüística enunciada num contexto, uma teoria pragmática deve dar conta da inferência de pressuposições, implicaturas, força ilocucionária e outros implícitos pragmáticos. Segundo, ao contrário da definição (8), ela não faz distinção entre semântica e pragmática no sentido de codificado/não codificado; isso é importante porque, como veremos, ainda há controvérsia quanto a serem ou não codificados ou gramaticalizados nas formas lingüísticas implícitos pragmáticos como as pressuposições ou a força ilocucionária. Terceiro, ela inclui a maioria dos aspectos do estudo dos princípios do uso lingüístico, pois parece haver um princípio geral do seguinte tipo: para cada conjunto sistemático de restrições ao uso da língua, haverá um conjunto correspondente de processos de inferência que serão aplicados à compreensão lingüística (ver Levinson, 1979a).

Os pontos fracos, infelizmente, são igualmente claros. Primeiro, a pragmática incluirá, então, o estudo da interação entre o conhecimento lingüístico e a totalidade do conhecimento do mundo (ou "conhecimento enciclopédico") dos participantes. Por exemplo, para compreender a historinha em (13), precisamos conhecer a seguinte miscelânea de fatos: presentes geralmente são comprados com dinheiro; cofres de porquinho são feitos para guardar dinheiro; cofres de porquinho geralmente são feitos de um material denso, como metal ou plástico; dinheiro dentro de um recipiente de material denso geralmente produz um barulho de chocalho, etc.

(13) Jill queria dar um presente de aniversário a Bill; então, ela achou o seu cofre de porquinho; ela o sacudiu, mas não fez barulho; o presente para Bill ela teria de fabricá-lo.

Este exemplo vem da pesquisa sobre inteligência artificial (Charniak, 1972), que se ocupa de tentar traduzir a significação de enunciações comuns numa representação explícita que possa ser usada por um computador para produzir respostas "inteligentes". As imensas dificuldades dessas traduções serviram para enfatizar exatamente quão grande é o papel que o conhecimento pressuposto desempenha na compreensão das enunciações.

Contudo, essa dependência interpretativa em relação às suposições de fundo foi usada como argumento contra a possibilidade de qualquer estudo sistemático da compreensão lingüística: se o conjunto das suposições potencialmente relevantes coincidir com o conjunto total de fatos e crenças dos participantes, então, estudar esse processo interpretativo seria estudar a soma total do conhecimento e das crenças humanas (Katz e Fodor, 1963). O argumento é claramente falacioso: assim como podem ser formuladas regras de dedução lógica que se aplicarão a um conjunto indefinidamente grande de proposições, assim também é inteiramente possível que os *princípios* subjacentes à interação entre enunciações e suposições (por mais específicas que possam ser) possam ser formulados de maneira simples e rigorosa. Não obstante, para que a pragmática seja considerada um *componente* da teoria lingüística (uma questão à qual retornaremos), pode ser que incluir tais princípios seja realmente incluir coisas demais. Contudo, pouca reflexão séria foi dispensada a esse problema.

Outra dificuldade enfrentada por esta definição ou delimitação de âmbito da pragmática é que ela pede alguma caracterização explícita da noção de **contexto**. Numa primeira definição, na qual a gramática foi restringida a aspectos codificados do contexto, podemos afirmar que os aspectos relevantes do contexto não devem ser especificados de antemão, mas sim ser descobertos por um levantamento das línguas do mundo. Aqui, porém, a menos que queiramos afirmar que o contexto é qualquer coisa (exceto a semântica) que produza inferências, alguma caracterização do contexto parece necessária. O que, então, podemos querer designar com *contexto*? Primeiro, precisamos fazer uma distinção entre as situações efetivas de enunciação, em toda a sua multiplicidade de aspectos, e a seleção apenas dos aspectos que são cultural e lingüisticamente importantes para a produção e a interpretação das enunciações (ver, por exemplo, Van Dijk, 1976, 29). O termo *contexto* naturalmente rotula a segunda (embora **descrição de contexto** pudesse ser um termo mais adequado, como Bar-Hillel (1970, 80) sugere). Podemos, porém, dizer antecipadamente o que esses aspectos têm probabilidade de ser? Lyons corajosamente relaciona os seguintes (1977a: 574), além dos princípios universais da lógica e do uso lingüístico: (i) o conhecimento do *papel* e do *status* (onde papel abrange tanto o papel no acontecimento lingüístico, como falante ou receptor, quanto o papel social, e *status* abrange noções de posição social relativa), (ii) o conhecimento da *localização* espacial e temporal, (iii) o conhecimento do *nível de formalidade*, (iv) o conhecimento do *veículo* (*grosso modo*, o código ou estilo adequado ao canal, como a distinção entre as variedades escrita e falada de uma língua), (v) o conhecimento do *tema* adequado, (vi) o conhecimento do *campo* (ou domínio que determina o *registro* de uma língua). Ochs (1979c), numa discussão mais detalhada da noção, observa que "O âmbito do contexto não é fácil de definir ... devemos considerar o *mundo social e psicológico em que o usuário da língua opera em determinado momento*" (p. 1); "ele inclui, no mínimo, as crenças e suposições dos usuários da língua a respeito de cenários temporais, espaciais e sociais; ações passadas, presentes e futuras (verbais, não verbais), e o estado do conhecimento e da atenção dos participantes da interação social em questão" (p. 5). Tanto Lyons como Ochs enfatizam que o contexto não deve ser compreendido de modo que exclua os aspectos lingüísticos, já que esses aspectos muitas vezes provocam as suposições contextuais relevantes (um fato bem estabelecido por Gumperz (1977), que chama tais aspectos lingüísticos *sugestões de contextualização*). Certamente, neste livro, precisaremos incluir as crenças dos participantes a respeito da maioria dos parâmetros acima, inclusive o lugar que a enunciação em curso ocupa na seqüência de enunciações que constituem o discurso. Outros autores foram mais modestos: "Deixei o conceito central deste trabalho, isto é, o *contexto pragmático*, na imprecisão quase que completa, e isto pela simples razão de que não vejo nenhuma maneira clara de reduzir a imprecisão no momento" (Bar-Hillel, 1970, 80). Embora, no sentido sugerido por Lyons ou Ochs, possamos reduzir a imprecisão fornecendo listas de aspectos contextuais relevantes, parece que não temos nenhuma teoria disponível para prever a relevância de tais traços, e isto talvez seja um embaraço para uma definição que parece valer-se da noção de contexto[17].

Outra linha de ataque a uma definição desse tipo começaria por questionar a noção de *compreensão lingüística*. Como construí-la? Uma resposta razoável e, talvez, a única plausível, seria dizer que compreender uma enunciação é decodificar ou calcular todo o significado que pode ter sido pretendido pelo falante da enunciação (cf. Strawson, 1964). Nesse caso, a noção de significado do falante é explicada da melhor forma, mais uma vez, por referência ao conceito de significado-nn de Grice, pois estamos interessados apenas nas inferências aberta ou intencionalmente comunicadas. Portanto, a definição realmente resulta

▼

17. Para fins específicos, os pragmaticistas costumam restringir a natureza do contexto conforme os problemas que têm pela frente: portanto, num trabalho que lida, em sua maior parte, com a pressuposição e a implicatura, "os contextos são conjuntos de proposições limitados apenas pela coerência ... Os conjuntos coerentes de proposições que compreendem contextos devem ser interpretados como a 'lista de compromissos' própria do falante singular, no sentido de Hamblin (1971, 136)" (Gazdar, 1979a, 130), enquanto, num trabalho preocupado com a interpretação literária, "o contexto é interpretado como um 'acontecimento complexo', por exemplo, como um par ordenado de acontecimentos, dos quais o primeiro causa o segundo. O primeiro acontecimento é – *grosso modo* – a produção de uma enunciação pelo falante, o segundo a interpretação da enunciação pelo ouvinte" (Van Dijk, 1976, 29). Claramente, porém, uma teoria geral dos aspectos do contexto relevantes para a produção e a interpretação deve ser mais ampla do que qualquer uma destas.

no seguinte: a pragmática é o estudo do papel que o contexto desempenha no significado do falante (ou da enunciação). Contudo, como deixamos de apresentar uma noção clara de contexto, é provável que o que incluímos no contexto seja tudo o que excluímos da semântica à guisa de relações de significado. E, então, parece que estamos de volta à idéia de que a pragmática diz respeito a quaisquer aspectos do significado não incluídos na semântica. (Nesse caso, pode-se objetar que o conceito problemático de contexto foi introduzido gratuitamente.) Certamente, as duas definições ((9) e (12)) não estão distantes, mas pode-se afirmar que, pelo menos, a que se concentra na natureza do contexto deixa claro que um dos objetivos de uma teoria pragmática consiste em explicar essa natureza.

Voltemo-nos agora para uma das definições preferidas na literatura, ainda que, na maioria das vezes, de forma implícita. Esta definição tornaria central para a pragmática uma noção de **adequação** ou **felicidade**:

(14) Pragmática é o estudo da capacidade dos usuários da língua de emparelhar sentenças com os contextos em que elas seriam adequadas.

Tal definição deve soar bem, para aqueles que desejam colocar a pragmática em pé de igualdade com outros aspectos da investigação lingüística. Pois, para que a pragmática seja considerada um aspecto da competência lingüística no sentido de Chomsky, então, como outros aspectos, ela deve consistir em alguma capacidade cognitiva abstrata. Além disso, tal visão oferece um bom paralelo com a semântica: pois, assim como uma teoria semântica está interessada, digamos, na atribuição recursiva de condições de verdade a fórmulas bem-formadas, a pragmática está interessada na atribuição recursiva de **condições de adequação** ao mesmo conjunto de sentenças com suas interpretações semânticas. Em outras palavras, uma teoria pragmática, em princípio, deve prever, para toda e qualquer sentença bem-formada de uma língua, numa interpretação semântica específica, o conjunto de contextos em que seria adequada.

Tal visão goza de muito apoio, não apenas entre os lingüistas (ver, por exemplo, Van Dijk, 1976, 29; Allwood, Andersson e Dahl, 1977,

153; Lyons, 1977a, 574), mas também entre os filósofos (originalmente, Austin, 1962, e Searle, 1969). Infelizmente, porém, ela sofre de muitos problemas. Primeiro, como veremos, a maioria das definições de pragmática ocasionará sobreposições com o campo da sociolingüística, mas esta definição teria como conseqüência a identidade exata com a sociolingüística, interpretada, à maneira de Hymes (1971), como o estudo da **competência comunicativa**. Segundo, ela exige uma idealização fundamental de uma comunidade discursiva culturalmente homogênea ou, então, a construção de *n* teorias pragmáticas para cada língua, onde *n* é o número de subcomunidades culturalmente distintas. Por exemplo, num povoado do sul da Índia, onde pode haver, digamos, vinte castas distintas, uma única partícula honorífica pode ter apenas um significado (por exemplo, o falante é inferior ao destinatário), mas tem vinte regras distintas para o seu uso *adequado*: alguns membros de uma casta podem usá-la com seus primos cruzados, outros apenas com seus parentes por casamento, etc. (para os casos reais, ver Levinson, 1977). Terceiro, os falantes de uma língua nem sempre se comportam da maneira recomendada pelos costumes vigentes – eles podem ser escandalosos ou "inadequados" de alguma outra maneira. Tal definição faria os dados da pragmática colocarem-se numa relação bastante abstrata com o que é efetivamente observável no uso da língua, quando, para muitos lingüistas, uma das principais contribuições da pragmática foi dirigir a atenção novamente para o uso efetivo da língua. Quarto, parece ser um fato que as imposições pragmáticas são geralmente anuláveis ou não invariáveis. Suponha que tentemos, por exemplo, formular descrições da noção pragmática de pressuposição em termos de condições de adequação; descobriremos que elas fazem predições erradas a respeito das condições de uso. Por exemplo, o verbo *regret* [arrepender-se, lamentar] parece pressupor que a oração a ele subordinada é verdadeira e, então, poderíamos tentar a seguinte caracterização: a sentença *John doesn't regret cheating* [John não se arrepende de ter trapaceado] só pode ser usada adequadamente em contextos em que se saiba (ou acredite) que John trapaceou. Infelizmente, porém, podemos facilmente imaginar um contexto em que esta sentença pudesse ser adequadamente usada e no qual *não* se pressupõe que John trapaceou: por exemplo, você pensou que ele havia trapaceado, perguntou-se se agora se arrepende, mas eu lhe afirmo que ele nunca trapaceou e convenço você disso e, então, digo *So John doesn't regret cheating* [Portanto, John não se arrepende de ter trapaceado] (Gazdar 1979a, 105). O problema é bastante geral: quando os implícitos pragmáticos de uma enunciação não se encaixam no contexto, em geral, a enunciação não é de maneira nenhuma tratada como desprovida de felicidade, inadequada ou bizarra – prefere-se supor simplesmente que os implícitos pragmáticos não se aplicam. O uso da noção de condições de adequação, neste caso, simplesmente faria as previsões erradas.

Finalmente, e decisivamente, há outro problema no uso da noção de adequação como conceito primordial ou básico na pragmática. Pois há um fenômeno amplamente difundido que Grice chamou **exploração (exploitation)**: suponha que existe alguma convenção comunicativa C geral pela qual se faz A no contexto Y; suponha então que, em vez disso, alguém faça B em Y, ou faça A, mas no contexto Z; normalmente ninguém entenderá que a convenção C foi violada e que se produziu uma enunciação que não faz sentido. Ao contrário, todos entenderão que as convenções foram exploradas para comunicar mais alguma mensagem pertinente. Por exemplo, se normalmente tiro o chapéu apenas para os meus superiores, mas, ocasionalmente, tiro o chapéu para um igual, então, posso estar efetivamente fazendo ironia, com uma intenção jocosa ou hostil (o exemplo não lingüístico pretende chamar a atenção para a grande generalidade do fenômeno; para um estudo de uma prática lingüística específica e das piadas assim disponibilizadas, ver o estudo das aberturas de telefonemas de Shegloff (1979a)). A ironia é um bom exemplo do que se entende aqui por exploração e das dificuldades que tais usos colocam para uma teoria pragmática baseada na adequação, pois as ironias tiram seu efeito e seu interesse comunicativo e, portanto, sua adequação, justamente de sua inadequação. Portanto, o problema, em geral, é que, ao sermos grosseiramente inadequados, podemos, não obstante, ser supremamente adequados! É verdade que podemos precisar de alguma noção de "prática normal" (de preferência à adequação, talvez) mesmo para descrever tais fenômenos, mas seria um erro limitar a pragmática ao estudo dessa prática normal ou adequação. A pragmática deve tratar justamente desses mecanismos pelos quais um falante pode querer dizer mais ou dizer algo inteiramente diferente daquilo que efetivamente diz, explorando inventivamente as convenções comunicativas. Devemos concluir que, apesar de seus atrativos iniciais, a proposta de que a pragmática deve basear-se numa noção de adequação deve ser descartada: o uso lingüístico é elástico demais para permitir que uma teoria pragmática se baseie em tal conceito. Se, em vez disso, aceitarmos que o objetivo de uma teoria pragmática é prever o significado (no sentido griceano amplo) de uma enunciação num contexto especificado, nenhuma dessas dificuldades ocorrerá.

Neste ponto, é provável que alguém em busca de uma definição simples de pragmática esteja exausto. Uma possibilidade é recuar para uma definição *ostensiva* ou *extensional*, isto é, simplesmente fornecer uma lista dos fenômenos de que uma teoria pragmática deve dar conta (cf. Stalnaker, 1972). Tal definição poderá ser a seguinte:

(15) A pragmática é o estudo da dêixis (pelo menos em parte), da implicatura, da pressuposição, dos atos de fala e dos aspectos da estrutura discursiva.

Essa lista certamente forneceria uma indicação razoável de alguns tópicos centrais na pragmática, mas a definição não ajuda os que não estão familiarizados com esses tópicos, e tem outros inconvenientes mais sérios. Pois, como todas as definições extensionais, ela não oferece nenhum critério para a inclusão ou exclusão de outros fenômenos que possam vir a chamar nossa atenção; na melhor das hipóteses, podemos dizer que o que garante tratamento pragmático para algum novo tópico é simplesmente o consenso dos lingüistas baseado na "semelhança de família" com tópicos pragmáticos mais conhecidos. Certamente, porém, tal semelhança intuitiva deve basear-se em alguns temas comuns implícitos subjacentes – nossa dificuldade é que, quando tentamos explicitá-los, chegamos aos vários problemas experimentados em nossas primeiras tentativas de definição.

Neste ponto, podemos recuar e tentar algum esclarecimento conceitual a partir de outros ângulos. Katz e Fodor (1963) tentaram delimitar o escopo da semântica por meio de um exercício de traçado de fronteiras: o "limite superior" da semântica foi fornecido pelas fronteiras da sintaxe e da fonologia, e o "limite inferior" por uma teoria da pragmática, compreendida como uma teoria de desambiguação contextual. Usando a mesma estratégia, poderíamos dizer que o limite superior da pragmática é fornecido pelas fronteiras da semântica, e o limite inferior pela sociolingüística (e, talvez, também pela psicolingüística). Indiretamente, já exploramos essa maneira de pensar ao considerarmos a proposta de que a pragmática é "significado menos semântica", e a idéia de que alguma distinção da sociolingüística é necessária foi responsável por parte da insatisfação com muitas das definições acima. Já vimos as dificuldades de traçar uma linha divisória precisa entre a semântica e a pragmática; dado que os critérios da convencionalidade e da não-anulabilidade sempre geram conflitos de fronteiras (ver novamente a Tabela 1.1), a melhor estratégia parece ser restringir a semântica ao conteúdo vericondicional. Supondo que isto seja aceito (muitos lingüistas resistiriam), podemos voltar nossa consideração para o limite inferior, a fronteira entre a pragmática e a sociolingüística. Aí, as coisas são ainda mais problemáticas. Tomemos dois tipos paradigmáticos de fenômeno sociolingüístico e perguntemos como eles se classificam no que diz respeito a duas de nossas definições de pragmática, isto é, a definição mais restrita e a mais ampla. Considere os termos **honoríficos**, exemplificados mais simplesmente pelo pronome de tratamento singular polido nas línguas européias (como *vous* x *tu* em francês – chamemos isto o pronome V pronome T). Há várias investigações sociolingüísticas desses termos honoríficos e de seu uso (por exemplo, Brown e Gilman, 1960; Lambert e Tucker, 1976). Se adotamos a visão de que à pragmática interessam apenas os aspectos gramaticalmente codificados do contexto (ver definição (8) acima), então, podemos propor uma divisão de trabalho precisa entre as descrições pragmática e sociolingüística dos honoríficos: a pragmática estaria interessada no *significado* dos honoríficos (por exemplo, a especificação de que V codifica que o receptor é socialmente distante ou superior), enquanto a sociolingüística estaria interessada nas receitas detalhadas para o *uso* de tais itens (por exemplo, a especificação de que, entre certo segmento da comunidade discursiva, V é usado para tias, tios, professores, etc., ou quaisquer outros fatos localizados). Tais estudos seriam separados, mas complementares. Agora, porém, considere o que acontece se consideramos a pragmática como o estudo da contribuição do contexto para a compreensão lingüística: suponha que uma tia normalmente trata o sobrinho por T, mas, ocasionalmente, muda para V; então, para prever o significado irônico ou zangado pretendido, uma teoria pragmática deve ter a receita de uso detalhada que nos diz que V não é o uso normal, de modo que não deve ser considerado literalmente. Portanto, nesse âmbito mais amplo para a pragmática, a nítida divisão de trabalho desaba – as descrições pragmáticas da compreensão lingüística precisarão, pelo menos, acessar a informação sociolingüística.

Tomando outro tipo paradigmático de fenômeno sociolingüístico, a saber, as realizações fonológicas variáveis associadas aos dialetos sociais (ver, por exemplo, Labov, 1972a), perguntemos como nossas definições de pragmática tratam tais fatos. Na visão mais restrita, de que a pragmática está interessada em aspectos lingüisticamente codificados do contexto, esses fatos pareceriam estar fora do alcance da pragmática. Tal exclusão valer-se-ia de um sentido restrito de *codificação* que exigiria, *inter alia*, que as significações em questão fossem (a) intencionalmente comunicadas (e podemos agora dizer, tivessem um significado nn)) e (b) convencionalmente associadas a formas lingüísticas relevantes. Pois, como observamos, a associação de sotaques específicos (concretizados por proporções de variáveis fonológicas) a certas comunidades sociais ou geográficas geralmente não faz parte de uma mensagem intencional (Labov (1972a) argumenta que tais variáveis estão apenas muito parcialmente sob controle consciente) e tais significações sociais são associadas às formas lingüísticas mais pelo processo histórico e social regular do que por uma convenção sincrônica arbitrária. Contudo, se consideramos o âmbito mais amplo da pragmática representado pela definição que relaciona o contexto à compreensão lingüística, pode muito bem haver casos em que as variáveis sociolingüísticas seriam de relevância para a compreensão lingüística. Gumperz (1977), por exemplo, argumentou que tais variáveis podem ser usadas para evocar domínios de interpretação, por exemplo, para marcar transições da conversa informal para a conversa de negócios. Ou, considere o caso de um comediante que conta uma piada sobre um escocês, um irlandês e um inglês – ele pode muito bem valer-se de traços de sotaque imitados para marcar qual protagonista está falando. Em resumo, é provável que traçar uma fronteira entre fenômenos sociolingüísticos e pragmáticos seja um empreendimento muitíssimo difícil. Em parte, isto pode ser atribuído aos diversos âmbitos que foram reivindicados para a sociolingüística (ver Trudgill, 1978, Introdução), mas, em parte, ocorre porque os sociolingüistas estão interessados nas inter-relações entre língua e sociedade, seja qual for a forma como se manifestem nos sistemas gramaticais: a sociolingüística não é um componente ou nível de uma gramática como o são a sintaxe, a semântica, a fonologia e, muito plausivelmente, a pragmática.

Outro ângulo pelo qual poderíamos tentar o esclarecimento conceitual das questões é perguntar: quais são os **objetivos** de uma teoria pragmática? O termo *objetivo* é usado aqui da maneira especial corrente na teorização lingüística e deve ser distinguido dos objetivos finais ou motivações que possam despertar interesse numa teoria. Essas motivações finais serão o tema da seção seguinte, mas, aqui, estamos interessados no que, exatamente, esperamos que uma teoria pragmática faça. Uma maneira abstrata de pensar sobre isso é pensar uma teoria pragmática como uma "caixa preta" (um mecanismo ainda não explicado) e perguntar: qual deve ser o *input* e qual deve ser o *output* de tal teoria (ou: o que se espera que a teoria preveja, dadas quais informações específicas)? Podemos então pensar uma teoria como uma *função* no sentido matemático, que atribui um conjunto de entidades (*o domínio*) a outro conjunto de entidades (*o contradomínio*), e a pergunta é: quais são esses conjuntos de entidades? Pensando da mesma maneira sobre a sintaxe, podemos dizer que um dado conjunto de regras (uma análise sintática) é uma função cujo domínio é o conjunto de combinações possíveis de morfemas na língua L, e cujo contradomínio tem apenas dois elementos, que denotam o gramatical e o não gramatical em L[18]; ou, pensando sobre a semântica, poderíamos dizer que uma

▼

18. Ou, em outras palavras, uma função que vai *do* conjunto das combinações de morfemas *para* as sentenças bem ou mal formadas, ou uma função que *mapeia* o conjunto de combinações de morfemas *nas* sentenças bem ou mal formadas. Ver Allwood, Andersson e Dahl (1977, 9 ss.) para uma exposição elementar.

análise semântica de L tem como seu domínio o conjunto de sentenças bem-formadas de L e como seu contradomínio o conjunto de representações ou proposições semânticas que representam o significado de cada uma dessas sentenças. Não é tão evidente o que devem ser o *input* e o *output* de uma teoria pragmática.

Dois autores, pelo menos, foram explícitos sobre este tema: Katz (1977, 19) sugere que o *input* deve ser a descrição gramatical completa (inclusive semântica) de uma sentença, juntamente com informações sobre o contexto em que ela foi *enunciada*, enquanto o *output* é um conjunto de representações (ou proposições) que capturam o significado completo da enunciação no contexto especificado. Como uma sentença mais seus contextos de uso pode ser chamada enunciação, a sugestão de Katz equivale à idéia de que uma teoria pragmática é uma função cujo domínio é o conjunto de enunciações e cujo contradomínio é o conjunto de proposições. Ou, simbolicamente, se S for o conjunto de sentenças na linguagem L, C o conjunto de contextos possíveis, P o conjunto de proposições, e U o produto cartesiano de $S \times C$ – isto é, o conjunto de combinações possíveis dos membros de S com os membros de C, e se as letras minúsculas correspondentes representarem os elementos ou membros de cada um desses conjuntos (isto é, $s \in S, c \in C, p \in P, u \in U$), então:

(16) $f(u) = p$ (ou: $f(s, c) = p$)
isto é, f é uma função que atribui às enunciações as proposições que expressam o seu significado completo no contexto

Gazdar (1979, 4-5), por outro lado, deseja capturar as maneiras pelas quais as enunciações *modificam* o contexto em que são *enunciadas*; ele demonstra que a formulação de Katz é incompatível com este objetivo e sugere, em vez dela:

(17) $f(u) = c$ (ou: $f(s, c) = c$)
isto é, f é uma função de enunciações para contextos, a saber, os contextos produzidos por cada enunciação (ou: f atribui a cada sentença, mais o contexto anterior a sua enunciação, um segundo contexto causado pela sua enunciação)

A idéia, aqui, é que a própria passagem do contexto que precede uma enunciação para o contexto após a enunciação constitui o conteúdo comunicacional da enunciação. Ela sugere que a teoria pragmática como um todo deve basear-se na noção de modificação de contexto (ver mais aplicações nos capítulos 4 e 5 abaixo).

Essas duas formulações são compatíveis com as definições de pragmática como "significado menos semântica" ou como a contribuição do contexto para a compreensão lingüística. Nossas outras definições poderiam requerer formulações ligeiramente diferentes. Por exemplo, quando a pragmática é interpretada como o estudo de aspectos gramaticalmente codificados do contexto, podemos querer dizer:

(18) $f(s) = c$
onde C é o conjunto de contextos potencialmente codificados por elementos de S
isto é, f é uma teoria que "computa" a partir das sentenças os contextos que elas codificam

Ou, então, quando a pragmática é definida como o estudo das limitações à adequação das enunciações, poderíamos dizer:

(19) $f(u) = a$
onde A tem apenas dois elementos, que denotam enunciações *adequadas* x *inadequadas*
isto é, f é uma teoria que seleciona apenas os emparelhamentos felizes ou adequados de sentenças e contextos – ou identifica o conjunto de enunciações adequadas

Ou ainda, quando a pragmática é definida ostensivamente como uma lista de tópicos, poderíamos dizer:

(20) $f(u) = b$
onde cada elemento de B é uma combinação de um ato de fala, um conjunto de pressuposições, um conjunto de implicaturas conversacionais, etc.
isto é, f é uma teoria que atribui a cada enunciação o ato de fala que desempenha, as proposições que pressupõe, as proposições que implicita conversacionalmente, etc.

É claro que existem outras possibilidades e está longe de ser evidente, nesta etapa do desenvolvimento do tema, qual das muitas formulações possíveis exatamente é a melhor. Contudo, à medida que o tema se desenvolve, podemos esperar que os pesquisadores sejam mais explícitos sobre como exatamente esperam que uma teoria pragmática seja formulada.

Resumamos a discussão feita até aqui. Consideramos várias delimitações razoavelmente diferentes do campo. Algumas delas parecem deficientes: por exemplo, a restrição da pragmática a aspectos gramaticalmente codificados do contexto, ou a noção de que a pragmática deve ser construída sobre o conceito de adequação. As mais promissoras são as definições que igualam pragmática a "significado menos semântica" ou a uma teoria de compreensão lingüística que leve em consideração o contexto como complemento da contribuição que a semântica dá ao significado. Elas, porém, não estão desprovidas de dificuldades, como vimos. Até certo ponto, outras concepções de pragmática podem, ao fim e ao cabo, ser compatíveis com estas. Por exemplo, como observamos, a definição de pragmática como interessada nos aspectos codificados do contexto pode ser menos restritiva do que parece à primeira vista, pois se, em geral, (a) é provável, no final das contas, que os princípios do uso lingüístico tenham como corolário princípios de interpretação, e (b) é provável que os princípios do uso lingüístico afetem a gramática (e é possível encontrar alguma comprovação empírica para ambas as proposições), então, as teorias a respeito dos aspectos gramaticais do significado estarão estreitamente relacionadas com teorias a respeito da gramaticalização de aspectos do contexto. Por conseguinte, a multiplicidade de definições alternativas pode muito bem parecer maior do que realmente é.

De qualquer modo, embarcamos neste empreendimento de definição com a advertência de que raramente há definições satisfatórias de campos acadêmicos e o propósito era simplesmente esboçar os tipos de interesses e os tipos de problemas de delimitação nos quais os pragmaticistas estão implicitamente interessados. Como foi sugerido no início, se queremos realmente saber de que se ocupa um determinado campo num determinado tempo, devemos simplesmente observar o que fazem os praticantes. O resto deste livro estará interessado, em boa parte, numa visão geral de algumas das tarefas centrais com que lidam os pragmaticistas.

Antes de proceder a um exame das motivações que se encontram por trás do desenvolvimento do campo nos últimos anos, seria bom também esclarecer o papel que a pragmática pode desempenhar na teoria lingüística como um todo. Não há nenhuma dúvida de que alguns pesquisadores vêem a pragmática como um comentário contínuo sobre métodos e interesses lingüísticos correntes e seu papel como a justaposição do uso lingüístico efetivo com os dados altamente idealizados em que boa parte da teorização atual se baseia. Vistas por este lado, as tentativas de delimitar a pragmática das maneiras exploradas acima fariam pouco sentido; a pragmática não seria um componente ou nível da teoria lingüística, mas uma maneira de lançar um novo olhar sobre os dados e métodos da lingüística. Nesse caso, a pragmática seria um campo mais aparentado com a sociolingüística do que com a semântica. Portanto, vale a pena perceber que, sejam quais forem os méritos dessa visão, há necessidade de um tipo de teoria pragmática que possa ocupar seu lugar ao lado da sintaxe, da semântica e da fonologia dentro de uma teoria geral da gramática.

Podemos propugnar a favor da necessidade de um componente pragmático numa teoria integrada da capacidade lingüística de várias maneiras. Uma delas é considerar a relação da tricotomia pragmática-semântica-sintaxe com a dicotomia competência-desempenho (*competence/performance*) proposta por Chomsky (ver Kempson, 1975, capítulo 9). Na visão de Chomsky, as gramáticas são modelos de competência, onde competência é o conhecimento de uma língua idealizada, distanciada (especialmente) da irregularidade ou do erro e da variação; a isto Katz acrescentou, influentemente, a idealização mediante distanciamento do contexto (ver Lyons, 1977a, 585-91, para a discussão dos tipos de idealização). Nessa visão, na medida em que a pragmática se interessa pelo contexto, pode-se afirmar que, por definição, a pragmática não é parte da competência e, portanto, não está dentro do âmbito das descrições gramaticais. Agora, porém, suponha que exigimos que as descrições gramaticais adequadas incluam especificações do significado de todos os vocábulos de uma língua [e tal exigência tem sido geralmente aceita]; então, encontramos palavras cujas especificações de significado só podem ser dadas por referência a contextos de uso. Por exemplo, o significado de palavras como *well*, *oh* e *anyway*, em inglês, não pode ser explicado simplesmente por formulações de conteúdo independente de contexto; antes, temos de nos referir a conceitos pragmáticos como relevância, implicatura ou estrutura discursiva (essa afirmação será substanciada nos capítulos abaixo). Portanto, ou as gramáticas (modelos de competência) devem fazer referência à informação pragmática ou não podem incluir descrições léxicas completas de uma língua. Contudo, se o léxico não é completo, então, tampouco é provável que o sejam a sintaxe, a semântica e a fonologia. Há outros argumentos que foram construídos seguindo as mesmas linhas gerais no sentido de que, para capturar processos regulares (por exemplo, regularidades sintáticas), devemos reportar-nos a conceitos pragmáticos (ver, por exemplo, Ross, 1975), argumentos esses que surgirão de quando em quando nos capítulos abaixo.

Outro tipo mais forte de argumento é o seguinte. Para construir uma teoria integrada da competência lingüística, é essencial descobrir o ordenamento lógico dos componentes ou níveis. Por exemplo, Chomsky argumentou de forma elegante que a sintaxe é logicamente anterior à fonologia, pelo fato de que a descrição fonológica exige referência a categorias sintáticas, mas não vice-versa; a sintaxe, portanto, é **autônoma** no que diz respeito à fonologia, e a fonologia (não autônoma no que diz respeito à sintaxe) pode ser vista como receptora de um *input* sintático, com base no qual as representações fonológicas podem ser construídas. Aceitando por um momento este argumento, a questão é: é possível argumentar que existe algum componente aceito da gramática que seja não autônomo no que diz respeito à pragmática (isto é, algum componente que exija *input* pragmático)? Em caso afirmativo, a pragmática deverá ser logicamente anterior a esse componente e, portanto, deverá ser incluída numa teoria geral da competência lingüística.

Parece razoavelmente claro que é possível construir este argumento de maneira convincente. Por exemplo, já o argumento (mas ver também capítulo 2 abaixo) de que, para apontarmos que a semântica seja baseada em condições de verdade, então, as condições de verdade só podem ser atribuídas a enunciações, não a sentenças – em outras palavras, as especificações contextuais são um *input* necessário para um componente semântico e, portanto, a pragmática é (pelo menos neste aspecto)[19] anterior à semântica. Gazdar (1979a, 164-8) reúne vários argumentos detalhados nesse sentido (e os filósofos apontaram muito outros do mesmo tipo – ver, por exemplo, Donnellan, 1966; Stalnaker, 1972; Kaplan, 1978, etc.). Um desses argumentos, devido a Wilson (1975, 151), bastará aqui e é válido não apenas para a semântica vericondicional, mas, virtualmente, para qualquer teoria semântica independente da pragmática. Considere a seguinte sentença:

(21)   Casar-se e ter um filho é melhor do que ter um filho e casar-se

No capítulo 3 serão dados bons argumentos para sugerir que a palavra *e*, em si, não significa (não tem o conteúdo semântico) "e então", mas é neutra no que diz respeito à dimensão temporal. Portanto, não há nenhuma diferença de conteúdo *semântico* entre *p e q* e *q e p* ou entre "casar-se e ter um filho" e " ter um filho e casar-se". Como, então, explicar que (22) não signifique o mesmo que (21)?

(22)   Ter um filho e casar-se é melhor do que casar-se e ter um filho

Temos de fornecer uma descrição pragmática, no seguinte sentido: pode-se demonstrar que a leitura "e então" de ambos os *es* da primeira sentença é sistematicamente "introduzida pela interpretação" nos relatos conjuncionais de eventos por um princípio pragmático que

▼

19. Também há argumentos simples apoiando a afirmação de que a pragmática requer um *input* semântico: por exemplo, uma interpretação irônica de uma enunciação só poderá ser calculada se a interpretação semântica (ou "literal") já estiver disponível. Portanto, os dois tipos de argumentos, juntos, parecem demonstrar que a semântica e a pragmática não são mutuamente autônomas – a informação fornecida por um componente deve estar disponível para o outro.

governa o relato dos eventos: relate-os na ordem em que aconteceram ou acontecerão. Se isto for aceito, o conteúdo semântico de (21) (e identicamente para (22)) permitirá apenas a interpretação de que A é melhor do que A (onde A é composto de *p e q* ou *q e p*, neutro no que diz respeito ao ordenamento). Tal leitura é necessariamente falsa ou sem sentido e, de qualquer modo, semanticamente anômala. Só podem ser atribuídas à sentença as condições de verdade certas ou, então, a representação semântica correta, se a significação pragmática de *e* neste contexto sentencial (a saber, a interpretação "e então") for levada em conta antes que se faça a semântica. Isso equivale a um argumento conciso de que a semântica não é autônoma com respeito à pragmática e que a pragmática provê parte do *input* necessário a uma teoria semântica. Mas se a pragmática, em alguns casos, é logicamente anterior à semântica, uma teoria lingüística geral simplesmente deve incorporar a pragmática como componente ou nível na teoria integrada geral.

1.3 O PRESENTE INTERESSE PELA PRAGMÁTICA

Há várias razões convergentes para o desenvolvimento da pragmática em anos recentes. Algumas são essencialmente históricas: e entre elas está o interesse desenvolvido em parte como reação ou antídoto ao tratamento chomskyano, que vê na linguagem um dispositivo abstrato ou uma capacidade mental, dissociável dos usos, usuários e funções de linguagem (uma abstração que Chomsky tirou, em parte, do estruturalismo pós-blommfieldiano que predominava imediatamente antes da gramática gerativa transformacional). Ao procurar os meios para minar a posição de Chomsky, os *adjetivos da semântica gerativa* foram atraídos por um considerável corpo de pensamento filosófico dedicado a demonstrar a importância dos usos da língua para uma compreensão da sua natureza (trabalhos de Austin, Strawson, Grice e Searle, em particular). Até agora, a maioria dos conceitos importantes da pragmática são tirados diretamente da filosofia da linguagem. Assim que esse âmbito mais amplo da lingüística americana dominante foi estabelecido[20], a pragmática logo assumiu vida própria, pois as questões suscitadas são interessantes e importantes por direito próprio.

Contudo, também houve motivações poderosas de um tipo diferente. Em primeiro lugar, à medida que o conhecimento da sintaxe, da fonologia e da semântica de várias línguas aumentou, ficou mais claro que há fenômenos específicos que só podem ser naturalmente descritos recorrendo-se a conceitos contextuais. Por um lado, várias regras sintáticas parecem ser adequadamente formuladas apenas se nos referirmos a condições pragmáticas, e o mesmo vale nas questões do acento e da entonação[21]. Em resposta a esses aparentes exemplos contrários a uma noção de competência lingüística independente de contexto, é possível simplesmente recuar: podemos deixar as regras sem formulação exata e permitir que gerem sentenças inaceitáveis, atribuindo a uma teoria de pragmática do desempenho (*performance*) a tarefa de "filtrar" e descartar as sentenças aceitáveis. Tal manobra não é inteiramente satisfatória porque a relação entre a teoria da competência e os dados em que ela se baseia (no fundo, intuições a respeito da aceitabilidade) torna-se abstrata a ponto de exemplos contrários à teoria poderem ser descartados por explicações *ad hoc*, *a menos que* uma pragmática sistemática já tenha sido desenvolvida.

Uma outra saída é permitir que a pragmática e outros componentes ou níveis lingüísticos interajam. Os argumentos favoráveis e contrários a estas duas posições nunca foram completamente explícitos e, por causa de sua natureza altamente dependente da teoria, são tratados, neste livro, apenas de passagem (ver, porém, Gordon e Lakoff, 1975; Ross, 1975; Gazdar e Klein, 1977; Lightfoot, 1979, 43-4).

Por outro lado, alguns desenvolvimentos simultâneos na semântica isolaram fenômenos intratáveis de um tipo paralelo: pressuposições, atos

▼

20. Vale a pena observar que muitas outras escolas do pensamento lingüístico sempre deram como certo um âmbito assim mais amplo, por exemplo, a escola de Praga, a chamada escola de Londres e mesmo os glossemáticos. Para um tratamento dos desenvolvimentos históricos nos Estados Unidos, ver Newmeyer, 1980.
21. Uma lista geral útil de limitações pragmáticas à forma lingüística pode ser encontrada em Gazdar, 1980a (ver também Green, 1978a).

de fala e outros implícitos dependentes de contexto, juntamente com fenômenos problemáticos como os termos honoríficos e certas partículas de discurso, que por muito tempo haviam recebido pouca atenção na obra dos gramáticos gerativos. Além disso, o pensamento a respeito da natureza do léxico e de como alguém poderia construir um conceito de "item lexical possível" dotado de caráter pretidivo revelou a importância das limitações pragmáticas (ver Horn, 1972; McCawley, 1978; Gazdar, 1979a, 68ss). É com estas questões, que surgem do estudo do significado, que este livro está centralmente preocupado.

Além desses problemas específicos que parecem exigir soluções pragmáticas, também há várias motivações gerais para o desenvolvimento da teoria pragmática. Uma das mais importantes é a possibilidade de que a pragmática possa levar a uma simplificação radical da semântica[22]. Essa esperança baseia-se no fato de que podemos demonstrar que os princípios pragmáticos do uso lingüístico sistematicamente "inferem" das enunciações mais do que elas significam convencional ou literalmente. Tais implícitos regularmente sobrepostos podem, então, tornar-se bastante difíceis de separar da sentença ou do significado literal; para distingui-las, os teóricos têm de construir ou observar contextos em que os implícitos pragmáticos costumeiros não são válidos. Por exemplo, parece perfeitamente natural afirmar que o quantificador *algumas* em (23) significa "algumas e não todas":

(23)   Algumas moedas de dez centavos são rejeitadas por esta máquina de vender

e esta seria a base da interpretação natural de um aviso com esta mensagem grudado na máquina. Suponha, porém, que estou tentando usar a máquina, tento colocar moeda após moeda sem sucesso, e enuncio (23); então, posso muito bem comunicar:

(24)   Algumas e talvez todas as moedas de dez centavos são rejeitadas por esta máquina de vender

▼

22. Daí a expressão *pragmática radical*, como no título de Cole, 1981, embora a expressão *semântica radical* pudesse ser mais adequada.

na verdade, eu poderia dizer isso sem contradição. Diante desses fatos, o semanticista deve sustentar que *algumas* é ambíguo porque tem as leituras "algumas, não todas" e "algumas e talvez todas" ou permitir uma descrição pragmática das diferentes interpretações. (Podemos construir argumentos paralelos para a palavra *todas* e, na verdade, para a maioria dos itens lexicais de uma língua.) Esta descrição pragmática explicaria como os princípios do uso lingüístico permitem aos destinatários "inferir" o implícito "não todas". Como tal descrição pragmática está disponível, conforme se verá no capítulo 3, podemos deixar que a semântica simplesmente forneça uma leitura compatível com "algumas e talvez todas". Tal divisão de trabalho não apenas reduzirá aproximadamente à metade o tamanho do léxico (ao dar conta de interpretações diferentes das palavras por um princípio externo geral), também simplificará imensuravelmente a base lógica da semântica – a palavra *algumas* pode ser igualada diretamente ao quantificador existencial na lógica de predicados (enquanto a leitura "algumas e não todas", ao ser considerada como básica, conduz a sérias contradições internas: ver Horn, 1973 e capítulo 3 abaixo). Desta maneira, ao aliviar a semântica de fenômenos que resistem ao tratamento semântico mas podem ser tratados pela explicação pragmática, há considerável esperança de que a pragmática possa simplificar as teorias semânticas.

Outra forte motivação geral do interesse pela pragmática é a crescente percepção de que há uma lacuna muito substancial entre as presentes teorias lingüísticas da linguagem e as atuais descrições da comunicação lingüística. Quando os lingüistas falam do objetivo da teoria lingüística como a construção de uma descrição da correspondência som-significado para o conjunto infinito de sentenças em cada língua, pode-se, talvez, inferir que uma teoria assim grandiosa ofereceria *eo ipso* uma descrição, pelo menos, dos elementos essenciais de como nos comunicamos usando a linguagem. Contudo, se o termo *significado* nessa correspondência está restringido ao *output* de um componente semântico, é provável que os interessados numa teoria da comunicação lingüística fiquem muito desapontados. Pois se torna cada vez mais claro que uma teoria semântica sozinha só pode dar-nos uma parte e talvez apenas uma parte pequena, ainda que essencial, de uma descrição geral da compreensão lingüística. A lacuna substancial que falta transpor entre uma teoria semântica (juntamente com uma teoria sintática e fonológica) e uma teoria completa da comunicação lingüística será demonstrada ao longo de todo este livro. Onde podem ser buscadas explicações para as insinuações, segundas intenções, suposições, posturas sociais, etc., que são eficazmente comunicadas pelo uso da língua, sem mencionar as figuras do discurso (por exemplo, a metáfora, a ironia, as questões retóricas, as atenuações), que têm preocupado os teóricos da retórica e da literatura? Essas inferências comunicadas podem ser de tipo bastante diverso. Considere, por exemplo, os seguintes excertos de conversações gravadas[23], nos quais as respostas a uma enunciação indicam que, para os participantes da enunciação, ela carregava os implícitos (ou algo semelhante a eles) indicados nos colchetes:

(25) A: Eu podia comer esse bolo inteiro. [implícito: Parabéns pelo bolo]
B: Obrigada
(26) A: Você tem café para viagem?[24] [implícito: Venda-me café para viagem se puder]
B: Creme e açúcar? ((começa a despejar o café))
(27) B: Olá, John
A: Como está?
B: Diz aí: o que vocês vão fazer? [implícito: Tenho uma sugestão quanto ao que poderíamos fazer juntos]
A: Bem, nós vamos sair. Por quê?
B: Eu ia mesmo dizer para sair ...

Também há casos em que a localização de uma troca verbal num tipo específico de atividade parece autorizar inferências específicas:

▼

23. Extraídos, com simplificações ortográficas, das seguintes fontes: (25), transcrição do autor; (26) de Merritt, 1976; (27) de Atkinson e Drew, 1979, 143; (28) de Gumperz e Herasimchuk, 1975, 109 ss.; (29) de Schegloff, 1979a. Os parênteses duplos encerram descrições que não fazem parte da gravação de fala; outras convenções são desenvolvidas no capítulo 6.
24. Expressão idiomática norte-americana para "café para viagem, não para ser bebido no estabelecimento".

(28)   (*Numa sala de aula*)
       Professor: Johnnie, como se soletra *Ann*?
       Johnnie: A, N, N
       ((material interpolado))
       Professor: OK, Isabel. Você está vendo algum nome conhecido na
            página?
       Isabel: Ann
       Professor: Foi o que Johnnie falou [implícito: Esse não vale]
(29)   (*Iniciando uma conversa por telefone*)
       Autor da chamada: ((toca))
       Receptor: Alô
       Autor da chamada: Olá [implícito: Sei quem é você, e você, pela
            minha voz, pode dizer quem eu sou]
       Receptor: Ah, olá [implícito: Sim, eu sei quem é você]

Cada um destes exemplos, ou outros similares, serão tratados nas páginas abaixo, juntamente com exemplos mais familiares de implícitos pragmáticos. A idéia central aqui, porém, é que a existência de um grande número desses implícitos, alguns dos quais possuem apenas a mais tênue relação com o conteúdo semântico do que é dito, realça a necessidade de uma teoria ou de teorias que complementem a semântica e ofereçam uma descrição relativamente completa de como usamos a língua para nos comunicarmos.

Finalmente, outra motivação geral muito importante para o recente interesse pela pragmática é a possibilidade de que venham a ser propostas explicações **funcionais** significativas para os fatos lingüísticos. As explicações lingüísticas mais recentes tendem a ser internas à teoria lingüística: isto é, certo traço lingüístico é explicado por referência a outros traços lingüísticos ou a aspectos da própria teoria. Contudo, há outro tipo possível de explicação, muitas vezes mais eficaz, no qual certo traço lingüístico é motivado por princípios externos ao âmbito da teoria lingüística: por exemplo, parece possível que os processos sintáticos conhecidos como *restrições de ilha* (Ross, 1967) venham a ser explicados com base em princípios psicológicos gerais (ver, por exemplo, Grosu, 1972). Este modo de explicação, por referência a fatores externos (especialmente causas e funções), muitas vezes é chamado **funcionalismo** (ver, por exemplo, Grossman, San e Vance, 1975). Ora, existe a possibilidade de que a estrutura lingüística não seja independente (ao contrário das conhecidas idéias de Chomsky) dos usos a que é submetida. Isso quer dizer que talvez seja possível propor explicações funcionalistas poderosas dos fenômenos lingüísticos fazendo referência a princípios pragmáticos. Na verdade, para muitos pensadores tais explicações parecem ser evidentemente do tipo certo (cf. Searle, 1974; Givon, 1979a, 1979b). Por exemplo, podemos observar o fato de que quase todas as línguas do mundo têm os três tipos básicos de sentença: imperativas, interrogativas e declarativas (Sadock e Zwicky, no prelo). Visto que estas sentenças parecem ser usadas paradigmaticamente para ordenar, perguntar e afirmar, respectivamente, podemos argumentar que não faz sentido buscar motivações lingüísticas internas para esses três tipos de sentença: eles são recorrentes nas línguas do mundo porque os seres humanos talvez sejam especificamente concernidos por três funções da língua em particular – a organização das ações de outras pessoas, a obtenção de informações e a comunicação de informações. (É claro que desconfiamos de que essa explicação seja *post hoc*: precisaríamos de indícios independentes de que essas três atividades são realmente predominantes na vida social.) Ou poderíamos observar que a maioria das línguas possui maneiras, muitíssimo elaboradas em muitas línguas, de codificar o *status* social relativo entre os participantes: mais uma vez, parece necessária uma explicação funcional em termos de princípios universais (ou quase universais) de organização social (ver, por exemplo, Brown e Levinson, 1978). Na verdade, poderíamos esperar ainda mais da explicação funcional: boa parte do maquinário sintático de uma língua parece estar voltado para a reorganização linear do material em sentenças (como nas construções passivas ou topicalizadas), uma reorganização que não parece afetar substancialmente o conteúdo semântico (verifuncional). Qual é, então, o propósito desse maquinário derivacional tão elaborado? Pode ser que ele exista essencialmente para o fim de entrosar a construção de sentenças e os princípios pragmáticos: por exemplo, para colocar o conteúdo informacional em primeiro e em segundo plano[25]

▼

25. Ver Givon, 1979a; Foley e Van Valin, no prelo.

(ou, nos termos preferidos neste livro, para evocar certos implícitos pragmáticos).

Uma das motivações para a pesquisa em pragmática pode ser, então, estabelecer os efeitos dos usos da língua na estrutura da língua. Tal pesquisa, porém, requer um esclarecimento fundamental do *explicans*, isto é, da matriz funcional que deve produzir explicações da estrutura lingüística. Infelizmente, muitos exemplos recentes de tal trabalho utilizaram princípios explicativos que ficavam bastante imprecisos (ver M. Atkinson, 1982). É importante, pois, que haja princípios e estruturas pragmáticas suficientemente bem definidos para tornar tais explicações funcionais precisas e passíveis de comprovação.

Como, então, devemos pensar nos usos da língua de uma maneira que possa fornecer descrições funcionais da estrutura lingüística? Podemos nos voltar para as abordagens tradicionais das "funções do discurso" (ver o resumo em Lyons, 1977a, 50-6). Talvez a mais conscienciosa delas seja a reformulação que Jakobson (1960) fez de esquemas anteriores (ver, especialmente, Bühler, 1934). Ele sugere que as funções do discurso podem consistir em realçar qualquer dos seis componentes básicos do acontecimento comunicacional: assim, a função **referencial** concentra-se no conteúdo referencial da mensagem, a função **emotiva** no estado do falante, a função **conativa** nos desejos do falante de que o destinatário faça ou pense tal e tal coisa, a função **metalingüística** no código usado, a função **fática** no canal (estabelecimento e manutenção do contato) e a função **poética** na maneira como a mensagem é codificada. Qualquer esquema desse tipo, porém, é de utilidade dúbia para o pragmaticista que busca princípios funcionais: as categorias são de aplicação imprecisa, não possuem motivação empírica direta e há muitos outros esquemas rivais construídos em bases ligeiramente diferentes. Talvez a única utilidade clara seja lembrar-nos que, ao contrário das preocupações de muitos filósofos e semanticistas, a língua é usada para comunicar mais do que o conteúdo proposicional do que é dito. Certamente, pouquíssimos lingüistas produziram análises dos fatos lingüísticos que façam uso de categorias funcionais brutas desse tipo (cf., porém, Halliday, 1973). Um tipo muito semelhante de empreendimento foi abraçado por filósofos interessados na noção de

ato de fala (tratado no capítulo 5): seja pelo exame de um conjunto especial de verbos chamados **verbos performativos**, seja pela análise conceitual mais abstrata, eles chegam a classificações dos fins básicos para os quais a língua pode ser usada (ver, por exemplo, Searle, 1976). Novamente, tais esquemas parecem ser excessivamente amplos para se relacionarem com aspectos detalhados da estrutura lingüística.

De que outro modo, então, poderíamos proceder? Uma possibilidade, que não foi explorada, seria tomar uma grande amostragem das línguas do mundo e perguntar quais distinções pragmáticas básicas são necessárias para descrever suas estruturas gramaticais. (O procedimento requer, naturalmente, a aceitação do pressuposto de que nem todos os traços codificados do significado são semânticos simplesmente por definição.) Observaríamos que muitas línguas têm, além dos três tipos básicos de sentenças mencionados acima, outros que parecem ter uso similarmente circunscrito: as **exclamativas**, que são usadas paradigmaticamente para expressar surpresa, as **imprecativas**, usadas para praguejar, as **optativas**, usadas para expressar um desejo, etc. (novamente, ver Sadock e Zwicky, no prelo)[26]. Algumas línguas motivariam distinções que, do ponto de vista das línguas européias, são bastante exóticas. Por exemplo, para descrever o léxico, a morfologia e a sintaxe do javanês precisaríamos distinguir três níveis de respeito para com os destinatários e dois níveis de respeito para com referentes (Geertz, 1960; Comrie, 1976b); para descrever as partículas de algumas línguas indígenas sul-americanas precisaríamos distinguir entre sentenças que são centrais em contraposição a sentenças periféricas à narração de uma história (Longacre, 1976a); para descrever os pronomes de terceira pessoa no tunica* precisaríamos distinguir não apenas o sexo do referente, mas também o sexo do destinatário (portanto, haveria duas palavras para "ela", dependendo de estarmos falando com um homem ou com uma mulher; Haas, 1964), enquanto em algumas línguas australianas

▼

---

26. Contudo, é necessário ter cautela aqui – por exemplo, o que tradicionalmente designamos como optativos no sânscrito e no grego não expressam necessariamente desejos, e talvez nem mesmo primariamente.

* Tunica: nação indígena do estado da Louisiana. (N. do T.)

os pronomes codificam a metade ou seção (divisão de parentesco) do referente ou a relação de parentesco entre os referentes (por exemplo, às vezes há duas palavras, uma das quais significa "você dual da mesma metade" e a outra "vocês dual em metades diferentes entre si"); Dixon, 1980, 2-3; Heath *et al.*, 1982); para descrever os demonstrativos do quileute* precisamos fazer uma distinção entre objetos visíveis e não visíveis para o falante (Anderson e Keenan, no prelo), etc.

Com base nesta profusão de material específico de cada língua, poderíamos ser capazes de construir alguma idéia de exatamente quais aspectos do contexto da enunciação têm probabilidade, em geral, de exercer pressões funcionais na língua. Além disso, ao considerar traços que estão direta e simplesmente codificados numa língua, podemos muito bem ser capazes de encontrar os mesmos traços codificados de maneiras mais sutis e menos visíveis na estrutura ou no uso de outras línguas. Por exemplo, apesar de não termos em inglês a gramaticalização dos níveis de respeito que existe em javanês, temos meios de expressar graus de respeito, em grande parte, por escolhas no uso de expressões: assim, (31), geralmente, seria uma solicitação mais polida do que (30):

(30)   I want to see you for a moment
       Quero vê-lo por um momento
(31)   I wondered if I could possibly see you for a moment
       Estive pensando se seria possível vê-lo por um momento

Portanto, considerando inicialmente apenas os traços gramaticalizados ou codificados do contexto nas línguas do mundo, teríamos algo como um "processo de descoberta" para as funções relevantes da língua e um limite à teorização relativamente vazia que muitas vezes acompanha a especulação a respeito das "funções do discurso". Podemos, então, prosseguir e perguntar como são (ou, na verdade, se são) realizadas as mesmas funções em outras línguas que não dispõem desses meios gramaticais. Tal maneira de proceder tem muito que a recomende, mas pouco progresso foi obtido nesta direção.

▼

* Quileute: nação indígena do estado de Washington. (N. do T.)

A todas essas abordagens dos usos do discurso pode-se fazer uma forte objeção no seguinte sentido: em vez de procurar por uma série de funções ou parâmetros contextuais estáticos, devemos atentar diretamente para o contexto dinâmico mais importante do uso lingüístico, isto é, a conversação ou interação face a face. A centralidade desta matriz funcional para o uso lingüístico não precisa ser defendida: a interação face a face é não só o contexto para a aquisição da língua, mas o único tipo significativo de uso lingüístico em muitas das comunidades do mundo e, na verdade, até um período relativamente recente, em todas elas. Os interessados em explicações funcionais dos fenômenos lingüísticos devem, então, ter um considerável interesse pela sistemática da interação face a face. A questão é como abordar da melhor maneira o estudo dessa interação. Talvez haja duas linhas de ação básicas: a análise empírica direta e a análise por síntese.

O primeiro tipo de abordagem é o que tem resultado em mais descobertas até agora, mas vale a pena considerar a possibilidade da análise da interação por síntese. A interação, no sentido abstrato pretendido aqui, pode ser compreendida como a produção seguida de cadeias de atos mutuamente dependentes, construídos por dois ou mais agentes, cada um monitorando e tomando como base as ações de outros (neste sentido, a teoria matemática dos jogos estuda um tipo de interação; ver Luce e Raiffa, 1957). Tal abordagem poderia começar adotando a distinção de Goffman (1976) entre **exigências de sistema** e **exigências rituais**, onde a primeira categoria rotula os ingredientes essenciais para a sustentação de qualquer tipo de entrosamento sistemático de ações por mais de uma parte, e a segunda os ingredientes que, apesar de não essenciais para a manutenção da interação, são, não obstante, típicos dela – são, se quisermos, as dimensões sociais da interação. Concentrando-nos nas exigências de sistema, podemos perguntar quais condições necessárias e conjuntamente suficientes devem ser cumpridas para que aconteça esse tipo altamente coordenado de comportamento interdependente que chamamos interação. Suponha, por exemplo, que tivéssemos como tarefa a programação de dois robôs, de tal maneira que eles pudessem auxiliar sistematicamente um ao outro num leque aberto de tarefas: que propriedades eles precisariam ter, além das capacidades específicas exigidas para as tarefas? (Pode ser útil pensar em termos de alguma tarefa cooperativa específica, como a produção de um edifício ou de uma máquina.) Primeiro, está claro que eles precisariam ser mutuamente orientados; cada um precisaria ter ciência do que o outro fizesse em qualquer tempo. Segundo, precisariam ter conhecimento do domínio de interação (por exemplo, o alcance de seus movimentos e as propriedades dos objetos ao redor) e o atualizarem constantemente, à medida que fosse afetado por suas ações. Terceiro, precisariam, em certo sentido, ser racionais – ter um raciocínio de fins e meios eficaz, que lhes dissesse como implementar cada objetivo desejado. Quarto, cada um precisaria ser capaz de produzir atos condicionados ao fato de os outros produzirem atos, assegurando, assim, as cadeias de atos interdependentes típicos da interação. Isto pareceria exigir a capacidade de reconstruir, a partir do comportamento de outro, o objetivo provável que esse comportamento pretendia alcançar (do contrário, não seria provável que as ações interdependentes culminassem na realização da tarefa conjunta). Quinto, precisaria haver alguma relação específica entre seus objetivos gerais (se a interação é agonística ou, na terminologia da teoria dos jogos, *soma zero*, seus objetivos devem estar inversamente relacionados; se a interação é cooperativa, deve haver alguns objetivos específicos compartilhados). Sexto, cada robô teria de saber que o outro possui essas propriedades e saber que cada um sabe disso; do contrário, um não poderia planejar racionalmente ações dependentes dos planos do outro. É possível que essas propriedades fossem suficientes, juntamente com as capacidades requeridas por tarefas específicas, para engendrar uma interpretação coordenada de ações que lembraria (remotamente) a interação humana. O propósito desse experimento é chamar a atenção para o fato de que alguns fenômenos pragmáticos podem ser explicados por referência justamente a estes tipos de traços: por exemplo, como veremos, pode-se pensar na dêixis como baseada numa suposição de orientação mútua, a pressuposição como baseada na suposição de conhecimento compartilhado de um domínio e de sua atualização, os atos de fala numa explicitação, para os outros participantes, dos nossos objetivos interacionais, a implicatura conversacional numa suposição da cooperação interacional, etc. Portanto, se tal abordagem fosse desenvolvida, poderíamos esperar que todos os conceitos essenciais para a análise dos fenômenos pragmáticos poderiam ser referidos aos elementos fundamentais da interação (para uma simulação computadorizada efetiva da conversação ao longo destas linhas, ver Power, 1979).

Na verdade, porém, ainda é provável que tal abordagem seja demasiado abstrata para fornecer descrições funcionais sistemáticas das minúcias das estruturas lingüísticas. Para começar, ela precisaria ser complementada pelo estudo das *exigências rituais*, as exigências sociais e culturais à interação. Entre estas, encontram-se as exigências transsituacionais, que prescrevem decoro social adequado, enquanto há outras adequadas apenas a momentos interacionais específicos ou a tipos específicos de acontecimentos culturais. Pode-se pensar que seria provável que tais exigências sociais, simplesmente por serem sociais, fossem culturalmente variáveis e, portanto, sem nenhum grande interesse para uma teoria pragmática geral (ou universal). Contudo, não parece ser necessariamente este o caso. Por exemplo, há claros princípios panculturais que governam a produção da interação "polida" ou socialmente adequada e pode-se demonstrar que eles têm efeitos sistemáticos na estrutura lingüística de muitas línguas (Brown e Levinson, 1978; Leech, 1980). Também está claro que há limitações rituais altamente específicas de natureza universal ou quase universal: por exemplo, quase todas as culturas parecem possuir rotinas de saudação e despedida (ver Ferguson, 1976). Mais especulativamente, também é provável que em todas as culturas existam acontecimentos sociais marcados como *acontecimentos formais* (Irvine, 1979; J. M. Atkinson, 1982) e que alguns aspectos de formalidade possuam concretizações lingüísticas universais. Aqui, novamente, houve pouquíssima pesquisa sistemática, embora tais traços universais da organização da interação sejam bons candidatos para pressões funcionais potencialmente importantes sobre a estrutura lingüística. Quaisquer que sejam os atrativos dos traços universais de interação para a explicação dos fenômenos pragmáticos universais, também há claros fenômenos pragmáticos específicos de uma língua, como na **dêixis social** e em outras partes, onde as descrições funcionais da estrutura lingüística precisariam relacionar-se com estes aspectos da interação específicos de uma cultura. Finalmente, onde há importantes divisões entre tipos de cultura e sociedade, podemos muito bem esperar diferenças sistemáticas entre as línguas associadas – por exemplo, é provável que o letramento tenha efeitos sistemáticos na estrutura léxica, sintática e semântica das línguas, mesmo que nunca tenham sido explicitados (ver Goody, 1977). Aqui, é evidente que um interesse pelo uso lingüístico motivado por abordagens funcionalistas da lingüística iria nos levar muito além dos limites da pragmática (como esboçada nas definições acima), para o domínio da sociolingüística e além. Ora, na medida em que tais traços sociais são parte do significado das enunciações, também devem ser tratados na pragmática; ainda assim, na pragmática, estas limitações sociais ao uso lingüístico e seus efeitos sistemáticos na estrutura lingüística foram pouquíssimo estudados, talvez como resultado do viés filosófico e lingüístico (sem dúvida, refletido neste livro) para o que Bühler (1934) chamou função *representacional* e Jakobson (1960), função *referencial* da linguagem.

A outra linha de investigação mais promissora consiste em explicar diretamente a natureza da interação conversacional. Os conceitos básicos da análise da conversação, tais como são empregados num ramo da **etnometodologia**, são o tema do capítulo 6. Aqui, bastará observar que esse tipo de investigação, que emprega técnicas inteiramente estranhas à tradição dominante da lingüística, revelou que a interação conversacional tem uma estrutura elaborada e detalhada, da qual temos pouquíssima consciência. Nessa área, pelo menos, oferece-se ao pretenso funcionalista um tipo de estrutura rica e intricada que pode ser mapeada na organização detalhada da estrutura lingüística e que, portanto, pode plausivelmente ser colocada numa relação causal com ela. Por exemplo, a provável existência universal de *tag-questions* (sob uma definição funcional) talvez possa estar relacionada com o fato de que operam universalmente regras de alternância de turnos, que permitem como opção o encerramento do turno do falante presente com uma seleção do falante seguinte. Contudo, até agora, poucos lingüistas aplicaram as descobertas da análise da conversação aos estudos funcionalistas da estrutura lingüística.

Finalmente, existe um outro tipo de abordagem empírica do estudo da interação e dos seus efeitos na estrutura lingüística que, poderíamos afirmar, apresenta uma nítida vantagem. Trata-se do estudo da aquisição da língua pelas crianças. Durante as primeiras etapas da aquisição, as crianças estabelecem uma matriz interacional para o aprendizado da língua e, depois, lentamente, aprendem a utilizar meios lingüísticos para promover a interação. Portanto, somos capacitados a distinguir mais facilmente o *explicans* (a estrutura interacional) do pretenso funcionalista e o seu *explicandum* (a língua). Uma segunda vantagem é que os "erros" ou incompetências das crianças revelam-nos o que as competências adultas na interação verbal devem envolver. A terceira vantagem é que, assim como as comparações translingüísticas podem revelar funções gerais da linguagem por contraste entre o que é codificado numa língua e não em outra, também as comparações entre etapas da aquisição podem ser igualmente reveladoras (Ochs, 1979a). Há uma grande quantidade de trabalhos recentes, de psicólogos e lingüistas, a respeito dessas primeiras etapas da aquisição, que possuem relevância direta para a pragmática, mas que não são examinados neste livro (ver, por exemplo, Ervin-Tripp e Mitchell-Kernan, 1977; Snow e Ferguson, 1977; Ochs e Schieffelin, 1979; e a revisão crítica de todo esse trabalho em M. Atkinson, 1982).

1.4 COMPUTANDO O CONTEXTO: UM EXEMPLO

Discussões abstratas a respeito do âmbito da pragmática, como as que examinamos acima, talvez dêem ao leitor uma idéia muito pouco clara da natureza dos fenômenos pragmáticos. Aqui, um exemplo extenso pode ajudar a esclarecer o tipo de fatos em que as teorias pragmáticas estão interessadas[27]. Consideremos uma simples troca verbal de três sentenças entre dois participantes e perguntemos que informações ela nos fornece em acréscimo às que poderiam ser dadas pelo conteúdo semântico das sentenças componentes. Mais especificamente, podemos perguntar

▼

27. O modo de explicação e algumas das idéias são derivadas de Fillmore, 1973.

que implícitos as sentenças carregam a respeito dos contextos em que estão sendo usadas. Previne-se o leitor de que o exemplo é construído, porque, no capítulo 6, serão oferecidas boas razões para dar preferência a dados conversacionais que tenham ocorrência natural. Eis a troca verbal:

(32)   (i) A: So can you please come over here again right now
        (ii) B: Well, I have to go to Edinburgh today sir
       (iii) A: Hmm. How about this Thursday?

         (i) A: Então, você pode vir aqui outra vez agora, por favor?
        (ii) B: Bem, eu hoje tenho de ir a Edimburgo, senhor
       (iii) A: Hmm. Que tal na quinta?

Não é difícil perceber que, ao compreender tal troca, fazemos um grande número de inferências (pragmáticas) detalhadas a respeito da natureza do contexto em que se pode supor que ela está ocorrendo[28]. Por exemplo, inferimos os fatos apontados em (33):

(33)   1. Não é o fim da conversa (nem o começo)
       2. A está pedindo a B que vá encontrar-se com A no momento em que falam (ou logo depois); B sugere que não pode (ou que preferiria não) aquiescer; A repete a solicitação para outro momento
       3. Ao pedir, A deve (a) querer que B venha agora, (b) pensar que é possível que B possa vir, (c) pensar que B já não está lá, (d) pensar que, de qualquer maneira, B não estava prestes a vir (e) esperar que B responda com uma aceitação ou uma recusa, e, se B aceitar, então, A também esperará que B venha, (f) pensar que o pedido seu (de A) pode ser um motivo para que B venha, (g)

▼

28. Talvez possa existir alguma confusão aqui entre inferências que os participantes, isto é, A e B, possam fazer, e inferências que observadores ou analistas – ou leitores de (32) – possam fazer. Por exemplo, dado que A e B podem *presumir* os fatos em 4, 5 e 6, podemos querer dizer que eles não os inferiram; contudo, do fato de que esperaríamos que os participantes corrigissem seus erros em tais pressuposições, podemos concluir que eles, não obstante, devem fazer as inferências para verificar que suas pressuposições são válidas. Mesmo a inferência de que a conversação não está prestes a terminar, como veremos no capítulo 5, é potencialmente uma consideração constante para os participantes. Portanto, pelo menos a maioria destas inferências são inferências que A e B devem calcular.

não estar, ou fingir que não está, em posição de ordenar a B que venha.
4. A supõe que B sabe onde A está; A e B não estão no mesmo lugar; nem A nem B estão em Edimburgo; A pensa que B esteve na casa de A antes
5. O dia em que a troca está ocorrendo não é quinta nem quarta (ou, pelo menos, é o que acredita A)
6. A é homem (ou B acredita que seja); B reconhece que A tem *status* social mais elevado do que B (ou que está desempenhando o papel de um superior)

Por mais que essas inferências sejam evidentes, a ponto de se tornarem tediosas[29], elas não são, em nenhuma delimitação razoável do âmbito da teoria semântica, parte do conteúdo semântico das três sentenças. Antes, elas refletem nossa capacidade de extrair de enunciações em seqüência as suposições contextuais que elas sugerem: os fatos a respeito das relações espaciais, temporais e sociais entre os participantes, bem como as crenças e intenções necessárias para procederem a certas trocas verbais. Mas se as inferências não são (ou não são todas) parte do significado "literal" ou conteúdo convencional do que é dito, de que fontes elas se originam? Uma possibilidade é que as sentenças simplesmente evoquem associações mentais, da mesma maneira que, por exemplo, ouvir a palavra *prognóstico* faz pensar em hospitais. Aqui, porém, não parece ser esse o caso. As inferências são sistemáticas, são decodificadas por diferentes intérpretes da mesma maneira e, sem a maioria delas, a troca não pode ser compreendida; a maioria delas, portanto, deve ser parte do que é comunicado, no sentido estrito de Grice, de significado nn. Acima de tudo, porém, podemos recuperar para cada uma dessas inferências os fatos que as acionam, a saber, aspectos da forma e da justaposição das próprias enunciações, e podemos prosseguir e especificar os princípios regulares que, dados tais aspectos das enunciações,

▼

29. Na verdade, todas essas inferências precisam de qualificação adicional de um tipo um tanto tedioso: por exemplo, a inferência 6 em (33) de que A é homem ou, pelo menos, de que B acredita que A é homem, deve ter a qualificação adicional "ou, pelo menos, B está agindo como se ele ou ela pensasse que é homem", etc.

produzem as inferências em questão. Os capítulos a seguir ocupar-se-ão, cada um deles, com princípios específicos deste tipo, mas, aqui, permitam-me identificar os aspectos das enunciações que acionam cada uma das inferências.

Primeiro, sabemos ((33) 1) que não é o fim da conversa porque a enunciação (iii) não é uma enunciação de encerramento admitida: primeiro, ela exige uma resposta de B; segundo, ela não é sinal de uma das formas de encerramento regulares que as pessoas usam na conversação (*Okay, see you later* "Está bem, te vejo depois", e assim por diante). Isto é, alguns turnos na conversa vêm em pares, de modo que uma parte do par requer a segunda parte em resposta, enquanto as conversações possuem estruturas gerais com inícios e encerramentos bem delimitados. Em resumo, temos fortes expectativas a respeito da estrutura da conversação que autorizam muitos tipos diferentes de inferência (ver capítulo 6). Também sabemos, a propósito, que não é o início (se bem que isto, sendo conhecido antecipadamente pelos participantes, não faz parte do que é comunicado) porque não há nenhuma expressão de abertura conversacional (como *hello* "olá"); além disso, a partícula *so* "portanto, então" com a qual se inicia a enunciação (i) tem a função de vincular a enunciação presente a enunciações anteriores.

Chegamos ao conhecimento dos fatos de (32) 2 de uma maneira um tanto mais complicada. Embora possamos afirmar que a forma interrogativa da primeira enunciação codifica uma pergunta, isto não é tudo o que se pretende: seria uma notável falta de cooperação se B dissesse *sim* (com o significado apenas de "sim, eu posso ir") e depois não fosse até A. De certa maneira, a forma interrogativa também pode comunicar uma solicitação, e esta interpretação é fortemente reforçada pela presença de *please* "por favor" (ver capítulo 5). Muito mais difícil é perceber como a resposta de B em (ii) pode ser compreendida como recusa a um pedido, pois não há nenhuma relação ostensiva entre o seu conteúdo semântico e essa função. Esse implícito vale-se de certa expectativa muito geral de cooperação interacional, que nos permite supor que se uma enunciação pede uma resposta (e a solicitação em (i) pede), então, podemos entender (sendo as outras coisas iguais) que a enunciação seguinte é uma resposta cabível (ver capítulos 3 e 6). Tal entendimento é forte o bastante para que, ao esbarrar numa resposta aparentemente irrelevante (como (ii) ostensivamente parece ser), seja acionada uma inferência que preservaria a suposição de relevância. Aqui, em (ii), a enunciação fornece a pista: B tem de ir a Edimburgo; portanto, se A e B estão longe de Edimburgo (e ambos sabem disso), de modo que levará o resto do dia para viajar e fazer coisas lá, então B está impossibilitado hoje; B, portanto, está, indiretamente, apresentando uma razão pela qual ele ou ela não pode ir encontrar-se com A facilmente, e, ao fazer isto, pode-se compreender que está respondendo negativamente à solicitação de A. Na verdade, há apenas um gatilho ostensivo para essa inferência: a partícula *well* "bem" em inglês serve para prevenir o receptor de que alguma inferência deve ser feita para preservar as suposições de relevância. Pode-se afirmar plausivelmente que, como *so* e muitas outras palavras, *well* não possui nenhum conteúdo semântico, apenas especificações pragmáticas de uso (ver capítulo 3; uma outra descrição dessa inferência e da função de *well* pode ser construída usando-se a noção de resposta **despreferida** exposta no capítulo 6).

Em (33) 2 também temos a inferência de que a enunciação (iii) vale como um pedido reiterado. Para explicar isto, precisaríamos, antes de mais nada, explicar como a forma *how about VERBing* "que tal + verbo no infinitivo" tem seu uso mais ou menos restrito a sugestões (novamente, esta parece uma forma lingüística que possui um significado mais pragmático que semântico, um problema discutido no capítulo 5). Então, A está sugerindo que alguém faça alguma coisa na quinta-feira. Novamente, para preservar a suposição de relevância, deve ser feita uma inferência a respeito de quem deve fazer o quê: como a última menção de alguém fazer algo envolvia B ir até A, presume-se que isso é o que A pretende e, portanto, é isso que se pode considerar que ele quis dizer. Aqui, parece que estamos nos valendo implicitamente de uma suposição extra, isto é, uma suposição de coerência tópica: se uma segunda enunciação pode ser interpretada como seqüência de uma primeira enunciação, no sentido de que se pode "ouvi-las" como preocupadas com o mesmo tópico, então, tal interpretação da segunda enunciação é autorizada, a menos que existam indicações ostensivas no sentido contrário (novamente, ver capítulos 3 e 6). Finalmente, a partícula *hmm* não pode ser simplesmente descartada como um "erro de execução" ou "pausa preenchida"; ela tem funções interacionais específicas, explicadas da melhor forma em função do sistema que governa a alternância dos turnos de fala na conversação, onde pode ser vista como (entre outras coisas) um dispositivo para não ceder o turno (capítulo 6).

Chegamos agora às inferências descritas em (33) 3. Quais são suas fontes? Já vimos que, indiretamente, a pergunta na enunciação (i) deve ser compreendida como uma solicitação. Ora, simplesmente decorre que, se A está solicitando a B que venha, e A está comportando-se racional e sinceramente, podemos supor todos os fatos descritos em (a)-(g). Por quê? Em parte porque se explicarmos o conceito de solicitar, veremos que é constituído das crenças e desejos do falante enumerados parcialmente em (a)-(g) (ver capítulo 5). Naturalmente, seria possível passar pelos passos comportamentais do solicitar sem ter nenhuma das crenças e intenções exigidas. Portanto, temos justificativa para inferir, a partir do comportamento, as crenças e intenções do falante, apenas por meio de uma suposição geral de sinceridade ou de disposição de cooperar (ver capítulo 3). Se A sabe antecipadamente que B não pode vir, então, ele está sendo enganador; mas se ele sabe que B sabe que ele sabe que B não pode vir, então, não se pode interpretar que ele está fazendo uma solicitação (a enunciação (i) pode, então, ser uma piada ou, se B estiver num estado que o torna incapacitado (digamos, ébrio), talvez uma zombaria).

As inferências em (33) 4 são mais fáceis de explicar. A palavra *here* "aqui" denota o lugar (pragmaticamente delimitado) em que o falante (A) se encontra no momento em que está falando; se B não sabe (ou não consegue descobrir) onde A está, *aqui* não é interpretável, no sentido de que B não pode cumprir solicitação de ir até lá. Portanto, A não seria plenamente cooperador ou racional se não pensasse que B sabe (ou pode descobrir) onde ele está. Também sabemos que A e B não estão no mesmo lugar (ou, pelo menos, que se encontram a certa distância um do outro). Sabemos disso porque a palavra *come*, que se traduz ora por "vir", ora por "ir" e "chegar" (pelo menos com o tempo e o aspecto que tem em (i)), denota movimento na direção do falante na ocasião em que se fala (como em *Come to breakfast, Johnny* "Venha tomar café da manhã, Johnny") ou movimento na direção do local do destinatário na ocasião em que se fala (como em *I'm coming, mother* "Já vou, mãe"). Observe que, como no caso de *here*, o significado de *come* só pode ser explicado por referência aos parâmetros pragmáticos ou contextuais (falantes, destinatários, tempos e lugares do falar). Na enunciação (i), *come* não pode denotar movimento na direção do destinatário porque o sujeito de *come* é *you*, e o destinatário não pode mover-se para onde já está. Portanto, deve denotar movimento na direção do falante; mas, novamente, o destinatário não pode mover-se na direção do falante se não há nenhuma distância significativa entre eles; portanto, A e B não estão no mesmo lugar. Aqui, podemos observar que tampouco estão em Edimburgo: sabemos disso por B porque ele diz que tem de *ir* para Edimburgo e "ir", nesse caso, significa movimento de afastamento do lugar do falante no momento da fala; sabemos disso também no caso de A, porque se A está em Edimburgo, então, o fato de B ter de ir para Edimburgo não pode ser uma desculpa para B não ir até A hoje. Fazemos todas essas inferências com base nas palavras dêiticas *come*, *go* e *here* (para não mencionar *now* "agora"), juntamente com os raciocínios a respeito da natureza de nosso mundo físico (ver capítulo 2). Uma interpretação natural (para o observador ou analista) desta estrutura dêitica é que A e B estão falando ao telefone. Finalmente, sabemos que (A acredita que) B esteve antes na presente localização de A por causa da palavra *again* "novamente": pode-se afirmar que esta é uma interpretação mais pragmática que semântica apenas porque, ao contrário das implicações semânticas, as implicações associadas com *again* normalmente não são negadas pela negação do verbo principal. Inclinamo-nos, portanto, a dizer que *again* antes **pressupõe** que acarreta semanticamente que algum acontecimento referido também aconteceu antes (ver capítulo 4).

A implicação (33) 5, de que o dia em que ocorre a fala é outro que não quarta ou quinta-feira, também se deve à dêixis (explicada no capítulo 2), pois a palavra *Thursday* "quinta-feira", na enunciação (iii), é usada de uma maneira dêitica que invoca parâmetros pragmáticos (há outros usos que não o fazem, por exemplo, *Pay day is Thursday* "O dia de pagamento é quinta-feira"). No caso do exemplo, o modificador *this* destaca uma quinta-feira específica em relação à localização do falante na semana: *this Thursday* "esta quinta-feira" significa a quinta-feira da semana em que o falante está falando[30]. Mas, estando na quinta-feira, não podemos, por convenção pragmática, nos referir à quinta-feira desta semana como *this Thursday*; em vez disso, devemos dizer *today*, "hoje". Da mesma maneira, não podemos dizer *this Thursday* na quarta-feira porque devemos dizer *tomorrow*, "amanhã". Portanto, o intercâmbio descrito em (32) não ocorre nem na quarta-feira nem na quinta-feira. (Aqui, pode haver algumas restrições diferentes de uso nas diversas variedades de inglês, e também há algumas ambigüidades interessantes; ver capítulo 2 abaixo e Fillmore, 1975.)

Finalmente, temos as inferências em (33) 6, de que A é homem e, aparentemente, tem posição social superior a B. Essas inferências baseiam-se muito razoavelmente no vocativo *sir*, pois é o que a palavra parece significar. Novamente, numa semântica vericondicional, esses significados não podem ser captados – não desejaríamos dizer que a asserção de B em (ii) é falsa se B simplesmente houvesse identificado A erroneamente e suposto erroneamente que A é um homem de posição social superior (isto faria variar as verdades em função do destinatário)[31]. Além disso, de maneira intuitiva, os significados de *sir*, aqui, não são parte do conteúdo do que é afirmado; são suposições de fundo a respeito do contexto, especificamente o tipo de pessoa a que B está se dirigindo. Podemos, portanto, dizer que *sir* **implicita convencionalmente** que o destinatário é homem e de posição social superior ao falante (ver capítulo 3).

Não há dúvida de que muitas outras inferências pragmáticas podem ser tiradas de um intercâmbio tão breve e insignificante como

▼

30. Ou a quinta-feira em uma semana, de outra maneira, pragmaticamente identificada, por exemplo, por um gesto na direção de um calendário.
31. Contudo, algumas afirmações, aquelas com *you* como argumento de um predicado, por exemplo, possuem exatamente tal relatividade. A idéia aqui se baseia no fato de que o item vocativo *sir* não é um argumento desse tipo (por exemplo, sujeito ou objeto de um verbo); assim, o significado de *sir* parece não ser parte da proposição expressa por (ii) e, portanto, parece não ser parte das condições de verdade.

esse. Mas estas servirão para indicar a natureza geral dos fenômenos de que se ocupa a pragmática. A idéia é que partindo de seqüências de enunciações, consideradas em conjunto com algumas suposições de fundo a respeito do uso lingüístico, podem comportar inferências altamente detalhadas a respeito da natureza das suposições que os participantes estão fazendo e dos fins para os quais as enunciações estão sendo usadas. Para participar do uso lingüístico comum, devemos ser capazes de fazer esse tipo de cálculo, na produção e na interpretação. Essa capacidade independe de crenças, sentimentos e usos idiossincráticos (apesar de poder referir-se aos compartilhados pelos participantes) e baseia-se, na maior parte, em princípios bastante regulares e relativamente abstratos. A pragmática pode ser considerada a descrição desta capacidade, já que opera para línguas específicas e para a língua em geral. Tal descrição deve certamente desempenhar um papel em qualquer teoria geral da lingüística.

CAPÍTULO 2

A DÊIXIS

2.0 INTRODUÇÃO

Se há um modo pelo qual a relação entre língua e contexto se reflete nas estruturas das próprias línguas de maneira mais evidente, esse fenômeno é a **dêixis**. O termo é emprestado da palavra grega que significa apontar ou indicar e tem como protótipos ou exemplares focais o uso dos demonstrativos, dos pronomes da primeira e da segunda pessoa, do tempo verbal, dos advérbios de tempo e lugar específicos como *now* "agora" e *here* "aqui", e uma variedade de outros traços gramaticais ligados diretamente às circunstâncias da enunciação.

Essencialmente, a dêixis diz respeito às maneiras pelas quais as línguas codificam ou gramaticalizam traços do **contexto da enunciação** ou do **evento de fala** e, portanto, também diz respeito a maneiras pelas quais a interpretação das enunciações depende da análise desse contexto de enunciação. Assim, o pronome *this* "isto, este(a)" não nomeia nem se refere a nenhuma entidade específica em todas as ocasiões de uso; antes, é uma variável ou marcador de lugar para alguma entidade específica dada pelo contexto (por exemplo, por meio de um gesto). Os fatos da dêixis devem servir de lembrete constante para os lingüistas teóricos do fato simples, mas imensamente importante, de que as línguas naturais destinam-se primariamente, por assim dizer, a serem usadas na interação face a face e que, portanto, há limites para a extensão em que podem ser analisadas sem que isto seja levado em conta (Lyons, 1977a, 589 ss.).

A importância da informação dêitica para a interpretação das enunciações talvez seja mais bem ilustrada pelo que acontece quando falta tal informação (Fillmore 1975, 38-9). Considere, por exemplo, que mostramos o seguinte aviso na porta do escritório de alguém:

(1)   I'll be back in an hour
       Volto em uma hora

Como não sabemos *quando* ele foi escrito, não podemos saber quando quem a escreveu retornará. Ou imagine que as luzes se apagam bem no momento em que Harry começa a dizer:

(2)   Escute, eu não estou discordando de *você*, mas de *você*, e não é quanto a *isto*, mas quanto a *isto*

Ou suponha que encontremos uma garrafa no mar e, dentro dela, uma mensagem que diz:

(3)   Encontre-me aqui dentro de uma semana com uma vara mais ou menos deste tamanho.

Não sabemos *quem* encontrar, *onde* encontrar, *quando* encontrar ou *que tamanho* de vara trazer.

As muitas facetas da dêixis são tão difundidas nas línguas naturais e tão profundamente gramaticalizadas, que é difícil pensar nelas como outra coisa que não uma parte essencial da semântica. Se se considera que a semântica inclui todos os aspectos convencionais do significado, então, talvez a maioria dos fenômenos dêiticos sejam adequadamente considerados semânticos. Contudo, pelo menos em algumas das orientações que consideramos no capítulo 1, a dêixis pertence ao domínio da pragmática porque diz respeito diretamente à relação entre a estrutura das línguas e os contextos em que elas são usadas. Todas as categorizações desse tipo são dependentes da teoria e, na visão que adotamos por conveniência, a saber, a de que a pragmática diz respeito aos aspectos do significado e da estrutura lingüística que não podem ser capturados numa semântica vericondicional, verificar-se-á que a categoria gramatical da dêixis provavelmente está em cima da fronteira semântica/pragmática.

O importante, onde quer que se trace a fronteira pragmática/semântica, é que a dêixis diz respeito à codificação de muitos aspectos diferentes das circunstâncias que cercam a enunciação, dentro do próprio enunciado. As enunciações das línguas naturais, portanto, estão diretamente "ancoradas" em aspectos do contexto.

2.1 ABORDAGENS FILOSÓFICAS

O tópico da dêixis ou, como preferem os filósofos, das **expressões indiciais** (ou simplesmente **ainda dos dêiticos**) pode ser proveitosamente abordado pela consideração de como a semântica verifuncional lida com certas expressões das línguas naturais. Suponha que identifiquemos o conteúdo semântico de uma sentença com suas condições de verdade; então, o conteúdo semântico de

(4)   Letizia de Ramolino foi a mãe de Napoleão

equivalerá a uma especificação das circunstâncias sob as quais seria verdadeira, isto, que a pessoa conhecida como Letizia de Ramolino era idêntica à pessoa que foi a mãe de Napoleão. A verdade de (4) não depende, de nenhuma maneira, de quem a diz, mas, simplesmente, dos fatos da história[1]. Suponha agora que tentemos analisar:

(5)   Eu sou a mãe de Napoleão

Não podemos avaliar a verdade desta sentença sem levar em conta quem é o falante, pois (5) é verdadeira apenas no caso de a pessoa que está enunciando a sentença realmente ser idêntica ao indivíduo que é

▼

1. O contraste, aqui, entre modos de referência independentes de contexto e dependentes de contexto não é realmente tão simples assim – em última análise, é possível que muitos tipos de expressões referenciais se valham de informações contextuais, uma idéia levantada abaixo.

a mãe de Napoleão; caso contrário, é falsa. Então, para avaliar a verdade de (5) precisamos saber, além dos fatos da história, certos detalhes a respeito do contexto em que foi enunciada (aqui, a identidade do falante). A expressão *eu*, naturalmente, não é o único traço que apresenta esse problema; os seguintes exemplos apresentam, todos, algum tipo de problema (a expressão dêitica relevante está em itálico, uma convenção que será seguida ao longo de todo este capítulo):

(6) *Você* é a mãe de Napoleão
(7) *Isto* é uma armadilha para homens do século XVIII
(8) Maria está apaixonada por *aquele* sujeito *ali*
(9) *Agora* são 12h15

Estas sentenças são verdadeiras, respectivamente, apenas no caso de ser o destinatário realmente a mãe de Napoleão, de ser o objeto indicado no momento uma armadilha para homens do século XVIII, de Maria estar realmente apaixonada pelo sujeito que está no local indicado pelo falante e, no momento em que se fala, serem realmente 12h15. Em cada caso, a dependência do contexto pode ser atribuída às expressões dêiticas ou indiciais. As sentenças que contêm tais expressões e cujos valores de verdade, portanto, dependem de certos fatos a respeito do contexto da enunciação (identidade dos falantes, destinatários, objetos indicados, lugares e tempos, etc.) não são, de nenhuma maneira, especiais ou peculiares. Com efeito, praticamente toda enunciação tem esta dependência do contexto, que se deve, em grande parte (pelo menos, em muitas línguas) ao **tempo verbal**. Pois, *grosso modo*, a seguinte enunciação será verdadeira

(10) *Há* um homem em Marte

apenas se, *no momento da fala*, houver um homem em Marte, ao passo que (11) será verdade apenas se, *em algum tempo anterior ao tempo da fala*, (10) houvesse sido verdadeira:

(11) *Havia* um homem em Marte

Tem havido um considerável interesse filosófico por expressões que possuem esta propriedade dependente do contexto, como os demonstrativos, os pronomes de primeira e segunda pessoa e os morfemas que indicam tempo verbal. Foi Peirce quem primeiro denominou tais expressões **signos indiciais** e argumentou que elas determinavam um referente por meio de uma relação existencial entre o signo e o referente (ver Burks, 1949). A categoria de Peirce, na verdade, incluía bem mais que as expressões diretamente dependentes do contexto que hoje são chamadas dêiticas ou indiciais, e seu sistema de categorias específico não foi usado com muita eficácia na pragmática lingüística (ver, porém, por exemplo, Bean, 1978).

Parte do interesse filosófico nesta área surgiu das questões de determinar (a) se todas as expressões indiciais podem ser reduzidas a uma única expressão primária e, então, (b) se esse resíduo pragmático final pode ser traduzido em alguma língua artificial livre de contexto e eterna. Russel, por exemplo, pensava que a redução descrita em (a) era possível, traduzindo todos os indiciais (ou, como ele preferia chamá-los, **particulares egocêntrics**) em expressões que contivessem a palavra *this* "este, esta", referida à experiência subjetiva. O pronome "eu", portanto, seria traduzido como "a pessoa que está experimentando isto" (para sérias dificuldades em tal tratamento, ver Gale, 1968). Reichenbach argumentou, também em apoio a (a) e com vistas a (b), que todos os indiciais envolvem um elemento de **reflexividade à ocorrência**, isto é, referem-se a si mesmos, de modo que, por exemplo, *eu* significa "a pessoa que está enunciando esta ocorrência da palavra *eu*". Esta visão pode ser atraente no início, mas apresenta muitas dificuldades (Gale, 1968). Além disto, embora realmente existam expressões reflexivas de ocorrência ou auto-referentes nas línguas naturais, como em (12) e, segundo uma opinião defensável, também em (13) (ver capítulo 5):

(12)   *Esta sentença* contém cinco palavras
(13)   Eu *por meio desta* peço desculpas

elas colocam problemas formidáveis para a análise lógica e nada se ganha assimilando os indiciais a reflexivos de ocorrência se isto puder ser evitado.

De um ponto de vista lingüístico, a pergunta (b), determinar se, no fim, as expressões dêiticas podem ser traduzidas em termos independentes do contexto sem perda de significado, talvez seja uma miragem filosófica. Afinal de contas, o que interessa é o fato de que as línguas naturais têm indiciais, e é tarefa da análise lingüística modelá-los diretamente para capturar as maneiras como são usados. Vale a pena observar, porém, que existem bons argumentos no sentido de que a redução final é impossível (Bar-Hillel, 1970, 77-8; Lyons, 1977a, 639-46).

Contudo, se houver a intenção, como parte de um programa geral de análise semântica, de ampliar as técnicas lógicas para lidar com sentenças que contêm indiciais, deve-se atentar para a sua dependência de contexto. A sintaxe e a semântica da lógica clássica (digamos, o cálculo do predicado de primeira ordem) não atentam para isto. Como os indiciais devem ser acomodados para que a noção de **conseqüência lógica**, que é aplicada, por exemplo, à inferência de (14) para (15), também possa ser aplicada à inferência de (16) para (17)?

(14) John Henry McTavitty tem seis pés de altura e pesa 200 libras
(15) John Henry McTavitty tem seis pés de altura
(16) Eu tenho seis pés de altura e peso duzentas libras
(17) Eu tenho seis pés de altura

É claro que, para que (17) seja uma inferência válida a partir de (16), o referente de *Eu* deve, de alguma forma, ser fixado – a inferência não vale se (16) e (17) forem ditas por falantes diferentes. Há várias maneiras diferentes pelas quais a lógica pode ser relativizada a contextos de enunciação para chegar a isto. Suponha, como agora é comum na semântica lógica, que encaremos uma **proposição** como uma função de mundos possíveis para valores de verdade (isto é, como uma atribuição abstrata do valor *verdadeiro* apenas aos estados de coisas que a proposição descreve corretamente – ver Allwood, Andersson e Dahl 1977, 20-3 para exposição elementar). Então, uma maneira pela qual podemos acomodar a relatividade ao contexto é dizer que a proposição expressa por uma sentença num contexto é uma função de mundos possíveis *e desse contexto* para os valores de verdade. Um contexto, aqui, será um conjunto de **índices pragmáticos, coordenadas** ou **pontos de referência** (que estão variadamente chamados) por falantes, destinatários, tempos de enunciação, locais de enunciação, objetos indicados e tudo mais que for necessário. As sentenças, portanto, podem expressar proposições diferentes em ocasiões diferentes de uso. Portanto, a inferência de (16) para (17) será válida apenas se o índice de falante e o índice de tempo forem mantidos constantes (ver, por exemplo, Montague, 1968; Scott, 1970; Lewis, 1972).

Outra maneira de lidar com os indiciais é pensar na especificação do contexto de uma enunciação como uma operação em duas etapas: o "significado" de uma enunciação é uma função de contextos (conjuntos de índices) para proposições, e estes, por sua vez, são funções de mundos possíveis para valores de verdade (Montague, 1970; Stalnaker, 1972). Nesta visão, o objetivo da pragmática (pelo menos em parte) é determinar, dada uma sentença enunciada num contexto, como aquele contexto contribui para especificar qual proposição a sentença expressa nessa ocasião de enunciação. A semântica, então, não diz respeito diretamente à língua natural, mas apenas às proposições, entidades abstratas, que as sentenças e os contextos selecionam por uma operação conjunta.

O que esta abordagem torna especialmente claro é que, embora possamos querer dizer que o significado de (17) permanece constante em diferentes ocasiões de enunciação, a proposição que ela expressa se Joe Bloggs a enuncia é diferente daquela que ela seleciona se Sue Bloggs a enuncia. Também deixa claro que as sentenças, consideradas abstratamente, em geral não expressam proposições definidas; são apenas suas enunciações em contextos específicos que expressam estados de coisas específicos, onde os contextos conseguem isto preenchendo os parâmetros pragmáticos de que os indiciais são variáveis. Nesta visão, a pragmática é logicamente anterior à semântica, isto é, o resultado do componente pragmático da teoria é o *input* para o componente semântico. Contudo, como observamos no capítulo 1, identificar a pragmática inteiramente com o aparato das condições de verdade que lidará com os indiciais é ficar sem nenhum espaço para todos aqueles aspectos da significação das línguas naturais que não são, de nenhuma maneira, passíveis de uma análise vericondicional. Quando os indiciais puderem ser tratados rotineiramente com base em condições de verdade, continuaremos, portanto, a pensar na teoria que lida com eles como parte da semântica. Contudo, está claro que nem todos os aspectos da dêixis podem ser tratados com base em condições de verdade, como veremos abaixo, e há consideráveis problemas mesmo para os casos aparentemente tratáveis. Portanto, adiaremos até 2.3 abaixo a consideração de onde exatamente a fronteira semântica/pragmática corta o campo da dêixis.

Antes de deixar os tratamentos filosóficos dos indiciais, devemos mencionar um tema de profunda importância teórica que vai muito além do escopo deste livro – isto é, a ligação da referência indicial com os elementos fundamentais da referência em geral. Inicialmente, os filósofos interessados na referência (com algumas notáveis exceções) não deram muita atenção aos indiciais (Bar-Hillel, 1970, 76); depois, começaram a tratá-los como tipos de expressão muito especiais, que requerem coordenadas ou índices contextuais, como esboçado acima. Ultimamente, eles começaram a perguntar-se se muitos tipos de expressões usadas para fazer referência não são, na verdade, indiciais disfarçados em pelo menos alguns usos. Os pontos de vista de Quine (1960) sobre a ostensão e o tratamento de Strawson (1950) das expressões referenciais anunciavam essa questão (ver Bar-Hilell, 1970, 84; Atlas, 1975b). O tratamento de Searle (1969) da referência como um tipo específico de *ação* (não como alguma correspondência misteriosa, por mais indireta que fosse, entre palavras e conjuntos de objetos) também propôs indiretamente a visão de que os indiciais estão intimamente ligados a outros tipos de referência. O fato de que as crianças na etapa inicial da aquisição da língua produzem atos de referência isolados parece sustentar a visão da referência como um **ato de fala** (ver capítulo 5) que é prototipicamente "demonstrativo" (Lyons, 1975; Atkinson, 1979). Como os pronomes demonstrativos envolvem tipicamente um gesto, parece fácil assimilar tais atos de referência a teorias gerais da ação; se pudermos, então, demonstrar que outros tipos de expressão referencial estão relacionados com os demonstrativos, tornar-se-á plausível entender a referência em geral como uma espécie de ação. Nesse contexto, Lyons (1975) propõe que a referência mediante dêiticas é, do ponto de vista ontogenético, anterior a outros tipos de referência e fornece a base para aquisição deles (ver, porém, Tanz, 1980). Contudo, foi apenas recentemente que a ligação da referência em geral aos indiciais começou a interessar os filósofos que se dedicam à semântica lógica. Donnellan (1966) começou por observar uma distinção entre dois usos das **descrições definidas** (*inter alia*, expressões nominais com o determinante *o*):

(18)   O homem que está bebendo champanhe é Lord Godolphin
(19)   O homem que conseguir erguer esta pedra é mais forte do que um touro

A primeira, muito naturalmente, teria um uso **referencial**, no qual a descrição, na verdade, poderia estar errada (por exemplo, o que o homem está bebendo é de fato limonada), mas a referência poderia ter sucesso de qualquer maneira; a segunda, muito naturalmente, teria um uso **atributivo**, no qual o falante não teria nenhum indivíduo específico em mente (poderíamos parafrasear (19) como "qualquer um que consiga erguer esta pedra é mais forte do que um touro"). Mas, em muitos casos, uma enunciação é potencialmente ambígua entre estes dois usos. A intenção do falante e a localização bem-sucedida do destinatário do referente pretendido é que importam no primeiro uso, não a adequação exata da descrição, de modo que poderíamos chamar este uso **referência do falante** (em oposição a **referência semântica**; Donnellan, 1978; Kaplan, 1978). Na verdade, assim como ocorre no demonstrativo, também na descrição definida em (18) o destinatário é convidado a olhar e identificar o referente. Mas assim foi dado um pequeno passo para começarmos a pensar que (18) é muito semelhante a (20), e que, por isso, contém elementos demonstrativos ou indiciais[2]:

(20)   Aquele homem ((o falante indica o homem que bebe champanhe)) é Lord Godolphin

▼

2. Os lingüistas também assinalaram que existe uma relação próxima entre os pronomes demonstrativos, por um lado, e o artigo definido e os pronomes de terceira pessoa, por outro lado: em muitas línguas indo-européias, estes derivam diacronicamente daqueles (Lyons, 1977a, 646-7); as condições sobre o uso estão intimamente relacionadas (Hawkins, 1978) e, como mencionado acima, no início da aquisição da linguagem, os dois tipos de referência não estão claramente diferenciados (Lyons, 1975, 1977a, 648 ss.).

E, então, começa a parecer que as expressões que fazem referência definida podem, em geral, ser usadas na referência do falante ou na referência semântica (ou atributiva), e é apenas o contexto de uso que nos diz de que maneira compreendê-las (Donnellan, 1978; Kaplan, 1978). Se é assim, então, o papel da pragmática (no sentido indexical) na fixação da proposição que uma sentença expressa é grandemente aumentado.

Contudo, nenhuma dessas abordagens filosóficas faz justiça à complexidade e à variedade das expressões dêiticas que ocorrem nas línguas naturais, e agora devemos voltar-nos para a consideração das abordagens e descobertas lingüísticas.

2.2 ABORDAGENS DESCRITIVAS

Dada a indubitável importância da dêixis para as abordagens filosóficas, psicológicas e lingüísticas da análise da língua, houve surpreendentemente pouco trabalho de natureza descritiva na área e, conseqüentemente, há falta de teorias e esquemas de análise adequados. Na ausência de teorias significativas, uma série de categorias provisórias é proposta nesta seção, juntamente com alguns exemplos de sua aplicação. Os primeiros e mais importantes trabalhos lingüísticos nesta área são os de Bühler, 1934, 79-148; Frei, 1944; Fillmore, 1966; Lyons, 1968; mas boa parte deles foi resumida e sistematizada nas obras de Lyons, 1977a, 1977b e Fillmore, 1971b, 1975, às quais devemos a maior parte daquilo que se segue. Há, porém, um corpo crescente de literatura sobre a aquisição de termos dêiticos por crianças, à maior parte da qual se faz referência em Wales, 1979, e Tanz, 1980, enquanto uma coletânea útil de observações translingüísticas pode ser encontrada em Anderson e Keenan, no prelo.

As categorias tradicionais da dêixis são **pessoa**, **lugar** e **tempo**. Resumidamente, já que dedicaremos uma seção a cada uma, essas categorias são compreendidas da seguinte maneira. A dêixis de pessoa diz respeito à codificação do **papel** dos participantes no acontecimento discursivo em que a enunciação em questão é proferida: a categoria **primeira pessoa** é a gramaticalização da referência do falante a si mesmo, a **segunda pessoa** a codificação da referência do falante a um ou mais destinatários e a **terceira pessoa** a codificação da referência a pessoas e entidades que não são falantes nem destinatários da enunciação em questão. Maneiras conhecidas pelas quais tais papéis dos participantes são codificados na linguagem são, é claro, os pronomes e as concordâncias de predicado associadas. A dêixis de lugar diz respeito à codificação das localizações espaciais *relativamente* à localização dos participantes no acontecimento discursivo. Provavelmente, a maioria das línguas gramaticaliza pelo menos uma distinção entre **proximal** (ou perto do falante) e **distal** (ou não proximal, às vezes perto do destinatário), mas muitas fazem distinções muito mais elaboradas, conforme veremos. Essas distinções são codificadas nos demonstrativos (como este × aquele) e nos advérbios dêiticos de lugar (como aqui × lá). A dêixis de tempo diz respeito à codificação de pontos e extensões temporais *relativamente* ao tempo em que uma enunciação foi pronunciada (ou uma mensagem foi escrita). A este tempo, acompanhando Fillmore (1971b), chamaremos **tempo de codificação** ou TC, que pode ser diferente do **tempo de recepção** ou TR, como o exemplo (1) deixou claro. Portanto, assim como uma dêixis de lugar codifica localizações espaciais em coordenadas ancoradas no lugar da enunciação, assim também a dêixis de tempo codifica os tempos em coordenadas ancoradas no tempo da enunciação. A dêixis de tempo é comumente gramaticalizada nos advérbios dêiticos de tempo (como "agora" e "então", "ontem" e "este ano"), mas, acima de tudo, no tempo verbal.

A essas categorias tradicionais, devemos acrescentar (seguindo Lyons, 1968, 1977a, e Fillmore, 1971b, 1975) a **dêixis de discurso** (ou **de texto**) e a **dêixis social**. A dêixis de discurso diz respeito à codificação da referência feita a porções do discurso em andamento no qual se localiza a enunciação (que inclui a expressão que faz referência ao texto)[3]. Casos de dêixis de discurso são o uso de *that* e *this* no que se segue:

(21)   Puff puff puff: *that* is what it sounded like
         Puff, puff, puff: era esse o barulho

▼

3. A reflexividade de ocorrência é, assim, um subcaso especial da dêixis de discurso; tanto *that* em (21) quanto *this* em (22) são dêiticos discursivos, mas apenas o segundo é reflexivo de ocorrência.

(22)   *This* is what phoneticians call creaky voice
         Isto é o que os foneticistas chamam voz chiante

Finalmente, a dêixis social diz respeito à codificação de distinções sociais relativas aos papéis dos participantes, particularmente a aspectos da relação social entre o falante e o(s) destinatário(s) ou entre o falante e algum referente. Em muitas línguas, distinções sutis entre o grau hierárquico relativo do falante e do destinatário são sistematicamente codificadas, por exemplo, em todo o sistema morfológico, e nesse caso falamos de **honoríficos**; tais distinções, porém, são regularmente codificadas, em línguas conhecidas, nas escolhas dos pronomes, das formas de interpelação ou vocativos e expressões de tratamento.

Os sistemas dêiticos nas línguas naturais não são organizados aleatoriamente em torno de traços de apenas qualquer um dos vários tipos de veículo e contexto em que as línguas são usadas. Antes, há uma escolha essencial do contexto conversacional face a face em que todos os humanos adquirem a linguagem, ou como Lyons (1977a, 637-8) afirmou, com um pouco mais de precisão:

> Compreendem-se melhor a gramaticalização e a lexicalização da dêixis em relação com o que poderíamos chamar situação canônica da enunciação: esta envolve a sinalização de um para um ou de um para muitos no veículo fônico ao longo do canal vocal-auditivo, com todos os participantes presentes na mesma situação efetiva em condições de se perceberem mutuamente e de perceberem os traços paralingüísticos não vocais de suas enunciações, e cada um exercendo alternadamente o papel de emissor e receptor ... Há muitas coisas na estrutura das línguas que só podem ser explicadas com base na suposição de que foram desenvolvidas para a comunicação na interação face a face. No que diz respeito à dêixis trata-se claramente disto.[4]

▼

4. Uma ilustração direta disso é fornecida por um número razoável de línguas, de troncos diferentes, que codificam uma distinção básica entre objetos visíveis e não visíveis aos participantes (ver Anderson e Keenan, no prelo). Essa distinção muitas vezes é classificada como dêixis de lugar, já que tende a manifestar-se nos demonstrativos, mas, na verdade, é uma dimensão paralela e independente da organização dêitica que deve ser acrescentada às cinco principais categorias da dêixis consideradas neste capítulo.

Além do mais, é geralmente (mas não invariavelmente) verdadeiro que a dêixis é organizada de maneira egocêntrica. Isto é, quando (para os fins da interpretação semântica ou pragmática) pensamos nas expressões dêiticas como ancoradas a pontos específicos do acontecimento comunicativo, então, supomos geralmente que os pontos de ancoragem não marcados, que constituem o **centro dêitico**, são os seguintes: (i) a pessoa central é o falante, (ii) o tempo central é o tempo em que o falante produz a enunciação, (iii) o lugar central é a localização do falante no tempo da enunciação ou TC, (iv) o centro do discurso é o ponto em que o falante se encontra presentemente na produção de sua enunciação, e (v) o centro social é a posição social e o grau hierárquico do falante, ao qual são relativos a posição e o grau hierárquico dos destinatários ou referentes. Ora, há várias exceções a isso: por exemplo, algumas línguas têm demonstrativos organizados parcialmente em torno da localização de outros participantes que não os falantes. Também há vários usos derivados, nos quais as expressões dêiticas são usadas de maneiras que deslocam esse centro dêitico para outros participantes ou, na verdade, para protagonistas de narrativas – Lyons (1977a, 579) chama isso **projeção dêitica** e Fillmore (1975), deslocamentos do **ponto de vista**. Os processos envolvidos em tais deslocamentos são essenciais para uma compreensão dos desenvolvimentos diacrônicos de várias palavras dêiticas (por exemplo, ver abaixo as observações sobre *come* "vir") e para os usos no discurso não conversacional (ver Fillmore, 1981), mas estão além do escopo deste capítulo.

Pode ser útil para os leitores visualizar esse centro dêitico não marcado se conseguirem imaginar um espaço tetradimensional, composto pelas três dimensões do espaço mais a do tempo, no centro do qual há um falante. Irradiando-se do falante há vários círculos concêntricos que distinguem diferentes zonas de proximidade espacial; através do falante passa uma "linha de tempo", na qual acontecimentos anteriores a esta presente enunciação, e acontecimentos anteriores a estes, podem ser ordenados linearmente assim como acontecimentos localizados em pontos ou períodos futuros, enquanto o discurso para o qual o falante contribui se desdobra ao longo dessa mesma linha de tempo. Para capturar os aspectos sociais da dêixis, precisaríamos acrescentar pelo menos mais uma dimensão, digamos, a de grau hierárquico relativo, na qual o falante é socialmente superior, inferior ou igual ao destinatário e a outras pessoas a que se possa fazer referência. Ora, quando falante e destinatário invertem seus papéis de participantes no ato de fala, as coordenadas de todo este mundo deslocam-se para o centro espacial-temporal-social do destinatário anterior, agora falante. Tal descrição faz a aquisição de termos dêiticos parecer um milagre, e as crianças realmente têm problemas com eles (Tanz, 1980).

É essencial distinguir diferentes tipos de *uso* da expressão dêitica. Na verdade, com *expressão dêitica* queremos nos referir a unidades lingüísticas ou morfemas para as quais o uso dêitico é básico ou central, pois a maioria dessas expressões tem usos não dêiticos. Além de usos dêiticos em contraposição a não dêiticos das expressões dêiticas, vamos distinguir diferentes tipos de uso dêitico. Acompanhando Fillmore (1971b), distingamos primeiro dois tipos de uso dêitico, isto é, o **uso gestual** e o **uso simbólico**. Termos usados de uma maneira dêitica gestual só podem ser interpretados com referência a um monitoramento áudio-visual-tátil e, em geral, físico do acontecimento discursivo. Como guia aproximado, podemos pensar que estes usos gestuais exigem, pelo menos, um videoteipe do acontecimento discursivo para que a interpretação adequada esteja disponível a partir de uma gravação. Exemplos seriam os pronomes demonstrativos usados com um gesto de seleção, como em:

(23)   *Este* é genuíno(a), mas *este* é uma falsificação

ou os pronomes de segunda ou terceira pessoa usados com alguma indicação física do referente (por exemplo, a direção do olhar), como em:

(24)   *Ele* não é o duque; *ele* é. *Ele* é o mordomo

Em geral existem algumas palavras numa língua que só podem ser usadas gestualmente: por exemplo, existem apresentativos como o francês *voici* e fórmulas usadas para brindar, como o inglês *cheers*[5]. Em

▼

5. Para uma descrição do leque crescente de usos deste termo, ver Trudgill, 1978, 8.

contraposição, os usos simbólicos dos termos dêiticos requerem, para sua interpretação, apenas o conhecimento (específico) dos parâmetros espácio-temporal básicos do acontecimento discursivo (mas também, ocasionalmente, parâmetros de papel dos participantes, de discurso e sociais). Portanto, basta conhecer a localização geral dos participantes para interpretar:

(25)   *Esta cidade* é realmente bonita

e conhecer o conjunto de destinatários potenciais na situação para interpretar:

(26)   *Vocês* todos podem vir comigo se quiserem

e saber quando a interação está ocorrendo para saber a que ano está se fazendo referência em

(27)   Não podemos arcar com férias *este ano*

Poderíamos formular a distinção desta maneira: a interpretação dos usos gestuais exige um monitoramento físico do acontecimento discursivo momento a momento, ao passo que os usos simbólicos fazem referência apenas a coordenadas contextuais disponíveis para os participantes antes da enunciação. Daí se segue que os seguintes usos são gestuais, embora o sentido do gesto, no caso, seja, é claro, vocal:

(28)   Harvey só consegue falar *nessa altura*
(29)   Não faça *agora*, mas *AGORA*!

Esses dois tipos de uso dêitico contrastam com o uso não dêitico das mesmas palavras ou morfemas. Alguns exemplos ajudarão a tornar clara essa tríplice distinção; no que se segue, os casos *a* são usos *gestuais*, os casos *b* são usos *simbólicos* e os casos *c*, usos *não dêiticos*:

(30)   a. *You, you,* but not *you,* are dismissed
        Você e *você* estão dispensados. *Você* não
        b. What did *you* say?
        O que *você* disse?

        c. *You* can never tell what sex they are nowadays
           Você nunca sabe dizer qual é o sexo deles hoje em dia

(31)   a. *This finger* hurts
           Este dedo dói
        b. *This* city stinks
           Esta cidade fede
        c. I met *this* weird guy the other day
           Conheci *esse* cara esquisito outro dia

(32)   a. Push not *now*, but *now*
           Não aperte *agora*, mas *agora*
        b. Let's go *now* rather than tomorrow
           Vamos *agora* e não amanhã
        c. *Now*, that is not what I said
           Agora, não foi isso o que eu disse

(33)   a. Not *that* one, idiot, *that* one
           Essa não, idiota, *esta*
        b. *That*'s a beautiful view
           Essa vista é bela
        c. Oh, I did this and *that*
           Oh, eu fiz isto e *aquilo*

(34)   a. Move it from *there* to *there*
           Mude-o(a) *daqui* para *lá*
        b. Hello, is Harry *there*?
           Alô. Harry está?
        c. *There* we go
           Lá vamos nós

(Observe que, na maioria dos casos, os três tipos de sentenças apenas tornam mais prováveis os três tipos de interpretação.) Aí vão mais alguns contrastes, agora entre apenas dois usos, cada um rotulado *a*, *b*, ou *c*, como antes:

(35)   a. ((Em resposta a: "Who wants another?" "Quem quer outro(a)?")) *I* do "Eu quero"
        b. ((Em resposta a: "Wilt thou have this woman to thy wedded wife" "Aceita esta mulher como sua legítima esposa?")) *I* will [Eu] "Aceito"

(36)   b. I did it ten years *ago*
           Eu o fiz dez anos *atrás*

	c. Harry had done it ten years *ago*
	Harry o fizera dez anos *antes*
(37)	b. John lives *opposite*
	John mora *em frente*
	c. John lives *opposite* Bill
	John mora em frente ao Bill
(38)	b. We can't see the chimp because it's *behind* the tree
	Não estamos conseguindo ver o chimpanzé porque ele está *atrás* da árvore
	c. When Harry's front axle buckled, he was *behind* a truck
	Quando o eixo dianteiro de Harry vergou, ele estava *atrás* de um caminhão

Alguns breves comentários sobre cada uma delas: em (35a) o pronome *I* é usado gestualmente para alguém autodenominar-se em um grupo, em (35b) tem apenas o uso simbólico; em (36b) a palavra *ago* situa o tempo em que a ação ocorreu em relação ao momento da fala, em (36c) o tempo é relativo ao tempo em que os acontecimentos da narrativa ocorreram. Em (37b) *opposite* (e, igualmente, *nearby* "perto", *around the corner* "dobrando a esquina", etc.) é compreendido como relativo ao lugar da enunciação, em (37c) ele é relativo à localização de Bill. Em (38b) *behind* localiza o chimpanzé no outro lado da árvore, em oposição aos participantes, em (38c) ele localiza Harry na extremidade traseira do caminhão.

Estas talvez sejam as distinções mais importantes no uso dos termos dêiticos, mas não são as únicas. Como veremos ao considerarmos a dêixis de discurso, entre os usos não dêiticos precisaremos distinguir os usos **anafóricos** e os usos **não anafóricos**[6]. Todos os casos *c* acima, nas suas interpretações mais naturais, são usos não dêiticos, mas também não anafóricos. Um uso anafórico é quando um termo elege como referente a mesma entidade (ou classe de objetos) que algum ter-

▼

6. Um modo de pensar estes usos não dêiticos é pensar os termos dêiticos como sendo relativizados ao texto e não à situação de elocução. Desse modo, os usos anafóricos podem ser vistos como relacionados aos vários usos não dêiticos não anafóricos, por exemplo, a mudanças na interpretação dêitica devidas ao discurso indireto. Ver Anderson e Keenan, no prelo; também Fillmore, 1981.

mo anterior selecionou no discurso. Portanto, no que se segue, *he* pode naturalmente ser interpretado como referindo-se a qualquer um a que *John* se refira:

(39) John came in and he lit a fire
      John entrou e ele acendeu o fogo

Retornaremos à anáfora, mas apenas observem aqui que é perfeitamente possível, como Lyons (1977a, 676) assinala, que uma forma dêitica seja usada *simultaneamente* de maneira anafórica e dêitica. Por exemplo, em:

(40) I was born in *London* and have lived *there* ever since
      Eu nasci em Londres e vivo lá desde então

there refere-se ao mesmo lugar que *London*, mas, simultaneamente, contrasta com *here* na dimensão dêitica do espaço, localizando a enunciação fora de Londres. Observem que também é perfeitamente possível que o uso gestual também combine com o uso anafórico não dêitico:

(41) I cut a finger: *this one*
      Eu cortei um dedo: este

Aqui, *this one* refere-se a qualquer coisa a que se refira *a finger*, mas, simultaneamente, deve ser acompanhado por uma apresentação do dedo pertinente.

É claro que a proliferação de diferentes tipos de uso dos termos dêiticos é uma fonte potencial de considerável confusão para o analista. O seguinte resumo de distinções pode ajudar a mantê-las claras:

(42) *Diferentes usos dos termos dêiticos*
      1. *dêiticos*:   a. gestuais
                        b. simbólicos
      2. *não dêiticos*: c. não anafóricos
                        d. anafóricos

As dificuldades aumentam quando se leva em conta o fenômeno da **projeção dêitica**, ou mudanças do centro egocêntrico, e elas são ainda multiplicadas pela interação da semântica das categorizações não dêiticas (especialmente do espaço e do tempo) com os modificadores dêiticos. Agora vamos considerar cada uma das cinco principais categorias da dêixis: de pessoa, de tempo, de lugar, de discurso e social, para ilustrar as dificuldades que surgem. Um exame dessas complexidades indicará até que ponto o fenômeno da dêixis é complexo e desconhecido e como as abordagens filosóficas dos indiciais só conseguem lidar com uma pequena parte desses problemas.

2.2.1 DÊIXIS DE PESSOA

Assim como os falantes mudam, também o centro dêitico, do qual depende o resto do sistema dêitico, desloca-se abruptamente de participante para participante. As dificuldades que um marciano ou uma criança poderiam ter com tal sistema são ilustradas com precisão na seguinte história iídiche:

> Um *melamed* [professor hebraico], ao descobrir que havia deixado seus chinelos confortáveis em casa, mandou um aluno ir buscá-los com um recado para a esposa. O recado dizia: "Manda-me os teus chinelos por este rapaz." Quando o aluno perguntou por que ele havia escrito "teus" chinelos, o *melamed* respondeu: "*Yold*! Se eu escrevesse 'os meus' chinelos, ela leria 'os meus' chinelos, e mandaria os chinelos dela. O que eu poderia fazer com os chinelos dela? Então, eu escrevi os 'teus' chinelos, ela vai ler os 'teus' chinelos e vai mandar os meus." (Rosten, 1968, 443-4)

Embora a dêixis de pessoa seja refletida diretamente nas categorias gramaticais de pessoa, pode-se argumentar que precisamos desenvolver uma estrutura pragmática, independente, de possíveis **papéis dos participantes**, para que possamos perceber como, e em que medida, esses papéis são gramaticalizados em diferentes línguas. Tal estrutura observaria que o falante ou **porta-voz** pode ser diferente da **fonte** de uma enunciação, o **receptor** diferente do **alvo** e os ouvintes ou pessoas que estão por perto (**bystanders**) diferentes dos destinatários ou alvos e que, às vezes, essas diferenças são gramaticalizadas de maneiras não óbvias (ver Levinson, em preparação)[7]. A piada iídiche acima depende, naturalmente, da distinção entre fonte e falante, que se tornará imediatamente pertinente se a lermos em voz alta.

Contudo, as distinções gramaticais básicas aqui são as categorias de primeira, segunda e terceira pessoa. Se estivéssemos produzindo uma análise (ver Lyons, 1968, 470-81) componencial dos sistemas pronominais, as características de que aparentemente precisaríamos para os sistemas conhecidos incluiriam crucialmente: para a primeira pessoa, a inclusão do falante (+ F), para a segunda pessoa, a inclusão do destinatário (+ D) e, para a terceira pessoa, a exclusão do falante e do destinatário (– F, – D) (ver Burling, 1970, 14-7; Ingram, 1978). É importante observar que a terceira pessoa é inteiramente diferente da primeira ou da segunda pessoa pelo fato de que não corresponde a nenhum papel de participante específico no evento discursivo (Lyons, 1977a, 638).

Os sistemas pronominais, que são as manifestações mais evidentes da pessoa, geralmente exibem esta tríplice distinção (Ingram, 1978). Alguns sistemas pronominais, porém, exibem até quinze pronomes básicos (ignorando as alternativas honoríficas) superimpondo distinções baseadas na pluralidade (dual, trial e plural), gênero, etc. Aqui, é importante perceber que a categoria tradicional do plural não é aplicada simetricamente à primeira pessoa da mesma maneira que é à terceira: *we* "nós" não significa falantes plurais da mesma maneira que *they* "eles, elas" significa mais de uma entidade de terceira pessoa (Lyons, 1968, 277). Além disto, em muitas línguas, há dois pronomes "plurais" de primeira pessoa, que correspondem a "nós, incluindo o destinatário" e "nós, excluindo o destinatário". Essa distinção não se manifesta diretamente no inglês, mas talvez se manifeste indiretamente: pois a contração de *let us* para *let's* só parece apropriada se *us* for compreendido inclusivamente, como ilustrado abaixo (Fillmore, 1971b):

▼

7. Assim, pode-se dizer que, em inglês, a sentença *Billie is to come in now* "Billie deve entrar agora" codifica gramaticalmente (entre outras coisas) que o receptor não é o alvo (Billie é), em contraste com *Billy, come in now*, onde receptor e alvo coincidem. (O exemplo vem de Gazdar, 1979a.) Mas ver também exemplo (50) abaixo.

(43)   Let's go to the cinema
         Vamos ao cinema
(44)   ?Let's go to see you tomorrow
         Vamos ver você amanhã

Outras línguas possuem sistemas pronominais muito mais ricos do que o inglês: em japonês, os pronomes são distinguidos também no que diz respeito ao sexo do falante, a posição social do referente e o grau de intimidade com o referente, de modo que, por exemplo, o pronome de segunda pessoa *kimi* pode ser glosado como "você, a quem se dirige este falante masculino e íntimo" (Uyeno, 1971, 16-7; Harada, 1976, 511), e o tâmil dos povoados tem até seis pronomes da segunda pessoa do singular, conforme o nível hierárquico relativo entre o falante e o destinatário (Brown e Levinson, 1978, 206).

Retornaremos a alguns destes fatos adiante, quando considerarmos a dêixis social. Aqui, devemos simplesmente observar que estas várias distinções muitas vezes estão codificadas nas flexões verbais de maneira isomórfica. Às vezes, porém, a concordância morfológica pode fazer distinções adicionais não feitas ostensivamente pelos próprios pronomes. Um exemplo simples disto ocorre em línguas que extraem seu pronome polido de segunda pessoa do singular da sua forma plural, nas quais não será encontrada nenhuma distinção ostensiva entre o pronome polido da segunda pessoa do singular e o pronome da segunda pessoa do plural. No caso, os verbos finitos concordarão em ambos os casos com o pronome superficialmente plural. Contudo, com predicados nominais a distinção é marcada morfologicamente: tais predicados concordam com o número real do referente (Comrie, 1975). Portanto, em francês, (45) é ambíguo quanto ao fato de haver um ou mais destinatários, mas (46) só pode ser dirigido a um único destinatário:

(45)   Vous parlez français?
         O(s) senhor(es)/A(s) senhora(s) fala(m) francês?
(46)   Vous êtes le professeur?
         O senhor é o professor?

De maneira similar, como observa Fillmore (1971b), o *we* "nós" dos editoriais do *New Yorker*, por exemplo, concorda com verbos no plural (assim, *we are*, não *we am*), mas, na forma reflexiva, a singularidade subjacente transparece em expressões como *as for ourself*. Finalmente, como observamos, os pronomes muitas vezes são usados de maneira não dêitica, mas pode-se demonstrar que a variedade efetiva de usos é muito maior do que imaginaríamos facilmente (Watson, 1975; Sacks, 1976).

Além dos pronomes e predicados concordantes, a pessoa ou papel de participante é marcada de várias outras maneiras. Como sabem muito bem os antropólogos, os termos de parentesco e outros tipos de título ou nome próprio muitas vezes apresentam-se em dois conjuntos inteiramente distintos, um para uso na interpelação (como os **vocativos** no uso de segunda pessoa) e o outro para uso na referência (isto é, referindo-se a indivíduos no papel da terceira pessoa). Mesmo quando os lexemas são os mesmos, eles podem ser *usados* de maneira muito diferente na interpelação e na referência (ver, por exemplo, Beck, 1972, 290 ss. para o uso tâmil) ou apenas um subconjunto dos termos de referência pode ser usado na interpelação. Este é o caso dos termos de parentesco ingleses – podemos dizer *Henry is my uncle* "Henry é meu tio" e *Henry is my cousin* "Henry é meu primo", mas apenas *Hello, Uncle!*, não *Hello, Cousin!* no inglês-padrão moderno. Além disto, em algumas línguas australianas, existem até quatro conjuntos distintos de termos de parentesco primários (em oposição a suplementares especiais): (a) um conjunto de termos vocativos, (b) um conjunto de termos que possuem um traço possessivo implícito de primeira pessoa (isto é, significam "my mother's brother" "o irmão de minha mãe", etc.), (c) um conjunto de termos que possuem um traço possessivo de segunda pessoa (isto é, significam "your mother's brother" "o irmão da tua mãe", etc.) e (d) um conjunto de termos que possuem traços possessivos de terceira pessoa (isto é, significam "his or her mother's brother" "o irmão da mãe dele ou dela", etc.) Algumas línguas australianas possuem até termos de parentesco "triangulares", de tal modo que um termo X que denota um indivíduo x só é usável se x é (digamos) o pai do falante e o avô do destinatário. Tais conjuntos supletivos de termos, portanto, codificam traços dêiticos de pessoa no que são termos para referência, não interpelação (ver Heath et al., 1982).

Os vocativos em geral são uma categoria gramatical interessante, também subexplorada. Os vocativos são expressões nominais que se referem ao destinatário, mas não são sintática nem semanticamente incorporados como os argumentos de um predicado; eles vêm, ao contrário, separados prosodicamente do corpo de uma sentença que pode acompanhá-los. Os vocativos podem ser divididos em **chamamentos**, ou **convocações**, como em (47), e **apelativos**, como em (48) (Zwicky, (1974):

(47) *Hey you*, you just scratched my car with your frisbee
Ei, você, você acabou de arranhar o meu carro com o seu *frisbee*
(48) The truth is, *Madam*, nothing is as good nowadays
A verdade, senhora, é que nada é tão bom hoje

A distinção é justamente a distinção entre os usos gestuais e simbólicos, aplicados neste domínio. As convocações são naturalmente iniciais na enunciação, na verdade, iniciais na conversação (Schegloff, 1972a) e podem ser consideradas como *atos de fala* independentes (ver capítulo 5) por direito próprio. Os apelativos são parentéticos e podem ocorrer nos tipos de locais que outros parentéticos podem ocupar. Nem todas as formas de convocações podem ser usadas como apelativos (por exemplo, *hey you* em (47) não pode ocorrer no espaço ocupado por *Madam* em (48)), apesar de ser possível que todos os apelativos possam ser usados como convocações (Zwicky, 1974, 791). As formas vocativas nas diferentes línguas parecem ser altamente idiossincráticas e complexas. Observe que os cumprimentos, despedidas e diversas fórmulas "rituais" (por exemplo, *bless you* "saúde!" depois de um espirro) podem ser considerados como de natureza vocativa.

Um outro ponto a ser levantado no que diz respeito à dêixis de pessoa é que, quando se perde o contato face a face, as línguas muitas vezes impõem um modo distinto, por exemplo, de auto-apresentação. Assim, enquanto, num encontro face a face, eu posso dizer *I'm Joe Bloggs* "Eu sou John Bloggs", no telefone, devo dizer *This is John Bloggs* ou *John Bloggs is speaking* "Aqui é John Bloggs", "John Bloggs falando", com concordância verbal de terceira pessoa (ver, porém, Schegloff, 1979a); em contraposição, em tâmil, teríamos de dizer ao telefone o equivalente de *Joe Bloggs am speaking*, com concordância verbal de primeira pessoa.

Concluindo, deve-se observar que os dois papéis participantes básicos, o falante e o destinatário, não são os únicos que podem envolver-se em distinções gramaticais. Várias línguas (por exemplo, o samal das Filipinas) possuem demonstrativos (discutidos abaixo) que especificam a localização próxima de outros participantes – neste caso, parceiros presentes, não falantes, e parceiros presentes, mas não participantes. O dyirbal da Austrália possui um vocabulário alternativo separado para uso na presença de parentes "tabu", sejam eles participantes ou não (Dixon, 1972, 32 ss.). Além disso, é comum em muitas línguas (por exemplo, o alemão; Hymes, 1974, 56) a mãe dizer ao pai, na presença do pequeno Billie, algo como:

(49)   Can Billie have an ice-cream, Daddy?
        O Billie pode tomar um sorvete, papai?

assumindo o ponto de vista do público para o fim de seleção vocativa. Essas distinções tornam importante que não confundamos, como muitas vezes se faz na literatura lingüística e filosófica, as categorias de *destinatário* e *ouvinte*. (A propósito, observem que, como acontece tantas vezes na análise da dêixis, estes vários exemplos envolvem as organizações sobrepostas das cinco categorias básicas da dêixis: portanto, os cumprimentos geralmente envolvem dêixis de tempo, pessoa e discurso; os demonstrativos dêixis de espaço e pessoa; os vocativos dêixis de pessoa e social, etc.)

Além do falante, do destinatário e do público (sendo a terceira pessoa, naturalmente, definível em função das duas primeiras), há mais uma série de distinções na dêixis de pessoa que precisam ser feitas. Sabemos que, interacionalmente, muitas vezes se fazem distinções importantes entre **ouvintes casuais, participantes não ratificados** × **participantes ratificados**, sendo estes divididos em **destinatários** e **participantes não interpelados**, e assim por diante (ver Goffman, 1976, 260; Goodwin, 1979a, 1981). Além disso, como observamos, às vezes precisamos distinguir o falante da fonte e o destinatário do alvo. Portanto, se a comissária de bordo anuncia

(50)   You are to fasten your seat-belts now
        Vocês devem colocar os cintos agora

ela é a falante ou porta-voz, mas não a fonte das instruções, e isso parece estar codificado no uso da forma infinitiva. Em chinook, em cerimônias formais, nem a fonte (por exemplo, um chefe) nem o alvo (por exemplo, os espíritos) estavam necessariamente presentes (Hymes, 1974, 56). Com o tempo, muitas destas distinções talvez se encontrem refletidas nas categorias gramaticais de uma ou outra língua (ver Levinson, em preparação).

2.2.2 DÊIXIS DE TEMPO

As dêixis de tempo e lugar são extremamente complicadas pela interação das coordenadas dêiticas com a conceitualização não dêitica de tempo e espaço. Para compreender estes aspectos da dêixis em profundidade, primeiro é necessário ter uma boa compreensão da organização semântica de espaço e tempo em geral, mas estes tópicos encontram-se além do âmbito deste livro (ver, porém, Leech, 1969; Fillmore, 1975; Lyons, 1977a, cap. 15). Sucintamente, porém, as bases para os sistemas de computar e medir o tempo na maioria das línguas parecem ser os ciclos naturais e proeminentes do dia e da noite, dos meses lunares, das estações e dos anos. Tais unidades podem ser usadas como **medidas**, relativas a alguns pontos de interesse fixos (inclusive, crucialmente, o centro dêitico), ou podem ser usadas **à maneira de um calendário** para localizar acontecimentos no tempo absoluto relativamente a alguma *origo* absoluta ou, pelo menos, a alguma parte de cada ciclo natural designado como início desse ciclo (Fillmore, 1975). É com essas unidades, que podem funcionar ou não como um calendário, que a dêixis interage.

Como todos os aspectos da dêixis, a dêixis de tempo faz referência em última análise ao papel do participante. Portanto, numa primeira aproximação (ver, porém, abaixo), *now* "agora" pode ser glosado como "o tempo em que o falante está produzindo a enunciação que contém *now*". É importante distinguir o momento da enunciação (ou inscrição) ou *tempo de codificação* (ou TC) do momento de recepção ou *tempo de recebimento* (ou TR). Como observamos, na situação canônica da enunciação, com a suposição do centro dêitico não marcado, pode-se supor que o TR é idêntico ao TC. (Lyons, 1977a, 685, chama esta suposição

simultaneidade dêitica). Surgem complexidades no uso do tempo verbal, dos advérbios de tempo e de outros morfemas dêiticos temporais, onde quer que exista um desvio dessa suposição, como ao escrever cartas ou na gravação prévia de programas da mídia. Neste caso, tem de ser tomada uma decisão quanto a determinar se o centro dêitico permanecerá no falante e no TC, como em (51), ou será **projetado** no destinatário e no TR, como em (52) (Fillmore, 1975):

(51)   a. This programme is being recorded today, Wednesday April 1$^{st.}$, to be relayed next Thursday
Este programa está sendo gravado hoje, quarta-feira, 1º de abril, para ser transmitido na próxima quinta-feira
b. I write this letter while chewing peyote
Escrevo esta carta enquanto masco peiote

(52)   a. This programme was recorded last Wednesday, April 1$^{st.}$, to be relayed today
Este programa foi gravado na quarta-feira passada, 1º de abril, para ser transmitido hoje
b. I wrote this letter while chewing peyote
Escrevi esta carta enquanto mascava peiote

As convenções lingüísticas muitas vezes podem especificar o uso adequado em situações nas quais o TR não coincide com o TC. Por exemplo, os "tempos verbais epistolares" latinos usavam o tempo passado para eventos que incluem o TC, o mais-que-perfeito para acontecimentos anteriores ao TC – em outras palavras, o centro dêitico era projetado no futuro, o TR dos receptores (Lakoff, 1970, 847). Mas teremos de limitar essas discussões aqui (ver Fillmore, 1975).

Há vários aspectos da dêixis de tempo "pura" em que não há interação direta com métodos não dêiticos de computação de tempo. Estes incluem o tempo verbal (a ser discutido abaixo) e os advérbios de tempo dêiticos como, em inglês, *now* "agora", *then* "então", *soon* "brevemente", *recently* "recentemente", etc. Podemos aprimorar nossa glosa anterior de *now* propondo "o lapso pragmaticamente dado que inclui o TC", no qual este lapso pode ser o instante associado à produção do próprio morfema, como no uso gestual de (53) ou o talvez interminável período indicado em (54):

(53) Pull the trigger now!
　　　Aperte o gatilho agora
(54) I'm *now* working on a PhD
　　　Agora estou trabalhando em um doutorado

Now contrasta com *then* e, na verdade, *then* pode ser glosado como "not now" "não agora" para explicar o seu uso no passado e no futuro. Afirma-se às vezes que *então* é de natureza necessariamente anafórica e não possui nenhum uso dêitico gestual, mas, em vez disso, alguns usos um tanto complexos demonstram que não é assim – considere, por exemplo, o seguinte enunciado, dito enquanto se aponta um Chevrolet modelo 1962 (Nunberg, 1978, 33):

(55) I was just a kid *then*
　　　Eu era só uma criança então

Como passo inicial para ver como a dêixis de tempo interage com as medidas culturais de tempo de maneira absoluta ou não dêitica, considere palavras como *today* "hoje", *tomorrow* "amanhã", *yesterday* "ontem". Tais termos pressupõem uma divisão de tempo em segmentos de um dia. *Grosso modo*, então, *today* é glosado como "o segmento de um dia que inclui o TC", *yesterday* como "o segmento de um dia que precede o segmento de um dia que inclui o TC", etc. Contudo, como Fillmore (1975) observa, eles têm dois tipos de referentes: podem referir-se ao segmento inteiro, como em (56), ou a um ponto dentro do segmento pertinente, como em (57):

(56) *Tomorrow* is Wednesday
　　　Amanhã é quarta-feira
(57) Dennis hit Murphy with a baseball bat *yesterday*
　　　Dennis acertou Murphy com uma bola de beisebol ontem

Observe que as palavras dêiticas *yesterday*, *today* e *tomorrow* têm precedência sobre as maneiras baseadas no calendário e as maneiras absolutas de referir-se aos dias relevantes. Portanto, o enunciado seguinte, dito na quinta-feira, só pode estar referindo-se à próxima quinta-feira (ou, talvez, alguma quinta-feira mais remota), pois, do contrário, o falante devia ter dito *today*:

(58)   I'll see you on *Thursday*

O mesmo é válido se for dito na quarta-feira, devido a *tomorrow*, que também tem precedência[8]. As línguas diferem no que diz respeito à quantidade existente de nomes dêiticos de dias como estes: o chinantec, língua ameríndia, tem nomes para quatro dias antes e depois de hoje; o japonês tem três dias antes de hoje e dois depois; o hindi tem a mesma palavra para ontem e amanhã (que é glosada como "o dia pertinente adjacente ao dia que inclui o TC"), etc. (Fillmore, 1975).

Mais aspectos da interação da computação por calendário e da dêixis de tempo surgem quando consideramos adjuntos adverbiais complexos como *last Monday* "segunda-feira passada", *next year* "ano que vem" ou *this afternoon* "esta tarde". Estes são compostos de um modificador dêitico, *this, next, last*, etc., juntamente com um nome não dêitico ou palavra de medida. Ora, a interpretação de tais adjuntos adverbiais em inglês é sistematicamente determinada por (a) os modos calendariais *x* não calendariais (e especificamente dêiticos) de computação, e (b) a distinção entre unidades de nomes comuns, como *weeks* "semanas", *months* "meses", *years* "anos" e unidades de nomes próprios, como *Monday, December* e, talvez, *afternoon*, que não podem ser usados como medidas (Fillmore, 1975). Portanto, *this year* é ambíguo entre a unidade calendarial que vai de 1º de janeiro a 1º de janeiro e que inclui o TC[9], e a medida de 365 dias que começa no dia que inclui o TC. Em geral, a expressão *this X*, onde X está pelos termos *week, month, year*, irá referir-se à unidade X que inclui o TC e será ambígua, entre as interpre-

▼

8. Talvez essa procedência das palavras dêiticas puras seja uma tendência geral: há necessidade de convenções especiais para tornar adequado um falante referir-se a si mesmo pelo nome e seria estranho dizer *Do it at 10.36* "Faça-o às 10h36", em vez de *Do it now* "Faça-o agora", quando agora são 10h36. São exceções, porém, títulos usados em lugar dos pronomes de segunda pessoa, como em *Your Honour should do as he wishes* "Vossa excelência deve fazer como deseja", com concordância completa de terceira pessoa, e podemos dizer *London* em vez de *here* se estamos em Londres.
9. Também há outras possibilidades, por causa dos outros tipos de pontos fixos em calendários, por exemplo, o ano fiscal, o ano acadêmico, etc.

tações calendarial e não calendarial[10]. Similarmente, *next X* irá referir-se à unidade X que segue a unidade da mesma ordem que contém o TC, e assim por diante. Em contraposição, *this Y*, em que "Y" é o nome próprio de uma unidade incluída na extensão calendarial maior Z, muitas vezes significa "a unidade Y que está incluída na extensão maior Z que inclui o TC". Portanto, *this August* não significa necessariamente o mês em que estamos agora, da maneira como *this week* comumente significa a semana em que estamos agora. Mais propriamente, *this August* significa o agosto do ano calendarial que inclui o TC, e *this morning* significa a manhã da unidade com duração de um dia que inclui o TC. Portanto, posso dizer *this morning* tanto durante a manhã como durante a tarde e referir-me ao mesmo período, ao passo que, em chinantec, tenho de usar uma palavra diferente para referir-me à manhã pela manhã (isto é, quando a extensão inclui o TC) e para referir-me à manhã de tarde (isto é, quando a extensão referida exclui o TC, mas está na mesma extensão com duração de um dia maior que o TC – Fillmore, 1975, 47).

Na aplicação de *next* aos nomes calendariais dos dias, surge uma ambigüidade: *next Thursday* pode referir-se à quinta-feira da semana que segue a semana que inclui o TC *ou* à quinta-feira que primeiro segue o TC. Observe que, numa sexta-feira ou num sábado, estes coincidirão e, dada a regra de que *today* e *tomorrow* têm precedência em relação aos nomes de dias calendariais, na quarta-feira e na quinta-feira, *next Thursday* só pode significar a quinta-feira da semana seguinte. Decorre que, se começarmos a semana na segunda-feira, *next Thursday* será ambíguo apenas na segunda e na terça-feira (Fillmore, 1971b). O exemplo levanta de maneira elegante a questão do grau em que uma teoria lingüística geral está comprometida em proporcionar uma descrição da compreensão da língua: pois, aqui, temos uma interação complexa entre as palavras dêiticas (claramente um problema lingüístico) e os sistemas de computação de tempo de uma cultura (não tão claramente um problema lingüístico) e o uso privilegiado de palavras dêiticas (que

▼

10. Observe que esse uso de *this* talvez seja emprestado de seu uso como dêitico de lugar próximo, no caso, para indicar extensões próximas ou que incluam o TC.

se encontra em algum ponto no meio). No programa mais amplo para a pragmática que examinamos no capítulo 1, pelo qual a pragmática deve fornecer (em conexão com o resto da teoria lingüística) uma descrição completa da compreensão da linguagem, inferências como esta devem ser explicadas completamente.

Finalmente, devemos voltar-nos brevemente para o **tempo verbal**, embora as complexidades desse assunto se encontrem além do escopo deste livro. Nas línguas que inequivocamente têm essa categoria, o tempo verbal é um dos principais fatores que asseguram que quase todas as sentenças, quando enunciadas, estarão deiticamente ancoradas a um contexto de enunciação[11]. A confusão quanto a determinar se algumas sentenças, como as seguintes, são destituídas de tempo verbal ou "eternas" origina-se em parte de um profundo equívoco quanto ao termo *tempo verbal*.

(59) Two and two is four
 Dois e dois são quatro
(60) Iguanas eat ants
 Os iguanas comem formigas

Distingamos, acompanhando Lyons (1977a, 682), a categoria semântica ou teórica do tempo verbal, que podemos chamar tempo verbal metalingüístico, ou **tempo verbal M**, resumidamente, e as flexões verbais que a gramática tradicional de uma língua específica pode denominar tempos verbais dessa língua, que podemos chamar **tempos verbais L**. O tempo verbal M pode receber uma interpretação puramente dêitica e estritamente temporal, mas é uma questão empírica determinar em que medida os tempos verbais L também podem ser tratados da mesma maneira. Então, podemos dizer que (59) e (60) têm tempo verbal L, mas não têm tempo verbal M e são não dêiticos

▼

11. Algumas línguas, porém, exigem outras formas de ancoragem dêitica em todas as sentenças. Assim, o kwakwala, língua indígena norte-americana, exige que praticamente toda expressão nominal seja codificada como visível ou não visível ao falante (Anderson e Keenan, no prelo, retomando Boas), enquanto certas línguas do sudeste asiático como o coreano e o japonês impõem a codificação da dêixis social e outras línguas impõem a codificação da dêixis de discurso (na forma de tópico discursivo), em quase todas as sentenças.

(embora possam ser não dêiticos de maneiras diferentes; ver Lyons, 1977a, 680). Ora, podemos investigar as propriedades dos sistemas de tempos verbais M separadamente de sua concretização parcial e imperfeita no sistema de tempos L, como se faz na lógica dos tempos verbais (ver Reichenbach, 1947; Prior, 1968). Obviamente, porém, se o tempo verbal M e o tempo verbal L se afastarem muito, o tempo verbal M pode ser de pouca utilidade para a análise da língua. Num sistema de tempos verbais M podemos facilmente distinguir o *passado* (acontecimentos completados anteriormente ao TC), o *presente* (acontecimentos cuja extensão inclui o TC) e o *futuro* (acontecimentos que vêm depois do TC); podemos ainda distinguir *pontos* e *intervalos* (Lyons, 1977a, 683), e também podemos fazer as primeiras aproximações com tempos complexos como o *mais-que-perfeito*, representando acontecimentos que são anteriores a outros acontecimentos, que são, eles próprios, anteriores ao TC (Reichenbach, 1947, 288 ss.; ver também Allwood, Andersson e Dahl, 1977, 121 ss.). Portanto (61) será verdadeira, nessa descrição, apenas no caso de haver algum tempo de referência (digamos, outro acontecimento) anterior ao TC, tal que, no tempo de referência, (62) teria sido verdadeiro; por sua vez, (62) é verdadeira, apenas se (63) for verdadeira em algum ponto anterior ao TC de (62)):

(61) John *had seen* Mary
      John vira Mary
(62) John *saw* Mary
      John viu Mary
(63) John *sees* Mary
      John vê Mary

Tais tempos verbais M, porém, não se encaixam de maneira simples nos tempos verbais L, pois os tempos verbais L quase sempre codificam também traços *aspectuais* e *modais* adicionais (ver Comrie, 1976a; Lyons, 1977a, 703 ss., 809 ss.). Por exemplo, é provável que os tempos verbais futuros L contenham invariavelmente um elemento modal e os correlatos de tempos M mais próximos dos tempos verbais L serão encontrados na distinção entre passado e não passado (Lyons, 1977a, 678). Qualquer teórico que queira afirmar, por exemplo, que o presente L e o futuro L do inglês coincidem com o presente M e o futuro M encontrará listas de disparidades insuperáveis em Huddleston, 1969; Lakoff, 1970; Lyons, 1977a, 809 ss., e nas referências que citam. Não obstante, um sistema de tempo verbal M dêitico puro parece ser parte integrante juntamente com noções aspectuais, modais e outras, da maioria dos sistemas de tempo verbal L. É claro que saber exatamente quais conceitos de tempo verbal M são necessários para a descrição lingüística vai diferir de língua para língua. Além disso, podemos esperar que interações entre conceitos de tempo verbal M dêiticos puros e divisões e medidas de tempo culturais se manifestem nos tempos L. Assim, em amahuaca, uma língua peruana, há um afixo de tempo L (chamemo-lo "T") que significa coisas diferentes em momentos diferentes do dia: *John kicked-T Bill* "John chutou-T Bill" dito à tarde significa "John chutou Bill de manhã", mas, dito de manhã, significa "John kicked Bill yesterday" "John chutou Bill ontem". Em outras palavras, "T" parece significar que o acontecimento descrito teve lugar à luz do dia no período que precede o período que contém o TC, quer se interponha uma noite, quer não. (Para esse e outros elementos "exóticos" da dêixis de tempo, ver Fillmore, 1975.)

Às vezes, afirma-se que há línguas sem tempos verbais verdadeiros, por exemplo, o chinês ou o ioruba, e isto é correto no sentido de que tais línguas não têm tempos L morfologicamente marcados no verbo ou mesmo sistematicamente em outras áreas da morfologia (Comrie, 1976a, 82 ss.; Lyons, 1977a, 678-9). Podemos, porém, supor com confiança que não existem línguas nas quais parte de um sistema de tempos verbais M não seja concretizada em algum lugar nos adjuntos adverbiais de tempo ou assemelhados, para não falar na suposição implícita de presente M se não for fornecida nenhuma especificação adicional (Lyons, 1977a, 686).

Finalmente, devemos mencionar que a dêixis de tempo é importante para vários outros elementos dêiticos de uma língua. Assim, os *cumprimentos* sofrem geralmente restrições quanto ao tempo, de modo que

(64) Good morning
      Bom dia

só pode ser usado pela manhã, etc. Curiosamente, enquanto (64) só pode ser usado como cumprimento (pelo menos no inglês britânico),

(65) só pode ser usado como despedida:

(65) Good night
      Boa noite

de modo que temos aqui uma interação de dêixis de tempo e dêixis de discurso.

2.2.3 DÊIXIS DE LUGAR

A dêixis de lugar ou espaço diz respeito à especificação de localizações relativamente aos pontos de ancoragem no acontecimento discursivo. A importância das especificações de localização em geral pode ser avaliada pelo fato de que parece haver duas maneiras básicas de fazer referência aos objetos – descrevê-los ou nomeá-los, por um lado, e localizá-los, por outro (Lyons, 1977a, 648). Ora, as localizações podem ser especificadas relativamente a outros objetos ou pontos de referência fixos, como em:

(66) The station is two hundred yards from the cathedral
      A estação fica a duzentas jardas da catedral
(67) Kabul lies at latitude 34 degrees, longitude 70 degrees
      Kabul está a 34 graus de latitude e 70 graus de longitude

Ou podem ser deiticamente especificadas relativamente à localização dos participantes no momento da fala (TC), como em

(68) It's two hundred yards *away*
      Fica a duzentas jardas
(69) Kabul is four hundred miles West of *here*
      Kabul fica quatrocentas milhas a oeste daqui

Em qualquer um dos casos, é provável que unidades de medida ou descrições de direção e localização tenham de ser usadas, e, nesse caso, a dêixis de lugar acaba por interagir de maneiras complexas com a organização não dêitica do espaço (ver Leech, 1969; Fillmore, 1975, 16-28; Lyons, 1977a, 690 ss., e referências nessas obras).

Existem, porém, algumas palavras dêiticas de lugar puras, notadamente, em inglês, nos advérbios *here* "aqui" e *there* "aí, ali", e os pronomes demonstrativos *this* "este(a)" e *that* "esse(a), aquele(a)". O uso simbólico de *here*, como em (70), pode ser glosado como "a unidade de espaço pragmaticamente dada que inclui a localização do falante no TC".

(70) I'm writing to say I'm having a marvellous time *here*
Estou escrevendo para dizer que o tempo que passo aqui está sendo maravilhoso

O uso gestual deve ser glosado de maneira um pouco diferente, como "o espaço pragmaticamente dado, próximo da localização do falante no TC, que inclui o ponto ou a localização gestualmente indicados". Observe que não podemos erradicar o modificador "pragmaticamente dado" nestas definições: uma enunciação de (71) pode ter implicações de precisão bem diferentes se dita a um operador de guindaste, em contraste com um colega cirurgião.

(71) Place it *here*
Coloque-o aqui

Novamente, temos a interação entre conhecimento enciclopédico e conhecimento lingüístico, que, juntos, determinam a localização exata em questão. Este é outro ponto em que o tratamento filosófico dos indiciais não nos oferece nenhuma ajuda. A proposição selecionada pela enunciação de (71), assim como acontece com o referente de *next Thursday*, depende de interações complexas entre fatores dêiticos e não dêiticos.

Pensa-se às vezes que os advérbios *here* e *there* contrastam de maneira simples numa dimensão proximal/distal, que se expande a partir da localização do falante, como em:

(72) Bring *that here* and take *this there*
Traga aquilo para cá e leve isto para lá

Mas apenas às vezes é assim, pois, embora *there* signifique basicamente "distal a partir da localização do falante no TC", também pode ser usado para designar "proximal ao destinatário no TR". Portanto, nos usos não anafóricos,

(73)　　How are things *there*?
　　　　Como estão as coisas lá (aí)?

geralmente não significa "como estão as coisas em algum lugar distante do falante", mas, antes, "como estão as coisas onde se encontra o destinatário". O uso gestual de *there* favorece a primeira interpretação, o uso simbólico a segunda. Também há, naturalmente, usos anafóricos de *there* (cf. (40) acima), e isto explica por que não há nenhuma anomalia prática em:

(74)　　We're *there*
　　　　Estamos lá (aí)

onde *there* refere-se ao lugar que mencionamos anteriormente como nosso objetivo (Fillmore 1971b, 226)[12].

É possível que os pronomes demonstrativos sejam mais claramente organizados numa dimensão proximal-distal, pela qual *this* pode significar "o objeto numa área pragmaticamente dada, próxima da localização do falante no TC", e *that* "o objeto além da área pragmaticamente dada, próxima da localização do falante no TC". (Lyons, 1977a, 647, sugere derivar disso, respectivamente, as glosas "the one here" "o (que está) aqui", "the one there" "o (que está) aí/lá".) Aqui, porém, os fatos são complicados pela mudança de *that* para *this* para mostrar empatia, e de *this* para *that* para mostrar distância emocional (Lyons, 1977a, 677, chama isto **dêixis empática**; ver Fillmore, 1971b, 227, e R. Lakoff, 1974, para as complexidades do uso inglês.) Há também uma neutralização sistemática da dimensão proximal-distal quando ela

▼

12. Contudo, parece também que podemos dizer (74) se o referente de *there* não é efetivamente mencionado, mas pragmaticamente dado. Lyons (1977a, 672) chama a atenção para o fato de que as referências anafóricas não exigem realmente menção prévia; basta que, para os participantes, o referente seja situacionalmente saliente, e, portanto, já esteja no **domínio do discurso**, o conjunto de referentes dos quais se fala. A relação entre o domínio do discurso e a anáfora é retomada em 2.2.4 abaixo.

não é especialmente relevante, de modo que posso dizer, ao procurar numa lata de agulhas por uma número 9:

(75)   *This* is it! ou
(76)   *That*'s it

Algumas línguas possuem demonstrativos com distinções triplas e quádruplas na dimensão proximal-distal; a língua tlingit, do noroeste da América, por exemplo, possui demonstrativos que podem ser glosados como "este, bem aqui", "este, perto daqui", e "aquele lá" e "aquele lá longe", enquanto o malgaxe tem um contraste sêxtuplo na mesma dimensão (Frei, 1944, 115; Anderson e Keenan, no prelo). Contudo, devemos ter cuidado na análise de línguas desconhecidas, já que os demonstrativos muitas vezes são organizados por contrastes entre os papéis dos participantes e não simplesmente pela distância em círculos concêntricos a partir de um mesmo centro dêitico fixo (a localização do falante no TC). Assim é que, em latim e, de maneira correspondente, em turco, *hic* (turco *bu*) significa "junto ao falante", *iste* (turco *şu*) significa "junto ao destinatário", e *ille* (turco *o*) significa "distante do falante e do destinatário" (Lyons, 1968, 278-9; Anderson e Keenan, no prelo). De maneira similar, no samal, uma língua filipina, temos uma distinção quádrupla, baseada em quatro tipos de papel de participante: (i) junto ao falante, (ii) junto ao destinatário, (iii) junto ao público (outros membros do grupo de conversação), (iv) junto às pessoas presentes, mas que não participam do grupo de conversação composto de falante, destinatário(s) e público. Este sistema (especificamente a troca do demonstrativo que codifica (ii) ou (iii) por aquele que codifica (iv)) fornece boas maneiras de depreciar pessoas excluindo-as, demonstrativamente, da conversa (Fillmore 1975, 43). Há, portanto, sistemas de demonstrativos que não são organizados primariamente, ou apenas em torno da localização do falante. Também há sistemas (por exemplo, em línguas da Austrália e da Nova Guiné) que, além de distinguirem a distância relativa dos participantes, distinguem as três dimensões do espaço com demonstrativos que podem ser glosados como "o que está acima do falante", "o que está abaixo do falante", "o que está no mesmo nível do falante", além de dislinguirem distâncias relativas a partir dos participantes (ver, por exemplo, Dixon, 1972, 262 ss. a propósito do dyirbal). Alguns sistemas combinam outros parâmetros dêiticos "exóticos", como "rio acima/rio abaixo do falante" ou "visível/ não visível ao falante" para produzir gamas enormes (até trinta ou mais itens) de termos demonstrativos (ver Anderson e Keenan, no prelo).

Os determinantes demonstrativos combinam-se com termos não dêiticos de organização espacial para produzir complexas descrições dêiticas de localização. A organização conceitual não dêitica do espaço inclui todas as distinções entre superfícies, espaços, espaços fechados, recipientes, etc., e entre dianteiras, traseiras, topos e laterais dos objetos, para não mencionar larguras, comprimentos, alturas, etc. Assim:

(77)   *This side* of the box
        Este lado da caixa

pode significar "a superfície da caixa que pode ser chamada de lado que está mais próximo da localização do falante no TC", mas:

(78)   *This side* of the tree

significa simplesmente "a área da árvore visível do ponto em que o falante está no TC" (ou o espaço entre essa área e esse ponto)". A diferença entre as glosas de (77) e (78) depende claramente de terem as caixas, mas não as árvores, lados intrínsecos (a diferença talvez seja ainda mais clara num objeto como um carro, que possui uma orientação intrínseca, de modo que o seu fundo continua a ser o seu fundo mesmo quando o veículo estiver capotado e sua frente continua a ser sua frente mesmo quando o carro vai para trás). A diferença entre (77) e (78) não é o mesmo caso problemático que encontramos anteriormente, na ambigüidade de:

(79)   The cat is *behind* the car
        O gato está atrás do carro

onde *behind* "atrás" pode ter um uso dêitico (isto é, o carro intervém entre o gato e a localização do falante) ou um uso não dêitico (isto é, o gato está na traseira intrínseca do carro). Mas a fonte final da dificuldade é a mesma: alguns objetos possuem orientações intrínsecas, com frentes, lados, etc., que permitem tanto a seleção dêitica de algum plano de orientação e da referência quanto a seleção não dêitica desse plano de orientação. Como resultado, a ambigüidade dêitico/não dêitico é muito geral e atormenta os receptores de expressões como:

(80)   Bob is the man to the left of Mark
        Bob é o homem à esquerda de Mark

em que Bob pode estar à esquerda (não dêitica) de Mark ou à esquerda do ponto de vista (dêitico) do falante.

Existem, como foi observado, ligações razoavelmente próximas entre os determinantes dêiticos, os pronomes de terceira pessoa e o artigo definido (Lyons, 1968, 279, 1977a, 646 ss.; Hawkins, 1978). Todas as três categorias são **definidas** e a **definitude** talvez possa ser uma noção essencialmente dêitica. Lyons sugere que *this x* conserva um elemento pronominal, além de conter um elemento adverbial semelhante a *here*. Nessa análise, *the x* difere de *this x* e *that x* apenas no fato de que *this x* é marcado "+ proximal", *that x* é marcado "− proximal" e *the x* é não marcado quanto a proximidade, ou seja, é um termo dêitico neutro (Lyons, 1977a, 653-4).

Finalmente, consideremos alguns verbos de movimento que têm componentes dêiticos embutidos. O inglês, em *come* "vir" x *go* "ir", faz um certo tipo de distinção entre a direção do movimento relativo aos participantes no acontecimento discursivo (a exposição aqui segue Fillmore 1966, 1975, 50 ss.). Como primeira aproximação, podemos notar que

(81)   He's *coming*
        Ele está vindo

parece ter por glosa "ele está movendo-se rumo à localização do falante no TC", enquanto

(82)   He's *going*
        Ele está indo

tem como glosa "ele está afastando-se da localização do falante no TC". A glosa sugerida para *come*, na verdade, seria, *grosso modo*, correta para o espanhol *venir* ou para o japonês *kuru*, mas não dá conta de usos ingleses como:

(83)   I'm *coming*
        Já vou

já que isso não pode significar que "o falante está movendo-se rumo à localização do falante", mas, antes, significa que "o falante está movendo-se rumo à localização do *destinatário* no TC". (Tal uso pode ter surgido diacronicamente de um deslocamento dêitico polido para o ponto de vista do destinatário.) Em japonês, neste caso, devemos dizer o equivalente de *I go*. Levando isto em conta, podemos sugerir que o inglês *come* é glosado como "movimento rumo à localização do falante ou rumo à localização do destinatário no TC". Contudo, nem mesmo isso é adequado, pois podemos dizer:

(84)   When I'm in the office, you can *come* to see me
        Quando eu estiver no escritório, você pode ir me ver

onde *come* é glosado como "movimento rumo à localização do falante no tempo de outro acontecimento especificado" (chamemos este tempo **tempo de referência**). Tal uso ainda é dêitico no sentido de que faz referência ao papel do participante, mas não é diretamente dêitico de lugar (no sentido de que não há nenhuma ancoragem na localização do presente acontecimento discursivo). Na narrativa, às vezes dispensamos mesmo este último vestígio do conteúdo dêitico, usando *come* relativamente às localizações dos protagonistas e não dos participantes, mas ignoraremos este uso não dêitico. Nossa terceira aproximação de uma glosa para *come* é, portanto: "movimento rumo à localização do falante ou à localização do destinatário, no CT ou no tempo de referência".

Nossa análise ainda é incompleta, porém, já que há um uso dêitico de *come* que não se baseia na localização efetiva dos participantes, mas na sua localização normativa ou básica. Daí, a possibilidade de dizer, quando nem o falante nem o destinatário está em casa:

(85)   I *came* over several times to visit you, but you where never *there*
       Eu fui visitá-lo várias vezes, mas você nunca estava

Portanto, devemos acrescentar outra cláusula à nossa glosa: "ou movimento rumo à localização básica própria do falante ou destinatário no CT". Observações muito semelhantes podem ser feitas sobre *go* e também para verbos como *bring* e *take* (ver Fillmore, 1975, 50 ss.).

Algumas línguas ameríndias codificam a referência ao ponto de origem de maneira mais sistemática. Assim, no chinantec, há quatro expressões a escolher se quisermos dizer "Pedro moveu-se para X", dependendo dos seguintes critérios: (i) um verbo é usado se o falante F está em X no TC, e X é a localização básica de F; (ii) outro é usado se F está em X, mas X não ... de F; (iii) um terceiro é usado se F não está em X, mas X é ... de F; (iv) um quarto é usado se F não está em X e X não é ... de F (Fillmore, 1971b, 16).

Complicações extras na dêixis de lugar surgem se o falante está em movimento – torna-se, então, inteiramente possível usar termos temporais para referência a localizações dêiticas, como em:

(86)   I first heard that ominous rattle *ten miles ago*
       Ouvi aquele chacoalhar sinistro pela primeira vez dez milhas atrás
(87)   There's a good fast food joint just *ten minutes from here*
       Há uma boa lanchonete a apenas dez minutos daqui

Isto suscita a questão de saber qual dêixis é a mais básica, se a de tempo ou se a de lugar. Lyons (1977a, 669) inclina-se para a opinião de que, já que termos dêiticos como *this* e *that* podem ser usados num sentido temporal (especialmente para referência a partes proximais e distais de um discurso em desenvolvimento), a dêixis de lugar é mais fundamental do que a dêixis de tempo. Essa visão é favorável ao **localismo**, a teoria que tenta reduzir expressões não espaciais a expressões espaciais (Lyons, 1977a, 718 ss.). Mas o uso exemplificado em (86) e (87) pode ser empregado para inverter o argumento e, em geral, cada domínio (espaço e tempo) provê terreno fértil para metáforas a respeito do outro (ver capítulo 3 abaixo). Além disso, as localizações dêiticas sempre têm de ser especificadas no que diz respeito à localização de um participante *no tempo de codificação*, isto é, a dêixis de lugar sempre incorpora um elemento oculto de dêixis de tempo, embora o contrário não seja verdade.

2.2.4 DÊIXIS DE DISCURSO

A dêixis de discurso, ou de texto, diz respeito ao uso de expressões num enunciado para fazer referência a alguma parte do discurso que contém esse enunciado (ou ao próprio enunciado). Podemos também incluir na dêixis de discurso várias outras maneiras pelas quais um enunciado assinala sua relação com o texto em que está inscrito, por exemplo, *anyway* "de qualquer modo" no início da enunciação parece indicar que a enunciação não diz respeito ao discurso imediatamente precedente, mas a um ou mais passos atrás. (Tais sinais são dêiticos porque possuem a relatividade da referência característica aos dêiticos, estando ancorados no local de discurso da enunciação corrente.) As únicas descrições detalhadas desta área da dêixis são encontradas, novamente, em Fillmore, 1975, e Lyons, 1977a, 667 ss. Como o discurso se desenrola no tempo, parece natural que as palavras dêiticas de tempo possam ser usadas para fazer referência a partes do discurso; assim, analogamente a *last week* "semana passada" e *next Thursday* "próxima quinta-feira", temos *in the last paragraph* "no último parágrafo" e *in the next Chapter* "no próximo capítulo". Mas temos também termos dêiticos de lugar reutilizados aqui, e, especialmente, os demonstrativos *this* e *that*. Portanto, *this* pode ser usado para uma parte vindoura do discurso, como em (88), e *that* para uma parte precedente, como em (89):

(88) I bet you haven't heard *this* story
      Aposto que você não ouviu esta história
(89) *That* was the funniest story I've ever heard
      Essa foi a história mais engraçada que já ouvi

Aqui, corremos o risco de causar uma considerável confusão se não fizermos imediatamente a distinção entre *dêixis de discurso* e *anáfora*.

Como já observamos, a anáfora diz respeito ao uso (geralmente) de um pronome para falar do mesmo referente que algum termo anterior, como em:

(90)   *Harry*'s a sweetheart; *he*'s so considerate
       Harry é um amor; ele é tão atencioso

onde podemos dizer que *Harry* e *he* são **co-referenciais**, isto é, selecionam o mesmo referente. A anáfora pode, naturalmente, atuar dentro de sentenças, de sentença para sentença e de um turno de fala para outro num diálogo. As expressões dêiticas ou outras expressões de referência definidas são freqüentemente usadas para introduzir um referente, e os pronomes anafóricos para referência à mesma entidade daí em diante. É importante lembrar, porém, que os usos dêiticos e anafóricos não são mutuamente exclusivos, como foi observado para o exemplo (40) acima. Não obstante, em princípio, a distinção é clara: quando um pronome se refere a uma expressão lingüística (ou porção do texto) em si, ele é dêitico de discurso; quando um pronome se refere à mesma entidade que uma expressão lingüística anterior, ele é anafórico. Segue-se que há uma relação próxima, mas inteiramente inexplorada, entre a dêixis de discurso e a **menção** ou citação; assim, no seguinte exemplo (de Lyons, 1977a, 667):

(91)   A: That's a rhinoceros
          Aquilo é um rinoceronte
       B: Spell it for me
          Soletre para mim

it não se refere ao referente, ao animal em si, mas à palavra *rhinoceros*. Aqui, *it* não está por um uso de *rhinoceros*, mas, antes, a uma menção dessa palavra. Além disso, a propriedade da **reflexividade ocorrência**, como no seguinte uso de *this*, é apenas um caso especial de dêixis de discurso intra-sentencial:

(92)   *This* sentence is not true
       Esta sentença não é verdadeira

Fillmore (1971b, 240) espera que uma teoria da dêixis de discurso solucione os conhecidos paradoxos associados a sentenças como (92) (se é falsa, é verdadeira; se é verdadeira, é falsa), e, na verdade, à reflexividade de ocorrência em geral.

Muitos problemas significativos para a distinção entre anáfora e dêixis de discurso foram levantados pelo corpo de trabalho muito considerável que se acumulou sobre a **pronominalização** (ver Lyons, 1977b; Lyons, 1977a, 662 ss. para uma revisão, e, para um trabalho recente, ver, por exemplo, Hany e Schnelle, 1979). Primeiro, há os chamados **pronomes de preguiça** (Geach, 1962, 125 ss.), como na conhecida sentença de Kartunnen (ver Lyons, 1977a, 673 ss.):

(93)   The man who gave his paycheck to his wife was wiser than the man who gave *it* to his mistress
O homem que deu seu pagamento à esposa foi mais sábio do que o homem que o deu à amante

onde *it* não é co-referencial a *his paycheck*, mas refere-se àquilo a que teria se referido a repetição desse mesmo sintagma nominal (isto é, o pagamento do homem cuja amante o recebeu), se houvesse ocorrido no lugar de *it*. Talvez pudéssemos dizer que o pronome, aqui, seleciona um referente com sucesso, *via* uma referência dêitica de discurso, a um sintagma nacional anterior. Segundo, numa troca verbal como a seguinte (de Lyons, 1977a, 668):

(94)   A: I've never seen him
Eu nunca o vi
B: *That's* a lie
Isso é mentira

o pronome *that* não parece ser anafórico (a menos que sustentemos que ele se refere à mesma entidade que se refere o enunciado A, isto é, uma proposição ou um valor de verdade); tampouco parece ser exatamente um dêitico de discurso (não se refere à sentença, mas, talvez, à asserção feita pela enunciação da sentença). Tal uso parece antes ficar no meio: Lyons (1977a, 670) chama tais usos **dêixis textual impura**. Terceiro, Lyons assinala que se pensamos na anáfora como referência a entidades já estabelecidas no domínio do discurso, então, as maneiras pelas quais são referidas na referência anafórica geralmente fazem uso da ordem em que elas foram introduzidas pelo próprio discurso. Por exemplo, a tradução para o turco de (95) pode ser glosada como (96), onde o demonstrativo proximal refere-se anaforicamente ao primeiro referente introduzido, e o demonstrativo distal ao segundo:

(95)   John and Mary came into the room: he was laughing but she was crying
         John e Mary entraram no quarto: ele estava rindo, mas ela estava chorando
(96)   John and Mary came into the room: *this* was laughing, but *that* was crying
         John e Mary entraram no quarto: enquanto este ria, aquela chorava

Neste caso, há bons argumentos para considerar que a anáfora, no fundo, baseia-se em noções dêiticas (Lyons, 1977a, 671). Tal conclusão teria repercussões importantes para as preocupações filosóficas a respeito da natureza dêitica da referência que foram esboçadas na seção 2.1.

Para retornar às questões menos controvertidas da dêixis de discurso, há muitas palavras e expressões em inglês e, sem dúvida, na maioria das línguas, que indicam a relação entre uma enunciação e o discurso anterior. Os exemplos são usos de *but, therefore, in conclusion, to the contrary, still, however, anyway, well, besides, actually, all in all, so, after all*, etc. no início da enunciação. Geralmente se reconhece que tais palavras têm, pelo menos, um componente de significado que resiste ao tratamento vericondicional (Grice, 1975; Wilson, 1975; Levinson, 1979b). O que elas realmente parecem fazer é indicar, muitas vezes de maneiras muito complexas, exatamente como a enunciação que as contém é uma resposta a ou uma continuação de alguma porção do discurso anterior. Ainda não existem estudos adequados destes termos, mas uma abordagem será esboçada no próximo capítulo sob a rubrica de **implicatura convencional**, outra será indicada no capítulo 6, na discussão dos usos conversacionais de *well* (ver Owen, 1981), e uma terceira pode ser encontrada em Smith e Wilson (1979, 180), com um aprofundamento em Brockway (1981).

Algumas línguas também possuem morfemas que marcam as noções claramente discursivas como **linha principal da história**. Por exemplo, no cubeo, língua ameríndia, os principais protagonistas e suas ações numa história são marcados por uma partícula de maneira tão sistemática, que se obtém um resumo conciso e exato da história separando-se apenas as sentenças que contêm essa partícula (ver Longacre, 1976a para muitos casos de tal tipo, nessa e em outras línguas ameríndias; e Anderson e Keenan, no prelo, no que se refere à chamada categoria da *quarta pessoa* nas línguas algonquianas, realmente uma categoria dêitica de discurso).

Sabe-se bem que línguas como o japonês e o tagalo possuem marcadores de **tópicos** distintos dos marcadores de casos. Assim, a sentença japonesa

(97)   ano-hon-*wa* John-*ga* kat-ta
        Aquele livro-*tópico* John-*sujeito* comprou

significa, *grosso modo*, "quanto àquele livro (ou, falando naquele livro), John o comprou", onde *wa* marca o tópico, e *ga* o sujeito gramatical (quando tópico e sujeito são idênticos, apenas *wa* é usado; Gundel, 1977, 17). Em algumas línguas, a codificação gramatical do tópico é tão saliente que não é claro que a noção de sujeito tenha o mesmo valor que tem, por exemplo, na análise das línguas indo-européias (Li e Thompson, 1976). Boa parte da discussão desses marcadores de tópico ocupou-se da organização de informações interna à sentença como **dado** (ou o tópico) *x* **novo** (ou comentário sobre o tópico – ver Gundel, 1977 para uma revisão dessa bibliografia). Está claro, porém, que uma função importante da marcação de tópico é justamente relacionar o enunciado marcado com algum tópico específico posto em evidência no discurso anterior, isto é, executar uma função dêitica de discurso.

A mesma função parece ser executada em inglês, e em outras línguas com ordem de palavras relativamente fixa, pelas mudanças na ordem das palavras. Assim, sentenças **com deslocamento à esquerda** (Ross,

1967) como as seguintes parecem marcar o tópico da sentença deslocando-o para a posição inicial[13]:

(98)   That blouse, it's simply stunning
       Aquela blusa, ela é simplesmente formidável.
(99)   Vera, is she coming down then?
       Vera, ela vai descer então?

Estudos do uso efetivo parecem demonstrar que itens colocados nesta posição realmente correlacionam-se com o tópico do discurso, ou seja, com aquilo "sobre o que" as pessoas estão conversando, se bem que nem sempre de maneiras simples (Duranti e Ochs, 1979). As questões em torno da distinção tópico/comentário, no momento, são bastante mal compreendidas, e a discussão se complicou por causa do caos terminológico (ver Gundel, 1977; Lyons, 1977a, 500 ss.), embora seja claro que o tema tem considerável importância para a teoria pragmática.

As observações feitas nesta seção apenas esboçam um domínio que uma teoria adequada da dêixis de discurso poderia explicar. O leque de fatos a considerar, conforme indicamos, pode ser muito grande, pois vai desde os limites da anáfora até questões das estruturas tópico/comentário.

2.2.5 DÊIXIS SOCIAL

A dêixis social diz respeito "aos aspectos das sentenças que refletem, estabelecem ou são determinados por certas realidades da situação social em que o ato de fala ocorre" (Fillmore 1975, 76). Fillmore, infelizmente, dilui o conceito de dêixis social ao incluir, por exemplo, boa parte da teoria dos atos de fala (ver capítulo 5). Aqui, restringiremos o termo aos aspectos da estrutura da língua que codificam as identidades sociais dos participantes (que são, propriamente, os titulares dos

▼

13. Ross propôs o deslocamento para a esquerda como uma transformação, mas, na verdade, há sérios problemas com esse tipo de análise e parece melhor tratar essas expressões tópicas como PNs em função de aposta, não diferentes dos vocativos, embora haja pouca teoria sobre como manejar a sintaxe e a semântica destes (ver Gundel, 1977, 46 ss.).

papéis de participantes) ou a relação social entre eles, ou entre um deles e pessoas ou entidades a que se fez referência. Existem, naturalmente, muitos aspectos do uso lingüístico que dependem dessas relações (ver, por exemplo, Brown e Levinson, 1978, 1979), mas esses usos só são importantes para o tópico da dêixis social na medida em que são gramaticalizados. Exemplos evidentes de tais gramaticalizações são os pronomes e formas de tratamento "polidas", mas há muitas outras manifestações da dêixis social (ver Brown e Levinson, 1978, 183-92, 281-5; Levinson, 1977, 1979b).

Existem dois tipos básicos de informação socialmente dêitica que parecem estar codificados em línguas de todo o mundo: a **relacional** e a **absoluta**. A variedade relacional é a mais importante e as relações que geralmente são expressas são aquelas entre:

> (i) falante e referente (por exemplo, honoríficos que se aplicam ao referente)
> (ii) falante e destinatário (por exemplo, honoríficos que se aplicam ao destinatário)
> (iii) falante e espectador (por exemplo, honoríficos que se aplicam ao espectador ou ao público)
> (iv) falante e ambiente (por exemplo, níveis de formalidade)

Podemos falar dos **honoríficos** apenas quando a relação em (i)-(iii) diz respeito ao nível hierárquico ou respeito relativos, mas há muitas outras qualidades da relação que podem ser gramaticalizadas, por exemplo, as relações de parentesco, as relações totêmicas, a condição de membro do clã, etc., conforme disponibilizada pelo sistema social pertinente. Os três primeiros tipos de honoríficos foram distinguidos claramente por Comrie (1976b), que assinalou que as descrições tradicionais muitas vezes confundiram (i) e (ii): a distinção é que, em (i), o respeito só pode ser veiculado por referência ao "alvo" do respeito, ao passo que, em (ii), ele pode ser veiculado sem que ninguém precise referir-se ao alvo. Assim, o conhecido tipo de distinção *tu/vous* nos pronomes de tratamento singulares (que, acompanhando Brown e Gilman (1960), chamaremos pronomes T/V) é realmente um sistema de **honorífico de referente**, no qual o referente é, por acaso, o destinatário.

Em contrapartida, em muitas línguas (notavelmente, nas línguas do sudeste asiático, incluindo o coreano, o japonês e o javanês) é possível dizer uma sentença que possa ser glosada como "A sopa está quente" e, pela escolha de uma alternativa lingüística (por exemplo, para "sopa"), codificar respeito ao destinatário sem referência a ele, caso em que temos um sistema de **honoríficos de destinatário**. Em geral, em tais línguas, é quase impossível dizer qualquer coisa que não seja sociolingüisticamente marcada como adequada para certos tipos de destinatários apenas. Na prática, porém, os "níveis discursivos" requintados da línguas do sudeste asiático são amálgamas complexos de honoríficos de referente e destinatário (ver Geertz, 1960, e Comrie, 1976b, quanto ao javanês; Kuno, 1973, e Harada, 1976, quanto ao japonês).

O terceiro tipo de informação relacional, aquela entre o falante e o espectador, é mais raramente codificado nos **honoríficos de espectador**. (O termo *espectador*, aqui, serve como um termo que abrange os participantes com papel de público e de ouvintes não participantes.) Exemplos incluem o vocabulário alternativo dyirbal, mencionado acima, usado na presença de parentes tabu (ver também Haviland, 1979, quanto ao guugu yimidhirr), e certos traços de línguas do Pacífico, como os aspectos dos "honoríficos reais" no ponapeano (Garvin e Reisenber, 1952, 203).

A estes três tipos de informação relacional podemos acrescentar um quarto, a saber, a relação entre o falante (e talvez outros participantes) e o ambiente (ou atividade social). Apesar de a maioria das línguas ser usada de maneira diferente em ambientes informais, em algumas, a distinção formal/informal é firmemente gramaticalizada, por exemplo, no japonês, pelo chamado estilo *mas* e, no tâmil, por uma *variante diglóssica* elevada (ver abaixo). Observe que, embora os três primeiros tipos de informação sejam estritamente relativos ao centro dêitico, nesse caso específico a posição social do falante, a formalidade talvez seja mais bem compreendida como envolvendo uma relação entre todos os papéis de participante e a situação (ver, porém, Irvine, 1979; J. J. Atkinson, 1982)[14].

▼

14. A diferença pode ser mais aparente do que real; pode muito bem haver sistemas honoríficos codificando relações entre destinatário e referente, e há os termos de parentesco "triangulares" australianos mencionados na seção 2.2.1, de modo que o papel do falante pode nem sempre ser tão central para os três primeiros tipos de dêixis social.

O outro tipo principal de informação socialmente dêitica que é freqüentemente codificado é *absoluto*, não relacional. Existem, por exemplo, formas reservadas para certos falantes, caso em que podemos falar (segundo Fillmore, 1975) de **falantes autorizados**. Por exemplo, em tailandês, o morfema *khráb* é uma partícula polida que só pode ser usada por falantes do sexo masculino, sendo *khá* a forma feminina correspondente reservada a falantes do sexo feminino (Haas, 1964). Do mesmo modo, há uma forma do pronome de primeira pessoa reservada para o uso do imperador japonês (Fillmore, 1971b, 6). Em muitas línguas também existem formas reservadas para **receptores autorizados**, que incluem restrições à maioria dos títulos de tratamento (*Your Honour, Mr President*, etc.); em tunica, havia pronomes que diferiam não apenas segundo o sexo do referente, mas também segundo o sexo do destinatário, de modo que havia, por exemplo, duas palavras para "eles", conforme fosse mulher ou homem a pessoa com que se falava (Haas, *ibid.*)

Tendo examinado os principais tipos de informação dêitica social gramaticalizados por diferentes línguas, podemos agora considerar como tais distinções estão codificadas nos sistemas gramaticais. Observe que apenas o primeiro tipo de informação relacional, isto é, aquele que se localiza no eixo falante-referente, impõe limitações intrínsecas às maneiras pelas quais tal informação pode ser codificada – no caso a codificação acontece nas expressões de referência e nas concordâncias morfológicas com elas. Por boas razões sociológicas, esses honoríficos do referente são encontrados para os indivíduos que têm participação na ação, seu grupo social, suas ações e pertences (ver, por exemplo, Geertz, 1960, e Horne, 1974, xxi, quanto ao javanês). Encontramos, talvez, sombras esmaecidas disto nos termos ingleses "elevados": *residence* (no lugar de *home*), *dine* (no lugar de *eat* ou *eat a meal*), *lady* (no lugar de *woman*), *steed* (no lugar de *horse*), etc. São muito comuns, contudo, expressões que se referem ao destinatário, codificando relações falante-referente; uma das razões para isso é, sem dúvida, o monitoramento direto que o destinatário exerce sobre a postura que o falante adota para com ele. Daí a distribuição por todo o mundo, em línguas e culturas sem nenhum parentesco, da distinção T/V nos pronomes da segunda pessoa do singular (Head, 1978; Levinson, 1978; para a sociolingüística, ver Brown e Gilman, 1960, e Lambert e Tucker, 1976). O fato de que a forma do pronome polido ou V seja muitas vezes tomada de empréstimo dos pronomes da segunda pessoa do plural, ou da terceira pessoa, singular ou plural, introduz complexidades consideráveis nos sistemas de concordância (Comrie, 1975; Corbett, 1976; Levinson, 1979b). Como observamos, os predicados nominais tendem a concordar com o número e a pessoa *efetivos*, e os verbos finitos tendem a concordar com a pessoa e o número morfológicos codificados na forma polida do pronome, havendo decisões, específicas por língua, sobre predicados do tipo intermediário. A outra maneira pela qual se faz tipicamente referência aos destinatários, a saber, por meio de títulos de tratamento, também causa problemas de concordância – é preciso escolher entre a concordância com a segunda ou com a terceira pessoa e, onde for cabível, decidir que títulos de tratamento podem co-ocorrer com que graus de respeito codificados nas concordâncias verbais (Levinson, 1979b). Em línguas com honoríficos, a **concordância honorífica** pode, portanto, tornar-se um aspecto intricado da morfologia, que nem sempre pode ser tratado formalmente sem levar em conta os valores socialmente dêiticos de morfemas específicos. Estes são alguns dos exemplos mais importantes, e mais ignorados, da interação direta entre a pragmática e a sintaxe. Finalmente, observemos que os títulos de tratamento e todas as formas vocativas parecem invariavelmente marcados para a relação falante-referente: não existem, ao que parece, interpelações ou formas de chamamento socialmente neutras (ver Zwicky, 1974, 795, no tocante ao inglês).

Os outros tipos de informação socialmente dêitica, porém, podem ser codificados praticamente em qualquer ponto do sistema lingüístico. Os honoríficos de tratamento (inclusive desonoríficos e marcadores de intimidade), por exemplo, manifestam-se em alternativas lexicais e formas supletivas (em javanês, por exemplo; Geertz, 1960), na morfologia (por exemplo, em japonês; Harada, 1976), em partículas ou afixos (por exemplo, em tâmil; Levinson, 1979b), na fonologia segmental (por exemplo, em basco; Corum, 1975, 96), na prosódia (por exemplo, no falsete honorífico do tzeltal; Brown e Levinson, 1978, 272) e, em muitos casos, numa mistura de tudo isso (por exemplo, javanês, japonês, madurês, coreano). Analogamente, os honoríficos de espectador são codificados em dyirbal e guugu yimidhirr por um vocabulário inteiramente diverso, conforme já observamos (Dixon, 1972, 32 ss.; Haviland, 1979) e, em outras línguas, por partículas e morfologia. Os níveis de formalidade são codificados morfologicamente em japonês, mas o tâmil recorre a diferenças em todos os níveis da gramática, incluindo a fonologia, a morfologia, a sintaxe e o léxico. Casos como esse são geralmente chamados **variantes diglóssicas** (Ferguson, 1964), embora nem todas as coisas assim chamadas tenham as regras de co-ocorrência estritas que distinguem os níveis ou restrições de uso da variedade formal do tâmil. Alguns desses níveis dependem do veículo, oral ou escrito, mas o tâmil formal é usado tanto para escrever quanto para dirigir-se a alguém de maneira formal, dando início à conversação.

O lingüista interessado em delimitar o âmbito de uma teoria lingüística geral pode recear que a descrição da dêixis social simplesmente confunda com a sociolingüística e, com base nesse fundamento, poderia ser levado a excluir totalmente o estudo da dêixis social das descrições formais da língua. Isso seria infeliz. Em primeiro lugar, como já foi observado na seção 1.2, não é impossível traçar uma fronteira entre questões dêiticas e questões sociolingüísticas mais amplas. Pois a dêixis social interessa-se pela gramaticalização, ou codificação na estrutura lingüística, da informação social, enquanto a sociolingüística se interessa também, talvez em primeiro lugar, por questões do uso lingüístico. Ainda que certas abordagens pareçam tratar de maneira indistinta o significado e o uso de itens dêiticos sociais (ver, por exemplo, Ervin-Tripp, 1972), a possibilidade de fazer um uso irônico regular, por exemplo, de honoríficos para crianças, é um argumento a favor da existência de significados prévios e bem estabelecidos, independentes das regras de uso. A dêixis social, portanto, está interessada no significado e na gramática de certas expressões lingüísticas (por exemplo, os problemas da concordância com os honoríficos), enquanto a sociolingüística também está interessada, *inter alia*, em como estes itens são efetivamente usados em contextos sociais concretos, classificados por referência aos parâmetros do sistema social relevante (Levinson, 1979b). Assim, a dêixis social pode ser sistematicamente restringida ao estudo de fatos que pertencem inequivocamente ao âmbito dos estudos estruturais dos sistemas lingüísticos, ficando o estudo do uso para outro domínio.

Uma segunda razão pela qual os gramáticos não devem simplesmente ignorar a dêixis social é que, embora o estudo do inglês possa não sofrer nenhum prejuízo óbvio por tal negligência, praticamente não há uma única sentença no japonês, no javanês ou no coreano, por exemplo, que possa ser adequadamente descrita de um ponto de vista estritamente lingüístico sem uma análise da dêixis social. A negligência quanto ao tema em geral deve-se, sem dúvida, simplesmente à quantidade desproporcional de pesquisas lingüísticas recentes feitas sobre o inglês ou línguas estreitamente aparentadas.

2.3 CONCLUSÕES

Este capítulo tratou, em linhas gerais, primeiro, da apresentação de algumas distinções analíticas úteis, e, segundo, de um exame de algumas das muitas complexidades da dêixis em línguas conhecidas e menos conhecidas. A falta de discussão teórica reflete o estado atual de nossa compreensão: temos, de um lado, apenas as abordagens filosóficas, um tanto simples, dos indiciais (abrangendo somente alguns aspectos da dêixis de pessoa, tempo e lugar), e, de outro lado, uma massa de fatos lingüísticos complicados, aos quais deram certa ordem preliminar os trabalhos de Fillmore e Lyons, em particular.

Uma questão central que resta, porém, é se o estudo da dêixis pertence à semântica ou à pragmática. Ora, mesmo que os lingüistas fossem unânimes quanto ao modo como deve ser traçada a fronteira pragmática/semântica não haveria nenhuma resposta simples para essa questão. Montague (1974) sustentou que o estudo de qualquer língua que contenha expressões indiciais é, *eo ipso*, pragmática. Isto, porém, tem como conseqüência, como observamos, que as línguas naturais só terão uma sintaxe e uma pragmática, mas nenhuma semântica. Portanto, para que a distinção semântica/pragmática opere, podemos tentar deslocar o estudo dos indiciais para a semântica. E, como pelo menos alguns aspectos da dêixis fazem diferença para as condições de verdade, podemos ter esperança de que este deslocamento coincidirá com a decisão de restringir a semântica aos aspectos do significado sujeitos a condições de verdade.

Contudo, ficaremos desapontados, pois há aspectos da dêixis que claramente não são vericondicionais. A fronteira semântica/pragmática, então, cortará uma região que, pelo ponto de vista adotado na seção 2.2, é um campo lingüístico unificado. Mas se ainda assim insistirmos em traçar essa linha, onde ela passará exatamente? Como vimos na seção 2.1, não podemos formular as condições de verdade de sentenças com indiciais sem fazer referência à função dêitica desses mesmos indiciais; mas, se permitirmos que as condições de verdade sejam relativizadas para falantes, destinatários, tempos, lugares, objetos indicados, etc., então, pelo visto, muitos aspectos da dêixis poderão ser acomodados numa semântica de condições de verdade. Mas trata-se de uma versão da semântica vericondicional, porém, na qual só se podem atribuir a enunciações no contexto, nunca a sentenças, as proposições que expressam. Sem tal manobra, as presentes tentativas de definir a noção de conseqüência lógica mais ou menos diretamente em fragmentos de língua natural (na linha iniciada por Montague, 1974) fariam pouco sentido como programa semântico geral.

Existem, porém, muitos obstáculos para acomodar a dêixis dentro da semântica estabelecendo apenas uma lista de índices ou pontos de referência contextuais e formulando condições de verdade relativizadas a estes índices. Por exemplo, não se fez nenhuma tentativa de lidar com as distinções entre gestual, não gestual e com os vários usos não dêiticos das palavras dêiticas. Para os usos gestuais, parece que precisamos não só de uma lista de coordenadas abstratas, mas de um monitoramento completo das propriedades físicas do acontecimento discursivo. Por exemplo, não basta ter apenas um único índice dêitico para o tempo da enunciação, mas determinar de quantos índices de tempo precisamos parece depender da própria enunciação:

(100)   Don't shoot now, but now, now and now!
          Não dispare agora, mas agora, agora e agora!

Portanto, temos que encarar a possibilidade de uma lista indefinidamente longa de índices ou coordenadas necessárias. Em resposta a isto,

Cresswell (1973, 111 ss.) produz, com um truque técnico, uma formulação que evita especificar os índices necessários de antemão. Mas isso não resolve o problema de saber como obter os índices relevantes exatamente quando precisamos deles. Um segundo problema é que enunciações como

(101)   Harry can only speak this loud
         Harry só consegue falar nessa altura

são reflexivas de ocorrência no sentido de que remetem às propriedades físicas do próprio enunciado, de modo que será preciso solucionar não só os enormes problemas técnicos de dar um tratamento lógico às expressões inflexivas de ocorrência, mas todas as propriedades físicas de uma enunciação também terão de estar disponíveis como índices (exigindo, novamente, um número indefinido de índices). Estes problemas sozinhos já bastam para tornar pouco promissoras as perspectivas de um tratamento direto de sentenças dêiticas dentro da semântica de condições de verdade. Pode ser mais útil admitir que estamos lidando aqui com as maneiras pragmáticas muito complexas pelas quais uma sentença e um contexto de enunciação interagem para selecionar uma proposição, por referência ao monitoramento audiovisual do acontecimento discursivo em andamento.

Contudo, seja o que for que se decida sobre onde devem situar-se as dêixis de pessoa, lugar e tempo, há pouca dúvida de que a maioria dos aspectos da dêixis de discurso e da dêixis social se encontram fora do âmbito de uma semântica de condições de verdade. A razão para isto é, muito simplesmente, que esses aspectos da dêixis, na maioria das vezes, não fazem nenhuma diferença para as condições de verdade. Se faço alguma das seguintes afirmações:

(102)   Vous êtes Napoléon
(103)   Tu és Napoleão

as condições em que serão verdadeiras são idênticas. O enunciador da primeira pode presumir pragmaticamente que o destinatário é socialmente superior ou socialmente distante, mas (102) não acarreta isto.

Se (102) acarretasse:

(104) Você é Napoleão e é socialmente superior a (ou socialmente distante de) mim, falante

então, (105) teria de ter uma leitura (106), que, claramente, não tem:

(105) Vous n'êtes pas Napoléon
(106) Você é Napoleão e não é superior a (ou socialmente distante de) mim, falante

Pode-se demonstrar que estes mesmos argumentos, além de outros, valem para os honoríficos complexos das línguas "exóticas". Tais aspectos da língua possuem significados convencionais, não vericondicionais.

Da mesma maneira, é opinião unânime que as palavras dêiticas de discurso como *moreover, besides, anyway, well*, etc., em posição inicial na enunciação, não fazem nenhuma diferença para as condições de verdade (Grice, 1961, 1975; Wilson, 1975). Aqui, novamente, parece que há itens lingüísticos que têm significados convencionais, mas não vericondicionais (ou apenas parcialmente vericondicionais). Se adotarmos uma semântica vericondicional, seremos portanto obrigados a encontrar um lugar para tais significados na teoria pragmática. Foram feitas tentativas de assimilar tais significados a vários conceitos pragmáticos, por exemplo, a **pressuposição pragmática** (Keenan, 1971) ou, como descobriremos no próximo capítulo, a **implicatura convencional**. A conclusão geral, porém, deve ser que a maioria dos aspectos da dêixis de discurso e, talvez, todos os aspectos da dêixis social se encontram além do âmbito de uma semântica de condições de verdade. A dêixis, portanto, não pode ser reduzida em sua totalidade e, talvez, nem parcialmente, a uma questão de semântica vericondicional.

CAPÍTULO 3

A IMPLICATURA CONVERSACIONAL

3.0 INTRODUÇÃO

A noção de **implicatura conversacional** é uma das idéias mais importantes da pragmática (muitas vezes, vamos referir-nos à noção simplesmente como **implicatura**, embora distinções entre este e outros tipos de implicatura sejam introduzidas adiante). A proeminência do conceito nos trabalhos recentes em pragmática deve-se a várias razões. Primeiro, a implicatura coloca-se como exemplo paradigmático da natureza e da força das explicações pragmáticas dos fenômenos lingüísticos. Pode-se demonstrar que as fontes desta espécie de inferência pragmática se encontram fora da organização da língua, em alguns princípios gerais da interação cooperativa e, não obstante, esses princípios têm um efeito visível em vários pontos da estrutura da língua. O conceito de implicatura, portanto, parece oferecer algumas explicações funcionais significativas dos fatos lingüísticos.

Uma segunda contribuição importante feita pela noção de implicatura é o fato de que ela dá uma explicação até certo ponto explícita de como é possível querer dizer (num sentido geral) mais do que é efetivamente "dito" (isto é, mais do que se expressa literalmente pelo sentido convencional das expressões lingüísticas enunciadas[1]). Considere, por exemplo:

▼

1. Grice usa a expressão *o que é dito* como um termo técnico para o conteúdo vericondicional de uma expressão, o que pode ser, na verdade, um pouco menos que o conteúdo convencional completo.

(1)   A: Pode me dizer as horas?
        B: Bem, o leiteiro já passou.

Tudo o que podemos esperar razoavelmente que uma teoria semântica nos diga a respeito dessa pequeníssima troca verbal é que existe, pelo menos, uma leitura que podemos parafrasear da seguinte maneira:

(2)   A: Você tem a capacidade de dizer-me as horas?
        B: [partícula pragmaticamente interpretada][2] o leiteiro passou em algum momento anterior ao tempo da fala

Contudo, é claro para os falantes nativos que o que geralmente seria comunicado nessa troca verbal envolve bem mais coisas, na linha das informações apresentadas em itálico em (3)

(3)   A: Você tem a capacidade de me dizer as horas *do presente momento, como indicado de maneira padrão no relógio, e, se for, por favor, diga-me*
        B: *Não, eu não sei a hora exata do presente momento, mas posso fornecer alguma informação a partir da qual você pode ser capaz de deduzir a hora aproximada, a saber,* que o leiteiro já passou

(ver R. Lakoff, 1973a; Smith e Wilson, 1979, 172 ss. para uma discussão de tais exemplos). Claramente, o que conta mesmo naquele diálogo, a saber, um pedido de informação específico e uma tentativa de fornecer tanto o mais possível da informação pedida, não é diretamente expresso em (2); portanto, a lacuna entre o que é *dito* literalmente em (2) e o que é comunicado em (3) é tão substancial que não podemos esperar que uma teoria semântica forneça mais do que uma pequena parte de uma explicação de como nos comunicamos usando a língua. A noção de implicatura promete preencher a lacuna oferecendo alguma explicação de como, pelo menos, grandes porções do material que aparece em itálico em (3) são efetivamente comunicadas.

Terceiro, parece provável que a noção de implicatura traga simplificações substanciais na estrutura e no contexto das descrições semânticas. Considere, por exemplo:

▼

2. O significado de *well* é discutido em 3.2.6 abaixo.

(4)   The lone ranger jumped on his horse and rode into the sunset
        O combatente solitário montou no seu cavalo e partiu rumo ao pôr-do-sol
(5)   The capital of France is Paris and the capital of England is London
        A capital da França é Paris e a capital da Inglaterra é Londres
(6)   ??The lone ranger rode into the sunset and jumped on his horse[3]
        ??O combatente solitário partiu rumo ao pôr-do-sol e montou no seu cavalo
(7)   The capital of England is London and the capital of France is Paris
        A capital da Inglaterra é Londres e a capital da França é Paris

O sentido de *and* "e" em (4) e (5) parece ser um tanto diferente: em (4) parece significar *and then* "e então", e, portanto, (6) é um enunciado estranho porque é difícil imaginar uma inversão na ordem dos dois acontecimentos. Em (5), porém, não há o sentido "and then"; *and*, aqui, parece significar apenas o que significaria a tabela de verdade-padrão de & – a saber, que o todo é verdadeiro apenas no caso de ambos os enunciados ligados pela conjunção serem verdadeiros; portanto, a inversão desses enunciados em (7) não afeta em nada a significação conceitual. Diante de exemplos como este, o semanticista tem adotado tradicionalmente uma dentre duas posições: ele pode sustentar que há dois sentidos distintos da palavra *and*, a qual, portanto, é simplesmente ambígua, ou ele pode afirmar que os significados das palavras em geral são vagos, mutáveis e influenciados pelos ambientes em que são colocados. Se o semanticista adota a primeira, logo se vê forçado a apresentar uma profusão aparentemente infinita de sentidos das palavras que parecem mais simples. Ele pode, por exemplo, ser levado por (8) e (9) a sugerir que *white* "branco(a)" é ambíguo porque em (8) parece significar "apenas ou inteiramente branca", ao passo que em (9) só pode significar "parcialmente branca"

(8)   The flag is white
        A bandeira é branca
(9)   The flag is white, red and blue
        A bandeira é branca, vermelha e azul

▼

3. Como observado, o símbolo ?? indica anomalia pragmática, * indica anomalia semântica ou sintática, enquanto ? é neutro quanto à natureza da anomalia.

O semanticista que adota a outra posição, a de que os sentidos das línguas naturais são mutáveis, frouxos e variáveis, não está em melhor situação: como, então, os falantes sabem (e certamente sabem) exatamente qual valor variável de *white* está envolvido em (8)? Tampouco será uma solução simplesmente ignorar o problema, pois, se o fizer, logo descobrirá que a sua semântica é contraditória. Por exemplo, (10) certamente parece significar (11); mas se, então, introduzirmos a interpretação de "incerteza" de (11) no significado de *possível*, (12) deverá ser uma contradição inequívoca. Mas não é.

(10) É possível que exista vida em Marte
(11) É possível que exista vida em Marte e é possível que não exista vida em Marte
(12) É possível que exista vida em Marte e, de fato, agora é certo que existe

Ora, a noção de implicatura oferece uma saída para este conjunto de dilemas, pois permite afirmarmos que as expressões das línguas naturais realmente tendem a ter sentidos simples, estáveis e unitários (em muitos casos, pelo menos), mas que sobre este núcleo semântico estável há muitas vezes uma camada pragmática instável, ligada ao contexto – isto é, um conjunto de implicaturas. Na medida em que possa ser dado algum conteúdo preditivo específico à noção de implicatura, essa é uma solução autêntica e substancial para os tipos de problemas que acabamos de ilustrar.

Um ponto importante a observar é que esta simplificação da semântica não é apenas uma redução de problemas no léxico; ela também torna possível a adoção de uma semântica construída sobre princípios lógicos simples. Ela faz isso demonstrando que, assim que as implicações pragmáticas do tipo que chamaremos implicaturas são levadas em conta, as diferenças aparentemente radicais entre a lógica e a língua natural parecem desaparecer. Exploraremos isso adiante, quando considerarmos as palavras "lógicas" do inglês, *and* "e", *or* "ou", *if ... then* "se ... então", *not* "não", os quantificadores e os modais.

Quarto, a implicatura, ou, pelo menos, algum conceito intimamente relacionado, parece ser simplesmente essencial para que vários fatos básicos a respeito da língua sejam explicados adequadamente. Por exemplo, partículas como *well* "bem", *anyway* "de qualquer maneira", *by the way* "a propósito" exigem alguma especificação de seu significado numa teoria do significado, exatamente como todas as outras palavras no inglês; mas, quando considerarmos qual é seu significado, vamos nos ver fazendo referência aos mecanismos pragmáticos que produzem as implicaturas. Também veremos que certas regras sintáticas parecem, pelo menos, ser sensíveis à implicatura e que a implicatura coloca condicionamentos interessantes ao que pode ser um item lexical nas línguas naturais.

Finalmente, os princípios que geram as implicaturas têm uma capacidade de explicação muito geral: alguns princípios fornecem explicações para um grande leque de fatos aparentemente não relacionados. Por exemplo, adiante, serão oferecidas explicações de por que o inglês não possui um item lexical *nall* com o significado de "não todos", por que a lógica de Aristóteles deu errado, por que tautologias evidentes como *War is war* "Guerra é guerra" podem comunicar significação conceitual, como as metáforas funcionam e muitos outros fenômenos.

3.1 A TEORIA DA IMPLICATURA DE GRICE

Ao contrário de muitos outros tópicos na pragmática, a implicatura não tem uma história extensa[4]. As idéias centrais foram propostas por Grice, nas palestras William James, proferidas em Harvard, 1967, apenas parcialmente publicadas (Grice, 1975, 1978). As propostas foram relativamente breves e apenas sugeriam como o trabalho futuro poderia prosseguir.

Antes de examinarmos as sugestões de Grice, seria bom deixar claro que a outra teoria importante associada a Grice, a saber, sua teoria do significado nn discutido acima, no capítulo 1, geralmente é tratada como se não tivesse nenhuma relação com sua teoria da implicatura

▼

4. Houve, porém, uma especulação considerável na filosofia quanto à utilidade de uma noção de implicação pragmática, e algumas idéias pré-griceanas podem ser encontradas, por exemplo, em Fogelin, 1967.

(cf. Walker, 1975). Na verdade, há uma ligação de um tipo importante. Se, como indicamos, a teoria do significado nn de Grice é interpretada como uma teoria da comunicação, ela tem a interessante conseqüência de oferecer uma descrição de como a comunicação poderia ser conseguida na ausência de quaisquer meios convencionais para expressar a mensagem pretendida. Um corolário é que ela fornece uma explicação de como se pode comunicar mais do que efetivamente se diz, nesse sentido um tanto especial de não naturalmente significado. Evidentemente, muitas vezes podemos, dada uma enunciação, derivar dela várias inferências, mas pode ser que nem todas as inferências tenham sido comunicativas no sentido de Grice, isto é, pode ser que nem todas pretendam ser reconhecidas como tendo sido pretendidas. O tipo de inferências que chamamos de implicaturas são sempre desse tipo especial pretendido, e a teoria da implicatura esboça uma maneira pela qual tais inferências, de um tipo não convencional, podem ser veiculadas satisfazendo o critério para mensagens comunicadas esboçado na teoria griceana do significado nn.

A segunda teoria de Grice, na qual ele desenvolve o conceito de implicatura, é essencialmente uma teoria a respeito de como as pessoas *usam* a língua. A sugestão de Grice é que existe um conjunto de suposições mais amplas que guiam a conduta da conversação. Elas surgem, ao que parece, de considerações racionais básicas e podem ser formuladas como diretrizes para o uso eficiente e eficaz da língua na conversação para fins cooperativos adicionais. Grice identifica como diretrizes deste tipo quatro **máximas** básicas **da conversação** ou princípios gerais subjacentes ao uso cooperativo da língua, que, juntos, expressam um **princípio cooperativo** geral. Esses princípios são expressos da seguinte maneira:

(13) *O princípio cooperativo*
faça sua contribuição como for exigido, na etapa na qual ela ocorre, pelo fim ou direção aceitos da troca convencional em que você está envolvido

(14) *A máxima da qualidade*
tente fazer com que sua contribuição seja verdadeira, especificamente:
   (i) não diga o que acredita ser falso

(ii) não diga coisas para as quais você carece de evidências adequadas.
(15) *A máxima da quantidade*
(i) faça com que sua contribuição seja tão informativa quanto for exigido para os presentes fins do intercâmbio
(ii) não faça com que sua contribuição seja mais informativa do que é exigido
(16) *A máxima da relevância*
faça com que sua contribuição seja relevante
(17) *A máxima do modo*
seja perspícuo e, especificamente:
(i) evite a obscuridade
(ii) evite a ambigüidade
(iii) seja breve
(iv) seja ordenado

Em resumo, essas máximas especificam o que os participantes têm de fazer para conversar de maneira maximamente eficiente, racional, cooperativa: eles devem falar com sinceridade, de modo relevante e claro e, ao mesmo tempo, fornecer informação suficiente.

Há uma objeção imediata a esta representação da natureza da comunicação: a representação pode descrever o paraíso de um filósofo, mas ninguém fala efetivamente dessa maneira o tempo todo! Mas o ponto aonde Grice quer chegar é sutilmente diferente. Ele prontamente admite que as pessoas seguem essas diretrizes ao pé da letra. Mas, na maioria dos tipos comuns de conversa, esses princípios são norteadores, de tal maneira que, quando a conversa não prossegue segundo as suas especificações, os ouvintes continuam supondo que, ao contrário das aparências, há adesão aos princípios em um nível mais profundo. Um exemplo deve tornar isto claro:

(18)   A: Onde está Bill?
        B: Há um VW amarelo na casa de Sue

Aqui, a contribuição de B, considerada literalmente, deixa de responder à pergunta de A e, portanto, parece violar, pelo menos, as máximas da quantidade e da relevância. Podemos, portanto, esperar que o enunciado de B seja interpretado como uma resposta não cooperativa, uma forma de desconsiderar as preocupações de A por meio de uma mudança de tópico. Não obstante, é claro que, apesar desta *aparente* falha de cooperação, tentamos interpretar o enunciado de B como cooperativo em algum nível mais profundo (não superficial). Fazemos isso supondo que, na verdade, o enunciado de B é cooperativo e, depois, perguntando que ligação poderia haver entre a localização de Bill e a localização de um VW amarelo, e, assim, chegarmos à sugestão (que B efetivamente comunica) de que, se B tem um VW amarelo, ele pode estar na casa de Sue.

Em casos deste tipo, as inferências surgem para preservar a suposição de cooperação; é apenas ao fazer a suposição contrária às indicações superficiais que as inferências surgem, em primeiro lugar. É este tipo de inferência que Grice chama *implicatura* ou, melhor, *implicatura conversacional*. Portanto, a idéia de Grice não é que nunca nos afastamos dessas máximas num nível superficial, mas sim que, sempre que possível, as pessoas interpretarão o que dizemos como estando em conformidade com as máximas em, pelo menos, algum nível.

Qual é, porém, a fonte dessas máximas do comportamento conversacional? São regras convencionais que aprendemos da mesma maneira como aprendemos, digamos, modos à mesa? Grice sugere que as máximas, na verdade, não são convenções arbitrárias, mas, antes, descrevem meios racionais para conduzir intercâmbios cooperativos. Se é assim, esperaríamos também que regessem aspectos do comportamento não lingüístico e, na verdade, parece que o fazem. Considerem, por exemplo, uma situação em que A e B estão consertando um carro. Se a máxima da qualidade é interpretada como a injunção de produzir atos não espúrios ou sinceros (uma manobra que temos de fazer, de qualquer maneira, para estender a máxima a perguntas, promessas, convites, etc.), B deixaria de aquiescer a isto se, quando lhe fosse pedido fluido de freio, ele, conscientemente, entregasse óleo a A, ou, quando lhe pedissem que apertasse os parafusos na coluna da direção, ele meramente fingisse fazê-lo. De maneira semelhante, A deixaria de observar a máxima da quantidade, a injunção de fazer a contribuição na proporção certa, se, precisando B de três parafusos, ele, de propósito, lhe desse apenas um ou, então, trezentos. O mesmo acontece com a relevância: se B quer três parafusos, ele os quer *agora*, não meia hora depois. Finalmente, B deixaria de aquiescer à máxima do modo, que prescreve clareza de propósito, se, quando A precisasse de um parafuso de tamanho 8, B lhe passasse o parafuso de uma caixa que geralmente contém parafusos de tamanho 10. Em cada um destes casos, o comportamento fica aquém de certa noção natural de cooperação plena porque ele viola um ou outro dos análogos não-verbais das máximas da conversação. Isso sugere que as máximas realmente derivam de considerações gerais da racionalidade aplicáveis a todos os tipos de intercâmbio cooperativo, e, se for assim, deveriam, além disto, ter aplicação universal, pelo menos na medida em que o permitissem outras limitações à interação, específicas da cultura. De modo geral, parece ser assim.

Contudo, a razão para o interesse lingüístico pelas máximas é que elas geram inferências que ultrapassam o conteúdo semântico das sentenças enunciadas. Tais inferências, por definição, são implicaturas conversacionais, onde se pretende que o termo *implicatura* contraste com termos como *implicação lógica*, *acarretamento* e *conseqüência lógica*, que são geralmente usados para fazer referência a inferências que derivam unicamente do conteúdo lógico ou semântico[5]. Pois as implicaturas não são inferências semânticas, mas, sim, inferências baseadas no conteúdo do que foi dito e algumas suposições específicas a respeito da natureza cooperativa da interação verbal comum.

Essas inferências ocorrem de, pelo menos, duas maneiras diversas, dependendo da relação que se considera que o falante tenha para com as máximas. Se o falante está **seguindo** as máximas de maneira razoavelmente direta, ele pode, não obstante, conseguir que o destinatário amplifique o que ele disse por meio de algumas inferências diretas baseadas na suposição de que o falante está seguindo as máximas. Por exemplo, considere o seguinte intercâmbio:

(19)   A (a passante): Acabo de ficar sem gasolina
        B: Ah, tem uma oficina logo ali na esquina

▼

5. Para manter o contraste, Grice tem o cuidado de restringir o uso do termo **implicar**, de modo que, primariamente, são os falantes que implicitam, embora sejam sentenças, enunciados ou proposições que entram nas relações lógicas. Contudo, considerando que uma enunciação seja um emparelhamento de uma sentença e um contexto, podemos falar derivadamente de enunciações que têm implicaturas, e, aqui, adotaremos essa prática, corrente na lingüística.

Neste diálogo, o enunciado de B sugere que A pode obter gasolina na oficina, e B não seria plenamente cooperativo se soubesse que a oficina está fechada ou sem gasolina (daí a inferência). Chamemos estas inferências que surgem da observância das máximas **implicaturas-padrão** (o termo não é de Grice, embora ele introduza o termo **implicatura generalizada** para um subconjunto destas implicaturas que não requerem condições contextuais específicas para serem inferidas)[6].

Outra maneira pela qual as máximas podem gerar inferências é quando o falante deliberada e ostensivamente rompe ou (como Grice diz) **infringe** as máximas. Considere, por exemplo:

(20) A: Vamos pedir alguma coisa para as crianças
 B: Muito bem, mas eu proíbo S-O-R-V-E-T-E-S

onde B ostensivamente infringe a máxima da maneira (seja perspícuo) ao soletrar a palavra *sorvetes* e, com isto, comunica a A que B preferiria que não se mencionasse sorvete diretamente na presença das crianças, pois isso as motivaria a pedir sorvete.

Ambos os tipos de implicatura são de grande interesse. Mais alguns exemplos de cada tipo, organizados de acordo com as máximas que lhes dão origem, podem ajudar a tornar a distinção clara. Comecemos com exemplos de implicaturas que surgem diretamente da suposição de que o falante está observando as máximas e que simplesmente amplificam o conteúdo comunicado de maneiras restritas (o símbolo +> pode significar "a enunciação da sentença anterior geralmente produzirá a implicatura seguinte").

Qualidade
(21) John tem dois doutorados
 +> Acredito que ele tem e tenho evidências adequadas de que ele tem dois doutorados.

▼

6. Também introduzi o termo *observar* às máximas (para o comportamento que dá origem às implicaturas padrão) para contrastar com o termo de Grice, *infringir*. A falta de terminologia, aqui, presumivelmente deriva da suposição errônea de que todas as implicaturas padrão são implicaturas generalizadas. Ver 3.2.3 abaixo.

(22)   A fazenda do senhor tem 400 acres?
        +> Não sei se tem e quero saber se tem

O primeiro desses exemplos fornece uma explicação para o "paradoxo de Moore", a saber, a inaceitabilidade de enunciados como (23)[7]:

(23)   ??John tem dois doutorados mas eu não acredito que tenha

Esta sentença é pragmaticamente anômala porque contradiz a implicatura de qualidade padrão de que alguém acredita no que afirma. O exemplo em (22) simplesmente amplia o alcance da qualidade ao considerar a *verdade* como um subcaso especial de sinceridade aplicado a asserções; quando alguém faz uma pergunta, pode-se interpretar que está perguntando sinceramente e, daí, que realmente não tem e está pedindo a informação solicitada. (Como veremos ao considerar os **atos de fala** no capítulo 5, fala-se freqüentemente destes tipos de inferências como **condições de felicidade**, como se não tivessem nenhuma ligação com a implicatura.) Normalmente, então, em circunstâncias cooperativas, quando alguém afirma alguma coisa, implica que acredita nela; quando alguém faz uma pergunta, comunica a implicatura de que deseja sinceramente uma resposta e, por extensão, quando alguém promete fazer *x*, comunica a implicatura de que pretende sinceramente fazer *x*, etc. É provável que qualquer outro uso de tais enunciações seja espúrio ou forjado e, portanto, sujeito a violar a máxima da qualidade

Quantidade

Esta máxima fornece algumas das implicaturas padrão mais interessantes. Suponha que eu diga:

▼

---

7. Grice (1978, 114) indica que ele efetivamente deseja evitar o termo implicatura na inferência em (21), com base no fundamento de que apenas expressa a própria máxima da qualidade. Outro problema em ver esta inferência como uma implicatura é que as implicaturas (como veremos) são negáveis e isto sugeriria que (23), na verdade, não deve ser anômala. Uma explicação para isso pode ser a de que, além de uma máxima geral de qualidade válida para atos de fala assertivos e não-assertivos, há uma convenção adicional de que, se alguém asserta de *p*, deve acreditar em *p* e conhecer *p* (cf. Gazdar, 1979a, 46-8).

(24)   Nigel tem catorze filhos

Estarei comunicando a implicatura de que Nigel tem apenas catorze filhos, embora fosse compatível com a verdade de (24) uma situação em que Nigel, na verdade, tenha vinte filhos. Será considerado que dou a entender que ele tem apenas catorze, não mais, porque, se ele tivesse vinte, então, pela máxima da quantidade ("diga tanto quanto for exigido") eu devia tê-lo dito. Como não disse, devo pretender comunicar que Nigel tem apenas catorze. Similarmente, reconsidere o exemplo introduzido como (8) acima:

(25)   A bandeira é branca

Como não ofereci nenhuma informação adicional sobre outras cores que a bandeira possa conter, o que poderia mesmo ser altamente relevante para a conversação em andamento, pode-se considerar que dou a entender que a bandeira não tem outras cores e, portanto, é inteiramente branca. Ou suponha, novamente, que ouçamos o seguinte intercâmbio:

(26)   A: Como Harry se saiu no tribunal o outro dia?
        B: Oh, ele recebeu uma multa

Se, mais tarde, vier a público que Harry pegou prisão perpétua, então B (se sabia disso o tempo todo) certamente será culpado de desorientar A, pois deixou de fornecer todas as informações que poderiam ser razoavelmente exigidas na situação.

Todos esses exemplos envolvem a primeira submáxima de quantidade, que parece ser a submáxima importante, e que manda fornecer informações completas. O efeito da máxima é acrescentar à maioria das enunciações uma inferência pragmática no sentido de que o enunciado apresentado é o mais forte, ou o mais informativo que pode ser feito na situação[8]; em muitos casos, as implicaturas podem ser glosadas

▼

8. Isto é, o enunciado mais forte que pode ser feito *com relevância*. Tais recursos implícitos à máxima da relevância levaram Wilson e Sperber (1981) a afirmar que a máxima da relevância, na verdade, inclui as outras máximas.

acrescentando "apenas" ao conteúdo proposicional da sentença, por exemplo, "Nigel tem apenas catorze filhos", "a bandeira é apenas branca", "Harry apenas recebeu uma multa".

Relevância

Esta máxima também é responsável pela produção de um amplo leque de implicaturas padrão. Por exemplo, nos casos em que possíveis imperativos são interpretados como relevantes para a presente interação e, portanto, como solicitações para implementar alguma ação no tempo presente. Portanto:

(27)   Passe o sal
        +> passe o sal agora

Ou reconsidere o exemplo (1) repetido aqui:

(28)   A: Pode me dizer as horas?
        B: Bem, o leiteiro já passou

É apenas com base na suposição da relevância da resposta de B que podemos compreendê-la como fornecendo uma resposta parcial à pergunta de A. A inferência parece funcionar mais ou menos assim: suponha que a enunciação de B seja relevante; se é relevante, então, dado que A fez uma pergunta, B deve estar fornecendo uma resposta; a única maneira pela qual podemos reconciliar a suposição de que B está respondendo cooperativamente à pergunta de A com o conteúdo da enunciação de B é supor que B não está em condição de fornecer a informação completa, mas pensa que o fato de o leiteiro já ter passado pode fornecer a A os meios de derivar uma resposta parcial. Portanto, A pode inferir que B pretende comunicar, pelo menos, que já passou a hora em que o leiteiro normalmente vem, seja qual for essa hora. Inferências exatamente similares podem ser feitas em casos como (18) e está claro que tais inferências são fundamentais para nossa percepção de coerência no discurso: se as implicaturas não fossem construídas com base na suposição de relevância, muitas enunciações adjacentes na conversação pareceriam inteiramente destituídas de ligação.

Modo

Finalmente, muitos tipos diferentes de inferência surgem da suposição de que a máxima de modo está sendo observada. Por exemplo, pela terceira submáxima de modo ("seja breve"), sempre que evito uma expressão simples em favor de uma paráfrase mais complexa, pode-se supor que não o faço levianamente, mas porque os detalhes, de certa maneira, são relevantes para o empreendimento em curso. Se, em vez de (29), digo (30), então, eu oriento meu interlocutor a prestar atenção e ter cuidado específico em cada uma das operações envolvidas no fazer (29), sendo esta uma implicatura do uso da expressão mais longa:

(29)   Abra a porta
(30)   Ande até a porta, gire a maçaneta no sentido horário até onde der e, depois, puxe delicadamente na sua direção

Talvez, porém, a mais importante das submáximas de modo seja a quarta, "seja ordenado". Isto porque pode ser usada para explicar a estranheza de (6) acima, repetida aqui:

(31)   ??O combatente solitário cavalgou rumo ao pôr-do-sol e montou no seu cavalo

(31) viola a nossa expectativa de que os acontecimentos sejam narrados na ordem em que aconteceram. Mas é justamente porque se pode esperar que os participantes da conversação observem a submáxima "seja ordenado" que temos a expectativa. Apresentados a (32), temos, portanto, de lê-la como uma seqüência de dois acontecimentos que ocorreram nessa ordem:

(32)   Alfred went to the store and bought some whisky
       Alfred foi à loja e comprou uísque

Vemos agora como o semanticista armado da noção de implicatura pode desvencilhar-se dos dilemas suscitados acima no que se refere aos exemplos (4)-(7). Ele não precisa afirmar que há duas palavras *and* em inglês, uma significando simplesmente que ambos os enunciados ligados pela conjunção são verdadeiros, a outra tendo o mesmo significado mais uma noção de seqüencialidade. Pois a seqüencialidade, o sentido *and then* "e então" de *and* em sentenças como (32), é simplesmente uma implicatura padrão que se deve à quarta submáxima de modo, que produz uma camada pragmática sobre o conteúdo semântico de *and* onde quer que se juntem as descrições de dois acontecimentos que possam ser seqüencialmente ordenados[9].

Implicaturas que são "acionadas" dessa maneira não ostensiva, simplesmente pela suposição de que as máximas estão sendo observadas, têm sido, até aqui, do maior interesse para os lingüistas. Isto porque tais inferências muitas vezes surgem onde os traços do contexto não as bloqueiem efetivamente, com o resultado de que podem ser facilmente confundidas com os aspectos permanentes da semântica das expressões envolvidas. Conseqüentemente, uma teoria semântica pode ficar infestada por uma proliferação de sentidos hipotéticos e contradições internas de maneiras que explicitaremos abaixo. Antes de retornar a essas implicaturas na próxima seção, ilustremos primeiramente o outro tipo importante de implicaturas que Grice tinha em mente.

O segundo tipo de implicaturas ocorre quando uma ou outra máxima deixa de ser seguida ostensiva e declaradamente e isso é explorado para fins comunicativos. Grice chama tais usos **desacatos** ou **explorações** das máximas, e pode-se verificar que dão origem a muitas das tradicionais "figuras de linguagem". Estas inferências baseiam-se na notável robustez da suposição de cooperação: mesmo quando alguém se desvia drástica e radicalmente do comportamento típico da máxima, suas enunciações ainda são interpretadas como subjacentemente cooperativas, se isto for possível. Portanto, ao infringir abertamente uma máxima, o falante pode obrigar o ouvinte a fazer inferências extensas até chegar a algum conjunto de proposições, de modo que se for possível supor que o falante está comunicando estas proposições, então, pelo menos, o princípio cooperativo mais amplo será preservado. Seguem alguns exemplos.

▼

9. Para algumas dificuldades com este ponto, ver Schmerling (1975), que argumenta que nem todos os casos de *and* assimétrico são redutíveis da maneira griceana; para algumas extensões da máxima de maneira a outros domínios que não o ordenamento temporal, ver, por exemplo, Harnish, 1976.

Qualidade
Essa máxima pode ter sido infringida na seguinte troca verbal:

(33)   A: E se a URSS bloquear o Golfo e todo o petróleo?
        B: Ah, vá! A Grã-Bretanha domina os mares!

Qualquer participante razoavelmente informado saberá que a enunciação de B é escandalosamente falsa. Sendo assim, B não pode estar tentando enganar A. A única maneira pela qual a suposição de que B está cooperando pode ser mantida é se interpretarmos que B quer dizer algo um tanto diferente daquilo que efetivamente foi dito. Ao procurarmos por uma proposição relacionada, mas cooperativa, que B pode estar pretendendo comunicar, chegamos ao oposto, ou negação, do que B formulou – a saber, que a Grã-Bretanha não domina os mares e, portanto, à guisa de relevância para a enunciação anterior, à sugestão de que não há nada que a Grã-Bretanha possa fazer. É assim que, segundo afirma Grice, as ironias surgem e são decodificadas com sucesso. Se não houvesse nenhuma suposição subjacente de cooperação, os receptores das ironias deveriam simplesmente ficar perplexos; nenhuma inferência poderia ser extraída[10].

Observações semelhantes podem ser feitas para, pelo menos, alguns exemplos de metáfora. Por exemplo, se digo (34), expresso uma falsidade categorial (isto é, uma violação de categoria semântica ou selecional). Portanto, ou estou sendo não cooperativo ou pretendo comunicar algo um tanto diferente:

(34)   A rainha Vitória era feita de ferro

A interpretação direta é que, como a rainha Vitória, na verdade, não tinha as propriedades definidoras do ferro, ela meramente tinha algo das propriedades incidentais, como a dureza, a resistência, a inflexibilidade

▼

10. Para um tratamento mais detalhado, ver Sperber e Wilson, 1981. Eles argumentam que as ironias são compostas de sentenças *mencionadas*, não *usadas* – em boa parte, como se estivessem implicitamente entre aspas – a partir das quais os receptores calculam as implicaturas por referência antes à relevância que à qualidade.

ou a durabilidade. Saber que conjunto específico dessas propriedades lhe atribui a enunciação de (34) depende, pelo menos em parte, dos contextos da enunciação: dito por um admirador, pode ser um elogio, comunicando as propriedades da dureza e da capacidade de recuperação; dito por um detrator, pode ser considerado uma difamação, comunicando sua falta de flexibilidade, impassividade emocional ou beligerância.

Outras formas de desacatar a máxima da qualidade incluem a enunciação de falsidades evidentes, como em (35):

(35)   A: Teerã fica na Turquia, não é, professor?
        B: E Londres fica na Armênia, imagino

onde a enunciação de B serve para sugerir que a enunciação de A é absurdamente incorreta. Ou considere perguntas retóricas como (36):

(36)   Mussolini ia ser moderado?

a qual, se os participantes acreditam que Mussolini podia ser qualquer coisa, menos moderado, tem a probabilidade de comunicar (37):

(37)   Mussolini definitivamente não ia ser moderado

Aqui, ao violar abertamente a sinceridade de uma pergunta, gera-se mais uma vez uma implicatura desacatando a máxima da qualidade.

Quantidade

A enunciação de tautologias simples e óbvias não deveria ter, em princípio, absolutamente nenhuma significação comunicativa[11]. Contudo, as enunciações de (38)-(40) e semelhantes, na verdade, podem ser altamente comunicativas:

(38)   War is war
        Guerra é guerra

▼

---

11. As exceções, naturalmente, serão tautologias não evidentes para os destinatários, como no uso didático das definições ou as que chamam a atenção para conseqüências lógicas não evidentes.

(39)	Either John will come or he won't
	John virá ou não virá
(40)	If he does it, he does it
	Se ele o faz, ele o faz

Observe que, em virtude de suas formas lógicas (respectivamente: $\forall x\ (W(x) \rightarrow (W(x)); p \vee \sim p; p \rightarrow p)$, estes enunciados são necessariamente verdadeiros; *ergo* eles compartilham as mesmas condições de verdade, e as diferenças que sentimos existirem entre eles, assim como seu interesse comunicativo, devem provir quase que inteiramente das suas implicações pragmáticas. Uma descrição de como elas vêm a ser comunicativamente importantes e comunicativamente diferentes pode ser proposta em termos de desacato à máxima da quantidade. Já que esta máxima requer que os falantes sejam informativos, a asserção de tautologias a viola ostensivamente. Portanto, para que a suposição de que o falante está efetivamente cooperando seja preservada, alguma inferência informativa deve ser feita. Assim, no caso de (38) a inferência pode ser "coisas terríveis sempre acontecem na guerra; isso é da natureza da guerra, e não adianta lamentar esse desastre específico"; no caso de (39) a inferência pode ser "acalme-se, não há por que preocupar-se se ele vem ou não porque não há nada que possamos fazer a respeito", e, no caso de (40), pode ser "não é da nossa conta". É claro que essas inferências informativas têm em comum uma qualidade de encerramento ou fechamento de tópico, mas os detalhes do que é implicado dependerão dos contextos de enunciação específicos. (A propósito, a maneira exata como se podem predizer as implicaturas adequadas nestes casos continua obscura, embora a máxima da relevância pareça ter nisso um papel crucial.)

Relevância

As explorações desta máxima são, como Grice observa, um pouco mais difíceis de encontrar, por uma razão muito especial: porque é difícil construir respostas que *precisem* ser interpretadas como irrelevantes. Mas Grice fornece um exemplo como o seguinte:

(41)	A: Eu realmente acho que a sra. Jenkins é uma velha tagarela, você não acha?
	B: Hã, para março até que o tempo está ótimo, não?

onde a enunciação de B pode implicar, nas circunstâncias adequadas, "ei, cuidado, o sobrinho dela está bem atrás de você". Mais naturalmente, considere (42):

(42)   Johnny: Ei, Sally, vamos jogar bolinhas de gude
        Mãe: Como está indo a sua lição de casa, Johnny?

por meio da qual a mãe de Johnny pode lembrá-lo de que ele talvez ainda não esteja livre para brincar.

Modo

Um exemplo da exploração dessa máxima será suficiente aqui. Suponha que encontremos na resenha de um espetáculo musical algo como (43) onde podíamos ter esperado (44):

(43)   A srta. Singer produziu uma série de sons que correspondiam detalhadamente à partitura de uma ária do *Rigoletto*
(44)   A srta. Singer cantou uma ária do *Rigoletto*

Ao evitar flagrantemente o simples (44) em favor do prolixo (43) (violando assim a submáxima "seja breve"), o resenhador implica que havia, na verdade, uma diferença considerável entre a performance da srta. Singer e aquelas a que se costuma aplicar o termo *canto*.

Infelizmente, neste livro, teremos de ignorar a maioria dessas figuras de linguagem (embora a seção 3.2.5 abaixo seja dedicada à metáfora). Desde Aristóteles, muito se escreveu a respeito de cada uma delas de um ponto de vista retórico, filosófico e literário, mas, até as breves observações de Grice, poucas tentativas haviam sido feitas para explicar os mecanismos de inferência que devem estar envolvidos na interpretação das figuras de linguagem ou para explicar como tais mecanismos podem ser reconciliados com qualquer tipo de teoria semântica padrão. O trabalho de Grice, pelo menos, sugere maneiras pelas quais esses importantes mecanismos de comunicação podem ser trazidos para o âmbito de uma teoria pragmática, se bem que (como veremos ao considerar a metáfora) ainda persista muito mistério. (Na verdade, há autores que pensam que o tratamento dos tropos por Grice é fundamentalmente incorreto – ver, por exemplo, Sperber e Wilson, 1981; Wilson e Sperber, 1981.)

Uma questão geral que estas explorações das máximas suscitam é que existe uma maneira fundamental pela qual uma descrição completa da capacidade comunicativa da linguagem nunca pode ser reduzida a um conjunto de convenções para o uso da linguagem. A razão é que, sempre que surgir alguma convenção ou expectativa a respeito do uso da linguagem, surgirá também a possibilidade da *exploração* não convencional dessa convenção ou expectativa. Segue-se que uma descrição puramente convencional ou baseada em regras do uso das línguas naturais nunca pode ser completa e que o que pode ser comunicado sempre excede a capacidade comunicativa proporcionada pelas convenções da língua e do seu uso. Assim, resta a necessidade fundamental de alguma teoria ou noção de comunicação que não se baseie no conceito de significado convencional, conforme esboçado por Grice (1957) em sua teoria do significado nn.

Até aqui, apenas indicamos grosseiramente como as implicaturas efetivamente ocorrem. Grice tenta restringir a noção no seguinte sentido. Primeiro, ele propõe uma definição de implicatura que podemos formular da seguinte maneira[12]:

(45)   F dizer que *p* produz conversacionalmente a implicatura *q* se e somente se:
  (i) se presume que F está observando as máximas ou, pelo menos (no caso de infrações), o princípio cooperativo
  (ii) para preservar essa suposição, deve-se supor que F pensa que *q*
  (iii) F pensa que F e o destinatário O sabem mutuamente que O pode calcular que se exige *q*, como condição para que a suposição (i) seja confirmada.

▼

12. Esse modo de expressar-se, que não é exatamente o de Grice, torna explícita a relação da noção de implicatura com o conceito de conhecimento mútuo, como explorado em Lewis, 1969, e Schiffer, 1972. Como observamos em 1.2, podemos dizer que F e O sabem mutuamente *p* se e somente se F sabe *p*, O sabe *p*, F sabe que O sabe *p*, O sabe que F sabe que O sabe *p*, etc., *ad infinitum*. Muitos outros conceitos pragmáticos, por exemplo, a *pressuposição*, o *significado nn*, a *condição de felicidade*, etc., podem estar fundamentados, implicitamente, em tal conceito (ver Smith, 1982).

Então, ele assinala que, para que o destinatário O seja capaz de calcular a implicatura q, O deve conhecer, ou acreditar que conhece, o que se enumera em (46):

(46) (i) o conteúdo convencional da sentença (P) enunciada
 (ii) o princípio cooperativo e suas máximas
 (iii) o contexto de P (por exemplo, sua relevância)
 (iv) certos fragmentos da informação de fundo (por exemplo, que P é ostensivamente falsa)
 (v) que (i)-(v) contribuem conhecimento mútuo compartilhado pelo falante e pelo destinatário

De tudo isto pode-se derivar um padrão geral para calcular uma implicatura[13]:

(47) (i) F disse que p
 (ii) não há razão para pensar que F não está observando as máximas ou, pelo menos, o princípio cooperativo
 (iii) para que F diga que p esteja realmente observando as máximas do princípio cooperativo, F deve pensar que q
 (iv) F deve saber que é conhecimento mútuo que q deve ser suposto para que se considere que F está cooperando
 (v) F não fez nada para impedir que eu, o destinatário, pensasse que q
 (vi) portanto, F pretende que eu pense que q e, ao dizer que p comunicou a implicatura q

Dadas as maneiras como as implicaturas são calculadas, Grice sugere que as propriedades essenciais das implicaturas são, em boa parte, previsíveis. Ele isola cinco propriedades características, das quais, a primeira e, talvez, a mais importante é que elas são **canceláveis** ou, mais exatamente, **anuláveis**[14]. A noção de anulabilidade é decisiva na pragmática já que a maioria das inferências pragmáticas, de vários tipos

▼

13. Uma formulação mais precisa será encontrada em (125) abaixo.
14. Grice (1975), na verdade, relaciona seis propriedades: a *calculabilidade*, na p. 50, o resto nas pp. 57-8. A propriedade adicional é que as implicaturas (ao contrário, talvez, dos acarretamentos) não são inferências veiculadas por sentenças, mas por enunciações, uma idéia geral já pronunciada acima.

diferentes, exibem essa propriedade. Uma inferência é anulável se é possível cancelá-la acrescentando algumas premissas adicionais às premissas originais. As inferências **dedutivas** ou lógicas, portanto, não são anuláveis. Por exemplo, dado um argumento lógico como o de (48), não é possível derrubar o argumento simplesmente acrescentando premissas, não importa quais sejam:

(48)   i. Se Sócrates é um homem, ele é mortal
       ii. Sócrates é um homem
       ―――――――――――――――――――――――
       iii. Portanto, Sócrates é mortal

Se as duas premissas, i e ii, forem verdadeiras, então, seja o que for, além disso, que é verdadeiro ou falso, iii será verdadeira.

Em contraposição, os argumentos **indutivos** são anuláveis. Considere, por exemplo, (49):

(49)   i. Desenterrei 1001 cenouras
       ii. Cada uma das 1001 cenouras é laranja
       ―――――――――――――――――――――――
       iii. Portanto, todas as cenouras são laranja

Suponha que eu agora desenterre uma cenoura verde: se acrescentarmos ao argumento a premissa adicional iii, o argumento se tornará falho e a conclusão será invalidada:

(50)   i. Desenterrei 1001 cenouras
       ii. Cada uma das 1001 cenouras é laranja
       iii. A l002ª cenoura é verde
       ―――――――――――――――――――――――
       iv. *Inválida*: Portanto, todas as cenouras são laranja

Nesse aspecto as implicaturas se assemelham mais com as inferências indutivas do que com as dedutivas, pois as implicaturas também são inferências facilmente anuláveis (Grice, 1973). Considere, por exemplo, (51) e sua implicatura direta de quantidade (52):

(51)   John tem três vacas
(52)   John tem apenas três vacas e mais nenhuma

Observe também que (51) acarreta (53):

(53)   John tem duas vacas

Ora, podemos perceber imediatamente que as implicaturas podem ser suspensas pela menção numa oração condicional[15]:

(54)   John tem três vacas, se não mais

que não tem a implicatura (52). Observe aqui que os acarretamentos, sendo não canceláveis, não podem ser suspensos dessa maneira:

(55)   ?John tem três vacas, se não duas

Um fato mais importante é que as implicaturas podem ser negadas direta e ostensivamente sem que percebamos nisso uma contradição:

(56)   John tem três vacas, na verdade, dez
(57)   John tem três vacas e talvez mais

Novamente, não podemos negar os acarretamentos dessa maneira, conforme ilustrado em (58) e (59):

(58)   *John tem três vacas, na verdade, nenhuma
(59)   *John tem três vacas e talvez nenhuma

Além disso, e importante acima de tudo, as implicaturas podem simplesmente desaparecer quando fica claro, pelo contexto da enunciação, que tal inferência pode não ter sido pretendida como parte do conteúdo comunicativo completo da enunciação. Por exemplo, suponha que, para conseguir o generoso subsídio do Programa de apoio às

▼

15. Horn (1972) faz uma distinção entre dois tipos de anulabilidade de implicaturas (e pressuposições): a **suspensão**, onde o falante não está comprometido com a verdade ou falsidade da implicatura, e o **cancelamento**, onde o falante está comprometido com a falsidade da implicatura. A distinção é útil descritivamente, mas ambos os tipos de anulabilidade podem ser explicados pelo mesmo tipo geral de mecanismo – ver, por exemplo, Gazdar, 1979a, e a discussão abaixo.

vacas de montanha ECC, alguém deva possuir três vacas, e o inspetor faça ao vizinho de John a seguinte pergunta:

(60)   I: John tem realmente o número exigido de vacas?
       V: Ah, certamente, ele tem três vacas, sim

Então, a resposta de V não o compromete com a implicatura comumente associada com (51), ou seja, (52), porque fica claro no contexto que toda a informação exigida é se o rebanho de John ultrapassa o limiar para o pagamento de subsídio, não o número exato de vacas que ele, na verdade, possa ter.

Portanto, as implicaturas são anuláveis e podem desaparecer em certos contextos lingüísticos ou não lingüísticos. Nesse aspecto, elas parecem ser totalmente diferentes das inferências lógicas e não podem ser diretamente moldadas nos termos de alguma relação semântica como o acarretamento (para a opinião contrária, ver G. Lakoff, 1975; Sperber e Wilson, a ser publicado).

A segunda propriedade importante das implicaturas é que (com exceção das que se devem à máxima do modo) elas são, como diz Grice, **não-destacáveis**. Com isso, Grice quer dizer que a implicatura está ligada ao conteúdo semântico do que é dito, não à forma lingüística, e, portanto, as implicaturas não podem ser retiradas de um enunciado simplesmente trocando as palavras do enunciado por sinônimos. Parece haver pelo menos alguns outros tipos de implícitos pragmáticos que estão ligados à forma e não ao significado do que é dito; por exemplo, (61) parece implicitar pragmaticamente (ou pressupor, como será sugerido no capítulo 4) (62), mas (63), que parece ser equivalente a (61) pelo menos em termos semânticos e de condições de verdade (Karttunen & Peters, 1979), não tem (62) como inferência:

(61)   John não conseguiu chegar ao topo
(62)   John tentou chegar ao topo
(63)   John não chegou ao topo

Então, em contraste com as implicaturas, este tipo específico de inferência pragmática (**a pressuposição**) realmente parece ser destacável, isto é, realmente parece possível encontrar outra maneira de dizer a mesma coisa evitando a inferência em questão (por exemplo, ao dizermos (63) em vez de (61), podemos evitar comunicar (62)). Em contraposição, considere uma implicatura como a interpretação irônica (65) de (64):

(64) John é um gênio
(65) John é um idiota

Suponha que, em vez de (64), digamos qualquer uma das sentenças em (66) em um contexto em que se sabe mutuamente que (64) é inteiramente falso:

(66) John é um prodígio mental
      John é um ser humano excepcionalmente inteligente
      John tem um enorme intelecto
      John tem um grande cérebro

Nessas circunstâncias, a leitura irônica será compartilhada por todas as diferentes maneiras de expressar a proposição que dá origem a ela. Portanto, há um padrão pelo qual as implicaturas são não destacáveis, com exceção das que surgem através da máxima do modo, que estão especificamente ligadas à forma da enunciação. E esta propriedade pode servir para distinguir as implicaturas conversacionais de outros tipos de inferências pragmáticas como a *pressuposição* (ver capítulo 4) e as *implicaturas convencionais* (ver 3.2.3).

A terceira característica distintiva das implicaturas é que elas são **calculáveis**. Isto é, para toda implicatura presumível deve ser possível construir um argumento semelhante a (47) acima, demonstrando que, a partir do significado literal ou do sentido da enunciação, por um lado, e do princípio cooperativo e das máximas, por outro, segue-se que um destinatário faria a inferência em questão para preservar a cooperação presumida.

Quarto, as implicaturas são **não convencionais**, isto é, não fazem parte do significado convencional das expressões lingüísticas. Algumas razões para crer nisto já foram aduzidas a propósito da cancelabilidade (ou anulabilidade) e da não-destacabilidade. Mas, além disso, se Grice está certo quanto à maneira como as implicaturas ocorrem, então, já que você precisa conhecer o significado ou sentido literal de uma sentença *antes* de calcular suas implicaturas num contexto, as implicaturas não podem ser parte desse significado. Além do mais, podemos demonstrar que um enunciado pode ser verdadeiro enquanto sua implicatura é falsa e vice-versa, como em:

(67)   Herb atingiu Sally

que, pela máxima da quantidade, implicaria

(68)   Herb não matou Sally ao atingi-la

(já que, se Herb tivesse matado Sally, o falante, ao dizer apenas (67), estaria sonegando informações de maneira não cooperativa); mas um falante poderia ainda assim dizer (67), não obstante, tentando enganar, numa situação em que (67) fosse verdadeira, mas (68) fosse falsa.

Finalmente, e importante, uma expressão com um único significado pode dar origem a diferentes implicaturas em diferentes ocasiões e, na verdade, em qualquer ocasião, o conjunto de implicaturas associadas pode não ser exatamente determinável[16]. Considere, por exemplo:

(69)   John é uma máquina

Isso poderia comunicar que John é frio, ou eficiente, ou que nunca pára de trabalhar, ou então que bufa e sopra ou que tem pouca matéria cinzenta ou, na verdade, qualquer uma destas coisas. Portanto, as implicaturas podem ter certa indeterminação em pelo menos alguns casos, e isso é incompatível com os sentidos determinados estáveis que geralmente se admitem nas teorias semânticas.

Esta seção apresentou um exame direto da teoria da implicatura de Grice. Voltamo-nos agora para considerar as reformulações e extensões lingüísticas destas idéias e seu impacto sobre a teoria lingüística.

▼

16. Wilson e Sperber (1981) afirmam que isso é verdadeiro apenas para as implicaturas devidas a explorações das máximas e, portanto, que indica que tais explorações envolvem mecanismos inferenciais inteiramente diferentes.

3.2 REVISÕES, PROBLEMAS E APLICAÇÕES

Grice forneceu somente um esboço da grande área e de várias questões separadas que poderiam ser iluminadas por uma teoria plenamente elaborada da implicatura conversacional. Portanto, para que estas idéias possam ser utilizadas de maneira sistemática na teoria lingüística, muito tem de ser feito para dar consistência aos conceitos empregados e determinar exatamente como se aplicam a casos específicos.

A teoria, porém, tem um âmbito tão amplo, com ramificações em tantas áreas, que, aqui, não podemos fazer mais do que levantar algumas das questões suscitadas. Começaremos com alguns problemas gerais referentes à identificação, ao *input* semântico e à tipologia das implicaturas, depois passaremos, primeiro, a uma análise detalhada das implicaturas de quantidade padrão (aquelas em que não há desacato das máximas), segundo, a um tratamento da metáfora como derivando da infração da máxima da qualidade. Finalmente, faremos uma avaliação geral das possíveis relações entre a implicatura e a estrutura lingüística.

3.2.1 TESTES PARA A IMPLICATURA

Para que a implicatura conversacional desempenhe um papel sujeito a princípios na teoria lingüística, é crucial que compreendamos suas propriedades e, portanto, tenhamos algumas maneiras sólidas de distinguir as implicaturas de outros tipos de inferências semânticas e pragmáticas.

Grice sugeriu, como vimos, que as implicaturas exibem estas quatro propriedades distintivas principais:

(i) cancelabilidade (ou anulabilidade)
(ii) não-destacabilidade (ou inferência baseada antes no significado que na forma)
(iii) calculabilidade
(iv) não-convencionalidade

Ora, como Grice sabia e Sadock (1978) deixou duplamente claro, nenhuma destas propriedades é tão livre de problemas como parece ser. Suponha, por exemplo, que afirmemos que (70) tem como implicatura (71), sendo isso provado pelo fato de que podemos *cancelar* (71), como em (72):

(70)   Joe provocou Ralph e Ralph bateu nele
(71)   Primeiro Joe provocou Ralph e então Ralph bateu nele
(72)   Joe provocou Ralph e Ralph bateu nele, mas não necessariamente nessa ordem

A isto o cético pode responder: (70) é simplesmente *ambíguo* entre dois sentidos de *e*, um equivalente ao "e" lógico, o outro a "e então"; tudo o que (72) faz é tornar não ambíguo o *e* neste caso específico, indicando que não se espera para ele uma leitura "e então". O ataque tem certa força porque, como observamos em 3.0, um dos atrativos da implicatura é que ela excluiria ou tornaria desnecessárias afirmações de ambigüidade deste tipo.

Similarmente, a *não-destacabilidade*, como propriedade definidora das implicaturas, tem seus problemas. Como assinala Sadock, para o teste de não-destacabilidade, precisamos ter um conjunto de expressões sinônimas, que deveriam compartilhar as mesmas implicaturas. Suponha, porém, que a implicatura alegada seja efetivamente parte do conteúdo semântico de cada membro deste conjunto: então, ela será "não destacável", mas não porque seja realmente uma implicatura! Pior, mesmo nos exemplos mais claros de implicatura, surgem problemas; por exemplo, considere (73), a qual, como geralmente se afirma (conforme veremos detalhadamente em 3.2.4), tem por implicatura (74) e *significa* (tem as mesmas condições de verdade que) algo como (75):

(73)   Alguns dos rapazes foram ao jogo de futebol
(74)   Nem todos os rapazes foram ao jogo de futebol
(75)   Alguns e talvez todos os rapazes foram ao jogo de futebol

Então (73) e (75), sendo equivalentes em significado, devem compartilhar as mesmas implicaturas. Mas não compartilham, já que apenas (73) tem como implicatura (74).

Muitos problemas deste tipo, na verdade, desaparecem se as propriedades (i) a (iv), acima, forem consideradas conjuntamente (com mais alguns critérios adicionais a serem discutidos) como condições necessárias, que são apenas conjuntamente suficientes para que uma inferência seja considerada uma implicatura. Assim, o fato de que em (70) também podemos demonstrar que a inferência é calculável a partir da máxima do modo, que ela não é destacável quando *mas* ou a conjunção paratática (ou a mera adjacência) substitui *e*, etc., argumenta contra a afirmação de ambigüidade. Outros problemas, como os associados a (73) e (75), cedem a contra-argumentos específicos. Por exemplo, Gazdar sugere que algumas determinadas implicaturas podem cancelar outras. Assim, em (75), há uma implicatura adicional que se deve à expressão *talvez todos*, a saber:

(76)   Talvez não todos

que cancela a implicatura (74), criada pelo quantificador *alguns* (ver Gazdar, 1979a, 139 para detalhes).

Além disso, podemos esperar que, à medida que o trabalho prossiga, mais propriedades da implicatura venham à luz. Por exemplo, Sadock observa que as implicaturas parecem ser os únicos tipos de inferências pragmáticas ou semânticas que são livremente **reforçáveis**, isto é, que podem ser associadas a uma formulação explícita de seu conteúdo sem um efeito de redundância anômala[17]. Compare, por exemplo:

(77)   Alguns dos rapazes foram ao jogo de futebol, mas não todos
(78)   ?Alguns dos rapazes foram ao jogo de futebol, mas não nenhum

Outro traço importante das implicaturas conversacionais generalizadas é que esperaríamos que fossem *universais*. Isto é, esperaríamos

▼

17. As pressuposições (capítulo 5) e talvez até os acarretamentos também podem permitir "reforço", mas apenas se a expressão de reforço for fortemente acentuada, por exemplo, *John realized it was raining and it WAS raining* "John percebeu que estava chovendo e ESTAVA chovendo". Aqui, pode-se argumentar que as exceções provam a regra, pois a ênfase parece produzir uma implicatura adicional (do tipo 'e como chovia!', isto é, estava chovendo muito), o que explica que a expressão de reforço não é inteiramente redundante e que, portanto, é pragmaticamente aceitável. Ver Grice, 1978, 121 ss.

que, em todas as línguas em que (79) ou (80) podem ser expressas diretamente, a enunciação dos equivalentes de (79) e (80) resulte respeitosamente nas implicaturas padrão (81) e (82):

(79)   Aquele homem tem dois filhos
(80)   O pano é branco
(81)   Aquele homem não tem mais que dois filhos
(82)   O pano é inteiramente branco

A universalidade decorre da teoria: se as máximas são deriváveis de considerações de cooperação racional, esperaríamos que sejam universais na aplicação, pelo menos nos tipos cooperativos de interação[18]. Esse traço ainda não recebeu uso extenso, mas pode revelar-se uma das indicações mais claras da presença de uma implicatura conversacional. Observe que, sem uma teoria da implicatura, ficariam inteiramente sem explicação as muitas generalizações translingüísticas do tipo ilustrado pelo fato de que (79) tem como implicatura (81) e (80) tem como implicatura (82) (presumivelmente) em todas as línguas.

Outra previsão a partir da teoria também é empiricamente verificável e pode resultar num teste para as implicaturas. Lembre que as implicaturas se originam da presunção de que à conversação subjaz um comportamento cooperativo. Suponha, porém, que possamos encontrar tipos de conversa em que se presume haver uma não-cooperação sistemática e confessa além do mínimo essencial para a manutenção da conversa. Então, as implicaturas normalmente associadas ao que é dito não deveriam passar automaticamente. E, na verdade, este parece ser o caso; por exemplo, no contra-interrogatório num foro comum (pelo menos na Inglaterra ou nos Estados Unidos, onde há contraditórios) encontramos intercâmbios como:

(83)   A: Em muitas ocasiões?
       W: Não muitas
       A: Algumas?
       W: Sim, algumas

▼

18. Para aparentes contra-exemplos, ver Keenan, 1976b, e, para um contra-argumento a isto, ver Brown e Levinson, 1978, 298-9.

Aqui, o promotor A está interrogando o réu W. É tarefa de A extrair confissões prejudiciais de W, e o trabalho de W é resistir, sendo essa a convenção aceita em um processo contraditório. Portanto, não se espera que W coopere com A além da exigência de ater-se à verdade (espera-se que a máxima da qualidade permaneça em vigor). Portanto, a máxima da quantidade fica suspensa; decorre disso que não se pode pressupor que a primeira enunciação de W em (83) o comprometa com a proposição de que ele praticou a ação em questão em, pelo menos, algumas ocasiões, apesar de ser essa a implicatura padrão (*não muitas* provoca a implicatura "algumas" pela máxima da quantidade – ver abaixo). Sendo esse o caso, o promotor não pode considerar que *não muitas* compromete W com "algumas" (afinal, seria estritamente compatível com "nenhuma"). A, portanto, tem de questionar W explicitamente quanto a W ter ou não realmente praticado a ação em questão algumas vezes no passado. Esse questionamento explícito dá ao interrogatório algo do seu sabor característico (e, para o leigo, desagradável) (ver Levinson, 1979a para mais exemplos). Novamente, não haveria essa previsão de fracasso da inferência de "algumas" a partir de *não muitas* apenas em circunstâncias de não-cooperação, sem a teoria da implicatura. Contudo, dada a teoria, podemos prever, por exemplo, que, se alguma inferência for genuinamente uma implicatura de qualidade generalizada, deve ser possível encontrar casos em que ela é implicitamente cancelada simplesmente em virtude de um contexto em que não há cooperação, seja por antagonismo, como no interrogatório legal, seja por brincadeira, como nos jogos de "vinte perguntas" ou nas adivinhas.

Há, então, boas razões para acreditar que os tipos de problema levantados por Sadock (1978) sejam passíveis de soluções detalhadas. Outro tipo de ataque feito à noção de implicatura é que as máximas são tão amplas que permitem a derivação de praticamente qualquer proposição como uma presumível implicatura e que, portanto, a teoria como um todo é vazia (ver, por exemplo, Kroch, 1972; Kiefer, 1979; e réplicas em, respectivamente, Gazdar, 1979a, 53, e Gazdar, 1980b). Contudo, esse tipo de ataque só teria força se fosse impossível, em princípio, prever implicaturas sobre uma base rigorosa. Mas, como demonstraremos na seção 3.2.4, na verdade, já houve um começo firme na direção da formalização e não há nenhuma razão para pensar que não possam ser feitos mais progressos.

3.2.2 A IMPLICATURA E A FORMA LÓGICA

Vimos que as implicaturas são derivadas (a) daquilo que é dito e (b) do pressuposto de que, pelo menos, o princípio cooperativo está sendo mantido. Mas exatamente qual aspecto do "que é dito" é relevante? Mais precisamente, a que nível ou níveis lingüísticos devemos nos reportar na derivação de uma implicatura? As implicaturas são derivadas, por exemplo, da estrutura superficial, da representação semântica ou das condições de verdade?

Podem se oferecer alguns argumentos articulados para demonstrar que todas as implicaturas, exceto a de modo, devem ser interpretadas no nível da **representação semântica**, incluindo certa especificação da **forma lógica**. Elas não podem ser derivadas a partir de estruturas superficiais não interpretadas, nem podem ser inferidas simplesmente a partir das condições de verdade da sentença enunciada.

Primeiro, demonstremos que as implicaturas não podem ser derivadas sensatamente de estruturas superficiais não interpretadas. Há muitos enunciados que diferem na estrutura superficial mas que compartilham as mesmas implicaturas. Por exemplo, a enunciação de qualquer uma das sentenças em (84), onde P é qualquer sentença declarativa que expresse a proposição p, compartilhará a implicatura formulada em (85) (contanto, naturalmente, que essa implicatura não seja cancelada):

(84)   "talvez P"
          "possivelmente P"
          "potencialmente P"
(85)   "possivelmente não p"

Portanto, (86) terá como implicatura (87):

(86)   Pode haver vida em Marte
(87)   Pode não haver vida em Marte

porque, pela máxima da quantidade, se alguém soubesse com certeza que há vida em Marte, devia tê-lo dito (mais uma vez, ver a seção 3.2.4 para detalhes). O problema aqui é que não há nenhuma maneira de relacionar entre si as expressões relacionadas em (84) com base apenas nas estruturas superficiais, embora elas compartilhem a implicatura (85). Enveredando por esse caminho, deixaríamos escapar a generalização básica de que todas as expressões com o mesmo conteúdo semântico parecem ter as mesmas implicaturas (ver Gazdar 1979a, 56 ss. para mais argumentos).

Segundo, como veremos na seção 3.2.4, um enunciado da forma *Nem todos os AA são B* tem a implicatura conversacional generalizada "alguns AA são B" (o primeiro desses enunciados não acarreta o segundo porque aquele poderia ser verdadeiro mesmo que o segundo fosse falso). Agora, considere:

(88) Todas as flechas não atingiram o alvo

que apresenta um tipo de ambigüidade bem familiar (conhecido como ambigüidade de escopo), entre os dois sentidos que podem ser expressos pelas seguintes formas lógicas:

(89) $\sim (\forall x \, (F(x) \rightarrow \text{Atingiu} \, (x, \text{o alvo})))$
isto é, não é o caso que, para todo x, se x é uma flecha, então, x atingiu o alvo
(90) $\forall x \, (F(x) \rightarrow \sim(\text{Atingiu} \, (x, \text{o alvo})))$
isto é, para todo x, se x é uma flecha, então, não é o caso que x atingiu o alvo

Aqui, (90) expressa o sentido "Nenhuma das flechas atingiu o alvo". Mas (89), por outro lado, é uma expressão da forma *Nem todos os AA são B*; implica, portanto, "Alguns AA são B", ou, no exemplo em foco:

(91) Algumas das flechas atingiram o alvo

No caso, apenas uma das duas leituras de (88), a saber, (89), tem a implicatura (91). Portanto, as implicaturas não devem ser derivadas de estruturas superficiais não interpretadas como (88), mas de alguma representação semântica de uma leitura específica, neste caso, de alguma representação que tenha, pelo menos, a estrutura apresentada em (89). Podemos agora prosseguir e demonstrar que, embora as implicaturas derivem de um nível de representação semântica, elas muitas vezes não podem ser calculadas a partir apenas das condições de verdade. Considere quaisquer expressões da forma (92) ou (93):

(92) p
(93) p e, se p, então, p

Claramente, estas compartilharão as mesmas condições de verdade: sempre que p é verdade, então, também (93) é verdadeiro e vice-versa. Agora, porém, compare (94) e (95), que são uma instanciação de (92)-(93):

(94)   Está feito
(95)   está feito e, se está feito, está feito

Apenas a segunda tem uma implicatura bem definida, *grosso modo*, aquela que encontramos em (96):

(96)   Não vale a pena lamentar o que já aconteceu

Portanto, pelo menos algumas implicaturas são derivadas da estrutura semântica ou lógica do que é dito e não apenas das condições de verdade, embora estas, é claro, também sejam importantes.

Mais indícios a favor da necessidade de fazer referência à representação semântica e não apenas a condições de verdade surgem quando consideramos as tautologias. Comparem-se, por exemplo, (97) e (98):

(97)   Um quadrado tem quatro lados
(98)   Meninos são meninos

Como ambas são necessariamente verdadeiras, só podem compartilhar as mesmas condições de verdade. Então, se as implicaturas fossem interpretadas apenas a partir de condições de verdade, (97) e (98) deveriam compartilhar as mesmas implicaturas. Claramente, porém, apenas a segunda poderia implicar algo como "esse é o tipo de comportamento indisciplinado que se esperaria de meninos".

A conclusão é que, como regra geral, os níveis lingüísticos a que se deve fazer referência no cálculo das implicaturas incluem a representação semântica (ou forma lógica) das sentenças enunciadas, juntamente com as condições de verdade que as acompanham. A sensibilidade à forma lógica explicará por que, por exemplo, as leituras (89) e (90) são associadas a implicaturas diferentes. O fato de que enunciados com condições de verdade idênticas, mas formas lógicas diferentes (como em (92) e (93)), podem dar origem a implicaturas diferentes é importante: ele suscita a possibilidade de que vários quase sinônimos, como (99) e (100), possam ter suas leves diferenças de significado explicadas em termos de implicaturas diferentes que compartilham condições de verdade iguais ou semelhantes geradas por formas lógicas diferentes (como, é o caso, numa primeira abordagem, em (101) e (102) respectivamente)[19]:

(99)   John beijou a garota
(100) Foi John quem beijou a garota
(101) K(j, g)
(102) $\exists x$ (K(x, g) & ($x = j$))

Os diferentes usos de "alternativas estilísticas" com as mesmas condições de verdade podem, com isto, ser explicados (ver Atlas e Levinson, 1981, para uma variante de tal explicação; mas ver também capítulo 4 para um tratamento *pressuposicional* da diferença entre (99) e (100)).

Finalmente, deve-se observar que há uma exceção evidente, mas importante à afirmação de que as implicaturas fazem referência à representação semântica e às condições de verdade, mas não à estrutura superficial. As exceções são as implicaturas que se devem a duas das submáximas de modo, a saber, "evitar a obscuridade" e "evitar a ambigüidade", que fazem referência essencial à forma superficial dos enunciados. (As outras duas submáximas de modo, "seja breve" e "seja ordenado",

▼

---

19. Na verdade, (100) exige uma forma lógica mais complexa do que (102) e também pode-se afirmar que (99) e (100) têm condições de verdade ligeiramente diferentes; sobre isso, comparem-se as descrições em Halvorsen, 1978, e Atlas e Levinson, 1981. Ver também 4.4.2 abaixo.

podem, pelo menos em parte, ser interpretadas como aplicando-se ambas ao nível da representação semântica.)[20]

3.2.3 TIPOS DE IMPLICATURA

Em nossa apresentação da teoria da implicatura de Grice (seção 3.1), enfatizamos a dicotomia entre as implicaturas (que chamamos **padrão**) para cuja derivação basta supor que o falante está *observando* as máximas e aquelas que são derivadas de maneira mais complexa, com base no desacato ou exploração de uma máxima pelo falante. A distinção subjaz à visão corrente de que existe alguma classe especial de enunciados que são "figuras de linguagem" ou explorações de maneiras mais diretas de falar[21]. Grice, porém, também distinguiu oito tipos de implicatura conversacional numa outra dimensão: as implicaturas conversacionais **generalizadas** são as que surgem sem que seja necessário nenhum contexto específico ou roteiro especial, em contraste com as implicaturas **particularizadas**, que exigem contextos específicos. Como exemplo, Grice observa que, em geral, sempre que eu disser (103), entender-se-á que eu visei, como implicatura, (104):

(103)   Eu entrei em uma casa
(104)   A casa não era minha casa

Portanto, parece haver uma implicatura conversacional generalizada, que, a partir da expressão *um F*, leva à suposição de que o F men-

▼

20. Aqui, um nível unitário de estrutura superficial interpretada evitaria o embaraço de interpretar algumas implicaturas pelas condições de verdade, outras pela forma lógica e ainda outras (algumas das implicaturas de modo) pela estrutura superficial. Tal nível, composto essencialmente de árvores de estrutura superficial etiquetadas com os significados de seus constituintes, é disponibilizado, por exemplo, em trabalho recente de Gazdar (1982).
21. Na verdade, Sperber e Wilson (a ser publicado) insistem que a distinção é tão fundamental que dois tipos de raciocínio inteiramente diferentes são empregados, e que não é possível agrupá-los numa única teoria da implicatura. Enquanto afirmam que as implicaturas padrão são deduções a partir de uma única máxima da relevância, das suposições de fundo e do que é dito, eles sugerem que as "figuras de linguagem" geralmente envolvem imagens e associações de um tipo inteiramente diferente.

cionado não está intimamente relacionado com o falante. Em contraposição, (105) só terá a implicatura (106) se ocorrer no tipo específico de contexto ilustrado em (107):

(105)   O cachorro está parecendo muito feliz
(106)   Talvez o cachorro tenha comido a carne assada
(107)   A: O que diabos aconteceu com a carne assada?
        B: O cachorro está parecendo muito feliz

A implicatura em (106), portanto, é *particularizada* (ver Smith e Wilson, 1979, 171 ss. para uma descrição de como implicaturas deste tipo podem ser calculadas).

Ora, a maioria dos desacatos ou explorações das máximas é particularizada, no sentido de que, por exemplo, as ironias exigem como pano de fundo suposições particularizadas para tornar sem efeito a interpretação literal. Contudo, talvez pudéssemos afirmar que metáforas como (108) ou tautologias como (109) comunicam o que comunicam de uma maneira relativamente independente do contexto:

(108)   A Inglaterra é um barco que está afundando
(109)   Guerra é guerra

De qualquer modo, está claro que as duas dimensões se cruzam: por exemplo, todas as implicaturas que surgem da observância da máxima da relevância são particularizadas, já que os enunciados são relevantes apenas no que diz respeito ao tópico ou à questão específica em exame. Portanto, a resposta de B em (107) desencadeia a implicatura (106) em virtude de sua justaposição à pergunta feita por A em (107).

O importante, aqui, porém, é que estas implicaturas que são derivadas da observação das máximas e são generalizadas possuem um interesse especial para a teoria lingüística. Pois são estas, em particular, que serão difíceis de distinguir do conteúdo *semântico* das expressões lingüísticas, porque tais implicaturas serão rotineiramente associadas a expressões relevantes em todos os contextos comuns.

Estivemos usando o termo *implicatura* sem muito rigor para nos referirmos ao que Grice teve o cuidado de designar *implicatura conversacional* (e continuaremos a usar a forma reduzida quando não resultar em incompreensão). Mas Grice, na verdade, pretendia que o termo *implicatura* fosse um termo de cobertura geral, de modo que contraste com o que é *dito* ou expresso pelas condições de verdade das expressões e inclua todos os tipos de inferência pragmática (não ligada às condições de verdade) discernível. Então, além das implicaturas *conversacionais*, isto é, as que são calculadas com base nas máximas, Grice chamou a atenção para um tipo inteiramente diferente de inferências não sujeitas a condições de verdade, a saber, as **implicaturas convencionais**. As implicaturas convencionais são inferências não sujeitas a condições de verdade, *não* são derivadas de princípios pragmáticos mais gerais como as máximas, mas são simplesmente ligadas pela convenção a itens ou expressões lexicais específicos. Grice oferece apenas dois exemplos: a palavra *but* "mas" tem o mesmo conteúdo sujeito vericondicional (ou verifuncional) que a palavra *and* "e", além de uma implicatura convencional no sentido de que há algum contraste entre as duas orações coordenadas (Grice, 1961); o outro exemplo é a palavra *therefore* "portanto", que Grice sustenta que não contribui em nada para as condições de verdade das expressões em que ocorre (Grice, 1975, 44). Outros exemplos que foram sugeridos são os significados de *even* "mesmo que, ainda que, sequer, etc." (Kempson, 1975; Karttunen e Peters, 1979) e *yet* "ainda, não obstante, etc." (Wilson, 1975).

Pode-se esperar que as implicaturas convencionais contrastem com as conversacionais em todas as propriedades distintivas que descrevemos em linhas gerais para as segundas. Por exemplo, as implicaturas convencionais serão *não canceláveis* porque não se valem de suposições anuláveis a respeito da natureza do contexto; elas serão *destacáveis* porque dependem dos itens lingüísticos específicos usados (por exemplo, se você substituir *but* por *and*, você perde a implicatura convencional, mas conserva as mesmas condições de verdade); elas não serão *calculadas* com o uso de princípios pragmáticos e de conhecimentos contextuais, mas, antes, serão dadas por convenção (por exemplo, não há nenhuma maneira pela qual, dadas as condições de verdade de *but*, você possa derivar ou calcular que há um contraste entre os dois conjuntos); pode-se esperar, portanto, que tenham um conteúdo ou significado relativamente *determinado*, e não haverá nenhuma expectativa de uma tendência *universal* das línguas para que associem as mesmas implicaturas convencionais e expressões a certas condições de verdade.

Em certo sentido, a implicatura convencional não é um conceito muito interessante – é, antes, uma admissão da incapacidade da semântica de condições de verdade em capturar todo o conteúdo ou significado convencional das palavras e expressões das línguas naturais. É natural, pois, que tenha havido resistência à aceitação da noção (ver, por exemplo, Kempson, 1975) e que tenham sido feitas tentativas de reduzir os casos apontados como implicaturas convencionais a questões de acarretamento, implicatura conversacional ou pressuposição. Os poucos exemplos de Grice de implicatura convencional encorajam o aspirante a reducionista: na verdade, Kempson (1975) afirma que, de qualquer modo, existem apenas uns poucos casos que talvez se enquadrem na categoria. Trata-se, porém, de um erro, pois um grande número de expressões dêiticas do tipo descrito no capítulo 2 parece ter implicaturas convencionais como componente central do significado. Isto é especialmente verdadeiro para os itens dêiticos de discurso como em (110)[22] e para os itens dêiticos sociais como em (111) (quando usados como expressões de tratamento):

(110) however, moreover, besides, anyway, well, still, furthermore, although, oh, so
(111) sir, madam, mate, your honour, sonny, hey, oi

Considere, por exemplo, os pronomes T/V, como *tu/vous* em francês: o que se comunica ao escolher (112) em vez de (113) (conforme dissemos no capítulo 2) não é nenhuma diferença nas condições de verdade, mas apenas uma diferença na relação social expressa entre o falante e o destinatário:

(112) Tu es le professeur
(113) Vous êtes le professeur

▼

22. Na seção 3.2.6, será argumentado que o significado de tais itens freqüentemente envolve referência a processos de implicatura *conversacional*. Contudo, a maneira pela qual tais significados são codificados, argumenta-se aqui, é a da implicatura *convencional*.

Portanto, *vous*, quando usado para um destinatário singular, indica, de maneira convencional, mas sem conseqüência para as condições de verdade, que o destinatário é socialmente distante do falante ou socialmente superior a ele. Todo o vasto leque de honoríficos, por exemplo, nas línguas do sudeste asiático, como o coreano e o japonês, é também codificado na forma de implicaturas convencionais.

Ou considere a partícula discursiva *oh* em inglês. Segundo o dicionário Heritage (no prelo), *oh* como partícula inicial de enunciação é geralmente produzida (pelo menos num de seus tantos usos) por um falante logo após outro ter anunciado alguma notícia. É o sinal convencional em inglês para indicar que a notícia foi recebida e reconhecida, mas, em si, não possui nenhum conteúdo proposicional que possa ser analisado em termos de condições de verdade. (Ver também Owen, 1981, 1982, sobre partículas relacionadas.)

Observe que os itens dêiticos do discurso, como em (110), e as formas de tratamento, como em (111), exibem as propriedades que Grice espera das implicaturas convencionais. Por exemplo, elas são não canceláveis – você não pode acrescentar-lhes uma expressão mediante uma conjunção, por exemplo, negando o implícito de maneira eficaz. Compare:

(114)   O duque de Norfolk tem três mansões e, na verdade, mais
(115)   ??O duque de Norfolk tem três mansões, mas apenas um carro, e, na verdade, não há nenhum contraste entre estes dois fatos

Em (114), a implicatura "não mais que três" é eficazmente cancelada pela expressão coordenada; mas, em (115), uma coordenação similar, que nega a implicatura convencional de *mas*, não parece suspender a força de *mas* e, na verdade, parece anômala (aqui cf. Grice, 1961). Assim como as implicaturas convencionais são não canceláveis, elas são destacáveis (em contraste com as implicaturas conversacionais), conforme ilustra a mudança de *tu* para *vous*; tampouco são calculadas (ninguém tem de calcular por que *vous* pode ser mais polido do que *tu*) e não parecem ter interpretações radicalmente diferentes em contextos diferentes (considere, por exemplo, o significado dos itens enumerados em (110)).

Várias questões importantes a respeito da organização de uma gramática são suscitadas pelo conceito de implicatura convencional. Na descrição sugerida aqui, os itens lexicais muitas vezes terão traços de significado não relevantes para as condições de verdade, mas, não obstante, convencionais: então, um léxico para uma língua natural conterá referência a componentes pragmáticos de significado. Segundo, as regras sintáticas parecem ser sensíveis a tais elementos de significado. Considere novamente, por exemplo, (112) e (113) acima: *tu* recebe a forma singular do verbo, *vous* a forma plural, mas *vous* não recebe uma expressão nominal plural após o verbo *être* se estiver sendo referido a um destinatário singular. Conseqüentemente, como observamos em 2.2.5, há uma distinção morfologicamente codificada entre o *vous* que é genuinamente plural e o *vous* que se refere efetivamente a um referente singular e ocorre apenas com predicados nominais (sobre este ponto, ver Comrie, 1975, para os dados translingüísticos). Ora, em algumas línguas que possuem dispositivos honoríficos adicionais, a morfologia exige que todos os itens que se referem a uma pessoa específica estejam no mesmo nível honorífico. Portanto, a maioria dos falantes do tâmil julgaria (116) mal formada ou inaceitável porque o nível honorífico do sujeito não concorda com o nível honorífico do predicado:

(116)   ??talaivar colraanka
         chefe-honorífico diz super-honorífico

Tais níveis honoríficos nem sempre se encontram codificados por elementos morfológicos regulares ou por outros elementos da forma dos itens lingüísticos. Então, as regras da concordância morfológica têm de referir-se às implicaturas convencionais que especificam o grau de respeito que o falante tem pelo ouvinte ou pelo referente. Mas, nesse caso, a sintaxe não é autônoma no que diz respeito à pragmática, uma afirmação a que a maioria dos lingüistas resistiria. A única maneira de escapar a tal conclusão é gerar sentenças com, por exemplo, colocações inaceitáveis de honoríficos e, então, ter um conjunto adicional de regras de *filtragem* pragmática que imitem processos morfológicos padrão. O maquinário para tal solução foi explorado por Gazdar e Klein (1977). Não é uma solução elegante, visto que esses filtros pragmáticos teriam que fazer uma quantidade tremenda de trabalho numa língua rica em honoríficos, um tipo de trabalho que normalmente seria considerado como tipicamente morfológico ou sintático (sobre a magnitude deste problema, ver, por exemplo, Harada, 1976, para o japonês). A questão é importante porque a inter-relação entre a implicatura convencional e a sintaxe é uma das áreas mais visíveis em que a pragmática interfere profundamente nos processos gramaticais. Na verdade, pouco se pensou sobre as implicações que tais inter-relações têm para a organização geral de uma teoria da gramática.

Recentemente, uma interpretação nova e diferente da natureza da implicatura convencional e dos fenômenos lingüísticos que se encontram no seu âmbito foi proposta por Karttunen e Peters (1975, 1979). Essencialmente, eles sugerem que os exemplos centrais do fenômeno geralmente descrito como *pressuposição* são mais bem tratados como implicaturas convencionais e esboçam um tratamento formal no quadro da gramática de Montague. Essa teoria é discutida extensamente no capítulo 4, e se observamos sua existência aqui é apenas para minimizar a confusão terminológica. Na verdade, os fenômenos que descrevem aqueles autores têm propriedades inteiramente diferentes das implicaturas convencionais de itens como em (110) e (111) (ver Levinson, 1979b) e neste livro o termo será reservado, como pretendia Grice, para as inferências associadas àqueles itens.

Descrevemos os tipos de implicatura centrais na bibliografia, mas, como antecipou Grice, parecem realmente existir outros tipos não convencionais de inferência produzidos por máximas ou princípios do uso lingüístico diferentes. Por exemplo, veremos abaixo que há um *princípio da informatividade* que produz implicaturas às vezes conflitantes com as implicaturas devidas à máxima da quantidade (Atlas e Levinson, 1981), e há princípios de polidez que produzem inferências sistemáticas de instigante complexidade (Brown e Levinson, 1978). Na verdade, pode muito bem haver um princípio geral aqui: para todo tipo de norma do uso da língua que os interlocutores supõem mutuamente aceitos, haverá um conjunto correspondente de inferências potenciais que decorrem da observância ou da infração dessa norma pelo falante. Se for assim, ainda há muitos tipos de implicatura a serem descobertos.

A proliferação de espécies de implicatura lembra-nos a conclusão a que se chegou no capítulo 1, a saber, que os recentes desenvolvimentos na pragmática têm como conseqüência uma visão "híbrida" da natureza do significado. A significação total ou o conteúdo comunicativo de uma enunciação pode ser dividido, segundo Grice (1975), no sentido indicado na Figura 3.1. Vê-se aí que o conteúdo vericondicional de um enunciado (ou daquilo que é dito, no sentido especial de Grice) pode ser apenas uma pequena parte do seu significado total e, à medida que explorarmos outros tópicos na pragmática, continuaremos a acrescentar outros tipos de inferências pragmáticas a esse repertório.

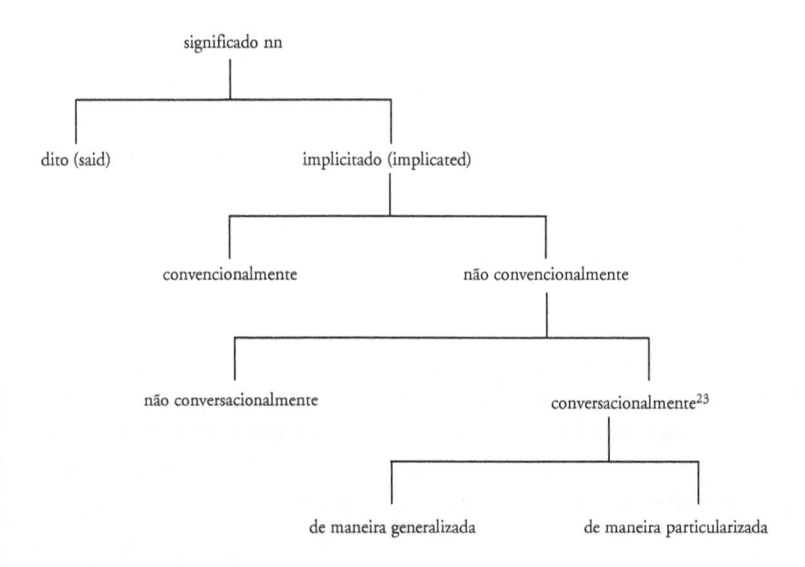

```
                    significado nn
                         |
           ┌─────────────┴─────────────┐
      dito (said)              implicitado (implicated)
                                       |
                           ┌───────────┴───────────┐
                    convencionalmente        não convencionalmente
                                                   |
                                       ┌───────────┴───────────┐
                              não conversacionalmente    conversacionalmente[23]
                                                                |
                                                     ┌──────────┴──────────┐
                                              de maneira generalizada  de maneira particularizada
```

Figura 3.1 *Tipos de conteúdo comunicativo*

▼

23. Isto é, implicitado pelas máximas da conversação.

3.2.4 IMPLICATURAS DE QUALIDADE GENERALIZADAS

Um dos grandes atrativos da noção de implicatura conversacional, como indicado em 3.0, é que ela promete simplificar substancialmente a semântica. Por exemplo, a proliferação de sentidos dos itens lexicais pode ser evitada observando que as implicaturas muitas vezes dão conta de diferentes interpretações do mesmo item em contextos diferentes; assim, como vimos, a interpretação "and then" ("e então") de *and* pode ser atribuída à máxima do modo.

Contudo, para demonstrar quão grande é o alcance das contribuições da teoria de Grice neste aspecto, precisaremos expressar mais rigorosamente nossa compreensão de como as máximas funcionam, para que possamos atribuir com exatidão algum alcance às implicaturas, mostrar como estas podem ser confundidas com aspectos do *sentido* das expressões lingüísticas envolvidas e demonstrar os substanciais benefícios que podem resultar para a semântica se estes erros não forem cometidos e os efeitos sistemáticos da implicatura forem levados em conta.

Aqui, vamos nos concentrar em algumas implicaturas de quantidade generalizadas, já que estas parecem ser as mais bem-compreendidas a esta altura (graças, especialmente, ao trabalho de Horn, 1972, 1973, e Gazdar, 1979a). Seguindo Gazdar (1979a), consideraremos dois subcasos específicos e importantes: as implicaturas de quantidade **escalares** e as implicaturas de quantidade **oracionais**.

Uma **escala** lingüística é composta de um conjunto de alternativas lingüísticas, ou expressões contrastantes da mesma categoria gramatical, que podem ser dispostas numa ordem linear por grau de *informatividade* ou força semântica. Tal escala terá a forma geral de um conjunto ordenado (indicado por < >) de expressões lingüísticas ou **predicados escalares**, $e_1, e_2, e_3 \ldots e_n$, como em:

(117) $<e_1, e_2, e_3, \ldots e_n>$

onde, se substituímos e_1, ou e_2, etc., numa estrutura sentencial A, obtemos as sentenças bem formadas $A(e_1)$, $A(e_2)$, etc., e onde $A(e_1)$ acarreta $A(e_2)$, $A(e_2)$ acarreta $A(e_3)$, etc., mas não vice-versa. Por exemplo, considere os quantificadores ingleses *all* "todo(a)s" e *some* "algun(ma)s". Eles formam uma escala implicacional <*all, some*> porque qualquer sentença como (118) *acarreta* (119) (isto é, sempre que (118) é verdadeira, (119) também é verdadeira) mas não vice-versa:

(118)   All of the boys went to the party
        Todos os rapazes foram à festa
(119)   Some of the boys went to the party
        Alguns dos rapazes foram à festa

Ora, dada qualquer escala desse tipo, há uma regra geral de caráter preditivo para derivar um conjunto de implicaturas de quantidade, a saber, se um falante afirma que prevalece um ponto inferior ou mais fraco (isto é, um item à direita no conjunto ordenado de alternativas) numa escala, então, ele veicula a implicatura de que um ponto superior ou mais forte (à esquerda no conjunto ordenado) *não* prevalece. Portanto, se alguém afirma (119), implicita conversacionalmente que nem todos os rapazes foram à festa: isto é assim mesmo que seja inteiramente compatível com a verdade de (119) que (118) também seja verdadeiro, como demonstrado pela não-contraditoriedade de (120):

(120)   Some of the boys went to the party, in fact all
        Alguns dos rapazes foram à festa, na verdade, todos

Podemos formular isso em termos gerais como uma regra para derivar **implicaturas escalares** de predicados escalares:

(121)   *Implicaturas escalares*: Dada qualquer escala da forma <$e_1, e_2, e_3, \ldots e_n$>, se um falante afirma A(e_2), então, ele veicula a implicatura de (que) ~ A(e_1), se ele afirma A(e_3), então, ele veicula a implicatura de (que) ~A(e_2) e ~A(e_1) e, em geral, se ele afirma A(e_n), então ele veicula a implicatura de (que) ~ (A($e_n -1$)), ~ (A($e_n -2$), etc., até ~ (A(e_1))

Para que a implicatura escalar seja efetivamente inferida, a expressão que dá origem a ela deve ser acarretada por qualquer sentença complexa da qual seja parte. Logo, a enunciação de

(122)   John says that some of the boys went
        John diz que alguns dos rapazes foram

não compromete o falante com saber que "Nem todos eles foram", porque *some* ocorre numa oração integrante que não é acarretada pela oração matriz. Por esta razão e por causa da anulabilidade em geral, é útil fazer a distinção entre implicaturas **potenciais** e **efetivas** (como em Gazdar, 1979a); a regra (121) (e, similarmente, a regra (126) abaixo) gera implicaturas potenciais, não necessariamente implicaturas efetivas.

Tal regra incorpora a hipótese de que o conteúdo semântico dos itens inferiores na escala é compatível com a possibilidade de que sejam verdadeiros os itens superiores; a inferência de que os itens superiores não são realmente verdadeiros é uma mera implicatura. Conseqüentemente, *some* é compatível com *all* e, portanto, não inclui como parte de seu conteúdo semântico "not all" "não todos", sendo esta uma implicatura escalar regularmente associada a *some* (mas cancelável como as implicaturas sempre o são, potencialmente). Se o leitor agora aplicar a regra em (121) às seguintes escalas (de Horn, 1972), poderá confrontar as implicaturas derivadas via regras com suas intuições:

(123)   <all, most, many, some, few>
        todos, a maioria, muitos, alguns, poucos
        <and, or>
        e, ou
        <n, ... 5, 4, 3, 2, 1>
        <excellent, good>
        excelente, bom
        <hot, warm>
        quente, morno
        <always, often, sometimes>
        sempre, freqüentemente, às vezes
        <succed in *V*ing, try to *V*, want to *V*>
        conseguir *V*, tentar *V*, querer *V*
        <necessarily *p*, *p*, possibly *p*>
        necessariamente *p*, *p*, possivelmente *p*
        <certain that *p*, probable that *p*, possible that *p*>
        certamente que *p*, provável que *p*, possível que *p*
        <must, should, may>
        ter de, dever, poder

\<cold, cool\>
frio, fresco
\<love, like\>
adorar, gostar
\<none, not all\>[24]
nenhum, não todos

Para demonstrar que estas inferências escalares regulares são realmente implicaturas, precisamos agora produzir um argumento griceano derivando a inferência, por exemplo, de que (118) não é o caso, a partir da enunciação de (119) em circunstâncias cooperativas. Uma versão reduzida de tal argumento pode ser como se segue:

(124) O falante F disse A(e_2); se F estivesse em condições de declarar que um item mais forte na escala é válido – isto é, afirmar A(e_1) –, então ele estaria infringindo a primeira máxima de quantidade ao afirmar A(e_2). Como eu, destinatário, suponho que F está cooperando e, portanto, não violará a máxima da quantidade sem aviso, considero que F deseja comunicar que ele *não* está em condições de declarar que o item mais forte e_1 na escala é válido e, na verdade, sabe que não é válido

Mais geralmente e, de certo modo, mais explicitamente:

(125) (i) F disse *p*
 (ii) Há uma expressão *q*, mais informativa do que *p* (e, portanto, *q* acarreta *p*), que poderia ser desejável como contribuição para os presentes fins do intercâmbio (e, aqui, talvez haja uma referência implícita à máxima da relevância)
 (iii) *q* tem, grosso modo, a mesma brevidade de *p*; portanto F não disse *p* em vez de *q* simplesmente para ser breve (isto é, para conformar-se à máxima do modo)
 (iv) Se F soubesse que *q* é válido, mas, não obstante, enunciasse *p*, ele estaria infringindo a injunção de tornar sua contribuição tão informativa quanto necessário, portanto, F deve querer que eu, o destinatário, infira que F sabe que *q* não é o caso (S ~ *q*) ou, pelo menos, que não sabe que *q* é o caso (~ S*q*)

▼

24. Aqui, a implicatura que leva de *not all* "não todos" para "not none" "não nenhum", isto é, "some" "alguns", é a fonte de uma interpretação do exemplo (88) discutido acima.

O traço importante a ser observado em tais argumentos é que eles derivam uma implicatura por referência ao que *não* foi dito: a ausência de uma formulação A(e_1), na presença de uma formulação mais fraca, legitima a inferência que não é o caso que A(e_1) por meio da máxima da quantidade. Outro traço a observar é que a inferência, de maneira implícita ou explícita, é **modificada epistemicamente**, isto é, da enunciação de A(e_2) infere-se efetivamente "o falante sabe que não A(e_1)" (simbolicamente, S ~ A(e_1)), e não simplesmente ~ A(e_1). Portanto, o que é comunicado é o engajamento do falante com o fato de que sabe que ~ A(e_1). Isto torna clara a natureza pragmática do implícito (que é referido a estados de conhecimento dos participantes) e tem importantes implicações para a formalização. Acompanhando Hintikka (1962), podemos representar "F sabe que *p*" como S*p*, e "F não sabe se *p*" (ou "é epistemicamente possível que *p*") como P*p*. Então, os dois conceitos S e P são relacionados exatamente como as noções modais *necessário* e *possível* (ver Allwod, Andersson e Dahl, 1977, 110), isto é, S*p* ↔ ~ P ~ *p* (F sabe que *p* se e somente se for epistemicamente impossível, dado aquilo que F sabe, que não *p*). Um último ponto correlato a observar a respeito deste argumento griceano é que ele cria um equívoco (e, aqui, usamos a notação epistêmica proveitosamente) entre as inferências ~ S(A(e_1)) e S ~ (A(e_1)), isto é, entre "F não sabe que A(e_1)" e "F sabe que não A(e_1)". Ora, empiricamente, a inferência, por exemplo, de (119) é para o mais forte, "F sabe que não (118)", e este é um fato geral sobre as implicaturas escalares. Outros tipos de implicatura baseada na máxima de qualidade parecem geralmente licenciar apenas a forma mais fraca da inferência, no sentido de que o falante não tem consciência de que alguma formulação mais forte prevalece. Por que deve ser assim continua a ser um dos muitos mistérios desta área (ver Atlas e Levinson, 1981 para discussão).

Voltemo-nos agora para as **implicaturas oracionais**. A formulação de Gazdar (1979a) é (ligeiramente simplificada) a seguinte:

(126)   *Implicaturas ocasionais*: *Se* F afirma alguma expressão complexa *p*, a qual (i) contém uma sentença embutida *q*, e (ii) *p* não acarreta nem pressupõe *q*, e (iii) há uma expressão alternativa *r* de brevidade mais ou menos igual, a qual contém *q* de tal modo que *r* acarreta

ou pressupõe *q*; *então*, ao afirmar *p* em vez de *r*, F passa a implicatura de que não sabe se *q* é verdadeira ou falsa, isto é, ele passa a implicatura P*q* & P ~ *q*.

A intuição subjacente é esta: se uso certa expressão lingüística que deixa de me comprometer com alguma proposição embutida, de preferência a outra expressão mais forte disponível que me comprometeria assim, pode-se considerar que estou passando a implicatura de que não estou em condições (epistêmicas) de fazer esta declaração mais forte. Portanto, se digo (127) em vez de (128),

(127) Creio que John está ausente
(128) Sei que John está ausente

implícito que é possível, pelo que sei, que John, na verdade, não esteja ausente. Ou se digo

(129) Os russos ou os americanos acabam de pousar em Marte

o que é acarretado é que uma ou outra das partes pousou em Marte, mas passo a implicatura de que é possível que sejam os russos e é possível que não sejam os russos, pelo que sei. Isto porque escolhi enunciar (129) de preferência a, por exemplo, (130), a qual, quando dita, me comprometeria (*inter alia*) com o pouso russo:

(130) Os russos e os americanos pousaram em Marte

Portanto, enunciar uma disjunção implica que não sabemos qual das duas alternativas é verdadeira porque a escolha de uma disjunção tem a conseqüência de que nenhuma das sentenças coordenadas é acarretada (ou pressuposta) pelo todo. Como poderíamos ter escolhido uma expressão mais forte que realmente acarretasse uma ou ambas as alternativas, pode-se considerar que não estamos em condições de enunciar a expressão mais forte. Portanto, uma formulação da forma *p ou q* gera o conjunto de implicaturas: {P*p*, P ~ *p*, P*q*, P ~ *q*}, ou, dito de outra maneira, é epistemicamente possível que *p*, também que não *p*, também que *q*, também que não *q*.

Uma sentença da forma *p ou q* tem estas implicaturas por referência à disponibilidade de outras sentenças como *p e q* ou simplesmente *p* ou simplesmente *q*, as quais são mais fortes ou mais informativas porque realmente acarretam *p*, ou *q*, ou ambos. Pares similares de construções "mais fortes" e "mais fracas" são ilustrados em (131):

(131)

	(a) *forma mais forte*	(b) *forma mais fraca*	(c) *implicaturas de* (*b*)
	"*p* e *q*"	"*p* ou *q*"	{P*p*, P ~ *p*, P*q*, P ~ *q*}
	"já que *p*, *q*"	"se *p*, então *q*"	{P*p*, P ~ *p*, P*q*, P ~ *q*}
	"*a* sabe *p*"	"*a* acredita em *p*"	{P*p*, P ~ *p*}
	"*a* percebeu *p*"	"*a* pensou em *p*"	{P*p*, P ~ *p*}
	"*a* revelou *p*"	"*a* disse *p*"	{P*p*, P ~ *p*}
	"necessariamente *p*"	"possivelmente *p*"	{P*p*, P ~ *p*}

Observe que os itens que ocorreram na lista de escalas em (121), com as implicaturas escalares adequadas, poderiam reaparecer aqui com implicaturas oracionais adicionais e ligeiramente diferentes. Por exemplo, a enunciação de *possivelmente p* carrega a implicatura escalar "não necessariamente *p*", mas, como *possivelmente p*, em contraste com *necessariamente p* não acarreta *p*, também haverá uma implicatura oracional da enunciação de *possivelmente p* no sentido de que o falante não sabe se *p* é ou não é o caso (isto é, surgirá o conjunto de implicaturas {P*p*, P ~ *p*}). E, também, as elocuções da forma *p ou q* terão a implicatura escalar S ~ (*p* e *q*) e as implicaturas oracionais {P*p*, P ~ *p*, P*q*, P ~ *q*}. Portanto, pelas regras (121) e (126), mesmo as sentenças complexas mais banais podem dar origem a múltiplas implicaturas de quantidade.

Estamos agora em condições de demonstrar como o reconhecimento de tais implicaturas de quantidade generalizadas pode ajudar-nos a simplificar a semântica. No início do capítulo, caracterizamos por alto um problema difundido na semântica: um grande número de palavras parece comportar-se como se tivesse um sentido único protéico (isto é, que pode modificar-se de contexto para contexto) ou, então, como se tivesse um número muito grande de sentidos distintos, mas intimamente relacionados. Nenhuma dessas duas conclusões é muito boa. A implicatura oferece uma solução mais atraente: as palavras, muitas vezes, podem ter um sentido central único, que pode ser aumentado por implicaturas sistemáticas de vários tipos de maneira sensível ao contexto e, portanto, anulável.

Por exemplo, diante das palavras inglesas *hot* "quente" e *warm* "morno", o semanticista pode sentir-se tentado a afirmar que cada uma cobre um intervalo discreto e diferente (ainda que aproximado) em alguma escala de temperatura. Decorre que deveria ser contraditório dizer:

(132)   This soup is warm, in fact hot
         Esta sopa está tépida, na verdade, quente

exatamente como seria dizer

(133)   *This book is short, in fact long
         Este livro é curto, na verdade, longo

Mas, obviamente não é assim. O semanticista pode, então, afirmar que os significados de termos das línguas naturais como *warm* são simplesmente vagos ou frouxos para engendrar contradições ou poderia sugerir que *warm*, na verdade, é ambíguo, entre um sentido "nem frio nem quente" (claramente não possível em (132)) e um sentido "não frio" ou "pelo menos morno" (a leitura relevante para (132)). Contudo, o teórico que utiliza a implicatura tem outro tipo de resposta: a escala do calor não é dividida em extensões discretas, catalogadas, mas, antes, é organizada de modo que o que é quente seja um subcaso especial do que é morno; portanto, uma sentença da forma *X is hot* acarreta "X is warm". Conseqüentemente, os termos formam uma escala <hot, warm>, como em (121), e isto permite predizer que ao enunciar *X is warm* produzimos a implicatura conversacional "X is not hot". A implicatura, porém, como todas as implicaturas, é anulável e, portanto, é cancelada pela asserção em (132) de que X, na verdade, está quente (*is hot*). Tal descrição pode tornar-se uma proposta geral a respeito do significado dos itens que fazem parte de escalas lingüísticas: em geral, tais itens (quando embutidos em enunciados) *acarretam* seus limites inferiores (*warm* numa sentença acarretará "pelo menos morno"), mas meramente *comunica como implicatura* seus limites superiores (*warm* comunica como implicatura "não quente").

O reconhecimento de tais implicaturas escalares não apenas auxilia a compreensão da semântica do vocabulário geral de uma língua, mas também desempenha um papel crucial na compreensão das expressões "lógicas" nas línguas naturais, especificamente os conectivos, os quantificadores e os modais. A análise correta de tais termos é, naturalmente, crucial para qualquer teoria semântica, mas o é, especialmente, para as teorias que se baseiam em princípios lógicos. Não obstante, a compreensão nesta área foi seriamente prejudicada até o desenvolvimento de uma teoria da implicatura.

Por exemplo, há muito se observou que, em muitas línguas naturais, a disjunção parece ser ambígua, entre uma leitura **exclusiva**, como em (134), onde aparentemente se afirma que apenas uma das orações da disjunção é verdadeira, e uma leitura **inclusiva**, como em (135), onde ambas as orações da disjunção podem ser verdadeiras:

(134)   Mirabelle está na cozinha ou no quarto
(135)   O livro é vermelho ou carmesim

Portanto, os dois sentidos hipotéticos seriam: um e apenas um dos disjuntos é verdadeiro (sentido exclusivo, simbolicamente ≠); um ou ambos os disjuntos são verdadeiros (sentido inclusivo, simbolicamente ≠). Nesta descrição, o acréscimo de "ou as duas coisas" em (136) serviria para "desambigüizar" a sentença:

(136)   Ronald é um astro de cinema ou um político, ou ambos

Contudo, Gazdar (1979a, 82) argumenta que a teoria da ambigüidade não pode ser correta. Com efeito, pelas equivalências lógicas padrão podem ser estabelecidas as seguintes correspondências:

(137) $\sim (p \vee q) \leftrightarrow (\sim p) \& (\sim q)$
(138) $\sim (p \vee q) \leftrightarrow ((\sim p) \& (\sim q)) \vee (p \text{ e } q)$

Ora, dado (138), preveríamos que deve haver uma leitura de (139) como (140):

(139)   Ronald não é um astro de cinema ou um político

(140) Ou Ronald não é um astro de cinema e não é um político, ou ele é ambos

Contudo, parece não haver tal leitura, em que o que se afirma é que ambos os termos da conjução são falsos ou ambos são verdadeiros[25]. Portanto, a representação pela ambigüidade parece levar a previsões erradas.

Há, porém, uma alternativa para a representação pela ambigüidade, a saber, uma descrição implicatural. Pois o mecanismo escalar em (121) prevê diretamente que *p ou q* será normalmente interpretado como "$p \vee q$" (isto é, no sentido de exclusivo) como se segue. Há uma escala <*e, ou*>, na qual o sentido de *e* pode ser igualado ao & lógico e o sentido de *ou* ao ∨ lógico (isto é, à disjunção inclusiva). Ora, enunciar *p ou q* veiculará a implicatura de que o item mais forte na escala não é válido, isto é, ~ (p & q). Mas, então, se conjugamos o sentido de *p ou q* à implicatura escalar, obtemos a leitura exclusiva: ($p \vee q$) & ~ (p & q) ↔ $p \vee q$. O sentido de *ou* em inglês e, talvez, nas línguas naturais em geral, pode, portanto, ser considerado *unívoco*, e *inclusivo*, sendo que a interpretação exclusiva se deve a um tipo generalizado de implicatura (ver Gazdar, 1979a, 78-83).

Os modais fornecem outro domínio lógico crucial, no qual a implicatura oferece *insights* essenciais. Ao longo de muitos séculos de pensamento lógico, como Horn (1973) bem documentou, houve considerável confusão quanto à interpretação adequada da relação entre os operadores sentenciais *necessário* e *possível* e os modais relacionados

▼

25. Se bem que, com acentuação forte em *or*, seja possível interpretar (139) como comunicando apenas a segunda parte de (140), conforme demonstra a possibilidade de dizer: *Ronald isn't a movie star OR a politician, he's BOTH* "Ronald não é astro de cinema ou político; ele é as duas coisas". Isto pode parecer demonstrar que *or* não pode ser igualado com ∨ lógico porque ~ ($p \vee q$) & (p & q) é uma contradição. Contudo, essa interação especial entre ênfase e negação é bastante geral – assim, podemos dizer *Harry doesn't LIKE Martha, he LOVES her* "Harry não gosta de Marta, ele a ama", embora não gostar de uma pessoa acarrete não amá-la. O princípio aqui parece ser o de que, dada uma escala <e_1, e_2>, se alguém atesta ~ $A(e_2)$, com acerto forte em e_2, pode querer dizer $A(e_1)$. Pode-se afirmar que e_2, aqui, não é *usado*, mas sim *mencionado*. Para mais observações, ver Grice, 1978, e Horn, 1978.

must e *may*, etc. Os problemas surgem desta maneira. Considere (141), que parece implicar (142):

(141) The gorilla may in fact be a member of the genus *Homo*
O gorila pode, na verdade, ser um membro do gênero *Homo*
(142) The gorilla may not in fact be a member of the genus *Homo*
O gorila não pode, na verdade, ser um membro do gênero *Homo*

Poderíamos, portanto, ser levados, como aconteceu ocasionalmente com Aristóteles, a considerar (143) como um axioma básico (onde $\Box$ = necessariamente, $\Diamond$ = possivelmente):

(143) $\quad \Diamond p \rightarrow \Diamond \sim p$
isto é, se *p* é possível, então, é possível que não *p*

Mas também vamos querer garantir que tudo aquilo que é necessário também seja possível e, portanto, também adotaremos o axioma (144):

(144) $\quad \Box p \rightarrow \Diamond p$
isto é, se *p* é necessário, então, é também possível

E, por definição:

(145) $\quad \Box p \rightarrow \sim \Diamond \sim p$
isto é, se *p* é necessário, então, não é possível que não *p*

Mas, juntando estes três axiomas, chegamos imediatamente ao absurdo de que, se *p* é necessário, então, não é necessário:

(146) (i) $\Box p \rightarrow \Diamond p$ (por (144))
(ii) $\Diamond p \rightarrow \Diamond \sim p$ (por (143))
(iii) $\Diamond \sim p \rightarrow \sim \Box p$ (por contraposição a partir de (145), com a supressão de duplas negações)
(iv) portanto, $\Box p \rightarrow \sim \Box p$

É claro que não podemos sustentar ambos os axiomas, e a maioria dos lógicos teve o bom senso de rejeitar (143). O que, porém, nos leva a pensar que (143) possa ser uma inferência válida? A resposta é uma implicatura escalar: □ e ◇ formam uma escala <□, ◇>, de modo que ao afirmar o elemento mais fraco, ◇p, será passada a implicatura de que (o falante sabe que) o mais forte não é válido, isto é, ~ □ p (ou, estritamente, S ~ □ p). Mas, por equivalência lógica, se p não é necessário, então, possivelmente, não é o caso, isto é, ~ □ p → ◇ ~ p. Então, (143) é uma inferência legítima na língua natural, se for vista antes como uma implicatura que como uma inferência lógica. Vamos, portanto, reformulá-la como:

(147) uma enunciação da forma ◇p comunica a implicatura conversacional ~ □ p, e, portanto, por equivalência lógica, ◇ ~ p

Uma quantidade considerável de confusão nas primeiras tentativas de formalizar a lógica modal poderia ter sido evitada se a distinção entre conseqüência lógica e inferência conversacional estivesse disponível (ver Horn, 1973).

Voltando agora às implicaturas oracionais, observe que p ou q tem as seguintes implicaturas:

(148) *Implicaturas de 'p ou q'*
escalar: S ~ (p & q)
oracional: {Pp, P ~ p, Pq, P ~ q}

A implicatura oracional explica a intuição de que seria extremamente enganoso enunciar (149) sabendo que Claude estava na sala de jantar:

(149) Claude's either in the dining room or in the study
"Claude está na sala de jantar ou no estúdio"

pois, por (148), a enunciação de (149) tem a implicatura oracional de que, pelo que o falante sabe, ele pode estar em qualquer um dos dois aposentos. Portanto, se alguém sabe que p, não comunica isto cooperativamente ao formular p ou q; o uso da disjunção antes comunica que temos fundamentos para crer em um dos termos da disjunção ou no outro, mas não sabemos qual. Ao dar conta do fato de que a enunciação de uma disjunção, portanto, comunica eficazmente muito mais do que o seu sentido lógico, a teoria da implicatura, mais uma vez, permite manter a análise lógica simples de *ou* como disjunção inclusiva, ao mesmo tempo que dá conta das divergências em relação a essa análise que ocorrem no seu uso efetivo.

Observações semelhantes podem ser feitas sobre as condicionais. Seja qual for a análise *semântica* correta das condicionais (e agora há boa razão para pensar que o *se ... então* da língua natural não pode ser igualado ao → lógico, o condicional material – ver Gazdar, 1979a, 83-7), alguns de seus traços mais problemáticos podem ser explicados por meio da implicatura. Pela nossa regra (126), podemos prever (150):

(150)   *Implicaturas oracionais de "se p então q"*
        {P*p*, P ~ *p*, P*q*, P ~ *q*}

Por conseguinte, dizer (151) é comunicar a implicatura de que não temos nenhuma razão para pensar que Chuck já conseguiu efetivamente uma bolsa de estudos ou para pensar que ele definitivamente renunciará à medicina:

(151)   Se Chuck conseguiu uma bolsa de estudos, ele renunciará à medicina

Alguns pensaram que os implícitos hipotéticos associados ao uso de *se ... então* deviam estar embutidos no significado do condicional. O problema, porém, é que tais implícitos – como todos os outros que discutimos nesta seção – são anuláveis. Por exemplo, se embutirmos (151) no contexto discursivo indicado em (152), as implicaturas oracionais desaparecerão:

(152)   A: Acabo de ouvir que Chuck conseguiu uma bolsa de estudos
        B: Puxa. Se Chuck conseguiu uma bolsa de estudos, ele vai renunciar à medicina

Portanto, aspectos regularmente associados, mas, não obstante, anuláveis, do significado do condicional podem ser explicados pela implicatura. Se tais implícitos hipotéticos fossem construídos como parte da semântica da condicional, o uso em (152) nos obrigaria a mais uma afirmação de ambigüidade.

A existência de numerosos tipos de implicatura de quantidade, inclusive a escalar e a oracional, dá origem a um **problema de projeção** para as implicaturas, isto é, as implicaturas de expressões complexas podem não ser equivalentes à soma simples das implicaturas de todas as partes. Considere, por exemplo, o fato, discutido em 3.1, de que as implicaturas podem ser suspensas por menção explícita em orações condicionais, como em:

(153)   Some, if not all, of the workers went on strike
        Alguns trabalhadores, se não todos, entraram em greve

Aqui, deveria haver uma implicatura escalar (154) por causa de *some* "alguns" (pela regra (121) acima):

(154)   S ~ (todos os trabalhadores entraram em greve)
        isto é, F sabe que nem todos os trabalhadores entraram em greve

Mas também deve haver a implicatura oracional (155) devido à expressão *if not all* "se não todos, ainda que não todos" (conforme se prediz em (150)):

(155)   P(todos os trabalhadores entraram em greve)
        isto é, é possível, pelo que F sabe, que todos os trabalhadores tenham entrado em greve

Ora, as duas implicaturas (154) e (155) são incompatíveis, e parece intuitivamente claro que a implicatura oracional (155) *cancela* eficazmente a implicatura escalar (154). Com base em tais observações, Gazdar (1979a) estabelece um mecanismo de projeção (ou cancelamento) destinado a modelar o cancelamento da implicatura, como se segue[26]. Admite-se que o conteúdo comunicativo de um enunciado E

▼

26. O modelo de Gazdar é um modelo daquilo com que os falantes individuais estão comprometidos e da maneira como isso cancela as implicaturas. Ele realmente capta os aspectos interativos do que pode ser mutuamente tido como certo à medida que a conversação avança. Também faz predições erradas no que diz respeito aos tropos ou às explorações das máximas, onde as implicaturas muitas vezes cancelam acarretamentos. Parece, porém, operar bem no domínio limitado, mas importante, das implicaturas conversacionais generalizadas.

é avaliado acrescentando as inferências semânticas e pragmáticas distintas de E seqüencialmente ao contexto C, onde C é compreendido como o conjunto de crenças com que o falante está comprometido no momento em que E é enunciado. Quando da enunciação de E, primeiro os *acarretamentos* (ou conteúdo semântico) de E são acrescentados ao contexto (aqui, poderíamos acrescentar: apenas se eles próprios forem compatíveis com todas as proposições em C; do contrário, os participantes analisarão E como uma infração da máxima de qualidade e esperarão uma implicatura adequada). Em seguida, são acrescentadas todas as implicaturas *oracionais* que sejam *compatíveis* com o conteúdo de C (já acrescido dos acarretamentos de E), as implicaturas oracionais incompatíveis sendo simplesmente rejeitadas e não acrescentadas ao conjunto de proposições no contexto C. Apenas agora podem ser acrescentadas as implicaturas *escalares*, caso sejam, por sua vez, compatíveis com o contexto, tal como já incrementado pelos acarretamentos e implicaturas oracionais de E. Este mecanismo vai predizer corretamente que a implicatura escalar (154), avaliada depois que a implicatura oracional (155) foi acrescentada ao contexto C, será rejeitada como incompatível com o que já foi aceito. Portanto, na descrição de Gazdar, a *anulabilidade* é capturada, tornando as implicaturas aceitáveis apenas se forem compatíveis com os acarretamentos e outras implicaturas que têm prioridade. Observe que este mecanismo também explica por que as implicaturas podem ser ostensivamente negadas como em (156):

(156)   Alguns dos meus melhores amigos são viciados em drogas, na verdade, provavelmente todos

pois os acarretamentos da segunda oração, sendo acrescentados ao contexto da primeira, cancelarão a implicatura devida a *alguns*.

O mecanismo de Gazdar parece ser absolutamente geral e operar em sentenças com qualquer grau de complexidade. Por exemplo, considere (157):

(157)   Alguns dos frisos do Parthenon são falsificações, e os outros são também ou são originais inferiores
(158)   (i) S ~ (todos os frisos do Parthenon são falsificações)
            (ii) P(os outros frisos do Parthenon também são falsificações)

(iii) P ~ (os outros frisos do Parthenon também são falsificações)
(iv) P(os outros frisos do Parthenon são originais inferiores)
(v) P ~ (os outros frisos do Parthenon são originais inferiores)

Aqui, (i) é uma implicatura escalar por causa de *alguns*, e as outras implicaturas são oracionais, por causa da disjunção na parte do período que vem depois do *e* em (157). Observe que as implicaturas (i) e (ii) são incompatíveis, de modo que a implicatura escalar (i) será cancelada, e a sentença como um todo terá apenas as implicaturas (ii)-(v).

Agora temos também uma resposta para o problema levantado por Sadock (1978, 291) e discutido acima no que se refere ao exemplo (75). As implicaturas são tidas como *não destacáveis* e, portanto, não anuláveis simplesmente pela substituição da expressão que lhes deu origem por uma expressão sinônima. Considere, porém, que o significado de itens escalares como *alguns*, que se localizam no extremo direito de tais escalas, é compatível com itens como *todos*, que se localizam no extremo esquerdo. Decorre que *alguns* tem um conteúdo semântico parafraseável como "pelo menos alguns" ou "alguns, ainda que não todos". Portanto, (159) e (160) deveriam ser sinônimos e, portanto, pelo princípio da não-destacabilidade, deveriam compartilhar as mesmas implicaturas. Mas não o fazem. Contudo, agora temos um mecanismo perfeitamente geral que explica esse fato: ao introduzir a oração adicional em (160), introduzimos uma implicatura oracional adicional que cancela a implicatura escalar criada por *alguns*. Similarmente, se consideramos (161) como a paráfrase do conteúdo semântico de (159), estaremos introduzindo uma oração adicional e, nesse caso, um acarretamento adicional que cancela a implicatura escalar devida a *alguns*:

(159)   Alguns acadêmicos são preguiçosos
(160)   Alguns acadêmicos, se não todos, são preguiçosos
(161)   Alguns acadêmicos, e talvez todos, são preguiçosos

Portanto, só precisamos refinar nossa compreensão da não-destacabilidade: as implicaturas serão preservadas pela substituição de expressões sinônimas, contanto que os substitutos não carreguem nenhuma implicatura ou acarretamento extra incompatível com as expressões originais (e que tenham prioridade no mecanismo de incremento aqui delineado).

As análises esboçadas aqui oferecem *insights* substanciais a respeito da interação entre o *sentido* e o *uso* de algumas expressões cruciais na língua natural. Tais *insights*, como esperamos ter demonstrado, prometem simplificar a semântica de duas maneiras básicas:

(a) Na área do vocabulário geral, uma análise implicatural pode ajudar a evitar a proliferação de sentidos hipotéticos promovida por aparentes ambigüidades, juntamente com as incompatibilidades e dificuldades resultantes, colocadas pela anulabilidade seletiva de aspectos do significado (ver McCawley, 1978).

(b) Na área crucial do vocabulário lógico, a implicatura pode permitir que o semanticista se atenha a análises lógicas relativamente simples suplementadas pela implicatura, ao passo que, na ausência de tal análise, a relevância lingüística de todo o corpo do maquinário lógico construído ao longo de mais de dois milênios de pensamento a respeito de problemas lingüísticos e filosóficos seria posta seriamente em dúvida.

Uma teoria híbrida do significado, na qual a semântica e a pragmática desempenhem um papel, tem o mérito nuclear de deslocar alguns dos aspectos mais problemáticos do significado do domínio da semântica propriamente dita para um componente diferente, no qual as propriedades difíceis da anulabilidade e da sensibilidade ao contexto podem ser tratadas sistematicamente.

Seria enganoso, porém, dar a impressão de que todos os problemas estão solucionados, mesmo nesta área, bastante limitada, de dois tipos específicos de implicatura de quantidade. É bastante improvável, por exemplo, que o mecanismo de projeção para as implicaturas de quantidade seja tão simples quanto a regra de Gazdar, que dá primazia às implicaturas oracionais sobre as implicaturas escalares, e deve-se observar que não temos nenhuma *explicação* para esta regularidade observável. Existem outros tipos de implicatura de quantidade e outros tipos de inferência pragmática que, às vezes, estão em conflito com implicaturas oracionais e escalares. Algumas do segundo tipo, cuja origem não é compreendida, de fato têm primazia sobre os nossos dois tipos de implicatura de quantidade. Considere, por exemplo:

(162)   Se você me deixar dar uma mordida no seu sorvete, você pode dar uma mordida no meu

que, claramente, parece "convidar" a inferência (163) (ver Geiss e Zwicky, 1971):

(163)   Se e apenas se você me deixar dar uma mordida no seu sorvete, você pode dar uma mordida no meu

Há, portanto, uma clara inferência de *q se p* para "*q* se e apenas se *p*". Contudo, esses conectivos formam uma escala, a saber <*se e apenas se, se*>, onde o bicondicional mais forte implica o condicional simples. Portanto, pelo princípio (121) acima, deveria haver uma implicatura escalar de (162) no sentido de *não* (163). Mas a implicatura funciona justamente na direção inversa: *q se p* leva à inferência "*q* se e apenas se *p*". Portanto, temos aqui uma inferência que está funcionando na direção contrária à maioria das inferências de quantidade: normalmente, pela quantidade, se faço uma declaração mais fraca onde outra mais forte teria sido relevante, passo a implicatura de que não estou em posição de fazer a mais forte. Aqui, por outro lado, ao fazer o enunciado mais fraco (162), eu veiculo implicitamente a mais forte (163).

Na verdade, o fenômeno é amplamente difundido. Considere as interpretações normais de:

(164)   Ele girou a chave e o motor funcionou

Lemos isso de um modo tão "forte" (rico em informações) quanto o mundo permite – e, portanto, lemos, sempre que possível, as seguintes relações entre duas orações conjugadas:

(165)   Dado *p e q*, tente interpretar como segue:
    (i) "*p* e então *q*"; se der certo, tente
    (ii) "*p* e portanto *q*"; se der certo, tente também:
    (iii) "*p*, e *p* é a causa de *q*"

Já oferecemos uma descrição da inferência (i) recorrendo à máxima de modo, mas isto não nos ajudará com a inferência (iii) no sentido de estabelecer uma ligação causal entre os dois acontecimentos (naturalmente, poderíamos inventar novas máximas *ad hoc* – ver, por exemplo, Harnish, 1976 –, mas isso logo diluiria a noção de implicatura).

O problema aqui é que, pela máxima da quantidade, a inferência de (164) para (165)(iii) deve ser especificamente banida. Pois se eu quisesse passar a informação mais rica (165)(iii), teria dito (165)(iii); como não disse, a implicatura é que, tanto quanto sei, (165)(iii) é o caso. Mas esta, naturalmente, é a predição errada. Portanto, parece haver um princípio ou máxima independente, que podemos chamar **princípio da informatividade**, que, em apenas algumas circunstâncias, permite que leiamos em uma enunciação *mais* informação do que ela efetivamente contém – em contraste com a quantidade, que apenas permite a inferência adicional de que (tanto quanto o falante sabe) nenhum enunciado mais forte poderia ser feito. O problema que agora desafia o analista é conseguir uma descrição fundamentada em princípios de como, em apenas alguns casos, este princípio adicional ("leia em uma enunciação o máximo possível, coerente com o que você sabe a respeito do mundo") tem precedência sobre a máxima da quantidade, enquanto, em outras circunstâncias (por exemplo, a maioria dos exemplos neste capítulo), prevalece a ordem inversa (ver, aqui, Atlas e Levinson, 1981). Por exemplo, observe que, em (166), a quantidade prevalece, licenciando apenas a inferência (167); mas, em (168), o princípio adicional parece licenciar a inferência (169), contrariando a limitação estrita imposta pela quantidade àquilo que podemos querer dizer quando dizemos algo:

(166) Gilbert escreveu *O micado*
(167) Gilbert escreveu sozinho *O micado*
(168) Gilbert e Sullivan escreveram *O micado*
(169) Gilbert e Sullivan escreveram juntos *O micado* (em vez de inventarem independentemente a mesma obra)

(ver Harnish, 1976, e Atlas e Levinson, 1981, para a discussão desses exemplos e outros relacionados). Então, além dos importantes *insights* que a teoria da implicatura ofereceu, restam problemas substanciais quanto ao modo como diferentes tipos de implicatura e inferências pragmáticas interagem. Não obstante, foram feitos progressos suficientes para mostrar que os vários ataques feitos à teoria da implicatura, geralmente com base no fato de que os conceitos envolvidos são vazios demais para serem formalizáveis ou testáveis (ver, por exemplo, Cohen, 1971; Kroch, 1972), são inteiramente mal fundados.

3.2.5 A METÁFORA: UM CASO DE EXPLORAÇÃO DE MÁXIMA

Voltamo-nos agora para o outro grande tipo de implicaturas sugerido por Grice, aquelas que se originam da exploração ou desacato das máximas, e vamos considerar aqui em que medida a teoria da implicatura efetivamente contribui para o estudo da metáfora. O tema da metáfora e suas relações com outros tropos ou figuras de linguagem clássicas, tem sido, naturalmente, o objeto de muita reflexão desde, pelo menos, a *Retórica* de Aristóteles. Questões fundamentais a respeito da natureza da linguagem e, na verdade, da natureza do pensamento, são suscitadas pelo tema: a metáfora é central não apenas na poesia e, na verdade, numa grande parte do uso lingüístico comum, mas também em domínios tão diversos quanto a interpretação dos sonhos e a natureza dos modelos no pensamento científico (ver, por exemplo, a coletânea em Ortony, 1979a, para o amplo leque de questões suscitadas). Aqui, porém, só podemos tentar estabelecer a necessidade de uma abordagem pragmática da metáfora e esboçar as direções em que tal descrição pragmática pode contribuir para o estudo da metáfora.

Qualquer discussão da metáfora, ou dos tropos em geral, é perturbada por classificações e terminologias divergentes (ver, por exemplo, Levin, 1977, 80 ss.). Por exemplo, o que se segue é uma metonímia, uma sinédoque ou uma metáfora? Esquemas classificatórios diferentes levam a respostas diferentes.

(170)   A Grã-Bretanha governa as ondas

Aqui, vamos simplesmente adotar uma visão bem ampla do que é a metáfora, aceitando exemplos como os seguintes como casos paradigmáticos:

(171) A árvore chorava no vento
(172) Iago é uma enguia
(173) Estas pedras beberam mil anos

Deve-se assinalar imediatamente que há uma longa e respeitável tradição que considera a metáfora como um processo *semântico* central, não como um problema da pragmática. Na verdade, as duas teorias (ou classes de teorias) tradicionais, cujos princípios centrais são expostos em (174) e (175), são geralmente construídas como teorias *semânticas* da metáfora:

(174) *A teoria da comparação*:
As metáforas são símiles onde as predicações de similaridade estão suprimidas ou apagadas. Portanto, (172) é semanticamente equivalente a *Iago é como uma enguia*
(175) *A teoria da interação*:
As metáforas são usos especiais das expressões lingüísticas onde uma expressão "metafórica" (ou foco) está inserida em outra expressão "literal" (ou *moldura*), de modo que o significado do foco interage com o significado da *moldura* e o *modifica* e vice-versa

Para estabelecer a necessidade de uma abordagem pragmática da metáfora, precisaremos demonstrar, com certo detalhe, como tais abordagens semânticas deixam de fornecer descrições adequadas dos fenômenos. Para vermos como tais teorias da metáfora podem receber certa plausibilidade, consideremos um exemplo específico de cada uma e examinemos seus êxitos e suas limitações. Uma versão específica da teoria da *interação* pode ser formalizada (ou, pelo menos, tornada mais precisa) usando a estrutura dos *traços semânticos*, como foram utilizados, por exemplo, por Katz e Fodor (1963) ou pelos adeptos da análise comportamental (ver Lyons, 1968, 407 ss.). Nessa teoria semântica, os significados dos itens lexicais são especificados por um conjunto de traços, cada um dos quais é um conceito atômico ou um primitivo semântico irredutível extraído de um conjunto maior, mas restrito, sendo os membros deste, em princípio, suficientes para definir em conjunto todos os sentidos complexos dos itens lexicais que ocorram efetivamente. Assim, ao substantivo *pedra* poderia ser associado o seguinte conjunto de traços semânticos, os quais, conjuntamente, definem o seu sentido:

(176) *objeto físico*
natural
não vivo
mineral
concreto

e o verbo *morrer* poderia ser representado como um conjunto de traços relacionados de maneiras específicas, conforme indicado:

(177) *processo* que apresenta um *resultado*, a saber, que certa *entidade viva x deixa de ser viva*

Agora, considere a interpretação de:

(178) A pedra morreu

(este argumento é tirado diretamente de Levin, 1977, capítulo III; ver também Cohen, 1979). Está claro que a sentença não é diretamente interpretável porque a leitura para *pedra* em (176) tem o traço de *não vivo*, enquanto a leitura para *morrer* em (177) requer que seu sujeito esteja vivo. Nesses casos, diz o argumento, um conjunto adicional de "regras de interpretação" é posto em ação para interpretar a sentença. Essencialmente, o que essas regras fazem é mapear traços de um item lexical para outro: os traços adicionais podem formar uma conjunção ou uma disjunção com os já existentes ou podem substituí-los. Aplicando tais regras a (178), obtemos (*inter alia*) a leitura

(179) A pedra deixou de ser

onde o traço *não vivo* é acrescentado disjuntivamente à especificação do verbo para um sujeito vivo e a especificação *vivo* é simplesmente eliminada de *deixar de ser vivo* de modo que produza *deixar de ser*. Em resumo, o significado do verbo mudou e tornou-se neutro quanto a sujeitos vivos e não vivos. Ou, então, a leitura:

(180) A coisa concreta mineral natural viva morreu

pode ser obtida substituindo o traço *não vivo* na especificação de *pedra* pelo traço vivo transferido do verbo, para que *pedra* possa, no caso, referir-se a certo indivíduo humano consideravelmente sólido. Tais análises podem ser "formalizadas" em estruturas de traços (como foi feito por Weinreich, 1966; Van Dijk, 1972; Levin, 1977, etc.).

O principal atrativo dessas teorias é que elas tentam trazer para o domínio da semântica padrão alguns processos interpretativos, como a metáfora, que nem sempre são claramente distinguidos dos processos comuns de compreensão lingüística. Considere a seqüência de exemplos em (181) abaixo: onde termina a interpretação literal e começa a interpretação metafórica?

(181)   John came hurriedly down the stairs
        John ran down the stairs
        John rushed down the stairs
        John hustled down the stairs
        John shot down the stairs
        John whistled down the stairs

        John desceu a escada apressadamente
        John correu escada abaixo
        John arremeteu escada abaixo
        John precipitou-se escada abaixo
        John disparou escada abaixo
        John zuniu escada abaixo

Alguns autores afirmaram, na verdade (ver, por exemplo, Wilks, 1075; Carling e Moore, 1982), que a semântica das línguas naturais incorpora uma "elasticidade" que faz com que tal interação entre os sentidos das palavras ocorra nos processos correntes da interpretação semântica, e não apenas nas metáforas.

Contudo, há inúmeros problemas para tal descrição da metáfora, dos quais alguns apenas serão suficientes aqui. Primeiro, parece razoavelmente claro que as supostas leituras das metáforas assim obtidas não são boas paráfrases: o processo de mapear traços é demasiado limitado e demasiado determinado para captar a força metafórica das expressões. Segundo, e de modo correlato, muitos aspectos dessa força têm mais a ver com os atributos *contingentes* e factuais (do mundo real) dos referentes do *foco* metafórico do que com os traços semânticos que afirmamos que expressam seu significado. Por exemplo, se digo (172), posso comunicar com eficácia que Iago é viscoso, come restos (e, portanto, por uma metáfora de segundo grau, rebaixa-se em serviços sujos) e tem a capacidade de esquivar-se dos anzóis (e, portanto, de situações difíceis). Nenhuma destas associações, porém, é um traço *semântico* em nenhuma extensão razoável da teoria ou da imaginação: uma enguia que não fosse viscosa, não comesse restos nem escorregasse pelos anzóis ainda assim seria uma enguia. Assim, uma parte importante da força de qualquer metáfora parece envolver o que poderíamos chamar "penumbra conotacional" das expressões envolvidas, o *incidental* em detrimento das características definidoras das palavras e o conhecimento das propriedades factuais dos referentes e, conseqüentemente, o conhecimento do mundo em geral. Todos estes assuntos estão além do âmbito de uma teoria semântica, tal como é geralmente compreendida na lingüística (embora alguns teóricos semânticos da metáfora vejam-se impelidos por estes argumentos a negar qualquer distinção entre a semântica e a totalidade do conhecimento de uma comunidade lingüística – ver, por exemplo, Cohen, 1979).

Um argumento final e decisivo contra as várias teorias semânticas da metáfora centradas na transferência de traços é a existência de metáforas, que intuitivamente se enquadram no mesmo fenômeno mas não apresentam a anomalia semântica exigida num primeiro momento na sentença para acionar as "regras de interpretação" (regras para a transferência de traços). Suponha, por exemplo, que, ao jogar xadrez, eu diga ao meu oponente:

(182)   Tua defesa é um castelo inexpugnável

Isto pode ser compreendido de várias maneiras: literalmente, contanto que a defesa em questão seja constituída por uma torre, ou metaforicamente, se a posição defensiva em geral for inexpugnável, ou – note-se o interesse desta possibilidade – de ambas as maneiras ao mesmo tempo. Em nenhum caso, porém, há qualquer anomalia semântica no próprio (182). Na verdade, as metáforas estão intimamente ligadas às parábolas e aos provérbios — se eu digo (183), geralmente pretendo que se aplique metaforicamente à situação presente:

(183)   A stitch in time saves nine
        Um ponto [de costura] a tempo economiza nove {isto é, É melhor prevenir do que remediar}

É provável que o que explica a compreensão destes tipos de enunciação explique a metáfora, e não será uma teoria semântica, seja lá como for construída, a fazê-lo.

Voltemo-nos agora para a chamada teoria *comparativa* da metáfora. Sua principal idéia é que as metáforas derivam de símiles explícitos. Assim, podemos sustentar que (184) é equivalente a (185) e que, portanto, não há nenhum problema notável na metáfora, além dos problemas da semântica dos símiles.

(184)   As universidades são amontoados de composto orgânico
(185)   As universidades são como amontoados de composto orgânico

Devemos observar que há várias posições lingüísticas possíveis aqui: poderíamos sustentar que (184) compartilha a estrutura *sintática* subjacente de (185) ou, então, que, seja qual for a estrutura subjacente de (184), (184) compartilha a interpretação *semântica* de (185). De qualquer modo, ao relacionar (184) e (185), pode-se afirmar que o problema de compreender as metáforas não é realmente diferente do problema de compreender alguns tipos específicos de usos "literais" da linguagem, a saber, aqueles que encontramos nos símiles.

Uma versão relativamente refinada desta posição é a que defende Miller (1979) (embora ele evite quaisquer afirmações *sintáticas* ou *semânticas* específicas e apresente uma versão da teoria comparativa como uma teoria *psicológica* de como as metáforas são compreendidas). Sua hipótese é que, para que as metáforas sejam compreendidas, elas devem ser convertidas para uma forma complexa semelhante à do símile — complexa, já que sempre existem vários predicados ou variáveis implícitas adicionais a serem reconstruídas pelo ouvinte. Propõem-se regras que converterão as metáforas na sua forma complexa semelhante à do símile para fins de sua compreensão. As regras valem-se de uma classificação tripartite das metáforas. Primeiro, temos **metáforas nominais**: metáforas como (172) (*Iago é uma enguia*) têm a forma SER(x, y): para compreendê-las, o receptor deve colocá-las em correspondência com um símile construído de acordo com a seguinte regra (onde +> está por "é interpretado como"):

(186)   SER(x, y) + > ∃F ∃G (SIMILAR(F(x), G(y)))
isto é, as metáforas do tipo *x é um y* são interpretadas como: "Há duas propriedades F e G tais que *x* ter a propriedade F é como *y* ter a propriedade G"[27]

A hipótese, neste ponto, é que uma metáfora da variedade *x é y* não é efetivamente uma comparação entre dois *objetos x* e *y*, mas entre duas *proposições* (*x* ser F, *y* ser G). A tarefa do ouvinte consiste em inferir quais são essas duas propriedades similares: por exemplo, (172) pode ser decodificado como "A capacidade de Iago de safar-se de situações difíceis é como a capacidade de uma enguia de escorregar pelos anzóis".

O segundo tipo de metáforas são as **metáforas predicativas**: metáforas como (187) têm a forma conceitual G(x) ou G(x, y):

(187)   Mrs. Gandhi steamed ahead
A sra. Gandhi foi em frente a todo vapor

Para compreendê-las, o receptor deve construir um símile complexo correspondente, em conformidade com a seguinte regra:

▼

27. Presume-se que a relação BE seja antes uma relação predicativa que de identidade. Não está claro que os enunciados de identidade possam ser usados sozinhos para a construção de metáforas – é mais natural dizer *The professor is a Stalin* "O professor é um Stálin" (onde o artigo indefinido deixa claro que *is a Stalin* é um predicado) do que *The professor is Stalin* "O professor é Stálin". Por outro lado, se o departamento do professor já foi comparado à Rússia da década de 1940 e a correspondência agora está sendo detalhada, a segunda parece bastante natural: cf. *The department is like Russia in the 1940s, and the professor is Stalin* "O departamento é como a Rússia da década de 1940, e o professor é Stálin". A propósito, embora sigamos a notação de Miller, deve-se observar que, aqui, F e G são variáveis de predicado, não *constantes* de predicado, numa lógica de predicado de segunda ordem, e deveriam ser adequadamente distinguidos, por exemplo, mediante o uso de letras gregas maiúsculas (ver Allwood, Andersson e Dahl, 1977, 148 ss.).

(188) $G(x) + > \exists F \exists y (SIMILAR (F(x), (G(y))))$
Isto é, metáforas do tipo *xGs* (isto é, com predicados metafóricos) são interpretadas como: "Há uma propriedade F e uma entidade *y* tal que *x* fazer F é como *y* fazer G"

O intérprete aqui tem de reconstruir um outro predicado e uma outra entidade, de modo que, novamente, possam ser encontradas duas proposições a serem comparadas. Assim, para (187), a regra produz um símile como (189) e, portanto, mais especificamente, algo como (190):

(189)   A sra. Gandhi está fazendo algo que é como avançar a pleno vapor
(190)   O avanço da sra. Gandhi nas eleições é como um navio que avança a pleno vapor

O terceiro tipo de metáforas são as **metáforas sentenciais**: algumas metáforas, como o comentário de B em (191), não exprimem uma falsidade categorial (havia esse tipo de falsidade no enunciado sobre Iago, que não pode ser realmente uma enguia, e no enunciado sobre a sra. Gandhi, que não pode realmente avançar a pleno vapor); antes, elas são identificadas como *irrelevantes* para o discurso circundante quando interpretadas literalmente:

(191)   A: Em que estado de espírito você encontrou o chefe?
          B: O leão rugiu

Aqui, uma sentença com a forma conceitual $G(y)$ é interpretada utilizando a seguinte regra:

(192) $G(y) + > \exists F \exists x (SIMILAR (F(x), G(y)))$
isto é, dada uma proposição irrelevante *y* faz G interprete-a como: "Há uma outra propriedade F e uma outra entidade *x* tais que a proposição '*k* faz F' é similar a '*y* faz G' (e '*x* faz F' *é* relevante para o discurso)"

Assim, para (191)B, temos a interpretação (193) e, portanto, mais especificamente no contexto, (194):

(193)   O rugido do leão é como alguma coisa fazendo alguma coisa
(194)   O rugido do leão é como a manifestação de raiva do chefe

Nesse esquema geral há, portanto, três regras para converter metáforas na forma de símile: (186), (188) e (192). O problema central torna-se, então, como atribuir um valor a cada uma das *incógnitas* de cada fórmula: por exemplo, como o intérprete passa de (189), que é vazia, para (190), que é específica, e, similarmente, de (193) para (194)? Miller tem pouco a oferecer sobre isso, embora observe que uma solução parcial pode ser dada para metáforas como (187): dado um predicado como *steam ahead* aplicado metaforicamente, reconstruímos o argumento ausente indo para o tipo mais geral de argumento que o predicado pode aceitar (e, portanto, para *ship* "navio" em lugar, digamos, de *Mississippi paddle steamer* "barco a vapor de pás do Mississipi"). Isto ainda deixa sem solução um predicado faltante e deixa os outros tipos de metáfora inteiramente por explicar. Mas obter uma interpretação específica de uma metáfora *é* o cerne do problema, de modo que a maioria dos mistérios permanece.

Contudo, a teoria de Miller não é, na versão que ele propõe, uma teoria *semântica* da metáfora, que é aquilo em que estamos interessados aqui. Poderia, contudo, constituir a base de uma teoria desse tipo. Suponha agora que (em contraposição a Miller) adotemos a versão forte de que a teoria comparativa é uma teoria sintático-semântica da metáfora: identificaríamos, então, (185) como a estrutura sintática subjacente de (184), derivando esta daquela pela supressão por elipse de *like* "como". Afirmaríamos, então, que os processos semânticos normais envolvidos na interpretação de (185) estão envolvidos diretamente na interpretação de (184).

Um problema inicial para esta posição é que nem toda metáfora pode ser simplesmente derivada de um símile pela supressão do predicado de similaridade (*é como*, *é similar a*, etc.). Por exemplo:

(195)   O governo está indo ladeira abaixo

Nesse caso, para derivar o símile correlato, precisamos reconstruir muito mais do que um *como* ou um *como se* suprimido (nenhuma sentença bem formada resulta da inserção desses itens) – ou seja, precisamos de uma estrutura como aquela que resulta de aplicar a regra (188) de Miller, que especifica um predicado implícito adicional e um argumento implícito do tipo indicado em itálico abaixo:

(196)   O governo está *seguindo políticas* como um *carro* andando na contramão ladeira abaixo numa rua de mão única

Como parece improvável que qualquer mecanismo sintático motivado possa derivar (195) de (196), recuemos para uma posição mais fraca: seja qual for a relação sintática entre os pares (184) e (185) ou (195) e (196), a primeira sentença de cada par tem a *representação semântica* explicitada na segunda. A hipótese, portanto, é que os membros de tais pares compartilham representações semânticas. A questão agora é se esse tipo de explicação é sustentável e, se for, se ela é esclarecedora.

A questão crucial aqui é de que forma devemos interpretar *como* ou o conceito subjacente SIMILAR em, por exemplo, (188). Ora, muitos autores concordam que há um contraste entre *comparações* e *símiles*. Para eles (197) é uma comparação, (198) um símile (segundo Ortony, 1979b, 191):

(197)   As enciclopédias são como dicionários
(198)   As enciclopédias são como minas de ouro

A primeira é verdadeira; a segunda, pode-se dizer, é literalmente falsa; a primeira admite verificação empírica, a segunda, pode-se dizer, não admite esse tipo de verificação (pelo menos quando lida como símile); a primeira chama a atenção para certos atributos essenciais compartilhados por ambos os tipos de livro (por exemplo, são ambos livros de referência e ambos organizados alfabeticamente), a segunda para atributos compartilhados menos proeminentes e muito abstratos (por exemplo, valor, natureza labiríntica, etc.). Em resumo, a similaridade em (197) é uma similaridade literal, a similaridade em (198) é *figurada*. E, naturalmente, não é a comparações como (197) que a metáfora está intimamente ligada, mas a símiles como (198). Assim, percebemos imediatamente que se relacionarmos (198) à metáfora (199), não ficaremos mais esclarecidos sobre como (198) é efetivamente interpretado do que sobre como são compreendidas metáforas como (199).

(199)   As enciclopédias são minas de ouro

Para interpretar (198) e (199), parece que temos de inferir alguma analogia do tipo:

(200)   *conhecimento* : *valor* : enciclopédias :: *ouro* : *valor* : minas de ouro

onde os termos em itálico são implícitos. E, mesmo então, apenas fizemos o problema recuar um passo, pois a maneira como compreendemos essa analogia ainda é um mistério. Portanto, parece que pouco ou nada ganhamos ao considerar que a representação semântica das metáforas deve ser idêntica às representações dos símiles correspondentes.

Mesmo se houvesse alguma vantagem nessa tentativa de explicação, está longe de ser claro que ela é efetivamente sustentável. Searle (1979a), por exemplo, apresenta uma série de dificuldades a respeito. Primeiramente considere as regras de Miller (186), (188) e (192): elas afirmam a existência dos objetos ou relações mencionados ou implícitos, mas, na verdade, não há tal exigência na metáfora bem-sucedida, como ilustra (201):

(201)   O presidente é um marciano

Em segundo lugar, existem algumas metáforas que não parecem basear-se na similaridade: Searle processa (202) e observa que, quando convertida à forma de símile, como em (203), a metáfora ainda se encontra razoavelmente não reduzida, localizando-se agora no termo *frieza*.

(202)   Sally é um bloco de gelo
(203)   Sally tem uma constituição emocional similar à frieza de um bloco de gelo

Simplesmente não existe, conclui Searle, *nenhuma* relação de similaridade entre Sally e um bloco de gelo ou, na verdade, entre naturezas não emocionais e frieza (literalmente interpretada). Terceiro, não está claro, em absoluto, que as contrapartes das metáforas em forma de símiles produzem paráfrases que sejam intuitivamente corretas – compare, por exemplo, os seguintes enunciados:

(204)   The interviewer hammered the senator
         literalmente: O entrevistador martelou o senador

(205)   What the interviewer did to the senator was like someone hammering a nail
literalmente: O que o entrevistador fez ao senador foi como alguém martelando um prego

Há, então, dificuldades suficientes em todos os enfoques que afirmam que as metáforas são símiles implícitos, sintática ou semanticamente (ou ambas as coisas), a ponto de tornar esse caminho teórico muito pouco atraente.

Encontramos problemas substanciais para as duas principais abordagens semânticas da metáfora, e é razoável ver o que uma abordagem pragmática da metáfora tem a oferecer em contraste. Uma abordagem pragmática terá como base o pressuposto de que o conteúdo metafórico dos enunciados não deriva de princípios de interpretação semântica; ao contrário, a semântica oferecerá apenas uma caracterização do significado literal ou conteúdo convencional das expressões envolvidas e, a partir disto, juntamente com os detalhes do contexto, a pragmática terá de fornecer a interpretação metafórica. Tem havido muitas objeções a uma manobra deste tipo, com base no fato de que é traçada uma linha divisória entre os usos "literal" e "figurativo" das expressões lingüísticas e que, conseqüentemente, a poesia e outros usos altamente valorizados da linguagem acabam sendo tratados como se fossem um pouco bizarros ou diferentes do resto do uso lingüístico. As objeções são mal colocadas: tudo o que está sendo sugerido é que se capta melhor o significado completo da maioria das sentenças que enunciamos recorrendo a uma divisão técnica de trabalho entre um componente semântico e um pragmático. Afirmar que a metáfora é de natureza parcialmente pragmática não é denegri-la nem isolá-la, mas meramente colocá-la decididamente entre os vários usos mais diretos da linguagem que descrevemos ao longo deste livro.

Como passo inicial podemos voltar à sugestão de Grice, mencionada em 3.1, de que as metáforas são explorações ou desacatos da máxima da qualidade. Contudo, já avançamos bastante para perceber que isto nem sempre é verdadeiro – as metáforas sentenciais de Miller não são necessariamente falsas e não são falsidades categoriais como (184) e os outros tipos de exemplos que Grice tinha em mente. Assim, (182) pode ser verdadeiro e metafórico ao mesmo tempo, como indicamos, e, similarmente, (206) pode ser literalmente verdadeiro e metafórico, se for dito a propósito de um lugar onde Freud viveu e onde suas teorias foram mantidas vivas após sua morte:

(206)   Freud viveu aqui

Portanto, teremos de dizer, em vez disso, que as metáforas, consideradas literalmente, violam a máxima da qualidade ou são conversacionalmente inadequadas de outras maneiras, especialmente no que se refere à máxima da relevância (cf. (191) acima; e ver Sperber e Wilson, a ser publicado).

Um segundo problema na sugestão de Grice que, então, surge imediatamente é que tal caracterização por si só oferece pouco discernimento da natureza da metáfora. Tudo o que ela faz é oferecer-nos um critério parcial para o reconhecimento da metáfora – apenas parcial porque todos os outros tipos de implicatura que se devem à exploração das máximas (por exemplo, as perguntas retóricas, as litotes etc.) compartilham a mesma propriedade, de serem geradas por um desacato ostensivo de uma máxima conversacional – e o modo como passamos do *reconhecimento* para a *interpretação* permanece inteiramente obscuro.

Na verdade, pode ser útil reformular a descrição geral de Grice de como uma implicatura é definida em termos de um processo de duas etapas (onde um falante F diz p ao destinatário O e, com isto, transmite a implicatura q):

(207)   *Etapa 1: localização de um gatilho*
Isto é, identificação da necessidade de inferência. Existem dois tipos de gatilhos:
(a) Ao dizer que p, F geralmente observou as máximas, mas p, não obstante, é conversacionalmente inadequado em certo grau, o que exige que p seja "amplificado" ou "consertado" com a suposição adicional q
(b) Ao dizer que p, F desacatou as máximas e, seja o que for que queira dizer, não pode querer dizer p; para preservar o princípio cooperativo, F deve substituir uma proposição p por q

Etapa 2: inferir q
No caso (a), O pode lançar mão do raciocínio usado nas implicaturas padrão, como, por exemplo, em (125). No caso (b), O deve (i) determinar que tipo de tropo é, *p* (ii) aplicar o raciocínio próprio do tropo, (iii) selecionar um dos valores rivais para *q*, com base na sua adequação conversacional diante das máximas.

O que a reformulação deixa claro é que a descrição de metáfora de Grice só nos leva até a etapa 1 (embora as máximas desempenhem um papel na etapa final da etapa 2). O que continua faltando é uma descrição de (i) como as metáforas se distinguem de outros tropos e, o mais importante, (ii) como, uma vez reconhecidas, elas são interpretadas. Searle (1979a), nesse contexto, fez algumas sugestões especialmente para o problema (ii). Ele sugere que, assim que uma inadequação conversacional é reconhecida, o enunciado é colocado em correspondência com uma série de regras ou princípios de interpretação pragmáticos (e, presumivelmente, a melhor correspondência é selecionada como a mensagem pretendida pelo falante). Portanto, dado (208) e uma das regras para a interpretação metafórica em (209), o receptor pode derivar (210):

(208)   Sam é um gigante
(209)   Dado um enunciado da forma *x é F*, onde isso acarreta "*x é G*" e G é um traço proeminente das coisas que são F, então, interprete a enunciação como "*x é G*"
(210)   Sam é grande

Searle relacionou sete destes princípios, e a busca por uma relação de similaridade é apenas um deles, que pode ser formulado, *grosso modo*, da seguinte maneira:

(211)   Dado um enunciado E da forma *x é F*, procure por algum G ou H que seja uma propriedade proeminente de coisas F; se tal propriedade for encontrada, interprete E como "*x é G*", rejeitando a interpretação "*x é H*" se H for menos evidentemente predicável de *x*

O propósito disso é tratar de exemplos como (172) e (184). Contudo, mesmo reconhecendo que muitos tipos de metáfora nada têm a ver com relações de similaridade (e isto pode ser tanto uma questão de definição como de fato), (211) nos diz pouquíssima coisa sobre o que é, afinal, um tipo central de metáfora. Além do mais, deixa obscuras as motivações e o poder expressivo das metáforas.

Sugestões mais concretas para uma teoria pragmática da metáfora, no momento em que escrevo, simplesmente não existem. Sperber e Wilson (a ser publicado), ao experimentar o mesmo tipo de dificuldades com outras figuras de linguagem, concluíram que a teoria da implicatura pouco faz para explicar como tais enunciações são decodificadas e, na verdade, que os problemas, em boa parte, encontram-se não na pragmática, mas numa teoria da retórica essencialmente psicológica. Isto, porém, é diminuir o papel que as máximas desempenham na localização e no reconhecimento dos tropos e na seleção da interpretação relevante para o contexto. Pode-se reconhecer, no entanto, que a teoria da implicatura, por si só, não consegue produzir nem prever tais interpretações. Uma importante consideração no que diz respeito à metáfora é que talvez seja demais pedir de uma teoria pragmática que ela efetivamente nos forneça uma descrição de algo que é, sem dúvida, uma capacidade psicológica perfeitamente geral e crucial, que opera em muitas esferas da vida humana, a saber, a capacidade de pensar *analogicamente*. Essa capacidade é básica não apenas para o uso lingüístico, mas também para a construção de modelos de todos os tipos, desde a feitura de mapas até a construção de teorias (ver, por exemplo, Black, 1979; Kuhn, 1979), e talvez seja melhor pensar nas metáforas, congeladas ou não, como uma invasão da pragmática da língua natural por este tipo de raciocínio. Se adotarmos tal visão, há muito na bibliografia existente sobre metáfora de que poderíamos nos valer para uma descrição da metáfora. Parece ser decisiva, por exemplo, a maneira pela qual o que está envolvido na metáfora é o mapeamento de todo um domínio cognitivo em outro, permitindo o estabelecimento de múltiplas correspondências. Por exemplo, como Lakoff e Johnson (1980) assinalaram, dois domínios ou campos conceituais como a *política* e a *guerra*, assim que são postos em correspondência, apresentam produtivamente todas estas metáforas familiares, mortas e vivas, do tipo[28]:

▼

28. Para uma correspondência interessante e complicada deste gênero entre tipos de pessoas e espécies de animais, ver Leach, 1964.

(212)   Os conservadores derrotaram o Partido Trabalhista nas eleições, e o trabalhismo tem recuado desde então
(213)   Sob o comando da sra. Gandhi, as forças do Partido do Congresso foram rapidamente arrebanhadas para um vigoroso contra-ataque aos flancos da turba desorganizada que constituía a facção Janata

Ou considere a maneira pela qual os domínios do futuro e do clima são muitas vezes sobrepostos, como em:

(214)   A economia da Grã-Bretanha, exceto pelas ensolaradas perspectivas de descobertas contínuas nos campos petrolíferos do Mar do Norte, é sombria como sempre; o futuro da educação e das artes é nebuloso, e é brilhante apenas a perspectiva para a eletrônica

Acontece, portanto, como argumentou Black (1962, 1979), que uma mesma metáfora reverbera ao longo de dois campos conceituais. A fraqueza de qualquer paráfrase de uma metáfora é muito mais do que a mera omissão do conteúdo semântico literal do termo usado metaforicamente (*pace* Searle, 1979a, 123); tal paráfrase fala num único domínio, enquanto uma metáfora liga dois domínios em paralelismos potencialmente complexos de profundidade indefinida. Sperber e Wilson (a ser publicado) argumentam que as interpretações dos tropos são fundamentalmente *não proposicionais* e que uma maneira de interpretar esta afirmação é justamente em termos de tal correspondência de domínios. A teoria da correspondência ajuda a explicar por que boas metáforas geralmente substituem termos "abstratos" (metaforicamente implícitos) por termos "concretos" – como fica claro quando se compara o sucesso relativo das duas seguintes metáforas:

(215)   O amor é chama
(216)   Uma chama é amor

Pois se uma metáfora é um modelo, um mapa ou um análogo de um domínio, então, como os outros modelos, mapas e análogos em geral, para que sejam úteis e bem-sucedidos, é melhor que as metáforas sejam mais simples, idealizadas, mais fáceis de compreender do que os domínios complexos que modelam. A teoria da correspondência também ajuda a explicar a base para o fracasso de outras metáforas. Por exemplo, Morgan (1979) assinala que o esquema de símile para as metáforas nominais deve permitir que (217) seja usado como metáfora apenas no caso de meu pai (que não se chama Herbert) ser maquinista, para comunicar que Herbert também é maquinista[29]:

(217)   Herbert é meu pai

A explicação se faria em termos do fracasso dessa tentativa de metáfora em estabelecer quaisquer correspondências adequadas entre os dois domínios dos quais fazem parte *pais* e *maquinistas*: não é simplesmente qualquer domínio que é um modelo possível para qualquer outro.

A teoria da correspondência das metáforas, portanto, tem a virtude de dar conta de várias propriedades bem conhecidas das metáforas: a natureza "não proposicional", ou indeterminação relativa do conteúdo de uma metáfora, a tendência para a substituição de termos abstratos por concretos e os diferentes graus em que as metáforas podem ser bem-sucedidas.

Consideremos agora, em resumo, as linhas gerais de uma descrição pragmática da metáfora. Em primeiro lugar, precisamos de uma descrição de como qualquer tropo ou uso não literal da língua é reconhecido, e, aqui, podemos esperar que as máximas de Grice, ou uma reelaboração qualquer delas, desempenhe um papel central. Em seguida, precisamos saber como as metáforas se distinguem de outros tropos e, no caso, pode ser um elemento crucial a busca por um domínio correspondente possível, relevante para a conversação em questão; outra heurística pode ser a ausência de todos os traços associados a outros tropos, como a ironia ou a litotes (por exemplo, as ironias geralmente parecem ser usadas para fazer críticas). Uma vez reconhecida, a interpretação da metáfora deve valer-se de características de nossa capacidade geral de raciocinar analogicamente. Se tivéssemos uma descrição dessa capacidade cognitiva muito geral, poderíamos esperar apli-

▼

29. Poder-se-ia argumentar que (217) fracassa como metáfora porque é um enunciado de identidade e Miller os excluiu implicitamente. Contudo, "Herbert é pai" ou "Herbert é paternal" tampouco funcionarão.

cá-la diretamente à interpretação das expressões lingüísticas usadas metaforicamente. É possível, embora não haja reais evidências disso, que tal processamento viesse a envolver a conversão de metáforas na forma de símiles complexos proposta por Miller. De qualquer modo, pode-se afirmar que não devemos esperar que a pragmática lingüística forneça uma teoria geral da analogia, sozinha, sem considerável ajuda da teoria psicológica. Se deve haver uma divisão de trabalho, a tarefa dos psicólogos poderia ser fornecer a teoria geral da analogia, enquanto o trabalho dos pragmaticistas deveria ser localizar os tipos de enunciados que estão sujeitos a tal interpretação, fornecer uma descrição de como eles são reconhecidos e construídos e das condições sob as quais são usados. Além disso, exigiríamos uma explicação da maneira pela qual os contextos limitam a busca interpretativa por correspondências, como sugerem os seguintes exemplos:

(218)   A: Oh, que linda casa
           B: Sim, minha mulher é quem cuida
(219)   A: Oh, que escritório velho e desenxabido
           B: Sim, Bill é quem cuida.

Em resumo, assim como a própria teoria da implicatura reflete a invasão das propriedades gerais da interação cooperativa (que não é de maneira nenhuma exclusividade do comportamento lingüístico) na estrutura e no uso da língua, uma teoria da metáfora envolverá crucialmente a intromissão de uma capacidade cognitiva muito geral, a capacidade de raciocinar analogicamente, na estrutura e no uso da língua. Da mesma forma que podemos recorrer a estudos empíricos da interação para refinar nossa compreensão da implicatura e da inferência pragmática, podemos recorrer aos estudos psicológicos do raciocínio analógico (inclusive as teorias da Inteligência Artificial de correspondência e extração de padrões) para obter a compreensão básica do processamento metafórico de que carecemos no momento. Em ambos os casos, a pragmática interessa-se centralmente pela interação entre um domínio lingüístico e um domínio essencialmente independente da experiência humana.

3.2.6 A IMPLICATURA E A ESTRUTURA DA LÍNGUA

A teoria da implicatura conversacional é uma teoria do *uso* da língua; não obstante, pode-se demonstrar que ela possui implicações consideráveis para o estudo da *estrutura* da língua, isto é, para a língua vista como sistema autônomo de regras. Demonstrar isto, naturalmente, é demonstrar que existem relações interessantes entre estrutura e função, de um tipo que muitas teorias correntes da gramática não contemplam ou, pelo menos, consideram fora do alcance da teoria lingüística.

É razoavelmente simples mostrar que a descrição lingüística dos morfemas e itens lexicais deve às vezes referir-se à noção de implicatura conversacional (ou, pelo menos, a algo como ela). Considere, por exemplo, as partículas discursivas inglesas *well*, *oh*, *ah*, *so*, *anyway*, *actually*, *still*, *after all* e semelhantes: elas podem ser descritas como "limites máximos" (*maxim hedges*) que indicam aos receptores exatamente como o enunciado por eles introduzido se ajusta às expectativas cooperativas (Brown e Levinson, 1978, 169 ss.). Por exemplo, R. Lakoff (1973a) assinalou que poderíamos caracterizar, pelo menos, um sentido de *well* "bem" da seguinte maneira: *well* anuncia que o falante tem consciência de que é incapaz de cumprir as exigências da máxima da quantidade por completo. Daí a ocorrência de *well* em respostas parciais como a seguinte:

(220)   A: Where are my glasses?
        Onde estão os meus óculos?
        B: Well, they're not here
        Bem, eles não estão aqui

(há, na verdade, outros tratamentos alternativos de *well* quer como anguladores de relevância (*relevance hedging*) (ver Brockway, 1981) ou em termos de noções estruturais de discurso (ver, por exemplo, Owen, 1980, 68-78, 1981), mas todos estes tratamentos referem-se a expectativas conversacionais, seja qual for a maneira como são expressas). Analogamente, poderíamos afirmar que um termo como *anyway* é um marcador de relevância em pelo menos alguns usos, porque parece sugerir que o enunciado a que foi anteposto é relevante para a ação em curso de uma maneira mais direta do que o enunciado imediatamente precedente (Brockway, 1981; Owen, 1982), conforme ilustrado abaixo:

(221)   A: Oh I thought it was good
        Oh, eu achei bom
        B: Anyway, can we get back to the point?
        De qualquer modo, podemos voltar ao assunto?

(Novamente, é possível que se chegue a uma análise melhor usando os conceitos da análise conversacional – ver capítulo 6 –, mas a idéia permanece válida: a descrição de certos itens lexicais exige referência a modos de inferência conversacional.) Nas línguas, esses itens são tudo menos raros – poderíamos acrescentar *by the way, now, all right, you know* à lista do inglês acima (ver também James, 1972, 1973), e há outras línguas que são excepcionalmente ricas neles (ver, por exemplo, Longacre, 1976a; Brown e Levinson, 1978, 151 ss.). Portanto, podemos considerar claro que a metalinguagem para a descrição do léxico de uma língua natural deve fazer referência à função conversacional, e uma maneira de formular tais funções é em termos de implicatura.

Outra ligação entre a implicatura conversacional e o léxico é de interesse mais teórico. Pode-se demonstrar que a implicatura conversacional fornece restrições sistemáticas ao que é um *item lexical possível* numa língua natural (ver especialmente Horn, 1972)[30]. A limitação básica imposta é, *grosso modo*, a seguinte:

(222)   Se o uso de um item lexical *x* carrega uma implicatura conversacional generalizada I, então, *ceteris paribus*, não haverá nenhum item lexical *x* que codifique diretamente I

Em essência, esta é uma limitação que evita a redundância: se um conceito é geralmente veiculado como implicativa de um termo existente numa língua, esse conceito não será diretamente lexicalizado. Con-

▼

30. Aqui, omitiremos consideráveis dificuldades referentes à definição do conceito *item lexical* (em oposição a *morfema*, etc.) que precisariam ser clarificadas para tornar claramente testáveis as generalizações tratadas na seqüência.

sidere, por exemplo, a incorporação lexicalizada de negativos em inglês, como em *none, nor, impossible*, etc. Há, na verdade, um paradigma sistemático de incorporações possíveis (concretizadas) e de incorporações impossíveis (não concretizadas) do negativo:

(223)   *Expressão negativa*   *Incorporação lexical*
        not possible   impossible
        not necessary   *innecessary

        not some   none
        not all   *nall

        not sometimes   never
        not always   *nalways
        not or   nor
        not and   *nand

Agora, observe que os conjuntos de expressões a seguir são escalas no sentido de (117) acima:

(224)   <necessary, possible>
        <all, some>
        <always, sometimes>
        <and, or>

Portanto, usar assertivamente o item que aparece na direita de cada escala será o mesmo que produzir a implicatura de que o item mais forte não se aplica – isto é, produzir a implicatura "not necessary", "not always", "not and" (por (121) acima). Mas, então, pela limitação (222), eles não serão lexicalizados; daí o paradigma em (223)[31].

Juntamente com outros princípios, os princípios griceanos foram usados por Gazdar e Pullum (1976) para dar uma explicação de algo que é, teoricamente, uma economia surpreendente no léxico, a saber, o conjunto muito pequeno (dois ou três) de conectivos verifuncionais importantes empregados nas línguas naturais, em face do número teo-

▼

31. Uma exceção parece ser *unnecessary*, mas pode-se argumentar que o prefixo negativo *un-* é demasiado produtivo e não assimilador para ser considerado lexicalmente incorporado (ver Horn, 1972, 274).

ricamente indefinido que poderia existir. Assim, por exemplo, pode-se prever com confiança que nenhuma língua lexicalizará uma função de verdade que tome como argumentos duas sentenças mas produza um valor de verdade determinado unicamente pela verdade ou falsidade, digamos, da sentença da direita. A razão, naturalmente, é que tal conectivo tornaria a sentença da esquerda sempre redundante – e, portanto, forçaria a transgressão constante da máxima da relevância.

Uma questão interessante é saber se há sintaxe sobre injunções pragmáticas que possam ser atribuídas à implicatura conversacional. Há vários fenômenos que são bons candidatos. Por exemplo, G. Lakoff (1974) chamou a atenção para os **amálgamas sintáticos** como (225), onde encontramos partes de uma sentença dentro de outra:

(225) John invited *you'll never guess how many people* to *you can't imagine what kind of a* party
John convidou *você nunca vai adivinhar quantas pessoas* para *você não vai imaginar que tipo de* festa

Lakoff observa que isto está intimamente relacionado com:

(226) John invited *a lot of people* to a *weird* party
John convidou *um monte de gente* para uma festa *esquisita*

Observe que não são simplesmente quaisquer fragmentos de sentença que podem ocorrer nos espaços em itálico:

(227) ?John invited *Harry used to know how many people* to *you didn't imagine what kind of a* party
John convidou *Harry costumava saber quantas pessoas* para *você não imaginou que tipo de* festa

A limitação parece funcionar, *grosso modo*, da seguinte maneira: suponha que temos uma sentença como (228), da qual resulta, conversacionalmente, a implicatura (229); então, podemos substituir a expressão nominal *a lot of people* pela pergunta indireta *you'll never guess how many people*, que se encontra em relação de implicatura com essa expressão nominal, como em (230):

(228)   *You'll never guess how many people* John invited to his party
        Você nunca vai adivinhar quanta gente John convidou para a festa dele
(229)   John invited *a lot of people* to his party
        John convidou *um monte de gente* para a festa dele
(230)   John invited *you'll never guess how many people* to his party
        John convidou você nunca vai adivinhar quanta gente para a festa dele

(Existem, é claro, muitas outras restrições – ver G. Lakoff, 1974, 323.) Portanto, aqui, parece que temos um processo sintático limitado de maneira sistemática pela implicatura conversacional[32].

Há outros candidatos a construções com limitações implicaturais, inclusive a nossa conhecida conjunção assimétrica, onde duas orações coordenadas devem ser ordenados na seqüência em que ocorreram os dois acontecimentos que eles relatam para que a máxima de modo não seja rompida. Além disso, observou-se que as relativas não restritivas obedecem conversacionalmente a exigências de relevância: a oração encaixada deve ser menos relevante para o tópico conversacional corrente do que a sentença matriz (ver Gazdar, 1980a). Podemos também observar que as ironias, metáforas e perguntas retóricas podem adquirir indicadores convencionais e correlatos estruturais (Brown e Levinson, 1978, 267 ss.). Assim, Sadock (1974) nota que, em inglês, as perguntas retóricas que presumem uma resposta *no* permitem a ocorrência de **itens de polaridade negativa**, isto é, expressões lingüísticas restritas a ambientes negativos em outras circunstâncias. Um grande número de possíveis outros casos surgem quando se analisam os *atos de linguagem indiretos* como implicaturas (como veremos no capítulo 5; ver também G. Lakoff, 1974; Ross, 1975).

▼

32. Pode-se, em resposta, afirmar que seqüências como (230) não são, na verdade, sentenças bem formadas e que deveríamos lidar com elas com uma teoria das **semi-sentenças** (até agora inexistente), que é independentemente exigida para lidar com a elipse conversacional. Nesse caso, boa parte de todo o maquinário sintático de uma língua será duplicado nessa teoria pragmática das semi-sentenças – ver Morgan, 1973).

Um último tipo de interação que tem sido negligenciado entre a implicatura e a estrutura da língua encontra-se no domínio da *mudança lingüística*. É um fato bem conhecido que a metáfora e outros tropos são, em parte, responsáveis pela mudança semântica significativa que pode ocorrer no significado das palavras ao longo do tempo. Os eufemismos, por exemplo, começam como metáforas polidas, mas logo adquirem o sentido que tinham como implicatura originalmente. Observações semelhantes podem ser feitas a respeito dos honoríficos. As formulações hiperbólicas, como no uso inglês de *frightfully*, *awfully*, *terribly*, podem produzir novos sentidos: assim, o termo *starve* significava, em inglês médio, simplesmente "morrer", mas, por meio de usos paralelos a (231) veio a significar, naturalmente, "sofrer de fome aguda" na maioria dos dialetos do inglês (temos agora de ser mais específicos, usando "starve to death" "morrer de fome", se for isto que queremos dizer; ver Samuels, 1972, 53, de onde foram tirados estes exemplos; ver também Ullman, 1962).

(231)   I'm dying to see you
        Estou morrendo de vontade de ver você

Embora o processo seja bem documentado, não sabemos exatamente como funciona: há um ponto em que as implicaturas repentinamente se tornam sentidos convencionais ou existe algum processo gradual de convencionalização (e, se houver, como isto se concilia com nosso conceito do léxico)? Em alguns domínios limitados, parece que conseguimos encontrar uma série de etapas na mudança lingüística: por exemplo, da implicatura conversacional particularizada para a generalizada, depois para a implicatura convencional, no caso de alguns honoríficos codificados convencionalmente em línguas asiáticas (ver Levinson, 1977, 47-60), para não falar dos pronomes polidos de segunda pessoa nas línguas indo-européias (ver Brown e Gilman, 1960 e referências aí). Outras questões surgem: os correlatos sintáticos observáveis de tais mudanças semânticas (por exemplo, a aquisição de um complemento em *to* para *die* em (231) acima) decorrem da criação de um novo sentido ou eles a causam? Simplesmente, ainda não sabemos muito a respeito do papel da implicatura neste processo (ver, porém,

Cole 1975; Brown e Levinson, 1978, 263 ss.; Morgan, 1978, para comentário e especulação)³³.

De qualquer modo, está claro que a implicatura desempenha um papel importante na mudança lingüística, acionando mudanças sintáticas e semânticas. Na verdade, parece ser um dos mecanismos mais importantes pelos quais as questões do uso lingüístico realimentam e afetam as questões da estrutura lingüística. É, portanto, uma rota importante pela qual as pressões funcionais deixem a sua marca na estrutura de uma língua.

▼

33. Isso não é negar que exista uma rica literatura sobre a mudança semântica, mas sugerir que a teoria da implicatura pode fornecer novas e interessantes análises desse material.

CAPÍTULO 4

A PRESSUPOSIÇÃO

4.0 INTRODUÇÃO

No capítulo anterior, discutimos a implicatura conversacional como um tipo especial de inferência pragmática. Não podemos pensar nesse tipo de inferências como inferências semânticas (isto é, pertencentes aos significados de palavras, expressões e sentenças) porque elas se baseiam incontestavelmente em suposições contextuais que dizem respeito à cooperação dos participantes de uma conversa, em vez de estarem embutidas na estrutura lingüística das sentenças que lhes deram origem. Voltamo-nos neste capítulo para outro tipo de inferência pragmática, a saber, a **pressuposição**, que pelo menos à primeira vista está mais intimamente baseada na estrutura lingüística efetiva das sentenças; concluiremos, porém, que essas inferências não podem ser consideradas como semânticas no sentido estrito, porque são muito sensíveis a fatores contextuais; as maneiras como isso acontece são a preocupação central deste capítulo.

O leitor deve ser prevenido de duas coisas no início. A primeira é que há mais literatura sobre a pressuposição do que sobre qualquer outro tópico da pragmática (exceto, talvez, os atos de linguagem) e, embora boa parte dela seja de um tipo técnico e complexo, boa parte também é obsoleta e estéril. Esse volume do trabalho é parcialmente explicado por uma longa tradição de interesse filosófico, a qual, por ter sido muito citada na bibliografia lingüística, será brevemente examinada em 4.1. Além disso, a pressuposição foi uma área em foco na teoria lingüística durante o período 1969-76 porque suscitava problemas substanciais para quase todos os tipos de teorias lingüísticas (gerativas) então disponíveis. Como conseqüência dessa vasta produção, o estudante assíduo encontrará praticamente para todos os pronunciamentos deste capítulo desmentidos em alguma parte da bibliografia; se as opiniões expressas aqui parecem parciais, é em parte porque elas tiraram proveito de uma visão retrospectiva. Boa parte do que parecia confuso e misterioso tornou-se mais claro agora, depois que algumas distinções e estruturas básicas foram estabelecidas (ver, porém, Oh e Dinneen, 1979, para um vivo compêndio de visões modernas divergentes).

A segunda advertência diz respeito à distinção que se desenvolveu entre o uso comum da palavra *pressuposição* e o seu uso técnico na lingüística. O conceito técnico abriga apenas uma pequena porção dos usos associados ao termo na linguagem comum, e o leitor que espera encontrar uma explicação completa destes num único conceito pragmático julgará decepcionante o leque um tanto restrito dos fenômenos discutidos abaixo. Os seguintes exemplos ilustram algumas acepções "comuns" do termo com as quais *não* lidamos numa teoria da pressuposição que se inclui na pragmática, embora outros ramos da teoria pragmática[1] tratem de muitos desses casos:

(1)   Efeitos pressupõem causas
(2)   John escreveu uma carta a Harry, pressupondo que ele sabia ler
(3)   John disse "Garry é *tão* competente", pressupondo que sabíamos que Harry havia feito bobagens – na verdade, não sabíamos e, portanto, deixamos de perceber que ele estava sendo irônico
(4)   Harry pediu a Bill que fechasse a porta, pressupondo que Bill a deixara aberta, como de costume; ele não a deixara e, portanto, atirou uma cadeira em Harry
(5)   Adolph tratou o mordomo de "sir", pressupondo que ele era o próprio anfitrião, Sir Ansel

▼

1. Por exemplo, (3) receberia uma explicação em termos da exploração de uma máxima conversacional (ver capítulo 3); (4) em termos da noção de *condição de felicidade* empregada na teoria dos atos de fala (capítulo 5); e (5) em termos da noção de *implicatura convencional* (capítulo 3).

(6) A teoria da evolução pressupõe uma vasta escala de tempo
(7) O artigo de Jackendoff pressupõe a teoria das nominalizações de Chomsky

O que estes exemplos têm em comum é que eles usam a noção de pressuposição da linguagem comum para descrever qualquer tipo de suposição de fundo com base na qual uma ação, teoria, expressão ou enunciação faz sentido ou é racional. O sentido técnico de pressuposição, ao contrário, restringe-se a certas inferências ou suposições pragmáticas que, pelo menos, parecem estar embutidas nas expressões lingüísticas e podem ser isoladas usando testes lingüísticos específicos (em especial, tradicionalmente, a resistência à negação, como será discutido abaixo).

4.1 CONTEXTUALIZAÇÃO HISTÓRICA

Mais uma vez, o interesse da pragmática por este tópico origina-se em debates da filosofia, mais precisamente debates sobre a natureza da referência e das expressões referenciais. Tais problemas encontram-se no âmago da teoria lógica e surgem quando se questiona como as expressões referenciais da língua natural devem ser traduzidas para as linguagens especializadas da lógica.

O primeiro filósofo em tempos recentes a lidar com esses problemas foi Frege, o arquiteto da lógica moderna. Numa discussão com muitas lacunas, que permite considerável liberdade de interpretação, ele levantou muitas das questões que posteriormente viriam a tornar-se centrais nas discussões da pressuposição. Por exemplo, ele disse:

> Se alguma coisa é assertada, sempre há uma pressuposição[2] óbvia de que os nomes próprios simples ou compostos usados possuem uma referência. Portanto, se alguém afirma "Kepler morreu na miséria", há uma pressuposição de que o nome "Kepler" designa alguma coisa. (Frege, 1892 (1952, 69))

▼

2. O termo alemão que Frege usou foi *Voraussetzung*.

E, imediatamente, disse que não é parte do significado de *Kepler morreu na miséria* que "Kepler designa alguma coisa"; se assim fosse, então, *Kepler morreu na miséria* teria a forma lógica "Kepler morreu na miséria & Kepler designa alguma coisa" e, portanto, a sentença *Kepler não morreu na miséria* seria equivalente a "Kepler não morreu na miséria ou o nome Kepler não tem nenhuma referência"[3]. Isso, a seu ver, seria absurdo. Ele acrescenta:

> Que o nome "Kepler" designa alguma coisa é uma pressuposição da asserção "Kepler morreu na miséria" tanto quanto da asserção contrária [isto é, negativa]. (*ibid.*)

Analogamente, ele considera o *status* especial do significado das orações temporais:

> "Após a separação de Schleswig-Holstein da Dinamarca, a Prússia e a Áustria lutaram." ... Está suficientemente claro que não cabe pensar que o sentido tem como parte o pensamento de que o Schleswig-Holstein esteve separado da Dinamarca, mas sim que esta é a pressuposição necessária para que a expressão "Após a separação de Schleswig-Holstein da Dinamarca" tenha alguma referência. (1892 (1952, 71))

E ele prossegue: um chinês, ignorante dos fatos históricos,

> não considerará nossa sentença ... nem verdadeira nem falsa, mas negará que tenha qualquer referência, com base na ausência de referência para a sua oração subordinada. Esta oração apenas aparentemente determinaria um tempo. (*ibid.*)

Frege, portanto, esboça uma teoria da pressuposição com as seguintes proposições:

(i) As expressões referenciais e as orações temporais (por exemplo) carregam pressuposição de que realmente fazem referência
(ii) Uma sentença e sua contraparte negativa compartilham o mesmo conjunto de pressuposições

▼

3. Isto decorre da equivalência de $\sim (p \,\&\, q)$ com $\sim p \vee \sim q$, onde p é "Kepler morreu na miséria" e q é "O nome Kepler tem um referente".

(iii) Para que uma asserção (como no caso de Kepler) ou uma sentença (como no caso Schleswig-Holstein) seja verdadeira ou falsa, suas pressuposições devem ser verdadeiras ou ser satisfeitas

Como fica claro a partir de (iii), Frege tinha mais de uma concepção de pressuposição – às vezes, ele fala de usos de sentenças (asserções) como tendo pressuposições, às vezes das próprias sentenças como tendo pressuposições e, em outra parte, fala até mesmo de falantes como tendo pressuposições (ver Atlas, 1975a): "quando dizemos 'a lua' ... pressupomos uma referência" (1892 (1952, 61)). Posteriormente, estas distinções vieram a ter importância. Mas está claro que temos aqui, em forma embrionária, os parâmetros que guiaram boa parte da discussão sobre a pressuposição que viria em seguida.

Ora, Russell, escrevendo em 1905, achou que as opiniões de Frege estavam simplesmente erradas. Lutando com os mesmos problemas da teoria da referência, ele chegou a conclusões inteiramente diferentes. Um problema era como explicar o fato de que sentenças que carecem de referentes adequados, como (8), podem ser significativas.

(8)   O rei da França é sábio

Frege tinha uma resposta, fornecida pela sua distinção entre sentido e referência: tais sentenças conservam seu sentido ou significado mesmo se carecem de referentes e, portanto, deixam de ter um valor de verdade. Russell, porém, argumentou que as teses de Frege levavam a anomalias e propôs para os mesmos propósitos sua conhecida **teoria das descrições**, a qual, durante quarenta e cinco anos, dominaria tais pesquisas. Ele sustentou que às descrições definidas como *The so & so* não corresponde nada que se assemelhe à tradução lógica simples que poderíamos imaginar. Embora ocorram nas línguas naturais como sujeitos, como em (8) acima, na forma lógica elas não são sujeitos lógicos, mas, antes, correspondem a conjunções de proposições. Assim, em lugar de traduzir *O F é G* na fórmula simples de sujeito-predicado G(*O* F), ele sustentou que ela devia ser decomposta na conjunção das três asserções seguintes:

(9)   Há uma entidade x, tal que:
        (a) x tem a propriedade F

(b) não há nenhuma outra entidade *y* que seja distinta de *x* e tenha a propriedade F
(c) *x* tem a propriedade G

Portanto, a forma lógica de (8) não é (10), mas, sim, o complexo (11) (onde convencionaremos que "Rei" é uma abreviação para *Rei da França*):

(10)   Sábio(o Rei)
(11) $\exists x$ (Rei(x) & ~ $\exists y$ (($y \neq x$) & Rei(y)) & Sábio(x))
       (Parafraseável como "Há um Rei da França e não há ninguém mais que seja Rei da França e ele é sábio")

Russell conseguiu demonstrar que essa análise dava conta das dificuldades que surgiam em outras visões. Por exemplo, na sua descrição, (8) é significativa porque é simplesmente falsa; é uma asserção que, em virtude da expansão russelliana da expressão *O Rei da França*, também afirma a existência desse indivíduo (por (9) acima).

Uma vantagem específica que Russell via em sua análise era o fato de que ela possibilita o que hoje chamamos **ambigüidades de escopo** (*scope ambiguities*). Por exemplo, a sentença negativa:

(12)   O Rei da França não é sábio

pode ser considerada de duas maneiras: ou se presume que há um Rei da França e se afirma que ele é não sábio ou (menos costumeiramente) o que se nega é que seja simultaneamente verdade que há um Rei da França e que ele é sábio. A segunda leitura é a única que pode estar envolvida na seguinte sentença:

(13)   O Rei da França não é sábio – porque tal pessoa não existe

A fórmula de Russell em (11) tem (pelo menos) dois espaços onde a negação pode ser inserida para capturar esta ambigüidade: ou a negação ocorre com **escopo amplo** como em (14) ou com **escopo estreito** como em (15) abaixo:

(14)   ~ ($\exists x$ (Rei(x) & ~$\exists y$ (($y \neq x$) Rei(y)) & Sábio(x)))
       (Parafraseável como "Não é o caso que: (a) há um Rei da França e (b) não há mais ninguém que seja Rei, e (c) ele é sábio")

(15) $\exists x \, (\text{Rei}(x) \sim \exists y \, ((y \neq x) \, \& \, \text{Rei}(y))) \, \& \sim \text{Sábio}(x))$
(Parafraseável como "Há um Rei da França e não há mais ninguém que seja Rei da França, e o Rei da França não é sábio")

A primeira negação, de escopo amplo, permite que usemos (12) para negar que o Rei da França exista, enquanto a segunda negação, de escopo estreito, apenas nega que o predicado se aplique a ele.

Praticamente, a análise de Russell não foi contestada até que Strawson (1950) propôs uma abordagem inteiramente diferente. A origem de muitos dos problemas, argumentou Strawson, é o fato de que se deixou distinguir o papel das sentenças e dos *usos* de sentenças quando fazem, por exemplo, declarações que são verdadeiras ou falsas. Por não ter feito essa distinção Russell foi levado a pensar que, como (8) é significativo e tem um significado claro, deve ser verdadeiro ou falso. Mas as *sentenças* não são verdadeiras ou falsas; apenas os *enunciados* que as declaram é que o são. Portanto, o enunciado de (8) pode muito bem ter sido verdadeiro em 1670 d.C. e falso em 1770 d.C., mas, em 1970, não se pode dizer sensatamente que o enunciado seja verdadeiro ou falso: devido à não-existência de um Rei da França em 1970, nem sequer se coloca a questão de sua verdade ou falsidade.

Por conseguinte, Strawson foi levado a afirmar que há um tipo especial de relação entre (8) e (16):

(16)   Há um atual Rei da França

a saber, que (16) é uma precondição para que (8) possa ser julgado como verdadeiro ou falso. Ele chamou esta relação **pressuposição** e sustentou que essa relação era uma espécie particular do que hoje seria chamado inferência pragmática, distinta da implicação ou acarretamento lógico, uma espécie que deriva de convenções a respeito do uso das expressões referenciais. Estas convenções, ele afirmou, são consideravelmente mais complexas do que se pode perceber pela "análise existencial estéril" (como ele denominou a teoria de Russell – Strawson (1952, 187)), e estão vinculadas a convenções sobre o que é afirmar ou enunciar alguma coisa. Mais formalmente, ele sustentou que um enunciado A pressupõe um enunciado B se B for uma precondição da verdade ou falsidade de A (Strawson, 1952, 175).

Uma conseqüência da discordância de Strawson com Russell, não diretamente tratada, é que, ao rejeitar a forma lógica complexa subjacente às descrições definidas, Strawson perdeu um meio de explicar sentenças negativas como (13), onde as próprias pressuposições são canceladas. Pois, normalmente, no entendimento de Strawson (como no de Frege), uma sentença negativa, quando enunciada, preservará suas pressuposições. Russel pôde apontar os dois escopos ou espaços para negação fornecidos pelas suas formas lógicas complexas. Strawson, se houvesse enfrentado esta dificuldade, teria de afirmar que a palavra *não* é ambígua: numa leitura ou sentido, ela preserva as pressuposições, noutra, ela inclui pressuposições no seu âmbito e, assim, é compatível com a negação destas. O que ele efetivamente postulava, porém, era que há apenas uma leitura de (12), a saber, (15), onde o predicado é negado, o que, naturalmente, deixa a negação das pressuposições em (13) inteiramente inexplicada.

Strawson e Frege, portanto, defenderam concepções muito semelhantes, em oposição à abordagem de Russell acerca das descrições definidas. As teorias pressuposicionais, naturalmente, têm um apelo notável: elas combinam muito mais com nossas intuições lingüísticas diretas de que, por exemplo, quando enunciamos (8), há uma asserção em primeiro plano, isto é, que um indivíduo específico é sábio; o implícito de que o indivíduo existe é, de certa maneira, uma suposição de fundo na presença da qual a asserção faz sentido. Certamente, Russell não tinha nenhuma explicação disso.

Quando os lingüistas passaram a interessar-se pelo conceito de pressuposição (a maioria mais ou menos após 1969), um conjunto de importantes distinções e abordagens alternativas já estavam, assim, estabelecidas na literatura filosófica. Eis as principais:

(i) a distinção entre a implicação ou acarretamento lógico e a pressuposição (na obra de Frege e especialmente Strawson)
(ii) o contraste entre asserção e pressuposição (novamente, no trabalho de Frege e Strawson)
(iii) a questão de determinar se é adequado pensar na pressuposição como uma relação entre *sentenças* (como Frege às vezes pensou), entre *enunciados* declarativos (como Strawson sustentou) ou entre

falantes, por um lado, e suposições, por outro lado (como Frege sustentou em outras ocasiões)

(iv) a questão de determinar se devemos pensar na aparente ambigüidade da negação entre um sentido que nega a pressuposição e um sentido que a preserva como uma distinção de *escopo* (uma ambigüidade estrutural) ou uma ambigüidade *léxica*[4]

(v) a possibilidade de que aparentes suposições de fundo, pressuposições, possam, na verdade, ser encaradas como asserções ou acarretamentos, em pé de igualdade com o resto do significado de uma sentença (a abordagem de Russell)

Além disso, todo um leque de fenômenos pressuposicionais havia sido levantado na bibliografia filosófica, entre eles as pressuposições:

(a) dos termos singulares, por exemplo, descrições definidas, e nomes próprios
(b) das expressões nominais quantificadas, por exemplo, pode-se afirmar que *Todos os filhos de John* pressupõe que "John tem filhos" (Strawson, 1952)
(c) das orações temporais (como no exemplo de Frege citado acima)
(d) dos verbos de mudança de estado: por exemplo, pode-se afirmar que *Bertrand parou de bater na mulher* pressupõe que "Bertrand vinha batendo na mulher" (Sellars, 1954)

Quando a noção de pressuposição de Strawson chamou a atenção dos lingüistas, ela pareceu abrir uma possibilidade nova e interessante. Até aquele ponto, os lingüistas vinham operando sobretudo com uma relação semântica particular, isto é, o **acarretamento** ou **conseqüência lógica**[5]. Essa relação só pode ser definida em termos de regras de inferência válidas ou, então, em termos da atribuição de verdade ou falsidade ("semanticamente", como dizem os lógicos). Pode-se, pois, definir o **acarretamento semântico** da seguinte maneira:

▼

---

4. Esse, na verdade, não era efetivamente um elemento explícito na discussão filosófica, mas uma questão implicitamente suscitada pelo ataque de Strawson às concepções de Russell.
5. Advertência: em apenas alguns sistemas lógicos (aqueles com lacunas de valor de verdade ou não bivalência) podemos desejar fazer uma distinção entre as noções de acarretamento e conseqüência lógica, mas a terminologia lógica não é coerente no caso.

(17)   A *acarreta* semanticamente B (escrito A ‖- B) se toda situação que torna verdadeiro A torna verdadeiro B (ou: em todos os mundos em que A é verdadeiro, B é verdadeiro)

Tal relação é básica para a semântica. Não só ela captura as verdades lógicas, mas todas as outras relações semânticas essenciais (como a equivalência, a contradição) podem ser diretamente definidas em termos dela. A possibilidade interessante aberta pela noção de pressuposição era que podíamos acrescentar uma relação semântica nova e distinta ao inventário das relações bem conhecidas. Ao fazê-lo, estaríamos aproximando os modelos lógicos à semântica das línguas naturais. Esse programa, a criação de uma nova e bem definida relação semântica, que desempenharia um papel nas teorias semânticas formais, foi concretizado em várias teorias da **pressuposição semântica** (em contraposição às teorias pragmáticas da pressuposição, de que trataremos mais adiante).

Para concretizar esse programa, era necessário fazer algumas mudanças sutis, mas importantes, na concepção de Strawson. O conceito de pressuposição de Strawson pode ser formulado da seguinte maneira:

(18)   Um enunciado declarativo A pressupõe outro enunciado declarativo B se e somente se:
(a) se A é verdadeiro, então, B é verdadeiro
(b) se A é falso, então, B é verdadeiro

A concepção mais simples da pressuposição semântica, por outro lado, estaria baseada na seguinte definição:

(19)   Uma sentença A pressupõe semanticamente outra sentença B se e somente se:
(a) em todas as situações em que A é verdadeiro, B é verdadeiro
(b) em todas as situações em que A é falso, B é verdadeiro

ou, de maneira equivalente, dada a nossa definição de acarretamento em (17) acima (e supondo uma definição de negação em que, se uma sentença não é verdadeira nem falsa, também sua negação não é nem verdadeira nem falsa):

(20)   Uma sentença A pressupõe semanticamente uma sentença B se:
(a) A ||- B
(b) ~ A ||- B

A diferença importante e significativa entre (18), por um lado, e (19) ou (20), por outro, é que a primeira, isto é, a concepção de Strawson, é uma relação entre enunciados (isto é, usos específicos de sentenças), ao passo que a segunda concepção (semântica) é uma relação entre sentenças. Está claro que Strawson não teria aprovado a mudança[6].

Ora, torna-se logo claro que a definição de pressuposição semântica em (20) requer certas mudanças fundamentais no tipo de lógica que pode ser usado para modelar a semântica das línguas naturais. Para perceber isto, considere o seguinte argumento, baseado em suposições lógicas clássicas:

(21)   1. A pressupõe B
2. Portanto, pela definição (20), A acarreta B e ~ A acarreta B
3. (a) Toda sentença A tem uma negação ~ A
   (b) A é verdadeiro ou A é falso (Bivalência)
   (c) A é verdadeiro ou ~ A é verdadeiro (Negação)
4. B deve ser sempre verdadeiro

Suponha agora A = *O rei da França é careca* e B = *Há um atual rei da França*. Então, a conclusão do argumento acima (que é válido pelas suposições clássicas) é que a sentença *O rei da França existe* é uma tautologia, ou sempre verdadeira. Como todo o interesse de tais teorias pressuposicionais é lidar com a falha das pressuposições, explicando a intuição de que, quando suas pressuposições fracassam, as sentenças não são verdadeiras nem falsas, algumas das suposições lógicas clássicas devem ser abandonadas para evitar conclusões como (21). A maneira mais simples de reconciliar uma definição de pressuposição se-

▼

6. O impulso geral das visões de Strawson, firmemente na escola de filosofia da linguagem comum de Oxford, é resumido pela sentença final do artigo (1950): "Nem as regras aristotélicas nem as regras russellianas fornecem a lógica exata de qualquer expressão da linguagem comum, pois a linguagem comum não possui nenhuma lógica exata." Ver também Garner, 1971.

mântica como a de (20) com o conjunto do aparato lógico aceito é abandonar a suposição de que há apenas dois valores de verdade (a suposição de **bivalência**). Em vez disso, podemos adotar três valores, *verdadeiro*, *falso* e *nem verdadeiro nem falso* (este para sentenças cujas pressuposições são falsas) e fazer apenas as modificações no resto do sistema lógico que esta mudança requer (a saber, abandona o *modus tollens* e a bivalência)[7]. Foi demonstrado que é possível construir lógicas de três valores perfeitamente bem comportadas e pode-se afirmar que tais sistemas lógicos são (em virtude de sua capacidade de manejar as pressuposições) um avanço notável nos modelos de semântica das línguas naturais (ver, por exemplo, Keenan, 1972). Também é possível manter o que é formalmente um sistema de dois valores admitindo **lacunas de valor de verdade** em lugar de um terceiro valor, e este seria agora o método preferido. Contudo, tais sistemas compartilham muitas propriedades formais (por exemplo, a invalidade do *modus tollens*) com os modelos de três valores e mostram-se igualmente inadequados como modelos de pressuposição pelas mesmas razões que aduziremos contra eles. (Como os estudiosos tendem a julgar os sistemas com lacuna de valor mais difíceis de conceitualizar, eles não serão discutidos aqui – ver, porém, Van Fraassen, 1971.)

As manobras intelectuais feitas aqui são compatíveis com a teoria lingüística chamada *semântica gerativa* (que floresceu em 1968-75), pois os adeptos dessa teoria estavam interessados em expandir e modificar os modelos lógicos da semântica para acomodar o maior número possível de propriedades características da língua natural. Assim, tornou-se seu objetivo *reduzir* os fenômenos pragmáticos ao domínio ordeiro da semântica (ver, especialmente, G. Lakoff, 1972, 1975). Contudo, logo se tornou evidente que existem alguns fenômenos semelhantes à pressuposição que não se comportam exatamente da maneira que o conceito de pressuposição semântica exige. Por exemplo, Keenan observou que o uso do pronome *tu* na sentença francesa (22) parece pressupor que "o destinatário é um animal, uma criança, alguém so-

▼

---

[7]. *Modus tollens* é a inferência pela qual se passa das premissas $p \rightarrow q$ e $\sim q$ para a conclusão $\sim p$ (ver Allwood, Andersson e Dahl, 1977, 101).

cialmente inferior ao falante ou alguém pessoalmente íntimo do falante" (1971, 51):

(22)   Tu es Napoleón

Suponha, porém, que eu use (22) quando nenhuma dessas condições prevalece – seria estranho dizer que aquilo que eu disse não era verdadeiro nem falso: é verdadeiro particular no caso de o destinatário ser realmente Napoleão e falso se não for. E o polido ou formal (23) compartilha exatamente as mesmas condições de verdade:

(23)   Vous êtes Napoléon

Portanto, as "pressuposições" que dizem respeito à relação que prevalece entre o falante e o destinatário, expressas pelo uso de *tu* ou *vous*, simplesmente não afetam as condições de verdade. Por isso, Keenan (1971) sustentava que esses exemplos formam uma classe independente e distinta de inferências pragmáticas que ele chamou **pressuposições pragmáticas**, cuja melhor descrição é como uma relação entre um falante e a adequação de uma sentença a um contexto[8].

Outros casos de pressuposição que possivelmente não se ajustam à definição de pressuposição semântica logo surgiram, casos em que as inferências em questão parecem sensíveis ao contexto de uma maneira que nos ocupará abaixo. Assim, por um momento, foi sugerido que há dois tipos distintos de pressuposição nas línguas naturais com existência independente, as pressuposições semânticas e as pressuposições pragmáticas (ver, por exemplo, Keenan, 1971). Contudo, de 1973 em diante, tornou-se cada vez mais claro que havia tantos problemas com a noção de pressuposição semântica que uma teoria da linguagem (e, especificamente, da semântica) passaria melhor sem ela. As razões para abandonar a noção de pressuposição semântica repousam firmemente na natureza e nas propriedades dos fenômenos quando adequadamente explorados, uma tarefa para a qual devemos nos voltar agora.

▼

8. Observe-se, porém, que já dissemos que esse tipo de inferência é, na verdade, um aspecto da dêixis social (ver 2.2.5) codificada como uma implicatura convencional (ver 3.2.3).

4.2 OS FENÔMENOS: OBSERVAÇÕES INICIAIS

A afirmação de Frege e Strawson de que as pressuposições são preservadas em sentenças ou enunciados negativos – uma afirmação corporificada na definição de Strawson (18) acima – fornece-nos um teste operacional inicial para identificar pressuposições. Podemos simplesmente tomar uma sentença, negá-la e ver quais inferências sobrevivem – isto é, quais são compartilhadas pela sentença positiva e pela negativa. Deve-se observar que, de agora em diante, falaremos às vezes como se as sentenças fossem os objetos que pressupõem; esta é uma falta de cuidado que nos permitimos simplesmente para fins de exposição; na verdade, é uma questão teórica determinar se são sentenças ou enunciações (pares sentença-contexto) que pressupõem, como veremos[9].

Comecemos considerando a sentença relativamente simples transcrita em (24):

(24)   John conseguiu parar a tempo

Disto podemos inferir:

(25)   John parou a tempo
(26)   John tentou parar a tempo

Agora considere a negação de (24) (observe que "a negação", aqui, significa a negação do verbo principal ou da oração principal num período gramatical com orações subordinadas):

(27)   John não conseguiu parar a tempo

Disto *não podemos* inferir (25) – na verdade, o propósito principal da enunciação poderia ser negar (25). Não obstante, a inferência para

▼

9. Na literatura lingüística, de qualquer modo, a terceira noção possível, de um falante que pressupõe, desempenhou um papel pouco importante na teorização. Contudo, as teorias (discutidas abaixo) que buscam reduzir pressuposição a implicatura conversacional poderiam ser consideradas como construídas sobre esta terceira noção.

(26) é preservada e, portanto, compartilhada por (24) e sua negação (27). Assim, com base no teste de negação (e supondo que ele baste), (26) é uma pressuposição tanto de (24) como de (27).

Observe que, sempre que (24) é verdadeiro, (25) deve ser verdadeiro, mas que, quando (27) é verdadeiro, (25) não precisa ser verdadeiro. Portanto, (24) acarreta (25), mas (27) não acarreta (25), pela definição de acarretamento dada em (17) acima. Claramente, então, quando negamos (24) e obtemos (27), os acarretamentos de (24) não são mais os acarretamentos de (27). Em resumo, a negação altera os acarretamentos da sentença, mas deixa intocadas as pressuposições. Portanto, (25) é um acarretamento de (24), o qual constitui, pelo menos parte (ou a totalidade, conforme já se afirmou)[10] das condições de verdade de (24), enquanto (26) é uma pressuposição de (24) e (27). O comportamento sob a negação estabelece uma distinção básica entre pressuposição e acarretamento.

De onde vem a pressuposição (24)? Da palavra *conseguir*, naturalmente. Se a substituirmos pela palavra *tentou* em (24), continuaremos inferindo (26), mas agora a título de acarretamento, como se demonstra considerando a sentença negativa (28):

(28)   John não tentou parar a tempo

Portanto, as pressuposições parecem estar ligadas a *palavras* específicas – ou, como veremos posteriormente, a aspectos da estrutura superficial em geral. Chamaremos tais itens lingüísticos geradores de pressuposição **acionadores de pressuposição**.

Vejamos agora um exemplo um tanto mais complexo. Consideremos (29) e sua negação (30):

(29)   John, que é um bom amigo meu, lamenta ter parado de fazer lingüística antes de deixar Cambridge
(30)   John, que é um bom amigo meu, não lamenta ter deixado de fazer lingüística antes de deixar Cambridge

▼

10. Ver, por exemplo, Halvorsen, 1978; na concepção semântica de pressuposição, a pressuposição (26) também seria parte, mas uma parte especial, das condições de verdade de (24).

Há um conjunto razoavelmente grande de inferências que parecem ser válidas tanto para (29) como para sua negação (30), por exemplo:

(31) Há alguém que pode ser identificado de maneira unívoca pelo falante e pelo destinatário como "John"
(32) John é um bom amigo do falante
(33) John parou de fazer lingüística antes de deixar Cambridge
(34) John estava fazendo lingüística antes de deixar Cambridge
(35) John deixou Cambridge

Como estas inferências não mudam nem se alteram por efeito da negação, elas são candidatas a pressuposições na concepção de Frege/Strawson. Observe também que cada uma das inferências pode ser ligada retroativamente a palavras ou construções específicas que lhes dão origem. Assim, (31) parece estar ligada ao uso do nome próprio *John* ou originar-se dele; (32) parece surgir porque as orações relativas deste tipo explicativo (não restritivo) não são afetadas pela negação de um verbo principal fora da mesma oração, sendo inteiramente preservadas na negação; e o mesmo vale para (35), que parece originar-se do fato de que as orações temporais (iniciadas por *antes, depois, enquanto, quando*, etc.) também não são afetadas pela negação de um verbo principal. (33) tem uma origem um pouco mais opaca: surge porque (33) é regida por um tipo específico de verbo (chamado **factivo**), no caso, *lamentar*; parece que simplesmente não faz nenhum sentido falar em *X lamentar Y* ou, então, *X não lamentar Y*, a menos que *Y* seja um acontecimento que tenha ocorrido ou que, definitivamente, ocorrerá. Portanto, a oração subordinada completiva *Y* é *pressuposta* por sentenças positivas e negativas, com verbos principais pertencentes a esta classe. A fonte de (34) é mais fácil de localizar: se alguém afirma que *X parou de fazer V*, então, pressupõe que *X esteve fazendo V*, uma inferência compartilhada pela asserção de que *X não parou de fazer V*. Portanto, o verbo *parar* é responsável pela pressuposição (34).

Estas são fontes bastante heterogêneas e, naturalmente, surgem questões do tipo: quais são todas as estruturas e os lexemas que dão origem a pressuposições? Eles têm algo em comum? Por que alguns itens lingüísticos trazem embutidas em si tais inferências e outros não? E assim por diante. Contudo, antes de explorá-las, observemos que há uma maneira pela qual existe uma unidade intuitiva para este conjunto de inferências: a intuição básica é que elas são todas, em algum sentido importante, *suposições de fundo* em confronto com as quais deve ser avaliada a significação principal da enunciação de (29). Uma analogia útil, aqui, é a noção de *figura* e *fundo* da psicologia da Gestalt: numa imagem, uma figura se destaca sempre em relação a um pano de fundo, e há ilusões ou "ambigüidades" visuais bem conhecidas, quando figura e fundo são reversíveis, demonstrando que a percepção de cada uma é relativa à percepção da outra. A analogia é que a figura de uma enunciação é aquilo que é afirmado ou aquilo que constitui o propósito principal do que é dito, enquanto o fundo é o conjunto de pressuposições em confronto com as quais a figura é avaliada. (Existem até mesmo alguns casos em que figura e fundo, isto é, asserção e pressuposição, parecem estar invertidas, como nas ambigüidades clássicas da Gestalt; ver Langendoen, 1971.) Para perceber que o conjunto de pressuposições realmente forma um conjunto de suposições de fundo, não apenas um conjunto de inferências detectadas e pinçadas por alguma definição técnica de pressuposição, considere o que ocorre quando convertemos (29) em pergunta:

(36)   John, que é um bom amigo meu, lamenta ter parado de fazer lingüística antes de deixar Cambridge?

Aqui, o propósito principal de uma enunciação de (36) será tentar saber se é verdade que John realmente lamenta ter parado de fazer lingüística, em vez de afirmar que ele lamenta (como em (29)) ou negar que ele lamenta (como em (30)). Contudo, (36) compartilha todas as pressuposições enumeradas acima para (29) e (30). Portanto, o propósito principal de uma enunciação pode ser afirmar, negar alguma proposição ou tentar saber se é verdadeira, e, não obstante, as pressuposições podem permanecer constantes ou – para empregar nossa analogia – a figura pode variar dentro de certos limites enquanto o fundo permanece o mesmo. Esta, naturalmente, é a intuição que está por trás da posição assumida por Frege e Strawson e é a maneira pela qual se pretende que a noção técnica de pressuposição capture, pelo menos, parte de nossas intuições pré-teóricas a respeito do que se presume ou (no sentido corrente da língua) se pressupõe quando falamos. Retornemos agora às questões que surgiram acima. Que tipos de fenômenos pressuposicionais existem? Podemos começar relacionando algumas das construções que foram isoladas pelos lingüistas como fontes de pressuposições, isto é, construindo uma lista de **acionadores de pressuposição** conhecidos. Karttunen (s.d.) reuniu trinta e um tipos de acionadores, e a lista seguinte é uma seleção destes (os exemplos fornecem versões positivas e negativas separadas por "/", para permitir que o leitor verifique as inferências; os acionadores de pressuposição propriamente ditos estão em itálico; o símbolo >> é uma abreviação por "pressupõe"):

1. *Descrições definidas* (ver Strawson, 1950, 1952):
(37) John saw/didn't see *the man with two heads*
   >> there exists a man with two heads
   John viu/não viu *o homem com duas cabeças*
   >> existe um homem com duas cabeças
2. *Verbos factivos* (ver Kiparsky e Kiparsky, 1971):
(38) Martha *regrets*/doesn't *regret* drinking John's home brew
   >> Martha drank John's home brew
   Martha *lamenta*/não *lamenta* ter bebido o fermentado caseiro de John
   >> Martha bebeu o fermentado caseiro de John
(39) Frankenstein was/wasn't *aware* that Dracula was there
   >> Dracula was there
   Frankenstein estava/não estava *ciente* de que Drácula estava lá
   >> Drácula estava lá
(40) John *realized*/didn't *realize* that he was in debt
   >> John was in debt
   John *percebeu*/não *percebeu* que estava endividado
   >> John estava endividado
(41) It was *odd*/it wasn't *odd* how proud he was
   >> he was proud
   Era *singular*/não era *singular* como ele era orgulhoso
   >> ele era orgulhoso
(42) some further factive predicates: *know; be sorry that; be proud that; be indifferent that; be glad that; be sad that*
   mais alguns predicados factivos: *saber; sentir muito por; ter orgulho de; ser indiferente quanto a; estar contente com; estar triste com*

3.   *Verbos implicativos* (Kartunnen, 1971b):
(43)   John *managed*/didn't *manage* to open the door
    >>   John tried to open the door
           John *conseguiu*/não *conseguiu* abrir a porta
    >>   John tentou abrir a porta
(44)   John *forgot*/didn't *forget* to lock the door
    >>   John ought to have locked, or intended to lock, the door
           John *esqueceu*/não *esqueceu* de trancar a porta
    >>   John devia ter trancado ou pretendia trancar a porta
(45)   some further implicative predicates: X *happened* to V >> X didn't plan or intend to V; X *avoided Ving* >> X was expected to, or usually did, or ought to v, etc.
           mais alguns predicados implicativos: *aconteceu de X V* >> X não pretendeu nem planejou V; X *evitou fazer V* >> esperava-se que X fizesse, costumava fazer ou devia fazer V, etc.
4.   *Verbos de mudança de estado* (ver Sellars, 1954; Karttunen, 1973):
(46)   John *stopped*/didn't *stop* beating his wife
    >>   John had been beating his wife
           John *parou*/não *parou* de bater na esposa
    >>   John vinha batendo na esposa
(47)   Joan *began*/didn't *begin* to beat her husband
    >>   Joan hadn't been beating her husband
           Joan *começou*/não *começou* a bater no marido
    >>   Joan não vinha batendo no marido
(48)   Kissinger *continued*/didn't *continue* to rule the word
    >>   Kissinger had been ruling the world
           Kissinger *continuou*/não *continuou* a dominar o mundo
    >>   Kissinger vinha dominando o mundo
(49)   some further change of state verbs: *start*; *finish*; *carry on*; *cease*; *take* (as in *X took Y from Z* >> Y was at/in/ with Z); *leave*; *enter*; *come*; *go*; *arrive*; etc.
           mais alguns verbos de mudança de estado: *começar*; *acabar*; *continuar*; *deixar de*; *tomar* (como em "*X tomou Y de Z*" >> Y estava em, com Z); *partir*; *entrar*; *vir*; *ir*; *chegar*; etc.
5.   *Iterativas*
(50)   The flying saucer came/didn't come *again*
    >>   The flying saucer came before
           O disco-voador veio/não veio *novamente*
    >>   O disco-voador tinha vindo antes

(51)　　　You can't get gobstoppers *anymore*[11]
　　>> You once could get gobstoppers*
　　　　Não se conseguem *mais* (balas do tipo) gobstoppers
　　>> Já foi possível conseguir gobstoppers
(52)　　　Carter *returned*/didn't *return* to power
　　>> Carter held power before
　　　　Carter *retornou*/não *retornou* ao poder
　　>> Carter esteve no poder antes
(53)　　　further iteratives: *another time*; *to come back*; *restore*; *repeat*; *for the nth time*
　　　　mais iterativos: *outra vez, voltar*; *retomar, repetir, pela enésima vez*
6.　　　*Verbos de julgamento* (ver Fillmore, 1971a):
　　　　Este tipo de implicação, pode-se argumentar, não é realmente pressuposicional, pois, ao contrário de outras pressuposições, os implícitos não são atribuídos ao falante mas sim ao sujeito do verbo de julgamento (ver Wilson, 1975).
(54)　　　Agatha *accused*/didn't *accuse* Ian of plagiarism
　　>> (Agatha thinks) plagiarism is bad
　　　　Agatha *acusou*/não *acusou* Ian de plágio
　　>> (Agatha acha que) plágio é ruim
(55)　　　Ian *criticized*/didn't *criticize* Agatha for running away
　　>> (Ian thinks) Agatha ran away
　　　　Ian *criticou*/não *criticou* Agatha por fugir
　　>> (Ian pensa que) Agatha fugiu
7.　　　*Orações temporais* (Frege, 1892 (1952); Heinämäki, 1972):
(56)　　　*Before* Strawson was even born, Frege noticed/didn't notice presuppositions
　　>> Strawson was born
　　　　Antes mesmo de Strawson nascer, Frege observou/não chamou a atenção para as pressuposições
　　>> Strawson nasceu
(57)　　　*While* Chomsky was revolutionizing linguistics, the rest of social science was/wasn't asleep
　　>> Chomsky was revolutionizing linguistics

▼

11. No inglês britânico, *anymore* é um item de polaridade negativa, isto é, como regra geral, só pode ocorrer em sentenças declarativas negativas, daí a falta de um exemplar positivo em (51).
　* São as "balas que nunca acabam" da *Fantástica Fábrica de Chocolate*. (N. do R. T.)

Enquanto Chomsky estava revolucionando a lingüística, o resto da ciência social estava/não estava adormecido
>> Chomsky estava revolucionando a lingüística

(58) *Since* Churchill died, we've lacked/we haven't lacked a leader
>> Churchill died
Desde que Churchill morreu, carecemos/não carecemos de um líder
>> Churchill morreu

(59) further temporal clause constructors: *after*; *during*; *whenever*; *as* (as in *As John was getting up, he slipped*)
outros construtores de orações temporais: *depois, durante, sempre que; quando* (como em "Quando estava se levantando, John escorregou")

8. *Sentenças clivadas* (ver Halvorsen, 1978; Prince, 1978a; Atlas e Levinson, 1981):

A sentença (60) exibe a construção conhecida como *construção clivada* (cf. a não clivada *Henry beijou Rosie*); (61) exibe a construção conhecida como *pseudoclivada* (cf. a não clivada *John perdeu sua carteira*). Ambas as construções parecem compartilhar aproximadamente as mesmas pressuposições e, além disso, compartilham – segundo se afirmou (ver Halvorsen, 1978) – uma pressuposição adicional de que o elemento focal (*Henry* em (60) e *sua carteira* em (61)) é o único elemento ao qual se aplica o predicado.

(60) It was/wasn't Henry that kissed Rosie
>> someone kissed Rosie
Foi/não foi Henry quem beijou Rosie
>> alguém beijou Rosie

(61) What John lost/didn't lose was his wallet
>> John lost something
O que John perdeu/não perdeu foi sua carteira
>> John perdeu alguma coisa

9. *Clivagens implícitas com constituintes enfatizados* (ver Chomsky, 1972; Wilson e Sperber, 1979):

As pressuposições específicas que parecem surgir das duas construções clivadas também parecem ser acionadas simplesmente quando o acento forte incide num constituinte, conforme ilustram os seguintes exemplos, nos quais os caracteres em caixa-alta indicam ênfase contrastiva:

(62) Linguistics was/wasn't invented by CHOMSKY!
>> someone invented linguistics

(cf. It was/wasn't Chomsky that invented linguistics)
A lingüística foi/não foi inventada por CHOMSKY!
>> alguém inventou a lingüística
(63) John did/didn't compete in the OLYMPICS
>> John did compete somewhere (cf. It was/wasn't in the Olympics that John competed)
John competiu/não competiu nas OLIMPÍADAS
>> John competiu em alguma coisa (cf. "Foi/não foi nas Olimpíadas que John competiu")

10. *Comparações e contrastes* (ver G. Lakoff, 1971):
Comparações e contrastes podem ser marcados pelo acento (ou por outros meios prosódicos), por partículas como *too*, *back*, *in return* ou por construções comparativas:
(64) Marianne called Adolph a male chauvinist, and then HE insulted HER
>> For Marianne to call Adolph a male chauvinist would be to insult him
Marianne chamou Adolph de chauvinista e então ele respondeu com outro xingo.
Marianne chamar Adolph de chauvinista era um xingamento
(65) Adolph called Marianne a Valkyrie, and she complimented him *back/in return/too*
>> to call someone (or at least Marianne) a Valkyrie is to compliment them[12]
Adolph chamou Marianne de valquíria, e ela retribuiu o elogio/elogiou-o também
>> chamar alguém (ou, pelo menos, Marianne) de valquíria é elogiá-lo
(66) Carol is/isn't a *better linguist than* Barbara
>> Barbara is a linguist
Carol é/não é uma *lingüista melhor do que* Barbara
>> Barbara é lingüista
(67) Jimmy is/isn't *as unpredictably gauche as Billy*
>> Billy is unpredictably gauche
Jimmy é/não é tão imprevisivelmente *gauche* quanto Billy
>> Billy é imprevisivelmente *gauche*

11. *Orações relativas não restritivas*:

▼

12. Talvez, porém, a inferência seja mais restrita: "Para alguém (ou, pelo menos, para Adolph), chamar alguém (ou, pelo menos, Marianne) de valquíria é um elogio." Ver a nota de precaução quanto aos verbos de julgamento em 6, acima.

Observe que há dois tipos principais de oração relativa em inglês*
– as que restringem ou delimitam a expressão nominal que modificam (**restritivas**, como em *Only the boys who are tall can reach the cupboard* "Apenas os rapazes que são altos conseguem alcançar o armário") e as que fornecem informações parentéticas adicionais (**não restritivas** como em *Hillary, who climbed Everest in 1953, was the greatest explorer of our day* "Hillary, que escalou o Everest em 1953, foi o maior explorador de nosso tempo"). O segundo tipo não é afetado pela negação do verbo principal fora da oração relativa e, portanto, dá origem a pressuposições:

(68) The Proto-Harrapans, who flourished 2800-2650 B.C., were/were not great temple builders
>> The Proto-Harrappans flourished 2800-2650 B.C.
Os proto-harrappianos, que floresceram entre 2800-2650 a.C., foram/não foram grandes construtores de templos
>> Os proto-harrapianos floresceram entre 2800-2650 a.C.

12. *Condicionais contrafactuais:*
(69) *If Hannibal had only twelve more elephants*, the Romance languages would/would not this day exist
>> Hannibal didn't have twelve more elephants
Se Aníbal tivesse apenas mais doze elefantes, as línguas românicas hoje existiriam/não existiriam
>> Aníbal não tinha mais doze elefantes

(70) *If the notice had only said 'mine-field' in English* as well as Welsh, we would/would never have lost poor Llewellyn
>> The notice didn't say mine-field in English
Se o aviso ao menos dissesse "campo minado" em inglês, além de galês, teríamos/nunca teríamos perdido o pobre Llewellyn
>> O aviso não dizia campo minado em inglês

13. *Interrogações* (ver Katz, 1972, 201 ss.; Lyons 1977a, 597, 762 ss.)
Como observamos a respeito de (36) acima, as interrogações geralmente compartilham as pressuposições de suas contrapartes assertivas. Contudo, as próprias formas interrogativas introduzem pressuposições adicionais, de um tipo um tanto diferente, que são o que nos interessa aqui. É necessário distinguir diferentes tipos de interrogações: **interrogações de sim/não** geralmente terão pressuposições triviais, já que são a disjunção de suas possíveis respostas, como em

▼

* E também em português. (N. do T.)

(71). Estes são os únicos tipos de pressuposições de interrogações que são invariáveis na negativa. As **interrogativas alternativas**, como em (72), pressupõem a disjunção de suas respostas, mas, neste caso, de maneira não trivial. As **interrogativas em WH-*** introduzem as pressuposições obtidas pela substituição da palavra em WH- pela variável existencialmente quantificada adequada, por exemplo, *who* "quem" por *someone* "alguém", *where* "onde" por *somewhere* "algum lugar", *how* "como" por *somehow* "de alguma maneira", etc., como em (73). As pressuposições *não* são invariáveis na negativa.

(71)   Is there a professor of linguistics at MIT?
>>   Either there is a professor of linguistics at MIT or there isn't
        Há um professor de lingüística no MIT?
>>   Há um professor de lingüística no MIT ou não há
(72)   Is Newcastle in England or is it in Australia?
>>   Newcastle is in England or Newcastle is in Australia
        Newcastle fica na Inglaterra ou na Austrália?
>>   Newcastle fica na Inglaterra ou Newcastle fica na Austrália
(73)   Who is the professor of linguistics at MIT?
>>   Someone is the professor of linguistics at MIT
        Quem é o professor de lingüística no MIT?
>>   Alguém é o professor de lingüística no MIT

A lista acima contém talvez o cerne dos fenômenos que são geralmente considerados pressuposicionais[13]. Contudo, é importante ter em mente que qualquer lista desse tipo depende crucialmente de nossa definição de pressuposição. Por exemplo, considerando apenas a resistência à negação como critério definidor, incluiríamos fenômenos como os imediatamente abaixo, se bem que estes provavelmente seriam mais bem descritos sob aspectos diferentes da teoria pragmática, como indicado pela rubrica em parênteses após cada exemplo (onde >>? significa "pressupõe presumivelmente"):

▼

*   Em português, trata-se das interrogativas introduzidas por uma palavra interrogativa como quem, o que, quando, onde, como, etc. (N. do R. T.)
13. Há outros bons candidatos, porém, que receberam menos atenção. Por exemplo, os advérbios, e especialmente os advérbios de modo, geralmente acionam pressuposições; assim, *John ran/didn't run slowly* "John correu/não correu devagar" pressupõe "John correu".

(74)   Do/don't close the door
       >>? the door is open (*felicity condition on requests*)
       Feche/não feche a porta
       >>? A porta está aberta (*condições de felicidade para pedidos*)
(75)   Vous êtes/n'êtes pas le professeur
       >>? the addressee is socially superior to or non-familiar with the speaker (*conventional implicature*)
       O senhor é/não é o professor
       O destinatário é socialmente superior ao falante ou não conhecido para ele (*implicatura convencional*)
(76)   The planet Pluto is/isn't larger than Ceres
       >>? s the speaker believes the proposition expressed (*The maxim of Quality*, or alternatively, *sincerity condition on assertions*)
       O planeta Plutão é/não é maior do que Ceres
       >>? F, o falante, acredita na proposição expressa (*A máxima da Qualidade* ou, então, *a condição de sinceridade para asserções*)

Ou suponha, ao contrário, que abandonamos a resistência à negação como a prova dos nove da condição pressuposicional (como aconselhou Karttunen, 1973), substituindo-a, por exemplo, pelo comportamento em orações do tipo *if... then* (ver abaixo), então, poderíamos ser levados a afirmar que certas partículas, como *only, even, just*, são acionadoras de pressuposições. O fundamento seria que, apesar de não produzirem inferências que sobrevivam à negação, as inferências realmente sobrevivem em contextos condicionais onde os acarretamentos não sobrevivem, como ilustrado abaixo:

(77)   If *only* Harry failed the exam, it must have been easy
       >>? Harry failed the exam
       Se apenas Harry não passou no exame, ele deve ter sido fácil
       >>? Harry não passou no exame
       (cf. If *only* Harry didn't fail the exam, it must have been easy
       Se apenas Harry não foi reprovado no exame, ele deve ter sido fácil
       >>? Harry didn't fail)
       >>? Harry não foi reprovado)
(78)   If *even* Harry didn't cheat, the exam must have been easy
       >>? Harry is the most likely person to cheat
       Se nem Harry colou, o exame deve ter sido fácil
       >>? Harry é a pessoa com mais probabilidade de colar

"   (cf. If *even* Harry cheated, the exam must have been easy
    Se até Harry colou, o exame deve ter sido fácil
>>? Harry is the least likely person to cheat,
>>? Harry é a pessoa com menos probabilidade de colar)
(79)   If I *just* caught the train, it was because I ran
    Se eu peguei o trem bem em cima da hora, foi porque eu corri
>>? I almost didn't catch the train
>>? Eu quase não peguei o trem
    (cf. If I *just* didn't catch the train, it was because I ran
    Se eu não peguei o trem bem em cima da hora, foi porque corri
>>? I almost did catch the train)
>>? Eu realmente quase peguei o trem)

Separar um leque dos fenômenos, portanto, depende crucialmente da definição de pressuposição adotada. Contudo, pode-se exigir razoavelmente que qualquer teoria da pressuposição lide, pelo menos, com a maioria dos casos relacionados em 1-13 acima. Usaremos este conjunto de fenômenos centrais para investigar mais algumas propriedades básicas que as pressuposições exibem.

4.3 AS PROPRIEDADES PROBLEMÁTICAS

A resistência à negação, na verdade, não é uma definição rica a ponto de permitir a seleção de um conjunto de inferências coerente e homogêneo. Contudo, se examinarmos os fenômenos nucleares relacionados acima, logo descobriremos um conjunto adicional de características distintivas. Descobriremos que as pressuposições parecem ter as seguintes propriedades:

(i) São *anuláveis*[14] em (a) certos contextos discursivos, (b) certos contextos intra-sentenciais
(ii) Aparentemente estão ligadas a aspectos específicos da estrutura superficial

▼

14. Ver 3.1 acima para explicações deste termo.

A primeira propriedade provará ser desastrosa para qualquer teoria semântica possível da pressuposição, enquanto a segunda propriedade poderá servir para distinguir as pressuposições das implicaturas conversacionais, a outra forma importante de inferência pragmática.

A anulabilidade acaba sendo uma das propriedades cruciais do comportamento pressuposicional e uma das pedras de toque em confronto com a qual têm de ser avaliadas todas as teorias da pressuposição. Além disso, há uma outra propriedade problemática das pressuposições, conhecida como **o problema da projeção**, isto é, o comportamento das pressuposições nas sentenças complexas. Em parte, os problemas suscitados aqui se sobrepõem aos suscitados no capítulo da anulabilidade, mas lidaremos com esses problemas um depois do outro.

4.3.1 A ANULABILIDADE

Uma peculiaridade das pressuposições é que elas estão sujeitas a evaporar em certos contextos, quer seja o contexto lingüístico imediato, quer seja o contexto discursivo menos imediato, ou ainda em circunstâncias em que são feitas suposições contrárias. Um exemplo simples disso é fornecido por certa assimetria relacionada com o verbo factivo *know* "saber, conhecer". Nas sentenças em que *know* tem sujeitos de segunda ou terceira pessoa, pressupõe-se que a oração subordinada seja verdadeira, como em (80). Quando o sujeito é a primeira pessoa e o verbo é negado, a pressuposição claramente falha; portanto (81) não pressupõe (82):

(80)   John doesn't know that Bill came
       John não sabe que Bill veio
(81)   I don't know that Bill came
       Eu não sei que Bill veio/tenha vindo
(82)   Bill came
       Bill veio

A razão, naturalmente, é que a pressuposição de que o falante sabe (82) é justamente o que a sentença nega e tais negativas anulam pressuposições que gerariam uma contradição (ver Gazdar, 1979a, 142 ss.).

Analogamente, quando é de conhecimento mútuo que certos fatos não são verdadeiros, podemos usar sentenças que, de outra maneira, poderiam pressupor esses fatos sem que disso resulte o surgimento de nenhuma pressuposição. Por exemplo, se é de conhecimento mútuo dos participantes que John não conseguiu entrar no curso de doutorado, podemos dizer:

(83)   At least John won't have to regret that he did a Ph.D.
       Pelo menos, John não terá de lamentar ter feito doutorado

apesar do fato de que *regret* "lamentar" normalmente pressupõe a oração subordinada. A pressuposição é simplesmente cancelada pelas suposições vigentes. Observe que, em outros contextos, por exemplo, quando John finalmente conseguiu um trabalho após terminar o doutorado, a pressuposição normal será válida[15].

Considere outro exemplo. Como observado acima, as proposições expressas por orações com *before* "antes" são geralmente pressupostas. Portanto, se eu disser (84) terei comunicado – a menos que outros fatores interfiram – que sei (85):

(84)   Sue cried before she finished her thesis
       Sue chorou antes de terminar sua tese
(85)   Sue finished her thesis
       Sue terminou sua tese

Mas agora compare (86):

(86)   Sue died before she finished her thesis
       Sue morreu antes de terminar sua tese

que certamente não pressupõe (85), mas, ao contrário, comunica que Sue nunca terminou sua tese. Portanto, em (86), a pressuposição parece cair fora. A razão para isso parece ser a seguinte: o enunciado de (86) afirma que o acontecimento da morte de Sue precede o acontecimento

▼

15. Para outro exemplo do mesmo tipo ver (200) abaixo.

(antecipado) do encerramento da sua tese; como, falando em termos gerais, temos certeza de que as pessoas (e supomos que Sue seja uma pessoa) não fazem coisas depois que morrem, decorre que ela não podia ter terminado sua tese; esta dedução a partir dos acarretamentos da sentença, juntamente com as suposições de fundo a respeito dos mortais, choca-se com a pressuposição (85); a pressuposição, portanto, é abandonada nesse contexto ou conjunto de crenças de fundo (ver Heinämäki, 1972). Novamente, as pressuposições provam ser anuláveis.

Esta sensibilidade a suposições de fundo sobre o mundo parece ser algo bastante geral no que diz respeito às pressuposições, e não alguma propriedade peculiar das pressuposições desencadeadas pelas subordinadas com *before*, conforme demonstram os seguintes exemplos (Karttunen, 1973):

(87) If the Vice-Chancellor invites Simone de Beauvoir to dinner, he'll regret having invited a feminist to his table
Se o vice-chanceler convidar Simone de Beauvoir para o jantar, vai se arrepender de ter convidado uma feminista para sua mesa

(88) If the Vice-Chancellor invites the U.S. President to dinner, he'll regret having invited a feminist to his table
Se o vice-chanceler convidar o presidente dos Estados Unidos para jantar, vai se arrepender de ter convidado um feminista para sua mesa

(89) The Vice-Chancellor has invited a feminist to his table
O vice-chanceler convidou um(a) feminista para sua mesa

Ora, (88), aqui, parece pressupor (89) (supondo que o presidente dos Estados Unidos não seja um feminista). A pressuposição deve-se, naturalmente, ao verbo factivo *regret* "arrepender-se", que pressupõe a oração subordinada. Mas se comparamos com (87), percebemos que (87) não parece pressupor (89), apesar da presença idêntica de *regret* com a mesma subordinada. Isto claramente acontece porque se sabemos que Simone de Beauvoir é uma feminista bem conhecida, então, tenderemos a interpretar a expressão *a feminist* "uma feminista" como referindo-se anaforicamente a Simone de Beauvoir. Contudo, como o uso do condicional em (87) indica exatamente que o falante não tem certeza de que o vice-chanceler convidou Simone de Beauvoir[16], a pressuposição (89), onde se supõe que *a feminist* se refere a Beauvoir, é cancelada. A idéia crucial aqui é que a pressuposição (89) é sensível a nossas suposições de fundo: se supusermos que o presidente dos Estados Unidos não é um feminista, então (88) pressuporá (89); se supusermos que Beauvoir é feminista, então, (87) não pressuporá (89). Novamente, então, uma pressuposição revela ser anulável em certos contextos de crença.

Eis aqui ainda outro exemplo do mesmo tipo (devido a Kartunnen, 1974). Considere (90):

(90) Either Sue has never been a Mormon or she has stopped wearing holy underwear
Ou Sue nunca foi mórmon ou parou de usar roupa de baixo consagrada
(91) Sue has stopped wearing holy underwear
Sue parou de usar roupa de baixo consagrada
(92) Sue used to wear holy underwear
Sue costumava usar roupa de baixo consagrada

As pressuposições inferíveis de (90) dependem de nossa crença quanto a usarem ou não os mórmons roupa de baixo consagrada. Pois o segundo disjunto ou oração de (90) é (91), que, como vimos, pressuporá (92) em virtude da mudança do verbo de estado *stop* "parar". A sentença inteira, (90), compartilha esta pressuposição (92) com (91) *a menos* que suponhamos que apenas os mórmons usam habitualmente roupa de baixo consagrada[17]. Nesse caso, a primeira oração poderia ser ver-

▼

16. A indicação deve-se às implicaturas oracionais da condicional: *se p, então q* tem como implicatura {P*p*, P ~ *p*}, isto é, que o falante não sabe se *p* é ou não o caso, como discutido em 3.2.4.
17. Na verdade, como há uma implicatura conversacional generalizada de *p ou q* para existência de ligações não verifuncionais entre *p* e *q* (como discutido por Grice, 1967), tendemos a dar preferência a esta suposição. Talvez um caso mais claro em que a pressuposição (92) sobreviveria geralmente seria *Either Sue has lengthened her dresses, or Sue has stopped wearing holy underwear* "Ou Sue aumentou o comprimento de seus vestidos ou Sue parou de usar roupa de baixo consagrada". A pressuposição, então, só seria cancelada se fizéssemos a suposição (improvável) *All people who lengthen their dresses have never worn holy underwear* "Todas as pessoas que aumentam o comprimento dos seus vestidos nunca usaram roupa de baixo consagrada".

dadeira (Sue nunca foi mórmon), com o implícito de que Sue realmente nunca usou roupa de baixo consagrada; este implícito é incompatível com a pressuposição (92) que, desse modo, evapora-se.

Outro tipo de anulabilidade contextual surge em certos tipos de contextos discursivos. Por exemplo, recorde que se considera que uma sentença clivada como (93) pressupõe (94):

(93) It isn't Luke who will betray you
      Não é Lucas quem vai traí-lo
(94) Someone will betray you
      Alguém vai traí-lo

Agora considere o seguinte argumento, que procede por eliminação (ver Keenan, 1971; Wilson, 1975, 29 ss.):

(95) You say that someone in this room will betray you. Well maybe so. But it won't be Luke who will betray you, it won't be Paul, it won't be Matthew, and it certainly won't be John. Therefore no one in this room is actually going to betray you
      Você diz que alguém nesta sala vai traí-lo. Bem, pode ser. Mas não será Lucas quem vai traí-lo; não será Paulo; não será Mateus e certamente não será João. Portanto, ninguém nesta sala vai traí-lo.

Aqui, cada uma das sentenças clivadas (*It won't be Luke*) deve pressupor que haverá alguém que trairá o destinatário. Mas todo o propósito da enunciação de (95) é, naturalmente, persuadir o destinatário de que ninguém vai traí-lo, como formulado na conclusão. Portanto, a pressuposição novamente é anulada; ela foi adotada como suposição contrafactual para defender a insustentatibilidade de tal suposição.

Um tipo ligeiramente diferente de contexto discursivo também pode levar à evaporação de pressuposições, a saber, aquele em que a evidência a favor da verdade da pressuposição está sendo pesada e rejeitada. Por exemplo, considere (96):

(96) A: Well we've simply got to find out if Serge is a KGB infiltrator
      B: Who if anyone would know?
      C: The only person who would know for sure is Alexis; I've talked to him and he isn't aware that Serge is on the KGB payroll. So I think Serge can be trusted

A: Bem, nós simplesmente temos de descobrir se Serge é um agente infiltrado da KGB
B: Quem saberia, se é que alguém (sabe)?
C: A única pessoa que saberia com certeza é Alexis; falei com ele e ele não tem conhecimento de que Serge esteja na folha de pagamento da KGB. Portanto, penso que podemos confiar em Serge

A sentença (97) na troca verbal (96) deve pressupor (98), pois *be aware that* é um predicado factivo que pressupõe a verdade de sua subordinada (isto é, (98)).

(97) He isn't aware that Serge is on the KGB payroll
Ele não tem conhecimento de que Serge esteja na folha de pagamentos da KGB
(98) Serge is on the KGB payroll
Serge está na folha de pagamentos da KGB

Contudo, o propósito da enunciação de C em (96) é argumentar que, como (97) é verdadeira, (98) provavelmente é falsa. Portanto, mais uma vez, um contexto discursivo específico pode suplantar uma inferência pressuposicional. Há vários outros tipos de ambiente discursivo que podem ter efeitos semelhantes.

Até aqui mostramos que alguns dos exemplos centrais de fenômenos pressuposicionais estão sujeitos a cancelamento de pressuposição em certos tipos de contexto, a saber:

(i) Quando é conhecimento comum que a pressuposição é falsa, não se supõe que o falante esteja comprometido com a verdade da pressuposição;

(ii) Quando o que é dito, considerado juntamente com as suposições de fundo, é incompatível com o que é pressuposto, as pressuposições são canceladas e não se supõe que o falante acredite nelas;

(iii) Em certos tipos de contexto discursivo, por exemplo, a construção de argumentos do tipo *reductio ad absurdum* ou a apresentação de dados contrários a alguma possibilidade ou suposição, as pressuposições podem sistematicamente deixar de sobreviver.

Há, sem dúvida, muitos outros tipos de anulabilidade contextual, mas os exemplos dados são suficientes para estabelecer que as pressuposições são anuláveis em virtude de crenças contrárias sustentadas num contexto.

Além de tais casos, também há muitos tipos de cancelamento ou suspensão intra-sentencial de pressuposições. Por exemplo, tendo em mente que (99) pressupõe (100), observe que, quando embutimos ou combinamos (99) na série de sentenças que se segue, (100) não pode ser uma pressuposição das sentenças complexas resultantes:

(99)   John didn't manage to pass his exams
       John não conseguiu passar nos exames
(100) John tried to pass his exams
       John tentou passar nos exames
(101) John didn't manage to pass his exams, in fact he didn't even try
       John não conseguiu passar nos exames; na verdade, nem tentou
(102) John didn't manage to pass his exams, if indeed he even tried
       John não conseguiu passar nos exames, se é que ele tentou
(103) Either John never tried to pass his exams, or he tried but he never managed to pass them
       Ou John nunca tentou passar nos exames ou tentou mas não conseguiu
(104) John didn't *manage* to pass his exams; he got through without even trying
       John não *conseguiu* passar nos exames; ele passou sem ao menos tentar

Os problemas levantados aqui, porém, recebem um tratamento mais adequado em conjunção com o problema geral de como se comportam as pressuposições das sentenças componentes quando elas são parte de sentenças complexas e compostas, um problema para o qual devemos nos voltar agora[18].

▼

18. Em gramática, reserva-se o nome de sentenças complexas às sentenças formadas pelo encaixamento (ou subordinação) de sentenças dentro de sentenças, e o de sentenças compostas às formadas por coordenação (Lyons, 1968, 178, 266). Daqui em diante, usaremos o termo "sentença complexa" de modo que inclua ambos os tipos, como uma forma de abreviação, reservando o termo "sentença composta" para

4.3.2 O PROBLEMA DA PROJEÇÃO

Frege sustentou que os significados das sentenças são composicionais, isto é, que o significado da expressão inteira é função do significado das partes. Foi sugerido originalmente por Langendoen e Savin (1971) que isto era verdadeiro também para as pressuposições e que, além disso, a soma simples das pressuposições do todo complexo é a soma simples das pressuposições das partes, isto é, se S_0 é um período gramatical que contém as sentenças S_1, S_2 ... S_n como constituintes, então, as pressuposições de S_0 = as pressuposições de S_1 + as pressuposições de S_2 ... + as pressuposições de S_n. Tal solução simples para as pressuposições das sentenças complexas está longe de ser correta e, na verdade, ficou provado que é extremamente difícil formular uma teoria que preveja corretamente quais pressuposições das orações componentes serão de fato herdadas pelo todo complexo. Este problema composicional é conhecido como o **problema da projeção** para as pressuposições, e o comportamento específico das pressuposições no interior do período gramatical mostra ser a característica realmente distintiva das pressuposições.

Há dois aspectos no problema da projeção. Por um lado, as pressuposições sobrevivem em contextos lingüísticos em que os acarretamentos não conseguem subsistir (as pressuposições das sentenças componentes são herdadas pelo período gramatical como um todo em situações em que os acarretamentos dessas mesmas sentenças componentes não seriam). Por outro lado, as pressuposições desaparecem em outros contextos em que poderíamos esperar que subsistissem e em que os acarretamentos subsistiriam.

Comecemos considerando as propriedades de sobrevivência peculiares das pressuposições. O primeiro e mais evidente tipo de contexto em que as pressuposições subsistem e os acarretamentos não subsistem é, naturalmente, o contexto da negação. Podemos, mas não precisamos,

▼

sentenças que contêm orações ligadas por qualquer um dos conectivos lógicos (independentemente de considerar ou não os períodos condicionais como um caso de subordinação).

considerar isto como uma característica definidora das pressuposições. Assim, poderíamos sustentar que (105) pressupõe (106) e acarreta (107):

(105) The chief constable arrested three men
       O chefe de polícia prendeu três homens
(106) There is a chief constable
       Existe um chefe de polícia
(107) The chief constable arrested two men
       O chefe de polícia prendeu dois homens

Se agora negamos (105), como em (108), o acarretamento (107) não subsiste, mas a pressuposição (106) sim; esta é, como se sabe, a observação inicial de que surgiram as teorias pressuposicionais.

(108) The chief constable didn't arrest three men
       O chefe de polícia não prendeu três homens

Até aqui, nenhuma surpresa. Mas, de maneira precisamente idêntica, as pressuposições subsistem em outros tipos de contexto nos quais os acarretamentos não subsistem. É o que acontece nos contextos modais, isto é, os contextos criados por operadores modais como *possible* "possível", *there's a chance that* "há uma chance de que", etc. Assim, (109) continua intuitivamente a pressupor (106):

(109) It's possible that the chief constable arrested three men
       É possível que o chefe de polícia tenha prendido três homens

Mas (109) certamente não acarreta (107) porque não podemos inferir logicamente da mera possibilidade de um estado de coisas que qualquer parte dele seja efetiva. Essa subsistência em contextos modais resultará ser um fato extremamente importante e vale a pena observar que o mesmo comportamento ocorre, por exemplo, sob modalidades deônticas como as que são expressas por *ought*, *should* "dever" e outras. Portanto, (110) pressupõe (106), mas não acarreta (107), exatamente como (109):

(110) The chief constable ought to have arrested three men
       O chefe de polícia devia ter prendido três homens

Considere também uma sentença como (111), que tem várias interpretações, dependendo de como *could* é entendido – por exemplo, no sentido de permissão ou no sentido de capacidade, mas, seja qual for a interpretação adotada, pressupõe (106) e deixa de acarretar (107):

(111)   The chief constable could have arrested three men
        O chefe de polícia podia ter prendido três homens

Um conjunto de contextos um tanto diferente no qual as pressuposições se distinguem pela capacidade de subsistir são os períodos compostos formados pelos conectivos *and* "e", *or* "ou", *if... then* "se... então" e seus equivalentes[19]. Considere, por exemplo, (112):

(112)   The two thieves were caught again last night
        Os dois ladrões foram presos outra vez ontem à noite

que acarreta, *inter alia*, (113) e pressupõe (114) em virtude do iterativo *again*:

(113)   A thief was caught last night
        Um ladrão foi preso ontem à noite
(114)   The two thieves had been caught before
        Os dois ladrões tinham sido presos antes

Agora insira (112) na antecedente de uma condicional como em (115):

(115)   If the two thieves were caught again last night, P. C. Katch will get an honourable mention
        Se os dois ladrões foram presos novamente ontem à noite, P. C. Katch ganhará uma menção honrosa

Aqui, (113) não é um acarretamento de (115), mas a pressuposição (114) subsiste incólume. De maneira similar, quando (112) é in-
▼
---
19. Os conectivos lógicos sempre podem ser expressos de várias outras maneiras: por exemplo, o condicional por *Dado A, então B*, ou *Suponha A, então B*, ou *Supondo A, então B*, etc. As observações ao longo de todo este capítulo referentes às sentenças compostas formadas a partir de conectivos devem ser estendidas a todos esses meios equivalentes ou quase equivalentes de expressar as mesmas relações lógicas.

serida numa disjunção, suas pressuposições subsistem, mas não seus acarretamentos:

(116)   Either the two thieves were caught again last night, or P. C. Katch will be losing his job
Ou os dois ladrões foram presos novamente ontem à noite, ou P. C. Katch vai perder o emprego

As pressuposições também têm um hábito de desaparecer dentro de períodos compostos formados com os conectivos (como será discutido mais detalhadamente abaixo), mas as circunstâncias são bastante específicas.

Há outros ambientes em que se pode afirmar que as pressuposições subsistem de maneira especial. Kartunnen (1973), por exemplo, relaciona um grande conjunto de verbos ou operadores sentenciais que regem orações e que ele chama **buracos** porque permitem que as pressuposições "subam" e se tornem pressuposições do todo complexo, onde os acarretamentos seriam bloqueados. A lista inclui os verbos factivos, os operadores modais, a negação, etc. Torna-se, então, possível definir as pressuposições não como inferências que meramente conseguem resistir à negação, mas como inferências que também subsistem sistematicamente numa série de outros contextos em que os acarretamentos não subsistem. Um problema, aqui, é que, em muitos destes casos, é razoável afirmar que as sentenças positivas construídas com *buracos*, na verdade, *acarretam* suas alegadas pressuposições e é apenas nos contextos negativos, modais, disjuntivos ou condicionais que o comportamento de subsistência é específico das pressuposições.

Voltemo-nos agora para o segundo aspecto do problema da projeção, a saber, a maneira pela qual as pressuposições de orações inferiores às vezes deixa de ser herdada pelo período complexo como um todo. Em outras palavras, as pressuposições às vezes são anuláveis em virtude do contexto sintático em que a sentença se insere.

A maneira mais direta pela qual tais desaparecimentos ocorrem é quando as pressuposições de uma sentença são ostensivamente **negadas** numa sentença coordenada, como, por exemplo, em:

(117)   John doesn't regret doing a useless Ph.D. in linguistics because in fact he never did one!
John não se arrepende de ter feito um doutorado inútil em lingüística porque, na verdade, ele nunca fez um
(118)   John didn't manage to pass his exams, in fact he didn't even try
John não conseguiu passar nos exames; na verdade, nem tentou
(119)   Le Comte de Berry claims to be the King of France, but of course there isn't any such King anymore
O conde de Berry reivindica ser o rei da França, mas, naturalmente, isso de rei de França não existe mais

Evidentemente, não podemos fazer isto com acarretamentos, sob pena de contradição direta:

(120)   *John doesn't regret doing a useless Ph.D. because in fact he does regret doing a useless PhD
John não se arrepende de ter feito um doutorado inútil porque, na verdade, ele realmente se arrepende de ter feito um doutorado inútil

A possibilidade de negar nossas próprias pressuposições é uma propriedade fundamentalmente importante do comportamento pressuposicional, a qual força as teorias semânticas da pressuposição a fazerem hipóteses especiais a respeito da ambigüidade da negação, de maneiras que descreveremos abaixo (ver também Wilson, 1975, 32 ss.).

No que diz respeito a negativas ostensivas, como em (117)-(119), é importante observar que, pelo menos em muitos casos, elas não são possíveis com sentenças positivas. Portanto, as seguintes sentenças parecem inteiramente inaceitáveis:

(121)   *John regrets doing a Ph.D. because in fact he never did one
John arrepende-se de ter feito doutorado porque, na verdade, ele nunca fez um
(122)   *Florence has stopped beating her husband and in fact she never did beat him
Florence parou de bater no marido e, na verdade, ela nunca bateu nele
(123)   *It was Luke who would betray him, because in fact no one would
Era Lucas que o trairia porque, na verdade, ninguém o trairia

Uma explicação simples, mas importante disso, consiste em afirmar que, pelo menos nestes casos, as sentenças afirmativas *acarretam* o que até aqui chamamos de pressuposições de cada uma delas. Assim, (121)-(123) são simplesmente contradições e, portanto, semanticamente anômalas. Esta afirmação deixa em aberto se, além de serem acarretadas, as pressuposições presumíveis também são pressupostas (redundantemente) nas sentenças afirmativas, se bem que a maioria dos teóricos da pressuposição afirmaria que elas são[20]. As assimetrias que, desse modo, aparecem entre sentenças negativas e positivas no que diz respeito à negação ostensiva de pressuposições são um forte argumento a favor da análise daquelas inferências como acarretamentos nas sentenças positivas (ver Wilson, 1975, 25-8; Gazdar, 1979a, 119-23, para argumentação adicional).

Além da negação ostensiva das pressuposições, existe a possibilidade do que Horn (1972) chamou **suspensão**. Aqui, o uso de uma oração em *if* seguinte pode muito naturalmente suspender o compromisso do falante com as pressuposições, conforme ilustrado por:

(124)   John didn't cheat again, if indeed he ever did
        John não colou outra vez, se é que alguma vez o fez
(125)   Harry clearly doesn't regret being a CIA agent, if he actually ever was one
        Harry claramente não se arrepende de ter sido um agente da CIA, se é que algum dia realmente foi um

Esse comportamento de suspensão provavelmente é apenas um aspecto do modo como as pressuposições se comportam nas condicionais, do qual trataremos logo abaixo.

Bem mais controverso é um outro tipo de bloqueio das pressuposições de partes constituintes de períodos complexos, que parece ocorrer nos contextos criados por certos verbos da atitude proposicional como *want* "querer", *believe* "acreditar", *imagine* "imaginar", *dream* "sonhar" e

▼

20. Mas não os que buscam reduzir a pressuposição à implicatura conversacional – ver discussão em 4.4.2 abaixo. Observe que a afirmação de acarretamento não permite um tratamento essencialmente russelliano, por exemplo, às descrições definidas nos casos afirmativos.

todos os verbos de dizer como *say* "dizer", *tell* "contar", *mumble* "resmungar", *retort* "retrucar", etc. Casos aparentemente claros são os seguintes:

(126) Loony old Harry believes he's the King of France
O velho Harry maluco acredita que é o rei da França

(127) Nixon announced his regret that he did not know what his subordinates were up to
Nixon anunciou seu pesar por não ter sabido o que seus subordinados estavam aprontando

(128) The teacher told the students that even he had once made a mistake in linear algebra
O professor contou aos alunos que mesmo ele já tinha cometido um erro em álgebra linear

que não parecem ter, respectivamente, as pressuposições que seriam de esperar:

(129) There is a present King of France
Há um presente rei da França

(130) Nixon did not know what his subordinates were up to
Nixon não sabia o que seus subordinados estavam aprontando

(131) The teacher is the least likely person to make a mistake in linear algebra
O professor é a pessoa com menos probabilidade de cometer um erro em álgebra linear

Em vista desse comportamento, Kartunnen (1973) denominou tais verbos de atitude proposicional e verbos de dizer como **tampões** [plugs] porque, ao contrário dos *buracos*, eles bloqueiam as pressuposições de sentenças inferiores no processo de "subida" que as tornaria pressuposições do todo. Contudo, não está claro que isso valha de maneira geral. Considere, por exemplo:

(132) a. The mechanic didn't tell me that my car would never run properly again
O mecânico não me contou que meu carro nunca mais funcionaria direito
b. My car used to run properly
Meu carro costumava andar bem

(133) a. Churchill said that he would never regret being tough with Stalin
Churchill disse que ele nunca lamentaria ter sido duro com Stálin
b. Churchill was tough with Stalin
Churchill foi duro com Stálin

Aqui, as sentenças *a* continuam a pressupor as sentenças *b* apesar da presença de *tampões*. Portanto, se alguém acredita na existência de *tampões* é obrigado a explicar de outra maneira estas inferências aparentemente pressuposicionais (Kartunnen e Peters (1975) empregam a noção de implicatura conversacional generalizada). Essa solução é tão desajeitada – por exigir inferências não pressuposicionais para produzir inferências que imitam pressuposições – que temos de concluir que a existência de *tampões* é mesmo muito dúbia.

Chegamos agora ao aspecto mais problemático do problema da projeção, a saber, o comportamento das pressuposições em sentenças complexas que usam os conectivos *and* "e", *or* "ou", *if... then* "se... então" e expressões relacionadas como *but* "mas", *alternatively* "alternativamente", *suppose that* "suponha que" e muitas outras. Como já observamos, as pressuposições tendem a subsistir em disjunções e condicionais em circunstâncias em que os acarretamentos não subsistem e podemos, pois, ser tentados a afirmar que essas construções são *buracos* que apenas deixam passar pressuposições. Que não é esse o caso é demonstrado por exemplos como:

(134) If John does linguistics, he will regret doing it
Se John fizer lingüística, ele se arrependerá
(135) John will do linguistics
John vai fazer lingüística

Aqui, apenas o conseqüente (segunda oração do período condicional) pressuporia (135), mas o condicional inteiro não pressupõe – claramente porque a pressuposição é mencionada na primeira oração e, portanto, é tornada hipotética. Isto resulta ser perfeitamente geral. Agora considere:

(136) Either John will not in the end do linguistics, or he will regret doing it
Ou John vai acabar não fazendo lingüística ou vai se arrepender de ter feito

Aqui, novamente, apenas a segunda sentença pressupõe (135), mas o período condicional como todo não. A pressuposição parece ser cancelada neste caso porque a alternativa expressa na primeira oração é a negação da pressuposição da segunda oração. Mais uma vez, este é um fenômeno absolutamente geral.

Por causa deste tratamento das pressuposições em construções formadas pelos conectivos, Karttunen (1973) chamou os conectivos de **filtros**: eles deixam passar algumas pressuposições, mas não outras. Ele formulou as seguintes condições de filtragem:

(137) Num período gramatical da forma *se p, então q* (e também, talvez, numa sentença da forma *p & q*), as pressuposições das partes serão herdadas pelo todo *a menos que q* pressuponha *r* e *p* acarrete *r*

(138) Num período gramatical da forma *p ou q*, as pressuposições das partes serão herdadas pelo todo *a menos que q* pressuponha *r* e ~ *p* acarrete *r*

Para os que pensam que a pressuposição e o acarretamento são mutuamente exclusivos, isto é, que uma sentença não pode pressupor e acarretar a mesma proposição, então, também faz sentido estabelecer condições de filtragem para as conjunções. Assim, podemos querer afirmar que (139) não pressupõe (135), mas antes a afirma ou acarreta:

(139) John is going to do linguistics and he is going to regret it
John vai fazer lingüística e vai se arrepender

Nessa formulação, (139) deixa de pressupor (135) porque o primeiro conjunto asserta aquilo que o segundo pressupõe. Não é difícil perceber que, vista desta maneira, a condição de filtragem para as conjunções é idêntica àquela que foi formulada em (137) acima para as condicionais. Contudo, não está nem um pouco claro que esta seja uma maneira sensata de ver as coisas: a doutrina da exclusão mútua da pressuposição e do acarretamento parece ser uma sobra do contraste que se costuma fazer na literatura filosófica entre a pressuposição e a asserção, que não mostrou ser de muita utilidade na análise lingüística. Além disso, como mostramos acima, pode-se construir um bom argumento a favor de encarar muitos casos de supostas pressuposições em sentenças positivas como acarretamentos e, se for essa a nossa opção, teremos de bloquear sistematicamente as pressuposições em tais sentenças positivas ou simplesmente aceitar que uma sentença possa acarretar e pressupor a mesma proposição.

As condições de filtragem formuladas em (137) e (138) acima são observacionalmente adequadas, em grande medida, e qualquer pretensa teoria da pressuposição que não possa prever esse tipo de comportamento não pode ser levada muito a sério. Uma maneira pela qual não são inteiramente adequadas, porém, foi observada pelo próprio Kartunnen (1974): temos de levar em conta o fato de que a primeira oração pode ser considerada juntamente com as informações de fundo e que estas premissas (nas condicionais) ou a negação da primeira oração mais a suposição de fundo (nas disjunções) podem, então, eliminar na filtragem uma pressuposição da segunda oração ao acarretá-la. Essa é a explicação para a sensibilidade ao contexto das pressuposições em (88) e (90) observadas acima[21].

Temos agora as delimitações essenciais do problema da projeção. Qualquer teoria de como as pressuposições são reunidas composicionalmente deve ser capaz de lidar com os seguintes fatos básicos:

(i) As pressuposições podem ser ostensivamente negadas sem contradição nem anomalia e também podem ser suspensas com o emprego de orações iniciadas por *if*

(ii) As pressuposições podem ser filtradas em contextos a serem especificados quando surgem de sentenças que são parte de construções formadas com o uso dos conectivos *or*, *if... then* e outros

(iii) As pressuposições subsistem em contextos em que os acarretamentos não conseguem subsistir: em particular nos contextos modais, nas condicionais e disjunções

▼

21. Considere, por exemplo, (90): se tomamos a primeira oração, "Sue nunca foi mórmon", e a negamos, obtemos "Não é o caso que Sue nunca tenha sido mórmon", isto é, "Sue foi mórmon". Se agora tomamos a suposição de fundo "Os mórmons sempre usam roupa de baixo consagrada", juntamente com "Sue foi mórmon", podemos inferir "Sue usou roupa de baixo consagrada". Isso acarreta a pressuposição (92) da segunda oração, (91). Portanto, com base na suposição de fundo de que os mórmons usam roupa de baixo consagrada, a pressuposição (92) será filtrada de acordo com a condição em (138).

Uma maneira prestigiosa de falar sobre estas propriedades de projeção, devida a Kartunnen (1973, 1974), é falar dos contextos em (iii) como *buracos* e aqueles em (ii) como *filtros* – uma terminologia que apresentamos de passagem. Para Kartunnen também existe a terceira categoria importante dos *tampões*, que inclui os verbos de dizer, que já demonstramos ser uma propriedade do problema da projeção sobre cuja autenticidade há dúvidas.

Embora esta discussão não tenha apresentado nenhuma grande complexidade, testar soluções potenciais para o problema da projeção envolve, na verdade, considerar como as pressuposições se comportam em sentenças multiplamente encaixadas construídas a partir de tais *filtros*, *buracos*, etc., até uma complexidade que leva ao limite as intuições. Os leitores talvez queiram, por exemplo, comparar suas intuições com as previsões feitas pelas condições de filtragem, e outros princípios discutidos acima, no período gramatical seguinte[22]:

(140)   If after taking advice you determine to file form PF101, then either you have paid arrears and no deductions will be made from source or before PF101 is filed the Inland Revenue regrets that deductions will be made from source
Se, após aconselhamento, você decidir protocolar o formulário PF101, então, ou você pagou com atraso e nenhuma dedução será feita na fonte ou, antes que o PF101 seja protocolado, o Ministério da Fazenda lamenta que deduções serão feitas na fonte

4.4 TIPOS DE EXPLICAÇÃO

As propriedades da pressuposição que levantamos são suficientemente intricadas para deixar no páreo, como possíveis teorias da pressuposição, apenas um número limitado de concorrentes. Para mostrar isto, antes de mais nada, vamos provar que nenhuma teoria semântica da pres-

▼

22. Sugestão: para calcular as previsões a partir das regras de filtragem, observe que a forma lógica da sentença é $p \rightarrow ((q \;\&\; r) \vee s)$, onde s, *inter alia*, tem duas pressuposições, uma acarretada por $\sim r$ e a outra (que faz certas suposições) acarretada por p.

suposição tem probabilidade de ser viável e, depois, passaremos a avaliar os três tipos principais de teoria pragmática que foram propostos.

4.4.1 A PRESSUPOSIÇÃO SEMÂNTICA

Há duas classes principais de teoria semântica à disposição dos lingüistas no momento. Uma é a classe de teorias vericondicionais, em torno das quais este livro está primariamente organizado, já que apenas ela prediz claramente o que não pode ser capturado na semântica. A outra é a classe (não necessariamente incompatível com a primeira) que supõe que todas as relações semânticas podem ser definidas mediante traduções de sentenças em conceitos atômicos ou traços semânticos. Foram feitas tentativas de formular teorias semânticas da pressuposição nesses dois contextos teóricos, mas esses dois tipos de tentativas, conforme argumentaremos, estão mal colocadas. Trataremos desses dois tipos de teorias de maneira individualizada.

Para incorporar a pressuposição em teorias vericondicionais, tem-se caracterizado a pressuposição como um tipo especial de acarretamento, como em (19) e (20) acima, a saber, um acarretamento no qual uma relação de conseqüência lógica pode ser definida de tal maneira que não é afetada pela negação. Tais teorias, observamos, exigem uma reorganização radical de toda a estrutura lógica de uma teoria semântica. Essa reorganização se justificaria se as propriedades da pressuposição pudessem ser capturadas desta maneira, mas não é difícil perceber que qualquer teoria do tipo não pode, em princípio, ter sucesso.

O que predestina ao fracasso tais teorias semânticas da pressuposição são as duas propriedades cardinais do comportamento pressuposicional que isolamos acima: a anulabilidade e a natureza peculiar do problema da projeção. A idéia central quanto à anulabilidade é que as pressuposições nem sempre subsistem em certos contextos discursivos, como mostramos acima a propósito dos exemplos (93)-(98). Muitas vezes basta ter crenças contrárias em um contexto para que as pressuposições se evaporem, sem deixar nenhuma sensação de anomalia semântica ou pragmática. Ora, a definição de pressuposição semântica em (20) é construída usando a noção de acarretamento semântico, e a definição de acarretamento semântico em (17) especifica que, para que uma proposição *p* acarrete semanticamente uma proposição *q*, é necessário que, em *todos os mundos* em que *p* é verdadeiro, *q* seja verdadeiro. A conseqüência é que a pressuposição semântica é uma relação necessariamente *invariável*: se *p* pressupõe semanticamente *q*, então *p sempre* pressupõe semanticamente *q* (contanto que *p* não seja inserido em um ambiente lingüístico – que não a negação – no qual *p* deixa de acarretar *q*). Mas os exemplos que levantamos acima sob a rubrica de anulabilidade não são contextos lingüísticos especiais, eles são contextos extralingüísticos específicos em que as pressuposições caem fora.

Se agora nos voltamos para um aspecto do problema da projeção, a saber, a maneira como as pressuposições são anuláveis ou deixam de projetar-se em ambientes lingüísticos especificados, surgem exatamente os mesmos problemas. Considere, por exemplo, (141) e (142):

(141)   Either John is away or John's wife is away
        Ou John está fora ou a esposa de John está fora
(142)   Either John has no wife or John's wife is away
        Ou John não tem esposa ou a esposa de John está fora
(143)   John has a wife
        John tem uma esposa

(141) pressupõe diretamente (143) (embora possa ser difícil fazer com que a pressuposição semântica produza um modelo para isso, como veremos imediatamente abaixo). Mas (142) deixa de pressupor (143), é claro, como prevê o filtro para disjunções em (138) acima. Novamente, somos confrontados com o problema de cancelar pressuposições em alguns ambientes e não em outros, aqui, apenas para o caso de o primeiro termo da disjunção, quando negado, acarretar a pressuposição do segundo disjunto. Embora seja fácil imaginar que uma relação semântica como a pressuposição semântica seja sistematicamente afetada pela inserção em uma disjunção, não é fácil perceber como tal relação invariável poderia ser sensível ao conteúdo da outra oração da disjunção (mas cf. Peters, 1979).

Um argumento exatamente semelhante pode ser construído para os condicionais: na teoria semântica da pressuposição (144) e (145) deveriam ter as mesmas pressuposições, mas, na verdade, apenas (144) pressupõe (146):

(144) If Harry has children, he won't regret doing linguistics
Se Harry tem filhos, não vai arrepender-se de fazer lingüística
(145) If Harry does linguistics, he won't regret doing it
Se Harry fizer lingüística, ele não vai arrepender-se disso
(146) Harry is doing linguistics
Harry está fazendo lingüística

Em contextos lingüísticos como (145) (descritos em termos gerais em (137) acima) as pressuposições não são relações invariáveis como a pressuposição semântica exigiria: às vezes elas sobrevivem, às vezes não sobrevivem quando as construções que lhes dão origem são inseridas na oração conseqüente de uma condicional.

Observamos também que é possível negar ostensivamente uma pressuposição sem causar anomalia, como em (147) e nos exemplos (117)-(119) acima:

(147) John doesn't regret having failed, because in fact he passed
John não lamenta não ter sido reprovado, porque, na verdade, ele passou

Ora, é claro que exemplos como esses colocam sérios problemas para o partidário da pressuposição semântica, porque por definição, as pressuposições semânticas subsistem à negação – mas, neste caso, (147) deveria ser uma contradição: ela simultaneamente pressupõe (148) e acarreta, em virtude da oração começando com *because*, que (148) é falso:

(148) John failed
John não passou

Diante de exemplos como estes, só há uma saída para o partidário da pressuposião semântica: afirmar que a negação é ambígua entre um tipo que preserva a pressuposição e um tipo em que tanto os acarretamentos como as pressuposições são negados. Esses dois tipos são às vezes chamados negação **interna** ou **de predicado** e negação **externa** ou **de sentença**, respectivamente; mas, aqui, a terminologia é enganosa porque o argumento exigido para salvar a pressuposição semântica não é o argumento russelliano de que existem escopos diferentes para a negação, mas, sim, que os morfemas negativos são efetivamente ambíguos (Wilson, 1975, 35). Além disso, o partidário de pressuposição semântica pode apontar o fato de que a sua lógica trivalente (ou as lacunas de valor de verdade equivalentes) permite a definição de duas negações lógicas distintas, o que tornaria a afirmação de ambigüidade tecnicamente exeqüível (ver Gazdar, 1979a, 65, para detalhes).

O problema com essa afirmação é que não há absolutamente nenhum indício de que exista tal ambigüidade nas negações das línguas naturais e há consideráveis evidências de que ela não existe. Os testes lingüísticos para a ambigüidade não confirmam a afirmação (Atlas, 1977) e parece não haver nenhuma língua em que os dois sentidos sejam distinguidos lexicalmente (Horn, 1978; Gazdar, 1979a), ao passo que a afirmação nos levaria a esperar que fosse uma rara coincidência a existência de apenas uma palavra para os dois sentidos em inglês. (Para vários outros argumentos contra a afirmação ver, por exemplo, Allwood, 1972; Kempson, 1975, 95-100). Ademais, a noção de uma negação que destrua a pressuposição encontra dificuldades técnicas tão logo as iterações de tal operador são consideradas (ver Atlas, 1980). O fracasso da afirmação de ambigüidade significa que os partidários da pressuposião semântica não têm nenhuma explicação para sentenças como (147) ou, melhor, que a teoria semântica faz as previsões erradas (aqui, a previsão de que (147) deveria ser drasticamente anômala devido a contradições semânticas).

Vamos agora considerar como a pressuposição semântica se comporta com o outro aspecto do problema da projeção: a saber, explicar como as pressuposições subsistem em contextos em que os acarretamentos não subsistem. Tais contextos, observamos, incluem modais de vários tipos, como ilustra (149), que, quando é inserida num contexto modal, como em (150), continua a pressupor (151):

(149)   John is sorry that he was rude
        John sente muito por ter sido rude
(150)   It's possible that John is sorry that he was rude
        É possível que John sinta muito por ter sido rude

(151)   John was rude
          John foi rude

Quando isto foi observado pela primeira vez, assinalou-se corretamente que, para manter uma relação pressuposicional entre (150) e (151), seria necessário mudar a definição de pressuposição semântica, de modo que, em vez de ser interpretada como em (20) acima, fosse interpretada como em (152) abaixo:

(152)   A pressupõe semanticamente B se e somente se:
          (a) $\Diamond A \Vdash B$
          (b) $\Diamond \sim A \Vdash B$

(ver Kartunnen, 1971a). O problema com esta definição é que foi provado que nenhum dos sistemas lógicos padrão pode acomodar tal relação semântica[23]. As dificuldades técnicas aqui militam vigorosamente contra a possibilidade de sustentar qualquer noção coerente de pressuposição semântica.

Além disso, a possibilidade não é o único operador modal a que sobrevivem as pressuposições – como assinalado acima, as modalidades deônticas também deixam passar as pressuposições de uma maneira que é inteiramente irreconciliável com uma relação baseada no acarretamento. E há mais: exceto nas condições especiais apontadas acima, as pressuposições sobrevivem à inserção em condicionais e disjunções em circunstâncias em que os acarretamentos não subsistem. Se p acarreta r, e inserimos p em *ou p ou q*, não podemos mais inferir r; mas se p pressupõe s, então, *ou p ou q* pressupõe s, a menos que haja filtragem de acordo com a condição (138). Portanto, (153), abaixo, acarreta (154) e pressupõe (155), mas apenas (155) subsiste à inserção em uma disjunção como em (156):

▼

23. A prova é tirada de uma nota não publicada de Herzberger (1971); uma demonstração adicional de que tal relação pode ser acomodada em sistemas lógicos muito mais complexos, a saber, a lógica modal bidimensional de quatro valores, deve-se a Martin (1975, 1979), mas precisaria haver fortes motivações independentes para a adoção de tais sistemas lógicos como modelos para a semântica das línguas naturais.

(153)   The Duke of Westminster has four houses
        O duque de Westminster tem quatro casas
(154)   The Duke of Westminster has three houses
        O duque de Westminster tem três casas
(155)   There is a Duke of Westminster
        Existe um duque de Westminster
(156)   Either the Duke of Westminster has four houses or he borrows other people's stationery
        Ou o duque de Westminster tem quatro casas ou ele toma emprestados papéis de carta de outras pessoas

Não é nem um pouco claro como a definição de pressuposição semântica poderia ser modificada para permitir que as pressuposições fossem preservadas em tais contextos disjuntivos.

Como último problema, observe que mesmo se a definição de pressuposição semântica pudesse ser alterada para acomodar todos esses contextos nos quais as pressuposições subsistem, mas não acarretamentos[24], o mesmo problema que surgiu com a ambigüidade da negação prejudicaria violentamente tal definição. Pois onde quer que, em tais contextos, fosse possível acrescentar uma negação ostensiva das pressuposições de outras orações, teríamos de afirmar que há uma ambigüidade das expressões envolvidas entre os sentidos que preservam e os sentidos que destroem as pressuposições (Wilson, 1975). Portanto, dado que podemos dizer (157) sem anomalia, seria necessário afirmar que o operador de possibilidade em (152) acima é ambíguo da mesma maneira que a negação:

(157)   It's possible that Nixon regrets tampering with the tapes, although I don't believe he ever did
        É possível que Nixon lamente ter mexido nas fitas, embora eu não creia que ele o tenha feito

Esta seleção de problemas é suficiente para excluir a possibilidade de explicar a pressuposição numa teoria semântica vericondicional.

▼

24. E observe que estas incluiriam os verbos *dicendi* se não adotássemos a visão de que estes são *tampões*.

Voltemo-nos agora para as tentativas de acomodar a pressuposição dentro de uma teoria semântica baseada em conceitos atômicos ou em traços ou primitivos semânticos. As propriedades de tais teorias semânticas são muito menos bem definidas que os modelos lógicos e, até certo ponto, isto as torna mais adaptáveis para o manuseio de novos tipos de supostas relações semânticas. Assim, Katz e Langendoen (1976) sustentam que a pressuposição semântica quando modelada dentro de uma semântica de traços é um conceito perfeitamente viável, na verdade, o único viável (ver também Leech, 1974). Na verdade, foi demonstrado que a proposta de Katz e Langendoen simplesmente não consegue lidar com o problema da projeção (ver a crítica em Gazdar, 1978). Dada a natureza informal de tais teorias semânticas, continua aberta a possibilidade de que Katz e Langendoen façam uma outra tentativa usando aparatos inteiramente diferentes, inventados para esse fim, e, portanto, é difícil provar que nenhuma tentativa do tipo pode ser bem sucedida.

Contudo, não é difícil demonstrar que qualquer tentativa desse tipo, dados os objetivos declarados de tais teorias semânticas, está simplesmente mal colocada. Pois o objetivo dessas teorias é separar o conhecimento de que dispomos da semântica da nossa língua e o conhecimento que temos do mundo, e isolar o conjunto relativamente pequeno de conceitos atômicos exigidos para a descrição apenas da semântica (ver, por exemplo, Katz e Fodor, 1963). A semântica, nesta visão, está interessada nos significados estáveis, independentes de contexto, das palavras e orações, deixando à pragmática as inferências que são específicas de certos contextos (ver, por exemplo, Katz, 1977, 19 ss.).

Dado tudo isso, está claro que a pressuposição pertence à pragmática, não à semântica. Pois as pressuposições não são aspectos do significado estáveis e independentes de contexto – isto é demonstrado de maneira conclusiva pelos exemplos discutidos acima como parte do tópico da anulabilidade, um dos quais é repetido aqui:

(158)   Sue cried before she finished her thesis
        Sue chorou antes de terminar sua tese
(159)   Sue died before she finished her thesis
        Sue morreu antes de terminar sua tese

(160)   Sue finished her thesis
          Sue terminou sua tese

onde a pressuposição devida à oração introduzida por *before* em (158) não passa para (159). Por quê? Porque o conhecimento que temos do mundo, juntamente com a verdade de (159), é incompatível com a suposição de que (160) é verdadeiro.

Resumindo: as teorias semânticas da pressuposição não são viáveis pela simples razão de que a semântica está interessada na especificação de significados estáveis invariáveis que podem ser associados a expressões. As pressuposições não são invariáveis, não são estáveis e não fazem parte de nenhuma semântica bem comportada.

4.4.2 AS TEORIAS PRAGMÁTICAS DA PRESSUPOSIÇÃO

Pelas razões aduzidas acima e por outras listadas por Stalnaker (1974), Kempson (1975), Wilson (1975) e Boër e Lycan (1976), as teorias semânticas da pressuposição foram, em boa parte, abandonadas (ver, porém, Martin, 1979). Em lugar delas, foram propostas várias teorias da **pressuposição pragmática**. As primeiras dessas teorias eram programáticas e ofereciam pouco mais do que definições possíveis da pressuposição usando noções pragmáticas (uma lista e uma discussão de tais definições podem ser encontradas em Gazdar, 1979a, 103 ss.). Estas definições, apesar da terminologia diferente, utilizavam dois conceitos básicos em particular: a **adequação** (ou **felicidade**) e o **conhecimento mútuo** (ou **base comum**, ou suposição compartilhada) da maneira indicada na seguinte definição[25]:

(161)   Uma enunciação A *pressupõe pragmaticamente* uma proposição B
          se e somente se A *for adequada* apenas no caso de B ser *mutuamente conhecida* pelos participantes

▼

25. Sobre os conceitos de *conhecimento mútuo* e *adequação*, ver 1.2 acima; sobre *felicidade*, ver 5.1 abaixo.

A idéia, então, era sugerir que existem limitações pragmáticas ao uso das sentenças, de tal modo que elas só podem ser usadas adequadamente se for suposto no contexto que as proposições indicadas pelos acionadores de pressuposições são verdadeiras. Então, enunciar uma sentença cujas proposições são, e se sabe que são, falsas seria meramente produzir uma enunciação inadequada, em vez de ter afirmado uma sentença que não era verdadeira nem falsa (como quer a posição pró-semântica).

À parte o esquematismo de tais propostas há objeções à utilidade da noção de *adequação* que levantamos no capítulo 1. Além disso, como assinalou Sadock (ver Stalnaker, 1977, 145-6), a condição de conhecimento mútuo é forte demais: posso muito bem dizer (162) em condições nas quais o meu destinatário não conhecia previamente a pressuposição (163):

(162) I'm sorry I'm late, I'm afraid my car broke down
Sinto muito por estar atrasado; infelizmente meu carro quebrou
(163) The speaker has a car
O falante tem um carro

É suficiente, como Gazdar (1979, 105 ss.) observa, que o que eu pressuponho seja *compatível com* as proposições supostas no contexto. É interessante observar que (164) talvez não seja adequada em circunstâncias em que não é de conhecimento mútuo que a pressuposição (165) é verdadeira:

(164) I'm sorry I'm late, my fire-engine broke down
Sinto estar atrasado; meu carro de bombeiro quebrou
(165) The speaker has a fire-engine
O falante tem um carro de bombeiro

presumivelmente porque não é compatível com as crenças do homem médio que um homem possua um carro de bombeiro (ver, porém, Prince, 1978b para algumas explicações mais complexas).

Tais problemas indicam que definições como (161) precisam, pelo menos, de refinamento. Mas, no final das contas, não estamos interessados numa definição, mas em algum modelo que preveja com precisão o comportamento pressuposicional e capture, em particular, as propriedades problemáticas da anulabilidade e da projeção, examinadas acima. Na verdade, existem apenas dois modelos formais refinados que chegam perto de dar conta dos fatos observáveis e agora vamos examiná-los em detalhe, voltando depois a perguntar se existem outros tipos de abordagem disponíveis como alternativa.

Estabelecemos que as inferências pressuposicionais não podem ser encaradas como inferências semânticas no sentido costumeiro e indicamos acima que as pressuposições parecem estar ligadas à forma superficial das expressões. Assim, pode-se afirmar, senão de maneira correta, pelo menos, de maneira plausível, que as seguintes sentenças compartilham, todas elas, as mesmas condições de verdade:

(166)   John didn't give Bill a book
        John não deu um livro a Bill
(167)   It wasn't a book that John gave to Bill
        Não foi um livro que John deu a Bill
(168)   It wasn't John who gave Bill a book
        Não foi John quem deu um livro a Bill

e diferem apenas em que (167) tem a pressuposição extra (169), e (168) a pressuposição extra (170):

(169)   John gave Bill something
        John deu alguma coisa a Bill
(170)   Someone gave Bill a book
        Alguém deu um livro a Bill

A pressuposição de uma sentença clivada (como (167) ou (168)) pode, portanto, ser identificada com a proposição que se forma tomando o material que vem após o marcador da oração relativa (*who*, *that*) e inserindo uma expressão existencial variável ou indefinida como *somebody*, *something* que concorde em número, gênero (e, na verdade, categoria gramatical) com o item na posição focal. Parece, portanto, haver uma associação convencional entre a organização superficial dos constituintes numa construção clivada e determinadas pressuposições.

As duas teorias que estamos prestes a examinar supõem que as pressuposições são portanto parte do significado convencional das expressões, apesar de não serem inferências semânticas. Isto deveria servir para distinguir as pressuposições das implicaturas conversacionais, as quais, por outro lado, compartilham muitas das mesmas propriedades de anulabilidade, pois as implicaturas conversacionais são (como observamos no capítulo 3) *não destacáveis*: isto é, não é possível encontrar outra maneira de comunicar as mesmas condições de verdade que careça das implicaturas em questão. Por outro lado, parece não haver nenhum problema em encontrar uma maneira de expressar o mesmo conteúdo vericondicional como em (167) e (168), evitando comunicar, ao mesmo tempo, (169) ou (170), respectivamente. Isso se faz dizendo, por exemplo, (166)[26].

A primeira teoria convencional desse tipo que vamos examinar foi desenvolvida por Karttunen e Peters (1975, 1979). A teoria se exprime no contexto teórico da **gramática de Montague**, na qual as orações são construídas a partir de seus constituintes, de baixo para cima, não de cima para baixo como na gramática gerativa transformacional[27]. Dessa teoria, o conteúdo semântico de uma expressão é construído em paralelo à sintaxe, de modo que, no processo de geração de sentenças, representações semânticas são construídas etapa por etapa, paralelamente à construção da expressão superficial da língua natural. Desse modo, toda palavra, oração ou operação sintática pode ter associada consigo uma representação semântica ou **expressão de extensão**, como a chamam Karttunen e Peters. Ora, a idéia básica na teoria de Karttunen e Peters é simplesmente acrescentar aos dispositivos da gramática de Montague um conjunto adicional de expressões significativas a serem geradas da mesma maneira que as expressões de extensão, à medida que as sentenças vão sendo construídas a partir de suas partes constituintes; estas expressões significativas, assim como as expressões de extensão, serão associadas com palavras, orações e construções – mas, aqui, apenas com o que chamamos acionadores de pressuposições. E, ao contrário

▼

26. A destacabilidade das pressuposições por paráfrase, na verdade, será questionada abaixo, e, na verdade, não está claro que (166), (167) e (168) efetivamente compartilham condições de verdade (ver Atlas e Levinson, 1981).
27. Ver Dowty, Peters e Wall, 1981 para uma introdução à gramática de Montague.

das expressões de extensão, essas expressões pressuposicionais geralmente não desempenharão papel algum na especificação das condições de verdade, pois sua função é puramente representar as pressuposições dos constituintes. Portanto, nessa teoria, a distinção entre aspectos do significado baseados em condições de verdade e inferências pressuposicionais é capturada pela geração de dois tipos inteiramente separados de significado para cada expressão da língua natural.

Kartunnen e Peters chamam as expressões significativas que capturam pressuposições **expressões de implicatura** ou **implicaturas convencionais**, e a terminologia identifica ostensivamente as pressuposições com as inferências pragmáticas que Grice (1975) isolou como convencionais, não canceláveis e, não obstante, não parte das condições de verdade. Porque na teoria de Karttunen e Peters, as pressuposições (ou, como eles diriam, as implicaturas convencionais) são, de fato, não canceláveis. Karttunen, porém, tem plena consciência das propriedades de anulabilidade e de projeção das pressuposições – na verdade, ele foi o primeiro a explorá-las em detalhe. Como, então, se pode afirmar que as pressuposições são não canceláveis?

A resposta encontra-se nos detalhes do sistema de Karttunen e Peters. A idéia é que, além das expressões de implicatura que capturam o conteúdo pressuposicional de cada item acionador de pressuposição, haverá, associada a cada constituinte, uma **expressão de herança**, cuja única função será governar a projeção das pressuposições expressas nas expressões de implicatura. Desta maneira, a classificação que Karttunen (1973) faz das construções de encaixamento em *tampões, filtros* e *buracos* pode ser incorporada na estrutura da gramática de Montague: por exemplo, quando uma oração subordinada encaixada for um tampão, ele terá uma expressão de herança que impedirá as pressuposições (expressas pelas expressões de implicatura) de "subir" e tornar-se pressuposições da sentença inteira. Portanto, (171) não terá a pressuposição (172) porque a palavra *claims* "afirma" terá associada com ela uma expressão de herança que a bloqueará:

(171)   Nato claims that the nuclear deterrent is vital
        A Otan afirma que a intimidação causada pelas armas nucleares é vital

(172)   There exists a nuclear deterrent
        Existe uma dissuasão nuclear

Como observamos acima, não está claro que os tampões sejam uma categoria útil, mas, se forem, aqui está uma maneira correta de modelá-los. O mesmo ocorre com a classe dos filtros: cada conectivo terá associada consigo uma expressão de herança que bloqueará as pressuposições das sentenças constituintes inferiores apenas no caso de serem cumpridas as condições de filtragem em (137) e (138). Por exemplo, para a expressão de herança que captura a condição de filtragem das condicionais pode-se pensar em algo como (173):

(173)   As implicaturas convencionais de *se p, então q* (e também, talvez, de *p e q*) são as implicaturas convencionais de *p* juntamente com a expressão "se *p*, então, as implicaturas convencionais de *q*"

Para ver como esse dispositivo funciona, aplique-o a um caso como (174), onde a pressuposição (175) do conseqüente é filtrada:

(174)   If John has children, all of John's children must be away
        Se John tem filhos, todos os filhos de John devem estar ausentes
(175)   John has children
        John tem filhos

Aqui, as pressuposições do todo serão tudo aquilo que for pressuposição do antecedente (por exemplo, John existe), mais a proposição de que se John tem filhos, então, ele tem filhos. Como esta proposição é tautológica, ela é vazia, e o falante não está especificamente comprometido com (175), embora a expressão *all of John's children* pressuponha (ou implique convencionalmente, na terminologia desta teoria) (175).

Para os *buracos*, Karttunen e Peters podem, evidentemente, apenas deixar que a expressão de herança permita que as expressões de implicatura subam e se tornem as implicaturas convencionais do todo.

Por conseguinte, nessa teoria, as pressuposições não são efetivamente canceladas; elas são bloqueadas durante a derivação da sentença e simplesmente não surgem do todo. De muitas maneiras, este é um modelo muito sofisticado e cuidadosamente construído que pode ser completamente formalizado dentro da que talvez seja a mais rigorosa das teorias lingüísticas contemporâneas.

Karttunen e Peters ligam sua teoria às primeiras tentativas de definir a pressuposição pragmática, no seguinte sentido: os participantes cooperativos têm a obrigação de "organizar suas contribuições de tal maneira que os *implicata* convencionais da sentença enunciada já sejam parte da base compartilhada no momento da enunciação" (1975, 269). Como vimos, essa é uma exigência muito forte, e será suficiente exigir que os chamados *implicata* convencionais sejam compatíveis com a base comum.

Existem muitos problemas substanciais com esta teoria. Ela é formulada especificamente para lidar com os problemas da projeção que examinamos acima, e as soluções oferecidas são o que poderíamos chamar "soluções de engenharia" – isto é, todo o aparato formal exigido está simplesmente embutido no processo composicional da construção de sentenças. Para lidar com as complexidades do problema da projeção, portanto, os detalhes da engenharia precisam tornar-se cada vez mais complicados. É possível, por exemplo, mostrar que a última formulação acima não dá conta realmente de alguns dos casos de mais difícil tratamento. Por exemplo, a regra de filtragem para as condicionais que esboçamos em (173) é idêntica à regra para as conjunções, e assim prevê, incorretamente, que (176) terá a pressuposição (177) (este contra-exemplo é extraído do alentado conjunto reunido em Gazdar, 1979a, 108-19):

(176)   It is possible that John has children and it is possible that his children are away
        É possível que John tenha filhos e é possível que seus filhos estejam ausentes
(177)   John has children
        John tem filhos

Isto acontece porque a regra de filtragem em (173) acaba predizendo que as pressuposições de (176) são (ou, pelo menos, incluem) aquelas que encontramos em (178):

(178)   John exists and if it is possible that John has children then John has children
        John existe e, se é possível que John tenha filhos, então, John tem filhos

Mas, da mesma forma que o antecedente do condicional em (178) é acarretado por (176), assim(176) mais o condicional acarretam (177). Então, prediz-se, incorretamente, que (176) terá (177) como pressuposição. Como se trata de soluções "de engenharia", continua aberta para Karttunen e Peters a possibilidade de reconstruir suas soluções de modo que dê conta de contra-exemplos desse tipo. Mais problemática é a constatação de que as limitações de filtragem propostas apresentam o mesmo tipo de assimetria que (137) acima – isto torna impossível dar conta da filtragem em (179) (extraído de Wilson, 1975), onde o conseqüente acarreta o que a antecedente pressupõe, a saber, (180):

(179) If Nixon knows the war is over, the war is over
       Se Nixon sabe que a guerra acabou, a guerra acabou
(180) The war is over
       A guerra acabou

Novamente, porém, é possível que, com engenho suficiente, regras de filtragem mais complexas, que dêem conta de (179), possam ser embutidas no aparato.

O ponto em que a teoria encontra sua maior dificuldade é quando ela tem de lidar com alguns dos outros aspectos da anulabilidade contextual que examinamos acima. Por exemplo, para lidar com os exemplos simples de negação ostensiva de pressuposição, como (181) e (182), a teoria convencional da implicatura é obrigada a adotar a tese de que os morfemas negativos nas línguas naturais são ambíguos entre um sentido em que preservam a pressuposição e um sentido em que a negam:

(181) John didn't manage to stop – he didn't even try
       John não conseguiu parar – ele nem sequer tentou
(182) John didn't regret losing the game, because in fact he won
       John não lamentou ter perdido o jogo porque, na verdade, ele venceu

Como as pressuposições, nessa teoria, são realmente *implicata* convencionais, elas não podem ser canceladas e como devem normalmente sobreviver à negação (e isto tem de estar embutido nas expressões de herança para os morfemas negativos), a negação em (181) e (182) precisa ser de um tipo diferente, a saber, um tipo de negação que não deixa sobreviver os *implicata* convencionais. Esse ponto de vista, porém, incorre em todas as objeções que levantamos acima contra o ponto de vista de que a negação é ambígua (e outras: ver Atlas, 1980).

A principal objeção, porém, é que tal teoria não consegue lidar com os tipos de anulabilidade contextual ilustrados nos exemplos (84)-(96). Ela não consegue fazer isto pelas mesmas razões que as teorias semânticas da pressuposição não conseguem: não há nenhuma referência, no cálculo das pressuposições de uma sentença, às suposições que são feitas no contexto. Há meramente uma limitação pragmática adicional de que o falante não deve pressupor o que já não está mutuamente suposto (que é muito forte, como já observamos). Por isso, se existem maneiras pelas quais as suposições contextuais, modos de discurso ou assemelhados sirvam para anular pressuposições – e nós argumentamos que isso é o que não falta –, tal teoria fará as predições erradas a respeito de quais inferências os participantes fazem a partir das sentenças no contexto. Ela também fará as predições erradas sempre que a classificação dos itens lingüísticos em *buracos*, *tampões* e *filtros* estiver sujeita a reclassificação pragmática. Vários casos importantes foram apresentados por Liberman (1973), que assinalou que duas sentenças como as seguintes devem comportar-se de maneira inteiramente diferente sob a regra de filtragem para conjunções (como em (137)), e, não obstante, em ambas há filtragem das pressuposições da sua segunda oração:

(183)   Perhaps John has children but perhaps John's children are away
        Talvez John tenha filhos, mas talvez os filhos de John estejam ausentes
(184)   Perhaps John has no children, but perhaps John's children are away
        Talvez John não tenha filhos, mas talvez os filhos de John estejam ausentes

Ora, como já notamos a respeito de (176) acima, a teoria da filtragem faz as previsões erradas com sentenças como (183): suponhamos, portanto, como uma maneira de remendar a teoria, que as pressuposições das sentenças modais sejam calculadas primeiro com base nas suas sentenças subordinadas não modais (este expediente, a longo prazo, não funciona – ver Gazdar, 1979a, 111-2). Então (183) não pressuporá que John tem filhos, apesar da pressuposição potencial devida à expressão *John's children*, pois a primeira oração (ignorando o modal) acarretará a pressuposição, e a pressuposição, portanto, será filtrada em conformidade com a regra de filtragem para conjunções em (137) ou (173). Este parece ser o resultado correto e deve ser esperado com base na suposição de que *but* tem as mesmas propriedades lógicas de *and* (como dissemos no capítulo 3). Contudo, considere agora (184): intuitivamente, (184) também deixa de pressupor que John tem filhos. Não podemos, porém, dar conta disto nos termos da regra de filtragem para conjunções, como os leitores podem verificar por si mesmos. Contudo, *poderíamos* dar conta disso se *but* estivesse funcionando aqui como *or*, pois, então, a condição de filtragem para disjunções enunciada em (138) preveria corretamente a perda da pressuposição. E, intuitivamente, esta é a análise correta: o uso mais provável de (183) é o de uma especulação única, mas o de (184) é o de duas especulações alternativas ou disjuntivas. Logo, é o uso de uma enunciação no discurso para propósitos conversacionais específicos, não as propriedades lógicas do conectivo específico, que parece determinar a condição de filtragem adequada. Mais uma vez, a pressuposição prova ser contextualmente dependente.

Em resumo, a teoria de Karttunen e Peters sofre de boa parte da inflexibilidade das teorias da pressuposição semântica, embora difira destas teorias por não incluir inferências preposicionais nas condições de verdade das sentenças.

A outra tentativa refinada de lidar com o problema da projeção lida também com os problemas da anulabilidade contextual. Nesta teoria, que se deve a Gazdar (1979a, 1979b), supõe-se novamente que as pressuposições são aspectos não vericondicionais do significado das expressões lingüísticas. Como na teoria anterior, não há nenhuma maneira de prever as pressuposições de nenhuma expressão lingüística, dada simplesmente a sua caracterização vericondicional; em vez disso, as pressuposições têm de ser associadas arbitrariamente às expressões lingüísticas, principalmente no léxico.

Ao contrário da teoria anterior, na teoria de Gazdar as pressuposições são efetivamente canceladas. Primeiro, todas as **pressuposições**

potenciais de uma sentença são geradas como um conjunto completo, como na sugestão original de Langendoen e Savin (1971). Por conseguinte, nesta etapa, as pressuposições de qualquer sentença complexa serão todas as pressuposições de cada uma de suas partes. Então, entra em ação um mecanismo de cancelamento que separa deste conjunto total de pressuposições potenciais todas aquelas que subsistirão tornando-se **pressuposições efetivas** de uma sentença enunciada num contexto específico. (Observe que dada essa distinção faz sentido falar que há pressuposições de sentenças e de enunciações: às sentenças serão associadas pressuposições potenciais, às enunciações, pressuposições efetivas.)

O mecanismo de cancelamento funciona da seguinte maneira. O contexto, aqui, é composto de um conjunto de pressuposições que são mutuamente conhecidas pelos participantes ou que, pelo menos, seriam aceitas como não controversas. Os participantes, portanto, trazem para a conversação ou discurso algum conjunto de proposições aceitas: por exemplo, "A França é uma república", " A Segunda Guerra Mundial terminou em 1945", "Joe Bloggs vive em Liverpool", ou seja o que for. Quando conversam, os participantes aumentam o contexto com o acréscimo das proposições que expressam[28]. O ponto crucial da teoria de Gazdar é que este acréscimo se faz numa ordem específica: primeiro, são acrescentados ao contexto os acarretamentos do que é dito, depois as implicaturas conversacionais e só no final as pressuposições. Mais precisamente, a ordem em que as inferências de uma enunciação são acrescentadas é aquela que se representa em (185):

(185)   1. o acarretamento da sentença enunciada S
        2. as implicaturas conversacionais oracionais de S
        3. as implicaturas conversacionais escalares de S
        4. as pressuposições de S

A ordem é importante porque há uma limitação crucial imposta à adição de novas proposições ao contexto: a cada passo, a proposição

▼

28. Na verdade, a formulação de Gazdar é redigida apenas em termos do compromisso de um falante individual com o que suas enunciações acarretam, implicitam e pressupõem, mas há uma extensão natural, ainda que não necessariamente simples, para o que é suposto conjuntamente pelos participantes.

adicional só pode ser acrescentada se for compatível com todas as proposições já presentes no contexto. É essencial para a formalização da teoria, embora não nos interesse aqui, que todas as implicaturas e pressuposições potenciais sejam epistemicamente modificadas – isto é, aquilo que em outras teorias seria comunicado como implicatura ou pressuposto como a proposição p terá de ter a forma "o falante sabe que p" ou, simbolicamente, Sp.

Alguns exemplos demonstrarão rapidamente como funciona o cancelamento das implicaturas conversacionais e pressuposições. No capítulo 3, demonstramos que o condicional e a disjunção têm as implicaturas oracionais indicadas em (186):

(186)   Uma sentença da forma *se p, então q* ou *p ou q* terá como implicaturas oracionais {Pp, P ~ p, Pq, P ~ q} (onde Pp deve ser lido "É compatível com tudo o que o falante sabe que p")

Também vimos que a asserção de um ponto baixo numa escala terá como implicatura que um ponto mais elevado na escala não é válido, como nos exemplos em (187):

(187)   *alguns dos meninos* têm como implicatura "S(não todos os meninos)"
dez meninos tem como implicatura "S(não onze ou mais)"
o café estava morno tem como implicatura "S(o café não estava quente)"

Ora, dada a maneira de ordenar que apareceu em (185) e a exigência de compatibilidade, (189) não terá as mesmas implicaturas que (188) (como observamos em 3.2.4):

(188)   Alguns dos policiais, ainda que não todos, bateram no manifestante
(189)   Alguns dos policiais bateram no manifestante

Apenas (189) tem como implicatura (190), e isto é explicado pelo fato de que (188) tem a implicatura oracional adicional (devida à condicional parentética) (191), que é acrescentada ao contexto antes da implicatura escalar (190). Mas (190) não é compatível com (191), de modo que, quando chega o momento de acrescentar (190) ao contexto, não poderemos fazê-lo porque (191) já foi acrescentada. A implicatura em (190) é, portanto, rejeitada.

(190) O falante sabe que nem todos os policiais bateram no manifestante
(191) É compatível com tudo o que o falante sabe que todos os policiais bateram no manifestante

Observe que se tivesse havido um acarretamento incompatível, como em (192), este também bloquearia (190), que, por isso, não poderia ser acrescentado ao contexto:

(192) Some of the police, and in fact all of them, beat up the protester
Alguns dos policiais e, na verdade, todos eles, bateram no manifestante

Se agora nos voltarmos para o cancelamento de pressuposições, perceberemos que o mecanismo também funciona. De fato, (193) pressupõe potencialmente (194) devido à descrição definida no conseqüente, mas esta pressuposição é cancelada pela implicatura oracional da construção condicional, no caso (195):

(193) Se existe um rei da França, o rei da França não vive mais em Versalhes
(194) O falante sabe que existe um rei da França
(195) É compatível com tudo o que o falante sabe que não existe um rei da França

O que acontece aqui é que (195) será adicionado ao contexto antes da pressuposição potencial (194), bloqueando assim o acréscimo desta, que é incompatível com (195). As vantagens desse modo de bloqueio da pressuposição diante do utilizado na teoria de Karttunen e Peters tornam-se especialmente claras quando consideramos as disjunções e as condicionais: na teoria de Karttunen e Peters, as regras de filtragem tratam as orações assimetricamente com as dificuldades assinaladas acima no que se refere a (179), mas a teoria de Gazdar torna a ordem dos constituintes irrelevante para o processo de cancelamento.

A teoria de Gazdar também lida de maneira muito descomplicada com os casos de negação ostensiva da pressuposição. Uma sentença como

(196) acarretará (197), que será acrescentada ao contexto antes da pressuposição potencial (198), assegurando assim que esta última será cancelada:

(196)   John não lamenta não ter passado porque, na verdade, ele passou
(197)   John passou
(198)   John não passou

Como resultado, essa é a única teoria pressuposicional existente que consegue lidar com sentenças como (199):

(199)   O rei da França não existe

Outras teorias comprometeriam os seus autores, dada a verdade de (199), com as proposições incompatíveis de que existe um rei da França e não existe.

Exatamente da mesma maneira, a teoria de Gazdar lida com casos como (200), onde uma pressuposição é cancelada simplesmente pelo conhecimento de fundo:

(200)   Kissinger deixou de ser Secretário de Estado antes do começo da terceira guerra mundial
(201)   A terceira guerra mundial começou

Pois a pressuposição (201) simplesmente não será acrescentada ao contexto se for incompatível com o que já está lá. É por esta razão que Gazdar pode dispensar sem perdas os *tampões* de Karttunen – por exemplo, a pressuposição devida a *realize* "dar-se conta de" em (202) será cancelada não porque está subordinada a um verbo de dizer, mas porque sabemos que não é o caso:

(202)   The student said that he hadn't realized that Wales was a republic
        O aluno disse que não se tinha dado conta de que o país de Gales é uma república

Analogamente, para sentenças como (84)-(96) acima, onde se faz referência a suposições contextuais no cálculo das pressuposições de uma sentença complexa, apenas a teoria de Gazdar permite que tal referência seja feita. Portanto, a pressuposição da oração introduzida por *before* em (203) é cancelada apenas porque é incompatível com o que já temos como certo (a saber, que pessoas sem cabeça não continuam a fazer coisas):

(203)   O Rei Carlos I teve a cabeça cortada uma hora antes de terminar de cortar as barras com a lima

A grande força do sistema de Gazdar, porém, é que, ao mesmo tempo que lida com os casos de anulabilidade contextual, ele prevê corretamente as soluções para o problema da projeção em sentenças de complexidade arbitrária. Há relativamente poucos contra-exemplos conhecidos (ver, porém, Gazdar, 1979a, 156-7, e também Soames, 1979, 660). Dadas as complexidades do problema da projeção, isto sugere que deve haver, pelo menos, algo de correto na solução de Gazdar. Aqui, ela entra em contraste com a solução de Karttunen e Peters que usa as categorias de *tampões*, *filtros* e *buracos*, onde não pode ser proposta nenhuma razão independente para a existência dessas categorias e onde as condições de filtragem imperfeitas também têm uma existência imotivada e *ad hoc*.

As duas teorias discutidas acima são as teorias da pressuposição mais desenvolvidas que lidam com o problema da projeção de maneira minimamente adequada. Contudo, elas não são, de maneira nenhuma, as únicas direções em que as melhores soluções podem ser finalmente encontradas. Em particular, ambas as teorias supõem que cada acionador de pressuposição terá sua pressuposição registrada no léxico ou em outra parte. Uma teoria preferível, se pudesse ser encontrada, não trataria as pressuposições item por item, desta maneira, mas, antes, preveria as pressuposições a partir do conteúdo semântico dos acionadores de pressuposição, por meio de princípios pragmáticos gerais. Há várias indicações de que uma explicação como essa, mais poderosa, provará ser correta. Primeiro, sempre parece haver relações intuitivamente próximas entre o conteúdo semântico dos acionadores pressuposicionais e as pressuposições correspondentes. Sob este aspecto, as pressuposições contrastam com as implicaturas convencionais, que, muitas vezes, não têm nenhuma relação íntima com o conteúdo semântico dos itens lingüísticos que lhes dão origem (por exemplo, em javanês, há uma palavra, *pisang*, que significa "banana", mas, convencionalmente, implica que o destinatário é socialmente superior ao falante). Segundo, o tratamento item por item sugere que as pressuposições estão ligadas aos acionadores de pressuposição meramente por convenção arbitrária. Nesse caso, não haveria nenhuma razão para esperar que os acionadores de pressuposição das diversas línguas fossem de algum modo paralelos; contudo, mesmo em línguas de famílias inteiramente diversas, os itens lingüísticos que dão origem às pressuposições parecem manter um paralelismo exato, na medida em que a sintaxe e a semântica das línguas específicas o permitem (ver, por exemplo, Annamalai e Levinson, no prelo). Parece razoável, então, esperar que se possa encontrar alguma teoria da pressuposição que, dada uma especificação semântica do acionador, preveja as suas pressuposições.

Para demonstrar que pode haver outras teorias viáveis, é útil aplicar o que podemos chamar *programa de realocação*, um programa independente de qualquer teoria específica da pressuposição que é também um preliminar sensato para qualquer teoria do tipo. O primeiro passo é supor que parte da dificuldade na formulação de teorias de pressuposição adequadas se origina do fato de que o que é normalmente chamado *pressuposição* é, na verdade, uma coleção heterogênea de fenômenos inteiramente distintos e diversos, alguns talvez semânticos, outros, diferentes variedades de implícitos pragmáticos. A tarefa, então, é tentar reduzir a pressuposição a outros tipos de inferência, em particular ao acarretamento semântico e a questões de forma lógica, por um lado, e às implicaturas conversacionais, condições de felicidade e assemelhados, por outro. Se este programa reducionista não deixar nenhum resíduo, a noção de *pressuposição* poderá ser reduzida com sucesso a outros conceitos mais úteis. Se, por outro lado, alguns casos claros de fenômeno pressuposicional permanecem irredutíveis, então, podemos formular uma teoria da pressuposição para tratar apenas desses casos.

A maioria dos teóricos supôs que, pelo menos, alguma realocação dos fenômenos é correta e seus argumentos vão nessa direção (para diferentes versões, ver, por exemplo, Keenan, 1971; Kempson, 1975; Wilson, 1975; Karttunen e Peters, 1977, 1979). Karttunen e Peters defenderam a redução total, recorrendo sobretudo à implicatura convencional, mas isso é pouco mais que um deslocamento terminológico e desaloja outros fenômenos, que parece melhor encarar como implicaturas convencionais (ver capítulo 3, acima). Na realidade, seu conceito de implicatura convencional foi grandemente modelado para lidar justamente com a classe de fatos que antigamente eram chamados pressuposição. O reducionismo mais autêntico – levando sobretudo ao acarretamento e à implicatura conversacional – foi defendido independentemente por Atlas (1975b), Kempson (1975), Wilson (1975), Böer e Lycan (1976) e, mais recentemente, por Wilson e Sperber (1979) e Atlas e Levinson (1981).

O atrativo e a plausibilidade iniciais da redução a questões de acarretamento e implicatura conversacional podem ser avaliados melhor a partir de alguns exemplos. Se tomamos a construção clivada exemplificada em (204) e suas pressuposições correlatas, como as formulamos em (205):

(204)   Foi o casaco que John perdeu
(205)   John perdeu algo

podemos perceber imediatamente que, na verdade, (204) acarreta (205) – em todos os mundos em que John perde seu casaco também será verdade que ele perde algo. Portanto, só é necessário invocar a noção de pressuposição nos casos negativos, como em (206):

(206)   Não foi o casaco que John perdeu

que continua a implicar pragmaticamente (205). Aqui, porém, poderíamos dizer que a implicação, na verdade, é uma implicatura conversacional, da variedade generalizada. Para demonstrar isto, devemos apresentar um argumento griceano do tipo padrão, o qual mostrará que, para preservar a hipótese de cooperação, um ouvinte de (206) deve supor (205). O argumento pode ser, *grosso modo*, o seguinte:

1.   O falante disse (206), não o mais simples, (207):
(207)   John não perdeu o casaco

2. A forma lógica de (206) pode ser, *grosso modo*, como em (208):
(208) ~ (∃x (Perdeu (j, x) & (x = jcasaco)))
3. Como a maioria das sentenças negativas, (208) não é muito informativa; portanto, se o falante estiver cooperando, é provável que ele pretenda comunicar mais do que o enunciado relativamente pouco informativo efetivamente significa
4. A enunciação (206) seria relativamente informativa se o falante pretendesse, na verdade, comunicar uma das seguintes proposições relacionadas:
(209) ∃x (~ Perdeu (j, x) & (x = jcasaco))
(210) ∃x (Perdeu (j, x) & (x ≠ jcasaco))

Contudo, (209) é expresso mais diretamente por (211),

(211) Foi o casaco que John não perdeu
de modo que, se o falante quisesse dizer isto, pela máxima do modo, ele o teria dito diretamente; como não o fez, resta (210) como a leitura mais informativa de (206).
5. Para preservar a hipótese de cooperação, a sentença relativamente não informativa (206) deve ser lida como (210), que acarreta a "pressuposição" (205); o falante não fez nada para me impedir de raciocinar assim, portanto, isto é o que ele devia querer comunicar

Num argumento desse tipo várias falhas podem ser encontradas. Ele se baseia, na verdade, mais no *princípio da informatividade* (delineado em 3.2.4) do que nas máximas de Grice e deixa antes de mais nada de explicar por que a sentença clivada foi usada. Além do mais, essa seria uma abordagem da pressuposição em geral *ad hoc* e fragmentária: para cada tipo de acionador de pressuposição, teria de ser construído um argumento desse tipo. Se pudesse ser encontrada, uma abordagem baseada em princípios gerais que se aplicasse a uma série maior de fenômenos proposicionais seria preferível. Aqui, duas sugestões recentes merecem ser mencionadas.

A primeira, proposta por Wilson & Sperber (1979), é a de que as representações semânticas sejam enriquecidas de tal maneira que alguns princípios pragmáticos simples em interação com elas prevejam o que é pressuposto. Eles sugerem que nem todos os acarretamentos de uma sentença estão no mesmo pé de igualdade; em vez disso, uma representação semântica adequada consistiria num conjunto ordenado de acarretamentos, dividido em dois conjuntos – acarretamentos de **fundo** e de **primeiro plano**. O ordenamento efetivo dos acarretamentos é lógico: se o acarretamento A acarreta, por sua vez, o acarretamento B, então, A é ordenado antes de B. Contudo, uma sentença pode ter várias dessas cadeias de acarretamento, e a importância de cada uma dessas cadeias bem como a distinção entre acarretamentos de primeiro plano e de fundo são determinadas não por considerações lógicas, mas pela forma gramatical (inclusive a tonicidade). Por exemplo, (212), com tonicidade forte em *Sarah*, determinará a **escala focal** (ou cadeia de acarretamentos) (213):

(212)   John é casado com *Sarah*
(213)   a. John é casado com Sarah (*primeiro plano*)
        b. John é casado com alguém (1º acarretamento de *fundo*)
        c. John tem alguma propriedade
        d. Algo é o caso

Esta escala é obtida pela substituição de constituintes da sentença por variáveis quantificadas existencialmente (ou *alguém*, *algo*), a começar pelo constituinte focal, no caso, *Sarah* (ver Chomsky, 1972). Ora, o primeiro acarretamento obtido pela substituição do foco por uma variável (no caso *b*) é o primeiro acarretamento de fundo; todos os acarretamentos que ele tem (aqui, *c* e *d*) também são parte do fundo. Todos os acarretamentos ordenados acima do fundo, aqui, apenas *a*, são parte do primeiro plano. Dada essa estrutura muito semântica, podemos, então, colocar em ação uma regra pragmática simples: supõe-se que os acarretamentos de fundo de uma sentença não são relevantes no contexto. O que se supõe que seja relevante e, portanto, que seja o *propósito* de dizer a sentença, é qualquer informação que tenha de ser acrescentada ao fundo para ganhar o primeiro plano – a saber, os acarretamentos ordenados acima do fundo (aqui *a*). Portanto, o propósito de dizer (212) normalmente seria afirmar que Sarah é que é a esposa de John, em confronto com uma suposição implícita de que John é casado com alguém. Portanto, em caso de negação ou pergunta, o fundo continuará a ser suposto e só o primeiro plano será negado ou perguntado.

Em resumo, as chamadas "pressuposições" são apenas acarretamentos de fundo. Por exemplo, (214) terá a mesma estrutura de acarretamentos que (212):

(214)   É com Sarah que John é casado

Esta estrutura semântica novamente é determinada pela estrutura gramatical – aqui, pelas construções clivadas e não pela tonicidade forte. Portanto, a alegada pressuposição das clivadas é simplesmente o primeiro acarretamento de fundo, no caso, (213b) acima.

A idéia de enriquecer as representações semânticas de modo que os princípios pragmáticos possam interagir com elas de maneiras complexas parece ser a jogada teórica correta. Contudo, o uso do acarretamento desta maneira suscitará novamente todos os problemas que minaram as teorias semânticas da pressuposição, a saber, as dificuldades conjuntas da anulabilidade no contexto lingüístico e extralingüístico e a subsistência em contextos modais e opacos onde os acarretamentos não conseguem subsistir. De bom grado, evitaremos invocar essas dificuldades se alguma alternativa puder ser encontrada. E se por acaso Wilson & Sperber pensam em recuar para uma possível solução que utiliza implicaturas convencionais em sentenças complexas, então, eles não nos mostraram como fazê-lo.

A outra abordagem, defendida por Atlas & Levinson (1981), é considerar muito mais seriamente o papel da forma lógica (ou estrutura de uma representação semântica) na produção de inferências pragmáticas. Já argumentamos (em 3.2.2) que as implicaturas conversacionais são sensíveis aos detalhes da forma lógica; sentenças com as mesmas condições ou condições similares, mas diferentes formas lógicas, podem ter implicaturas conversacionais inteiramente diferentes. Mas com base em que elementos, além das relações de acarretamento corretas, devemos construir a possível forma lógica de uma sentença? Talvez estas: (a) ela deve capturar a estrutura semântica intuitivamente significativa da sentença, (b) deve prever com exatidão as inferências pragmáticas que ela gerará em contexto. Entre os aspectos estruturais do tipo (a) pode estar a identificação daquilo a que a sentença *diz respeito* (Putnam, 1958). (Nesse caso, aquilo a que a sentença diz respeito pode ter uma relação estreita com as noções pragmáticas do que é *dado* ou suposto no discurso.) Por exemplo, parece haver uma intuição de que aquilo a que uma sentença diz respeito é indicado pela sua estrutura gramatical e que isto tem certa relação com a sua estrutura lógica. Nas sentenças simples, aquilo a que a sentença diz respeito parece coincidir com o sujeito lógico: portanto, *Mary dormiu* diz respeito a Mary. Podemos agora tentar regimentar nossas formas lógicas para sentenças complexas de modo que aquilo a que as sentenças dizem respeito coincida com os seus sujeitos lógicos. Tal linha conduz a formas lógicas razoavelmente complexas que, não obstante, realmente parecem capturar algumas intuições sobre atribuir às sentenças as estruturas semânticas significativas. Por exemplo, pode-se dizer, com base em fundamentos semânticos e pragmáticos detalhados, que a forma lógica para a sentença clivada (215) é aquela que se propõe, como hipótese, em (216):

(215)   Foi John que Mary beijou
(216)   λ*x* (*x* = John) (γ*x*beijou(Mary, *x*))

Aqui, fizemos uso de dois dispositivos lógicos complexos: a **extração lambda**, que pode ser usada para construir propriedades complexas (Allwood, Andersson e Dahll, 1977, 155) e o **operador de grupo ou gama**, que constrói termos coletivos, de modo que γ*x*A(*x*) é lido como "um grupo de indivíduos *x* que têm a propriedade A". Assim, (216) como um todo é lido como "Um grupo beijado por Mary possui a propriedade de ser idêntico a John". O sujeito lógico, portanto, é "Um grupo beijado por Mary", e é a esse grupo que a sentença diz respeito; ele corresponde à oração cuja estrutura superficial é *(um(ns)) que Mary beijou*. Tal forma lógica acarretará que Mary beijou alguém e que Mary beijou John, mas não tem exatamente as mesmas condições de verdade que a não clivada *Mary beijou John* (pois acarreta que Mary beijou apenas John).

Agora invocamos um princípio pragmático geral: se uma sentença diz respeito a *t*, então, a existência ou efetividade de *t* só pode ser suposta como não controversa ou dada, a menos que existam indicações ou suposições específicas do contrário. A sentença clivada (215) diz respeito a seu sujeito lógico (216): aqueles que Mary beijou. Esse sujeito lógico é responsável pelo acarretamento "Mary beijou alguém".

Para as sentenças clivadas positivas agora temos a seguinte descrição: essas sentenças acarretam suas alegadas pressuposições, mas, como estas proposições são derivadas daquilo a que a sentença diz respeito e, portanto, são consideradas como dadas, elas normalmente não serão o ponto principal que se expressa ao acertar tais sentenças.

Para uma clivada negativa, como em (217):

(217)   Não foi John que Mary beijou

a descrição seria como segue. A forma lógica de (217) é (218), onde a negação (como geralmente acontece nas línguas naturais) é externa ou de escopo amplo[29]. Tais formas lógicas com negação de escopo amplo não são muito informativas: a forma lógica de (217) meramente afirma que (215) não é o caso, sem indicar como ela deixa de ser verdadeira. Contudo, há, novamente, um princípio pragmático geral, o **princípio da informatividade** (discutido no capítulo 3), o qual legitima a interpretação da negação de escopo amplo como negação de escopo estreito, isto é, como negação de predicado. Para a enunciação de (217) com a forma lógica (218) será então preferida a interpretação indicada em (219):

(218)   ~ ($\lambda x(x$ = John)(γxBeijou(Mary, x)))
         isto é, "Não é o caso que um grupo que Mary beijou tenha a propriedade de ser idêntico a John"
(219) $\lambda x(x \neq$ John)(γxBeijou(Mary, x))
         isto é, "Um grupo que Mary beijou tem a propriedade de não ser idêntico a John"

Mais uma vez, então, o enunciado será a respeito de seu sujeito lógico, "um(uns) que Mary beijou" (em geral, se F(a) é a respeito de a, então ~ F(a) a respeito de a). Ora, dado que dizer (217) gera implica-

▼

29. Essa é a suposição normal feita pelos *pragmaticistas radicais*, isto é, a tentativa de simplificar maximamente a semântica pelo desenvolvimento da pragmática (ver Cole, 1981). Contudo, abordagens bem mais complexas da negação podem efetivamente resultar necessárias – ver Atlas, 1977, 1979.

tura (219), e dado que (219) tem o sujeito lógico fora do escopo da negação, a implicatura (219) acarreta que Mary beijou alguém. Portanto, na clivada negativa, a proposição de que Mary beijou alguém será acarretada por uma implicatura e, portanto, será ela própria uma implicatura. Além disso, é o sujeito lógico (aquilo a que a sentença diz respeito) que é responsável por essa implicatura, de modo que a proposição "Mary beijou alguém", mais uma vez, será suposta como dada.

Uma abordagem desse tipo tem o objetivo de ser de aplicação geral, no seguinte sentido. Primeiro, motivamos o estabelecimento de formas lógicas complexas tornando-as responsáveis por capturar aspectos da estrutura semântica significativa. Em seguida, examinamos como essas representações semânticas enriquecidas interagem com os princípios pragmáticos da interpretação, não apenas os princípios griceanos, mas princípios de qualquer tipo que efetivamente acrescentem informação ao conteúdo semântico da sentença (por exemplo, o princípio da informatividade). Aqui, estamos em busca de processos gerais: por exemplo, a relação entre sujeitos lógicos, o "ser a respeito de" e uma interpretação preferida, na qual aquilo a que a sentença diz respeito pode ser presumido. A esperança é que, enriquecendo as representações semânticas e os princípios pragmáticos dessa maneira, eles passarão a interagir mais intimamente, e que a essa interação poderão ser atribuídas, de maneira sistemática, as inferências aparentemente *ad hoc* chamadas pressuposições.

Há uma objeção imediata a reduzir dessa forma a pressuposição ao acarretamento e à implicatura: ao contrário das implicaturas conversacionais, as pressuposições parecem ser **destacáveis** no sentido de Grice (ver 3.1 e 3.2.1). Ou seja, enquanto, no caso das implicaturas, geralmente é impossível encontrar outra maneira de dizer a mesma coisa que careça das mesmas implicaturas, no caso das pressuposições, as inferências parecem estar diretamente vinculadas a certos aspectos da forma superficial das expressões lingüísticas – por exemplo, à própria construção clivada.

Na verdade, porém, a diferença é mais aparente do que real. Considere, por exemplo, o verbo *regret* "arrepender-se", que se afirma possuir, como aspecto adicional arbitrário do seu significado, a pressuposição de que a oração a ele subordinada é verdadeira. Se a pressuposição fosse realmente destacável, devia ser possível encontrar maneiras diferentes de fazer a mesma afirmação que carecessem da pressuposição em questão. Mas isto não é fácil. Considere, por exemplo, todas as quase paráfrases em (220):

(221)   a. John regrets that he ate all the pudding
John arrepende-se de ter comido todo o pudim
b. John is sorry that he ate all the pudding
John lamenta ter comido todo o pudim.
c. John repents of having eaten all the pudding
John arrepende-se de ter comido todo o pudim
d. John is unhappy that he ate all the pudding
John está infeliz por ter comido todo o pudim.
e. John feels contrite about eating all the pudding
John sente-se pesaroso por ter comido todo o pudim
f. John feels penitent about eating all the pudding
John sente-se arrependido por ter comido todo o pudim
g. John feels remorse about eating all the pudding
John sente remorso por ter comido todo o pudim

Todas estas paráfrases, e todas as suas contrapartes negativas, continuam a pressupor o que a sentença com *regret* pressupõe, a saber:

(221)   John comeu todo o pudim

Se os leitores agora retornarem à lista de fenômenos pressuposicionais dada no início do capítulo, e, armados de um dicionário analógico, tentarem encontrar paráfrases, descobrirão que, na verdade, é muito difícil obter expressões com significados similares que não tenham as mesmas pressuposições. Isso só acontece excepcionalmente, e quando acontece é geralmente porque as formas lógicas são suficientemente diferentes para desencadear implicaturas distintas.

Por conseguinte, o reducionista poderia afirmar que as pressuposições compartilham com as implicaturas conversacionais duas características muito importantes – a saber, a anulabilidade e a não-destacabilidade. A única característica distintiva importante das pressuposições que resta é o problema da projeção, o comportamento das pressuposições nas sentenças complexas. Mas esta distinção também pode ser facilmente aplainada, como indicarão alguns exemplos. Em primeiro lugar, a sobrevivência no contexto dos operadores modais parece ser um traço compartilhado tanto pelas pressuposições como pelas implicaturas. Desse modo, (222) e (223), que é a própria (222) subordinada a um modal, podem compartilhar a mesma implicatura (224):

(222)   John tem algumas das ferramentas
(223)   É possível que John tenha algumas das ferramentas
(224)   (O falante sabe que) John não tem todas as ferramentas

Se nos voltarmos, então, para a propriedade mais específica da projeção de pressuposições, a saber, a filtragem nas condicionais e nas disjunções, descobriremos novamente que as implicaturas podem imitar as pressuposições. Considere, por exemplo:

(225)   John tem algumas das ferramentas, se não todas

onde a conseqüente (= (222)) tem como implicatura (224), mas a sentença inteira não tem esta implicatura. Mas esta é justamente a circunstância sob a qual as pressuposições são filtradas, como indicado na condição de filtragem em (137) acima. Ou considerem (226):

(226)   Ou John tem todas as ferramentas ou tem algumas delas

em que a segunda parte de disjunção desencadeia a implicatura (224), mas a sentença como um todo carece desta implicatura. Essa é justamente a condição sob a qual as pressuposições são filtradas nas disjunções também (ver (138) acima). Portanto, realmente está longe de ser claro que as pressuposições se distinguem das implicaturas conversacionais pelo seu comportamento nas sentenças compostas e complexas.

O programa reducionista permanece, pois, aberto. As principais dificuldades que restam são estabelecer formas lógicas suficientemente ricas para acionar implicaturas que modelem eficazmente as pressuposições além de algumas das partes mais misteriosas do problema da projeção. Recorde, por exemplo, que Gazdar usa implicaturas para cancelar pressuposições e, dessa maneira, obtém predições notavelmente corretas do comportamento pressuposicional em sentenças complexas. Como pode o reducionista usar o mesmo aparato, dado que ele teria de usar implicaturas para cancelar implicaturas? Na verdade, é possível, num amplo leque de casos, adaptar os mecanismos de Gazdar, permitindo que acarretamentos cancelem implicaturas e permitindo que implicaturas devidas a construções de nível sintático mais alto cancelem implicaturas incompatíveis que surjam de orações encaixadas. Assim, em (227), a implicatura a partir da sentença encaixada (228) é (229):

(227) Alguns dos rapazes foram à festa, se não todos
[228] Alguns dos rapazes foram à festa
[229] Nem todos os rapazes foram à festa

mas essa implicatura é cancelada – nessa teoria – porque há uma implicatura incompatível que se origina na sentença matriz, a saber, (230), devida à construção condicional:

(230) É compatível com tudo o que o falante sabe que não é o caso que (229) seja verdadeiro

Esse princípio de que "a matriz vence" funciona extremamente bem para a maioria dos casos. É muito cedo para saber se essa abordagem, ou uma abordagem semelhante, é, afinal, viável.

4.5 CONCLUSÕES

Começamos este capítulo observando que os tratamentos filosóficos e lingüísticos das pressuposições lidam com um leque muito mais restrito de fenômenos do que os incluídos no sentido lingüístico comum do termo. Os efeitos pragmáticos gerais de dar às informações uma posição de primeiro plano ou de fundo numa sentença podem ser alcançados de muitas maneiras que não são pressuposicionais nesse sentido restrito, por exemplo, mudando a ordem das palavras, utilizando a subordinação sintática, a ênfase prosódica ou as partículas enfáticas presentes em muitas línguas. Há uma sobreposição considerável, mas não há equivalência entre as descrições pressuposicionais e as descrições feitas em termos da distinção **tópico/comentário** (não examinada neste livro; ver, por exemplo, Clark e Haviland, 1977; Gundel, 1977; Foley e Van Valin, no prelo). Ainda assim, mesmo nesse âmbito restrito, mostramos que existem problemas consideráveis a serem superados. O mais importante é o seguinte: se, como parece provável, as pressuposições não forem tratadas corretamente como inferências associadas a elementos lingüísticos item por item, de uma maneira não previsível, então, no momento, ficamos simplesmente sem nenhuma teoria adequada. Nesse caso, precisamos é de uma teoria que preveja pressuposições a partir da especificação semântica das expressões lingüísticas. Tal teoria seria uma descrição essencialmente híbrida: as pressuposições não seriam *sui generis*, mas, antes, o resultado de interações complexas entre a semântica e a pragmática. Contudo, para construir modelos de tais interações, precisamos saber consideravelmente mais não só a respeito da estrutura das representações semânticas, mas também dos princípios pragmáticos que interagem com elas. Concluímos que a pressuposição, noventa anos depois das observações de Frege sobre o assunto, permanece parcialmente incompreendida e continua sendo um fundamento importante para o estudo de como a semântica e a pragmática interagem.

CAPÍTULO 5

OS ATOS DE FALA

5.0 INTRODUÇÃO[1]

De todas as questões de teoria geral do uso lingüístico, a **teoria dos atos de fala** provavelmente foi aquela que suscitou o interesse mais amplo. Os psicólogos, por exemplo, sugeriram que a aquisição dos conceitos subjacentes aos atos de fala pode ser um pré-requisito para a aquisição da linguagem em geral (ver, por exemplo, Bruner, 1975; Bates, 1976); os críticos literários recorreram à teoria dos atos de fala para um esclarecimento das sutilezas textuais ou para uma compreensão da natureza dos gêneros literários (ver, por exemplo, Ohmann, 1971; Levin, 1976); os antropólogos tiveram esperança de encontrar na teoria alguma descrição da natureza dos encantamentos mágicos e dos rituais em geral (ver, por exemplo, Tambiah, 1968); os filósofos perceberam aplicações potenciais, entre outras coisas, os problemas do *status* dos enunciados éticos (ver, por exemplo, Searle, 1969, capítulo 8), enquanto os lingüistas viram as noções da teoria dos atos de fala como aplicáveis a vários problemas na sintaxe (ver, por exemplo, Sadock, 1974), na semântica (ver, por exemplo, Fillmore, 1971a), na aprendizagem de segunda língua (ver, por exemplo, Jakobovitz e Gordon, 1974) e outros.

▼

1. Partes deste capítulo baseiam-se num artigo anterior.

Enquanto isso, na pragmática lingüística, os atos de fala, juntamente com a pressuposição e a implicatura, em particular, continuam a ser um dos fenômenos centrais que qualquer teoria pragmática geral deve explicar.

Dado este amplo interesse, há uma enorme bibliografia sobre o tema e, neste capítulo, não podemos examinar todo o trabalho feito em lingüística, muito menos a enorme literatura técnica produzida em filosofia, de que provêm as teorias básicas (como todos os outros conceitos que examinamos até agora). Antes, o que se tenta aqui é um breve esboço das origens filosóficas e uma exposição das diferentes posições que foram tomadas sobre questões cruciais, juntamente com indicações de alguns problemas gerais que todas as teorias dos atos de fala têm de enfrentar.

5.1 O PANO DE FUNDO FILOSÓFICO

As questões de verdade e falsidade têm sido de interesse central ao longo de boa parte da discussão da dêixis, da pressuposição e da implicatura. De fato, boa parte do interesse destas questões deriva da maneira como elas nos lembram as limitações impostas ao que pode ser capturado numa análise vericondicional do significado das sentenças. Não obstante, na década de 1930 floresceu o que agora pode ser seguramente tratado como um excesso filosófico, a saber, a doutrina do **positivismo lógico**, que tinha como dogma que, a menos que uma sentença pudesse, pelo menos em princípio, ser *verificada* (isto é, testada quanto à sua verdade ou falsidade), ela seria, estritamente falando, *sem significado*. A conseqüência, naturalmente, é que a maioria dos discursos éticos, estéticos e literários, para não falar na maioria das enunciações cotidianas, simplesmente não fazia sentido. Contudo, em vez de ser vista como uma *reductio ad absurdum*, tal conclusão foi vista pelos proponentes do positivismo lógico como um resultado positivamente delicioso (ver o trabalho maravilhosamente prescritivo de Ayer (1936)), e a doutrina tomou conta dos círculos filosóficos da época. Era este movimento (que Wittgenstein parcialmente estimulara nos seu *Tractatus logico-philosophicus* (1921)) que Wittgestein iria, posteriormente, atacar em *Philosophical Investigations* lançando o bem conhecido lema "significado é uso" (1958, para. 43) e insistindo que as enunciações são explicáveis apenas em relação com as atividades, ou **jogos de linguagem**, em que desempenham um papel.

Foi nesse mesmo período, quando a preocupação com a verificabilidade e a desconfiança diante das inexatidões e vacuidades da linguagem comum estavam no auge, que Austin lançou sua teoria dos atos de fala. Há fortes paralelos entre a ênfase do último Wittgenstein sobre uso lingüístico e jogos de linguagem e a insistência de Austin em que "o ato de fala total na situação de fala total é o *único* fenômeno *efetivo* que, em última instância, estamos preocupados em elucidar" (1962, 147). Em boa parte, porém, Austin parece ter desconhecido o trabalho do último Wittgenstein e não ter sofrido sua influência; portanto podemos tratar a teoria de Austin como autônoma[2].

No conjunto de palestras publicadas postumamente como *How To Do Things With Words*[3], Austin começou a demolir, com seu jeito suave e educado, a visão de linguagem que colocava as condições de verdade como centrais para a compreensão da linguagem. Seu método era este.

Primeiro, ele observou que algumas sentenças declarativas da linguagem comum, ao contrário das suposições positivistas lógicas, não são visivelmente usadas com qualquer intenção de fazer declarações verdadeiras ou falsas. Elas parecem formar uma classe especial e são ilustradas abaixo.

▼

2. Ver Furberg, 1971, 50 ss., e Passmore, 1968, 597, para os quais as idéias de Austin remontam a uma tradição aristotélica, longamente estabelecida, de interesse pelo uso lingüístico comum forte em Oxford, onde Austin trabalhava (Wittgenstein estava em Cambridge). Ambos os filósofos desenvolveram suas teorias posteriores por volta da mesma época, no fim da década de 1930 (a julgar pela afirmação na introdução ao trabalho básico de Austin, *How To Do Things With Words*, proferido na forma de conferências, pela última vez, em 1955, e inédito até 1962). As idéias de Wittgenstein no fim da década de 1930 só estavam disponíveis em manuscrito (ver Furberg, 1971, 51).
3. Essa é a fonte central da teoria dos atos de fala de Austin, mas ver também Austin, 1970b, 1971. Seus pontos de vista sobre significado de palavras, verdade e conteúdo proposicional – que não se ajustam perfeitamente com sua teoria dos atos de fala – podem ser encontrados nos capítulos 3, 5 e 6, respectivamente, de Austin, 1970a. Para comentários sobre o trabalho de Austin, o leitor deve ver a coletânea em Fann, 1969, e os tratamentos monográficos em Graham, 1977, e especialmente Furberg, 1971.

(1)   Aposto seis pence com você que vai chover amanhã
       Eu, por meio disto, batizo este navio H.M.S. Flounder
       Eu declaro guerra a Zanzibar
       Eu peço desculpas
       Confiro-lhe o título de Sir Walter
       Eu discordo
       Eu o sentencio a dez anos de trabalhos forçados
       Eu lhe lego o meu Sansovino
       Dou minha palavra
       Previno-o de que os invasores serão processados

O que há de peculiar nestas sentenças, segundo Austin, é que elas não são usadas só para *dizer* coisas, isto é, descrever estados de coisas, mas sim ativamente para *fazer* coisas[4]. Depois que você declarou guerra a Zanzibar ou conferiu o título a Sir Walter ou discordou, o mundo mudou de maneiras substanciais. Além disso, você não pode avaliar tais enunciações como verdadeiras ou falsas – como é ilustrado pela natureza bizarra dos seguintes intercâmbios:

(2)   A: Eu apóio a moção
       B: Isso é falso
(3)   A: Confiro-lhe o título de Sir Walter
       B: Muitíssimo verdadeiro

Austin deu a estas sentenças peculiares e especiais, e às enunciações que elas permitem realizar, o nome de **performativas**, e contrastou-as com declarações, asserções e enunciações correspondentes, que ele denominou **constatativas**.

Austin prosseguiu sugerindo que, ao contrário das constatativas, as performativas não podem ser verdadeiras nem falsas (dada a sua natureza especial, a questão de verdade e falsidade simplesmente não surge), mas que, ainda assim, podem dar errado. Ele próprio, então, se pro-

▼

4. Aqui, como tantas vezes na literatura sobre os atos de fala, supõe-se tacitamente que não estamos considerando os usos *metalingüísticos* das sentenças, que ocorrem nos exemplos lingüísticos, ou em outros usos especiais nos quais as sentenças não carregam toda a sua força ou interpretação pragmática plena, como nos romances, nas peças teatrais e nos acalantos.

pôs a tarefa de catalogar todas as maneiras pelas quais elas podem dar errado ou ser **infelizes**, para usar sua terminologia. Por exemplo, suponha que eu diga *Eu batizo este navio Nau-capitânia Mao*; posso não conseguir batizar a embarcação se, por exemplo, ela já tiver recebido outro nome, se eu não sou o nomeador indicado, ou não existirem testemunhas, rampas de lançamento, garrafas de champanha, etc. Para ter êxito em dar nome a um navio são necessários certos arranjos institucionais, sem os quais a ação que a enunciação tenta executar é simplesmente nula e vazia. Com base em tais maneiras diferentes pelas quais uma performativa pode deixar de dar certo, Austin produziu uma tipologia das condições que as performativas devem cumprir para ter sucesso ou ser "felizes". Ele chamou a isso de **condições de felicidade** e distinguiu três categorias principais:

(4) A. (i) Deve existir um procedimento convencional que tenha um efeito convencional
  (ii) As circunstâncias e as pessoas devem ser adequadas, conforme especificado no procedimento
  B. O procedimento deve ser executado (i) corretamente e (ii) completamente
  C. Muitas vezes, (i) as pessoas devem ter os pensamentos, sentimentos e intenções requeridos conforme especificado no procedimento, e (ii) se a conduta conseqüente é especificada, então, as partes relevantes devem ater-se a essa conduta

Como indício da existência de tais condições, considere o que acontece quando algumas delas não são cumpridas. Por exemplo, suponha que, como cidadão britânico, eu digo a minha esposa:

(5)   Por meio deste, divorcio-me de você

Isso não fará com que meu divórcio se consume porque simplesmente não existe um procedimento (do tipo A (i)) pelo qual a mera enunciação de (5) realiza o divórcio. Em contraste, nas culturas muçulmanas existe esse processo, pelo qual a enunciação de uma sentença com a significação de (5) por três vezes consecutivas realmente e *ipso facto* constitui um divórcio. Como ilustração de um fracasso da condição A (ii), considere um clérigo que batiza o bebê errado, ou o bebê certo com o nome errado (Albert em vez de Alfred, digamos) ou considere o caso de um chefe de Estado que recebe outro, mas dirige-se por engano ao guarda-costas. Quanto à condição B (i), as palavras devem ser as convencionalmente corretas – a resposta em (6) simplesmente não servirá na cerimônia de casamento da Igreja da Inglaterra:

(6)   Curate: Wilt thou have this woman to thy wedded wife ... and, forsaking all other, keep thee only unto her, so long as ye both shall live?
      Bridegroom: Yes
      Cura: Aceita esta mulher como legítima esposa ... e, renunciando a todas as outras, manter-se apenas para ela, enquanto vocês dois viverem?
      Noivo: Sim

O noivo deve dizer *I will* "aceito". Além disso, o processo deve ser completo, como exigido por B (ii): se aposto seis pence com você que vai chover amanhã, para que a aposta tenha efeito, você deve ratificar o arranjo com *Fechado* ou algo com o mesmo efeito – ou, na terminologia de Austin, deve haver um **entendimento** satisfatório. Finalmente, violações das condições C são insinceridades: aconselhar alguém a fazer algo quando você realmente pensa que seria vantajoso para você, mas não para ele, ou um jurado julgar culpado um réu quando sabe que ele é inocente, seria violar a condição C (i). E prometer fazer alguma coisa sem ter absolutamente nenhuma intenção de cumpri-la seria uma violação direta de C (ii).

Austin observa que estas violações não são todas de igual estatura. Violações das condições A e B dão origem a **falhas**, como ele diz – isto é, as ações pretendidas simplesmente deixam de dar certo. Violações das condições C, por outro lado, são **abusos**, não tão facilmente detectadas na ocasião da enunciação em questão, com a conseqüência de que a ação é executada por completo, mas sem felicidade ou sinceridade.

Com base nessas observações, Austin declara que (a) algumas sentenças, performativas, são especiais: enunciá-las *é fazer* coisas e não meramente dizer coisas (relatar estados de coisas), e (b) essas sentenças performativas executam as ações correspondentes porque há *convenções* específicas que ligam as palavras a processos institucionais. As performativas são, se quisermos, nada mais nada menos que um tipo um tanto especial de cerimônias. E, ao contrário das constatativas, que são avaliadas em termos de verdade e falsidade, as performativas só podem ser avaliadas como felizes ou infelizes, conforme sejam cumpridas ou não as suas condições de felicidade.

Austin, porém, está sendo astuto: com isso, ele estabelece um ponto de contato com a teoria da linguagem e vale-se dela sistematicamente. Os leitores de *How To Do Things With Words* devem ficar atentos ao fato de que há uma evolução interna do argumento, de modo que o que é proposto no início é rejeitado no final. Na verdade, o que começa como teoria a respeito de algumas enunciações especiais e peculiares – as enunciações performativas – termina como uma teoria geral que diz respeito a todos os tipos de enunciações. Conseqüentemente, há duas definições ou conceitos cruciais que sofrem deslizamentos: primeiro, ocorre um deslocamento, da concepção de que as performativas são uma classe especial de sentenças com propriedades sintáticas e pragmáticas peculiares, para a corrupção de que existe uma classe geral de enunciações performativas que inclui a velha e conhecida classe das **performativas explícitas** e as **performativas implícitas**, que incluem muitos outros tipos de enunciações, e talvez todas[5]. Segundo, ocorre um deslocamento, da dicotomia performativa/constativa para uma teoria geral dos **atos ilocucionários**, de que as várias performativas e constativas são apenas subcasos especiais. Consideremos esses dois deslocamentos nessa ordem, e examinemos os argumentos de Austin a favor da "reviravolta" teórica, como ele diz.

Para que a dicotomia entre performativo e constativo dê conta da pesada tarefa que Austin lhe atribui, a saber, a distinção entre as enun-

▼

5. Austin não opõe os termos *sentença* e *enunciação* da maneira como o fazemos neste livro – ele fala de *sentenças performativas* e *enunciações performativas* como coisas afinal intercambiáveis (embora observe que nem todas as enunciações são sentenças – Austin, 1962, 6). Na nossa terminologia, na medida em que é possível caracterizar as enunciações performativas como sendo executadas por tipos específicos de sentenças, também faz sentido falar de sentenças performativas – sendo isso menos evidentemente possível para as performativas implícitas.

ciações avaliadas pelas condições de verdade e enunciações avaliadas em termos de felicidade, então, convém que se possa marcar a diferença – isto é, caracterizar as performativas em termos independentes. Austin, portanto, provoca-nos com uma tentativa de caracterizar as performativas em termos lingüísticos. Ele observa que os casos paradigmáticos, como (1) acima, parecem ter as seguintes propriedades: são sentenças ativas, indicativas, de primeira pessoa, no presente simples. Isto não é surpreendente, já que, se, ao enunciar uma performativa, o falante estiver simultaneamente executando uma ação, devemos esperar exatamente estas propriedades. Temos, assim, o contraste entre as seguintes sentenças: apenas a primeira pode ser enunciada performativamente.

(7)   a. I bet you five pounds it'll rain tomorrow
Aposto cinco libras com você que amanhã vai chover
b. I am betting you five pounds it'll rain tomorrow[6]
Literalmente: Estou apostando cinco libras com você que amanhã vai chover
c. I betted you five pounds it'll rain tomorrow
Eu apostei cinco libras com você que amanhã vai chover
d. He bets you five pounds it'll rain tomorrow
Ele aposta cinco libras com você que amanhã vai chover

O aspecto progressivo faz de (7b) (muito provavelmente) um lembrete, da mesma forma que a terceira pessoa em (7d), enquanto o tempo passado em (7c) aponta para um relato; nenhuma destas constativas parece, então, capaz de resultar numa aposta, ao contrário da performativa (7a). Contudo, por mais convincente que seja este paradigma à primeira vista, há muitos outros usos de sentenças ativas, indicativas, de primeira pessoa, no presente simples, por exemplo:

(8)   I now beat the eggs till fluffy
Agora eu bato os ovos até formarem uma espécie de espuma

▼

6. Em algumas variedades de inglês o passado é *bet*; os leitores que julgarem (7c) estranha podem tentar substituir *betted* por *did bet*.

que podem ser ditas numa demonstração, simplesmente como relato de uma ação simultânea. Portanto, precisaremos também de outros critérios para isolar apenas as performativas. Aqui, poderíamos nos valer de uma definição lexical – apenas alguns verbos parecem ser usáveis nesta estrutura sintática performativa com a propriedade especial de executar uma ação simplesmente ao serem enunciados. Para distinguir o presente simples performativo de outros tipos de presente simples, podemos observar que apenas o uso performativo pode ocorrer simultaneamente com o advérbio *hereby* "por meio deste" e, desse modo, podemos isolar os **verbos performativos** verificando se eles aceitam *hereby*:

(9) a. I hereby declare you Mayor of Casterbridge
Eu, por meio deste, declaro-o prefeito de Casterbridge
b. ?I hereby now beat the eggs till fluffy
Literalmente: Eu, por meio deste, agora bato os ovos até formarem uma espuma
c. ?I hereby jog ten miles on Sundays
Eu, por meio deste, corro dez milhas aos domingos

Demonstra-se, desta maneira, que *declare* "declaro" é um verbo performativo, ao passo que *beat* "bater" e *run* "correr" claramente não são. Portanto, agora podemos juntar todos estes critérios: as enunciações performativas são identificáveis porque têm a forma de sentenças ativas, no modo indicativo, na primeira pessoa, no presente simples, tendo como verbo principal um verbo escolhido num conjunto limitado de verbos performativos, o qual forma um sintagma com o advérbio *hereby*.

Contudo, isto tampouco vai funcionar inteiramente. Considere (10) – esse performativo não poderia ser expresso igualmente bem como (11)? Ou (12) como (13), ou mesmo (14)?

(10) I hereby warn you
Eu, por meio deste, advirto
(11) You are hereby warned
Você fica, por meio deste, advertido
(12) I find you guilty of doing it
Eu julgo você culpado de ter feito isso
(13) You did it
Você fez isso

(14)   Guilty!
        Culpado!

Mas, se for assim, então, as propriedades gramaticais das performativas naufragam. Tampouco podemos simplesmente valer-nos apenas da definição lexical, pois os verbos performativos podem ser usados não performativamente como em (7b) acima, e (14) não contém nenhum verbo. Além disso, mesmo quando as condições que levantamos até aqui são cumpridas, as enunciações que exibem essas propriedades não são necessariamente performativas, como ilustra (15):

(15)   A: How do you get me to throw all these parties?
           Como você consegue fazer com que eu dê todas essas festas?
        B: I promise to come
           Eu prometo ir (às festas)

Dessa maneira, o que Austin sugere é que, na realidade, as performativas explícitas são apenas maneiras relativamente especializadas de alguém ser inequívoco e específico a respeito do ato que está executando ao falar. Em vez disso, podem-se empregar recursos mais rudimentares, menos explícitos e específicos, por exemplo, o modo[7] (como em *Shut it* "Tranque-a" em vez de *I order you to shut it* "Eu ordeno que a tranque"), os advérbios (como em *I'll be there without fail* "Estarei lá sem falta" em vez de *I'll promise I'll be there* "Prometo que estarei lá") ou partículas (como *Therefore, X* "Portanto, X" em vez de *I conclude that X* "Concluo que X"). Ou podemos nos valer da entonação para marcar *It's going to charge* "vai atacar" como um aviso, uma pergunta ou um protesto, ou simplesmente permitir a desambiguação pelo contexto. Talvez, ele sugere, apenas culturas literárias "desenvolvidas" façam muito uso do performativo explícito.

Não obstante, apesar do fato de que Austin reconheceu que as enunciações podem ser performativas sem estarem na *forma normal* das performativas explícitas, ele sugere que os verbos performativos ainda são a melhor introdução para um estudo sistemático de todos os diferen-

▼

7. Esse é o termo de Austin: abaixo, distinguiremos *modo* de *por sentença-tipo*.

tes tipos de enunciação performativa. Essa sugestão parece valer-se da crença de que toda performativa não explícita poderia, em princípio, ser colocada na forma de uma performativa explícita, de modo que, ao estudar apenas estas, não perderemos nenhum outro tipo de ação que possa ser realizada apenas por outras formas de enunciação. (Esse princípio foi materializado por Searle (1969, 19 ss.) como um **princípio** geral **de expressibilidade** – "qualquer coisa que se possa pretender dizer pode ser dita"; Austin foi, como sempre, mais cauteloso (ver Austin, 1962, 91).) O objetivo é produzir uma classificação sistemática de tais atos, e Austin vê isto como apenas uma questão de "trabalho de campo prolongado" (1962, 148), usando o teste de *hereby* para selecionar verbos performativos em um dicionário. Ele chega a uma classificação provisória em cinco tipos que sugere que surgem naturalmente, como podem surgir gêneros se você estiver colecionando borboletas, nos quais podem ser classificados os muitos milhares de verbos performativos que ele estima existirem na língua. Como muitos outros esquemas classificatórios foram propostos desde então, parece pouco interessante justificar o dele, e não o detalharemos aqui, embora a questão taxonômica reapareça abaixo.

Voltemo-nos agora para o outro deslocamento importante no trabalho de Austin, aquele que nos faz passar da distinção original entre constativas e performativas para a concepção de que há uma família inteira de atos de fala, da qual as constativas e as várias performativas tomadas uma a uma são apenas membros específicos. O sentido dessa mudança é o seguinte: primeiro, a classe das performativas, como vimos, foi lentamente ampliada, para incluir *performativas simples*[8], de modo que a enunciação *Go!* "Vá", por exemplo, pode estar, variadamente, oferecendo um conselho, uma ordem, fazendo uma tentativa de convencimento, ou um desafio, conforme o contexto. Logo, os únicos tipos de enunciações que *não* estão fazendo ações, além de, ou em vez de simplesmente relatar fatos e acontecimentos, são declarações ou constativas. As declarações, porém, são realmente tais tipos especiais de enunciação? Elas não podem possuir também um aspecto performativo?

▼

8. Austin preferia o termo **primário** a **implícito** para realçar a natureza um tanto especializada das performativas explícitas (1962, 69); esse uso, porém, não é mais corrente.

Assim que a dúvida é expressa, algumas observações vêm confirmar que a dicotomia performativo/constativo carece de substância. Por exemplo, é claro que não há incompatibilidade real entre a possibilidade de as enunciações serem portadoras de verdade e, simultaneamente, a de executarem ações. Por exemplo:

(16) I warn you the bull will charge
      Eu o previno de que o touro vai atacar

parece realizar simultaneamente a ação de alertar e de emitir uma previsão que pode ser avaliada como verdadeira ou falsa. Mas, de maneira mais convincente, pode-se demonstrar que as declarações (e as constativas em geral) estão sujeitas justamente às mesmas infelicidades que as performativas. Na verdade, para cada uma das condições A, B e C em (4) acima, podemos encontrar violações do tipo que tornou vazias ou insinceras as performativas. Por exemplo, tome a condição A (ii), que requer que as circunstâncias e as pessoas sejam adequadas para que a ação relevante seja executada. Então, assim como (17) fracassa se não possuo um Rafael, (18) também fracassa se John, de fato, não tiver nenhum filho:

(17) I bequeath you my Raphael
      Eu lhe lego o meu Rafael
(18) All of John's children's are monks
      Todos os filhos de John são monges

Portanto, a falha de pressuposição, no domínio das constativas, claramente tem paralelo no domínio das performativas, no qual ela torna a enunciação infeliz ou vazia. Similarmente, se oferecemos conselho ou fazemos uma advertência, somos obrigados a ter bons fundamentos para fazê-lo, da mesma maneira que devemos ser capazes de fundamentar uma asserção ou uma constatação. Se os fundamentos são frágeis, todos os três tipos de enunciação compartilham o mesmo tipo de infelicidade. Ou, considerando a condição C, que requer sentimentos e intenções adequados, podemos perceber que, assim como as promessas exigem intenções sinceras a respeito da ação futura, as declarações exigem crenças sinceras a respeito da factualidade do que é afirmado. Daí o paralelismo estreito que há entre a infelicidade de (19) e a infelicidade da declaração em (20) (o "paradoxo de Moore"):

(19)   I promise to be there, and I have no intention of being there
       Prometo estar lá e não tenho nenhuma intenção de estar lá
(20)   The cat is on the mat, and I don't believe it
       O gato está no tapete e eu não acredito nisto

O crítico poderia sustentar, porém, que a verdade e a felicidade são tipos de coisas inteiramente diferentes – pois pode haver diferentes graus de felicidade e infelicidade, mas só há verdadeiro ou falso. Austin, porém, assinala que não é fácil pensar em declarações como em (21) em termos tão distintos de preto e branco:

(21)   France is hexagonal
       A França é hexagonal
       Oxford is forty miles from London
       Oxford fica a quarenta milhas de Londres

O que se quer dizer dessas declarações é que elas são mais ou menos, ou aproximadamente, verdadeiras. Austin conclui que a dicotomia entre declarações portadoras de verdade e performativas que executam ações não pode mais ser mantida. Afinal de contas, não será (22) uma declaração na forma performativa normal?

(22)   I state that I am alone responsible
       Declaro que eu apenas sou responsável

Desse modo, a dicotomia entre performativas e constativas é rejeitada em favor de uma teoria completa dos atos de fala, na qual as declarações (e as constativas em geral) serão meramente um caso especial.

Desse modo, o que se afirma é que todas as declarações, além de significar o que quer que signifiquem, executam ações específicas (ou "fazem coisas") por terem **forças** específicas, como Austin gostava de dizer:

> Além da questão, que foi muito estudada no passado e que diz respeito ao que certa enunciação *significa*, há uma outra questão que diz respeito a qual era a *força*, como a chamamos, da enun-

> ciação. Podemos ter absoluta clareza do que significa a frase "Feche a porta" e ainda assim não ter clareza sobre a questão adicional de determinar se, quando enunciada em determinada ocasião, foi uma ordem, um apelo ou sabe-se lá o quê. Precisamos, além da antiga doutrina a respeito dos significados, de uma nova doutrina sobre todas as forças possíveis das enunciações, e para sua descoberta a lista de verbos performativos explícitos que propusemos seria de grande ajuda. (Austin, 1970a, 251)

Contudo, para tornar clara esta noção de que, ao enunciarmos sentenças, estamos também fazendo coisas, devemos primeiro esclarecer de que maneiras se pode dizer que, ao enunciarmos uma sentença, estamos executando ações. Austin isola três sentidos básicos pelos quais, ao dizermos alguma coisa, fazemos alguma coisa, e, portanto, três tipos de atos que são simultaneamente executados:

(i) **ato locucionário**: a enunciação de uma sentença com sentido e referência determinados
(ii) **ato ilocucionário**: o ato de fazer uma declaração, oferta, promessa, etc. ao enunciar uma sentença, em virtude da *força* convencional associada a ela (ou à sua paráfrase performativa explícita)
(iii) **ato perlocucionário**: o ato de causar efeitos no público por meio da enunciação da sentença, sendo tais efeitos contingentes às circunstâncias da enunciação

Naturalmente, é o segundo tipo, o ato ilocucionário, que está no foco do interesse de Austin e, na verdade, o termo **ato de fala** acabou por referir-se exclusivamente (como no título deste capítulo) a esse tipo de ato. Austin tem o cuidado de dizer que (i) e (ii) são destacáveis e que, portanto, o estudo do significado pode prosseguir independentemente, embora suplementado por uma teoria dos atos ilocucionários. Mais problemática pareceu-lhe a distinção entre (ii) e (iii). Alguns exemplos de seus exemplos indicam como ele pretendia que fosse aplicada:

(23)   Shoot her!
        Atire nela

Podemos dizer dessa enunciação que, nas circunstâncias adequadas, ela teve uma das várias **forças ilocucionárias** de ordenar, instar ou aconselhar o destinatário a atirar nela, mas o **efeito perlocucionário** de persuadir, forçar ou amedrontar o destinatário para que atire nela. (Além de ter o efeito perlocucionário de amedrontá-la, como ele poderia ter acrescentado.) Do mesmo modo, a enunciação de (24) pode ter a força ilocucionária de protestar, mas os efeitos perlocucionários de deter a ação do destinatário, trazê-lo à razão ou simplesmente irritá-lo.

(24)   You can't do that
        Você não pode fazer isso

Em resumo, o ato ilocucionário se realiza diretamente pela força convencional associada à emissão de certo tipo de enunciado em conformidade com um procedimento convencional; conseqüentemente, é determinado (em princípio, pelo menos). Em contraste, o ato perlocucionário é específico das circunstâncias da emissão e, portanto, não é conseguido convencionalmente apenas pela emissão daquele enunciado específico; ele inclui todos os efeitos, visados ou não visados, muitas vezes indeterminados, que certa enunciação específica numa situação específica pode causar. Austin admite que a distinção tem fronteiras frouxas, mas como teste operacional podemos verificar se é possível parafrasear a força ilocucionária hipotética de uma enunciação através de um performativo explícito: se pudermos, o ato executado será um ato ilocucionário; se não, o ato executado será um ato perlocucionário. Um problema específico é que, embora gostássemos de poder identificar os efeitos perlocucionários com as *conseqüências* do que foi dito, os atos ilocucionários também têm conseqüências diretas e embutidas – há a questão do **entendimento** (incluindo a *compreensão* quer da força quer do conteúdo da enunciação pelo(s) seu(s) destinatário(s) – ver Austin, 1962, 116) e a necessidade da ratificação, por exemplo, de uma aposta ou uma oferta, enquanto a certas iloções, como prometer ou declarar guerra, seguem-se ações especificadas. Esta ênfase interacional presente na obra de Austin (sobre o que o(s) receptor(es) de um ato ilocucionário deve(m) pensar ou fazer) infelizmente foi negligenciada no trabalho posterior sobre a teoria dos atos de fala (ver Austin, 1962, palestra IX).

Estas parecem ser as principais contribuições de Austin para o tema; seu trabalho, porém, não é fácil de resumir, já que é rico em sugestões que não foram levadas adiante, e evita tomadas de posição dogmáticas. Do grande volume de trabalho filosófico a que deu origem, vale a pena destacar dois desenvolvimentos em particular. Um é a influente sistematização da obra de Austin por Searle, a cujos escritos a teoria dos atos de fala talvez deva a maior parte do seu impacto sobre os lingüistas, e o outro é uma linha de pensamento que tenta ligar intimamente a teoria do significado nn de Grice (Grice 1957, discutida em 1.2 acima) e a força ilocucionária. Podemos abordar esta última através de um breve exame do trabalho de Searle.

Em geral, a teoria dos atos de fala de Searle é simplesmente a de Austin, sistematizada e em parte enrijecida[9], com incursões na teoria geral do significado e ligações com outras questões filosóficas (ver Searle, 1969, 1979b). Se a força ilocucionária está, de certo modo, ligada convencionalmente às performativas explícitas e outros dispositivos indicadores de força ilocucionária (chamemo-los DIFIs), então, gostaríamos de saber exatamente como. Searle recorre a uma distinção de Rawls (1955) entre **regras reguladoras** e **regras constitutivas**. As primeiras são do tipo que controla com antecedência atividades existentes, por exemplo, os regulamentos de trânsito, e as segundas são do tipo que cria ou constitui a própria atividade, por exemplo as regras de um jogo. Estas possuem a forma conceitual: "fazer X conta como Y", por exemplo, no futebol, chutar ou cabecear a bola por entre os postes do gol conta como um gol. Essencialmente, as regras que ligam os DIFIs com os atos ilocucionários correspondentes são apenas deste tipo: se eu previno você para que não toque o cão, isto conta como entendimento de que não é do seu melhor interesse tocar o animal. Naturalmente, como assinala Austin, só será uma advertência feliz se todas as

▼

9. Especialmente no sentido de que, nos casos em que as caracterizações dos atos de fala de Austin ocorrem em termos de "relações de família" frouxas, Searle prefere delimitações estritas em termos de condições necessárias e suficientes. Há razões para pensar que o tratamento de Searle, no caso, é demasiado forte e inflexível (ver, por exemplo, as seções 5.5 e 5.7 abaixo). Em geral, recomenda-se que os estudantes retornem ao tratamento, freqüentemente mais sutil, que Austin dá a essas questões.

outras condições de felicidade também forem cumpridas (Searle assimila ao mesmo esquema a condição "enunciar DIFI X conta como fazer Y", chamando-a **condição essencial**).

Isso leva Searle a sugerir que as condições de felicidade não são meramente dimensões ao longo das quais as enunciações podem dar errado, mas são, na verdade, conjuntamente constitutivas das várias forças ilocucionárias. Suponha, por exemplo, que, ao produzir a enunciação E, eu prometa sinceramente e com felicidade vir amanhã. Então, para executar essa ação, deve ser o caso que cada uma das condições abaixo tenha sido cumprida:

(25) 1. O falante disse que executaria uma ação futura
2. Ele pretende executá-la
3. Ele acredita que pode executá-la
4. Ele pensa que não a executaria de qualquer maneira no curso normal da ação
5. Ele pensa que o destinatário quer que ele a execute (e não que o destinatário quer que ele não a execute)
6. Ele pretende colocar-se na obrigação de executá-la enunciando E
7. Tanto o falante quanto o destinatário compreendem E
8. Ambos são seres humanos normais, conscientes
9. Ambos encontram-se em circunstâncias normais – por exemplo, não estão representando uma peça
10. A enunciação E contém algum DIFI que só é adequadamente enunciado se todas as condições adequadas são válidas

Ora, algumas dessas condições valem de maneira geral para todos os tipos de ato ilocucionário, a saber, 7-10. Excluindo estas, restam-nos as condições específicas ao prometer: e estas (a saber, 1-6) são efetivamente constitutivas do prometer – se alguém cumpre estas condições, então (desde que 7-10 também sejam válidas), promete eficazmente, e se alguém prometeu eficazmente (e sinceramente), então, o mundo e as condições 1-6 (e também 7-10) coincidem.

Agora podemos usar estas condições de felicidade como um tipo de grade para comparar diferentes atos de fala. Para fazer isto será útil ter algum tipo de classificação das condições de felicidade, como a de Austin em (4) acima; Searle sugere uma classificação em quatro tipos de condições, dependendo de como especificam o **conteúdo proposicional**, as precondições **preparatórias**, as condições de **sinceridade** e a condição **essencial** que acabamos de mencionar. Um exemplo de comparação que pode ser feita nestas dimensões, entre pedidos e advertências (ver Tabela 5.1), deve tornar clara a tipologia (extraída de Searle, 1969, 66-7).

Tabela 5.1 *Comparação das condições de felicidade para pedidos e advertências*

Condições	PEDIDOS	ADVERTÊNCIAS
conteúdo proposicional	Futuro ato A de O	Acontecimento futuro A
preparatórias	1. F acredita que O tem condições de executar A	1. F pensa que A ocorrerá e que A não é do interesse de O
	2. Não é evidente que O executaria A sem que lhe pedisse para fazê-lo	2. F pensa que não é evidente para O que A ocorrerá
sinceridade	F quer que O execute A	F acredita que A não é do melhor interesse de O
essencial	Conta como tentativa de fazer O executar A	Conta como entendimento de que A não é do melhor interesse de O

Searle, porém, não se satisfaz com este processo como método classificatório. Pois os subtipos de perguntas, por exemplo, tendem a multiplicar-se e pode haver um número indefinido de tabelas como a apresentada acima a serem comparadas. O mais interessante seria derivar algum esquema geral que delimitasse os tipos de força ilocucionária *possível*, tendo por fundamento algum conjunto de princípios. Ora, Austin pensava que poderíamos chegar a uma interessante classificação por meio de uma taxonomia de verbos performativos, mas Searle busca algum esquema mais abstrato, baseado nas condições de felicidade. Na verdade, ele propõe (Searle, 1976) que existem apenas cinco tipos básicos de ação que alguém pode executar ao falar, por meio dos seguintes cinco tipos de enunciações:

(i) **representativas**, que comprometem o falante com a verdade da proposição expressa (casos paradigmáticos: afirmar, concluir, etc.)
(ii) **diretivas**, que são tentativas do falante de fazer com que o destinatário faça algo (casos paradigmáticos: pedir, perguntar)
(iii) **comissivas**, que comprometem o falante com algum curso de ação futuro (casos paradigmáticos: prometer, ameaçar, oferecer)
(iv) **expressivas**, que expressam um estado psicológico (casos paradigmáticos: agradecer, desculpar-se, dar as boas-vindas, parabenizar)
(v) **declarações**, que resultam em mudanças imediatas no estado institucional de coisas e que tendem a se valer de instituições extralingüísticas complexas (casos paradigmáticos: excomungar, declarar guerra, batizar, demitir do emprego)

A tipologia, apesar talvez de ser um progresso em relação à de Austin, é uma decepção, no sentido de que carece de princípios que a fundamentem; ao contrário do que diz Searle, nem mesmo se baseia, de maneira sistemática, nas condições de felicidade. Não há razão, então, para pensar que seja definitiva ou exaustiva. Na verdade, já estão disponíveis, agora, muitos outros esquemas classificatórios rivais (ver Hancher, 1979, para um exame de cinco dos mais interessantes, inclusive o de Searle; ver também Allwood, 1976; Lyons, 1977a, 745 ss.; Bach e Harnish, 1979). Aqui, outra corrente principal do pensamento pós-austiniano, que tenta relacionar intimamente a força ilocucionária à teoria de Grice do significado nn ou intenção comunicativa, pode, ao fim e ao cabo, mostrar-se útil. Strawson (1964) afirma que Austin se enganou quanto à natureza da força ilocucionária ao considerar como casos paradigmáticos ilocuções de base institucional como batizar, declarar marido e mulher, julgar culpados e assemelhados, que exigem toda a panóplia dos arranjos sociais relevantes. Em vez disso, a "parte fundamental" da comunicação humana não seria levada a cabo por tais ilocuções convencionais e limitadas pela cultura, mas, sim, por classes específicas de *intenção comunicativa*, no sentido especial esboçado por Grice (1957) na sua teoria do significado (ver 1.2 acima). Este enfoque sugere que, dada a condição essencial de Searle, que geralmente estabelece a intenção relevante, as condições de felicidade em cada um dos principais atos ilocucionários serão previsíveis a partir de considerações gerais de racionalidade e cooperação do tipo representado pelas máximas de Grice (uma idéia aceita por Searle (1969, 69); ver também Katz, 1977). Espera-se, então, que uma classificação dessas possíveis intenções comunicativas, fundada em princípios, possa basear-se na natureza dessas próprias intenções e dos tipos de efeitos que se espera que tenham nos receptores. Uma tentativa de chegar a uma classificação desse tipo é feita por Schiffer (1972, 95 ss.), que faz uma divisão inicial entre classes de intenção semelhantes às *diretivas* de Searle, e uma classe semelhante às suas *representativas*, e prossegue distinguindo categorias mais finas dentro de cada uma delas[10].

Contudo, pode-se afirmar que, em termos gerais, o entusiasmo por este tipo de exercício classificatório não tem cabimento. Seu chamariz parece ser a possibilidade de encontrar uma especificação geral de todas as possíveis *funções* da linguagem (e, portanto, talvez, uma explicação dos "limites de nossa linguagem" que tanto intrigaram Wittgenstein). Contudo, mesmo que haja um número finito de tipos de ilocuções, as perlocuções claramente não o são em princípio, e parece não haver nenhuma razão clara pela qual o que é perlocução numa cultura não possa ser ilocução noutra. Ou, então, poderíamos dizer que o exercício faria sentido se o *princípio da expressibilidade* de Searle, que afirma que "qualquer coisa que se pretenda dizer pode ser dita" (Searle, 1969, 18ss), fosse sustentável, mas a distinção entre ilocução e perlocução parece desmentir esse princípio (ver também a crítica do princípio em Gazdar, 1981). Não obstante, existem certas categorias *lingüísticas* recorrentes que realmente precisam de explicação; por exemplo, parece que os três

▼

10. O próprio Grice, num artigo inédito (1973), sugeriu tal classificação com uma restrição adicional: ele espera conseguir uma taxonomia motivada construindo intenções comunicativas complexas, ou forças ilocucionárias, a partir de apenas duas atitudes proposicionais primitivas, *grosso modo*, *querer* e *crer*.

tipos de sentença básicos, *interrogativas*, *imperativas* e *declarativas*, são universais – todas as línguas parecem ter, pelo menos, duas e, na maioria, três delas (ver Sadock e Zwicky, no prelo)[11]. Com base na suposição (que será questionada abaixo) de que esses três tipos de sentença expressam as ilocuções de interrogar, solicitar (ou ordenar) e declarar, respectivamente, então, pode-se esperar que uma tipologia bem-sucedida das ilocuções preveja a predominância desses três tipos de sentença numa perspectiva translingüística. Não existe tal teoria.

Por fim, devemos mencionar brevemente que a distinção entre força ilocucionária e conteúdo proposicional pode ser encontrada numa outra tradição filosófica derivada de Frege. O próprio Frege punha considerável ênfase na distinção entre o "pensamento", ou proposição, e sua asserção como verdadeiro, ou "juízo". Para tornar a distinção sistematicamente clara, Frege teve o cuidado de colocar um sinal especial de asserção diante das sentenças assertadas (ver Dummett, 1973; Atlas, 1975a). Essa distinção foi honrada por Russell e Whitehead (1910) e desempenha um papel essencial no enfoque de Strawson (1950) sobre pressuposição (ver capítulo 4) e verdade. Hare (1952) introduziu os termos **frástico** para o conteúdo proposicional (um termo que é certamente preferível no caso das interrogativas construídas com pronomes como *Who*, que não expressam, como já se disse, proposições completas) e **nêustico** para a força ilocucionária. Posteriormente, ele sugeriu (Hare 1970) que a força ilocucionária, na verdade, era um amálgama do *nêustico* (compromisso do falante) e de um elemento adicional, o **trópico** (a factualidade do conteúdo proposicional), e Lyons (1977a, 749 ss.) vê certo mérito lingüístico nestas distinções.

Antes de prosseguir, é importante destacar algumas distinções que são essenciais para uma discussão clara dos atos de fala. Primeiro, nunca devemos perder de vista a distinção entre expressões lingüísticas (sentenças) e seu uso no contexto, em ocasiões concretas para fins especí-

▼

11. Esses autores também chamam a atenção para a ocorrência de **tipos de sentença secundários**, específicos de uma língua – por exemplo, exclamações como *How shoddy that is!* "Que porcaria é aquilo!" ou *Boy, can he run!* "Rapaz, como ele corre!". Estas não serão examinadas aqui, apesar de, evidentemente, serem de substancial interesse pragmático (ver Quirk, Greenbaum, Leech e Svartvik, 1972, 406-14).

ficos (enunciações), mesmo que várias teorias dos atos de fala tentem fundi-las sistematicamente. Segundo, o termo *ato de fala* muitas vezes é usado de maneira ambígua, ou genérica, para abranger um tipo de ato ilocucionário caracterizado por um tipo de força ilocucionária (como solicitar) e um tipo de ato ilocucionário caracterizado por uma força ilocucionária e um conteúdo proposicional específico (como solicitar a alguém que abra a porta). Terceiro, e mais importante, devemos ter o cuidado de distinguir o conjunto dos termos *imperativo*, *interrogativo* e *declarativo* do conjunto de termos ordem (ou *solicitação*), *interrogação* e *afirmação* (ou *declaração*). O primeiro conjunto é de categorias *lingüísticas* que dizem respeito a sentenças, o segundo conjunto é de categorias que dizem respeito apenas ao *uso* das sentenças (isto é, a enunciações e tipos de enunciação). Ora, o termo **modo** muitas vezes é usado para designar o primeiro daqueles conjuntos, mas isso é inexato, já que o *modo*, na gramática tradicional, pelo menos, é uma categoria da flexão verbal, e, nessa dimensão, *imperativo* contrasta antes com *indicativo* e *subjuntivo* do que com *declarativo* e *interrogativo*. Lyons (1977a, 747 ss.), portanto, propõe uma mudança na terminologia; não obstante, conservaremos os termos conhecidos, *imperativo*, *interrogativo* e *declarativo*, usando, porém, o termo abrangente **tipos de sentença** em vez do termo enganoso *modo*. (Sobre isto, ver também a proveitosa discussão em Sadock e Zwicky.)

5.2 TESE: OS ATOS DE FALA SÃO IRREDUTÍVEIS A QUESTÕES DE VERDADE E FALSIDADE

Resumiremos aqui, correndo o risco de nos repetirmos, os aspectos do trabalho filosófico sobre os atos de fala que tiveram o impacto mais direto sobre a teorização lingüística. A partir do trabalho de Austin e, em grande parte, através da sistematização deste por Searle, surgiu uma teoria coerente dos atos de fala que chama a atenção do lingüista. Esta posição, que é uma seleção judiciosa e uma leve abstração a partir das visões próprias de Austin e Searle, pode ser chamada *tese da irredutibilidade*, ou, abreviadamente, *Tese*. Em resumo, a posição pode ser formulada da seguinte maneira. Primeiro, todas as enunciações servem não apenas para expressar proposições, mas também para executar ações.

Segundo, das muitas maneiras pelas quais poderíamos dizer que, ao enunciar uma expressão lingüística, um falante estava *fazendo* alguma coisa, há um nível privilegiado de ação que pode ser chamado ato ilocucionário – ou, mais simplesmente, ato de fala. Esta ação é associada por convenção (*pace* Strawson, 1964, e Shiffer, 1972) à forma da enunciação em questão, o que a distingue de quaisquer ações perlocucionárias que possam acompanhar o ato ilocucionário central e ser feitas por meio da ação central. Terceiro, se bem que qualquer força ilocucionária possa ser efetivamente comunicada de várias maneiras, há, pelo menos (em algumas línguas), uma forma de enunciação que a expressa, direta e convencionalmente – a saber, os performativos explícitos, que, em inglês, têm a forma normal (26):

(26)   I (hereby) V_p you (that) S'
       Eu (por meio disto) V_p você (que) S'

onde V_p é um **verbo performativo** tirado do conjunto limitado e determinado de verbos performativos na língua em questão, S' é uma sentença subordinada integrante (cujo conteúdo muitas vezes é restrito pelo verbo performativo específico) e V_p é conjugado no presente simples do indicativo, ativo. Há variações, de pouca monta (ver, porém, Searle, 1976), quanto a um verbo performativo específico reger uma oração subordinada com *that* (como em *I state that p* "Eu declaro que *p*") ou uma oração subordinada com *for –ing* (como em *I apologize for laughing* "Peço desculpas por rir"), etc. Também podemos tratar os três tipos de sentença que são básicos em inglês (e na maioria das línguas), a saber, o imperativo, o interrogativo e o declarativo, como contendo indicadores convencionais gramaticalizados da força ilocucionária, a saber, aqueles associados, respectivamente, aos **prefixos performativos** explícitos (ou às expressões performativas explícitas)[12] *I request you to*

▼

---

12. A expressão *prefixo performativo* é usada aqui, como na literatura dos atos de fala, como abreviação de "expressão performativa de início de sentença" ou algo assim; de um ponto de vista lingüístico, naturalmente, tal expressão não é um prefixo, mas a oração performativa menos um argumento, a saber, a oração integrante regida pelo verbo performativo, que expressa o conteúdo proposicional (ver imediatamente abaixo).

"Peço a você que", *I ask you whether* "Pergunto-lhe se", *I state to you that* "Declaro a você que" (com a disposição específica de que a esses performativos explícitos, se bem que na forma declarativa, se atribui em cada caso a força associada ao verbo performativo explícito). Podemos dizer que sentenças no imperativo, no interrogativo ou no declarativo e, talvez, outros tipos de formato de sentença, são **performativas implícitas**. Quarto, a caracterização adequada da força ilocucionária é fornecida especificando o conjunto de **condições de felicidade** (ou CFs) para cada força. As CFs podem ser classificadas, seguindo Searle, em **condições preparatórias**, que dizem respeito a pré-requisitos do mundo real para cada ato ilocucionário, **condições de conteúdo proposicional**, que especificam restrições ao conteúdo de S' em (26), e **condições de sinceridade**, que enunciam as crenças, sentimentos e intenções exigidos do falante, como adequadas a cada tipo de ação. (Também há no esquema de Searle, como observamos, uma **condição essencial**, que é de uma ordem um tanto diferente.) Assim, dar as condições de felicidade de algum ato ilocucionário é especificar exatamente como o contexto tem de ser para que uma enunciação específica de uma sentença convencionalmente usada para executar esse tipo de ato possa executá-lo efetivamente por ocasião da enunciação. Dado que as condições de felicidade definem e constituem conjuntamente a natureza de qualquer ato de fala específico, espera-se que, em termos das CFs, será possível oferecer uma classificação dos atos de fala mais abstrata e mais bem sustentada em princípios do que aquela que pode vir a surgir (para Austin) de um estudo que se limite aos verbos performativos.

Estas afirmações sugerem que a força ilocucionária e o conteúdo proposicional das enunciações são elementos destacáveis do significado. Portanto, as seguintes sentenças, quando enunciadas com felicidade, compartilhariam todas o mesmo conteúdo proposicional, a saber, a proposição de que o destinatário vai para casa:

(27)   a. I predict that you will go home
Prevejo que você irá para casa
b. Go home!
Vá para casa!
c. Are you going to go home?
Você irá para casa?

d. I advise you to go home
   Aconselho que você vá para casa

mas elas normalmente seriam usadas com forças ilocucionárias diferentes, isto é, executariam atos de fala diferentes[13]. Há um problema neste enfoque, a saber, que, no caso dos performativos explícitos, o conteúdo proposicional parece incluir o dispositivo indicador de força. Pois se, como esta versão da teoria dos atos de fala sugere, o aspecto proposicional do significado deve ser tratado de uma maneira, e o aspecto ilocucionário, de outra, então, o significado de *promise* "prometer" em *I hereby promise to come* "Por meio disto prometo vir" é diferente do significado de *promise* em *He promised to come* "Ele prometeu vir". Na primeira enunciação, ele tem um uso performativo, na segunda, um uso descritivo; na primeira, é explicado por referência às CFs, na segunda, pelo recurso aos conceitos semânticos de sentido e referência. Uma solução para esse problema, adotada por Searle, mas não por Austin, consiste em afirmar que o aspecto proposicional do significado não é, afinal, de tipo tão diferente: podemos prover **condições de uso** para o uso descritivo de *promise* da mesma maneira que podemos aplicar condições de felicidade ao uso performativo. Searle (1969, 1979b) tenta, com isto, ampliar a teoria dos atos de fala até torná-la uma teoria geral da semântica. Há muitas objeções a tal teoria (ver Kempson, 1977, para uma discussão), e, de nossa parte, continuaremos, aqui, interessados na teoria dos atos de fala unicamente como teoria da força ilocucionária. Isto, porém, deixa inteiramente sem solução a questão da maneira como devem ser relacionados os usos performativos e descritivos das mesmas palavras. (Uma possível linha para os que teorizam a favor da Tese é afirmar que prefixos performativos explícitos são realmente tratados semanticamente, exatamente como outras orações não performativas, mas que, *além disso*, as orações performativas possuem uma função indicadora de força que é irredutível à semântica comum.)

▼

13. Gazdar (1981) aponta algumas dificuldades significativas na noção de conteúdo proposicional empregada aqui (como por Katz (1977)).

Estamos agora em condições de formular o princípio central da Tese: a força ilocucionária é um aspecto do significado, entendido em termos amplos, que é inteiramente irredutível a questões de verdade e falsidade. Ou seja, a força ilocucionária constitui um aspecto do significado que não pode ser capturado numa semântica vericondicional. Ao contrário, os atos ilocucionários devem ser descritos em termos de condições de felicidade, que são especificações para o uso adequado. A razão é que, enquanto as proposições *descrevem* (ou estão em correspondência com) estados de coisas e podem, pois, ser caracterizadas plausivelmente em termos das condições em que seriam verdadeiras, as forças ilocucionárias indicam como estas descrições devem ser recebidas ou o que se espera que o destinatário faça com uma proposição específica que foi expressa; por exemplo, no caso de uma asserção, pode-se pretender que o destinatário acredite na proposição expressa; no caso de uma ordem, espera-se que ele torne a proposição verdadeira, etc. (ver Stenius, 1967). O lugar próprio da força ilocucionária é seguramente o domínio da *ação*, e as técnicas adequadas para a análise devem, por isso, ser encontradas na teoria da ação, não na teoria do significado, quando esta é interpretada estritamente, em termos de semântica vericondicional. A Tese, portanto, é uma teoria que propõe lidar com a força ilocucionária de maneira inteiramente pragmática.

5.3 A ANTÍTESE: A REDUÇÃO DA FORÇA ILOCUCIONÁRIA À SINTAXE E À SEMÂNTICA COMUNS

Diretamente oposta à Tese está uma posição que podemos chamar *Antítese*: segundo a Antítese, não há necessidade de uma teoria especial da força ilocucionária porque os fenômenos que puseram Austin à prova são assimiláveis a teorias padrão da sintaxe e à semântica vericondicional.

O primeiro passo, aqui, é atacar a maneira como Austin lida com performativos explícitos. Básica na teoria de Austin é a afirmação de que a enunciação de *I bet you six pence* "Aposto seis pences com você" não é avaliada, nem é sensatamente avaliável, em termos de verdade e falsidade: você conseguiu ou não conseguiu apostar com sucesso e isso depende de terem sido cumpridas ou não as CFs. Logo no início houve quem discordasse (ver, por exemplo, Lemmo, 1962; Hedeniu, 1963): por que não afirmar, em vez disso, que pelo simples fato de enunciar sentenças deste tipo o falante as torna verdadeiras? Neste aspecto, as performativas seriam semelhantes a outras sentenças que são verificadas simplesmente pelo seu uso, como:

(28)   I am here
        Eu estou aqui
        I can speak this loud
        Posso falar alto assim
        I can speak some English
        Sei falar um pouco de inglês

Parece não haver nada de incoerente se este modo de encarar as coisas for aplicado de maneira geral às performativas explícitas; por exemplo, se você diz *I hereby warn you not to get in my way* "Por meio desta, previno-o para que não se meta no meu caminho", então, o que você disse é verdadeiro – você realmente preveniu. Sejam quais forem as condições de uso para *bet* "apostar", *warn* "prevenir" e semelhantes que Austin tinha em mente, elas são simplesmente parte do significado dessas palavras[14].

Para generalizar o ataque à Tese, podemos, então, introduzir a **análise performativa** (ou **hipótese performativa**) para lidar com performativas implícitas. Segundo esta hipótese, à qual podemos nos referir como HP, toda sentença tem como sua oração mais alta na estrutura sintática profunda ou subjacente uma oração da forma de (26) – isto

▼

14. Essa abordagem é mais complicada para as performativas envolvidas nos atos ilocucionários (como batizar, declarar guerra, até mesmo ordenar), que exigem arranjos institucionais específicos; aqui, talvez devamos levar em conta a falsificação, além da verificação, pelo uso: dessa forma, *Eu declaro guerra ao País de Gales*, dito por alguém que não tenha esse poder, pode deixar de ser verdadeira de maneira paralela à falsidade de uma enunciação (não registrada, não retransmitida) de *Eu não estou aqui*. Também há dificuldades na *menção* (metalingüística) em oposição ao *uso* (performativo) de tais sentenças, mas estas dificuldades são compartilhadas pela maioria das teorias dos atos de fala. Finalmente, há problemas com a interpretação semântica do tempo e do aspecto das enunciações performativas (que Kempson, 1977, 64-8, afirma serem ilusórios).

é, uma estrutura que corresponde ao prefixo visível da performativa explícita, seja ela ou não uma performativa ostensiva ou explícita na estrutura superficial. Tal análise pode ser proposta com base no que parecem ser fundamentos plausíveis independentes, a saber, ela captura várias generalizações sintáticas que, de outra maneira, seriam perdidas (ver Ross, 1970; Sadock, 1974). Os argumentos sintáticos são principalmente de dois tipos. O primeiro usa processos anafóricos da seguinte forma: demonstra-se que certo constituinte X de uma oração subordinada só é aceitável se existir outro constituinte Y na oração matriz; assim, sem Y, X não pode aparecer na oração inferior. Agora voltamo-nos para algumas performativas *implícitas* e descobrimos, ao contrário da nossa generalização, certo X na oração matriz, não licenciado por um Y explicitado numa oração mais alta. Ou nossa generalização sobre a dependência de X diante de Y está errada ou existe, na verdade, um Y oculto numa oração matriz suprimida subjacente. Em seguida, mostramos que se a HP é suposta, isto é, se existe uma oração performativa implícita superior, então, haveria, na verdade, apenas o Y exigido numa oração superior, e nossa generalização pode ser preservada. Por exemplo, em (29), o pronome reflexivo *himself* parece ser licenciado pela expressão nominal co-referencial superior, *the President*:

(29) The President said that solar energy was invented by God and himself
O presidente disse que a energia solar foi inventada por Deus e ele mesmo

Mas, quebrando a generalização, o *myself* de (30) parece carecer de qualquer antecedente que lhe corresponda dessa maneira:

(30) Solar energy was invented by God and myself
A energia solar foi inventada por Deus e por mim mesmo

Observe que tais usos são altamente restritos; por exemplo, os reflexivos de terceira pessoa, como em (31), são inaceitáveis (pelo menos, no início de um discurso):

(31) ?Solar energy was invented by God and herself
A energia solar foi inventada por Deus e por ela mesma

Portanto, a aceitabilidade de (30) parece enigmática. O enigma desaparece, segundo a HP, se observarmos que (32) é aceitável justamente pelas mesmas razões que tornam aceitável (29), e se afirmarmos que, na verdade, (30) é derivada de (32) por um processo regular de cancelamento de oração performativa:

(32)   I say to you that solar energy was invented by God and myself
       Eu lhe digo que a energia solar foi inventada por Deus e por mim mesmo

Usando argumentos anafóricos deste tipo, é possível sustentar que todo traço da oração performativa oculta é motivado por exigências sintáticas independentes (ver Ross, 1970). Por exemplo, com base no paralelismo entre as duas sentenças seguintes:

(33)   Herbert told Susan that people like herself are rare
       Herbert disse a Susan que pessoas como ela são raras
(34)   People like you are rare
       Pessoas como você são raras

podemos argumentar que, na verdade, deve haver um antecedente de segunda pessoa implícito na segunda, que seria comodamente suprido pelo objeto indireto da oração performativa hipotética. Além disso, indícios da presença de um verbo performativo oculto parecem ser oferecidos pelos dados sobre advérbios e orações subordinadas adverbiais, para os quais nos voltamos agora.

Outro tipo importante de argumento baseia-se no fato de que parece haver advérbios que modificam orações performativas que surgem em sentenças onde tais orações performativas não aparecem ostensivamente, como em (35) e (36):

(35)   Frankly, I prefer the white meat
       Francamente, prefiro a carne branca
(36)   What's the time, because I've got to go out at eight?
       Que horas são, porque eu tenho de sair às oito?

onde uma interpretação natural é que em (35) *frankly* é um advérbio que incide em um prefixo performativo *I tell* implícito, e, em (36), a oração introduzida por *because* é uma subordinada adverbial que incide em um prefixo *I ask you* implícito.

Além disso, há vários argumentos secundários. A maioria tem como base a afirmação de que certas generalizações sintáticas que, de outra maneira, apresentariam exceções nas orações matrizes das performativas implícitas, deixam de ser excepcionais se a HP for realmente adotada. Por exemplo, as sentenças geralmente exigem sujeitos ostensivos em inglês e em muitas outras línguas, mas o imperativo é uma exceção. Se, porém, supusermos a HP, então, (37) terá uma oração performativa subjacente, do tipo que se explicita em (38):

(37)   Wash the dishes!
            Lave os pratos
(38)   I order you to wash the dishes
            Ordeno-lhe que você lave os pratos
(39)   *I order you that you wash the dishes
            Literalmente: Ordeno a você que lave os pratos

Ora, (39) não é gramatical porque a supressão da Equi-NP deve aplicar-se[15], dado que *order* exige que o sujeito da oração complementar seja co-referencial com o objeto indireto da oração matriz. Portanto, na supressão da oração performativa, teremos (37), contanto que a supressão da Equi-NP se aplique primeiro. Temos, assim, simultaneamente, uma explicação para a ausência de sujeito dos imperativos e para a compreensão de que existe um sujeito de segunda pessoa oculto nos imperativos (ver Sadock, 1974, 32-3). Além do mais, se sempre houvesse uma oração performativa disponível, certos problemas morfológicos que surgem com os honoríficos, do tipo que encontramos no capítulo 2, poderiam ser solucionados: poderíamos atribuir ao sujeito e ao objeto do verbo performativo um traço sintático indicando nível de polidez, e a concordância honorífica poderia ser obtida mediante a exigência de que todas as expressões nominais co-referentes tenham os mesmos traços (ver Sadock,

▼

15. O cancelamento por Equi-NP é uma regra transformacional que suprime os sujeitos das orações subordinadas quando há identidade com o sujeito ou o objeto indireto da primeira oração sintaticamente mais alta (ver Sadock, 1974, 5, 34-5).

1974, 41 ss.). Na verdade, a descrição da dêixis em geral poderia ser facilitada pela presença dos pontos de referências dêiticos cruciais – falante, destinatário e tempo da enunciação (codificados pelo tempo da performativa) – na estrutura subjacente (ver G. Lakoff, 1972, 1975).

A adoção da HP parece, à primeira vista, trazer um avanço significativo e geral diante das primeiras sugestões para lidar com a sintaxe de sentenças-tipo. Chomsky (1957) havia sugerido originalmente transformações opcionais para derivar a inversão sujeito-auxiliar das interrogativas inglesas, e a supressão do sujeito das imperativas inglesas, a partir das declarativas, enquanto Katz e Postal (1964) haviam proposto dois morfemas subjacentes, chamemo-los Q e I, que não apenas acionariam as transformações necessárias, mas também estariam disponíveis na estrutura profunda para a interpretação semântica. A HP consegue tudo o que estas propostas conseguiram, provendo simultaneamente acionadores para os ajustes necessários na estrutura superficial e estruturas para a interpretação semântica, mas de uma maneira muito menos arbitrária (substituindo Q e I por expressões da língua natural, por exemplo; ver Sadock, 1974, 17).

Com base em argumentos como esses, podemos, então, formular como segue (acompanhando Gazdar, 1979a, 18) a versão mais forte da HP:

(40) 1. Todo período gramatical tem uma oração performativa na estrutura profunda ou subjacente
2. O sujeito dessa oração é a primeira pessoa do singular, o objeto indireto, a segunda pessoa do singular e o verbo é tirado de um conjunto limitado de verbos performativos e conjugado no presente simples ativo do indicativo (ou é associado com a representação subjacente deste)
3. Esta oração é sempre a oração mais alta na estrutura subjacente ou, pelo menos, sempre ocorre numa posição determinável nesta estrutura
4. Só há uma oração de tal tipo por período gramatical
5. A oração performativa é suprimível, sendo que tal supressão não muda o significado da sentença
6. A força ilocucionária é semântica (no sentido vericondicional) e é inteiramente especificada pelo significado da própria oração performativa

Na verdade, os vários proponentes da HP geralmente adotaram apenas algum subconjunto dessas afirmações – por exemplo, G. Lakoff (1972) evita a afirmação 2 para manter aberta a possibilidade de falantes e destinatários singulares e plurais; Sadock (1974) abandonou a afirmação 4 e a primeira parte da afirmação 3 por razões sintáticas; G. Lakoff (1975) abandona a afirmação 1 para sentenças que não estão sendo assertadas ativamente, ou que expressam verdades atemporais, enquanto Lewis (1972) evita a mesma afirmação apenas para o caso das sentenças declarativas (por razões semânticas que consideraremos no devido tempo). Não podemos examinar aqui todas estas posições distintas, embora intimamente relacionadas (ver Gazdar, 1979a, capítulo 2), mas a própria variedade delas, e o recuo geral da versão forte da HP, formulada pelas afirmações de (40), reflete as consideráveis dificuldades que cada uma dessas afirmações enfrenta, como veremos.

Armados da HP, os teóricos da Antítese agora podem afirmar que possuem uma redução completa da teoria dos atos de fala a questões de sintaxe e de semântica vericondicional. Que toda sentença, quando enunciada, possui o que parece ser uma "força ilocucionária" é explicado pela presença garantida de uma oração performativa subjacente ou explícita, que tem a peculiar propriedade de ser verdadeira simplesmente em virtude de ser dita com felicidade – daí a intuição de que não faz sentido considerar a sua falsidade. As chamadas "condições de felicidade" específicas em diferentes atos de fala são simplesmente parte do significado dos verbos performativos implícitos ou explícitos, que pode ser capturada em termos de acarretamento ou pressuposição semântica (ver, por exemplo, Lewis, 1972, e, especialmente, G. Lakoff, 1975). O resultado básico é que a força ilocucionária é reduzida a "semântica de variedade hortícola" (G. Lakoff, 1972, 655).

5.4 O MALOGRO DA ANTÍTESE

A antítese é evidentemente uma teoria elegante, que promete trazer o que parece ser um aspecto irredutivelmente pragmático do significado para áreas relativamente bem compreendidas da teoria lingüística. Contudo, hoje em dia, é absolutamente certo que a antítese, pelo menos em sua forma completa, é insustentável. Com efeito, ela incorre em dificuldades insuperáveis nas frentes semântica e sintática. Consideremos sucessivamente esses dois tipos de dificuldades.

5.4.1 PROBLEMAS SEMÂNTICOS

Apesar da crença, amplamente sustentada, de que a semântica vericondicional não pode lidar com enunciações não assertivas, o uso da HP e a noção de que as sentenças performativas se tornam verdadeiras simplesmente pelo fato de serem usadas habilitam tal semântica para lidar com não-declarativas sem muita dificuldade. Paradoxalmente, o problema surge é nas asserções e declarativas. Considere, por exemplo:

(41)   I state to you that the world is flat
       Eu afirmo a você que a Terra é plana

Pela suposição normal da Antítese, essa sentença terá o valor *verdadeiro* simplesmente em virtude de ser enunciada com felicidade. Também pela Antítese, (42) terá como sua forma subjacente algo que corresponde de perto a (41):

(42)   The world is flat
       A Terra é plana

Por hipótese, (41) e (42) devem ter as mesmas condições de verdade, de modo que (42) será verdadeiro precisamente no caso de assim afirmar o falante. É claro, porém, que tal argumento equivale a uma *reductio ad absurdum*. Pois, sejam quais forem as nossas intuições sobre (41), dada a maneira como o mundo é efetivamente, (42) é simplesmente falsa (ver Lewis, 1972, para o argumento completo).

Para esta dificuldade G. Lakoff (1975) tinha uma resposta. Digamos que uma asserção seja verdadeira se, e apenas se, a oração performativa e a oração a ela subordinada forem ambas verdadeiras. Contudo, a resposta cai em mais dificuldades[16]. Considere:

▼

---

16. Isso me foi apontado por Gerald Gazdar.

(43)   I stated to you that the world is flat
       Eu afirmei a você que o mundo é plano

Aqui, basta para a verdade de (43) simplesmente que eu tenha assim afirmado, sendo que a verdade ou falsidade da oração subordinada (*the world is flat*) não desempenha nenhum papel nas condições de verdade do todo. Portanto, os usos não performativos (como em (43)) de verbos performativos como *state* parecem ter condições de verdade diferentes dos usos performativos do mesmo verbo. Na verdade, porém, nesse caso, *fracassamos* na tentativa de reduzir os usos performativos a aplicações diretas de processos semânticos uniformes, como a Antítese afirma ser capaz de fazer.

Foram feitas várias tentativas de resgatar a HP dessa dificuldade semântica, e mesmo com o risco de nos alongarmos sobre esse ponto, vale a pena considerar cuidadosamente as diferentes opções com que contam seus renitentes adeptos. Sadock (em preparação), por exemplo, espera escapar do dilema recorrendo a dois tipos diferentes de verdade (e falsidade), a saber, uma verdade semântica (chamemo-la V1), que é válida para as proposições, e um conceito pragmático de verdade (chamemo-lo V2), que é válido apenas para declarações e asserções. Assim, então, poderíamos dizer que o uso lingüístico comum da palavra inglesa *true* "verdadeiro(a)", a saber, o conceito pragmático T2, só pode ser predicado sensatamente das orações subordinadas de orações performativas explícitas ou ocultas. Assim, dizemos comumente que (41) é verdadeira (isto é, V2) apenas se concordamos que (42) é verdadeira. Contudo, tecnicamente, no sentido teórico (isto é, V1), a proposição expressa por ambas as sentenças (que é a mesma se adotamos a HP) é V1 apenas se a oração performativa (*Eu declaro a você que p*) e, em certos pontos de vista, a oração subordinada *p* também é verdadeira (V1). Conseqüentemente, pode-se afirmar que a opinião de que (41) é verdadeiro ao passo que (42) é falso resulta de predicar a V1 de (41) e (V2) (ou, antes, F2) de (42) – isto é, resulta de uma fusão dos dois tipos de verdade (ver Sadock, em preparação; também G. Lakoff, 1975). Não obstante, embora tal distinção possa realmente ser salutar, não solucionará o presente problema. Pois esse problema consiste justamente no fato de que parece ser impossível manter uma aplicação coerente e uniforme da noção semântica de condições de verdade para as sentenças se adotamos a HP. Reformulemos a dificuldade.

(44) Snow is green
      A neve é verde
(45) I state that snow is green
      Eu afirmo que a neve é verde
(46) I stated that snow is green
      Eu afirmei que a neve é verde

Para acomodar a HP, devemos encontrar alguma maneira pela qual possamos sustentar razoavelmente que (44) e (45) são idênticas em condições de verdade, já que terão estruturas subjacentes e representações semânticas idênticas nessa hipótese. Adotemos as seguintes convenções: seja s o prefixo performativo *I state to you that* "Eu afirmo a você que" (ou qualquer um de seus equivalentes), seja p a oração regida pelo verbo performativo (explicitado ou oculto), seja p' o relato passado de uma afirmação (como em (46)) e seja $s(p)$ a sentença performativa explicitada (como em (45)); além disso, convencionamos que $[p]$ significa "a proposição expressa por p", e assim por diante para $[p']$, etc. Então, para tornar (44) e (45) paralelos em condições de verdade, podemos considerar uma das seguintes linhas. Podemos, como G. Lakoff (1975) sugeriu, atribuir condições de verdade sobre as seguintes bases (onde *verdadeiro* é sempre V1):

(47) (i)   "p" é verdadeiro se e somente se $[p]$ é verdadeiro e $[s(p)]$ é verdadeiro
      (ii) "$s(p)$" é verdadeiro se e somente se $[p]$ é verdadeiro e $[s(p)]$ é verdadeiro
      (iii) "p'" é verdadeiro se e somente se $[p']$ é verdadeiro e $[s(p')]$ é verdadeiro, independentemente da verdade ou falsidade da oração subordinada p do verbo *declarar* em p'

Os problemas, então, são (a) (44) só pode ser verdadeiro se alguém está realmente afirmando-o, o que parece um atalho para o solipsismo, e (b) a solução obriga-nos (como observamos acima) a distinguir dois tipos de condições de verdade para *afirmar*, aquelas para os usos performativos, como em (45) (onde a verdade da oração subordinada é relevante para a verdade do todo), e aquelas para os usos não performativos, como em (46) (onde a verdade da oração subordinada é irrelevante para a verdade da sentença matriz). Ou, então, ao descobrir ser isto insustentável, adotar outra saída:

(48) (i) "p" é verdadeiro se e somente se [p] é verdadeiro
 (ii) "$s(p)$" é verdadeiro se e somente se [p] é verdadeiro
 (iii) "p'" é verdadeiro se e somente se [p'] é verdadeiro

O problema aqui é que, na verdade, tornamos a oração performativa, oculta ou explicitada, "invisível" para as condições de verdade. Nesse caso, porém, não chegamos sequer a oferecer uma caracterização semântica da oração performativa. Tal solução poderia muito bem ser adequada para os teóricos da Tese, deixando aberta uma interpretação pragmática das performativas explícitas e das sentenças-tipo, mas não é uma rota possível para os proponentes da Antítese. Outra alternativa seria:

(49) (i) "p" é verdadeiro se e somente se [$s(p)$] é verdadeiro, independentemente da verdade de p
 (ii) "$s(p)$" é verdadeiro se e somente se [$s(p)$] é verdadeiro, independentemente da verdade de p
 (iii) "p'" é verdadeiro se e somente se [$s(p')$] é verdadeiro, independentemente da verdade de p' (ou p)

isto é, a verdade do todo depende unicamente da verdade da oração performativa, implícita ou explícita. Claramente, porém, tal enfoque tem a conseqüência de que as condições de verdade para todas as declarativas seriam efetivamente as mesmas, o que seria absurdo: para qualquer oração declarativa p, tanto *eu afirmo que p* como simplesmente p serão verdadeiras se o falante assim o afirmar. Agora, porém, fizemos o círculo completo, pois essa afirmação, que pode ser sustentável para as performativas explícitas, parece claramente errada para sentenças sem o prefixo performativo, como observamos inicialmente no caso do exemplo (42)[17].

▼

17. Na verdade, a única tentativa completa de determinar as condições de verdade para as performativas, a saber, a de Aqvist (1972), atribuiria a (41) (pelo menos se incor-

Qualquer teoria semântica que, para uma sentença declarativa qualquer, oferece como suas condições de verdade apenas as condições sob as quais ela seria afirmada com sucesso, falharia patentemente em ligar a linguagem ao mundo – enunciar uma declarativa seria simplesmente garantir que estaríamos emitindo corretamente uma cadeia de morfemas, não seria, de maneira nenhuma, afirmar como o mundo é.

Resta-nos a conclusão de que parece simplesmente impossível conseguir o paralelismo semântico entre (44) e (45) que a HP exige. Podemos recuar e aceitar a HP para todas as sentenças não declarativas, como faz Lewis (1972), mas isto é uma assimetria que atrairia poucos lingüistas e que, na verdade, os argumentos sintáticos a favor da HP simplesmente não permitem. Devemos observar também que, seja qual for a relação *semântica* de (44) com (45), há uma diferença *pragmática* significativa, o que ficará imediatamente claro se o leitor antepuser a cada uma das sentenças deste parágrafo *I hereby state* "Por meio desta afirmo" (R. Lakoff, 1977, 84-5). Se, porém, a HP é parte de um programa geral para reduzir a pragmática à semântica comum, dificilmente podemos recorrer à distinção semântica/pragmática para explicar os diferentes usos de (44) e (45) (Gazdar, 1979a, 25).

Ora, algumas das evidências mais convincentes a favor da HP vêm de advérbios como *frankly* "francamente", que parecem modificar os verbos performativos (chamemo-los **advérbios performativos**, sem préjulgar que eles modificam mesmo tais verbos). Contudo, também aqui há dificuldades semânticas significativas. Primeiro, simplesmente não está claro que os significados desses advérbios sejam realmente paralelos na performativa explícita, na performativa (supostamente) implícita e nos usos performativos relatados:

(50)   I tell you frankly you're a swine
       Digo-lhe francamente que você é um porco

▼

> porasse *hereby*) um significado que podemos parafrasear como: "Comunico esta sentença a você nesta situação e, ao fazê-lo, faço uma afirmação de que o mundo é plano." Tal paráfrase torna clara a peculiar natureza referencial ou **reflexiva de ocorrência** (ver 2.2.4) das sentenças performativas, que as distingue das não performativas (ver Lyons, 1977a, 781).

(51)   Frankly, you're a swine
        Francamente, você é um porco
(52)   John told Bill frankly that he was a swine
        John disse a Bill francamente que ele era um porco

Segundo a HP, *frankly* deveria modificar o verbo *tell* "dizer, contar" (implícito em (51)) em cada uma dessas situações exatamente da mesma maneira. Mas o que *frankly* parece fazer em (51) é prevenir o destinatário de que há uma crítica a caminho, ao passo que, em (52), ele modifica a maneira como se fez o relato (Lyons, 1977a, 783). O performativo explícito em (50) talvez permita ambas as interpretações (se bem que a prosódia, especialmente uma pausa após o advérbio, pode favorecer uma leitura como em (51); cf. Sadock, 1974, 38-9). A alegada simetria, aqui, certamente não é certo que exista.

Um segundo fato a observar é que existem alguns advérbios que *só* podem modificar performativas explícitas, notavelmente *hereby*, como deixam claro as seguintes sentenças:

(53)   I hereby order you to polish your boots
        Por meio desta ordeno que engraxe suas botas
(54)   ?Hereby polish your boots
        Por meio desta, engraxe suas botas

Outros advérbios, embora possam ocorrer com performativos relatados (ao contrário de *hereby*), só podem, não obstante, modificar o ato ilocucionário simultâneo à enunciação. Assim, *in brief* "em resumo", em (55) e (56), modifica o ato de fala corrente, não o relatado no segundo exemplo:

(55)   In brief, the performative analysis is untenable
        Em resumo, a análise performativa é indefensável
(56)   Harvey claimed, in brief, that the performative analysis is untenable
        Harvey afirmou, em resumo, que a análise performativa é indefensável

Tais assimetrias tornam plausível que os advérbios performativos não possam, em geral, ser assimilados a advérbios comuns aplicados a verbos de comunicação (ver, porém, Sadock, 1974, 37 ss.).

Terceiro, afirma-se às vezes que expressões adverbiais complexas, como a seguinte, são indício em favor da HP (Davidson, 1973; Sadock, 1974, 38):

(57)   John's at Sue's house, because his car's outside
         John está na casa de Sue porque o carro dele está do lado de fora

Contudo, está claro que a oração que vem depois de *because*, aqui, não modifica realmente nenhum *I state* ou *I claim*, mas, antes, um *I know* "Eu sei" que compreendemos, como é explicitado em (59):

(58)   I state John's at Sue's house because his car's outside
         Eu declaro que John está na casa de Sue porque o carro dele está do lado de fora
(59)   I know John's at Sue's house because his car's outside
         Eu sei que John está na casa de Sue porque o carro dele está do lado de fora

Pois, se (57) tivesse uma estrutura subjacente similar a (58), a localização do carro de John teria de ser considerada como a razão para *declarar*, ao passo que, na verdade, está sendo claramente oferecida como fundamento para *crer* no que é declarado. Ora, embora possa ser verdade que crer ou saber que *p* pode ser uma CF para afirmar que *p* e, portanto, verdade que tais adverbiais de razão fornecem evidências a favor de certos aspectos da teoria dos atos de fala em geral, o fato de que nem sempre modificam o verbo performativo implícito demonstra que não fornecem indício direto a favor da HP. Antes, parece ser adequado fornecer evidências, em tal oração, de que certas condições pragmáticas no ato de fala são válidas (ver Mittwoch, 1977, 186 ss.). Analogamente, observe que *briefly* em (60) não é parafraseada como em (61), mas como em (62):

(60)   Briefly, who do you think will win the gold medal?
         Sucintamente, quem você acha que vai ganhar a medalha de ouro?
(61)   I ask you briefly who you think will win the gold medal
         Pergunto-lhe sucintamente quem você acha que vai ganhar a medalha de ouro

(62)	Tell me briefly who will win the gold medal
	Diga-me sucintamente quem vai ganhar a medalha de ouro

mas o verbo performativo implícito relevante deve ser um verbo de perguntar, não de dizer (ver aqui, porém, a teoria de que os performativos **se decompõem lexicalmente**, de modo que perguntar deriva de pedir que se diga, exposta em Sadock, 1974, 149 ss.).

Finalmente, os advérbios performativos participam do problema geral associado com a avaliação vericondicional das declarativas. A questão é esta. Se argumentamos que o advérbio em (63) é evidência a favor de uma oração performativa implícita, como em (64), então, (63) deveria ter as mesmas condições de verdade que (64). Como vimos, porém, (63) parece ser verdadeiro apenas caso a semântica seja uma chatice, e (64) verdadeira apenas caso eu o diga.

(63)	Confidentially, semantics is a bore
	Confidencialmente, a semântica é aborrecida
(64)	I say to you confidentially that semantics is a bore
	Digo-lhe confidencialmente que a semântica é aborrecida

Portanto, assimilar (63) a (64), por mais que possa nos ajudar a compreender a *sintaxe* dos advérbios, performativos, no fim, apenas obscurece nossa compreensão da sua semântica. Não obstante, rejeitar a HP coloca-nos igualmente num dilema, pois sobra o advérbio, "solto", em (63) – como se deve interpretá-lo na ausência de um verbo que ele poderia modificar?

Boër e Lycan (1978) chamam uma versão deste dilema **performadoxo**. Supondo, para fins de argumentação, que a HP é sintaticamente correta, eles argumentam que ou (a) adotamos a opinião da Tese, a saber, que a própria oração performativa não é interpretada *semanticamente* em termos de condições de verdade, caso em que os advérbios associados (como em (63) e (64)) tampouco devem ser interpretados, o que parece bastante *ad hoc*, ou (b) realmente interpretamos a oração performativa, caso em que, invariavelmente, as condições de verdade saem erradas. Observe que, se rejeitarmos a HP e reconhecermos que (63) e (64) possuem condições de verdade diferentes, ainda nos restará o advérbio solto em (63). Poderíamos afirmar que *confidencialmente* é ambíguo, entre uma leitura modificadora de sentença adequada a (63) e uma leitura modificadora de predicado adequada a (64), mas, então, teríamos de afirmar isto para *todos* os advérbios performativos que podem aparecer sem performativos explícitos, inclusive os modificadores adverbiais produtivos com *because, since, in case*, etc., como em (65):

(65)   Semantics is a bore, since you ask
       A semântica é uma chatice, já que você pergunta
       Semantics is a bore, in case you didn't know
       A semântica é uma chatice, caso você não saiba

(ver Rutherford, 1970, para mais exemplos e a discussão em Cresswell, 1973, 233-4). Deve-se confessar que o "performadoxo" é, no fim, um problema também para os teóricos da Tese. A deselegante solução de Cresswell (1973, 234) é considerar (63), estritamente falando, como mal formada e pragmaticamente elíptica de (64). Boër e Lycan (1978) simplesmente propõem uma solução de compromisso, que é aceitar a HP para os performativos implícitos apenas quando formos obrigados por advérbios performativos soltos, e rejeitá-la em outros casos, fazendo a colheita reduzida de incoerências semânticas que então cultivamos[18].

Podemos concluir esta discussão dos advérbios performativos observando que, embora, à primeira vista, pareçam as mais fortes evidências a favor da HP, eles, na verdade, suscitam uma profusão de problemas que a HP não soluciona de maneira nenhuma. Como tais, certamente não constituem evidências em favor dela.

Há ainda outras dificuldades nas tentativas de reduzir a força ilocucionária à semântica vericondicional. Considere, por exemplo, a ensaiada redução das CFs a aspectos do significado dos verbos performativos com que estão associadas. Logo se torna claro que os aspectos

▼

18. Outros teóricos esperam escapar a alguns destes dilemas recorrendo a versões alternativas da HP. Assim, Lyons (1977a, 782) e Mittwoch (1977) sugerem que a oração performativa implícita associada deveria ser justaposta *parataticamente* ao conteúdo da enunciação, em vez de ser subordinada a ele. Mas, como Boër e Lycan (1978) mostram, todas as sugestões desse tipo naufragam igualmente no "performadoxo".

pertinentes do significado não podem ser vericondicionais. Considere, por exemplo, (66) e a sua correspondente versão performativa implícita (67):

(66)   I request you to please close the door
       Solicito-lhe que, por favor, feche a porta
(67)   Please close the door
       Por favor, feche a porta

Devido à presença de um verbo de pedir explícito ou implícito, estas teriam como parte do seu significado a CF (68):

(68)   A porta não está fechada (ou, pelo menos, não estará no momento de se aquiescer à solicitação)

Se (68) fosse um acarretamento de (66) ou (67), simplesmente em virtude do significado de *request*, então, (69) deveria acarretar (70) e (71) deveria ser uma contradição.

(69)   John solicitou a Bill que fechasse a porta
(70)   No tempo em que a ação foi levada a efeito, a porta não estava fechada
(71)   John solicitou a Bill que fechasse a porta, mas ela já estava fechada

Novamente, esses resultados estão errados e, por *reductio* [*ad absurdum*], devemos abandonar a suposição de que as CFs podem ser capturadas com base em condições de verdade, como parte da semântica do verbo em questão. As propriedades da maioria das CFs são, de qualquer modo, gerais demais para serem atribuídas aos significados de itens lexicais específicos (Allwood, 1977). Por exemplo, as **condições de capacidade** (isto é, as condições preparatórias que exigem que o falante ou destinatário possa executar as ações cabíveis exigidas) em relação ao ato de prometer ou de oferecer parecem estar baseadas no critério racional simples de que não faz nenhum sentido comprometermo-nos em tentar ações se soubermos que não temos condições de realizá-las; analogamente, para as condições de capacidade nos pedidos, comandos e sugestões, seria simplesmente irracional tentar sinceramente fazer com que outros agentes façam o que sabemos que eles não podem fazer. Essas limitações à ação racional em geral são inteiramente independentes da língua, e menos ainda de alguma parte do significado dos verbos performativos. Poderíamos tentar assimilar as CFs à categoria da pressuposição pragmática, mas é possível mostrar que possuem propriedades inteiramente diferentes dos exemplos centrais de pressuposição e que é preferível assimilá-las à categoria da implicatura conversacional (ver Rogers, 1978).

Finalmente, mesmo que se revelasse que as sentenças performativas, implícitas ou explícitas, podem ser tratadas num contexto teórico verifuncional (como Sadock (em preparação) continua esperando), algumas das intuições básicas que subjazem ao trabalho de Austin ainda não teriam sido explicadas. Pois a noção de força ilocucionária foi especialmente dirigida para as propriedades que assimilam as enunciações a ações, e estas propriedades não poderiam, de maneira nenhuma, ser capturadas por tal tratamento. Pois, essencialmente, uma enunciação como (72) não seria tratada como basicamente diferente em tipo de (73); ambas seriam relatos de acontecimentos, mas o acontecimento relatado na primeira seria simplesmente simultâneo à enunciação.

(72)   I bet you six pence I'll win the race
        Aposto com você seis pence como vencerei a corrida
(73)   I betted you six pence that I'd win the race
        Eu apostei com você seis pence como eu venceria a corrida

Percebemos que há (em 72) algo além de um mero relato simultâneo e esse algo está curiosamente ausente em outros formatos de relatos simultâneos, como aquele que se exemplifica em (74):

(74)   I am betting you sixpence I'll win the race
        Literalmente: Estou apostando com você seis pence como vencerei a corrida

Que as enunciações realmente possuem propriedades semelhantes a ações resulta claro a partir de observações simples como as seguintes. Algumas enunciações, por exemplo, os pedidos e promessas, têm como conseqüências ações governadas por regras; as enunciações podem substituir as ações e vice-versa (considere, por exemplo, as enunciações que acompanham uma pequena compra numa loja); algumas enunciações, como Austin insistiu, realmente se valem de acertos prévios não lingüísticos elaborados e, nesses acentos prévios, ações lingüísticas e não lingüísticas são sistematicamente entrelaçadas (considere batizar um barco, celebrar um casamento, etc.). Por fim, Austin, corretamente, atribuiu certa importância ao que ele chamou *entendimento ilocucionário*; assim, se eu enuncio (72) de tal maneira que você não consegue ouvir, está razoavelmente claro que (73) seria falsa como relato do que aconteceu. Parece, portanto, que, para um ato de fala realizar-se, geralmente se exige supor que o destinatário ouviu, registrou e, em alguns casos (como (72)), reagiu ao que foi dito (as exceções são, talvez, coisas como maldições, invocações e bênçãos).

5.4.2 PROBLEMAS SINTÁTICOS

Além destas incoerências e inadequações semânticas, a HP exigida pela Antítese sofre as investidas de vários problemas sintáticos. Aqui, não podemos fazer mais do que indicar o alcance destes problemas (remetendo o leitor a Anderson, 1971, Fraser, 1974a, Leech, 1976, e Gazdar, 1979a, cap. 2, para detalhes adicionais). O que se segue, ainda assim vale como amostra. Primeiro, como o próprio Austin observou, há muitos casos em que os performativos explícitos não se referem ao falante, como nos seguintes exemplos:

(75) The company hereby undertakes to replace any can of Doggo-Meat that fails to please, with no questions asked
Por meio desta, a companhia compromete-se a substituir qualquer lata de Doggo-Meat que deixe de agradar, sem fazer nenhuma pergunta

(76) It is herewith disclosed that the value of the estate left by Marcus T. Bloomingdale was 4,785,758 dollars
Revela-se por este instrumento que o valor da propriedade deixada por Marcus T. Bloomingdale era de 4.785.758 dólares

e outros em que o destinatário não é o *alvo* (ver 2.2.1) como em:

(77)   Johnny is to come in now
       Johnny deve entrar agora

Seja qual for a maneira de manejar tais exemplos, eles complicam consideravelmente a HP. Pois, a menos que a oração performativa tenha propriedades estritamente definíveis, será impossível especificá-la univocamente em termos sintáticos, e, se isto não pode ser feito, então, as regras sintáticas, muito especiais e, na verdade, extraordinárias, que se aplicam apenas a orações performativas (notavelmente, a supressão da oração performativa inteira), não podem ser adequadamente restringidas. Uma propriedade definidora crucial desse tipo pode ser a de que a oração performativa é sempre a oração mais alta em qualquer sentença. Contudo, exemplos como (78) parecem claros contra-exemplos a tal generalização:

(78)   We regret that the company is forced by economic circumstances to hereby request you to tender your resignation at your earliest convenience
       Lamentamos que a companhia seja obrigada, por circunstâncias econômicas, a solicitar-lhe, por meio desta, que apresente sua demissão tão logo sua conveniência permita

Os proponentes da HP são obrigados por esses exemplos a considerar regras de "rebaixamento da oração performativa", de outra maneira, imotivadas, ou a afirmar que a força ilocucionária de (78) é assertiva, na verdade, e se torna um pedido apenas por implicação pragmática.

Mais problemas surgem do fato de que muitas sentenças parecem envolver mais de uma força ilocucionária. Por exemplo, (79) tem uma oração relativa não restritiva que é claramente assertiva na força, apesar de estar embutida em uma pergunta:

(79)   Does John, who could never learn elementary calculus, really intend to do a PhD in mathematics?
       John, que nunca conseguiu aprender cálculo elementar, realmente pretende fazer um doutorado em matemática?

Se toda sentença tem apenas uma oração performativa, pareceria necessário derivar (79) de um "amálgama" de duas derivações distintas (ver G. Lakoff, 1974). Dificuldades semelhantes surgem mesmo com perguntas-*tag* como:

(80)   Wittgenstein was an Oxford philosopher, wasn't he?
       Wittgenstein foi um filósofo de Oxford, não foi?

onde o *tag* carrega uma força interrogativa que modifica a força assertiva da oração declarativa (ver Hudson, 1975, para discussão). E mesmo onde temos uma oração sintática única na estrutura superficial, para capturar a força ilocucionária intuitiva podemos ter de hipotetizar uma conjunção de duas orações performativas subjacentes. Assim, (81) foi analisada como tendo uma estrutura subjacente similar a (82) (Sadock, 1970; ver, porém, Green, 1975):

(81)   Why don't you become an astronaut?
       Por que você não se torna um astronauta?
(82)   I ask you why you don't become an astronaut and I suggest that you do
       Pergunto por que você não se torna um astronauta e sugiro que o faça

Mas evidentemente uma frase melhor seria:

(83)   I ask you why you don't become an astronaut, and if you can think of no good reasons why not, I suggest that you do
       Eu pergunto por que você não se torna um astronauta, e se você não consegue pensar numa boa razão para não fazê-lo, sugiro que o faça

Não obstante, claramente, (83) não está *sintaticamente* relacionada com (81).

Portanto, parece haver limites distintos para a extensão em que podemos esperar que uma força ilocucionária seja refletida na estrutura sintática.

Talvez, porém, as objeções sintáticas mais importantes à HP sejam as seguintes. Primeiro, exigiria, na maioria dos casos (para todos os performativos implícitos), uma regra de supressão performativa, de outro modo, atípica e imotivada, e regras muito mais complexas, mais uma vez não motivadas independentemente, para lidar com casos como (78)-(81). Segundo, exatamente o mesmo raciocínio que originalmente levou ao postulado da oração performativa leva a argumentos que o enfraquecem. Por exemplo, os mesmos argumentos anafóricos que foram discutidos acima como motivações para a análise performativa levam à conclusão de que, na verdade, deve haver uma oração ainda mais alta e assim sucessivamente, *ad infinitum* (ver Gazdar, 1979a, 21). Além disso, os próprios fenômenos anafóricos parecem ser antes pragmaticamente condicionados que sintaticamente condicionados (como indicado pelo tratamento qualificado que tivemos de dar à inaceitabilidade de (31), em início de discurso). Mesmo os fatos sobre advérbios que parecem modificar performativos implícitos não apóiam realmente a HP (Boër e Lycan, 1978). Pois os advérbios performativos, infelizmente, surgem em posições sintáticas que não se reconciliam facilmente com a afirmação de que eles modificam a oração (performativa) mais alta (Mittwoch, 1977). Observe, por exemplo, as seguintes localizações possíveis para *frankly*:

(84)   It's because, frankly, I don't trust the Conservatives that I voted for Labour
       É porque, francamente, não confio nos conservadores que votei no Partido Trabalhista
(85)   I voted for Labour because, frankly, I don't trust the Conservatives
       Eu votei no Partido Trabalhista porque, francamente, não confio nos conservadores

Parece não existir nenhum aparato sintático que seja exigido independentemente e possa ser considerado responsável pelo rebaixamento desses advérbios, de sua localização hipotética na oração performativa para as orações intercaladas em que realmente aparecem. No caso de (85), poderíamos tentar resgatar a hipótese afirmando que, na verdade, existem duas orações e que *frankly* modifica a segunda, como em (86):

(86)   I tell you that I voted for Labour because I tell you frankly I don't trust the Conservatives
       Digo-lhe que votei no Partido Trabalhista porque eu lhe digo francamente que não confio nos conservadores

Mas isso, naturalmente, faz com que a semântica da oração com *because* saia errada: (86) afirma que estou dizendo algo a você porque estou dizendo a você alguma outra coisa, que absolutamente não é o significado de (85) (ver Mittwoch, 1977, 179, para dificuldades sintáticas adicionais com advérbios performativos). Finalmente, como veremos ao falar dos **atos de fala indiretos**, os mecanismos sintáticos exigidos para lidar com esses fenômenos são poderosos o bastante para reproduzir inteiramente os efeitos da HP sem efetivamente ter orações performativas (ver Sadock, 1975).

Por todas estas e outras razões, a Antítese não pode ser considerada uma teoria adequada da força ilocucionária. Ela fracassa por motivos internos, porque leva a incoerências semânticas e sintáticas, e por motivos externos, porque deixa de capturar as intuições básicas que, originalmente, levaram à teoria dos atos de fala. O malogro da Antítese parece deixar a Tese intacta, o que não impede que a Tese tenha seus próprios problemas. Pois, naturalmente, ela herda, em parte, os problemas da avaliação dos advérbios performativos, e é obrigada a oferecer um tratamento pragmático de todos os fenômenos distribucionais que incentivaram a HP em primeiro lugar. Nenhuma explicação assim foi elaborada em detalhe, e, no geral, em tempos recentes, tem sido surpreendentemente pobre a reflexão sobre como o condicionamento pragmático visível dos fatos sintáticos deve ser acomodado numa teoria lingüística (as idéias que surgiram serão consideradas na seção 5.5; ver também nos capítulos anteriores as observações referentes à dêixis (2.2), à implicatura convencional (3.2.3) e à pressuposição (4.2)). Contudo, há outras razões para duvidar também da adequação da Tese e há, pelo menos, uma maneira alternativa e elegante de pensar a respeito dos atos de fala. Antes de passarmos a ela, discutamos um fenômeno sempre presente que constitui um sério problema para a Tese e para a Antítese na forma como geralmente são propostas.

5.5 ATOS DE FALA INDIRETOS: UM PROBLEMA PARA A TESE E A ANTÍTESE

Um problema importante para a Tese e a Antítese é constituído pelos fenômenos conhecidos como **atos de fala indiretos** (ou, abreviadamente, AFIs). A noção só faz sentido se adotarmos a noção de uma **força literal**, isto é, o ponto de vista de que a força ilocucionária está embutida na forma da sentença. Chamemos isto **hipótese da força literal** (ou, abreviadamente, HFL). Como assinalou Gazdar (1981), adotar a HFL equivalerá a admitir o seguinte:

(87)   (i) As performativas explícitas têm a força que é nomeada pelo verbo performativo na oração matriz
(ii) Ou então, os três tipos principais de sentenças em inglês, isto é, as imperativas, interrogativas e declarativas, possuem as forças que a tradição associou a elas, a saber, ordenar (ou pedir), interrogar e afirmar, respectivamente (naturalmente, com a exceção das performativas explícitas, que estejam em formato declarativo)

Está claro que os teóricos da Antítese têm de admitir a HFL em virtude de seu compromisso com a HP: por aquela hipótese, as performativas explícitas expressam suas forças ilocucionárias diretamente, e os três tipos básicos de sentença serão o reflexo de verbos performativos subjacentes de ordenar, interrogar e afirmar. Contudo, os teóricos da Tese também estão comprometidos com a HFL na medida em que pensam que estão envolvidos num exercício semântico que caracteriza o significado dos vários DIFIs (dispositivos indicadores de força ilocucionária), que claramente incluem as performativas explícitas e os tipos principais de sentenças. É certo que Searle está ostensivamente comprometido com a HFL, e a ênfase que Austin deu à natureza "convencional" da força ilocucionária e de seus indicadores também parece comprometê-lo com a HFL.

Dada a HFL, qualquer sentença de que as regras (i) ou (ii) em (87) acima não conseguem estabelecer a força associada é uma exceção problemática, e a linha padrão consiste em afirmar que, ao contrário das primeiras intuições, a força que as regras associam à sentença não é sua força *literal*, mas simplesmente uma força *indireta* inferida. Portanto, quaisquer usos que não aqueles em conformidade com (i) ou (ii) são *atos de fala indiretos*.

O problema básico que surge, então, é que a *maioria* dos usos é indireta. Por exemplo, o imperativo é muito raramente usado para expressar pedidos em inglês; em lugar dele, tendemos a empregar sentenças que fazem solicitações apenas indiretamente. Além disso, os tipos de sentenças assim empregados são muito variados (ver, por exemplo, Ervin-Tripp, 1976, para algumas generalizações empíricas). Por exemplo, seria possível construir uma lista indefinidamente longa de maneiras de pedir indiretamente a um destinatário que feche a porta (ver também Searle, 1975):

(88)   a. I want you to close the door
Quero que você feche a porta
I'd be much obliged if you'd close the door
Eu ficaria muito grato se você fechasse a porta
b. Can you close the door?
Você pode fechar a porta?
Are you able by any chance to close the door
Por acaso, você tem como fechar a porta?
c. Would you close the door?
Você fecharia a porta?
Won't you close the door?
Você não vai fechar a porta?
d. Would you mind closing the door?
Você se importaria de fechar a porta?
Would you be willing to close the door?
Você estaria disposto a fechar a porta?
e. You ought to close the door
Você devia fechar a porta
It might help to close the door
Poderia ser útil fechar a porta
Hadn't you better close the door?
Não seria melhor você fechar a porta?
f. May I ask you to close the door?
Posso pedir-lhe que feche a porta?
Would you mind awfully if I was to ask you to close the door?
Você ficaria muito chateado se eu lhe pedisse que fechasse a porta?
I am sorry to have to tell you to please close the door
Sinto ter de dizer-lhe para fechar a porta
g. Did you forget the door?
Você se esqueceu da porta?

Do us a favour with the door, love
Faça-nos um favor com a porta, amor
How about a bit less breeze?
Que tal um pouco menos de brisa?
Now Johnny, what do big people do when they come in?
Agora, Johnny, o que faz gente grande ao entrar?
Ok Johnny, what am I going to say next?
Certo, Johnny, o que eu vou dizer em seguida?

Dado que a função primária de cada uma destas frases, nas circunstâncias certas, poderia equivaler a um pedido de que a porta fosse fechada, o teórico da HFL tem de elaborar alguma maneira de derivar sua força de pedido a partir de formas de sentença que, segundo a regra (ii) em (87) acima, são, prototipicamente, afirmações e interrogações e não pedidos (já que, com uma única exceção, elas não estão na forma imperativa).

A diversidade do uso efetivo constitui, assim, um desafio substancial à HFL, a teoria de que existe uma correlação simples entre forma e força. À primeira vista, o que as pessoas *fazem* com as sentenças parece não ser nem um pouco determinado pela forma superficial (isto é, o tipo de sentença) das sentenças enunciadas. Contudo, antes de perguntarmos como os teóricos da Tese e da Antítese poderiam responder a este desafio, devemos primeiro considerar outro problema distinto mas relacionado, colocado pelos AFIs. Esse problema é que os AFIs freqüentemente possuem reflexos sintáticos (ou, pelo menos, distribucionais) associados não só com o seu tipo de sentença superficial (e, portanto, segundo a HFL, com sua força literal), mas também com sua força ilocucionária indireta ou efetiva. Alguns exemplos desse fenômeno tornarão claras as dimensões do problema.

Primeiro, considere a distribuição bastante restrita de *please* na posição pré-verbal – ele ocorre nos pedidos diretos, como (89), mas não em coisas que não são pedidos, como (90) (o ?, aqui, indica, pelo menos, anomalia pragmática e, como diriam alguns, também, agramaticalidade):

(89)   Please shut the door
       Por favor, feche a porta
       You please shut the door
       Você, por favor, feche a porta

	I ask you to please shut the door
	Peço a você que, por favor, feche a porta
(90)	?The sun please rises in the West
	O sol, por favor, ergue-se no Oeste
	?The Battle of Hastings please took place in 1066
	A batalha de Hastings, por favor, ocorreu em 1066

Contudo, *please* também ocorre antes de verbos em certos pedidos indiretos (*grosso modo*, os que incorporam o conteúdo proposicional do pedido direto), como em:

(91)	Can you please close the door?
	Você pode, por favor, fechar a porta?
	Will you please close the door?
	Quer, por favor, fechar a porta?
	Would you please close the door?
	Você, por favor, fecharia a porta?
	I want you to please close the door
	Quero que você, por favor, feche a porta

Conseqüentemente, para descrever sucintamente a distribuição deste morfema inglês, parece que precisamos nos referir a uma única classe funcional, a saber, o conjunto de solicitações efetivas, diretas ou indiretas (para mais discussões, ver Gordon e Lakoff, 1971; Sadock, 1974, 88-91, 104-8).

Do mesmo modo, considere um advérbio performativo como *obviously* "obviamente, evidentemente", ou uma oração parentética como *I believe* "Eu creio": eles parecem estar restritos a asserções, como deixa claro (93):

(92)	a. The square root of a quarter is, obviously, a half
	A raiz quadrada de um quarto é, evidentemente, um meio
	b. The square root of a quarter is, I believe, a half
	A raiz quadrada de um quarto é, creio, um meio
(93)	a. ?Is, obviously, the square root of a quarter a half?
	É, evidentemente, a raiz quadrada de um quarto um meio?
	b. ?Is, I believe, the square root of a quarter a half?
	É, eu creio, a raiz quadrada de um quarto um meio?

É um fato, porém, que tais expressões podem ocorrer não apenas com asserções diretas como em (92), mas também com asserções disfarçadas de interrogativas como em (94) ou na forma de imperativos como em (95):

(94)   a. May I tell you that, obviously, the square root of a quarter is a half?
Posso lhe dizer que, evidentemente, a raiz quadrada de um quarto é um meio?
b. May I tell you that, I believe, the square root of a quarter is a half?
Posso lhe dizer que, creio, a raiz quadrada de um quarto é um meio?

(95)   a. Let me tell you that, obviously, the square root of a quarter is a half
Deixe-me dizer-lhe que, evidentemente, a raiz quadrada de um quarto é um meio
b. Let me tell you that, I believe, the square root of a quarter is a half
Deixe-me dizer-lhe que, creio, a raiz quadrada de um quarto é um meio

Novamente, a generalização é que estes modificadores parecem restritos a enunciações que possam ter força de asserção, seja qual for o tipo de sentença da expressão lingüística que executa a asserção (ver Davison, 1975). Observações semelhantes podem ser feitas para certos tipos de oração que começavam por *if* e parecem mencionar as condições de felicidade próprias do ato ilocucionário que está sendo executado, como em:

(96)   Pass me the wrench, if you can
Passe-me a chave inglesa, se puder

aqui a oração com *if* serve para suspender a condição da capacidade normalmente suposta nos pedidos. Observe agora que tal oração ocorre de maneira feliz nos pedidos indiretos, como em (97), mas não nas perguntas, diretas ou indiretas, como em (98) (ver Heringer, 1972):

(97)   a. I want you to pass me the wrench, if you can
Quero que me passe a chave inglesa, se puder

b. Will you pass the wrench, if you can
   Quer me passar a chave inglesa, se puder
c. Let me have the wrench, if you can
   Deixe-me ter a chave inglesa, se puder {= Dê-me a chave inglesa, se puder}

(98) a. ?Have you got the wrench, if you can
         Você tem a chave inglesa, se puder
      b. ?I want to know if you have the wrench, if you can
         Quero saber se você está com a chave inglesa, se puder
      c. ?Let me ask you if you have the wrench, if you can
         Deixe-me perguntar se você tem a chave inglesa, se puder

Novamente, parece que precisamos nos referir à força efetiva de uma enunciação, independentemente de sua forma, para formular as restrições que pesam sobre estas orações.

Outro tipo de padrão distribucional que é associado aos AFIs é o tipo de contração ou apagamento ilustrado pelas sentenças abaixo:

(99) a. Why don't you read in bed?
         Por que você não lê na cama?
      b. Why not read in bed?
         Por que não ler na cama?

Aqui, a primeira sentença pode ser usada ou como uma solicitação genuína de razões, ou como uma sugestão, mas a forma com a supressão de *do* na segunda sentença parece permitir somente a interpretação como sugestão (Gordon & Lakoff, 1975). Da mesma maneira, a contração de (100a) para (100b) obriga a uma interpretação desta como conselho:

(100) a. You ought to pay your bills on time
         Você deve pagar as suas contas em dia
      b. Oughta pay your bills on time
         Você deve pagar as suas contas em dia

e isto explica a estranheza de:

(101)   ?Oughta pay your bills on time, and you do
        Você devia pagar suas contas em dia e você paga

já que não se pode, com felicidade, aconselhar um curso de ação que já vem sendo adotado (Brown e Levinson, 1978, 275). Tais exemplos, que são muitos, parecem fornecer, pelo menos à primeira vista, evidências de que vários processos sintáticos ou, pelo menos, distribucionais estão sujeitos a um condicionamento pragmático sistemático.

Há muitos outros tipos de interação aparente entre sintaxe e força ilocucionária direta (para mais exemplos, ver Sadock, 1974, capítulo 4; Mittwoch, 1976; Gazdar, 1980a). Ross (1975) concluiu, com base numa dessas presumíveis interações, que devemos nos reportar às limitações pragmáticas durante a derivação sintática das sentenças e sugeriu que, assim como os adeptos da semântica gerativa propugnaram por uma "semantaxe" híbrida, estes fatos motivam uma "pragmantaxe". Uma alternativa, muito mais alinhada com o pensamento atual, é não restringir a sintaxe por limitações pragmáticas (gerando, assim, todas as sentenças que nos exemplos acima foram assinaladas com "?"), mas ter um conjunto extra de filtros pragmáticos que bloqueiem as combinações de palavras pragmaticamente anômalas. De qualquer modo, porém, uma teoria lingüística geral parece que precisa ser mobilizada para fornecer uma explicação da interação entre a força ilocucionária, direta e indireta, e processos aparentemente sintáticos.

A HFL, portanto, defronta-se com um problema duplo: por um lado, ela parece fazer as predições erradas a respeito da atribuição da *força* à *forma* da sentença, e, por outro, ela precisa fornecer uma explicação de como e por que as sentenças parecem capazes de suportar os estigmas sintáticos, ou marcadores distribucionais, de suas forças indiretas. Dois tipos básicos de teorias foram propostos para resgatar a HFL, e podemos chamá-las **teoria da expressão idiomática** e **teoria da inferência**.

Segundo as teorias da expressão idiomática, o caráter indireto de muitos casos presumidos de AFIs é na verdade apenas aparente. Formas como aquelas que encontramos em (88a)-(88d) são, na verdade, todas, *expressões idiomáticas* que estão no lugar de e são semanticamente equivalentes a "Eu, por meio desta, solicito que você feche a porta". Formas como *Can you VP* "Você pode VP?" são expressões idiomáticas para "Peço que você VP", da mesma maneira que *kick the bucket* "chutar o balde" é uma expressão idiomática para *die* "morrer", isto é, elas não são analisadas composicionalmente, mas meramente registradas por inteiro no léxico, com a equivalência semântica adequada. Como ponto a seu favor, os adeptos da teoria da expressão idiomática podem apontar várias idiossincrasias léxicas dos formatos dos AFIs – por exemplo, *Can you VP?* parece um formato mais padrão para pedidos indiretos do que *Are you able to VP?*; além disso, há formas como *Could you VP?* que até parecem difíceis de interpretar adequadamente de maneira literal. Ademais, parece haver algumas maneiras pelas quais as expressões idiomáticas hipotéticas se comportam sintaticamente como as suas contrapartes diretas correspondentes que não são expressões idiomáticas. Por exemplo, considere novamente a distribuição de *please* pré-verbal em pedidos diretos e pedidos aparentemente indiretos. Suponha, porém, que estas sejam realmente expressões idiomáticas de pedidos; então, elas terão a mesma estrutura subjacente ou representação semântica que solicitações diretas (na verdade, elas também são solicitações diretas, no sentido relevante de *diretas*). Portanto, na teoria da expressão idiomática, a limitação distribucional pode ser capturada simplesmente: o *please* pré-verbal pode ser condicionado de modo que só possa ocorrer se houver um verbo que exprime pedido na oração mais alta da estrutura subjacente ou da representação semântica (os mecanismos efetivos envolvidos são dependentes, é claro, do modo de conceber a natureza da semântica e da sintaxe e as relações entre ambas).

A teoria da expressão idiomática foi sustentada de maneira séria e enérgica, especialmente por Sadock (1974, 1975; ver também Green, 1975). Contudo, ela tem problemas incontornáveis. Primeiro, as respostas às enunciações podem levar em conta tanto a força literal (isto é, aquela que as regras (i) ou (ii) em (87) acima associam à forma sintática em questão) quanto a força idiomática presumida, como em (102):

(102)   A: Can you please lift that suitcase down for me?
        Pode, por favor, pegar aquela valise para mim?
        B: Sure I can; here you are
        Certamente que posso; ei-la

Isto sugere, pelo menos, que ambas as leituras são simultaneamente disponíveis e utilizadas, mas não da maneira como poderiam estar em um trocadilho. Segundo, o argumento de que a teoria da expressão idiomática é a única maneira de compreender os fatos sintáticos ou distribucionais para fenômenos como o *please* pré-verbal tem o inconveniente de que, sempre que há um reflexo gramatical da força indireta, os teóricos da expressão idiomática precisam lançar mão de uma expressão idiomática. Decorre que toda sentença (que não as solicitações diretas) com *please* pré-verbal deve ser uma expressão idiomática com força de pedido, por exemplo, as sentenças em (103):

(103)   I'd like you to please X
        Gostaria que você por favor X
        May I remind you to please X
        Posso lembrá-lo de por favor X
        Would you mind if I was to ask you to please X
        Você se importaria se eu lhe pedisse que por favor X
        I am sorry that I have to tell you to please X
        Sinto muito que eu tenha de dizer-lhe que por favor X

Infelizmente, essa lista parece ser de extensão indefinida, de modo que, para tratarmos essas formas como expressões idiomáticas que substituem "Eu peço a você que X", o léxico terá de conter um número indefinido de tais formas. Mas os léxicos são estritamente finitos, o que sugere que formas como aquelas em (103) não são realmente expressões idiomáticas[19].

Terceiro, a teoria da expressão idiomática sugere que deve haver um problema de compreensão considerável: formas como *Can you VP?*, *Will you VP?* etc. serão, cada uma delas, ambíguas *n* vezes. Como um ouvinte sabe o que se quer dizer? Se bem que fatores prosódicos e, especialmente, de entonação, possam claramente ajudar, eles não parecem "desambiguar" as forças com as quais as sentenças estão sendo usadas (Liberman e Sag, 1974). Na verdade, a teoria da expressão idio-

▼

19. Um corolário dessa idéia é que o conjunto de AFIs que permite a marcação sintática ou distribucional da sua força indireta não coincide com o conjunto de AFIs idiomáticos (ver Brown e Levinson, 1978, 144 ss.); assim sendo, a tentativa de solucionar o problema distribucional dos AFIs recorrendo à teoria dos idiomatismos fracassa de qualquer maneira.

mática precisará ser complementada por uma teoria pragmática altamente elaborada, que explique qual interpretação será adotada em cada contexto, isto é, uma teoria que transponha a distância entre o que é dito e o que é significado (pretendido). Mas se tal teoria é necessária de qualquer modo, então, absolutamente não precisamos da teoria da expressão idiomática porque, na verdade, necessitaremos de uma teoria de *inferência* em qualquer caso (ver abaixo). Analogamente, como a teoria da expressão idiomática poderia, no máximo, lidar com casos como (88a)-(88d) (mas não (88e)-(88g)), precisaríamos de uma teoria da inferência independente para conseguir o resto dos AFIs que se baseiam no uso inventivo de "dicas" e assemelhados, caso em que, novamente, poderíamos usar tal teoria para fazer o que a teoria da expressão idiomática faz.

Finalmente, as expressões idiomáticas, por definição, são não composicionais e, por isso, é esperado que sejam tão peculiares de comunidades lingüísticas como as correspondências arbitrárias de som e significado dos itens lexicais. Contudo, a maioria das estruturas básicas de AFIs são passíveis de tradução entre línguas e, quando não são, geralmente é por boas razões semânticas ou culturais (ver Brown e Levinson, 1978, 143-7). Paralelismos tão fortes entre línguas e culturas nos detalhes da construção dos AFIs constituem boas evidências *prima facie* de que os AFIs não são, ou não são primariamente, expressões idiomáticas.

Restam-nos as teorias da inferência como única maneira de manter a HFL. A ação básica, aqui, consiste em afirmar que os AFIs têm a força literal associada à forma superficial da sentença relevante pelas regras (i) e (ii) em (87) acima. Portanto, *Can you VP?* tem a força literal de uma pergunta; também pode, além disso, ter a força comunicada ou indireta de um pedido, em virtude de uma inferência que é feita levando em conta as condições contextuais. Podemos pensar nessa força indireta adicional de várias maneiras: como uma perlocução, como uma implicatura griceana ou como uma ilocução adicional especificada convencionalmente. Existem, pois, diversas teorias da inferência, mas todas compartilham as seguintes propriedades essenciais:

> (i) O significado literal e a força literal de uma enunciação são computados pelos participantes e estão disponíveis para eles

(ii) Para que uma enunciação seja um ato de fala *indireto*, deve haver um acionador de inferência, isto é, alguma indicação de que o significado literal e/ou a força literal são conversacionalmente inadequados no contexto e devem ser "consertados" por alguma inferência
(iii) Deve haver princípios ou regras de inferência específicos que derivarão do significado literal, da força literal e do contexto, a força indireta pertinente
(iv) Deve haver regras lingüísticas pragmaticamente sensíveis, que regerão a ocorrência, por exemplo, do *please* pré-verbal nas solicitações diretas e indiretas

A primeira teoria da inferência desse tipo foi proposta por Gordon e Lakoff (1971, 1975). Nessa teoria, a exigência (i) era satisfeita pela adesão à HP, enquanto o acionador em (ii) era fornecido sempre que a força literal de uma enunciação era bloqueada pelo contexto. Para a propriedade (iii), algumas regras de inferência específicas eram oferecidas, **postulados conversacionais**, modelados com base nos **postulados de significação** de Carnap (que formulam equivalências analíticas não capturadas em outra parte de um sistema semântico – ver Allwood, Andersson e Dahl, 1977, 144), mas com a referência adicional a fatores contextuais. Assim, sugeria-se uma regra de inferência estabelecendo que se um falante diz *Can you VP?* (ou qualquer outra expressão dos mesmos conceitos) num contexto em que não se espera uma interrogação como pergunta, então, sua enunciação equivaleria a ter dito *I request you to VP* "Peço que você VP". Regras semelhantes foram propostas para *Will you VP, I want you to VP*, etc. Até então, isso não passava de uma iniciativa para fins de descrição, mas Gordon e Lakoff foram em frente e perceberam a possibilidade de uma generalização compacta por trás dessas regras de inferência, a saber, que declarar ou questionar uma condição de felicidade que se aplica a um ato de fala (com algumas restrições), sempre que a força literal da afirmação ou da pergunta é bloqueada pelo contexto, equivale a executar esse ato de fala específico. Mais especificamente, Gordon e Lakoff sugeriram que podemos declarar uma CF *baseada no falante* como em (104) e perguntar uma CF *baseada no ouvinte* como em (105):

(104)   I want more ice-cream
        Quero mais sorvete
(105)   Can you pass me the ice-cream please?
        Pode me passar o sorvete, por favor?

se bem que uma análise mais cuidadosa afirmaria que só se podem declarar CFs baseadas no falante, como em (104) (Forman 1974), embora possamos declarar ou perguntar todas as outras CFs, ainda que declará-las não seja muito polido[20], como em (106):

(106)   You will do the washing up
        Você vai lavar os pratos
        You can pass me the salt
        Você pode me passar o sal

Esse princípio geral capta com elegância os tipos de exemplos de AFIs ilustrados em (88a)-(88d). Assim, os exemplos em (88a) são declarações da condição de sinceridade dos pedidos, de que a pessoa quer sinceramente o que pede; os exemplos (88b) são perguntas sobre a condição (preparatória) que se aplica aos pedidos, no sentido de que a pessoa acha que o destinatário tem a capacidade de fazer a coisa solicitada; os exemplos (88c) são perguntas sobre a condição de conteúdo proposicional dos pedidos, isto é, de que o conteúdo proposicional seja um ato futuro específico do destinatário, e pode-se afirmar que os exemplos (88d) são perguntas acerca da CF que distingue os pedidos das ordens ou exigências, a saber, que o falante acredita que o destinatário não se importaria de fazer o ato solicitado (no caso, ver Heringer, 1972; cf. Lyons, 1977a, 748-9).

A explicação não se limita às solicitações, estende-se naturalmente aos oferecimentos, por exemplo, como os leitores podem verificar por si mesmos. Além disso, esse princípio geral, de que, ao perguntar ou afirmar uma CF de um ato, é possível, indiretamente, executar o próprio ato, prevê com sucesso AFIs que são igualmente válidos em lín-

▼

20. Para previsões gerais sobre o que torna os atos de fala mais, ou menos, polidos, ver Leech, 1977; Brown e Levinson, 1978, 140-1.

guas e culturas sem nenhum parentesco (ver Brown e Levinson, 1978, 141 ss.). Na verdade, o princípio geral torna redundantes os *postulados conversacionais* básicos, porque, dado o princípio geral, não haverá nenhuma necessidade de que o usuário de uma língua aprenda tais regras de inferência específicas.

Finalmente, para lidar com a propriedade (iv), Gordon e Lakoff sugeriram o uso de **condições transderivacionais sensíveis ao contexto**. As condições transderivacionais eram regras já propostas na teoria da semântica gerativa que permitiam que uma derivação fosse governada por referência a outra e, portanto, pudesse ser usada para bloquear, por exemplo, certas ambigüidades estruturais (ver G. Lakoff, 1973). Elas agora podiam ser usadas para governar processos como a inserção de *please* em pedidos indiretos por referência à derivação paralela da performativa explícita ou da solicitação direta. Tais regras permitiam afirmar que *please* em (107) é aceitável, exatamente porque também pode ocorrer nesta posição pré-verbal em (108) uma sentença relacionada com (107) por um postulado conversacional – isto é, uma regra de interpretação sensível ao contexto.

(107)   Can you please pass the salt?
        Pode, por favor, passar-me o sal?
(108)   I request you to please pass the salt
        Solicito-lhe que, por favor, passe o sal

Contudo, parece haver sérios problemas com tais regras consideradas enquanto operações sintáticas. Em primeiro lugar, elas agora pertencem ao arcabouço teórico da finada semântica gerativa. Segundo, os processos sintáticos são geralmente considerados como estritamente intraderivacionais. Tais regras, porém, podem ser igualmente bem formuladas como condições de filtragem pragmática em cadeias sintáticas (como mostraram Gazdar e Klein, 1977). Mais problemática, talvez, é esta objeção metodológica: as regras transderivacionais são tão poderosas que solapam, por exemplo, todos os argumentos a favor da HP (como assinala Sadock (1975)). Pois, dadas tais regras, o problemático pronome reflexivo de (30) acima poderia ser governado por referência à derivação paralela de (32), sem hipostasiar uma oração performativa oculta em (30) para governar o pronome. Contudo, pode-se argumentar que a eliminação da HP é um resultado desejável (conforme expusemos na seção 5.4 acima), caso em que tais regras (ou filtros pragmáticos) fornecem uma explicação alternativa de quaisquer observações genuínas que sobrevivam ao malogro da Antítese.

Outra versão da teoria da inferência é sugerida por Searle (1975). Sua versão da teoria dos atos de fala lidará com a propriedade (i); a propriedade (ii), a exigência de acionadores, será satisfeita pela teoria da cooperação conversacional de Grice (Grice, 1975), embora, nessa explicação, a força literal não seja bloqueada[21], mas, antes, apenas julgada inadequada conversacionalmente; e a propriedade (iii), isto é, os princípios da inferência, será fornecida pela teoria geral da implicatura conversacional, de Grice. Como essa é uma teoria geral da inferência pragmática, esta abordagem, ao contrário da de Gordon e Lakoff, propõe assimilar os AFIs a um amplo leque de outros fenômenos, que inclui a metáfora, a ironia e todos os outros casos em que a intenção do falante e o significado da sentença encontram-se em séria divergência. Tal abordagem tem a grande vantagem de prometer explicar os AFIs que não se baseiam diretamente em CFs, como em (88e)-(88g) acima e, por isso, parece oferecer, pelo menos potencialmente, mais do que uma mera solução parcial ao problema dos AFIs. Torna-se necessário, então, explicar por que esses AFIs baseados em CFs são tão prevalentes e bem-sucedidos, e isso é algo que Searle não faz satisfatoriamente (sobre isto, veja-se uma teoria alternativa da inferência esboçada em Brown e Levinson, 1978, 143).

A propósito, ambas as abordagens da inferência deixam de dar a devida atenção à motivação para os AFIs: por que, por exemplo, os falantes muitas vezes preferem os contorcionismos de (110) ao simples e direto (109)? Claramente, com base na suposição de cooperação griceana, deve haver razão para abandonar a expressão direta do ato de fala relevante.

▼

21. Searle, aqui, tem um problema que não enfrenta: ele tem de afirmar que, por exemplo, (107) é *literalmente* uma interrogação e só se torna um pedido por uma inferência adicional; contudo, (107) usado dessa maneira deixará de satisfazer praticamente todas as CFs que ele coloca para as interrogações (Gazdar, 1981).

(109)   Please lend me some cash
        Por favor, empreste-me algum dinheiro
(110)   I don't suppose that you would by any chance be able to lend me some cash, would you?
        Não acho que você poderia, quem sabe, emprestar-me algum dinheiro, poderia?

Labov e Fanshel (1977) sugerem que (110) é simplesmente (109) com um pacote de "mitigadores", ou marcadores de polidez arbitrários, colocados na frente. Mas isso não faz nada para explicar por que os mitigadores fazem o serviço que fazem e, além disso, não explica a flexão verbal (aqui *–ing*) em exemplos como (111):

(111)   Would you mind lending me some cash, by any chance?
        Você se importaria de me emprestar algum dinheiro, por acaso?

As tentativas de explicar o fundamento racional que haveria por trás do **pessimismo interacional** em (110), e em outros casos, recorrem às pressões sistemáticas das estratégias de polidez (ver Brown e Levinson, 1978; também R. Lakoff, 1973b, e Leech, 1977). Ao nos desviarmos do simples e direto (109), podemos, então, comunicar por meio da implicatura conversacional que estas considerações onipresentes de polidez estão sendo levadas em conta na execução do ato de fala relevante.

Contudo, há uma terceira solução, mais radical do que as teorias da expressão idiomática ou da inferência, para o problema dos AFIs, que é rejeitar a suposição fundamental (HFL) de que as sentenças possuem forças literais (ver Gazdar, 1981). Decorrerá que não existem AFIs e, portanto, não existe nenhum problema das AFIs, mas meramente um problema geral de mapear a força dos atos de fala em sentenças contextualizadas. A força ilocucionária é, então, inteiramente pragmática e, além disso, não tem nenhuma correlação direta e simples com a forma ou o significado das sentenças. Mas o que um teórico assim radical diria sobre as performativas explícitas e os principais tipos de sentença, já que estes parecem incorporar as forças ilocucionárias correspondentes? O que ele deve dizer é algo do seguinte teor. Os três principais tipos de sentença em inglês devem receber uma caracterização que as distinga, de caráter vericondicional e de um tipo muito geral (relativamente não informativo). Por exemplo, o significado do tipo de sentença interrogativo pode ser considerado como uma proposição aberta, fechada pelo conjunto de respostas adequadas (ver Hull, 1975), ou pode-se considerar que uma interrogativa específica denota o conjunto de suas respostas verdadeiras (ver Karttunen, 1977, e Schmerling, 1978, para uma abordagem semelhante dos imperativos). A expectativa é que esses significados sejam gerais e compatíveis com forças ilocucionárias inteiramente diferentes. Portanto, as interrogativas podem ser usadas com as forças ilocucionárias de interrogações "reais", de questões de "exame", de perguntas retóricas, de solicitações, de ofertas, de sugestões, de ameaças e para muitas outras funções, sem atropelar nenhuma "força literal" (conceito que foi abandonado). Essa abordagem irá ajustar-se bem à demonstração de que não existe nenhuma condição necessária e suficiente que defina, por exemplo, a interrogatividade, mas, sim, que a natureza do uso dado às interrogativas pode variar sutilmente com a natureza dos *jogos de linguagem* ou contextos em que são usadas (ver Levinson, 1979a, para os argumentos pertinentes a esta questão). De maneira análoga, podemos atribuir às performativas explícitas condições de verdade que são tão gerais quanto é compatível com o seu uso efetivo. Contraste esta abordagem com a longa tradição, sustentada por Hare (1949), Lewis (1969, 186), Hintikka (1974), Gordon e Lakoff (1975) e, em parte, por Sadock (1974, 120 ss.), no sentido de que as perguntas feitas em forma interrogativa são, na verdade, *solicitações de dizer*. Essa visão simplesmente não se ajusta a todos os usos das perguntas e prevê erroneamente, por exemplo, que "não" como resposta a uma pergunta do tipo *sim/não* pode ser interpretável como recusa em aquiescer (ver Lyons (1977a, 753-68), que sugere que as interrogativas simplesmente "gramaticalizam o traço da dúvida").

Uma solução tão radical é, evidentemente, mais do que apenas uma maneira de lidar com o problema dos AFIs; também é uma abordagem geral dos atos de fala, na qual a semântica desempenha apenas um papel mínimo, limitando-se a atribuir significados muito amplos aos tipos de sentenças, e, também, quando adequado, aos performativos explícitos. Que evidências se podem aduzir em seu favor? Em primeiro lugar, ela é compatível com o uso muito geral que é dado aos três tipos básicos de sentença no inglês e em outras línguas. Por exemplo, os imperativos raramente são usados para mandar ou exigir no inglês conversacional (ver Ervin-Tripp, 1976), mas ocorrem regularmente em receitas e instruções, ofertas (*Have another drink* "Tome mais uma bebida"), fórmulas de acolhida (*Come in* "Entre"), votos (*Have a good time* "Divirta-se"), maldições e blasfêmias (*Shut up* "Cale a boca"), etc. (ver Bolinger, 1967). No conjunto alternativo de teorias que subscrevem a HFL, praticamente todos os usos efetivos de imperativos no inglês terão de ser, portanto, considerados AFIs, cuja compreensão é alcançada através de um roteiro que faria pela determinação de uma ordem ou pedido literal, de um modo que é, em geral, inteiramente irrelevante. Mesmo as sentenças em forma performativa explícita podem ser usadas com forças ilocucionárias diferentes daquelas nomeadas no verbo performativo, conforme ilustrado por (15) acima.

Em segundo lugar, os teóricos que aderem à HFL ver-se-ão comprometidos com uma teoria da inferência dos AFIs (já que a teoria da expressão idiomática tem as dificuldades delineadas acima). Por conseguinte, eles sustentam que a força indireta de um AFI é calculada com base na força literal. Mas há vários casos em que isso parece não apenas implausível (como no uso dos imperativos no inglês), mas completamente insustentável. Por exemplo, a seguinte enunciação teria a força literal de um pedido de permissão para lembrar:

(112)   May I remind you that jackets and ties are required if you wish to use the bar on the 107th floor, sir
Permita-me lembrá-lo de que paletós e gravatas são exigidos se o senhor desejar usar o bar no 107º andar

Não obstante, (112) não pode, com felicidade, ter essa força, porque o lembrar é feito simplesmente enunciando (112) sem que tal permissão seja dada. A HFL coloca-nos numa posição desconfortável em muitos exemplos desse tipo (Gazdar, 1981).

Os proponentes da HFL talvez possam apontar a aparência confiável dos três tipos de sentença básicos nas línguas do mundo (ver Sadock e Zwicky) como indício de que alguma correlação entre força e forma realmente existe. Mas é importante perceber que uma mera correlação aproximativa dos três tipos de sentença com suas forças tradicionais correspondentes (perguntas, ordens e afirmações) não é uma evidência suficiente a favor da HFL. Tal correlação pode ser explicada, na medida em que tenha uma base firme, atribuindo-se significados vericondicionais aos tipos de sentença, de tal maneira que os usuários racionais da língua os julguem geralmente úteis para o fim associado. Não obstante, podemos ter esperança de que mais estudos que tratem das línguas numa perspectiva conferativa possam ter efeito sobre a sustentabilidade da HFL.

Por estas e muitas outras razões, pode-se construir uma boa argumentação a favor do abandono da HFL. Voltamos a necessitar de uma teoria pragmática adequada dos atos de fala ou, pelo menos, de uma teoria que abarque tudo o que é válido nas intuições que estão por trás da teoria dos atos de fala, em primeiro lugar.

5.6 A TEORIA COMO MUDANÇA DE CONTEXTO DOS ATOS DE FALA

Uma teoria pragmática dos atos de fala que tem boas qualificações para um papel é um enfoque que trata os atos de fala como operações (no sentido da teoria de conjuntos) no contexto, isto é, como funções de contextos para contextos. Um contexto deve ser compreendido aqui como um conjunto de proposições, que descrevem as crenças, o conhecimento, os compromissos, etc. dos participantes de um discurso. A intuição básica é muito simples: quando uma sentença é enunciada, aconteceu mais do que apenas a expressão do seu significado; o conjunto de suposições de fundo também foi alterado. A contribuição que uma enunciação dá a essa mudança de contexto é a força ou potencial do ato de fala. Portanto, se asserto que p, acrescento ao contexto que estou comprometido com p.

Nesta perspectiva, a maioria dos atos de fala acrescenta algumas proposições ao contexto, por exemplo, asserções, promessas e ordens funcionam desta maneira. Podemos expressar cada uma destas funções de contextos para contextos, *grosso modo*, nos seguintes termos:

> (i) Uma *asserção* de que p é uma função desde um contexto em que o falante F não está comprometido com p (e onde, talvez, numa teoria forte da asserção, O, o destinatário, não sabe que p) para um contexto em que F está justificadamente engajado em acreditar que p (e, na versão forte, para um contexto em que O está ciente de que p)
>
> (ii) Uma *promessa* de que p é uma função desde um contexto onde F não está comprometido em ocasionar o estado de coisas descrito em p, para um contexto em que F está assim comprometido
>
> (iii) Uma *ordem* de que p é uma função, desde um contexto em que F não exige que O ocasione o estado de coisas descrito por p, para um contexto em que se exige que O assim o faça

Tais análises são suscetíveis de ser consideravelmente refinadas, e recomendam-se ao leitor os trabalhos de Hamblin (1971), Ballmer (1978), Stalnaker (1978) e Gazdar (1981) para tratamentos articulados.

Devemos observar que nem todos os atos de fala acrescentam proposições ao contexto; alguns as removem — por exemplo, as permissões, as retratações, as revogações, os desmentidos. Assim, por exemplo, poderíamos caracterizar a ação de dar uma permissão como segue:

> (iv) Uma permissão de que (ou para) p é uma função desde um contexto no qual o estado de coisas descrito por p é proibido, para um contexto em que esse estado não é proibido

captando, desse modo, a intuição de que não faz sentido (pelo menos em alguns sistemas de lógica deôntica – ver Hilpinen, 1971) permitir o que não é proibido.

Um dos principais atrativos da teoria da mudança de contexto é que ela pode ser expressa rigorosamente usando conceitos da teoria dos conjuntos. Diferentemente da maioria das versões da Tese, ela não apela para questões de intenção e outros conceitos que resistem à formalização. A teoria só agora está se tornando objeto de consideração ampla e é muito cedo para avaliar as suas perspectivas com alguma confiança[22]. Questões importantes que surgem, porém, são as seguintes:

(i) Quão geral é a teoria? Exortações, maldições, expletivos, lembretes e semelhantes: é possível expressar tudo isso em seu âmbito?
(ii) Todos os atos de fala podem ser acomodados com economia razoável? Isto é, quão grande é o conjunto de conceitos primitivos, como *compromisso*, *obrigação*, etc., que tem de ser mobilizados em definições como as exemplificadas acima? O real interesse da teoria depende, em parte, de quão poucos desses conceitos são efetivamente exigidos
(iii) Tal teoria consegue captar as relações intuitivas que sentimos existirem entre alguns pares de atos de fala intimamente relacionados, como pedidos e ordens, sugestões e conselhos, perguntas e pedidos, promessas e ameaças?

Aguardamos as teorias plenamente desenvolvidas que forneceriam respostas a essas perguntas. Enquanto isto, a abordagem oferece esperança de formalização sistemática numa área da pragmática que há muito resiste a ela. Existem, porém, várias razões, às quais retornamos agora, pelas quais podemos ser céticos quanto à viabilidade a longo prazo de tal teoria dos atos de fala.

5.7 PARA ALÉM DAS TEORIAS DOS ATOS DE FALA

Existem algumas razões convincentes para pensar que a teoria dos atos de fala pode ser lentamente superada por abordagens pragmáticas muito mais complexas e multifacetadas das funções que as enunciações executam. O primeiro conjunto dessas razões diz respeito às difi-

▼

22. Podemos, porém, ter reservas desde o início – há dúvidas quanto a definir os contextos inteiramente como conjuntos de proposições e também há uma possibilidade real de que a caracterização plena dos atos de fala em termos de proposições deônticas, epistêmicas e outras proposições complexas só deslocará os problemas de análise para um outro nível. Finalmente, as dificuldades associadas com a tentativa de fornecer condições necessárias e suficientes para os vários tipos de atos ilocucionários reaparecerão aqui, se bem que de forma diferente.

culdades internas que qualquer teoria dos atos de fala enfrenta, das quais a mais intratável provavelmente é o conjunto de problemas colocados pelos AFIs. Observe que qualquer teoria dos atos de fala está basicamente incumbida de mapear enunciações em categorias de atos de fala, seja como for que as concebemos. O problema então é que ou este é um empreendimento trivial do qual se dá conta por meio de *fiat* (como faz a HFL) ou se tenta prever com exatidão as funções das sentenças no contexto. Mas quando esta tentativa é feita, logo se torna claro que os fatores contextuais que respondem pela atribuição de função ou propósito são de tal complexidade e têm em si mesmos um interesse tão grande, que restará pouco para a teoria dos atos de fala. No capítulo seguinte, examinaremos um amplo corpo de pesquisas em análise de conversação que demonstra como as funções realizadas pelas enunciações se devem, em grande parte, ao lugar que ocupam nas seqüências conversacionais (ou interacionais) específicas.

Desta maneira, a teoria dos atos de fala está sendo presentemente solapada, de fora para dentro, pelo desenvolvimento de disciplinas interessadas no estudo empírico do uso das línguas naturais (como Austin, na verdade, previu). Excetuado o importante trabalho em análise de conversação, que será examinado no capítulo 6, há duas tradições principais que se ocupam dos detalhes do uso lingüístico efetivo de maneira pertinente para as teorias dos atos de fala. Uma é a **etnografia da fala**, que tem se interessado pelo estudo intercultural do uso lingüístico (ver a coletânea representativa de Bauman e Sherzer, 1974). Um conceito central nesse trabalho é a noção de **evento de fala**, uma atividade social culturalmente reconhecida, na qual a língua desempenha um papel específico e, muitas vezes, altamente especializado (como o ensino na sala de aula, a participação num culto religioso, etc.; ver Hymes, 1972). Ora, dado que esses eventos culturais limitam o uso da língua, parece haver (como corolário de tais limitações) regras de inferência correlatas que atuam no sentido de atribuir funções às enunciações, em parte com base na situação social na qual é conduzida a conversa (Levinson, 1979a). Assim, numa sala de aula, o seguinte diálogo pode ter uma interpretação natural significativamente divergente do conteúdo do que é dito:

(113) Professor: Do que você está rindo?
       Criança: De nada

– *grosso modo*, como um comando para parar de rir emitido pelo professor e uma aceitação desse comando, isto por força da suposição de que o riso (a não ser quando é provocado pelo professor) é uma atividade que sofre restrições na sala de aula (Sinclair e Coulthard, 1975, 30 ss.). Ou considere o seguinte, dito perto do fim de uma entrevista de emprego:

(114) Entrevistador: O senhor gostaria de nos dizer, sr. Khan, por que se candidatou ao Middleton College em particular?

onde uma pergunta destinada a conduzir a conversa como essa não antecipa respostas como: "Não havia outros empregos em aberto", mas, antes, por referência às convenções de entrevista, procura causar elogios em favor da instituição (ver Gumperz, Jupp e Roberts, 1979, sobre os mal-entendidos interculturais que podem resultar do desconhecimento de tais convenções). Alguns exemplos adicionais devem servir para indicar exatamente quão gerais essas inferências peculiares de uma atividade parecem ser. Assim, a seguinte sentença, emitida numa quitanda e acompanhada por um gesto na direção de uma alface,

(115) Aquela está bonita

pode ser considerada como uma solicitação de fornecimento do vegetal selecionado e uma iniciativa de compra no devido tempo (Levinson, 1979a). Da mesma maneira, enunciações que iniciam certos tipos de procedimentos conseguem sua eficácia por meio de suposições a respeito da natureza desses procedimentos: daí que (116) se presta para constituir o início de uma reunião de comitê em que é preciso esperar pela chegada de todo o plenário:

(116) Bem, parece que estamos todos aqui

enquanto certa atividade agendada, como uma palestra, pode ser iniciada pela referência à programação adequada:

(117) São doze e cinco

(ver Turner, 1972). Todas essas enunciações parecem dever sua função decisiva em grande parte ao quadro de expectativas a respeito da natureza do evento de fala para o qual contribuem. Não só as expectativas a respeito do propósito e da condução dos procedimentos são importantes para esta atribuição de função, como também, pode-se argumentar, o conhecimento dos papéis sociais. Portanto, o seguinte enunciado, dito por um par de estudantes à senhoria, pode servir como pedido de permissão, mas, dito pela senhoria aos estudantes, pode ser uma solicitação de ação (Ervin-Tripp, 1981; ver também Goody, 1978)[23]:

(118)   Podemos mudar a geladeira de lugar?

Tais exemplos apontam para a eficácia da noção de *jogo lingüístico* de Wittgenstein[24]. Ele negou que exista um conjunto fechado de funções ou atos de fala que a língua pode executar; ao contrário, existem tantos atos quanto são os papéis na variedade indefinida de jogos lingüísticos (ou eventos de fala) que os seres humanos podem inventar (Wittgenstein, 1958, 10-1). Um certo apoio a tal visão é oferecido pelo fracasso das tentativas de fazer corresponder o uso efetivo das enunciações às condições de felicidade propostas por Searle, isto é, aos conjuntos de condições necessárias e suficientes constitutivas de atos de fala específicos. Por exemplo, as perguntas no uso efetivo são simplesmente demasiado variáveis e dependentes da situação para serem capturadas por qualquer conjunto (ou, na verdade, por muitos conjuntos diferentes) de condições de felicidade (ver Levinson, 1979a); o mesmo pode ser demonstrado para atos de fala aparentemente "ritualizados" como os pedidos de desculpas (ver Owen, 1980).

O corolário interpretativo da noção de jogo lingüístico é a noção de esquema inferencial, ou **'frame'**, agora amplamente corrente na inteligência artificial e na psicologia cognitiva (Minsky, 1977; Tannen, 1979). Um frame, nesse sentido, é um corpo de conhecimentos que é evocado com o propósito de suprir uma base inferencial para a com-

▼

23. Esse exemplo específico vale-se, naturalmente, da ausência de uma distinção entre inclusivo e exclusivo no pronome de primeira pessoa do plural no inglês.
24. Sobre a noção firthiana de linguagens restritas, ver Mitchell, 1975.

preensão de uma enunciação (ver, por exemplo, Charniak, 1972), e podemos sugerir que, na compreensão e na atribuição de força ou função a enunciações como (113)-(118) acima, se faz referência por serem relevantes aos frames do ensino, das compras, da participação em reuniões de comitê, das palestras e de outros eventos de fala (ver, por exemplo, Gumperz, 1977)[25].

A segunda tradição empírica importante que nos leva bem além dos atos de fala estritamente concebidos é o estudo da aquisição da linguagem. Aqui, foram obtidos avanços significativos recentemente, quando, em vez de dar realce aos sistemas gramaticais que estão por trás das primeiras enunciações da criança, a atenção foi deslocada para as funções que estas enunciações desempenham e para o contexto interacional para o qual contribuem. Percebeu-se, então, em certo sentido, que a aquisição dos atos de fala precede e prefigura sistematicamente a aquisição da fala (Bruner, 1975; Bates, 1976), isto é, os gestos e vocalizações pré-verbais das crianças desempenham um papel na interação com as pessoas que cuidam delas muito semelhante às solicitações e pedidos de atenção que se manifestam verbalmente no desenvolvimento posterior. Desse modo, no momento em que a criança começa a usar enunciações pré-sintáticas (tradicionalmente chamadas *holofrases*), estas funções iniciais da linguagem já estão bem desenvolvidas – na verdade, é como se as holofrases simplesmente substituíssem os indicadores de força gestuais (Dore, 1975; Griffiths, 1979, 110)[26]. Uma sugestão importante que surge é que a aquisição dos conceitos ilocucionários é uma condição prévia para a aquisição da própria linguagem.

Contudo, apesar do grande uso dos termos *ato de fala* e *performativo*, esse trabalho recente na aquisição da linguagem não corrobora real-

▼

25. Contudo, há um risco significativo nesta linha de teorização, a saber, que será feito recurso a aspectos implícitos do contexto antes que a importância completa de aspectos explícitos do contexto – notadamente a prosódia e a localização no discurso – tenha sido levada em conta adequadamente.
26. É interessante que, no período holofrásico – dos 9 aos 18 meses, mais ou menos –, tais forças parecem muito restritas, limitando-se a pedidos, chamamentos, saudações e atos de referência. As enunciações analisáveis como afirmações e interrogações específicas não parecem surgir até que a criança tenha 2 anos (Griffiths, 1979).

mente a importância do conceito de ato de fala; pelo contrário, ele realça os papéis essenciais que a intenção comunicativa, a função da enunciação e o contexto interativo desempenham na aquisição da linguagem. Na verdade, a concepção intencional griceana dos atos de fala (como em Strawson, 1964; Schiffer, 1972) parece muito mais importante para a descrição da aquisição de linguagem do que as explicações de base convencional que examinamos tão detalhadamente neste capítulo. Além disso, as pesquisas recentes (em parte examinadas em Snow, 1979) enfatizaram a interação entre mãe e filho que produzem discurso juntos. O papel da interpretação adulta das enunciações infantis, sejam esses adultos participantes ou pesquisadores, é, portanto, reconhecido: é por meio das respostas que os adultos dão com base em tais interpretações que as crianças "aprendem a fazer sentido" (Halliday, 1975). Aqui, as outras duas tradições que mencionamos parecem ter aplicação promissora. Primeiro, é provável que a análise da conversação nos diga muito mais do que as teorias dos atos de fala a respeito das maneiras como a linguagem é adquirida e usada pelas crianças (ver Drew, 1981; Wootton, no prelo). Segundo, a idéia do evento de fala e de um frame interpretativo associado parece muito relevante: dar atenção às crianças é encarado como um tipo específico de atividade na maioria das culturas, associado com um estilo especial de conversa pelos adultos ("linguagem de bebê" ou "maternês"; ver Snow, 1979, para um exame dos estudos recentes). Nesse jogo lingüístico, as expressões de vontade da criança não são interpretadas como pedidos em virtude de quaisquer postulados conversacionais ou algo semelhante, mas simplesmente porque os que cuidam de crianças tendem a ver-se como provedores gerais de necessidades (Griffiths, 1979, 109). Ademais, o progresso na aquisição pode ser explicado como a aquisição de novos jogos lingüísticos e estruturas interpretativas, estendendo-se em seqüência e entrando pela idade adulta (Keenan, 1976a). Novamente, então, o estudo da aquisição da linguagem, no qual a atribuição de intenção e propósito muitas vezes é problemática para participantes adultos e analistas, ao mesmo tempo que enfrenta as questões que se encontram no âmago da teoria dos atos de fala, leva-nos para além dela.

Concluindo, o futuro da teoria dos atos de fala provavelmente repousa na sustentabilidade da HFL. Se alguma versão de uma correlação estrita de forma e força puder ser sustentada de tal maneira que as forças previstas correspondam a usos efetivos, então, é provável que uma teoria dos atos de fala continue a desempenhar algum papel (ainda que não necessariamente um papel central) nas teorias gerais do uso lingüístico. Se, por outro lado, não puder nenhuma versão de tal tipo ser encontrada para a HFL (e certamente não existe nenhuma no momento), então, há pouca razão para isolar um nível de força ilocucionária que seja diferente de todas as outras facetas da função, propósito ou intenção de uma enunciação. Nesse caso, podemos esperar que a teoria dos atos de fala ceda lugar a uma linha de investigação mais empírica, do tipo que acabamos de examinar brevemente, e do qual trataremos mais extensamente no próximo capítulo.

CAPÍTULO 6

A ESTRUTURA CONVERSACIONAL[1]

6.0 INTRODUÇÃO

Neste capítulo trataremos centralmente da organização da conversação. Outras definições aparecerão abaixo, mas, por enquanto, pode-se entender por **conversação** aquele tipo conhecido e predominante de fala em que dois ou mais participantes se alternam livremente, e que geralmente ocorre fora de contextos institucionais específicos, como serviços religiosos, tribunais, salas de aula e semelhantes.

Não é difícil perceber por que a conversação contribui para o discernimento dos fenômenos pragmáticos, pois ela é claramente a cate-

▼

1. Os dados usados como exemplos neste capítulo são extraídos, sempre que possível, de fontes publicadas, para que os leitores possam recorrer a elas para mais contexto ou discussão; nesses casos, a fonte encabeça cada citação. Quando isso não foi possível, os dados foram extraídos de transcrições que circularam por iniciativa de estudiosos envolvidos na análise da conversação, sendo que tais fontes são indicadas por iniciais identificadoras como de costume (por exemplo, US, DCD); dessas, uma grande proporção foi transcrita por Gail Jefferson; em outros casos, dados encabeçados por um número (por exemplo, 176B) são extraídos da coleção do autor e alguns deles foram transcritos por Marion Owen. Dados sem cabeçalho são construídos para fins ilustrativos, salvo indicação em contrário no texto. Não foi possível confrontar as transcrições com as gravações originais, de modo que pode haver apenas um nível relativamente baixo de coerência no uso das convenções de transcrição (ver Apêndice deste capítulo).

goria prototípica de uso lingüístico, a forma pela qual somos todos primeiramente expostos à linguagem – a matriz da aquisição da linguagem. É possível demonstrar que vários aspectos da organização pragmática estão organizados centralmente em torno do uso na conversação, inclusive os aspectos da dêixis explorados no capítulo 2, onde se mostrou que os usos não marcados das codificações gramaticais dos parâmetros temporais, espaciais, sociais e discursivos são organizados em torno da suposição de participantes conversacionais co-presentes. As pressuposições também podem ser encaradas, de certas maneiras básicas, como organizadas em torno de um cenário conversacional: os fenômenos envolvem exigências quanto à maneira pela qual a informação tem de ser formulada para ser apresentada a participantes determinados que compartilham suposições e conhecimentos de mundo específicos. As questões aproximam-se intimamente da distinção entre **dado** e **novo** (ver, por exemplo, Clark e Haviland, 1977) e concernem a exigências quanto à **formulação** da informação (isto é, a escolha de apenas uma entre as indefinidamente numerosas descrições que são possíveis para alguma entidade – ver Schegloff, 1972b); trata-se em ambos os casos de questões importantes na organização conversacional. Analogamente, as implicaturas derivam de suposições específicas a respeito do contexto conversacional: elas não surgem sempre da mesma maneira em todos os tipos de discurso – ao contrário, são típicas da conversação (contudo, como vimos, elas têm reflexos gramaticais gerais, como nas limitações que impõem à lexicalização). Da mesma maneira pode-se dizer que muitos tipos de ato de fala são construídos sobre a suposição de uma matriz conversacional – por exemplo, apostar exige *entendimento* para ser eficaz, de modo que a enunciação de *I bet you six pence* "Aposto seis pence com você" não tem sucesso sem a ratificação interacional típica da conversação. Na verdade, a dependência conversacional da força ilocucionária é tal que, em última análise, se torna defensável a divisão de substituir esse conceito por conceitos ligados à função conversacional.

Assim, pode-se dizer que quase todos os conceitos pragmáticos que examinamos até aqui ligam-se intimamente à conversação como tipo central ou mais básico do uso lingüístico. Ora, se, como argumentaremos, a maneira adequada de estudar a organização conversacional é por meio de técnicas empíricas, isto sugere que as tradições sobretudo filosóficas que deram origem à pragmática podem, no futuro, ter de ceder lugar a tipos mais empíricos de investigação do uso da linguagem. A análise conceitual que utiliza dados introspectivos seria, então, substituída por uma investigação indutiva cuidadosa, baseada na observação. A questão levantada aqui é se a pragmática, em última análise, é uma disciplina essencialmente empírica ou essencialmente filosófica e se a presente falta de integração na matéria é devida primariamente à ausência de teorias e análises conceituais adequadas ou à falta de dados observacionais adequados, em suma, à falta de uma tradição empírica. Até aqui, neste livro, examinamos as tradições de raiz filosófica, mas, neste capítulo, vamos nos voltar para a notável tradição empírica da pragmática. Primeiro, porém, devemos tornar claras as razões para preferir essa tradição a outras abordagens do estudo da conversação.

6.1 A ANÁLISE DO DISCURSO X A ANÁLISE DA CONVERSAÇÃO

Nesta seção, avaliam-se algumas abordagens diferentes do estudo da conversação. Correndo o risco da simplificação excessiva, pode-se considerar que há duas grandes abordagens da análise da conversação, que designaremos **análise do discurso** e **análise da conversação** (existem outras abordagens diferentes, das quais a mais importante é, provavelmente, a modelagem da conversação usando programas de computador em vez de participantes humanos, a qual ainda está em sua infância – ver, porém, Power, 1979). Ambas as abordagens procuram essencialmente oferecer uma explicação de como a coerência e a organização seqüencial do discurso são produzidas e compreendidas. As duas abordagens, porém, possuem estilos de análise diversos e em boa parte incompatíveis, que podemos caracterizar da seguinte maneira.

A *análise do discurso* (ou AD) emprega a metodologia e os tipos de princípios teóricos e conceitos primitivos (por exemplo, *regra*, *fórmula bem formada*) típicos da lingüística. É essencialmente uma série de tentativas de estender as técnicas que obtiveram tanto sucesso na lingüística para além da unidade da sentença. Os procedimentos empregados (muitas vezes implicitamente) consistem essencialmente no seguinte: (a) isolar um conjunto de categorias básicas ou unidades de discurso, (b) formular um conjunto de regras de concatenação que se aplica a estas categorias, distinguindo seqüências de categorias bem formadas (discursos coerentes) e seqüências mal formadas (discursos incoerentes). Há vários outros traços que tendem a acompanhar estes. Por exemplo, recorre-se tipicamente à intuição para decidir o que é e o que não é um discurso coerente ou bem formado (ver, por exemplo, Van Dijk, 1972; Labov e Fanshel, 1977, 72). Também há uma tendência de considerar um único texto (ou um pequeno número deles) (muitas vezes, construído(s) pelo analista) e tentar oferecer uma análise em profundidade de todas as características interessantes deste domínio limitado (para descobrir, como disseram alguns, "o que realmente está acontecendo" – Labov e Fanshel, 1977, 59, 117). Nessa ampla linha de trabalho encontram-se não apenas (e mais evidentemente) os **gramáticos do texto** (como Petöfi e Van Dijk – ver Beaugrande e Dressler, 1981, 24 ss., para um balanço desse tipo de bibliografia), mas também o trabalho, razoavelmente diferente, baseado nos atos de fala (ou noções relacionadas), de pesquisadores como Sinclair e Coulthard (1975), Longacre (1976b), Labov e Fanshel (1977) e Coulthard e Brazil (1979).

Em contraste, a *análise da conversação* (ou AC), tal como tem sido praticada por Sacks, Schegloff, Jefferson, Pomerantz e outros, é uma abordagem rigorosamente empírica, que evita a construção prematura de teorias (ver os trabalhos recolhidos em Schenkein, 1978; Psathas, 1979; Atkinson e Heritage, no prelo). Os métodos são essencialmente *indutivos*; buscam-se padrões recorrentes em um grande número de gerações de conversações que ocorreram naturalmente, em contraposição à categorização imediata de dados (geralmente) pouco numerosos, que é o primeiro passo característico no trabalho da AD. Segundo, no lugar de uma ontologia teórica das *regras*, tal como é usada na descrição sintática, dá-se ênfase às conseqüências interacionais e inferenciais da escolha entre enunciações alternativas. Novamente, em contraste com a AD, recorre-se o menos possível a julgamentos intuitivos – como não poderia deixar de ser. Julgamentos desse tipo acabam por guiar a pesquisa, mas não são explicações e certamente não circunscrevem os dados; a ênfase é sobre o que se pode realmente descobrir que ocorre, não sobre o que julgaríamos estranho (ou aceitável) se ocorresse. O entendimento é que a intuição simplesmente não é um guia confiável nesta área, como, na verdade, pode ser em outras áreas da lingüística (ver, por exemplo, Labov, 1972a). Também há uma tendência de evitar análises baseadas em um único texto. Em vez disso, são examinados tantos exemplos quanto for possível de algum fenômeno específico em diferentes textos, e o objetivo não é, primariamente, esclarecer "o que realmente está acontecendo" em certa interação (um objetivo julgado impossível, já que tais esclarecimentos escapam aos participantes tanto quanto aos analistas em muitas ocasiões), mas, antes, descobrir as propriedades sistemáticas da organização seqüencial da conversa e as maneiras como as enunciações são concebidas para gerir tais seqüências.

Qual é a maneira correta de proceder? A questão está mais viva do que nunca: os teóricos da AD podem acusar os praticantes da AC de não serem explícitos ou, pior, de serem simplesmente confusos, quanto às teorias e categorias conceituais que efetivamente empregam na análise (ver, por exemplo, Labov e Fanshel, 1977, 25; Coulthard e Brazil, 1979); os praticantes da AC podem retrucar que os teóricos da AD estão tão ocupados com a formalização prematura que prestam pouca atenção à natureza dos dados. A principal força da abordagem da AD é que ela promete integrar as descobertas lingüísticas a respeito da organização intra-sentencial e a estrutura do discurso, enquanto a força da posição da AC é que os procedimentos empregados já provaram ser capazes de produzir, de longe, os discernimentos mais substanciais da organização da conversação já obtidos.

Pode muito bem parecer que há espaço para certo tipo de acomodação ou mesmo de síntese entre as duas posições; contudo, há algumas razões para pensar que a abordagem da AD, tal como foi esboçada aqui, é fundamentalmente mal concebida. Podemos começar observando que os analistas da AD podem ser divididos em duas categorias básicas – os gramáticos do texto e os teóricos dos atos de fala (ou da interação). Os gramáticos do texto dão a entender, pelo menos em suas formulações mais simples, que os discursos podem ser concebidos simplesmente como sentenças ligadas entre si pelo mesmo processo básico que liga as orações de um período complexo usando conectivos de vários tipos. Decorre que não existe nenhum problema para a análise do discurso que não seja problema para a análise sentencial – "o discurso pode ser tratado como uma sentença individual avulsa considerando as fronteiras da sentença como conectivos sentenciais" (Katz e Fodor, 1964, 490; ver crítica em Edmondson, 1978, 1979). Por mais adequada que tal visão possa ser para o texto não dialógico escrito, ela simplesmente não é viável como modelo para a conversação, na qual as ligações entre os falantes não podem ser parafraseadas como conectivos sentenciais – por exemplo, (1) não pode ser parafraseado por (2):

(1)   A: Como vai você?
        B: Vá para o inferno
(2)   Como vai você e vá para o inferno
(3)   Anne disse "Como vai você?" e Barry respondeu "Vá para o inferno"

Mesmo que (1) possa ser relatada como (3), isto não demonstra que (1) pode ser reduzida a (3), mas, meramente, que, como todos os outros tipos de eventos, as conversações são passíveis de ser relatadas (*contra* Katz e Fodor, 1964, 491).

Portanto, os teóricos da AD que são de interesse para nós são aqueles que se interessaram especificamente pela conversação como tipo específico de discurso e o resto desta seção será dedicado a uma crítica de seus métodos e suposições básicas. Aqui, há uma notável uniformidade subjacente de pontos de vista, uma suposição básica (provavelmente certa) de que o nível em que a coerência ou ordem da conversação deve ser encontrada não é o nível das expressões lingüísticas, mas o nível dos atos de fala ou dos "lances" interacionais realizados pela enunciação destas expressões. Ou, como dizem Labov e Fanshel (1977, 70): "o seqüenciamento obrigatório não será encontrado entre enunciações, mas entre as ações que estão sendo executadas". Assim, é possível formular as propriedades gerais de toda a classe de modelos que, sob uma forma ou outra, a maioria dos teóricos da conversação da AD adotariam (ver, por exemplo, Labov, 1972b; Sinclair e Coulthard, 1975; Longacre, 1976b; Labov e Fanshel, 1977; Coulthard e Brazil, 1979; Edmondson, 1981):

(4)   (i) Existem atos unitários – *atos de fala* ou *lances* – que são executados no falar, os quais pertencem a um conjunto especificável, delimitado
(ii) As enunciações[2] são segmentáveis em partes unitárias – *unidades de enunciação* – cada uma das quais corresponde a (pelo menos) um ato unitário
(iii) Existe uma *função especificável* e, espera-se, um *procedimento*, que estabelecerá correspondências das unidades de enunciação para os atos de fala e vice-versa
(iv) As seqüências conversacionais são reguladas acima de tudo por um conjunto de *regras de seqüenciamento* formuladas com base nos tipos de ato de fala (ou de lances)

A idéia central aqui é simples e bastante plausível: já que as limitações seqüenciais claramente não são formuladas com facilidade a partir da forma ou do significado do que é dito, as enunciações têm de ser "traduzidas" para as ações subjacentes que executam, porque, neste nível mais profundo (ou mais abstrato), as regras de seqüenciamento poderão ser descritas diretamente. Tal modelo parece capturar as regularidades evidentes como as seguintes: depois de perguntas vêm normalmente respostas; depois de um pedido vem normalmente uma ação ou um pedido de desculpas; depois de uma oferta, uma aceitação ou uma recusa; depois de um cumprimento, um cumprimento, etc. Considera-se então que as dificuldades são geralmente encontradas no nível (iii) acima, isto é, na tradução das enunciações em atos – "as regras de produção e interpretação ... são bastante complexas; as regras de seqüenciamento são relativamente simples" (Labov e Fanshel, 1977, 110) – e as várias teorias dos atos de fala indiretos ganham por isso mesmo um interesse focal.

Se esta maneira de pensar está certa, então, podemos construir um modelo de conversação de base lingüística utilizando (e ao mesmo tem-

▼

2. Como observado no capítulo 1, ambigüidades consideráveis acompanham o emprego desse termo. Geralmente usamos o termo em capítulos anteriores para denotar um par sentença-contexto; contudo, aqui e, em geral, em outras passagens deste capítulo, ele é usado no sentido de um produto de um ato de enunciação, que ocorre dentro de um *turno* (ver abaixo) na conversa. Sobre a noção de *unidade de enunciação*, ver Lyons, 1977a, 633 ss., Goodwin, 1981, 25 ss.

po aprimorando) as noções básicas da teoria dos atos de fala, pelo mero acréscimo de uma *sintaxe* da concatenação das categorias de atos de fala que dará conta das regularidades simples observadas acima. Contudo, existem fortes razões para crer que tais modelos são fundamentalmente inadequados ao tema e, por isso, irremediavelmente impróprios. Algumas dizem respeito aos problemas gerais que assolam a teoria dos atos de fala, que já examinamos no capítulo 5. Na verdade, porém, há sérios problemas para cada uma das suposições básicas elencadas em (4), os quais devem ser brevemente indicados (ver também Levinson, 1981a, 1981b).

Primeiro, existem vários problemas com a suposição (4)(i). Um deles é que algumas enunciações contendo uma única sentença claramente executam mais de um ato de fala por vez (se quisermos que a noção de ato de fala capte, pelo menos, o que as enunciações conseguem convencionalmente) – considere, por exemplo, a primeira enunciação no seguinte diálogo:

(5)   A: Você gostaria de outro drinque?
        B: Sim, gostaria, mas faça um pequeno

A primeira enunciação parece ser simultaneamente uma pergunta e uma oferta, como indicado pela resposta. Ora, tais funções múltiplas não são, em princípio, problemáticas para as suposições (4)(i) e (4)(iii), mas, à medida que se acumulam, realmente tornam o modelo inteiro consideravelmente menos atraente. Como, por exemplo, devem operar as regras de seqüenciamento em (iv) se estão sendo praticados mais atos do que respostas que poderiam ser dadas? Ademais, como veremos, a multiplicidade de funções origina-se muitas vezes fora da enunciação em questão, no contexto da seqüência em que ela ocorre; tais contextos, porém, não são evidentemente restritos em tipo, de modo que a existência de um conjunto bem definido e delimitado de tipos de ato de fala, como exigido pelo modelo, é bastante dúbia.

Contudo, mais problemático para a suposição em (4)(i) é o fato de que as respostas conversacionais podem ser dirigidas não apenas às *ilocuções* executadas pelas enunciações, mas também às suas *perlocuções*. Suponha, por exemplo, que A e sua companheira B estão numa festa, e A, entediado, diz a B:

(6)   A: Está ficando tarde, Mildred
        B: a. Mas eu estou me divertindo tanto
           b. Você quer ir embora?
           c. Você não está se divertindo, querido?

Nesse caso, B pode responder de qualquer uma das maneiras indicadas, mas nenhuma delas se dirige à força ilocucionária da enunciação de A; ao contrário, elas respondem a várias intenções perlocucionárias que A pode ter tido. Mas isso é altamente problemático para a espécie de modelo em questão, pois as perlocuções são ilimitadas em tipo e número e quaisquer respostas nelas baseadas ficarão necessariamente fora do alcance desse modelo.

Há sérios problemas também com (4)(ii), a exigência de que haja unidades de enunciação identificáveis às quais se possa fazer corresponder os atos de fala ou lances. Um mesmo período gramatical pode ser usado para executar dois ou mais atos de fala em diferentes orações, e cada oração (como vimos) pode executar mais de um ato de fala. Além disso, há muitas unidades subsentenciais que ocorrem como enunciações, e é possível que vocalizações não lingüísticas (por exemplo, a risada), ações não vocais (como estender a alguém algo que ele pediu) e o mero silêncio (por exemplo, depois de uma pergunta carregada) executem respostas adequadas às enunciações. O problema é que, para que a função descrita na propriedade (4)(iii) seja bem formada, deve haver um conjunto independentemente especificável de unidades de enunciação com as quais são mapeadas as ações. Na verdade, porém, é impossível especificar de antemão que tipos de unidades comportamentais carregarão atos interacionais importantes; antes, as unidades em questão parecem ser definidas funcionalmente pelas ações que podemos vê-las desempenhar no contexto.

A exigência (4)(iii), portanto, herda dois problemas: para que uma função mapeie ações em unidades de enunciação, devem existir conjuntos bem definidos de (a) ações relevantes e (b) unidades de enunciação relevantes. Mas vimos que não existem. Além disso, para que este tipo de modelo tenha algum interesse real, exigimos não meramente uma função abstrata, mas um processo efetivo ou algoritmo que implemente a função. Aqui, porém, ficaremos ainda mais desapontados, pois, como mostramos em nossa discussão da teoria dos atos de fala do capítulo 5, simplesmente não existe nenhuma correlação simples de forma e força, e as tentativas de preencher a lacuna (entre o que as enunciações significam "literalmente" e o que fazem "efetivamente" a título de ações) com teorias dos atos de fala indiretos forneceram, na melhor das hipóteses, apenas soluções parciais. Pois as questões de contexto, tanto seqüencial (ou discursivo) como extralingüístico, podem desempenhar um papel decisivo na atribuição da função da enunciação. O que estamos procurando, portanto, não são regras simples de "conversão de forças" que forneçam uma solução geral nesse caso, mas, sim, algum processo inferencial imensamente complexo, que utilize informações de muitos tipos diferentes. No presente estado dos conhecimentos, os proponentes do tipo de modelo delineado em (4) não podem esperar ter sequer as linhas gerais de um tal algoritmo.

Mas isso tem uma conseqüência infeliz para tais modelos, a saber, não são passíveis de ser falseados, e, portanto, são essencialmente vácuos. O raciocínio é este: suponha que eu afirme (em conformidade com a última suposição de (4)) que, dado certo conjunto de tipos de ato de fala ou lances (chamemo-los X, Y e Z), apenas algumas seqüências destes são seqüências *bem formadas* ou coerentes (digamos, XYZ, XZ, YXX), enquanto todas as demais (como *ZXY, *XYX, *ZX, etc.) são seqüências *mal formadas*. Então, para que possamos provar ser falsa essa hipótese, deve ser possível testar independentemente se alguma seqüência de enunciações realmente corresponde, digamos, à seqüência XYZ. Esse teste, porém, só é possível se houver um procedimento explícito para atribuir enunciações a categorias como X, Y e Z. E como não existe tal procedimento, não há nenhum conteúdo empírico na afirmação de que seqüências da forma XYX não ocorrem ou não deveriam ocorrer no discurso.

Finalmente, chegamos a (4)(iv), a suposição de que há um conjunto de regras de seqüenciamento, formuladas com base em categorias de ato de fala (ou relacionadas), que governam a organização seqüencial da conversação. Esta suposição é a propriedade motivadora de todos os modelos desse tipo, pois o interesse de "traduzir" enunciações nas ações que elas executam é reduzir os problemas de seqüenciamento na conversação a um conjunto de regras que governem seqüências de ação bem formadas. A suposição incorpora uma expectativa forte a respeito da natureza "sintática" das limitações seqüenciais na conversação e é essencial para tal expectativa que haja casos claros de seqüências mal formadas (como *XYX acima) exatamente como os há nas gramáticas sentenciais (como *on cat the sat mat the "no gato estava sentado tapete o"). Não obstante, é difícil, se não impossível, encontrar casos assim de discursos *impossíveis* (ver, por exemplo, a bem-sucedida contextualização de Edmondson, 1981, 12 ss. dos discursos supostamente mal formados apresentados por Van Dijk, 1972). Uma razão para isso é predita pela teoria da implicatura de Grice: qualquer evidente violação conversacional (por exemplo, uma infração da relevância) tende a ser tratada com base na suposição de que as enunciações envolvidas são, na verdade, interpretáveis, se forem feitas inferências adicionais (ver capítulo 3 acima). Outra é que, conforme acabamos de mencionar, podem ser dadas respostas a perlocuções, e as perlocuções não são limitadas em tipo e número e não podem ser previstas univocamente a partir das enunciações envolvidas. Uma terceira é que as nossas intuições não parecem ser um guia confiável nessa área – seqüências que poderíamos julgar "mal formadas" em isolamento, na verdade, ocorrem freqüentemente. Considere o seguinte exemplo (de Sacks, 1968, 17 de abril):

(7) A: Eu tenho um filho de catorze anos
     B: Bem, isso é bom
     A: Eu também tenho um cão
     B: Oh, sinto muito

isoladamente, em exemplo pode parecer completamente bizarro, mas quando reinserido na conversação efetiva de onde foi tirado – na qual A está levantando uma série de possíveis obstáculos para alugar um apartamento com o senhorio B – parecerá natural e, na verdade, passará despercebido. Portanto, a base fundamental para a postulação de regras de seqüenciamento gerais, a saber, a existência e a predizibilidade de seqüências mal formadas, é seriamente colocada em questão.

O que motiva a abordagem por regras de seqüenciamento é uma primeira consideração de enunciações emparelhadas como perguntas e respostas, oferecimentos e aceitações (ou recusas), cumprimentos e cumprimentos em resposta, etc. Mas não só a conversação não é constituída basicamente por tais pares (cf. Coulthard, 1977, 70), como também as regras que respondem pela coesão não são de natureza quase sintática. Por exemplo, perguntas podem ser felizmente seguidas por respostas parciais, rejeições de pressuposições da questão, declarações de ignorância, negações da relevância da pergunta, e assim por diante, como ilustrado abaixo:

(8)   A: O que John faz para viver?
       B: a. Oh, isto e aquilo
          b. Não faz
          c. Não tenho idéia
          d. O que uma coisa tem a ver com a outra?

Antes, queremos dizer que, dada uma pergunta, uma resposta é relevante, e pode-se esperar que as respostas lidem com essa relevância (ver a explicação da noção de **relevância condicional** em 6.2.1.2 abaixo). Tais expectativas se assemelham mais às máximas propostas por Grice, às quais estão associadas inferências anuláveis, do que com a expectativa, ligada a uma regra, de que haverá um objeto após um verbo transitivo no inglês. Isto é tornado claro, por exemplo, pelo fato de que, na conversação, réplicas cooperativas inventivas em seguida às perguntas podem ser preferíveis às respostas:

(9)   A: John está?
       B: Você pode encontrá-lo no ramal trinta e quatro sessenta e dois

Finalmente, devemos observar que as exigências que regulam o seqüenciamento na conversação não poderiam, de qualquer modo, ser plenamente capturadas em termos de atos de fala. O que faz com que certa enunciação após uma pergunta constitua uma resposta não é apenas a natureza da própria enunciação, mas também o fato de que ela ocorre após uma pergunta com um conteúdo específico – a "respondibilidade" é uma propriedade complexa composta da localização seqüencial e da coerência tópica envolvendo duas enunciações, entre outras coisas; significativamente, não se propôs nenhuma força ilocucionária do responder. O modelo em questão, porém, evita a enigmática questão das condições impostas à coerência tópica, cuja relevância para questões de seqüenciamento conversacional é evidenciada por exemplos como (7). Parece, pois, duvidoso que existam regras de um tipo sintático governando o seqüenciamento conversacional e, mesmo que tais regras pudessem ser encontradas, elas não ofereceriam nada, a não ser uma explicação parcial das condições que obedecem a seqüências conversacionais.

A conclusão que se pode tirar é que todos os modelos que se enquadram na classe que tem as propriedades gerais descritas em (4) são assolados por dificuldades fundamentais. Além disso, as análises efetivas oferecidas nas teorias desse tipo muitas vezes são bastante superficiais e decepcionantes, envolvendo um mapeamento intuitivo de categorias não motivadas num leque restrito de dados. Mesmo quando não é assim (como no importante trabalho de Labov e Fanshel, 1977), muitas vezes é possível demonstrar que as análises obscureceram traços básicos da organização conversacional (ver, por exemplo, a reanálise que fazemos dos seus dados em (104) abaixo).

Parece razoável, então, voltarmo-nos para a AC como a abordagem que, pelo menos no presente, tem mais a oferecer para um entendimento substancial da natureza da conversação. É importante perceber, porém, que a base para rejeitar a AD é a que as ferramentas e métodos teóricos para os quais apela importados da lingüística teórica dominante parecem inteiramente inadequados ao domínio da conversação. A conversação não é um produto estrutural da mesma maneira que o é uma sentença – ao contrário, é o resultado da interação de dois ou mais indivíduos independentes, que visam objetivos, e têm interesses muitas vezes divergentes. Passar do estudo das sentenças para o estudo das conversações é como passar da física para a biologia: os processos e métodos analíticos adequados são totalmente diversos, embora as conversações sejam (em parte) compostas de unidades que têm alguma correspondência direta com as sentenças.

6.2 A ANÁLISE DA CONVERSAÇÃO[3]

A análise da conversação do tipo que será descrito no restante deste capítulo teve como pioneiro um grupo dissidente de sociólogos, muitas vezes conhecido como **etnometodologistas**. A relevância do pano de fundo sociológico para o pragmaticista está nas preferências metodológicas dele derivadas. O movimento surgiu como reação às técnicas quantitativas e à imposição arbitrária aos dados de categorias supostamente objetivas (de que tais técnicas geralmente se valem), que eram características da sociologia americana dominante. Em contraposição, argumentava-se convincentemente, o objetivo adequado do estudo sociológico é o conjunto de técnicas que os próprios membros de uma sociedade utilizam para interpretar e agir em suas relações sociais – os métodos "objetivos" do sociólogo talvez não sejam realmente de tipo diferente. Daí o uso do termo **etnometodologia**, o estudo dos métodos "étnicos" (isto é, dos próprios participantes) de produção e interpretação da interação social (ver Garfinkel, 1972; Turner, 1974a). Desse pano de fundo provém uma saudável desconfiança a respeito da teorização prematura e de quaisquer categorias analíticas *ad hoc*: tanto quanto possível, as categorias de análise devem ser aquelas que é possível demonstrar que os próprios participantes utilizam para entender a interação; construtos teóricos imotivados e intuições não comprovadas devem ser evitados. Na prática, isto resulta num estruturalismo estrito e parcimonioso, e num ascetismo teórico – a ênfase recai nos dados e padrões que eles apresentam reiteradamente.

Os dados são compostos de gravações em fita e transcrições da conversação de ocorrência natural, e pouca atenção é dada à natureza

▼

3. Este capítulo, apesar de relativamente longo por causa da necessidade de citar um volume considerável de dados, é apenas uma introdução preliminar. Ele pode ser suplementado com os capítulos introdutórios de Atkinson e Drew, 1979; os ensaios exemplares de Schegloff e Sacks, 1973, Schegloff, 1976 e as coleções em Schenkein, 1978; Psathas, 1979; Atkinson e Heritage, no prelo. Ver também a introdução de Coulthard, 1977. Deve-se observar também que, para fins de exposição, apresentei, de maneira simplificada e sem entrar em detalhes, várias descobertas que ainda são tratadas como hipóteses de trabalho na análise da conversação.

do contexto tal como poderia ser concebido teoricamente na sociolingüística ou na psicologia social (onde conta, por exemplo, se os participantes são amigos ou apenas conhecidos distantes, se pertencem a certo grupo social, se o contexto é formal ou informal, etc.).[4] Como sabe qualquer um que trabalhe com dados conversacionais, um peso enorme é dado às transcrições e, como na fonética, surgem imediatamente questões de quão **amplas** ou **estritas** devem ser tais transcrições, que sistemas de notação devem ser usados e em que medida o próprio exercício de transcrição incorpora decisões teóricas (ver Ochs, 1979d). Excertos de transcrições serão oferecidos aqui na notação geralmente utilizada na análise da conversação e relacionada no apêndice deste capítulo: a ortografia padrão será usada em alguns lugares em que os lingüistas poderiam preferir a transcrição fonética e não há, infelizmente, um tratamento adequado das orientações dadas pela prosódia e, especialmente, pela entonação[5].

Na seção 6.2.1, apresentaremos algumas das descobertas mais básicas que resultaram desse tipo de trabalho. Essas descobertas não são, em si mesmas, muito surpreendentes, mas vamos mostrar em seções posteriores (especialmente 6.2.2 e 6.2.3) que esses pequenos fatos aparentemente díspares a respeito da conversação encaixam-se todos de maneira sistemática, e só então é que poderemos começar a perceber que a conversação possui, na verdade, uma arquitetura elaborada e detalhada.

▼

4. Não que a relevância desses fatores seja negada *a priori*, mas simplesmente ela não é suposta – se for possível demonstrar com rigor que os próprios participantes empregam tais categorias na produção da conversação, então, elas terão interesse para a AC. Ver, por exemplo, Jefferson, 1974, 198.

5. Os pesquisadores da AC às vezes usam uma ortografia *ad hoc* para representar traços segmentais, para irritação dos lingüistas, embora não pareça haver nenhum problema teórico sério envolvido nisso (ver Goodwin, 1977, 120; 1981, 47). Tomei a considerável liberdade de padronizar a ortografia das transcrições, mas apenas quando falantes não nativos poderiam, de outra maneira, ter dificuldade para interpretar o texto. As marcas de pontuação também são usadas pelos pesquisadores da AC para fornecer certa indicação da entonação (ver Apêndice) e a pontuação original, portanto, foi reproduzida nos exemplos tirados dessas fontes impressas. Esperamos que, em trabalho futuro, seja adotado um sistema de transcrição prosódica melhor (como o fizeram, por exemplo, na tradição britânica, Crystal (1969); O'Connor e Arnold (1973); Brazil, Coulthard e Johns (1980)).

Uma importante advertência deve ser feita imediatamente. As pesquisas examinadas aqui baseiam-se quase que inteiramente em dados do inglês, especialmente, conversas telefônicas e conversas em grupo e simplesmente não sabemos, no presente, em que medida essas descobertas se estendem a outras línguas e culturas. Contudo, embora as descobertas aqui apresentadas possam ser, em parte, específicas de uma cultura, os métodos empregados deveriam ser de aplicação consideravelmente geral.

6.2.1 ALGUMAS DESCOBERTAS BÁSICAS

6.2.1.1 Turnos

Podemos começar com a observação evidente de que a conversação é caracterizada por **alternância de turnos**: um participante, A, fala e pára; outro, B, começa, fala e pára; e, então, obtemos uma distribuição A-B-A-B-A-B da conversa entre os dois participantes. Mas, tão logo se atenta mais de perto para este fenômeno, o modo como tal distribuição é efetivamente obtida torna-se tudo, menos evidente. Primeiro, há dois fatos inesperados: menos (e, muitas vezes, consideravelmente menos) de 5 por cento do fluxo da fala apresenta-se em **sobreposição** (dois falantes falando simultaneamente), mas os espaços entre uma pessoa falando e outra começando freqüentemente medem apenas alguns microssegundos e têm em média valores de uns poucos décimos de segundo (ver Ervin-Tripp, 1979, 392 e referências ali). Como essa transição ordeira de um falante para outro é conseguida com *timing* tão preciso e tão pouca sobreposição? Um segundo enigma é que, seja qual for o mecanismo responsável, ele deve ser capaz de operar em circunstâncias bem diferentes: o número dos participantes pode variar de dois a vinte ou mais; as pessoas podem entrar e sair do grupo de participantes; os turnos de fala podem variar de enunciações mínimas a muitos minutos de fala contínua, e, se há mais de dois participantes, então, assegura-se que todas as partes falem sem que haja nenhuma ordem especificada ou "fila" de falantes. Além disso, o mesmo sistema parece operar igualmente bem na interação face a face e na ausência de monitoramento visual, como nas conversas telefônicas.

Sacks, Schegloff e Jefferson (1974, 1978) sugerem que o mecanismo que regula a alternância de turnos e dá conta das propriedades observadas é um conjunto de regras, com opções ordenadas, que opera numa base de turno por turno, podendo, assim, ser denominado **sistema de administração local**. Uma maneira de encarar as regras é como um dispositivo de compartilhamento, uma "economia" que opera sobre um recurso escasso, a saber, o controle da "palavra". Para fazer suas alocações, um tal sistema exigirá unidades mínimas (ou "porções") sobre as quais operar, sendo tais unidades as unidades a partir das quais os **turnos** da conversa são construídos. Estas unidades, neste modelo, são determinadas por vários traços da estrutura lingüística superficial: são unidades sintáticas (sentenças, orações, sintagmas nominais, etc.) identificadas como unidades de turno em parte por meios prosódicos e, especialmente, por meios entonacionais. Inicialmente, será atribuída ao falante apenas uma destas **unidades construcionais de turnos** (embora a extensão da unidade esteja, em grande parte, sob o controle do falante, devido à flexibilidade da sintaxe da língua natural). O fim de tal unidade constitui um ponto em que os falantes podem mudar – é um **local de relevância da transição**, ou LRT. Num LRT, as regras que regulam a transição dos falantes, então, entram em jogo, o que não significa que os falantes mudarão neste ponto, mas simplesmente que podem fazê-lo, como veremos. A caracterização exata dessas unidades ainda exige uma quantidade razoável de trabalho lingüístico (ver Goodwin, 1981, 15 ss.), mas, seja qual for a sua forma final, a caracterização deve levar em conta a **projetabilidade** ou previsibilidade do fim de cada unidade – pois é apenas isso que pode dar conta da recorrente maravilha dessa transição de falantes que se faz em fração de segundo.

Há outro traço das unidades de turno que tem de ser mencionado antes que as regras possam ser apresentadas, a saber, a possibilidade de indicar especificamente numa unidade que, no seu fim, algum outro participante específico é convidado a falar em seguida. As técnicas para selecionar o seguinte desta maneira podem ser bastante articuladas, mas incluem dispositivos diretos como os seguintes: uma pergunta (oferta, solicitação, etc.) mais um termo de interpelação; uma asserção com *tag* mais um traço de interpelação e as várias verificações de compreensão (*Quem?*, *Você fez o quê?*, *Como disse?*, *Você quer dizer amanhã?*, etc.) que selecionam o falante anterior como sendo o seguinte.

Operando sobre as unidades de turno, estão as seguintes regras (ligeiramente simplificadas de Sacks, Schegloff e Jefferson, 1978), onde C é o falante atual, S é o falante seguinte e o LRT é o fim reconhecível de uma unidade construcional de turno:

(10) Regra 1 – aplica-se inicialmente ao primeiro LRT de qualquer turno
 (a) Se C seleciona S no turno corrente, então C deve parar de falar e S deve falar em seguida, a transição ocorrendo no primeiro LRT após a seleção de S
 (b) Se C não seleciona S, então, qualquer (outro) participante pode selecionar a si mesmo, o primeiro falante ganhando direito ao turno seguinte
 (c) Se C não selecionou S e nenhuma outro participante selecionar a si mesmo sob a opção (b), então C pode (mas não precisa) continuar (isto é, reivindicar direitos a mais uma unidade construcional de turno)
Regra 2 – aplica-se a todos os LRTs subseqüentes
 Quando a Regra 1(c) foi aplicada por C, então, as regras 1 (a)-(c) aplicam-se no LRT seguinte e, recursivamente, no LRT seguinte, até que a mudança de falante seja efetuada

Pode-se perguntar se a Regra 1(c) não é apenas um caso especial da Regra 1(b) e, portanto, redundante. Contudo, existem alguns indícios de que não convém que os participantes que selecionam a si mesmos na Regra 1(b) não incluam o falante corrente (C): por exemplo, os retardamentos entre dois turnos por falantes diferentes são estatisticamente mais breves do que entre duas unidades construcionais de turno produzidas por um mesmo falante, o que sugere que a oportunidade para que os outros falem é especificamente proporcionada pela Regra 1(b) (ver Sacks, Schegloff e Jefferson, 1978, 54, n. 30).

Um exame cuidadoso mostra que as regras provêem as observações básicas já assinaladas. Por outro lado, elas predizem os seguintes detalhes específicos. Primeiro, apenas um falante estará geralmente falando em qualquer tempo numa mesma conversa (embora quatro ou mais falantes possam, muitas vezes, conduzir mais de uma conversa simultaneamente).

Contudo, quando ocorrem sobreposições, pode-se prever que terão, pelo menos na grande maioria dos casos, uma localização precisa: as sobreposições ocorrerão ou como primeiros inícios rivais, conforme permitido pela Regra 1(b) e ilustrado em (11), ou ocorrerão quando os LRTs tiverem sido projetados erroneamente por razões sistemáticas, por exemplo, quando um *tag* ou termo de interpelação tiver sido acrescentado, conforme ilustrado em (12), caso em que a sobreposição será previsivelmente breve. As regras, portanto, proporcionam uma base para a discriminação (que todos empregamos) entre a sobreposição involuntária como em (11) e (12) e a interrupção com caráter de violação como em (13):

(11)   *Sacks, Schegloff e Jefferson, 1978: 16*
      J: Twelve pounds I think wasn't it.=
      D: = // Can you bel*ie*ve it?
      L: Twelve pounds on the Weight Watchers' scale.
      J: Doze libras, acho, não era?
      D: Dá para acreditar?
      L: Doze libras na balança dos Vigilantes do Peso

(12)   *Sacks, Schegloff e Jefferson, 1978: 17*
      A: Uh *you* been down here before // havenche
      B: Yeah.
      A: Hã, você já esteve aqui antes, não esteve?
      B: Sim

(13)   *DCD: 22*
      C: We:ll I wrote what I thought was a a-a rea:s'n//ble explan*a*ti:o:n
      F: I: think it was a *very* rude *le*:tter
      C: Bem, eu escrevi o que achei ser uma explicação razoável
→   F: Eu acho que foi uma carta muito rude

Prediz-se também que, quando ocorre o silêncio – a ausência de vocalização – , ele pode ser caracterizado de maneira diferenciada, com base nas regras, como (i) uma **lacuna** antes de uma aplicação subseqüente das Regras 1(b) ou 1(c) ou (ii), como um **lapso** no caso de não aplicação das Regras 1(a), (b) e (c), ou ainda como (iii) um **silêncio**[6]

▼

6. Daqui em diante, o termo *silêncio* é usado às vezes neste sentido técnico, enquanto o termo *pausa* é usado como termo geral abrangendo esses vários tipos de períodos sem fala. Outros usos ficarão claros pelo contexto.

significativo (ou **atribuível**) do falante seguinte, após a aplicação da Regra 1(a). Portanto, em (14), temos, primeiro, uma *lacuna* por retardamento da opção pela Regra 1(b) por apenas um segundo, e, depois, um lapso de dezesseis segundos:

(14) *Sacks, Schegloff e Jefferson, 1978: 25*
C: Well no I'll drive (I don't mi//nd)
J: hhh
(1.0)
J: I meant to *offer*.
(16.0)
J: Those shoes look nice ...
C: Bem, não, eu vou dirigir (não me importo)
J: Eu pretendia oferecer.
J: Aqueles sapatos parecem legais...

Enquanto em (15) temos dois casos claros de *silêncio atribuível*, em virtude do fato de que as enunciações de A selecionam B como o falante seguinte, e, pela Regra 1(a), B deve falar, então:

(15) *Atkinson e Drew, 1979 : 52*
A: Is there something bothering you or not?
(1.0)
A: Yes or no
(1.5)
A: Eh?
B: No
A: Tem alguma coisa incomodando você ou não?
A: Sim ou não?
A: Hein?
B: Não.

Ao mesmo tempo que fazem tais previsões específicas, as regras também permitem as variações observáveis na conversação: os lapsos podem ou não ocorrer; não há nenhum limite estrito para o tamanho do turno, dada a natureza expansível das unidades construcionais de turnos sintáticas e as continuações permitidas pela Regra 1(c); não há nenhuma exclusão de participantes; o número de participantes de uma conversação pode mudar. Essas diversas variações são possíveis basicamente porque o sistema é **administrado localmente**, isto é, ele opera numa base de turno por turno, organizando apenas a transição do falante atual para o seguinte e, portanto, é indiferente, por exemplo, ao grupo de falantes seguintes potenciais[7].

Uma conseqüência importante do sistema é que ele fornece, independentemente do conteúdo ou de considerações de polidez, uma motivação intrínseca para que os participantes escutem e processem o que é dito – pois as regras de transição exigem a localização prévia da seleção do falante seguinte, se ocorrer, e a projeção dos LRTs vindouros.

Quando, apesar das regras, ocorre conversa sobreposta, o estudo detalhado revelou que opera um sistema de resolução que é parte integrante do sistema principal de alternância de turnos. Primeiro, se a sobreposição ocorre, em geral, um falante sai rapidamente, como em (16):

(16)   *Atkinson e Drew, 1979: 44 (simplificado)*
       D: ... he's got to *talk* to someone (very sor) supportive way towards you (.)
       A: //Greg's (got wha-)*
       G: Think you sh* — think you should have *one* to: hold him
       D: ...Ele precisa falar com alguém que seja muito solidário com você.
       A: Greg precisa o quê...
       G: Acho que você deveria ter alguém para se apegar...

Segundo, tão logo um falante fica sozinho "em evidência", ele, caracteristicamente, recicla justamente a parte do turno obscurecida pela sobreposição, como no turno de G de (16). Finalmente, se um falante não cai fora imediatamente, há disponível um sistema de alocação competitiva que funciona, *grosso modo*, numa base de sílaba por sílaba, pelo qual o falante que mais "sobe em grau" ganha o direito à palavra, sendo que subir em grau corresponde a amplitude aumentada, ritmo em desaceleração, vogais alongadas e outros traços, como ilustrado em (17):

▼

7. Embora tais fatores realmente influenciem, por exemplo, os detalhes das técnicas para a seleção do falante seguinte.

(17) US: 43
→ J: But dis // person thet *DID* IT* IS GOT TO BE::
   V: If I see the person
   J: ..hh taken care of
   J: Mas a pessoa que fez isso precisa de...
   V: Se eu vir essa pessoa
   J: ... cuidados

Existe, então, um elaborado mecanismo de apoio para solucionar a sobreposição caso ela ocorra, apesar das regras (ver Jefferson e Schegloff, 1975).

É importante perceber que, embora o fenômeno da alternância de turnos seja evidente, o mecanismo que o organiza de acordo com nossas sugestões não é[8]. Para começar, as coisas poderiam ser bem diferentes: por exemplo, relata-se que entre os burundis, povo africano (ver Albert, 1972, 81 ss.), a alternância de turnos (presumivelmente em ambientes bastante especiais) é pré-alocada pela hierarquia dos participantes, de modo que se a posição social de A é superior à de B, e a de B é superior à de C, então, a ordem em que falarão em participantes será A-B-C. Naturalmente, também nas culturas de língua inglesa existem sistemas de alternância de turnos especiais, não conversacionais, que operam, por exemplo, nas salas de aula, nos tribunais, nas reuniões em que há um presidente e outros cenários "institucionais"; nesses sistemas, os turnos (pelo menos em parte) são pré-atribuídos e não determinados na base de um turno de cada vez, e aqui também fica realçado o fato de que as regras de (10) não são a única solução possível ou racional para organizar a "economia" dos turnos na conversa. Não obstante, há uma boa razão para pensar que, como muitos aspectos da organização conversacional, as regras são válidas para os tipos mais informais e comuns de conversa em todas as culturas do mundo.

▼

8. Também vale a pena assinalar que a motivação para a alternância de turnos não é tão evidente como pode parecer: como Miller observou (1963, 418), a alternância de turnos "não é uma conseqüência necessária de qualquer incapacidade auditiva ou fisiológica de falar e ouvir simultaneamente; uma voz é um recurso precário para mascarar outra" (citado em Goodwin, 1977, 5). A possibilidade de tradução simultânea testemunha isso (ver Goldman-Eisler, 1980).

Existem até mesmo evidências de raízes etológicas para a alternância de turnos e outros mecanismos relacionados, tanto no trabalho sobre seres humanos recém-nascidos (ver, por exemplo, Trevarthen, 1974, 1979) como na pesquisa sobre primatas (ver, por exemplo, Haimoff, no prelo).

Outra indicação de que o mecanismo sugerido está longe de ser evidente é que os psicólogos que trabalham com a conversação sugeriram uma solução bem diferente para explicar como funciona a alternância de turnos. Segundo esse outro enfoque, a alternância de turnos é regulada primariamente por *sinais*, não por regras de atribuição da vez (ver, por exemplo, Kendon, 1967; Jaffé e Feldstein, 1970; Duncan, 1974; Duncan e Fiske, 1977). Nesse enfoque, um falante corrente sinalizará quando pretende passar a palavra e outros participantes podem pleitear, por meio de sinais reconhecidos, o direito de falar – uma prática semelhante à de anunciar "câmbio" pelo transmissor de rádio de campo. Um dos candidatos mais plausíveis a tais sinais é o **olhar**: por exemplo, *grosso modo*, parece verdadeiro que um falante interromperá o olhar mútuo enquanto fala, retornando o olhar para o destinatário após completar o turno (Kendon, 1967; Argyle, 1973, 109, 202; ver, porém, descobertas contrárias em Beattie, 1978a; e ver Goodwin, 1977, 1981 para uma abordagem do olhar segundo a AC). O problema aqui é que se tais sinais formassem a base de nossa capacidade de alternância de turnos, haveria uma previsão clara de que, na ausência de indicações visuais, deveria haver muito mais lacunas e sobreposições, ou essa ausência precisaria ser compensada por indicações audíveis especiais. Mas o trabalho sobre conversas telefônicas mostra que nenhuma das duas coisas parece ser verdadeira – por exemplo, há efetivamente menos lacunas e sobreposições mais breves no telefone (ver Butterworth, Hine e Brady, 1977; Ervin-Tripp, 1979, 392), e não há nenhum indício de padrões de prosódia ou entonação especiais nas fronteiras de turnos ao telefone (embora existam indícios de que tais indicações são utilizadas tanto na ausência como na presença de contato visual para indicar os limites de unidades construcionais de turnos – ver, por exemplo, Duncan e Fiske, 1977). Seja como for, não é claro como um sistema baseado em sinais poderia dar conta das propriedades que se observam de todo modo na alternância de turnos; por exemplo, um sistema de indicações entonacionais não realizaria facilmente os *lapsos* que se observam na conversação nem prediria corretamente que a localização de sobreposições tem base em princípios; também não explicaria como se selecionam falantes seguintes específicos (ver Goodwin, 1979b, 1981, 23 ss.). Portanto, o enfoque da sinalização, embora seja plausível, parece estar errado se tomado como uma descrição completa da alternância de turnos: os sinais que indicam o término de unidades construcionais de turnos realmente ocorrem, mas não são a base organizacional essencial da alternância de turnos na conversação. Essa organização parece basear-se, ao contrário, na atribuição da vez conforme especificado pelas regras em (10).

Outro enfoque possível que também parece estar incorreto é o de que, embora a alternância de turnos seja realmente um sistema baseado em opções, as opções são organizadas não em torno de unidades estruturais de superfície, como sugerem Sacks, Schegloff e Jefferson (1978), mas, sim, em torno de unidades funcionais – atos de fala, lances, ou, talvez, unidades ideacionais (como em Butterworth, 1975). Tal enfoque é à primeira vista plausível: como participante, a pessoa deve esperar até perceber que contribuição interacional a outra parte está fazendo e, então, executar a sua própria. Novamente, porém, temos aqui um enfoque que faz as previsões erradas – por exemplo, dado que os cumprimentos – expressões do tipo *Como vai você?*, etc. – podem geralmente ser previstos com precisão, eles deveriam sobrepor-se regularmente, mas não é esse o caso. Do mesmo modo, quando um falante deixa de fazer-se audível ou compreensível para um receptor, solicitações de **reparo** deveriam ocorrer imediatamente após o "reparável", ao passo que, na verdade, a iniciação do reparo geralmente espera o próximo LRT (ver Sacks, Schegloff e Jefferson, 1978, 39, e seção 6.3.2 abaixo). E, em geral, dada a aparente projetabilidade das enunciações de outras pessoas, deveríamos esperar que a maioria dos turnos fosse completada em sobreposição – mas, é claro, não é isso o que acontece. Portanto, apesar de sua plausibilidade, esse enfoque também parece estar errado: a alternância de turnos está firmemente ancorada na da definição das unidades de turnos, que se faz em termos de estrutura de superfície; sobre essa definição, as regras do tipo em (10) operam de modo que organize uma distribuição sistemática de turnos aos participantes.

6.2.1.2 Pares de adjacência

Agora nos voltamos para uma outra forma local de administrar a conversação, a saber, os **pares de adjacência** – o tipo de enunciações emparelhadas de que são protótipos pergunta-resposta, cumprimento-cumprimento, oferecimento-aceitação, desculpas-minimização, etc. Já observamos que esses pares são profundamente inter-relacionados com o sistema de alternância de turnos como técnicas para selecionar um falante seguinte (especialmente quando um termo de interpelação é incluído na primeira enunciação do par ou o seu conteúdo claramente isola um falante seguinte pertinente). Mais uma vez, a existência dessas enunciações emparelhadas é evidente, mas uma especificação precisa das expectativas subjacentes nas quais se baseiam as regularidades não é tão fácil. Schegloff e Sacks (1973) oferecem-nos a caracterização seguinte:

(18) *pares de adjacência* são seqüências de duas enunciações:
 (i) adjacentes
 (ii) produzidas por falantes diferentes
 (iii) ordenadas como **primeira parte** e **segunda parte**
 (iv) tipificadas, de modo que uma primeira parte específica exige uma segunda parte específica (ou uma série específica de segundas partes) – por exemplo, as ofertas exigem aceitações ou recusas, os cumprimentos exigem cumprimentos, etc.

e há uma regra que rege o uso dos pares de adjacência, a saber:

(19) Tendo produzido uma primeira parte de certo par, o falante atual deve parar de falar, e o falante seguinte deve produzir, nesse ponto, uma segunda parte do mesmo par

Os pares de adjacência parecem constituir uma unidade fundamental da organização conversacional – de fato, sugeriu-se que são *a* unidade fundamental (ver, por exemplo, Goffman, 1976; Coulthard,

1977, 70). Esse entendimento parece ser subjacente aos modelos da conversação que se exprimem em termos de atos de fala, examinados na seção 6.1 acima. Contudo, há muitos outros tipos de organizações seqüenciais mais complexas operando na conversação, como veremos; na verdade, as condições de funcionamento de tais pares não podem ser adequadamente modeladas por regras de formação análogas às regras sintáticas. É importante, pois, perceber que a caracterização dos pares de adjacência em (18) e (19) é apenas uma primeira aproximação e é, na verdade, inadequada em muitos aspectos importantes.

Há problemas com cada uma das condições de (18), mas vamos nos concentrar em (i), adjacência, e (iv), os tipos de segundas partes que se podem esperar. Primeiro, a adjacência estrita é na realidade uma exigência demasiado forte: freqüentemente ocorrem **seqüências de inserção** (Schegloff, 1972a) como as seguintes, em que um par de pergunta e resposta está embutido em outro (aí, P1 rotula a primeira pergunta, R1 a sua resposta, etc.):

(20)   *Merritt, 1976: 33*
       A: May I have a bottle of Mich?   ((P1))
       B: Are you twenty one?   ((P2))
       A: No   ((R2))
       B: No   ((R1))
       (Pode me dar)
       A: Posso ter uma garrafa de Mich?
       B: Você tem vinte e um anos?
       A: Não
       A: Não

Ou como a seguinte, onde uma notificação de saída interacional temporária e a sua aceitação estão embutidas num par de pergunta e resposta[9]:

(21)   *144/6*
       B: U:hm (.) what's the price now eh with V.A.T.

▼

9. *Espera, aceitar, aceitação* são termos *ad hoc* para as partes do par de adjacência que são usadas para iniciar um interlúdio ou "intervalo" interacional. A interação pode, então, mas não precisa, ser reiniciada por um outro par de adjacência (*Hello?*; *Hello*).

	do you know eh	((P1))
A:	Er I'll just work that out for you =	((ESPERAR))
B:	= thanks	((ACEITAR))
	(10.0)	
A:	Three pounds nineteen a tube sir	((R1))

B: Hum. Qual é o preço agora com o imposto, você sabe?
A: Hã. Eu vou calcular para você
B: = obrigado
A: Três libras e dezenove o tubo, senhor

Na verdade, numerosos níveis de encaixamento não são, em absoluto, pouco freqüentes, com a conseqüência de que, digamos, uma pergunta e a sua resposta podem estar separadas por muitas enunciações; não obstante, a relevância da resposta é meramente mantida em espera enquanto as preliminares são classificadas, e as seqüências de inserção, portanto, restringem-se, quanto ao conteúdo, à classificação de tais preliminares. Na verdade, (21) é extraído da seqüência maior de pares de adjacência encaixados em (22) (aqui, S rotula uma primeira parte de solicitação, P e R pergunta e resposta, respectivamente, e os turnos são numerados T1, T2, etc., para referência):

(22) *144/6*

T1	B:	... I ordered some paint from you uh a couple of weeks ago some vermilion	
T2	A:	Yuh	
T3	B:	And I wanted to order some more the name's Boyd	((S1))
T4	A:	Yes // how many tubes would you like sir	((P1))
T5	B:	An-	
T6	B:	U:hm (.) what's the price now with V.A.T. do you know eh	((P2))
T7	A:	Er I'll just work that out for you =	((PARAR))
T8	B:	= Thanks	((ACEITAR))
		(10.0)	
T9	A:	Three pounds nineteen a tube sir	((R2))
T10	B:	Three nineteen is it =	((P3))
T11	A:	= Yeah	((R3))

T12	B: E::h (1.)) yes u:hm ((dental click)) ((em tom parentético)) e:h jus-justa think, that's what three nineteen
	That's for the large tube isn't it ((P4))
T13	A: Well yeah it's the thirty seven c.c.s. ((R4))
T14	B: Er, hh I'll tell you what I'll just eh eh ring you back I have to work out how many I'll need. Sorry I did- wasn't sure of the price you see ((JUSTIFICA A AUSÊNCIA DE R1))
T15	A: Okay

T1	B: ...Eu encomendei um pouco de tinta com você uh duas semanas atrás escarlate
T2	A: Sim
T3	B: E eu queria encomendar mais o nome é Boyd
T4	A: Sim // quantos tubos o senhor desejaria
T5	B: An-
T6	B: U:hm (.) qual é o preço agora eh com o imposto você sabe eh
T7	A: Ahn Já vou calcular para o senhor =
T8	B: Obrigado
	(10,0)
T9	A: Três libras e dezenove cada tubo, senhor
T10	B: Três e dezenove é =
T11	A: = Sim
T12	B: E::h (1.0) sim u:hm ((clique dental)) ((em tom parentético)) e:h deixe eu pensar, qual é três e dezenove
	Esse é o tubo grande, não é
T13	A: Bem sim é o trinta e sete c.c.s.
T14	B: Er, hh veja bem eu vou telefonar depois tenho que calcular de quantos eu vou precisar. Sinto eu – não tinha certeza do preço percebe
T15	B: Está bem

Várias observações podem ser feitas aqui de passagem. Primeiro, as seqüências de inserção, que apresentam grande interesse por si mesmas, podem estruturar eficazmente consideráveis trechos de uma conversação. Portanto, o que é estritamente um sistema local, operando sobre apenas dois turnos — isto é, a organização dos pares de adjacência — pode, por meio do acúmulo de partes de primeiros pares, projetar uma grande seqüência de segundos pares que se poderiam esperar, como na estrutura esquematizada em (23):

(23)   (P1(P2(P3(P4-R4)R3)R2)R1)

Segundo, devemos observar que, em (22), nem o pedido inicial (S1) nem a primeira pergunta (P1) recebe sua segunda parte (uma aceitação ou rejeição, e uma resposta, respectivamente). Não obstante, tudo aquilo que ocorre depois desses dois turnos, T3 e T4, insere-se na expectativa mais ampla de que as segundas partes relevantes virão logo. Finalmente, em T14, uma explicação ou **justificativa** é dada para a ausência de uma resposta para P1, demonstrando que há um direcionamento no sentido de esperar uma segunda parte apropriada, mesmo que ela nunca ocorra. Além do mais, observe que a falha reconhecida de oferecer uma R1 é suficiente para explicar a ausência de qualquer retorno para S1; normalmente, a falha em solucionar uma seqüência de inserção interrompe também toda a seqüência mais ampla.

O ponto principal, porém, é que precisamos substituir o critério estrito de adjacência pela noção de **relevância condicional**, isto é, o critério para pares de adjacência segundo o qual, dada uma primeira parte de um par, uma segunda parte é imediatamente relevante e esperável (Schegloff, 1972a, 363 ss.). Se essa segunda parte deixa de ocorrer, sua ausência faz-se notar; e se alguma outra primeira parte ocorre no seu lugar, então, esta será ouvida sempre que possível, como uma preliminar para a feitura da segunda parte, cuja relevância não caduca até que seja atendida, ou até ser abortada pelo fracasso anunciado em cumprir alguma ação preliminar. O que a noção de relevância condicional deixa claro é que o que une as partes dos pares de adjacência não é uma regra de formação especificando que uma questão deve receber uma resposta para ser considerada um discurso bem-formado, mas o estabelecimento de expectativas específicas que é preciso atender. Portanto, a não-ocorrência de uma S1 e de uma R1 em (22) não resulta em um discurso incoerente porque o sistema nos proporciona os meios para fazer face a suas ausências.

Um segundo tipo de problema que surge com a noção de par de adjacência diz respeito à variedade das segundas partem que potencialmente se anunciam a uma primeira parte. A menos que, para qualquer primeira parte, haja um conjunto pequeno ou, pelo menos, delimitado de segundas, o conceito de parte adjacência perderá seu principal atrativo – descrever a organização cerrada que há na conversação. Na verdade, porém, há muitas reações a perguntas que não respostas, as quais, não obstante, são consideradas segundas partes aceitáveis (e não, digamos, inícios de seqüências de inserção anteriores às respostas) – inclusive declarações de ignorância, "reencaminhamentos" (como *Melhor perguntar a John*), recusas em oferecer uma resposta e questionamentos das pressuposições ou da sinceridade da pergunta (ver (8) acima). Por exemplo, observamos em (22) que, em T14, o espaço para uma resposta a P1, não temos uma resposta, mas uma promessa de oferecer uma resposta em data posterior, juntamente com uma justificativa explicando o adiamento. Portanto, embora as reações, por exemplo, às perguntas possam ser restritas, elas certamente não constituem um conjunto pequeno e isto realmente parece solapar a significação estrutural do conceito de par de adjacência.

Contudo, a importância da noção ganha nova vida graças ao conceito de **organização de preferências**. A idéia central, aqui, é que nem todas as segundas partes potenciais de uma primeira parte de um par de adjacência estão em igual posição: há uma hierarquização operando nas alternativas de tal modo que há, pelo menos, uma categoria de reação **preferida** e uma **despreferida**. Deve-se assinalar imediatamente que a noção de *preferência* aqui introduzida não é psicológica, no sentido de que não se refere a preferências individuais dos falantes ou ouvintes. Antes, é uma noção estrutural que corresponde intimamente ao conceito lingüístico de **marcação**. Na essência, as segundas partes preferidas são **não marcadas** – elas ocorrem como turno estruturalmente mais simples; em contraste, as segundas despreferidas são **marcadas** por vários tipos de complexidade estrutural. Portanto, as segundas partes despreferidas geralmente são emitidas: (a) após uma demora relativamente significativa; (b) após algum preliminar em que se marque sua condição despreferida, muitas vezes pela partícula *well* "bem"; (c) com alguma justificativa de por que a segunda parte preferida não pode ser executada. Por ora (mas ver 6.3), um par contrastivo de exemplos bastará para ilustrar a noção:

(24)   *Wooton, no prelo*
       Child: Could you .hh could you put on the light for my .hh room
       Father: Yep
       Criança: Você podia .hh você podia acender a luz do meu .hh quarto
       Pai: Está bem

(25)   *176B*[10]
       C: Um I wondered if there's any chance of seeing you tomorrow sometime (0,5) morning or before the seminar
       (1,0)
       R: Ah um (.) I doubt it
       C: Uhm huh
       R: The reason is I'm seeing Elizabeth
       C: Hum eu queria saber se há alguma chance de vê-lo amanhã (0,5) de manhã ou antes do seminário
       (1,0)
       R: Ah um (.) Duvido
       C: Uhm huh
       R: É porque vou ver Elizabeth

Em (24) o atendimento de um pedido é feito sem demora significativa e com um componente de atendimento mínimo, *Yep*. Em contraste, em (25) a recusa de atender ao pedido de um encontro é feita após uma demora de um segundo, e, então, após mais alguns componentes de demora (*ah um*, a micropausa (.)), por um turno não mínimo (compare *I doubt it* e *No*), seguido de uma justificativa ou motivo para a dificuldade. Na verdade, as recusas de atender a pedidos normalmente são feitas desta maneira marcada. Assim, podemos dizer que os atendimentos são segundas partes preferidas (ou, abreviadamente, **pre-**

▼

10. Nos exemplos de chamadas telefônicas, sempre que os papéis do chamador e do receptor possam ser importantes para a interpretação, o chamador é identificado por C e o receptor por R.

feridas) para solicitações, recusas são segundas despreferidas (ou **despreferidas**). Esse padrão é geral: em contraste com a natureza simples e imediata das preferidas, as despreferidas são adiadas e contêm componentes adicionais complexos, e certos tipos de segundas partes, como as recusas em atender pedidos, as recusas de ofertas, as discordâncias após avaliações, etc., são sistematicamente marcadas como despreferidas.

A organização de preferências é descrita em detalhe na seção 6.3 abaixo, mas o importante, aqui, é que, ao ordenar as segundas partes como preferidas e despreferidas, a organização permite que a noção de par de adjacência continue a descrever um conjunto de expectativas estritas apesar da existência de muitas segundas partes alternativas para a maioria dos tipos de primeiras partes[11].

6.2.1.3 Organização geral

Acabamos de descrever dois tipos de organização local que operam na conversação – local no sentido de que a alternância de turnos e a organização dos pares de adjacência operam, em primeira instância, ao longo de dois turnos, o presente e o seguinte. Existem, porém, na conversação ordens de organização inteiramente diferentes: por exemplo, há certos tipos recorrentes de seqüências, defíníveis apenas ao longo de três ou mais turnos, como aqueles tratados nas seções seguintes que lidam com o **reparo** (6.3) ou começam com **pré-seqüências** (6.4). Além disso, há alguns que podem ser chamados **organizações gerais**, no sentido de que organizam a totalidade dos intercâmbios em algum tipo específico de conversação, e são estes que ilustraremos agora.

Um tipo de conversação com organização geral reconhecível que foi muito estudado é a chamada telefônica. Mas não é em virtude de "estar ao telefone" que tais conversações possuem a maioria dos traços da organização geral que exibem: antes, é razoavelmente claro que elas pertencem a uma classe de intercâmbios verbais que compartilham mui-

▼

11. As exceções aqui incluem saudações, onde as saudações de retorno são mais ou menos o único tipo de segunda parte.

tos traços, a saber, os intercâmbios que são atividades sociais eficazmente constituídas pela própria conversa, como um bate-papo em um encontro casual na rua ou uma conversa por sobre a cerca do jardim. Eles tendem a ter inícios claros e encerramentos cuidadosamente organizados. Assim, nas chamadas telefônicas podemos reconhecer os seguintes componentes típicos de uma **seção de abertura**: o telefone toca e, ao pegar o receptor, a pessoa que recebe a chamada quase que invariavelmente fala primeiro, ou com uma *identificação de estação* (o nome de uma firma, um número de telefone, etc.) ou com um simples *Alô*, depois do qual o chamador diz Alô e, muitas vezes, se identifica. Se a chamada é entre dois amigos ou conhecidos podemos esperar uma troca de Como vai você. Em seguida espera-se algum anúncio, por parte de quem faz a chamada, do motivo da chamada e, com isso, vemo-nos projetados na parte substancial da chamada e, portanto (como veremos), em questões de organização tópica.

Dizer isto é pouco mais que dizer que as conversas pelo telefone têm aberturas reconhecíveis. Mas há uma estrutura muito elaborada aqui. Para começar, podemos observar que tais aberturas são construídas, em boa parte, por meio de pares de adjacência: assim, temos caracteristicamente *Alôs* emparelhados como troca de saudações, podemos ter auto-identificações com reconhecimentos emparelhados e uma troca de *Como vai você*, cada um com suas reações emparelhadas (ver Schegloff, 1972a, 1979a; Sacks, 1975, respectivamente, para cada uma destas). Existe, além disso, um enigma quanto à razão por que o receptor, a pessoa com menos informação a respeito da identidade e dos fins do outro, quase invariavelmente fala antes. O enigma dissolve-se quando assimilamos as aberturas de conversações telefônicas a seqüências de **chamado e resposta**. Essas seqüências na interação face a face geralmente desenvolvem-se numa ou outra das seguintes maneiras:

(26) *Terasaki, 1976 : 12,13*
(a) A: Jim?   (b) A: Mo:m   (c) A: ((knock knock knock))
B: Yeah?   B: What?   B: Come in::
(a) A: Jim?   (b) A: Mãe   (c) A: ((toque-toque-toque))
B: Sim?   B: Quê?   B: Entre::

(27)   *Atkinson & Drew, 1979 : 46*
Ch: Mummy
M: Yes dear
         (2.1)
Ch: I want a cloth to clean (the) windows
Criança: Mamãe
M: Sim querido
         (2,1)
Criança: Eu quero um pano para limpar as janelas

onde a primeira enunciação (ou ação) é um **chamado**, a segunda uma **resposta** ao chamado, e o intercâmbio estabelece um canal aberto para a conversa. Schegloff (1972a) sugere que o soar do telefone é o componente de chamado nesse par de adjacência, de modo que o primeiro turno na conversa (o *Alô* do receptor) é na realidade o segundo movimento interacional. Isto explica várias características das aberturas telefônicas, inclusive a forte compulsão a responder e a interessante inferência que a motiva – isto é, que (pela relevância condicional) a falta de resposta "significa" que "não há ninguém em casa". Explica até mesmo a seqüência mecânica som-pausa-som, a qual imita a repetição recursiva de um chamado verbal que não é atendido. Essa repetição, por sua vez, é a base das raras exceções à generalização de que o receptor fala primeiro, pois elas ocorrem quando o receptor, após pegar o telefone depois do primeiro chamado (mecânico), deixa de responder – temos, então, um chamado repetido (agora verbal) da pessoa que faz a chamada.

Um instante de reflexão demonstrará também que as seqüências de chamado e resposta são um pouco diferentes de outros pares de adjacência (como saudações-saudações, ofertas-aceitações/recusas) no sentido de que são sempre um prelúdio para algo. Além disso, pode-se esperar que o algo em questão seja apresentado por quem chama como o motivo para o chamado. Portanto, as seqüências de chamado e resposta são, na verdade, elementos de seqüências com (no mínimo) três turnos, como ilustrado abaixo (e em (27) acima):

(28)
T1   A: John?   ((CHAMADO))
T2   B: Yeah?   ((RESPOSTA))

T3   C: Pass the water wouldja?   ((MOTIVO PARA O CHAMADO))
        A: John?
        B: Sim?
        C: Quer me passar a água?

A estrutura tripartite é evidenciada pelo uso comum de componentes de interrogação em T2 (como *What?* "Quê?" *What is it?* "Que é?", *Yeah?* "Sim?"), que, por serem simultaneamente a segunda parte do chamado e uma primeira parte que solicita motivos para o chamado, provêem uma estrutura de três turnos construída a partir de dois pares de adjacência. Podemos observar também que quem faz o chamado muitas vezes sente a obrigação, por exemplo, ao ligar para uma loja para descobrir se está aberta, de apresentar um T3 (por exemplo, *Oh I was just calling to see if you were open* "Oh, eu estava telefonando só para saber se estava aberto"), embora a presença de T2 seja suficiente para tornar redundante um terceiro turno. É a estrutura tripartite dessas seqüências que estabelece não apenas a obrigação de quem chama de apresentar uma T3, mas uma obrigação de que um receptor que tenha apresentado uma T2 atenda para uma T3. A seqüência, desta maneira, serve para estabelecer a co-participação necessária à conversação.

Características importantes das seções de abertura nas conversações telefônicas são a relevância imediata da *identificação* e do *reconhecimento* e os problemas aí envolvidos (Schegloff, 1979a). Em muitas conversações telefônicas os três primeiros turnos são os seguintes, ou algo muito parecido:

(29)   C: ((causes telephone to ring at R's location))
T1   R: Hello
T2   C: Hi
T3   R: Oh hi::
        C: ((faz uma ligação telefônica para R))
        R: Alô
        C: Oi
        R: Oi.::

Essas aberturas ilustram uma descoberta básica da AC, isto é, que uma enunciação ou um turno mínimo individual pode ser o *locus* onde se sobrepõem várias exigências diferentes – portanto, ela pode executar, e pode ser cuidadosamente projetada para executar, várias funções bem diferentes ao mesmo tempo. Aqui, por exemplo, T1, apesar de ser o primeiro turno na conversação, não é (como vimos) o primeiro movimento da interação: o soar do telefone é o chamado, e T1 a sua resposta. Mas T1 também é, simultaneamente, um espaço dotado de visibilidade que se destina ao reconhecimento da identidade do receptor (nos casos em que o reconhecimento é importante, pois às vezes não é, por exemplo, em chamadas de telemarketing), e é notável que os falantes tendam a usar nesse turno uma prosódia ou qualidade de voz "com assinatura" (Schegloff, 1979a, 67). Apesar do aparente sinal de saudação em T1, saudar não é o que o turno parece fazer, como a discussão de T3 deixará claro. T2, por outro lado, é realmente um segmento de saudação e, sendo uma característica das saudações sem emparelhamento por adjacência, T2 obtém como retorno uma saudação em T3 (o que demonstra que T1, afinal, não é uma saudação, já que as saudações em geral não são coisa que se reitera). Mas isso não é tudo; na verdade, é apenas uma parte muito pequena do que está acontecendo em T2 e T3[12]. T2, em virtude da sua forma mínima de saudação, efetivamente cobra o reconhecimento do receptor com base unicamente na amostra de qualidade de voz oferecida em T1, e, além disso, T2 cobra que o receptor seja igualmente capaz de reconhecer quem chama com base na amostra mínima de qualidade de voz que oferece. T3, então, ao formular saudações em resposta, também anuncia ter reconhecido quem chama. As organizações sobrepostas aqui são, portanto, as seguintes: (a) as conversações telefônicas (e outras relacionadas) começam com pares de chamado e resposta; (b) saudações recíprocas são relevantes logo no início das chamadas; (c) também logo no início das chamadas, o reconhecimento (ou identificação) é uma preocupação primordial. Observe que T2 é o espaço próprio para iniciar os reconhecimentos, pois o receptor claramente não é capaz de fazer isto

▼

12. Observe que o *Oh* em T3, normalmente um marcador de recepção de novas informações, só faz sentido se mais saudações estão ocorrendo em T2 e T3 (ver Heritage, no prelo).

em T1 dada a ausência de qualquer indício de quem possa ser o autor da chamada. E, apesar da total ausência em (29) de *quaisquer* dispositivos explícitos de reconhecimento (por exemplo, *Hi, Sam*), a expectativa, baseada na organização geral, da relevância de T2 para o reconhecimento é forte o bastante para incluir invariavelmente em *Hi, Hello* e outros componentes de saudação mínimos em T2 um anúncio de que o reconhecimento do receptor por quem faz a chamada foi completado (ver a discussão de (45), (46) e (81)-(85) abaixo, e Schegloff, 1979a). Podemos resumir tudo isto da seguinte maneira:

(30) C: ((toca)) ((CHAMADO))
T1   R: Hello   ((RESPOSTA)) + ((ABERTURA DE VISIBILIDADE PARA RECONHECIMENTO))
T2   C: Hi   ((SAUDAÇÕES 1ª PARTE))
                   ((ANÚNCIO DE QUE C RECONHECEU R))
                   ((AFIRMAÇÃO DE QUE R CONSEGUE RECONHECER C))
T3   R: Oh hi::   ((ANÚNCIO 2ª PARTE))
                   ((ANÚNCIO DE QUE R RECONHECEU C))

Somos defrontados aqui com a riqueza do conteúdo comunicacional que corresponde a enunciações mínimas em virtude da **localização seqüencial** – aqui uma localização cuja especificidade se deve à estrutura das seções de abertura da organização geral das chamadas telefônicas.

A seção de abertura de uma chamada telefônica geralmente é seguida, no que pode ser chamado **primeiro segmento tópico**, pelo anúncio do motivo da chamada por parte da pessoa que a faz:

(31)   *Schegloff, 1979: 47*
            R: Hello.
            C: Hello Rob. This is Laurie. How's everything.
            R: ((sniff)) Pretty good. How 'bout you.
→   C: Jus' fine. The reason I called was ta ask

            R: Alô
            C: Alô, Rob. Aqui é Laurie. Como vão as coisas?
            R: ((funga)) Tudo bem. E você?
            C: Bem. Estou telefonando para pedir

O primeiro segmento tópico imediatamente após a seção de abertura é privilegiado: é o único com probabilidade de ser quase inteiramente livre de imposições tópicas originárias de turnos anteriores. O corpo principal de uma chamada, portanto, é estruturado por imposições tópicas: o conteúdo do primeiro segmento tende a ser compreendido como o motivo principal para a chamada (não importando, é claro, se, do ponto de vista de quem faz a chamada, "realmente" é ou não)[13], e, após isto, os tópicos devem, de preferência, "ajustar-se" aos anteriores –, portanto, os tópicos são freqüentemente mantidos em suspensão até que surja um ajuste "natural" para o fato de se aludir a eles (Schegloff e Sacks, 1973, 300 ss.). As evidências dessa preferência por transições vinculadas de tópico para tópico podem ser encontradas na experiência comum de ter coisas para dizer que não conseguimos inserir e, de maneira mais demonstrável, na natureza *marcada* do outro tipo principal de transição, os "saltos" entre tópicos desvinculados. Assim, por exemplo, na enunciação marcada com flecha em (32), um salto entre tópicos é assinalado de maneira característica por estes elementos: amplitude aumentada, tom elevado, marcadores de auto-edição e hesitação (ver Schegloff, 1979b) e um marcador de descontinuidade, *Hey*.

(32)   163
        R: It's o – it's okay we'll pop down tomorrow Gertrude
        C: You sure you don't, it is an awful lot of it, you want to quickly nip down now for it
→   R: Okay I will. Er *HEY* you hmm that is have you been lighting a fire down there?

        R: Está – está bem nós vamos aparecer amanhã Gertrude
        C: Certamente não, é um montão, você precisa podar rápido agora
        R: Está bem eu vou. Er ei você hmm acendeu uma fogueira ali?

▼

13. Em algumas culturas parece haver uma preferência por adiar o assunto de uma conversação para depois – contudo, precisamos distinguir aqui uma elaboração das aberturas que inclua indagações convencionais a respeito da saúde, da família, etc., e uma verdadeira diferença no uso do primeiro segmento tópico.

Sacks observa (1971, 5 de abril) que a freqüência relativa de mudanças de tópico marcadas como essa é medida de uma conversação "desleixada". Em vez disso, o que parece preferido é que, se A esteve falando sobre X, B deve encontrar uma maneira de falar sobre Z (se Z é o tema que ele quer introduzir) tal que X e Z possam ser considerados co-membros "naturais" de certa categoria Y. Contudo, não se deve entender, por isso, que tal condição de ser-membros de uma mesma classe seja de algum modo previamente dada; ao contrário, ela é algo que é efetivamente conseguido na conversação.

Este último ponto precisa de um pouco de elaboração. Sugeriu-se, muito plausivelmente, que o tópico pode ser caracterizado em termos de **referência**: A e B estão conversando sobre o mesmo tópico se estão conversando sobre as mesmas coisas ou sobre os mesmos conjuntos de referentes (ver Putnam, 1958; mas ver Keenan e Schieffelin, 1976). Ou, então, podemos dizer que A e B estão conversando sobre o mesmo tópico se estão conversando sobre os mesmos **conceitos** ou sobe **conceitos** ligados entre si (de Beaugrande e Dressler, 1981, 104). Contudo, é fácil mostrar que a co-referência, ou conjunto de conceitos compartilhados, não é suficiente nem necessária para estabelecer coerência tópica. Considere, por exemplo:

(33) Sacks, 1968, abril 17:16
      A: God any more hair on muh chest an' I'd be a fuzz boy.
      B: 'd be a *what*.
      C: A // fuzz boy.
      A: Fuzz boy.
      B: What's that.
      A: Fuzz mop.
      C: Then you'd have t'start shaving.
      (1.0)
→   B: Hey I shaved this morni- I mean last night for you.

      A: Se eu tivesse mais cabelo no peito seria um garoto felpudo
      B: Seria o quê
      C: Um garoto felpudo
      A: Garoto felpudo
      B: O que é isso
      A: Esfregão felpudo

C: Então você ia ter de começar a se barbear
B: Ei, eu me barbeei de manh- quer dizer ontem à noite pra você

Aqui, as duas últimas enunciações mencionam o "barbear-se" e compartilham este conceito, e também na análise lógica dos predicados (ver Allwood, Andersson e Dahl, 1977, 72 ss.) compartilhariam alguns dos seus referentes[14]. Porém, como Sacks (1968, 17 de abril) assinala, a enunciação de B é produzida de maneira que indique que *não* está topicamente ligada ao que aconteceu antes. Em vez disso, o *hey* marca (como se pode demonstrar que faz geralmente) a introdução de um novo tópico desencadeado pela enunciação anterior, aquilo que acaba de ser evocado na memória por alguma associação fortuita com o conteúdo do turno precedente.

Contudo, se a referência compartilhada, ou um conjunto de conceitos compartilhados, comum aos turnos, não é suficiente para assegurar o compartilhamento do tópico, tampouco é necessário que dois turnos compartilhem alguns referentes, ou conceitos, para que o tópico seja preservado. Por exemplo, a enunciação de C, abaixo, está topicamente vinculada a enunciações anteriores:

(34) *Sacks, 1968, 17 de abril*
A: If yer gonna be a politician, you better learn how to smoke cigars

▼

14. Pode-se objetar que o exemplo indica apenas que o uso das mesmas palavras, por exemplo, *shaving*, não acarreta identidade de referência. Contudo, é fácil demonstrar que referentes idênticos podem ser apontados por termos que estão dos dois lados de uma quebra do tópico, marcada aqui por *By the way* e amplitude maior após uma pausa:

Owen 8b
B: Probably *is* because of that I should think, yes, mm
A: Mm
(1.2)
A: ((louder)) By the way, do you want any lettuces

Aqui, naturalmente, *I* e *you* referem-se ambos à mesma entidade, isto é, B, mas nenhum tópico é, em nenhum sentido, "a propósito de B". Portanto, o argumento pode ser generalizado: nem a referência idêntica, nem o uso de termos ou conceitos idênticos (com a referência igual ou idêntica) é suficiente para engendrar a continuidade de tópicos.

B: Yeah that's an idea Rog
C: I heard a very astounding thing about pipes last night

A: Se você vai ser político, é melhor aprender a fumar charuto
B: É, é uma idéia, Rog
C: Eu ouvi uma coisa muito surpreendente sobre cachimbos ontem à noite

mas "cachimbos" e "charutos" são dois conceitos distintos e são termos sem conjuntos de referentes sobrepostos. Naturalmente, podemos recuar e dizer: duas enunciações compartilham o mesmo tópico ou, pelo menos, estão topicamente ligadas apenas se há algum conjunto superior que inclua referentes ou conceitos de ambas as enunciações (aqui, digamos, o conjunto dos "fumáveis"). Mas, então, quaisquer duas enunciações compartilham um tópico (ou, pelo menos, estão topicamente vinculadas) porque, para *quaisquer* dois conjuntos de referentes ou conceitos, podemos inventar um conjunto de ordem superior que os inclua a ambos – conversacionalmente isso não é absurdo (ver, por exemplo, (7) acima, onde a classe compartilhada era "o que desqualifica alguém como inquilino de um apartamento", e não alguma classe "natural").

O ponto é simplesmente que não se pode pensar na coerência tópica como residindo em algum procedimento de cálculo que exista independentemente, para verificar (por exemplo) referência compartilhada ao longo de enunciações. Ao contrário, a coerência tópica é algo *construído* ao longo dos turnos pela colaboração dos participantes. O que precisa ser estudado, então, é como os tópicos potenciais são introduzidos e ratificados em colaboração, como são marcados como "novos", "desencadeados", "mal colocados", etc., como são evitados, como se compete por eles e como são encerrados em colaboração[15].

Ora, estritamente falando, esses procedimentos colaborativos para abrir, mudar e encerrar tópicos não fazem parte da organização geral

▼

15. Foi feito relativamente pouco trabalho sobre este assunto, mas ver Sacks, 1967-72 *passim*, e o resumo em Coulthard, 1977, 78 ss.; Button e Casey, no prelo; Jefferson, no prelo; Owen, 1982.

das chamadas telefônicas: são procedimentos locais que podem operar ao longo de todo um telefonema. Mas interagem de maneiras complexas com questões de organização geral, daí tratarmos deles aqui. Por exemplo, como observamos, limitações tópicas posteriores dão ao primeiro segmento tópico após a seção de abertura uma importância especial, reforçada pela expectativa de que, após um chamado e sua resposta, será apresentada uma razão para o chamado. Além disso, a elaboração dos *Como vão você*s fornece uma entrada para a conversa tópica que pode fazer com que a razão para o chamado e seu primeiro segmento tópico se desloquem para um momento posterior do telefonema, fornecendo com isto um poderoso motivo para escapar a tais elaborações (ver Sacks, 1975). E as técnicas para o encerramento de tópicos estão intimamente ligadas à introdução da **seção de encerramento** que fecha a conversação: o fechamento de qualquer tópico após o primeiro privilegiado torna potencialmente iminente a introdução da seção de fechamento, questões que são tratadas abaixo. Finalmente, alguns tipos de chamadas telefônicas possuem uma organização geral esperada que admite apenas um tópico – tais chamadas **monotópicas** são tipicamente chamadas telefônicas de telemarketing ou consultas de serviços. O interessante é que tais chamadas não são monotópicas no sentido de que não mais de um tópico é tratado nelas, mas no sentido de que a pessoa que faz a chamada orienta a expectativa de um tópico individual na própria introdução de tópicos adicionais. Desse modo, encontramos, não apenas anúncios iniciais, no primeiro segmento tópico, de que o autor da chamada, na verdade, tem mais de uma coisa a dizer, mas também o cuidadoso rastreamento do avanço pela lista de tópicos:

(35) *Birmingham Discourse Project TD.C1.2 (Em seguida a uma indagação inicial)*
B: Yeah er two other things firstly do you know the eventual street number of plot 36
((several turns later))
Erm the other thing is erm ((ahem)) presumably be okay for somebody to have access to it before we move in to put carpets down and that

B: Sim er duas outras coisas primeiro você sabe o número final do lote 36
((vários turnos depois))
Erm a outra coisa é erm ((ahem)) presumivelmente tudo bem se alguém tiver acesso a ele antes de nós mudarmos para colocar carpetes e

Portanto, as questões de organização geral e de organização tópica podem estar estreitamente interligadas.

Chegamos finalmente às **seções de fechamento** da organização geral de chamadas telefônicas ou tipos semelhantes de conversação. Os fechamentos são uma questão delicada tanto do ponto de vista técnico, no sentido de que devem localizar-se de tal maneira que nenhum participante seja obrigado a sair enquanto ainda tem coisas necessárias a dizer, como do ponto de vista social, no sentido de que términos excessivamente apressados ou excessivamente lentos podem carregar inferências que são não bem-vindas a respeito das relações sociais entre os participantes. Os mecanismos que organizam os fechamentos estão estreitamente afinados com estes problemas. Descobrimos que geralmente as conversações se encerram da seguinte maneira:

(36)   *172B(7)*
R: Why don't we all have lunch
C: Okay so that would be in St Jude's would it?
R: Yes
(0.7)
C: Okay so:::
R: Por que não almoçamos todos
C: está bem então seria no St Jude's não?
R: Sim
C: está bem então

R: One o'clock in the bar
C: Okay
R: Okay?
C: Okay then thanks very much indeed George =
R: = All right
C: //See you there

R: . See you there
C: Okay
R: Okay // bye
R: Bye

R: Uma hora no bar
C: Está certo
R: Está certo?
C: Está certo então muito obrigado George =
R: = Tudo bem
C: //Vejo você lá
R: Vejo você lá
C: Está bem
R: Está bem // tchau
R: Tchau

Os traços característicos deste encerramento são os arranjos para um próximo encontro, uma seqüência de *Okays* fechando os arranjos (ou outro tópico), um *Thank you* produzido por quem fez a chamada e uma seqüência adicional de *Okays* imediatamente antes de uma troca final de *Good-byes*. Um esquema muito geral para seções de fechamento, do qual (36) é meramente um exemplo, poderia ser formulado assim:

(37) (a) um fechamento de certo tópico, geralmente um tópico **de fechamento implicativo**; os tópicos de fechamento implicativos incluem a feitura de arranjos, o primeiro tópico em chamadas monotópicas, o envio de lembranças aos outros membros da família, etc.
(b) um ou mais pares de **turnos de passagem** com **itens de pré-fechamento**, como *Okay*, *All right*, *So* ::, etc.
(c) se adequada, uma **tipificação** da chamada, como, por exemplo, um favor solicitado e feito (daí o *Thank you*), ou como uma verificação do estado de saúde do receptor (*Well I just wanted to know how you were* "Bem, eu só queria saber como você está"), etc., seguido por mais uma troca de itens de pré-fechamento
(d) por último, uma troca de elementos terminais: *Bye*, *Righteo*, *Cheers*, etc.

Os elementos cruciais aqui (depois de (a) ter-se completado) são (b) e (d). Essencialmente, o que os dois componentes conseguem conjuntamente é uma saída coordenada da conversação: eles o fazem fornecendo, na forma dos turnos de passagem sem tópico em (b), uma concordância mútua de não mais conversar, sendo isto um prelúdio para a troca do par de adjacência terminal (d) que fecha a conversação. A concordância mútua é assegurada pela produção de um turno de passagem sem tópico por um dos participantes, indicando que ele não tem mais nada a dizer, momento em que o outro participante – se ele tampouco tem algo a dizer – pode produzir um outro turno desse tipo. Solucionam-se, pois, em princípio, os problemas técnicos e sociais que os fechamentos suscitam, contanto que a seção de encerramento como um todo se coloque numa localização que seja obtida interativamente: uma oferta de pré-fechamento para fechar com caráter é emitida na forma de *Okay, Right*, etc., e apenas se for aceita os fechamentos prosseguem. Mais motivações para este padrão nas seções de fechamento serão fornecidas abaixo (ver, porém, Schegloff e Sacks, 1973).

Um último ponto a respeito das seções de fechamento que é de interesse aqui é que os componentes do tipo descrito em (37)(c) indicam que a colocação e o conteúdo das seções de fechamento estão afinados com outros aspectos da organização geral. Assim, por exemplo, o *Thanks* em (36) é orientado para o conteúdo específico do primeiro segmento tópico desta chamada, a saber, a solicitação de um favor. Analogamente, encontramos nos fechamentos referências a aspectos das seções de abertura, como em *Sorry to have woken you up* "Sinto por tê-lo acordado" que se refere ao anterior *I hope I'm not calling too early* "Espero não estar telefonando cedo demais", ou *Well I hope you feel better soon* "Espero que você fique bom logo" referindo-se a respostas dadas anteriormente a *How are you*, etc. Cada aspecto da organização geral, então, pode ser orientado para outros aspectos, como é exemplificado na atenção dada, nas seções de abertura de chamadas previsivelmente monotópicas, para a iminência do fechamento imediatamente após ser fechado o primeiro tópico (atenção revelada no tipo *Just two things* "Só duas coisas", que pleiteia mais de um tópico).

Estamos agora em condições de oferecer uma caracterização mais técnica do que é uma conversação. Primeiro devemos fazer distinção entre a unidade **uma conversação** e a **atividade conversacional**. Esta é algo caracterizável em termos de organizações locais, especialmente a operação do sistema de alternância de turnos descrita em (10); há muitos tipos de conversa – por exemplo, sermões, palestras, etc. – que não possuem estas propriedades e que não desejaríamos considerar conversacionais. Mas, também há muitos tipos de conversa – por exemplo, o interrogatório em tribunais ou salas de aula – que exibem traços da atividade conversacional como a alternância de turnos, mas que claramente não são conversações. A conversação como unidade, por outro lado, é caracterizável em termos das organizações gerais do tipo esboçado aqui, além do uso de atividades conversacionais como a alternância de turnos (Schegloff e Sacks, 1973, 325; Sacks, Schegloff e Jefferson, 1974, 730-7).

6.2.2 ALGUMAS OBSERVAÇÕES SOBRE A METODOLOGIA

As descobertas básicas expostas na seção anterior foram apresentadas (em nome da brevidade) de uma maneira que os pesquisadores da AC, na verdade, teriam o cuidado de evitar. A razão é que, para cada afirmação substancial, a metodologia empregada na AC exige evidências não apenas de que algum aspecto da conversação *pode* ser encarado da maneira sugerida, mas também de que ele efetivamente é assim concebido pelos participantes que o produzem. Isto é, o que os analistas da conversação estão tentando compreender com seus modelos são os procedimentos e as expectativas efetivamente empregados pelos participantes no produzir e compreender a conversação. Além disso, gostaríamos de elucidar, à guisa de explicação, os problemas interacionais que cada dispositivo conversacional é especificamente projetado para solucionar – isto é, fornecer explicações *funcionais*, ou expor o objetivo racional, para a existência do dispositivo em questão. Existem, então, dois métodos básicos a serem usados na investigação feita ao estilo da AC:

> (a) Devemos tentar localizar certa organização conversacional específica e isolar suas características sistemáticas, demonstrando que os participantes estão orientados para ela;

(b) Devemos perguntar, (i) que problemas essa organização soluciona e (ii) que problemas esta organização suscita – e, portanto, que implicações tem para a existência de outras soluções para outros problemas.

Estes métodos são importantes porque nos permitem evitar a categorização e a especulação indefinidamente expansíveis e inverificáveis a respeito das intenções dos agentes que são tão típicas da análise no estilo da AD. Examinemos, portanto, alguns exemplos de como os métodos podem ser aplicados para produzir e, em seguida, para confirmar resultados do tipo que examinamos.

Podemos começar com o problema de demonstrar que determinada organização conversacional é efetivamente orientada para os participantes (isto é, implicitamente reconhecida por eles), não um artefato da análise. Uma fonte central de verificação, aqui, é o que acontece quando ocorre algum "enguiço" – isto é, quando a organização hipotética não opera da maneira prevista – já que os participantes (e assim também o analista) devem enfrentar o problema assim produzido. Especificamente, podemos esperar que tentem remover o enguiço ou, então, que extraiam inferências fortes de um tipo específico a partir da ausência do comportamento esperado e atuem em conformidade.

Quando enguiços desse tipo são uma possibilidade recorrente, é provável que haja um procedimento normal de reparo. Isso ocorre, observamos, com o sistema de alternância de turnos, onde um conjunto especial de procedimentos opera para reduzir e solucionar a sobreposição, se esta surgir, apesar das regras de atribuição de turnos. Há, porém, sobreposições permitidas (e, portanto, com localização e natureza previstas) pelas regras e sobreposições que violam as regras (*interrupções*). Quando estas últimas ocorrem, elas estão sujeitas não apenas aos procedimentos de solução padrão, mas também a repreendidas e sanções ostensivas – e tal atenção ostensiva para com as interrupções novamente indica que os participantes estão orientados para as expectativas básicas fornecidas pelas regras:

(38)   *DCD: 28*
       Collins: Now // the be:lt is meh*

```
Fagan:    is the sa:me mater*ial as // thi:s
Smythe:                                      Wait a moment
          Miss Fagan
```

```
Collins:  Agora o cinto é ???
Fagan:    é do mesmo material que este
Smythe:                                      Espere um momento
          Srta. Fagan
```

De maneira semelhante, é fácil mostrar que a relevância condicional de uma segunda parte de um par de adjacência, dada uma primeira parte, é mais do que apenas a fantasia do analista. Considere, por exemplo, o que acontece quando, ao empregar a Regra 1(a) do sistema de alternância de turnos, o falante se dirige a um receptor com a primeira parte de um par e não recebe nenhuma resposta imediata. Inferências fortes são imediatamente extraídas disso, seja do tipo "nenhuma resposta significa nenhum contato de canal", seja, se claramente não for este o caso, "nenhuma resposta significa que há um problema". Portanto, no caso de não haver resposta a um chamado, a ausência de uma segunda parte, no caso do telefone, pode ser compreendida como "o receptor não está em casa", ou, na interação face a face, como "o receptor está fazendo birra ou sendo indiferente" (Schegloff, 1972a, 368 ss.). Ou, considere:

(39)   *172B(7)*
T1   C: So I was wondering would you be in your office on Monday (.) by any chance?
T2   (2.0)
T3   C: Probably not
T4   R: Hmm yes=
T5   C: = You would?
T6   R: Ya
T7   C: So if we came by could you give us ten minutes of your time?

        C: Então, eu estava imaginando se você estaria no seu escritório na segunda (.) por acaso?
        C: Provavelmente não
        R: Sim

C: Estaria?
R. Sim
C: Então, se nós aparecêssemos, você poderia nos dispensar dez minutos do seu tempo?

Aqui, uma pausa de dois segundos após a pergunta em T1 é, na verdade, considerada por C como indicação de uma resposta (negativa) à pergunta. Como isto pode ocorrer? Observe primeiro que (pela Regra 1(a) do sistema de alternância de turnos) C selecionou R para falar (sendo desnecessária uma indicação do destinatário já que há apenas dois participantes no caso). Portanto, a pausa de dois segundos não é apenas a pausa de qualquer um ou a pausa de ninguém (isto é, um lapso): antes, ela é atribuída pelo sistema a R como silêncio de R. Então, recorde que os pares de adjacência podem ter segundas partes despreferidas, sendo estas em geral marcadas pelo retardamento (entre outros traços). Por conseguinte, a pausa pode ser ouvida como um preliminar à resposta despreferida. Ora, no contexto seqüencial completo está claro que a pergunta de C é um prelúdio para uma solicitação de encontro e, para tais perguntas, resulta que as respostas negativas (respostas que bloqueiam a solicitação) são despreferidas (ver 6.3 e 6.4 abaixo). Portanto C extrai do silêncio de R a inferência que torna explícita em T3. (Que ele entendeu errado, como indica R em T4, não afeta o que estamos querendo mostrar aqui – tais inferências são feitas às vezes corretamente, outras vezes, não.) Observe aqui a capacidade notável que tem o sistema de alternância de turnos de atribuir a algum participante específico como seu turno a ausência de qualquer atividade verbal: esse mecanismo pode, então, de maneira inteiramente literal, tirar algo de nada, atribuindo a um silêncio ou pausa que, por si só, é destituído de quaisquer propriedades interessantes, a propriedade de ser de A, ou de B, ou nem de A nem de B, além de atribuir, por meio de mecanismos adicionais, o tipo de significação específica ilustrada em (39) (um ponto que será retomado abaixo)[16].

▼

16. Exemplos desse tipo fornecem uma pista para a natureza das normas a que obedece a conversação. Os participantes são obrigados a utilizar as processos esperados não (ou não apenas) porque não o fazer produziria "discursos incoerentes", mas

Pode-se fazer uma observação metodológica fundamental no que diz respeito a (39) e, na verdade, à maioria dos exemplos de conversação. A conversação, em oposição ao monólogo, oferece ao analista um recurso analítico inestimável: à medida que cada turno é respondido por um segundo turno, vemos exibida nesse segundo uma *análise* do primeiro pelo seu receptor. Tal análise, portanto, é fornecida não apenas de um participante para outro, mas também para o estudioso. Assim, em (39), o turno T3 mostra como a pausa em T2 foi interpretada. Daí que "o sistema de alternância de turnos tem, como subproduto de sua concepção, um procedimento de prova para a análise de turnos" (Sacks, Schegloff e Jefferson, 1978, 44). Pode-se, portanto, construir um bom argumento a favor da primazia metodológica do estudo da conversação sobre o estudo de outros tipos de fala ou outros tipos de texto.

Tendo demonstrado que os próprios participantes se orientam para a relevância condicional de, por exemplo, uma resposta após uma pergunta, consideremos brevemente o tipo de evidências que poderiam ser usadas para mostrar que os participantes estão efetivamente orientados para as organizações gerais que afirmamos serem operativas na conversação. Como já foi observado, as seções de fechamento podem referir-se às seções de abertura e vice-versa, e isso indica que a unidade "'uma conversação individual' é uma unidade para a qual os participantes se mantêm orientados durante todo o seu curso" (Schegloff e Sacks, 1973, 310). Além disso, se as seções de encerramento possuem o caráter sugerido acima, então, uma determinação coordenada de encerrar é mutuamente aceita por uma troca de pré-fechamentos como *Okay* e esperamos em seguida a troca imediata de elementos terminais

▼

> porque, se não o fizerem, serão responsabilizados por inferências específicas que seu comportamento terá gerado. Assim, os réus em julgamentos políticos podem ter a esperança de que seu silêncio contará como um protesto contra os procedimentos, e por fim descobrir que é interpretado como admissão de culpa. Ou, em (39), a desconsideração por R da expectativa de que as respostas preferidas serão imediatas não só produz uma inferência não desejada que tem de ser corrigida, mas ainda, caso se repita, pode produzir uma inferência de relutância geral em cooperar. Os conversacionalistas, portanto, não estão submetidos a regras ou sanções e sim presos numa teia de inferências.

como *Bye*. De vez em quando, porém, os fechamentos, na verdade, são reabertos e se essas reaberturas ocorrem após a troca de pré-fechamentos, elas são tipicamente *marcadas* como grosseiramente deslocadas, como no trecho abaixo:

(40)   *Schegloff e Sacks* 1973, 320
         C: Okay, thank you.
         R: Okay dear.
→   C: OH BY THE WAY. I'd just like to say...

         C: Está bem, obrigado.
         R: Está bem, querido
         C: Oh, a propósito. Eu só gostaria de dizer...

Esses marcadores de má colocação demonstram uma orientação para a seção de fechamento como uma unidade que não se presta adequadamente a receber tais interpolações e, portanto, como uma unidade que, uma vez iniciada, só é adequada se for final.

Consideremos agora o outro metodológico básico, a saber, a busca pela *raison d'être* de organizações conversacionais específicas e, em seguida, as implicações que a existência de um dispositivo têm para a necessidade de outros. Podemos mostrar, dessa maneira, como todos os fatos estruturais que examinamos (e outros também) estão, na verdade, intimamente integrados, e, ao fazê-lo, podemos ilustrar como, ao descobrir tal organização, o analista obtém um ponto de apoio para investigar mais níveis de organização. Conseqüentemente, a hipótese da interligação funcional efetivamente produz uma eficiente técnica de descoberta.

Suponha que consideremos o sistema de alternância de turnos como o dispositivo fundamental, a nossa descoberta inicial. O que temos, então, é um sistema primariamente projetado para (a) organizar a troca de falantes e (b) manter falando apenas um falante por vez. Mas, então, podemos perguntar: como tal dispositivo é acionado, como se faz funcionar o maquinismo? Claramente, precisamos de algum dispositivo que estabeleça (para o caso de dois participantes) o padrão de turnos A-B-A-B, ao mesmo tempo que nos lança no negócio da interação. Um par de adjacência, parece, cumpriria bem a tarefa, estabelecendo uma seqüência A-B inicial. Contudo, como as regras de alternância de turnos permitem que a conversação acabe, isso é tudo que tal par pode conseguir: A-B, final. Portanto, precisamos de uma seção de abertura que tenha, pelo menos, uma estrutura de três turnos, na qual o primeiro solicita atendimento da outra parte, o segundo provê um espaço para que o outro participante se comprometa com um início de interação, e o terceiro turno é o espaço para que o participante que começou forneça algum assunto inicial para a interação. Temos, então, a bem conhecida estrutura, chamado-resposta-primeiro tópico, que estabelece uma co-participação coordenada, atribui as funções de falar e receber às duas partes nos três primeiros turnos e, assim, põe a funcionar o maquinismo de alternância de turnos como minimamente exigido. Alguns detalhes menores da arquitetura de tais seqüências refletem sua adaptação a essa tarefa – por exemplo, a tendência (na interação face a face) de que o segundo turno seja uma pergunta aberta que exija, pelo formato do par de adjacência, o terceiro turno necessário para dar início adequadamente à conversa (como já foi observado). Portanto, não há nada *ad hoc* ou arbitrário em conceber as seqüências conversacionais como seqüências de chamados: elas são soluções racionais para problemas organizacionais específicos.

Agora demos partida no maquinismo de alternância de turnos. Mas logo vem a pergunta: como o suspendemos? Considere: A e B estão conversando e A agora quer, em resposta à observação de B, contar uma história adequada. Como, porém, A vai conseguir um segmento de conversação tão substancial, quando, pelas regras do sistema de alternância de turnos, permite-se que B, logo no primeiro LRT, compita em primeiro lugar pela posse da palavra? Claramente, obter um turno assim ampliado na conversa (que não seja por mera apatia do ouvinte) exige técnicas especiais. Um destes dispositivos especiais é uma seqüência de anúncio de história do tipo estereotipado ilustrado abaixo:

(41) A: Have your heard the one about the pink Martian?
B: No
A: ((Story))

A: Você ouviu aquela sobre o marciano cor-de-rosa?
B: Não
A: ((História))

onde se faz especificamente uma oferta de espaço ampliado para a narração de uma história, sendo a narração condicionada pela aceitação da oferta. Ou então veja-se este trecho de uma gravação:

(42)   *Sacks, 1974, 338*

T1   K: You wanna hear muh – eh my sister told me a story last night.
T2   R: I don't wanna hear it. But if you must,
     (1.0)
T3   A: What's purple an' an island. Grape-Britain. That's what
     iz sis//ter –
T4   K: No. To stun me she says uh there was these three girls ...(Story
     follows))

     K: Vocês querem ouvir – minha irmã contou-me uma história ontem à noite.
     R: Eu não quero ouvir. Mas se você precisa,
     A: O que é roxo é uma ilha. Grape-Britain. É o que a irmã dele –
     K: Não. Pra me chapar, ela disse que tinha essas três garotas... (segue a história)

Aqui, em T2, R oferece um relutante "vá em frente", enquanto em T3 o outro receptor visado produz uma "adivinhação" do tipo de história como uma potencial dispensa (T3), ela própria dispensada pelo narrador da história em T4. Tais seqüências contêm (minimamente) em T1 uma oferta de narrar, em T2 um "vá em frente" ou uma rejeição e, depois, contingente ao "vá em frente", a narração da história em T3 (ver 6.4 abaixo). O que tal estrutura consegue é a suspensão colaborativa do funcionamento de alternância de turnos, por acordo conjunto, que valerá enquanto durar a história (existem, naturalmente, outras técnicas para fazer isso – ver Terasaki, 1976; Jefferson, 1978; Ryave, 1978).

Se, porém, conseguimos uma suspensão da relevância de transição de falantes ao longo de um período de conversa mais amplo, agora temos outro problema, a saber, como acionar o maquinismo de alternância de turnos outra vez (ou, mais estritamente, já que a co-participação ainda está assegurada, como invocar novamente a relevância dos LRTs). No caso, uma solução melhor consistiria em tornar reconhecíveis os *fins de histórias* – pois se eles o forem, então, tão logo houver o completamento, o mecanismo normal de alternância de turnos poderá recomeçar automaticamente. Logo, as histórias devem ser unidades reconhecíveis para que a alternância de turnos seja ajustada em torno delas e, naturalmente, elas o são: as histórias, se forem da variedade "engraçada", geralmente terão um fecho engraçado, após o qual a risada dos ouvintes tem importância imediata (Sacks, 1974, 347 ss.), ou, se estão ligadas topicamente ao *locus* seqüencial no qual ocorrem, então, seus finais serão reconhecíveis em parte porque reconduzem os participantes àquele tópico em particular (Jefferson, 1978) ou, então, usam-se outros formatos de finalização (Labov e Waletsky, 1966; Sacks, 1972).

Mais uma vez, pois, temos o maquinismo de alternância de turnos operando normalmente. Agora, porém, suponhamos que queremos não apenas suspendê-lo, mas fechá-lo, isto é, encerrar a conversação. Novamente, é necessário algum dispositivo especial que forneça uma solução para o seguinte problema: "como organizar a chegada simultânea dos conversadores a um ponto no qual a conclusão de um falante não ocasione a fala de outro falante e não seja ouvido como o silêncio de algum falante" (Schegloff e Sacks, 1973, 294-5). Novamente, apresenta-se um ingrediente básico: um par de adjacência tal que a primeira parte anuncie o fechamento iminente e a segunda parte o assegure. E realmente temos a troca terminal geralmente concretizada como A: *Bye*; B: *Bye*.

Contudo, haveria problemas substanciais para o uso da troca terminal sozinha como solução para o problema do fechamento. Pois A poderia ter dito tudo o que quer dizer e, por isso, ter emitido um *Bye*, após o qual B, apesar de, talvez, ter coisas importantes para dizer (coisas, talvez, que *devem* ser ditas nesta conversação – ver Sacks, 1975), seria forçado pelo formato do par de adjacência a produzir um segundo *Bye* que terminasse a interação. Logo, é preciso haver alguma seção pré-terminal onde as notícias não dadas e coisas semelhantes possam encaixar-se. Essa necessidade é fortemente reforçada pela organização tópica que examinamos, já que (a) somos forçados a não mencionar no primeiro segmento tópico nenhuma coisa que não queiramos que seja considerada como a principal razão para envolver-se na interação e, portanto, somos obrigados a fazer o que dá com estes outros "mencionáveis", e (b) após o segmento do primeiro tópico, os mencionáveis devem ser preferencialmente ajustados a tópicos anteriores, o que exige que esperemos por um espaço apropriado para esses mencionáveis diferidos. Contudo, pode ser que nunca surja esse espaço, havendo necessidade de algum espaço, perto do final da conversação, especificamente reservado como o lugar em que os mencionáveis diferidos possam ser descarregados.

O que é necessário para fechamentos eficazes, portanto, é um dispositivo que (a) ofereça a cada participante um turno para tais mencionáveis diferidos, (b) se esse turno for assumido, que recicle a oportunidade (a), e (c), na hipótese de nenhum participante utilizar a possibilidade (a), torne a troca terminal imediatamente relevante. E é isso que motiva a conhecida seção de fechamento de quatro turnos:

(43) A: Okay
      B: Okay
      A: Bye
      B: Bye

onde o primeiro *Okay* cede a palavra ao outro participante para quaisquer mencionáveis diferidos que ele possa ter, o segundo indica que nenhum item de tal tipo foi colocado em espera e, assim, a troca de turnos de passagem sem tópico pode ser considerada como um acordo mútuo no sentido de que o término deve ter lugar. A troca de *Okays* pode, portanto, ser chamada *pré-fechamento* – produzindo o aviso prévio e a coordenação colaborativa do fechamento, que o sistema de alternância de turnos e a organização tópica exigem independentemente, mas conjuntamente.

Portanto, da maneira assim esboçada informalmente, a partir de um tipo de organização conversacional, podemos prever a necessidade de outros tipos de organização com propriedades específicas, que fornecem simultaneamente um procedimento de busca de organizações conversacionais e explicações para a sua existência e concepção.

Outra preferência metodológica é uma tendência crescente na AC no sentido de trabalhar com números cada vez maiores de casos de certo fenômeno. Até que saibamos, por exemplo, como certos tipos de seqüência normalmente se desdobram, a análise de casos individuais complexos não produzirá a rica textura que eles quase invariavelmente ocultam (ver, por exemplo, a análise de (49) e (104) abaixo).

Resumindo, a metodologia da CA baseia-se em três procedimentos básicos: (a) colher padrões recorrentes nos dados e levantar hipóteses sobre as expectativas de seqüência com base nesses padrões; (b) mostrar que os participantes estão efetivamente orientados para tais expectativas seqüenciais, e (c) mostrar que, como conseqüência dessas expectativas, enquanto alguns problemas organizacionais são solucionados, criam-se efetivamente outros, para os quais serão exigidas organizações adicionais.

6.2.3 ALGUMAS APLICAÇÕES

Nesta seção exemplificaremos como as observações acima podem ser usadas para esclarecer fatos específicos de conversação. Começaremos considerando o que aparentemente é apenas um único fenômeno – o silêncio ou um período de não-fala – e mostraremos como tais pausas podem ser distinguidas em muitos tipos diferentes, com significações inteiramente diversas, com base na sua localização estrutural. Depois, resumiremos uma análise de Schegloff de uma pequena seqüência opaca, rica em detalhes estruturais, mostrando que a análise detalhada de segmentos individuais de conversa se torna possível com o uso de descobertas e técnicas gerais já examinadas. Esses exemplos devem ser suficientes para indicar quanta organização há para ser descoberta no menor extrato de conversa e quão eficaz pode ser a *localização seqüencial* na atribuição de funções múltiplas a enunciações individuais.

Muitas teorias têm surgido a respeito da significação das pausas e hesitações na conversação: alguns analistas, por exemplo, viram nas pausas um indício de planejamento verbal, isto é, um "tempo que se dá" para processar psicologicamente a preparação rotineira das fases fluentes que muitas vezes se seguem (Butterworth, 1975) ou a produção de sintaxe complexa (Goldman-Eisler, 1968; Bernstein, 1973). As seguintes observações, porém, mostram que qualquer explicação unitária das pausas e qualquer explicação que não leve em consideração seu papel como dispositivos potencialmente simbólicos serão fundamentalmente mal orientadas.

O próprio sistema de alternância de turnos atribui valores diferentes às pausas na conversação. Já descrevemos como as regras em (10) distinguem *lacunas* (retardamentos na aplicação das Regras 1(b) ou 1(c), *lapsos* (a não-aplicação das regras) e o *silêncio* do falante seguinte (após a aplicação da Regra 1(a)), como ilustrado em (14) e (15) acima. Quando essas regras atribuem uma pausa a algum falante como um silêncio, fatores adicionais desempenham sistematicamente um papel na sua interpretação. Por exemplo, vimos em (39) como um silêncio após uma pergunta de um tipo especial (um preliminar a uma solicitação – uma **pré-solicitação** – ver seção 6.4 abaixo) pode ser interpretado, em virtude da organização de preferências, como indicando uma resposta negativa. Ou considere o silêncio de três segundos em (44):

(44) *Drew 1981: 249*
 M: What's the time – by the clock?
 R: Uh
 M: What's the time?
  (3.0)
 M: (Now) what number's that?
 R: Number two
 M: No it's not
  What is it?
 R: It's a one and a nought

 M: Que horas são – pelo relógio?
 R: Uh
 M: Que horas são?
  (3.)
 M: (Agora) que número é aquele?
 R: Número dois
 M: Não não é
  O que é?
 R: Um um e um zero

Aqui, no turno anterior à pausa, uma mãe pede ao filho que tente dizer as horas. Portanto, pela Regra 1(a) em (10), a pausa é um silêncio, atribuível à criança R. Mas, simplesmente porque a questão é uma "questão de exame" (e não, digamos, uma pré-solicitação), o silêncio, aqui, pode ser compreendido como "resposta desconhecida". Tal análise fica clara pelo turno seguinte da mãe, no qual é feita uma pergunta mais fácil, que, se fosse respondida, poderia fornecer uma solução parcial para a primeira pergunta.

Agora, em (45), temos uma breve pausa após o segundo turno na abertura de uma chamada telefônica:

(45)   *Schegloff, 1979a: 37*
        C: ((rings))
T1   R: Hello?
T2   C: Hello Charles.
→   (0.2)
T3   C: This is Yolk.

        C: ((toca))
        R: Alô?
        C: Alô, Charles
           (0.2)
        C: Aqui é Yolk

Como já observamos, se o autor da chamada oferece um cumprimento em T2 (seu primeiro turno verbal) está afirmando que o receptor deve ser capaz de reconhecê-lo com base apenas nesta amostra de qualidade de voz. Já vimos que o segundo turno é, na verdade, a primeira parte de um par de adjacência destinado a cumprimentação; uma segunda parte é devida, portanto. Mais uma vez, então, o retardamento (por mais breve que seja) é um retardamento de R e pode ser considerado por C como indicação de que há um problema com R. Que o problema, no caso, é um problema de identificação é demonstrado pelo reparo que C oferece (após ter se desenvolvido uma pausa significativa), uma auto-identificação explícita (*This is Yolk*). Que o problema indicado a C por este breve retardamento não é imaginário é demonstrado por exemplos como o seguinte, onde, em T3, R tem de convidar C a reparar o que C havia considerado ser uma auto-identificação adequada (o *Hello* em T2):

(46)   *Schegloff 1979a: 39*
         C: ((rings))
T1   R: Hello?
T2   C: Hello.
→   (1.5)
T3   R: Who's this.

         C: ((toca))
         R: Alô?
         C: Alô
         (1,5)
         R: Quem é?

Aqui, uma pausa momentânea é ouvida imediatamente como um problema com aquilo que está sempre em jogo nos primeiros turnos das conversações telefônicas, a saber, o assunto da identificação mútua. Portanto, a significação de uma pausa, aqui, é determinada por aquele conjunto de organizações sobrepostas que convergem nos primeiros turnos das chamadas telefônicas, como indicado em (30) acima; este conjunto determina, por meio de pares de adjacência e pela estrutura das seções de abertura, exatamente como uma pausa nesta localização será interpretada.

Em (47), uma pausa, que pode ser analisada como, de certo modo, semelhante àquela de (45), ocorre após um convite. Mais uma vez, um convite é uma primeira parte de um par de adjacência, e isto atribui o turno seguinte ao outro participante:

(47)   *Davidson, no prelo*
         A: C'mon down *he*:re, = it's oka:y,
→   (0.2)
         A: I got a lotta stuff, = I got *be*:er en stuff

         A: Venha pra cá, está bem
         (0,2)
         A: Tem um monte de coisa, tem cerveja e muito mais

Aqui também, como em (45), ocorre uma breve pausa, audível como um silêncio do outro participante e claramente analisada neste exemplo (e em muitos outros relacionados) como algum problema com o convite de A, que A conseqüentemente o aprimora – isto é, faz uma tentativa de tornar o convite mais atraente (ver Davidson, no prelo, sobre a sistematicidade desse padrão).

Finalmente, o seguinte exemplo tem como destaque a conclusão engraçada de uma piada suja e a risada que se segue. Como assinalamos, depois de uma história, uma apreciação é imediatamente relevante, e a suspensão temporária da relevância da transição de turnos é removida. Aqui, porém, temos um retardamento de dois segundos e, em seguida, em vez do riso do receptor, temos o riso do contador (entremeado por um retardamento adicional de quatro segundos). Só, então, um dos receptores (A) ri, e, então, o riso tem o caráter cuidadosamente silábico do riso zombeteiro. As pausas aqui são atribuíveis aos ouvintes da história como *seus* silêncios, e o fato de que a apreciação se faz esperar assinala que a "piada falhou" (ver Sacks, 1974).

(48)   *Sacks, 1974: 339*
       K: ((tells dirty joke, ending thus:)) Third girl, walks up t'her –
       Why didn't ya *say* anything last night; W' *you* told me it was
       always impolite t'talk with my mouth full,
→   (2.0)
       K: hh hyok hyok,
→   (1.0)
       K: hyok,
→   (3.0)
       A: HA-HA-HA-HA

       K: ((conta uma piada suja, terminando assim:)) A terceira garota
       anda até ela – Por que você não disse nada ontem à noite; você
       me disse que era sempre grosseiro falar com a boca cheia,
       (...)

Muitos outros tipos de ausências de fala dotadas de significação podem ser encontrados – ver, por exemplo, (66), (67), (76) e (77) abaixo – e cada tipo chama a atenção do estudioso para os tipos fortes de expectativas que as diferentes organizações conversacionais, sejam elas de âmbito local, geral ou intermediário, impõem a segmentos seqüenciais específicos. A demonstração é mais notável pelo fato de que o silêncio não tem traços próprios: todas as significações diferentes atribuídas a ele devem ter suas fontes nas expectativas estruturais engendradas pela conversa em que está inserido. Portanto, as expectativas seqüenciais são não apenas capazes de produzir algo a partir do nada, mas também de construir muitos tipos diferentes de significação a partir da mera ausência de conversa. Se a organização conversacional pode mapear "significado" no silêncio, ela também pode mapear significado ligado à localização em enunciações – e, de fato, pode-se demonstrar que ela o faz regularmente.

Voltemo-nos agora para um breve extrato de conversação e mostremos como as várias descobertas e técnicas que examinamos podem ser aplicadas com proveito. O argumento é um breve resumo de Schegloff, 1976. O extrato vem de um programa de rádio transmitido nos Estados Unidos em que B, um aluno do colegial, está relatando ao apresentador do programa, A, uma discussão que teve com o professor de história a respeito da política exterior americana. O professor (T) sustenta que a política externa deve basear-se na moralidade, mas B acha que deve ser baseada na conveniência – "no que é bom para os Estados Unidos". Ela prossegue assim:

(49)   *Schegloff, 1976: D9*
T1   B: An' s- an' ( ) we were discussing, it tur- , it comes down, he ((T))s- he says, I-I-you've talked with thi- si- i- about this many times. *I* ((B)) said, it came down t' this: = our main difference: *I* feel that a government, i- the main thing, is- th-the purpose of the government is, what is best for the country.
T2   A: *Mm*hmm
T3   B: *He* ((T)) says, governments, an' you know he keeps- he talks about governments, they sh- the thing that they sh'd do is what's right or wrong.
T4   → A: For *whom*.
T5   B: Well he says-//he-
T6   A: By what *stan*dard.
T7   B: That's what- that's exactly what I mean. He s- but he says

        B: E então ... estávamos discutindo, isto ... isto se resume, ele diz, eu, você falou com ... sobre isto muitas vezes. Eu ... disse, resumia-se a isto ... nossa principal diferença: Eu acho que um go-

verno – a principal coisa é – o propósito do governo é, o que é melhor para o país.
(...)
B: Ele diz, os governos, e, você sabe, ele fica – falando sobre os governos, eles dev... – o que eles deviam fazer é o que é certo ou errado
A: Para quem.
(B) Bem, ele diz, ele
A: Por qual padrão
B: É isto – é exatamente o que eu quero dizer. Ele – mas ele diz

O interesse específico deste extrato é uma ambigüidade crucial associada à enunciação *For whom* ("Para quem"). Não é, porém, uma ambigüidade que se encontra na estrutura lingüística do enunciado nem se relaciona com nenhuma ambigüidade léxica das palavras *for* e *whom*; ao contrário das ambigüidades lingüísticas, que dificilmente causam dificuldades no contexto, pode-se demonstrar que esta é (ou torna-se) ambígua para os participantes. A ambigüidade é esta: na leitura (R1) ao enunciar *For whom*, A faz uma pergunta que poderíamos parafrasear como "O que o seu professor disse exatamente – os governos devem fazer o que é certo *para quem*? Em quem ele estava pensando?". Na outra leitura (R2), ao perguntar *For whom*, A está, na verdade, tentando demonstrar que ele concorda com B contra o professor de B (T), e está tentando demonstrar isto oferecendo um ingrediente potencial do argumento de B contra T. Para perceber isto, considere que B está relatando que T diz que a política externa deve basear-se no que é moralmente correto – ao que B poderia ter retrucado dizendo *Sim, mas certo para quem?*, assinalando que os julgamentos éticos de bom e mau dependem dos pontos de vista das diferentes partes. Portanto, nesta leitura, ou interpretação, A, ao dizer *For whom*, está fornecendo uma enunciação que B poderia ter usado contra o professor, e assim mostra que concorda com B.

Que ambas as leituras dessa enunciação se tornam disponíveis para B está claro. Primeiro, em T5, ele começa respondendo a R1, a interpretação como pergunta direta, ao dar início a uma especificação adicional do que o professor diz. Mas, então, A interrompe com uma correção; sabemos disto, em parte, porque só correções desse tipo são itens prioritários que licenciam violações das regras de alternância de turnos. Mas também sabemos que T6 é uma correção porque utiliza um dispositivo padrão para corrigir incompreensões, a saber, a **reformulação**, que expressa o mesmo ponto com palavras diferentes. No turno seguinte, B, então, explicita que compreendeu a leitura alternativa, ao reconhecer a concordância de A, *that's exactly what I mean*. Podemos, portanto, demonstrar que a ambigüidade diz respeito ao participante (e não meramente ao pesquisador): cada participante lida com cada leitura uma vez – A, ao corrigir a interpretação de B e, depois, ao reformular a sua leitura pretendida, e B, ao primeiramente começar a responder à leitura não pretendida e, depois, ao mostrar que compreende a segunda leitura como uma concordância consigo, contra o professor, ao reconhecer a concordância de A.

Como, porém, surge a ambigüidade? Já que, claramente, não se trata de uma questão de ambigüidade gramatical ou léxica de *For whom*, a ambigüidade deve originar-se fora da própria enunciação, na sua localização seqüencial na conversação. Precisamos agora mostrar que a própria localização estrutural nos predispõe para ambas as interpretações relevantes.

As histórias, observamos, exigem a suspensão do sistema de alternância de turnos normal, e isso, por sua vez, cria a necessidade de uma retomada. Esta poderia ser provida, argumentou-se, caso os fins das histórias fossem facilmente reconhecíveis. Um formato reconhecível e recorrente de fim de história é um resumo da história, e isto é o que descobrimos que ocorre em nosso extrato – B diz *Resumiu-se a isto: nossa principal diferença é* ... e segue-se o resumo. Portanto, o segmento em que A diz *For whom* é o primeiro segmento após um fim de história. Nesse segmento pode-se esperar que os receptores da história façam uma de duas coisas: eles podem pedir detalhes ou esclarecimentos adicionais da história – e essa é a base seqüencial para a interpretação como pergunta simples, R1, ou podem demonstrar compreensão e apreciação da história (como, por exemplo, no riso que se pode esperar após uma piada: ver a discussão de (48) acima), e é esta possibilidade que forma a base da segunda interpretação, mais complexa, R2. Pois uma maneira de demonstrar compreensão é expressar concordância de tal maneira que a compreensão prévia deva ter ocorrido, e *For whom* faz exatamente isto: mostra concordância mostrando que houve compreensão da discussão que B estava tendo com seu professor. Contudo, há um outro elemento aqui: esta interpretação como concordância fica reforçada se considerarmos de que tipo é a história de B, a saber, uma "história de oposição" ou uma discussão relatada. Essas histórias têm como características não apenas a alternância de falantes relatados ou uma estrutura A-B-A-B de turnos relatados, mas também, acompanhando a alternância de turnos, uma alternância de posições ou lados da discussão. Portanto, quando os falantes relatados mudam, as posições a favor das quais se argumenta também mudam. Tais expectativas estruturais encontram-se por trás de nossa capacidade de compreender uma história mínima como *Pague o aluguel*. *Não posso pagar o aluguel* como sendo uma discussão relatada onde um dos participantes disse *Pague o aluguel* e o outro *Não posso pagar o aluguel*. Ora, é precisamente porque a história de B, aqui, é a história de uma oposição que podemos entender o *For whom* de A como adesão à da posição de B contra o professor. Pois B está relatando uma discussão na qual o professor (P) e ele alternaram turnos e posições numa seqüência P-B-P-B ... Além disso, podemos perceber que é só porque, além de ser um história de oposição, é uma história que termina com um turno de P, que A pode intervir e mostrar que compreende a história assumindo o turno de B após o turno de P. E para A é uma ótima maneira de mostrar que compreende, uma das coisas que se pode esperar que aconteça no primeiro segmento após uma história.

Análises desse tipo, que mostram como a estrutura conversacional circunstante pode impor interpretações ricas às enunciações, fornecem lições importantes para as teorias lingüísticas e psicológicas da compreensão da linguagem. Primeiro, elas indicam que a interpretação semântica é apenas um pequeno aspecto, talvez não o mais complexo, da significação que um enunciado assume na comunicação. Segundo, elas indicam que a teoria dos atos de fala e as teorias funcionalistas da enunciação aparentadas só podem ser consideradas descrições rudimentares e (na melhor das hipóteses) parciais de tal significação situada (considere, por exemplo, quão poucas coisas de interesse a teoria dos atos de fala poderia dizer a respeito de *For whom*). Terceiro, tais análises sugerem que, embora seja correto procurar pelas fontes de tal significação fora da própria enunciação, pode ser um erro procurar muito longe e, especificamente, pode ser prematuro invocar a aplicação de grandes quantidades de conhecimento de fundo, como na abordagem por **frames**, hoje popular na psicologia cognitiva e nas abordagens da compreensão da linguagem baseadas na inteligência artificial (ver, por exemplo, Charniak, 1972).

6.3 ORGANIZAÇÃO DE PREFERÊNCIAS

6.3.1 SEGUNDOS TURNOS PREFERIDOS

Como já vimos (6.2.1.2), as segundas partes alternativas para primeiras partes de pares de adjacência geralmente não são de igual *status*; alguns segundos turnos são **preferidos** e outros **despreferidos**. A noção de **preferência**, observou-se, não é entendida como uma hipótese psicológica a respeito dos desejos do falante ou do ouvinte, mas como rótulo para um fenômeno estrutural muito próximo do conceito lingüístico de **marca**, no sentido especial que esse termo assume em morfologia[17]:

> A intuição por trás da noção de marca em lingüística é que, onde temos uma oposição entre dois ou mais membros ..., muitas vezes ocorre sentirmos que um dos membros é mais usual, mais normal, menos específico do que outro (na terminologia que fala em marcas, é não marcado, os outros marcados). (Comrie, 1976a, 111)

Além disso, na morfologia, "as categorias não marcadas tendem a ter menos material morfológico do que as categorias marcadas" e há uma "probabilidade maior de irregularidade morfológica nas formas não marcadas" (Comrie, 1976a, 114). O paralelo, portanto, é bem ade-

▼

---

17. O conceito de *marcado/não marcado* foi originalmente desenvolvido pelos lingüistas do Círculo de Praga; as referências clássicas são Jakobson, 1932; Trubetzkoy, 1939, capítulo 3; ver também Lyons, 1968, 79 ss.

quado, porque, de maneira similar, segundas partes **preferidas** (e, portanto, **não marcadas**) para primeiras partes de pares de adjacência diferentes e não relacionados têm menos material do que as **despreferidas** (ou segundas partes **marcadas**), mas, para além disto, têm pouco em comum (cf. "irregulares"). Em contraposição, as segundas partes despreferidas de primeiras partes bem diferentes e não relacionadas (por exemplo, perguntas, ofertas, pedidos, chamados, etc.) têm muito em comum, especificamente componentes de retardamento e tipos paralelos de complexidade. Alguns exemplos adicionais tornarão isto claro, mas, antes de prosseguir, devemos assinalar que, além do aspecto estrutural da organização de preferências, precisaremos de uma regra para a produção de fala, que pode ser formulada, *grosso modo*, da seguinte maneira: "tente evitar a ação despreferida – a ação que geralmente ocorre no formato despreferido ou marcado". (As duas características essenciais das ações despreferidas, portanto, são (a) elas tendem a ocorrer em formato marcado, e (b) elas tendem a ser evitadas.) Tal regra não é circular se já tivermos uma caracterização independente das alternativas preferidas ou despreferidas fundamentada em bases estruturais.

Assim sendo, vamos retornar a uma caracterização das segundas partes despreferidas – considere o seguinte par de convites e suas respostas:

(50) *Atkinson & Drew, 1979, 58*
      A: Why don't you come up and *see* me some//times
      B: I would like to

      A: Por que você não vem me ver às vezes
      B: Com prazer

(51) *Atkinson & Drew, 1979, 58*
      A: Uh if you'd care to come and visit a little while this morning I'll give you a cup of *co*ffee
→   B: hehh Well that's awfully sweet of you,
         ((ADIAMENTO))((MARCADOR))((GRATIDÃO))
         I don't think I can make it this morning.
         ((RECUSA ou NÃO ACEITAÇÃO))
         .hh uhm I'm running an ad in the paper an-and uh I have to stay near the phone.
         ((JUSTIFICATIVA))

A: Se você quiser me fazer uma visita esta manhã, eu lhe ofereço uma xícara de café
B: Eh, é supergentil da sua parte
(...)
Acho que não vou poder esta manhã
(...)
Coloquei um anúncio no jornal e tenho de ficar perto do telefone

Aqui (como assinalam Atkinson e Drew (1979, 58 ss.)), o convite do exemplo (50) tem como segunda parte uma aceitação: a aceitação tem uma arquitetura simples e é proferida não apenas sem adiamento, mas, na verdade, com sobreposição parcial. Em contraste, o convite no exemplo (51) recebe uma recusa ou rejeição como segunda parte e, aqui, temos todos os traços típicos das opções despreferidas, a saber (como indicado pelas glosas em maiúsculas), o adiamento, a partícula *Well*, que, em seu uso padrão, prefacia e marca as opções despreferidas (e aqui temos uma análise que compete com aquela que foi proposta no capítulo 3, em termos de implicatura – ver Owen, 1980, 68 ss., 1981), uma reação de gratidão (notavelmente ausente da aceitação no exemplo anterior)[18], uma recusa qualificada ou mitigada (*I don't think I can*), e uma justificativa ou explicação para escolher a opção despreferida. (Compare também os exemplos de solicitação em (24) e (25) acima.)

É possível generalizar mais a respeito das características das segundas partes despreferidas de um par de adjacência (ver Pomerantz, 1975, 42 ss., 1978, no prelo; Atkinson e Drew, 1979, capítulo 2; Wootton, no prelo) – tais turnos geralmente exibem pelo menos um número substancial dos seguintes traços:

(a) *adiamentos*: (i) por pausa antes do proferimento, (ii) pelo uso de um preâmbulo (ver (b)), (iii) por um deslocamento de vários turnos conseguido através do uso de *iniciadores de reparo*[19] ou de seqüências de inserção

▼

18. Naturalmente, as apreciações podem ocorrer com aceitações de convites, mas ocorrem tipicamente *após* as aceitações da passagem *antes* das recusas.
19. Esse termo é explicado adiante.

(b) *prefácios*: (i) o uso de marcadores ou anunciadores de despreferidas, como *Uh* e *Well*, (ii) a produção de concordâncias proforma antes de discordâncias, (iii) o uso de manifestações de gratidão, se for relevante (para ofertas, convites, sugestões, conselhos), (iv) o uso de desculpas, se for relevante (para solicitações, convites, etc.), (v) o uso de qualificadores (por exemplo, *I don't know for sure, but ...*), (vi) hesitação em várias formas, inclusive a revisão da própria fala

(c) *justificativas*: explicações cuidadosamente formuladas de por que o ato (despreferido) está sendo executado

(d) *componente de não-aceitação*: em uma forma adequada à natureza da primeira parte do par, mas, caracteristicamente, indireta ou mitigada

Seguem alguns exemplos de cada um destes casos (os cabeçalhos indicam quais traços são especialmente merecedores de atenção, em cada extrato):

(52)   *Wootton, no prelo (Ilustrando (a)(i))*
       Ch: Can I go down an see 'im
           (2.0)
           ( )
           (1.8)
           C'mo::n
           (1,5)
           Come'n te see 'im
           (1.6)
           C'mo::n
       M: No:::

       Criança: Posso ir ver ele?
           (...)
           Deixa
           (...)
           Ir ver ele
           (...)
           Deixa
       Mãe: Não

(53)   *33A (Ilustrando* (a)(*ii*), (*b*)(*iii*), (*c*), (*d*))
       B: She says you might want that dress I bought, I don't know whether you do
→   A: Oh thanks (well), let me see I really have lots of dresses

B: Ela diz que você talvez queira aquele vestido que eu comprei, eu não sei se você quer

A: Oh, obrigada (bem), deixe-me ver eu realmente tenho um monte de vestidos

(54) *Wootton, no prelo* (Ilustrando (*a*)(*iii*))

Ch: I wan my ow:n tea .hh my*self*

→ M: (You) want what?=

Ch: =My tea my*se:lf*

M: No:w? We are all having tea together

Criança: Eu quero o meu chá ... eu mesmo
Mãe: (Você) quer o quê?
Criança: Meu chá eu mesmo
Mãe: Agora? Estamos todos tomando chá juntos

(55) *176B (Ilustrando (b)(i), (c))*

R: What about coming here on the way (.) or doesn't that give you enough time?

→ C: Well no I'm supervising here

R: Que tal parar aqui no caminho (.) ou isso não lhe dá tempo suficiente?
C: Bem, não, eu vou fazer supervisão aqui

(56) *176B (Ilustrando* (b)*(v), (d))*

C: Um I wondered if there's any chance of seeing you tomorrow sometime (0.5) morning or before the seminar (1.0)

→ R: Ahum (.) I doubt it

C: Hm eu queria saber se há chance de ver você amanhã alguma hora (0,5) de manhã ou antes do seminário
R: Hm (.) eu duvido

(57) *163 (Ilustrando (b)(vi)) (R esteve reclamando de que o fogo de C no apartamento de baixo encheu de fumaça o apartamento de R)*

C: ...is it-it's all right now – you don't want me to put it out?

→ R: E::r (1.5) well on the whole I wouldn't bother because er hu-huh (2.) well I mean what – what (0.5) would it involve putting it out
   (0.5)
C: Hahaha ( ) hahah

C: ...tudo bem agora – você não quer que eu apague?
R: Hm (1,5) Tudo somado, eu não me importaria porque ...(2.) ????, quer dizer o que – o que envolveria apagar
   (...)

(58)   *163 (Ilustrando (b)(iv))*
A: ((à telefonista)) Could I have Andrew Roper's extension please? (9.0)
B: Robin Hardwick's telephone (1.0) hello
A: Andrew?
→ B: No I'm awfully sorry Andrew's away all week

A: Posso falar no ramal de Andrew Roper?
B: Telefone de Robin Hardwick. Alô
A: Andrew?
B: Não, sinto muito, Andrew vai estar fora a semana toda

Dada uma caracterização estrutural de turnos preferidos e despreferidos, podemos, então, correlacionar o conteúdo e a posição seqüencial desses turnos com a tendência para produzi-los em um formato preferido ou despreferido. E, aqui, encontramos padrões recorrentes e confiáveis, por exemplo, as negativas depois de um pedido ou um convite estão quase sempre em formato despreferido, as aceitações, em formato preferido. A tabela 6.1 indica o tipo de correspondência que se repete entre formato e conteúdo encontrado ao longo de vários segundos de pares de adjacência.

Tabela 6.1 *Correlações de conteúdo e formato em segundos de pares de adjacência*

PRIMEIRAS PARTES:	Pedido	Oferta/Convite	Avaliação	Pergunta	Culpa
SEGUNDAS PARTES:					
Preferidas:	aceitação	aceitação	concordância	resposta esperada	negação[20]
Despreferidas:	recusa	recusa	discordância	resposta inesperada ou não-resposta	admissão

▼

20. Observe que as atribuições de culpa recebem negativas em formato preferido simples, o que indica mais uma vez que a preferência não pode ser identificada, por exemplo, com o desejo de quem atribui a culpa; ver Atkinson e Drew, 1979, 80.

Ora, dados esses padrões, percebemos que é possível fazer novamente com que a análise vá mais a fundo na estrutura, não só da segunda parte, mas também da primeira parte de um par. Considere novamente o exemplo (47), no qual observamos que a demora de dois décimos de segundo parece ser tomada como evidência de uma ação despreferida, ou seja, recusa de um convite, de modo que A acrescenta outros elementos incentivados (*lotta stuff* com a intenção de indicar que há comida e bebida de sobra, incluindo a cerveja que é especificadamente citada). Da mesma forma, reconsidere (55), onde mais uma vez um pequeno adiamento (marcado (.)) é suficiente para indicar que pode haver um problema com a sugestão de R, a saber, aquele que R sugere. Ou ainda:

(59)   *144*
   C: ...I wondered if you could phone the vicar so that we could ((in-breath)) do the final on Saturday (0.8) morning o:r (.) afternoon or
   (3.0)
   R: Yeah you see I'll phone him up and see if there's any time free
   (2.0)
   C: Yeah
   R: Uh they're normally booked Saturdays but I don't- it might not be

   C: ...Será que você poderia ligar para o vigário de modo que pudéssemos ((inspiração)) fazer a final no sábado de manhã ou (.) à tarde ou (...)
   R: Sim, vou ligar para ele e ver se tem algum tempo livre (...)
   C: Sim
   R: Ah, normalmente eles têm reservas feitas aos sábados mas eu não – pode ser que não

Aqui, durante o primeiro turno de C, são fornecidos alguns espaços vazios onde R poderia ter feito a aquiescência preferida à solicitação de C (eles incluem a inspiração prolongada, os oito décimos de uma segunda pausa, o alongamento de *o:r* e a breve pausa que segue, além, naturalmente, do longo silêncio de três segundos após o turno). Dado que as ações preferidas são realizadas adequadamente sem demora, o fato de a aquiescência de R ser sistematicamente adiada indica o surgimento de problemas significativos.

O que esses exemplos ilustram é que, no decurso de uma única construção de turno, a retroalimentação interacional está sendo sistematicamente levada em consideração (ver Davidson, no prelo). Nesse sentido, um único turno na fala de um único participante pode ser percebido como uma produção conjunta, em virtude das fortes expectativas de que não haja lacuna na transição dos falantes oferecida pela organização das preferências. Existem ainda outros tipos completamente diferentes de evidência que mostram que um turno de um falante único é, muitas vezes, uma produção conjunta, na medida em que as respostas não-verbais dos receptores são utilizadas para orientar a construção do turno ao longo de toda a sua produção (ver Goodwin, 1979a, 1981). Nesse caso, porém, a organização de preferências, ao impor condições à construção das segundas partes dos pares de adjacência, pode sistematicamente influir no planejamento das primeiras partes – e, conforme veremos, isto pode acontecer de muitas maneiras.

A organização de preferências, contudo, vai muito além dos limites dos pares de adjacência. Para começar, existem tipos de turnos menos firmemente emparelhados do que os pares de adjacência, onde a primeira parte aparentemente não exige, mas torna apropriada uma certa resposta ou segunda parte – **cadeias de ação**, na terminologia de Pomerantz (1978). Por exemplo, depois de uma **avaliação** (ou asserção expressando um julgamento), costuma-se esperar uma segunda avaliação, como em:

(60) *Pomerantz, 1975, 1*
J: T's–it's a beautiful day out isn't it?
L: Yeah it's jus´ gorgeous...

J: Está um belo dia lá fora, não é mesmo?
L: Sim, está deslumbrante...

(61) *Pomerantz, 1975, 1*
A: (It) was too depre//ssing
B: O::::h it is te::rrible

A: Foi muito deprimente
B: Oh, é horrível

Dada uma primeira avaliação, existe uma clara preferência pela concordância, não por discordância. Neste caso, e em geral após asserções, as discordâncias têm um formato típico de *yes, but* "sim, mas" (isto é, discordância introduzida com uma concordância parcial), ou são adiadas, ou ainda introduzidas por *well* "bem, bom", a exemplo de outras despreferidas:

(62)   *Pomerantz, 1975, 66*
          R: ...Well never mind. It's not important.
          D: *Well*, it is important.

          R: ...Bem, deixa pra lá. Não é importante.
→   D: *Bom,* é importante.
(63)   *Pomerantz, 1975, 68*
          R: ... You've really both basically honestly gone your own ways.
→   D: *Essentially*, except we've hadda good relationship at //home
→   R: .hhh *Ye:s*, but I mean it's a relationship where...

          R: ... De fato, vocês dois fazem, básica e honestamente, o que bem entendem.
          D: *Essencialmente*, só que mantemos um bom relacionamento em casa
          R: Sim, mas o que quero dizer é que é um relacionamento em que...

Estamos agora em condições de reconhecer um tipo de complexidade que surge, no qual duas espécies diferentes de expectativas conversacionais atuam em direções opostas. Uma delas é a autodepreciação: pela preferência por concordância depois das avaliações, se A se autodeprecia, é preferível que B concorde. Mas, por um princípio independente de uma ordem diversa, a saber, uma norma que impõe que se evite a crítica, B deve evitar essa concordância. De fato, esse segundo princípio geralmente tem primazia (se realmente há concordâncias depois de autocríticas elas são precedidas por discordâncias – ver Pomerantz, 1975, 101):

(64)   *Pomerantz, 1975, 93*
          L: ... I'm so dumb I don't even know it. hhh! heh
→   W: Y-no, *y-you're not du:mb...*

          L: ... Sou tão burro que nem sei disso!
          W: Não, você não é burro...

(65)   *Pomerantz, 1975, 94*
       L: You're not bored (huh)?
→   S: Bored? No. We're fascinated.

       L: Vocês não estão chateados (hã)?
       S: Chateados? Não. Estamos fascinados.

Segue-se disso, e da natureza das pausas como marcadores de respostas despreferidas, que existe uma assimetria no significado de uma pausa após uma avaliação comum como (66) e após uma avaliação autodepreciadora como (67):

(66)   A: God isn't it dreary!
       B: ((SILÊNCIO = DISCORDÂNCIA))
       A: Deus, que horror!
       B: ((SILÊNCIO = DISCORDÂNCIA))
(67)   A: I'm gettin fat hh
       B: ((SILÊNCIO = CONCORDÂNCIA))
       A: Estou engordando
       B: ((SILÊNCIO = CONCORDÂNCIA))

Mais complexidades surgem num outro tipo de avaliação, a saber, elogios. Aqui novamente estão em ação princípios que não batem: uma preferência por concordância com o elogio e uma norma específica para evitar a auto-exaltação. Soluções de compromisso empregadas aqui incluem concordâncias atenuadas, transferência de elogio a terceiros e plenas discordâncias (Pomerantz, 1978).

6.3.2 SEQÜÊNCIAS PREFERIDAS

Até agora nos preocupamos com o modo como a preferência atua numa variedade de segundas partes alternativas ligadas a algum turno anterior. Indicamos, porém, que ela pode atuar no sentido de estruturar esse turno anterior no curso de sua produção; indicamos também brevemente que o componente de retardamento de uma segunda despreferida pode ser concretizado por meio do que se pode chamar um **iniciador de reparo do turno seguinte**, ou IRTS, que solicita reparo do turno anterior no turno seguinte, como em (54) acima, onde M pergunta *Você quer o quê?*, ou como no turno abaixo marcado com seta:

(68)   *Pomerantz, 1975, 74*
      A: Why *wh*at'sa matter with y-you sou//nd *HA*:PPY, hh
      B: Nothing
→   B: I sound ha:p//py?
      A: Ye:uh
      (0.3)
      B: No:,
      A: Ora, o que há com você que parece feliz?
      B: Nada
      B: Pareço feliz?
      A: Parece
      B: Não

Por meio disso, um "segundo" turno despreferido pode vir a ser deslocado para o quarto turno, pela seqüência: A:((AVALIAÇÃO)), B:((IRTS)), A:((REAVALIAÇÃO)), B:((SEGUNDA PARTE DESPREFERIDA)). Um motivo, neste caso, é que, por esse meio, B oferece a A uma oportunidade de reformular o primeiro turno de uma maneira mais aceitável. Assim sendo, a organização de preferências pode transbordar, como freqüentemente acontece, para vários turnos posteriores a um primeiro turno.

Uma área em que a organização de preferências opera regularmente num turno ou entre turnos constitui um dispositivo conversacional básico, a organização de **reparos** (Schegloff, Jefferson e Sacks, 1977). Conforme se apontou acima, a tendência de uma enunciação para acompanhar aquelas que a precedem imediatamente fornece, tanto para os analistas como para os participantes, um "procedimento de teste' para verificar de que forma esses turnos são compreendidos. Isso seria de pouca valia se não houvesse um dispositivo para a correção de mal-entendidos, má audição ou falta de audição. Naturalmente, um tal dispositivo existe e ele possui as seguintes propriedades: primeiro, fornece vários espaços vazios sistemáticos numa seqüência de (no mínimo) três turnos, na qual pode ser feito o reparo, ou pelo menos, pode ser dada a deixa dele, como a seguir:

(69) T_1 (inclui item reparável) = primeira oportunidade: aqui, para auto-reparo iniciado por quem fala.
Espaço de transição[21] entre T_1 e T_2 = segunda oportunidade, também para auto-reparo iniciado por quem fala
T_2 = terceira oportunidade: ou para um reparo iniciado por outrem ou para um auto-reparo em T_3
T_3 = quarta oportunidade: dada uma iniciação por outrem em T_2, para um auto-reparo iniciado por outrem

Existem aqui duas importantes distinções: a primeira é o contraste entre reparo **iniciado pela própria pessoa** e reparo **iniciado por outrem** – ou seja, reparo por um falante sem uma deixa em oposição a reparo depois de uma deixa; a segunda é **auto-reparo**, reparo feito pelo falante do problema ou item reparável, em contraposição a **reparo alheio**, feito por uma outra pessoa. Um exemplo de reparo em cada uma das oportunidades deveria ajudar a tornar clara a distinção:

(70) *Schegloff, Jefferson e Sacks, 1977, 364*
(Ilustrando auto-reparo auto-iniciado na oportunidade 1)
N: She was givin' me a:ll the people that were go:ne this yea:r I mean this quarter y'//know
→ J: Yeah
N: Ela estava me dando todas as pessoas que se foram este ano, quero dizer, neste trimestre, entende?
J: Entendo

(71) *Schegloff, Jefferson e Sacks, 1977, 366*
(Ilustrando reparo na oportunidade 2, novamente auto-reparo auto-iniciado)
L: An' 'en but all of the doors 'n things were taped up =
→ = I mean y'know they put up y'know that kinda paper 'r stuff, the brown paper.

▼

21. *Espaço de transição* indica "o ritmo que segue potencialmente o possível ponto de conclusão de um turno" (Schegloff, Jefferson e Sacks, 1977, 366). Uma análise mais detalhada aqui poderia ser esta: a primeira oportunidade segue-se imediatamente ao erro, a segunda vem no fim do turno, a terceira após a demora do receptor no fim do turno, a quarta em T_2, a quinta em T_3 e a sexta, a uma distância ainda maior (Schegloff, em preparação a).

L: Mas então todas as portas e todas as coisas estavam com fita adesiva =
Quero dizer, sabe?, que eles puseram, sabe?, aquele tipo de papel ou material, aquele papel marrom.

(72) *Schegloff, Jefferson e Sacks, 1977, 378*
(*Ilustrando reparo alheio iniciado por outrem na oportunidade 3*)
A: Lissena *pig*eons.
(0.7)
→ B: Quail, I think.
A: Escute os pombos.
B: Acho que são codornas.

(73) *Schegloff, Jefferson e Sacks, 1977, 367*
(*Ilustrando iniciação por outrem de auto-reparo na oportunidade 3*)
A: Have you ever tried a clinic?
→ B: *What?*
A: Have you ever tried a clinic?
A: Já tentou uma clínica?
B: O quê?
A: Já tentou uma clínica?

(74) *Schegloff, Jefferson e Sacks, 1977, 368*
(*Ilustrando auto-reparo na oportunidade 4, vindo após iniciação por outrem por meio de IRTS*)
B: .hhh Well I'm working through the Amfat Corporation.
→ A: The *who*?
→ B: Amfat Corporation. T's a holding company.
B: Bem, estou trabalhando na Amfat Corporation.
A: Quem?
B: Amfat Corporation. É uma holding.

É vasta a gama de fenômenos que reunimos aqui sob o conceito de *reparo*, incluindo problemas de recuperação de palavras, autocorreções em casos nos quais não ocorreu nenhum "erro" perceptível, correções propriamente ditas (isto é, substituições de erros), e muitas outras coisas mais. A hipótese (Schegloff, Jefferson e Sacks, 1977) é que o mesmo sistema lida com o reparo de todos esses problemas. Os exemplos acima são apenas ilustrativos: existem muitas maneiras, por exemplo, pelas quais o auto-reparo dentro do turno é sinalizado (por oclusivas glotais, vogais alongadas, um chevá longo, etc.); também há muitas maneiras de realizar o auto-reparo de iniciação alheia (por exemplo, por *What?* "O quê?", *'Scuse me?* "Desculpe!", etc., ou por perguntas em eco, ou repetições de itens problemáticos com acento tônico nas sílabas – problema como em (74), (77) e (78)).

Ora, o segundo componente principal do aparato de reparo é um conjunto de preferências que estabelece uma ordenação hierárquica no conjunto de oportunidades dado acima. Em resumo, a ordem de preferência é a seguinte:

(75) A *Preferência 1* é pelo auto-reparo iniciado pela própria pessoa na oportunidade 1 (o turno próprio)
A *Preferência 2* é pelo auto-reparo iniciado pela própria pessoa na oportunidade 2 (espaço de transição)
A *Preferência 3* é pela iniciação por outrem, por IRTS, na oportunidade 3 (turno seguinte), de auto-reparo (no turno após esse)
A *Preferência 4* é pelo reparo alheio iniciado por outrem na oportunidade 3 (turno seguinte)

A evidência dessa hierarquização é que, em primeiro lugar, ela corresponde à hierarquização que vai do recurso mais freqüentemente usado ao recurso menos usado (por exemplo, o reparo alheio é extremamente raro na conversação). Em segundo lugar, o sistema é, na verdade, construído de tal modo que haverá sempre uma tendência para o auto-reparo iniciado pela própria pessoa, que constitui o tipo de reparo pertinente nas duas primeiras oportunidades pelas quais se passa. Em terceiro lugar, temos a típica demora por parte do receptor em seguida a essas duas oportunidades se elas não forem imediatamente usadas, apontando para um 'problema' e convidando o auto-reparo iniciado pela própria pessoa. Às vezes o convite do participante que não responde é bem-sucedido como em (76), às vezes não, como em (77):

(76) *Schegloff, Jefferson e Sacks, 1977, 364*
K: Did*ju* know the guy up there at-oh. What the hell is'z name use to work up't (Steeldinner) garage did their body work for 'em.
→   (1.5)
K: Uh::ah, (0.5) Oh:: he meh- uh, (0.5) His wife ran off with Jim McCa:nn.

K: Você conhecia o cara lá -oh... Como diabos é o nome dele, ele antes trabalhava na oficina (Steeldinner) fez serviços de funilaria para eles.
K: Eh, eh. Eh, he, eh, eh... A mulher dele fugiu com Jim McCann.

(77) *Schegloff, Jefferson e Sacks, 1977, 370*
A: Hey the first time they stopped me from sellin' cigarettes was this morning.
→ (1.0)
B: From *sell*ing cigarettes?
A: From buying cigarettes.
A: Ei a primeira vez que me impediram de vender cigarros foi hoje de manhã.
B: De vender cigarros?
A: De comprar cigarros.

Em quarto lugar, há claras evidências de que mesmo nos casos em que outros participantes possam fazer o reparo exigido, eles produzem um IRTS (isto é, iniciação alheia de um auto-reparo) em vez de fazerem reparo alheio em muitas ocasiões e, provavelmente, na maioria delas. O turno de B em (77) é um exemplo interessante, e o quarto turno no exemplo seguinte torna isso explícito:

(78) *Schegloff, Jefferson e Sacks, 1977, 377*
K: 'E likes that waiter over there.
A: Wait-*er*?
K: Waitress, sorry,
→ A: 'Ats better.
K: Ele gosta daquele garçom ali,
A: Garçom?
K: Garçonete, desculpa.
A: Assim é melhor.

Finalmente, no raro caso de ocorrer reparo alheio, ele é seguido por 'moduladores' como o *I think* "eu acho, penso que" em (72) acima, ou tem como preâmbulo *y'mean* "você quer dizer", ou é marcado de alguma outra maneira:

(79) *Schegloff, Jefferson e Sacks, 1977, 378*
L: But y'know single *beds*'r *aw*fully *thin* to sleep on.

S: What?
L: Single beds. // They're-
E: Y'mean narrow?
→ L: They're awfully *na*rrow yeah.
L: Mas, sabe, camas de solteiro são muito finas para se dormir.
S: O quê?
L: Camas de solteiro. Elas são...
E: Estreitas, você quer dizer?
L: Elas são muito estreitas sim.

Assim, o aparato de reparo como um todo tem uma forte inclinação tanto por uma preferência à iniciação do reparo pela própria pessoa como por uma preferência pelo auto-reparo em detrimento do reparo por outrem. Como conseqüência, a organização de preferências regula o desdobramento de seqüências no que diz respeito ao reparo.

À organização de preferências corresponde agora uma ampla variedade de tipos, que abrange não só classificações de turnos alternativos, mas também soluções alternativas a problemas (como o uso do reparo), sendo as soluções usadas dentro de um único turno ou numa seqüência de turnos. Contudo, a preferência também parece operar entre *tipos de seqüência* – por exemplo, parece que, se possível, dar a deixa para um oferecimento é uma ação preferível a executar uma solicitação (Schegloff, 1979a, 49). Por conseguinte, conforme veremos em 6.4.3, existe uma utilidade especial num turno destinado a prefigurar ou introduzir uma solicitação (uma **pré-solicitação**), pois, em vez disso, ele fornece a possibilidade de que o receptor efetue um oferecimento, como abaixo:

(80)   *176*
→   C: Hullo I was just ringing up to ask if you were going to Bertrand's party
       R: Yes I thought you might be
       C: Heh heh
→   R: Yes would you like a lift?
       C: Oh I'd love one
       C: Alô eu só estava ligando para perguntar se você vai à festa do Bertrand
       R: Sim, foi o que eu imaginei

C: Heh heh
R: Você gostaria de uma carona?
C: Oh eu adoraria

Analogamente, nos três turnos iniciais de chamadas telefônicas o reconhecimento é feito por meio de saudações (sempre que isto for possível) e fica totalmente submerso dentro delas, de preferência a ser realizado por uma seqüência que envolve auto-identificações ostensivas. Assim, (81) é a seqüência preferida, (82) a despreferida[22]:

(81) *Schegloff, 1979a, 35*
    C: ((rings))
T_1 R: Hello
T_2 C: Hello
T_3 R: Hi
    C: ((toca o telephone))
    R: Alô
    C: Alô
    R: Oi

(82) *Schegloff, 1979a, 59*
    C: ((rings))
T_1 R: Hello,
T_2 C: Hi. Susan?
T_3 R: Ye:s,
T_4 C: This's Judith (.) Rossman
T_5 R: *Ju*dith!
    C: ((toca o telefone))
    R: Alô?
    C: Oi. Susan?
    R: Sim,
    C: Aqui quem fala é Judith Rossman
    R: Judith!

A prova de que a auto-identificação é geralmente despreferida é esta: embora supostamente R tenha um forte interesse em saber quem está

---

22. Esse tipo de preferência pode ser inteiramente específico de uma cultura; ver Godard, 1977, sobre as convenções do francês.

ligando, no primeiro turno do autor da chamada (T_2) a auto-identificação está, com freqüência, ausente; se, dado este turno, R não conseguir imediatamente a identificação, C geralmente deixa uma lacuna ou pausa para que o reconhecimento ocorra – donde, como vimos em 6.2.3, se depreende que a demora após um T_2 mínimo é indício de um problema no reconhecimento de C por R. Só depois de uma demora é que C oferece uma identificação (como em (45) acima) ou R a pede (como em (46)).

Ora, dada essa despreferência por auto-identificações, se a pessoa que está chamando deseja evitar a auto-identificação ostensiva, mas não tem certeza de que o receptor possa fazer a identificação com base em um T_2 mínimo (por exemplo, *Alô*), então, ele pode produzir um T_2 que prefigure ou antecipe uma auto-identificação ao mesmo tempo que a omita, dando assim ao receptor uma oportunidade de reconhecer quem faz a chamada sem na verdade exigir (como um simples *Alô* exigiria) que o receptor possa fazê-lo. O autor da chamada pode conseguir isso pelo uso de *Alô* mais o nome do receptor, com o contorno de entonação baixo-ascendente característico de uma 'tentativa' no nome, como em:

(83) *Schegloff, 1979a, 52*
      R: Hello:,
      C: Hello *Il*se?
→   R: Yes. *Be:*tty.
      R: Alô?
      C: Alô Ilse?
      R. Sim. Betty.

(Observe que um contorno alto-ascendente daria a impressão de sinalizar incerteza genuína sobre a identidade do receptor, ao passo que um contorno baixo-ascendente transmite principalmente incerteza quanto a se o receptor é capaz de reconhecer quem chama – ver Schegloff, 1979a, 50.) Ora, do mesmo modo como uma pré-solicitação convida o receptor a proporcionar um oferecimento, evitando assim a seqüência de solicitação despreferida, igualmente *Alô* mais nome (com contorno baixo-ascendente) convida ao reconhecimento (como em (83)), de preferência à auto-identificação que ela prefigura, a saber, a seqüência despreferida exemplificada por (82). Portanto, essa seqüência despreferida, com auto-identificação ostensiva, geralmente só ocorrerá se em T₃ o receptor não demonstrar evidências de reconhecimento, sejam eles termos de interpelação ou respostas entusiásticas (por exemplo, *Oh hi! How are you?* "Oi! Como vai você?"). Demonstra-se que essa seqüência é despreferida, além do mais, pelo fato de que, na ausência de reconhecimento em T₃, o autor da chamada por vezes não fornece nenhum outro material de identificação em T₄ a não ser uma amostra adicional de qualidade de voz:

(84)   *Schegloff, 1979a, 55*
      R: H'llo:?
      C: Harriet?
      R: Yeah?
→   C: Hi!
      R: *Hi:*.
      R: Alô?
      C: Harriet?
      R: Sim?
      C: Oi!
      R: Oi.

Finalmente, a natureza despreferida da auto-identificação é confirmada pelo fato de que, se ela for realmente exigida, será recebida freqüentemente com 'um grande alô' – o componente de reconhecimento reclassificado que encontramos, por exemplo, T₅ em (82), regularmente com uma explicação de por que não se realizou o reconhecimento antes (por exemplo, *You sound different* "Você parece diferente" – ver Schegloff, 1979a, 48).

Portanto, para reconhecimentos telefônicos entre participantes conhecidos, a preferência é que quem faz a chamada dê o mínimo de pistas que julgar suficientes para que o receptor o reconheça (observe aqui a pausa antes do fornecimento do sobrenome em (82). E essa preferência não só hierarquiza as pistas dadas em T₂ como em (85)):

(85)   (i)   Hi
           (ii) Hello
           (iii) Hello. It's me
           (iv) Hello. It's Penny
           (v) Hello. It's Penny Rankin

mas também hierarquiza os dois tipos de seqüência, (i) saudações apenas, (ii) saudações seguidas por auto-identificações ostensivas e reconhecimentos.

Desta maneira, a organização de preferências expande-se não só através de segundas partes alternativas, associadas a primeiras partes de pares de adjacência, mas para trás, interferindo na construção de primeiras partes, para a frente, avançando na organização de turnos subseqüentes e também ao longo de seqüências alternativas inteiras, hierarquizando conjuntos de tipos de seqüências.

6.4 PRÉ-SEQÜÊNCIAS

6.4.1 COMENTÁRIOS GERAIS

O termo **pré-seqüência** é usado, com uma ambigüidade sistemática, para fazer referência tanto a uma determinada espécie de turno como a uma determinada espécie de seqüência que contém esse tipo de turno. Contudo, aqui, vamos usar a abreviação **pré-s** para o tipo de turno, reservando *pré-seqüência* para o tipo de seqüência. Alguns exemplos de pré-seqüências e pré-s já foram introduzidos de passagem. Observamos, por exemplo, que um chamado prefigura um turno que contém uma razão para o chamado, como em:

(86)   *Atkinson e Drew, 1979, 46*
      Cr: Mamãe
      M: Sim, querida
         (2.1)
      Cr: Eu quero um pano para limpar (as) janelas

Visto que essas razões podem ser variadas, os chamados são "pré-s generalizados"; a maioria dos pré-s, no entanto, são construídos para prefigurar o tipo específico de ação que precedem potencialmente. Pré-encerramentos, por exemplo, muitas vezes realizados como sinais de *Okay* "certo, aprovado", são reconhecíveis como potenciais inícios de encerramentos, do contrário os encerramentos não poderiam ser coordenados. Pré-encerramentos ilustram uma motivação importante para os pré-s em geral, a saber, que, ao prefigurar uma ação iminente, convidam a colaborar nessa ação (como nos pré-encerramentos) ou a colaborar para evitá-la (como nas pré-auto-identificações).

Alguns dos tipos mais claros de pré-s são **pré-convites**, como os seguintes:

(87)   *Atkinson e Drew, 1979, 253*
→   A: Está fazendo o quê?
    B: Nada.
    A: Quer beber?
(88)   *Atkinson e Drew, 1979, 143*
    R: Oi, John.
    C: O que vocês estão fazendo? =
→   = diga o que vocês vão fazer
    R: Bem, vamos sair. Por quê?
    C: Oh, eu ia justamente convidar vocês para passar aqui e conversar esta noite, mas se vocês vão sair não vai dar para fazer isso.

Observe que em ambos os casos os pré-convites são tratados como transparentes pelos receptores – de modo que suas respostas estão claramente afinadas com o fato de que um convite (ou ato relacionado) está potencialmente prestes a aparecer no turno seguinte. Assim, *Nada* em (87) pode ser interpretado como 'nada que torne irrelevante o oferecimento de uma diversão noturna' ou coisa semelhante, enquanto a formulação do que R está fazendo em (88) está claramente sintonizada com a possibilidade de um convite iminente, do qual o *Por quê?* pede detalhes.

Um pré-s não é simplesmente algum turno que venha antes de algum outro tipo de turno – a maioria dos turnos tem essa propriedade; ele é um turno que ocupa um espaço específico num tipo específico de seqüência com propriedades características. Com base nos exemplos de pré-convites formulados acima, poderíamos tentar caracterizar a estrutura dessas seqüências como se segue (embora essa caracterização precise ser generalizada para outros tipos de pré-seqüência):

(89)   (a) T_1 (Posição 1): uma pergunta para verificar se se realiza alguma pré-condição para a ação a ser realizada em T_3

T₂ (Posição 2): uma resposta para indicar que a pré-condição prevalece, freqüentemente, mais uma pergunta ou uma solicitação para passar para T₃

T₃ (Posição 3): a ação prefigurada, condicionada ao "vá em frente" em T₂

T₄ (Posição 4): reação à ação em T₃

(b) *regra de distribuição*: um dos participantes, A, dirige T₁ e T₃ a um outro participante, B, e B dirige T₂ e T₄ a A

É claro que uma parte crucial da motivação dessa seqüência é a natureza de T₃, contingente ou condicionada à natureza de T₂; de modo que, na ausência de um estímulo em T₂, pode-se esperar que a seqüência seja abortada de acordo com o seguinte roteiro:

(90)   T₁: como em (89)

T₂: resposta indicando que a pré-condição para a ação não se realiza – freqüentemente formulada de modo que desestimule especificamente a ação previsível

T₃: exclusão da ação prefigurada, geralmente com um relato do que teria sido feito em T₃, à guisa de explicação para T₁

Esse tipo de seqüência ocorre em (88). Dada essa caracterização, não temos nenhuma dificuldade em encontrar outros tipos de pré-seqüência, por exemplo, **pré-pedidos** como os seguintes:

(91) *Merritt, 1976, 337*
→   C: Vocês têm chocolate quente?
      S: humhum
→   C: Posso pedir chocolate quente com chantilly?
      S: Claro (sai para pegar)

(92) *Merritt, 1976, 324*
→   C: Vocês têm geléia de amora?
      S: Sim.
→   C: Certo. Pode me dar um vidro dela, então?
      S: Claro ((vira-se para pegar))

(93) *172B(7)*
→   C: So um I was wondering would you be in your Office on Monday (.) by any chance (2.0) probably not

>   R: Hmm yes =
>   C: = You would
>   R: Yes yes
>   (1.0)
> →   C: So if we came by could you give us ten minutes or so?
>   C: Bem, hã, eu gostaria de saber se, por acaso, você vai estar no seu escritório na segunda-feira... provavelmente não
>   R: Huhum sim =
>   C: = Vai estar
>   R: Sim, sim.
>   C: Nesse caso, se passássemos por lá, você poderia nos conceder dez minutos mais ou menos?

Do mesmo modo é possível reconhecer **pré-acordos** para contato futuro, como em:

(94)   *176B*
→   R: Erm (2.8) what what are you doing today?
        C: Er well I'm supervising at quarter past
        (1.6)
→   R: Er yuh why (don't) er (1.5) would you like to come by after that?
        C: I can't I'm afraid no
        R: Hã, o que...o que você vai fazer hoje?
        C: Ah bem vou fazer uma supervisão daqui a quinze minutos
        R: Ah por que você (não) ah... gostaria de dar uma passada aqui depois disso?
        C: Não posso, infelizmente não...

Ora, na caracterização que fizemos dessas seqüências, existe um problema suscitado por exemplos como (93)[23], onde a distribuição das ações características não corresponde exatamente à seqüência paradigmática de quatro turnos proposta em (89). Esse tipo de problema é mais agudo em exemplos como os seguintes, onde temos duas **seqüências de inserção**, uma em T_2 e T_3 referente a reparo, outra em T_4 e T_5 referente ao estabelecimento de uma 'suspensão' temporária no sistema de alternância de turnos; essas duas seqüências estão inseridas en-

▼

23. E compare a transcrição diferente dos mesmos dados em (39).

tre uma pré-solicitação (em T_1), por um lado, e em sua resposta (em T_6) com a solicitação que a segue (em T_7), por outro.

(95) *144(3)*
T_1 → C: ... Por favor, você tem em estoque alguma L.T. um oito oito?
((POSIÇÃO 1))
T_2 R: Um oito oito ((VERIFICAÇÃO DE ESCUTA))
T_3 C: Sim = ((ESCUTA APROVADA))
T_4 R: = Pode aguardar um momento, por favor? ((PAUSA))
T_5 C: Obrigado ((ACEITAÇÃO))
(L.5)
T_6 R: Sim, tenho uma ((POSIÇÃO 2))
T_7 → C: Ótimo. Eu poderia... reserve essa para H.H.Q.G., por favor ((POSIÇÃO 3))

Intuitivamente, temos duas seqüências de inserção entre o que seriam os turnos paradigmáticos T_1 e T_2 em (89). Mas, se definimos a noção de pré-seqüência em termos apenas da seqüência de turnos em (89), de que modo devemos enquadrar esse caso na definição? O que precisamos aqui é da distinção introduzida recentemente por Schegloff na discussão sobre reparo, entre **localização de turno** – isto é, o simples lugar seqüencial de um turno numa seqüência incluída depois de um turno inicial – e **posição de turno**, a resposta a um turno prévio, mas não necessariamente adjacente. Assim, uma segunda parte de um par de adjacência separado de sua primeira parte por uma seqüência de inserção de dois turnos estará no *quarto turno*, mas na *segunda posição*. O que queremos defender, portanto, é que a estrutura em (89) realmente se aplica a seqüências de *posições* e não de *turnos*, e que a enunciação T_6 em (95) ocupa a *segunda posição*, apesar de estar no sexto turno, do mesmo modo que T_7 ocupa a *terceira posição*, mas a sétima em turnos.

Mas, se não quisermos que essa distinção entre *turno* e *posição* torne vazia a alegação de que as pré-seqüências comumente têm a estrutura descrita em (89), então precisamos dispor de uma caracterização independente de cada *posição*, de modo que ela possa ser reconhecida onde quer que realmente apareça numa seqüência de turnos. Isso não é fácil de fazer em termos gerais para todas as pré-seqüências, mas certamente pode ser feito para subclasses de pré-seqüências, como as que incluem pré-pedidos, pré-convites, pré-oferecimentos e outras do gênero. De fato, as glosas sobre o conteúdo de cada turno (ou, agora de preferência, posição) em (89) indicam alguns traços típicos reconhecíveis de cada um. Vamos tratar desse problema de caracterização de turnos em posições específicas com relação a um tipo particular de pré-seqüência.

6.4.2 PRÉ-ANÚNCIOS

Uma classe de pré-s de especial interesse são os **pré-anúncios** (ver Terasaki, 1976, em cuja obra se baseia a exposição que segue). Já conhecemos a subclasse de pré-anúncios que são oferecimentos de espaço narrativo (ver exemplos (41) e (42) acima), observando que eles operam no sentido de conseguir acesso sancionado a um turno prolongado na conversação. Porém, há muitos outros tipos de pré-anúncios, como os seguintes:

(96)　　*Terasaki, 1976, 36*
　　　　D: .hh Oh adivinhe.
　　　　R: O quê?
　　　　D: O professor Deelies entrou e encomendou um outro livro.
(97)　　*Terasaki, 1976, 53*
　　　　D: Esqueci de lhe contar as duas melhores coisas que me aconteceram hoje.
　　　　R: Ah ótimo = quais são elas?
　　　　D: Recebi um B+ na minha prova de matemática... e ganhei um prêmio de atletismo.
(98)　　*Terasaki, 1976, 53*
　　　　D: Hei você nem adivinha o que o papai está observando.
　　　　R: O que você está observando?
　　　　D: O alcance de um radar.

Vamos agora tentar caracterizar essas seqüências. Um modo de refletir sobre elas (e talvez sobre pré-seqüências em geral) é considerar que são compostas de dois pares de adjacência sobrepostos: um pré-par (por exemplo,

A: *Você já sabe da novidade?*, B: *Não*) e um segundo par (por exemplo, B: *Me conte*, A: *John ganhou na loteria*) – sobrepostos no sentido de que a segunda parte do primeiro par e a primeira parte do segundo par ocorrem no mesmo turno ou posição, a saber, a posição 2. Portanto, é freqüente encontrarmos no turno que ocupa a posição 2 o tipo de componentes duais que vemos no segundo turno de (97), onde *Ah ótimo* remete ao turno anterior, e *Quais são elas?* é uma primeira parte que exige o anúncio como uma segunda parte. Temos, assim, a seguinte estrutura para pré-anúncios:

(99) *Posição 1*: primeira parte da pré-seqüência, que geralmente faz uma verificação do grau de interesse informativo do potencial anúncio na posição 3
Posição 2: segunda parte da pré-seqüência, que geralmente valida o grau de interesse do anúncio, *e* primeira parte do segundo par, que é mais precisamente um pedido de relato
Posição 3: segunda parte do segundo par – o proferimento do anúncio
Posição 4: o visto pela notícia

De acordo com a exigência da distinção entre *turno* e *posição*, devemos procurar caracterizar o formato de cada posição independentemente de sua mera localização seqüencial (embora a ordem das posições deva, naturalmente, ser mantida, pois considerações podem ainda desempenhar um papel importante no reconhecimento de posições de ordem seqüencial específicas). Dessa forma, podemos afirmar a respeito dos turnos da posição 1 que, embora possam estar em qualquer um dos três tipos básicos de sentença (por exemplo, interrogativa em (41) acima, imperativa em (96), declarativa em (97) e (98)), eles apresentam tipicamente, pelo menos, um dos seguintes elementos: *nomeiam* o tipo de anúncio (por exemplo, *o que o papai está observando* em (98), *a notícia* nos exemplos imediatamente abaixo); e/ou a avaliam, por exemplo, como *boa* ou *má* notícia (respectivamente em (100) e (101)).

(100) *Terasaki, 1976, 33*
D: Hei temos uma boa notícia.
R: Qual é a boa notícia?

(101)   *Terasaki, 1976, 28*[24]
   D: Você já soube da má notícia?
   R: Não. O que é?
   D: Sabe o Dan, irmão do seu avô Bill?
   R: Ele morreu.
   D: Sim.

Além do mais, eles costumam datar as notícias (por exemplo, a especificação *hoje* em ((97)); e por fim, e o mais importante, turnos na posição 1 em geral têm alguma variável, um pronome relativo interrogativo (como em *O quê?* em (96) e (98)) ou uma expressão indefinida (*uma coisa boa aconteceu*) ou definida, mas não específica (*a notícia*). É essa variável, naturalmente, que esses primeiros turnos na seqüência propõem instanciar na posição 3.

Os turnos na posição 2 são geralmente caracterizados por (a), opcionalmente, uma resposta à posição 1 interpretada como uma pergunta (por exemplo, *Não* (em 101)), e (b) quase invariavelmente um componente semelhante a uma pergunta. Esses componentes interrogativos são perguntas de uma só palavra do tipo *O quê?* (96) ou perguntas em eco ou perguntas do tipo *Quais são elas?* em (97), que copiam partes do material da posição 1. Ou seja, elas são construídas como IRTSs (iniciadores de reparo do turno seguinte), que incluem perguntas em eco. O que elas têm em comum com os IRTSs é a mesma orientação de mão dupla – olham retrospectivamente para o turno anterior (tornando possível o formato truncado) e olham prospectivamente para o turno seguinte (donde o formato de pergunta). Desse modo, o formato dos turnos na posição 2 é projetado para ser simultaneamente a segunda parte do turno que aparece na posição 1 e a primeira parte que toma como segundos os turnos da posição 3.

Olhando agora para os turnos da posição 3, os anúncios propriamente ditos, constatamos uma série de exigências rígidas quanto ao seu formato. Às vezes, por exemplo, eles conservam a estrutura sintática

▼

24. Esse exemplo representa uma exceção motivada por outros princípios em relação ao esquema (99), conforme se explica abaixo em termos de uma preferência pela *adivinhação* em vez da *narração*, no caso de más notícias.

ou de casos dos pré-anúncios que lhes correspondem na posição 1 (Terasaki, 1976):

(102) *Terasaki, 1976, 26*
→   D: Oh. Sabe, Yuri   fez   uma coisa horrível
                     ((SUJ))   ((VERBO))   ((OBJ DIRETO))
       R: hhh! Eu sei.
       D: Você sabe?
→   Ela   cometeu   suicídio
              ((SUJ))   ((VERBO))   ((OBJ DIRETO))

Alternativamente, os turnos na posição 3 trazem apenas os itens que preencheriam o espaço da variável (que aqui indicamos em negrito para fins de reconhecimento) típico dos turnos na posição 1:

(103) *Terasaki, 1976, 53*
→   D: Você quer saber **quem** eu encontrei por acaso algumas semanas atrás? hh!
       R: Quem?
→   D: Mary Carter e o namorado dela.

Observe que aqui também a posição 3 se liga retrospectivamente à posição 2, uma vez que a posição 3 fornece precisamente a informação solicitada na posição 2 (e oferecida na posição 1). Existem outras variações, mas o que interessa aqui é que cada posição é de fato caracterizável, independentemente da localização absoluta numa seqüência de turnos, como tendo determinado tipo de formato (alternativo).

É claro que a arquitetura do turno que ocupa a posição 1 é decisivo, pois é com base nele que o receptor deve decidir se já conhece ou não o conteúdo do anúncio e, portanto, abortar a seqüência. Daí que a prefiguração da estrutura sintática do anúncio, como em (102), é uma dica muito útil para o receptor, assim como a caracterização do anúncio como 'notícia' ou como 'piada' ou 'história', a datação de acontecimentos relatáveis e a avaliação de 'notícia' como 'boa', 'terrível', etc. Assim, podemos perceber que uma frase do tipo *as duas melhores coisas que me aconteceram hoje* é cuidadosamente formulada para prefigurar o que virá em seguida – isto é, dois itens: coisas boas e coisas que aconteceram hoje.

Nesse aspecto, é instrutivo reconsiderar uma análise feita por Labov e Fanshel (1977) do início propriamente dito de uma entrevista psiquiátrica:

(104)   Labov e Fanshel, 1977, 363 *(com as convenções da transcrição convertidas para o estilo da AC)*
   R: Não (1.0) sei se (1.5) eu fiz – eu acho que fiz – a coisa certa, surgiu uma pequena situação (4.5) e eu tentei hã (3.0) bem, tentei (4.0) usar o que... o que eu aprendi aqui e ver se funcionava (0.3)
   T: Humhum
   R: Agora não sei se fiz a coisa certa. No domingo (1.0) hã, minha mãe foi para a casa da minha irmã novamente ... (a história continua)

Em dezessete páginas de unidades da análise feita ao estilo AD, Labov e Fanshel (1977, 113 ss.) analisam o primeiro turno do paciente (R) como contendo diversos atos de fala que incluem perguntas, afirmações e desafios. Para alcançar uma compreensão tão aprofundada, eles olham adiante na interação a fim de verificar a que se referem *a coisa certa* e *uma pequena situação*; em seguida, reinserem na glosa ou "expansão" do primeiro turno esses detalhes recolhidos adiante. Aqui, apesar da evidente discrepância entre as informações disponíveis dessa forma aos participantes (que não podem olhar adiante numa transcrição) e aos analistas (que podem), os autores consideram esse procedimento justificado pela relativa ignorância do analista sobre o conhecimento que os participantes têm disponível uns sobre os outros (ibid., 120). Além disso, eles argumentam que os vários traços aqui observados, incluindo as glotalizações e hesitações, e sobretudo a "referência vaga" em *coisa* e *situação*, podem ser atribuídos a aspectos do "estilo de entrevista" (ibid., 129).

Agora comparem uma análise no estilo da AC. O primeiro turno de R é um pré-anúncio, formulado de modo que prefigure (a) a narração de algo que a falante fez (*Eu acho que fiz a coisa certa*) e (b) a descrição da situação que levou à ação (*surgiu uma pequena situação*). Somos, pois, alertados para esperar uma história com dois desses componentes; ademais, o objetivo da história e sua importância para o momento e a situação presentes são também prefigurados (*usar o que aprendi aqui e ver se funcionava*). A alegada imprecisão de *a coisa certa* e *uma pequena situação* é, na verdade, a contribuição dessas variáveis típicas dos turnos na posição 1 em seqüências de pré-anúncio. Que uma análise como pré-seqüência parece correta é reforçado pelo fato de que o receptor, o terapeuta, espera de fato cada segmento prefigurado da história, recebendo o primeiro com *Oh* (um típico item de recepção de notícia – ver Heritage, no prelo), e o segundo com uma concordância (*Sim, eu também acho que você fez (a coisa certa)*), abstendo-se de quaisquer outros turnos substanciais ao longo de toda a história. O que precisa ser dito aqui é que a análise original no estilo AD, que se faz ato a ato, não está sintonizada com as estruturas seqüenciais maiores que organizam a conversação, nem é fácil reconhecer essas estruturas sem muito material comparativo[25].

O reconhecimento de pré-anúncios pode ser problemático não só para os estudiosos, mas também para os participantes. Considere, por exemplo, (105):

(105) *Terasaki, 1976, 45*
T_1 Menino: Eu sei onde você vai.
T_2 Mãe: Onde?
T_3 Menino: Naquela (reunião...)
T_4 Mãe: É. Certo.
→ Você sabe quem vai a essa reunião?
T_5 Menino: Quem?
T_6 → Mãe: Eu não sei!
T_7 Menino: Oo::h talvez o sr. Murphy e Papai disse que talvez a sra. Timpte e alguns dos professores.

Aqui em T_4 temos um turno em formato de pergunta: o Menino o considera um pré-anúncio, e por boas razões – a localização seqüencial é tal que, dado o uso que ele mesmo faz de um palpite em T_1, ele talvez

▼

25. Aliás, a AC pode também fornecer análises alternasvas de outros traços deste primeiro turno – por exemplo, as hesitações e as oclusões glotais atribuídas na análise original ao "estilo" são também marcações típicas de auto-reparo auto-iniciado, características da produção de primeiros tópicos (ver Schegloff, 1979b) e também usadas para pedir a atenção do ouvinte (Goodwin, 1981, capítulo 2).

espere um outro 'enigma' em troca. Por isso, em T_5 o Menino solicita o anúncio prefigurado, com *Quem?* Verifica-se, porém, que a Mãe pretendia que T_4 fosse uma pergunta, não um pré-anúncio, como deixa clara sua resposta em T_6. Observe que o menino pode, então, de fato produzir uma resposta em T_7, indicando que *Quem?* em T_5 queria ser apenas um 'Vá em frente e conte-me', e não um 'Eu não sei'. Uma ambigüidade desse tipo, que aqui mostramos ser uma ambigüidade para participantes como a de (49) acima, é um bom exemplo do tipo de fenômeno que analistas que usam intuições como dados não têm conseguido perceber. Em vez disso, esses teóricos podem estar interessados numa outra ambigüidade, a saber, aquela entre a interpretação do ato de fala 'direto' de *Você conhece p?* (para a qual *Sim* ou *Não* seria uma resposta completa e adequada) e a interpretação como ato de fala 'indireto' como um pedido de relato, que não está em questão para os participantes aqui (Schegloff, em preparação b).

O que motiva o uso de pré-s como esses pré-anúncios? Parece haver várias motivações, às vezes atuando simultaneamente. Já propusemos em forma de esboço, para turnos de pré-narrativas como a de (42), uma motivação baseada no sistema de alternância de turnos: se um falante deseja suspender temporariamente a relevância da possível transição em cada LRT, ele pode pleitear uma ratificação de um turno prolongado. Conforme Sacks assinala, essa motivação explica o uso freqüente de pré-anúncios pelas pessoas cujo direito à fala é limitado – donde o uso, pelas crianças, de fórmulas como *Quer saber uma coisa, papai?*

Contudo, talvez a motivação mais saliente dos pré-anúncios seja uma viva preocupação em não dizer às pessoas coisas que elas já sabem. A preocupação tem ramificações nesta e em outras organizações conversacionais, motivando uma tendência geral a "supor demais e informar de menos" (Sacks e Schegloff, 1979), que já constatamos no campo das identificações telefônicas (Schegloff, 1979, 50). A máxima de Quantidade de Grice, e seu fundamento na eficiência cooperativa racional, parece um motivo insuficiente para a forte aversão interacional à auto-repetição. Seja como for, o fato extraordinário é que se espera que todo mundo mantenha, por assim dizer, um livro contábil de todos os assuntos conversados com cada um dos outros participantes. Se surgir incerteza, ou se houver alguma razão para supor que uma terceira pessoa já possa ter comunicado a 'notícia', pode-se então recorrer ao pré-anúncio, que vale por uma oferta de narrar sujeita à condição de que a 'notícia' ainda não seja conhecida. Assim, solicitações de relato na posição 2 tenderão a comprometer o receptor com a afirmação de que não conhecia previamente a notícia (uma obrigação de que alguém pode se esquivar – mas não sem perder a elegância – com um *Então é isso?*, ou coisa semelhante, na posição 4). Um enigma que então surge é como, a partir dos turnos razoavelmente não específicos na posição 1, os participantes são efetivamente capazes de julgar se o que é prefigurado já é conhecido, coisa que fazem com absoluta confiança:

(106)   *Terasaki, 1976, 26*
        D: ... Ei, temos boas notícias.
        R: Eu sei.

Aqui, além do próprio formato de pré-anúncio, os participantes contam com traços como o contexto seqüencial (as histórias, por exemplo, costumam ser ligadas por seu tópico aos turnos anteriores, fornecendo um recurso para se adivinhar que história pode vir a ser contada agora – ver Jefferson, 1978) e a datação de notícias dadas por ocasião do último encontro (quaisquer que tenham sido as 'notícias', elas devem ter sido comunicadas nessa ocasião, de modo que as 'notícias' atuais devem ser 'notícias' de lá para cá – ver Sacks, 1975).

Desse modo, vemos nos pré-anúncios uma preocupação, refletida numa organização seqüencial, com a distinção entre informação dada e informação nova que já discutimos alhures sob os títulos de pressuposição e de máxima da Quantidade. Essa preocupação interfere fortemente no uso de pré-anúncios: a estrutura dos turnos na posição 1 é freqüentemente tão planejada que oferece um esquema fixo que é a informação dada, e uma variável cuja instanciação é considerada nova (como em (98), onde a moldura é *Você nem adivinha o que o papai está observando*, dada pela situação, e o que é comunicado na posição 3 é justamente aquilo que é novo: *O alcance de um radar*). Ademais, nos casos em que um pré-anúncio é proferido para um conjunto de participantes em estágios potencialmente diferentes de conhecimento, encontramos turnos na posição 1 como *Alguns de vocês talvez não tenham ouvido falar da notícia*; e se um dos receptores está 'por dentro', ele pode produzir um T_2 'colaborativo' como *Sim, conte a eles*, excluindo-se, assim, de forma cuidadosa, dos que estão 'por fora' (Terasaki, 1976, 20 ss.).

Existem, no entanto, outras motivações para pré-anúncios além dessas. Uma motivação importante envolve a organização de preferências, que, conforme já vimos, pode ordenar hierarquicamente não só turnos alternativos, mas também a escolha entre seqüências alternativas inteiras. Assim, pode-se preferir seqüências de oferecimento a seqüências de pedido (ver exemplo (80) e a discussão acima), e o reconhecimento implícito nas saudações pode ser preferido a seqüências de auto-identificação ostensivas nos preliminares das chamadas telefônicas. Também, parece haver, no caso da comunicação de 'más notícias', uma preferência para que B adivinhe em vez de A relatar. Assim como uma pré-solicitação pode, ao antecipar um pedido iminente, assegurar um oferecimento, também um pré-anúncio pode conseguir, e ser especificamente planejado para conseguir, uma adivinhação:

(107) *Terasaki, 1976, 29*
D: Eu... eu... eu tenho que lhe contar uma coisa terr*í*vel.
Então // ah
R: É tão terrível assim?
D: Ah, não podia *ser* pior.
(0.8)
R: Você está falando de Edna?
D: É, sim.
R: O que aconteceu com ela? Ela morreu?
D: Hum:hum

Observe aqui a demora após o terceiro turno, que parece especificamente pedir uma adivinhação. E observe que em (101) acima o primeiro pré-anúncio é seguido de um segundo, até que o receptor adivinha. Uma outra motivação para pré-anúncios é que, ao prenunciar uma ação despreferida, o relato de uma má notícia, eles podem induzir a outra pessoa a uma adivinhação que elimina completamente a necessidade de realizar a ação despreferida.

Nessa discussão sobre pré-anúncios mostramos que (a) um tipo específico de seqüência pode ser adequadamente caracterizado como uma seqüência ordenada de turnos de tipo diferente não necessariamente contíguos; (b) em princípio, ele é reconhecível pelos participantes em virtude dos turnos característicos da posição 1, e (c) o uso dessas seqüências é fortemente motivado por vários princípios de uso lingüístico.

6.4.3 PRÉ-SOLICITAÇÕES: UM REEXAME DOS ATOS DE FALA INDIRETOS

Temos já todos os ingredientes para um reexame eficaz do problema dos atos de fala indiretos[26]. Estritamente falando, deveríamos talvez dizer que na visão da AC o problema levantado nem sequer aparece: e, de qualquer forma, os termos dos dois tipos de análise são tão completamente distintos que o que constitui um problema para as abordagens filosófico-lingüísticas não o é para a abordagem da AC, e talvez vice-versa.

O problema, vamos relembrar, do ponto de vista da teoria dos atos de fala, é que os atos de fala indiretos não têm a 'força literal' regularmente associada (segundo se alega) aos seus tipos de sentença, mas sim uma outra força que uma teoria dos atos de fala indiretos está preocupada em explicar. Assim, a questão é como, por exemplo, sentenças do tipo *Tem mais ainda?* ou *Você pode pegar aquele livro?* ou *Quer vir aqui, por favor?* podem ser efetivamente empregadas para fazer pedidos. Vamos nos restringir aos pedidos, já que são a variedade de atos de fala indiretos que tem recebido mais atenção.

Uma análise em termos de AC resultaria, aproximadamente, no que se segue. As seqüências de pré-solicitação, conforme observamos, têm propriamente uma estrutura de quatro posições, levando ao seguinte tipo de análise:

▼

26. Os créditos aqui devem ir para diversos autores: Schegloff, em trabalho não publicado; Goffman, 1976; Merritt, 1976; Coulthard, 1977, 71; Heringer, 1977. O argumento também se beneficia do trabalho não publicado de Paul Drew e John Heritage.

(108)   *Merrit, 1976, 324*
Posição 1: A: Oi. Vocês têm pilhas para lanterna?
((PRÉ-SOLICITAÇÃO))
Posição 2: B: Temos sim, senhor.   ((VÁ EM FRENTE))
Posição 3: A: Vou levar quatro, por favor.   ((SOLICITAÇÃO))
Posição 4: B: ((vira-se para pegar))   ((RESPOSTA))

Como dissemos, numa seqüência de turnos, é possível diferenciar a mera localização seqüencial da posição ou localização numa seqüência de respostas. Portanto, precisamos de uma caracterização independente, por exemplo, dos turnos de posição 1 em seqüências de pré-solicitação, explicando, assim, como podem ser reconhecidos antes de serem executados os turnos de posição 3. Já observamos que uma característica de um grande número de pré-seqüências é que os turnos na posição 1 verificam se estão sendo satisfeitas as condições para o sucesso dos turnos na posição 3. Por que isso precisaria ser assim?

No caso dos pedidos parece claro que uma motivação fundamental para o uso de pré-solicitações é dada pela hierarquia de preferências que organiza as respostas às próprias solicitações. Negativas a solicitações são despreferidas: por isso, pela regra associada de produção, devem ser evitadas, quando possível. Então, uma razão importante para o uso de uma pré-solicitação é que ela permite que o produtor verifique se existe a probabilidade de uma solicitação ter êxito e, se não for esse o caso, permite dispensá-la evitando sua subseqüente resposta despreferida, ou seja, uma rejeição. Nessas condições, em casos de dúvida, deve-se preferir pré-solicitações a solicitações.

Uma prova disso é que nem todas as pré-condições que se aplicam a solicitações podem ser usadas de maneira geral numa pré-solicitação, mas só aquelas que constituem, nas circunstâncias particulares, as razões normais para a *recusa* dessa solicitação (Labov e Fanshel, 1977, 86 ss.). Não é por acaso, por exemplo, que perguntas sobre as habilidades do receptor apareçam em tão grande número tanto nos atos de fala indiretos de solicitação como em pré-solicitações – elas são também a base preferida para não atender a pedidos na conversação:

(109)   *164*
(Contexto: A pediu troco a uma terceira pessoa B, C ali presente entra na conversa)

    C: How much do you want?
    A: Well a fiver, can you do five?
→   C: Oh sorry, I'd be able to do a couple of quid
    C: Quanto você quer?
    A: Bem, você pode trocar uma nota de cinco libras?
→   C: Ah, sinto muito, só posso trocar duas libras.
(110) *170*
    A: Hullo I was wondering whether you were intending to go to Popper's talk this afternoon
→   B: Not today I'm afraid I can't really make it to this one
    A: Ah okay
    B: You wanted me to record it didn't you heh!
    A: Yeah heheh
    B: Heheh no I'm sorry about that, ...
    A: Olá. Eu gostaria de saber se você teria a intenção de ir à conferência sobre Popper esta tarde
→   B: Hoje não, infelizmente não vai dar mesmo pra eu assistir (a) esta
    A: Ah, tudo bem
    B: Você queria que eu gravasse a conferência, não é?
    A: É heheh
    B: Heheh não. Me desculpe por isso...

  Observe que em (110) B trata a primeira enunciação de A como uma pré-solicitação transparente, donde as desculpas típicas das ações despreferidas e a tentativa de adivinhar o pedido que teria sido cabível se B pudesse comparecer.

  Enquanto na conversação a impossibilidade parece ser a razão preferida para não atender a pedidos (de preferência, digamos, à má vontade), na prestação de serviços (em lojas, escritórios, bares, etc.), parece que os pedidos de mercadorias costumam ser rejeitados com a explicação de que as mercadorias desejadas estão em falta (ver Ervin-Tripp, 1976; Sinclair, 1976). Portanto, a simetria entre o formato de pré-solicitação e o formato de recusa abaixo não é casual:

(111) *Merritt, 1976, 325*
→   C: Do you have Marlboros?
→   S: Uh, no. We ran out
    C: Okay. Thanks anyway
    S: Sorry

→ C: Vocês têm Marlboro?
→ V: Ah, não. Nosso estoque acabou
C: Tudo bem. Obrigado, de qualquer forma
V: Desculpe

O que é verificado na pré-solicitação é aquilo que tem mais probabilidade de ser o motivo da recusa e, se esse motivo estiver presente, a seqüência do pedido é abortada.

Temos agora uma caracterização parcial dos turnos na posição 1 em pré-solicitações: eles verificam (e por isso são geralmente perguntas) os motivos mais prováveis de rejeição. Temos também uma *motivação* para esse formato particular – isto é, evitar uma ação (a solicitação) que obteria uma segunda parte despreferida (uma rejeição), daí a verificação dos motivos mais prováveis para recusa nos turnos na posição 1.

Há, no entanto, uma outra motivação para o uso de pré-solicitações, a saber, a possibilidade de evitar totalmente solicitações. Como observamos, a organização de preferências afeta não só a escolha de segundas partes, mas também a escolha entre várias seqüências, a tal ponto que as seqüências de oferecimento parecem ser preferidas às seqüências de solicitação (Schegloff, 1979a, 49)[27]. Ao produzir uma pré-solicitação no turno 1, um participante pode possibilitar que um outro faça um oferecimento, no turno (ou posição) 2, de qualquer coisa que a pré-solicitação prefigurasse, como abaixo:

(112)   *Merritt, 1976, 324*
C: Do you have pecan Danish today?
→ S: Yes we do. Would you like one of those?
C: Yes please
S: Okay ((turns to get))
C: Vocês têm pastéis dinamarqueses de noz pecã?
→ S: Sim, temos. Quer um?
C: Quero, por favor
S: Tudo bem ((vira-se para pegar))

▼

27. Além dos outros casos em 6.3.2, vimos também que, no relato de más notícias, parece haver uma preferência pela seqüência (a) T_1: pré-anúncio, T_2: adivinhar, à seqüência (b) T_1: pré-anúncio, T_2: ir em frente, T_3: anúncio.

(113)   *(como em (80))*
        C: Hullo I was just ringing up to ask if you were going to Bertrand's party
        R: Yes I thought you might be
        C: Heh heh
→   R: Yes would you like a lift?
        C: Oh I'd love one
        R: Right okay um I'll pick you up from there ...
        C: Alô, eu só liguei para perguntar se você vai à festa do Bertrand
        R: Sim, achei que era isso
        C: Heh heh
→   R: Sim, você gostaria de uma carona?
        C: Oh eu adoraria
        R: Certo, tudo bem, hum, vou apanhar você aí...

Existe uma outra possibilidade, além da preferência por oferecimentos em relação às solicitações ostensivas. Pois pode ocorrer que, depois de uma pré-solicitação, se prefira que não aconteça nem uma solicitação nem um oferecimento. Essa situação em que se evitam completamente as ações ostensivas tem paralelos. Nos reconhecimentos telefônicos, conforme observamos, parece haver não só uma preferência pelo uso de recursos mínimos para reconhecimento mútuo, mas também para que o trabalho de reconhecimento fique totalmente submerso e oculto na troca mínima de saudações – isto é, uma preferência por fazer do reconhecimento algo que aparentemente não causa preocupação. E há um outro paralelo, completamente diverso: já notamos que, nos reparos, de preferência é pelo auto-reparo auto-iniciado em relação ao reparo feito pela própria pessoa ou por outrem mas iniciado por outrem. Mas, se a pessoa falha em iniciar o reparo, e outrem precisa iniciá-lo, há um jeito de fazer isso sem o uso de um IRTS e da decorrente seqüência de reparo em três turnos: outra pessoa poderá fazer esse reparo quando chegar naturalmente o seu turno, simplesmente substituindo (por exemplo) o termo ofensivo por um termo 'correto', como no trecho seguinte (os termos importantes estão em negrito):

(114)   *Jefferson, MS.*
        (Loja de materiais de construção: o cliente está procurando uma conexão que dê certo num tubo de encanamento. C = cliente, V = vendedor)

C: Hum, **as baleias*** são mais largas.
V: Tudo bem, deixe-me ver se eu encontro algum com **roscas** mais largas.
((procura no estoque))
V: Que tal esta?
C: Não, as **roscas** são ainda mais largas do que essa.

Aqui V, o especialista, simplesmente substitui *baleias* por *roscas*, e C adota, em seguida, o uso sugerido. Neste caso, a 'correção' está sendo efetivamente conseguida sem jamais tornar-se o tipo de problema de interação que poderia se tornar se fosse feita por meio da seqüência normal de três posições do auto-reparo iniciado por outrem:

(115)   *Jefferson, MS.*
    A: ...tinha que pôr novas gaxetas no coletor de óleo para parar o vazamento e depois eu pus, e então...
    R: Era um vazamento de gás.
→   A: Era um vazamento de óleo, companheiro.
→   B: É um vazamento de *gás*.
→   A: É um vazamento de óleo.
    ((a discussão prossegue por muitos turnos))

Jefferson (MS.) chama o tipo de correção em (114) de **embutida**[28], e o tipo em (115) de **exposta**, havendo razão para se pensar que a correção embutida é preferida à exposta, em parte talvez porque não se levantam abertamente questões de competência. Ou seja, evitar completamente uma seqüência em favor de uma solução velada parece preferível também nas operações de reparo.

Voltando aos pedidos, o que podemos sugerir agora é que talvez haja também uma preferência no sentido de evitá-las por completo. Assim, se se percebe que alguém quer alguma coisa, e uma pré-solicitação pode ser um indício eficaz disso, então a ordem de preferências pode ser esta: em primeiro lugar dar a tal coisa, pura e simplesmente; em segundo

▼
---
* Whales é o nome de uma marca e também de um tipo de peças de encanamento. O vendedor reformula o pedido em termos de rosca da conexão procurada.
28. Uma terminologia confusa para lingüistas – melhor seria *oculta* ou *implícita*.

lugar oferecê-la, e um terceiro lugar incentivar seu pedido. Se isso estiver correto, então, depois de uma pré-solicitação, temos a seguinte ordem de preferência abrangendo três tipos de seqüências (ignorando as que são abortadas porque as pré-condições não se realizam):

(116) (i) a mais preferida: Posição 1: (pré-solicitação)
Posição 4: (resposta a uma solicitação não ostensiva)
(ii) a seguinte em ordem
de preferência: Posição 1: (pré-solicitação)
Posição 2′: (oferecimento)
Posição 3′: (aceitação de oferecimento)
(iii) a menos preferida: Posição 1: (pré-solicitação)
Posição 2: (vá em frente)
Posição 3: (solicitação)
Posição 4: (aquiescência)

Seguem-se alguns exemplos de seqüências do tipo (i):

(117) *Sinclair, 1976, 60*
S: Have you got Embassy Gold please? ((POSITION 1))
H: Yes dear ((provides)) ((POSITION 4))
S: Por favor, vocês têm Embassy Gold? ((POSIÇÃO 1))
H: Sim, senhor (fornece) ((POSIÇÃO 4))
(118) *Merritt, 1976, 325*
C: Do you have Marlboros? ((POSITION 1))
S: Yeah. Hard or soft? ((INSERTION
C: Soft please   SEQUENCE))
S: Okay ((POSITION 4))
C: Vocês têm Marlboro? ((POSIÇÃO 1))
S: Sim. Normal ou *light*? ((SEQÜÊNCIA
C: *Light*, por favor.   DE INSERÇÃO))
S: Certo. ((POSIÇÃO 4))

Pode-se objetar que os turnos iniciais, nesse caso, são apenas solicitações indiretas – mas note que eles estão no formato de pré-solicitações, e a diferença entre, por exemplo, (108) e (117) é simplesmente que faltam neste último os turnos na posição 2 e na posição 3. Uma vez que (117) poderia muito bem ter sido como (108), seria uma distinção *post-*

hoc dizer do primeiro turno em (108) que se trata de uma pré-solicitação do primeiro turno e em (117) que se trata de uma solicitação indireta. Às vezes, no entanto, o padrão seqüencial (i) descrito em (116) aparece absolutamente claro (ver também (120) abaixo):

(119) *178*
(Contexto: R e Sheila deram um curso expositivo em conjunto, mas não entregaram as questões relativas ao curso a C, a pessoa que ficou de montar a prova pertinente)
((imediatamente após as saudações))
C: Um (1.5) você e Sheila deram algumas conferências para o primeiro ano de Microbiologia
R: Certo e, oh meu Deus, é três de março ou coisa assim... sim... quatro de março
       (1.0)
       ah vamos entregá-las a você (1.0) ho:je...

Queremos dizer que o turno de C é aqui tratado como um pré-pedido ou turno de posição 1, o qual recebe como resposta um turno de posição 4, isto é, uma resposta (aquiescência) como se o próprio pedido tivesse sido verbalizado.

Ora, a grande maioria dessas seqüências de tipo truncado tem pré-solicitações características – ou seja, elas parecem *construídas de modo que obtenham uma posição 4 no segundo turno*. Considere, por exemplo:

(120) *US, 24*
M: O que você vai fazer com esse aquário?
Nada.
(0.5)
V: ((tosse)) ah-h-h (1.0) Não estou interessado nem em vendê-lo nem em dá-lo. É isso aí.
M: Tudo bem

Nesse caso, a uma pré-solicitação na forma de pergunta foi agregada sua resposta presumida (*Nada*). Mas, ao fornecer a resposta à pergunta que verifica a pré-condição da solicitação, M pede diretamente uma resposta de posição 4 – e a consegue (mas ela é uma recusa, uma segunda parte despreferida). Observe que *Tudo bem* dito por M, ao aceitar a recusa, concorda com a interpretação como pedido. Note-se o paralelismo com os pré-anúncios, onde os turnos da posição 1 são muitas vezes cuidadosamente formulados (a) no sentido de dar informação suficiente sobre o anúncio que vai seguir para que os receptores julguem se já estão a par de seu conteúdo, e às vezes são formulados de modo que (b) permita conjecturas na posição 2 que, de outra maneira, apareceriam na posição 3. De modo semelhante, pois, os pré-pedidos podem ser construídos *especificamente* para convidar respostas na posição 4.

Uma técnica para essa formulação consiste em fornecer, no pré-pedido, todas as informações que seriam necessárias para que o receptor o atenda. Há, assim, uma diferença sistemática na maneira como as duas seqüências seguintes são produzidas, dada a diferença entre seus primeiros turnos:

(121)   *Sinclair, 1976, 68*
        S: Can I have two pints of Abbot and a grapefruit and whisky?
                                                ((POSITION 1))
        H: Sure ((turns to get))   ((POSITION 4))
           ((later)) There you are...
        S: Pode me dar um litro de Abbot, e um grapefruit com uísque?
                                                ((POSIÇÃO 1))
        H: Pois não ((vira-se para pegar))   ((POSIÇÃO 4))
           ((em seguida)) Aqui está...

(122)   *Sinclair, 1976, 54*
        S: Do you have any glue?   ((POSITION 1))
        H: Yes. What kind do you want dear? I've got um, I got a jar or-
        S: Do you have some tubes?   ((another POSITION 1))
        H: The tubes? An you're lucky, aren't you actually. That's twenty
           five   ((POSITION 2))
        S: Oh I'll take that   (POSITION 3))
        S: Você tem cola?   ((POSIÇÃO 1))
        H: Temos. Que tipo você quer? Tenho uhm, tenho em vidro
        S: Você tem em tubos?   ((uma outra POSIÇÃO 1))
        H: Tubos? Ah, você está mesmo com sorte. Esse custa vinte e
           cinco   ((POSIÇÃO 2))
        S: Oh, vou levar esse   ((POSIÇÃO 3))

No primeiro exemplo a especificação completa na posição 1 é construída de forma que receba no segundo turno um turno de posição 4, ao passo que no segundo exemplo a falta de especificação do tipo e quantidade de mercadoria não permite esse segundo turno. Ora, existem muitas outras propriedades dos turnos de posição 1 que servem para obter respostas na posição 4. Por exemplo, há uma série de marcadores de **pessimismo interacional** (Brown e Levinson, 1979, 320) que ocorrem em turnos de posição 1 como os seguintes:

(123)   *145B*
        C: You don't have his number I don't suppose
        C: Não creio que vocês tenham o número dele
(124)   *151*
        C: I wonder whether I could possibly have a copy of last year's tax return
        C: Eu me pergunto se vou conseguir uma cópia da declaração de imposto do ano passado

Ao catalogar os traços dos turnos de posição 1 que obtêm respostas de posição 4, logo nos veríamos na obrigação de registrar todos os traços dos "pedidos indiretos" – incluindo esse incômodo item pré-verbal *please* que causa tantas dificuldades nas teorias dos atos de fala indiretos.

Podemos agora dizer que os assim chamados atos de fala indiretos são turnos de posição 1 – pré-solicitações – formulados de modo que esperem respostas de posição 4 no segundo turno. Nessa perspectiva, simplesmente não se questiona se eles têm força ou significado 'literal' ou 'indireto' (ou ambos). Esses turnos de posição 1 significam o que quer que seja; o fato de poderem ser formulados de modo que projetem determinadas trajetórias conversacionais é algo de que a análise seqüencial de turnos sucessivos trata satisfatoriamente.

Vamos apenas rever os componentes dessa análise: (i) fazemos uma distinção entre *posição* e *turno*, o que nos permitirá afirmar que atos de fala indiretos são turnos de posição 1 que obtêm respostas de posição 4 no segundo turno; (ii) observamos que a organização de preferências, ao procurar evitar recusas de solicitações, motiva a seqüência de pré-solicitação padronizada de quatro posições; (iii) mostramos que há uma motivação dada para o conteúdo preciso dos turnos de posição 1 nessas seqüências – a saber, que, para evitar recusas de pedido, o material usado para verificar se existe probabilidade de uma solicitação ser bem-sucedida é extraído dos motivos que são normalmente utilizados para responder negativamente a um pedido (isto é, material da posição 1 é extraído do material da posição 4 despreferida), e por isso costumam aparecer questões sobre estar apto a e sobre a existência de mercadorias em pré-solicitações; (iv) podemos encontrar na organização de preferências uma preferência sistemática por evitar completamente algumas seqüências, e isso fornece uma motivação para que a seqüência de quatro posições passe a uma seqüência de duas posições com um turno de posição 1 seguido de um turno de posição 4; (v), dado (iv), e a tendência geral para que as pré-solicitações sejam formuladas de modo que prefigurem o que virá em seguida, podemos esperar que os turnos de posição 1 sejam expressamente formulados para obter turnos de posição 4 no segundo turno – e, conseqüentemente, que pré-solicitações desse tipo contenham marcadores especiais (incluindo formas de futuros do pretérito, partículas negativas, *por favor*, etc.).

A comparação cuidadosa dessa descrição baseada na conversação com as descrições padrão dos atos de fala indiretos vai mostrar que ela torna completamente ilusórios muitos dos aspectos da problemática dos atos de fala indiretos. Na verdade, essa problemática não é de grande interesse para a análise da conversação, e só a abordamos detalhadamente aqui porque ela ilustra uma das tantas maneiras diferentes como os enfoques da AC podem elucidar problemas lingüísticos.

6.5 CONCLUSÕES

6.5.1 ANÁLISE DA CONVERSAÇÃO E A LINGÜÍSTICA

Neste capítulo, defendemos o ponto de vista de que a análise da conversação deu contribuições importantes para a compreensão do significado das enunciações, mostrando como grande parte do sentido que as enunciações assumem em situações pode ser atribuída a seu entorno seqüencial. Assim como os problemas dos atos de fala indiretos podem ser reanalisados em termos da AC, também muitos outros conceitos centrais da teoria pragmática podem ser tratados pelo método da AC (ou por outro método de análise do discurso). Nesse aspecto, as máximas de Grice são, naturalmente, alvos primordiais, mas também o são problemas da pressuposição (ver Sacks, 1968, 29 de maio; Prince, 1978a, 1978b) e até mesmo problemas de análise da dêixis (Watson, 1975; Sacks, 1976; Goodwin, 1977).

O que talvez não esteja tão claro é que a AC tem muito a oferecer também para o estudo da forma lingüística: para a prosódia, a fonologia, a sintaxe e a descrição do léxico. Vale a pena explicitar aqui algumas das relações observáveis entre as estruturas conversacional e lingüística. Vamos selecionar alguns dos sistemas de organização conversacional que expusemos e indagar de que forma cada um pode ser uma fonte ou explicação funcional de determinadas estruturas e expressões lingüísticas.

O sistema de alternância de turnos, por exemplo, motiva diretamente a sinalização prosódica e sintática de conclusão ou não conclusão de turno. A sinalização de não conclusão fornece, então, uma motivação para a subordinação sintática e faz prever uma preferência por estruturas com ramificação à esquerda ou por categorias vazias (frases) das estruturas com ramificação à direita que possam vir a aparecer. Assim, no inglês, a oração relativa em *I am reading the book which I gave you* "Estou lendo o livro que dei a você" é mais vulnerável à sobreposição do que a oração equivalente no idioma dravidiano ou japonês, traduzível como "O eu a-você dei livro eu estou lendo"; mas a vulnerabilidade se reduz com a localização da palavra *WH* encabeçando a oração. Por outro lado, a possibilidade de que após a conclusão o falante possa continuar, de modo que um turno possa estender-se por mais de uma unidade de construção de turno, torna desejável que as estruturas sintáticas admitam uma conjunção que aceita um número indeterminado de termos (*open-ended*) ou um acréscimo à direita. Além dessas pressões funcionais bastante genéricas, o sistema de alternância de turnos produz exigências mais específicas com relação à estrutura lingüística: por exemplo, a existência de regras para a seleção do falante seguinte motiva diretamente a formação de construções com tags (*tag-formation*). Além disso, existem nas línguas muitas partículas que parecem ter uma função só explicável em relação ao sistema de alternância de turnos, sejam elas índices de que o falante detém a palavra (como *uh* em inglês), de que ele devolve a palavra (como *hm* em inglês) ou de que o turno está sendo encerrado (como as construções com tag em muitas línguas).

O sistema de reparo também motiva muitos aspectos da estrutura lingüística ou enunciativa (Schegloff, 1979b). Além dos marcadores de auto-reparo (oclusivas glotais, *Quero dizer*, etc.) e das simples verificações de entendimento ou de escuta (*Como?*, etc.), há os traços sintáticos especiais dos IRTS ou das perguntas em eco (cf. *João foi ao o quê?*). Há também algumas interações interessantes entre a fonologia segmental e o reparo (Jefferson, 1974).

Do mesmo modo, a organização dos pares de adjacência motiva aspectos da estrutura lingüística. Na realidade, uma explicação geral para a predominância transcultural dos três tipos básicos de sentença (declarativa, interrogativa e imperativa) pode estar na distinção básica entre, respectivamente, enunciações que não são partes do primeiro par, enunciações que são as primeiras partes de outras enunciações e enunciações que são as primeiras partes de ações. A organização dos pares de adjacência também motiva outras formas de agrupar primeiras partes de pares que exigem tipos específicos de segunda parte (como, por exemplo, em inglês, *Yes/No* em oposição às perguntas em WH; ou os conjuntos convencionais de formatos de interpelativos como *Ei!*, *Dá licença?*, etc.), enquanto a organização de preferências, atuando com vários pares de adjacência, motiva os introdutores convencionais de respostas despreferidas como *Bem* e *Na verdade*.

Seqüências de tipo variado também têm implicações lingüísticas. Como já vimos em relação a pré-seqüências, é possível fazer uma distinção entre posição e turno exatamente porque as posições numa seqüência são lingüisticamente marcadas: assim, as pré-solicitações têm os traços sintáticos (a locução pré-verbal *Por favor*, as formas polidas do pretérito como em *Eu queria saber...*, ou do futuro do pretérito *Você poderia*, etc.) que já foram relacionados à força ilocucionária indireta. Vimos também as maneiras pelas quais a informação dada ou nova é acondicionada na estrutura de seqüências de pré-anúncio.

A organização tópica é uma outra área com implicações lingüísticas diretas, embora não se deva pensar que exista alguma ligação direta entre o que se tem dito em lingüística a respeito de **tópico** ou **tema** e a noção de tópico discursivo (ver Keenan e Schieffelin, 1976). O que está claro, porém, é que determinadas construções marcadas sintaticamente, a exemplo de deslocamentos para a esquerda (como em *O João, eu gosto dele*), são usadas quando se tenta controlar o fluxo do tópico na conversação (ver, por exemplo, Ochs e Duranti, 1979). Ademais, locuções como *A propósito*, ou interjeições como *Ei*, marcam introduções de novos tópicos, ao passo que a expressão inicial *Seja como for* pode marcar o retorno ao tópico anterior (cf. Owen, 1982). Muito trabalho precisa ser feito aqui para elucidar os conceitos lingüísticos de tópico e sua relação com o tópico discursivo ou conversacional; essa elucidação pode fornecer evidências de que muitas construções sintáticas são diretamente motivadas por exigências da organização tópica na conversação.

Finalmente, aspectos da organização geral da conversação também interagem com a estrutura lingüística, sobretudo nas fórmulas lingüísticas típicas de abertura e fechamento (Irvine, 1974; Ferguson, 1976), mas também no uso de partículas como *Bem* e expressões como *Tudo bem* em pré-fechamentos e em outros casos.

No presente estágio de nosso conhecimento, comentários desse tipo só podem dar uma idéia das muitas e grandemente inexploradas maneiras pelas quais a organização conversacional interage com a estrutura das orações e das enunciações.

6.5.2 ALGUMAS QUESTÕES REMANESCENTES

Talvez não seja por acaso que as análises produzidas pela AC até agora têm uma notável (ainda que superficial) semelhança com as teorias estruturalistas da lingüística predominantes antes dos anos 1960. Ambos os tipos de abordagem estão interessados em *corpora* de materiais registrados; ambos têm como instrumento metodológico central o uso de uma eurística de casa vazia e preenchedor – isto é, a investigação de como razões seqüenciais (ou *sintagmáticas*) limitam a classe de itens que se espera que venham em seguida e de como os itens nessa classe contrastam entre si (ou mantêm relações *paradigmáticas*). O paralelo talvez esteja mais claro nas discussões sobre **formulação** feitas pela AC, onde a questão central é por que se escolhe uma descrição específica a partir de um conjunto de alternativas paradigmáticas (ver Schegloff, 1972b; também Sacks, 1972, sobre **categorizações de afiliação**). Assim como se mostrou que as análises estruturalistas da estrutura lingüística, do ponto de vista teórico, são inadequadas enquanto modelos de competência humana, também, a longo prazo, talvez se venha a constatar que as análises da AC, devido à sua excessiva simplicidade, são deficientes enquanto reconstruções dos processos cognitivos, sem dúvida imensamente complicados, envolvidos na condução de conversações. Enquanto isso, porém, nenhum outro tipo de investigação de organização conversacional vem produzindo uma safra tão rica de idéias.

Um possível enigma que foi aqui suscitado é se, apesar das observações feitas na seção 6.1 acima, a AC não é, afinal, um modelo "sintático" da conversação, dado o seu grande interesse pelas exigências que pesam sobre as possibilidades seqüenciais. Contudo, as diferenças são, de fato, substanciais. Em primeiro lugar, algumas das regras formuladas na AC, como as de alternância de turnos descritas na seção 6.2.1.1, são tão **reguladoras** quanto **constitutivas**, para usar a distinção feita por Searle (1969) entre as regras dos atos de fala (essas, sim, constitutivas de cada tipo de ato de fala) e as regras de tráfego (meramente reguladoras do fluxo de tráfego de existência autônoma). Em segundo lugar, as regras da AC descrevem expectativas não marcadas, não o conjunto de possíveis seqüências ou conversações bem-formadas; assim, essas regras são muito mais parecidas com as máximas de Grice do que com regras lingüísticas. Considere, por exemplo, a regra pela qual, dada uma primeira parte de um par de adjacência, deveria seguir uma segunda parte; conforme a noção de relevância condicional (que introduzimos em 6.2.1) deixa claro, a ausência de uma segunda parte é, em si mesma, um recurso de comunicação que pode ser usado para contribuir efetivamente para a conversação. Por conseguinte, a adoção da heurística da casa vazia preenchedora não deve ser interpretada como se trouxesse consigo o sentido especial de regra encontrado na lingüística.

Um outro enigma que surge é se o uso informal de categorias como *pedido, convite, saudação* e outras mais não incorpora uma teoria implícita dos atos de fala. Não estaria acontecendo que, enquanto a teoria dos atos de fala vem tentando oferecer uma caracterização interna da função dos turnos, a AC está preocupada com as relações interturnos, de modo que uma síntese simples seja possível?

Os pesquisadores da AC rejeitariam essas sugestões. Primeiro, eles lembrariam que os termos *pedido, convite, saudação* e outros não são invenções da teoria dos atos de fala, mas sim parte de uma rica metalinguagem (ainda que muito inexplorada) das línguas naturais (ver, por exemplo, Allwood, 1976; Verschueren, 1980). Não se infere da existência desses termos nem que existe uma ligação íntima entre a metalinguagem 'informal' e as categorias realmente utilizadas na produção discursiva, nem que essas categorias sejam propriamente explicadas pelo estabelecimento de conjuntos de condições necessárias e suficientes para enquadrar os atos de fala em categorias (compare Searle, 1969, e Levinson, 1979a). De qualquer forma, se pressionados, os pesquisadores da AC alegariam que o uso intuitivo de categorias como *pedido* deve ter por base, pelo menos, (i) uma explicação seqüencial completa em termos do leque de respostas que se podem esperar (como recusas, adiamentos, aquiescências, etc.), (ii) uma explicação do modo como se formulam tipicamente os pedidos a fim de obter as respostas desejadas (ver seção 6.4.3 acima). Segundo, é incorreto considerar que o relacionamento interturnos seja a principal preocupação da AC: a discussão dos exemplos (59) e (102) acima, assim como o reexame dos atos de fala indiretos, deverá deixar claro que a AC se interessa especificamente pela relação entre a estrutura intraturnos e a organização ou seqüência interturnos. Não está claro, portanto, que a AC tenha que dar atenção à teoria dos atos de fala (ver Turner, 1974b).

Isso levanta um último e fundamental problema. Até que ponto os aspectos da organização conversacional são universais? Ou, em que medida os componentes dessa organização que aqui passamos em revista estão restritos à língua inglesa (ou mesmo a uma subvariedade dela)? O problema é fundamental por várias razões: se os aspectos básicos da organização conversacional são universais, então (a) os lingüistas talvez sejam capazes de explicar universais lingüísticos significativos apontando para pressões funcionais universais impostas pelos padrões básicos do uso lingüístico; (b) os padrões gerais da aquisição da linguagem pelas crianças podem ser explicados por referência a uma única situação básica de aprendizagem, que é a conversacional; (c) os programas pedagógicos de aquisição de uma segunda língua podem tomar determinados parâmetros pragmáticos básicos como certos; (d) existem limites para o tipo de variação social no uso da língua que têm sido investigados na etnografia da fala. Além disso, esses universais lançariam luz sobre uma faceta básica da natureza humana – talvez a espécie humana seja tão singular pela atividade da conversação quanto pela diversidade de culturas, pelos sistemas sociais complexos e pela disposição para a tecnologia.

Nesse momento, simplesmente não sabemos até que ponto a organização conversacional é universal – pouquíssimo trabalho comparativo tem sido feito, nesse nível, com línguas diferentes das línguas européias conhecidas (ver, porém, Moerman, 1977, por exemplo). Todavia, parece seguro afirmar que, dos traços examinados neste capítulo, aqueles que foram descritos como *sistemas de administração local* – por exemplo, a alternância de turnos, a organização de pares de adjacência, os sistemas de reparo – têm uma base universal, mesmo que as descrições neste capítulo tenham tido um viés cultural em certos aspectos. Unidades estruturais gerais – como a noção de uma conversação – têm muito mais probabilidade de ser culturalmente variáveis; na verdade, esse é um tema importante na etnografia da fala (ver, por exemplo, Bauman e Sherzer, 1974). Organizações intermediárias, como a organização de preferências e as pré-seqüências, ficam, provavelmente, em algum ponto no meio: essas coisas provavelmente existem em todas as culturas, embora os tipos de ações que elas organizam possam ser bastante diversos (por exemplo, há uma diferença entre o inglês britânico e o inglês norte-americano na resposta preferida a uma falta de felicitações). Mas isso são apenas suposições. Separar particularidades culturais de tendências universais pode ser uma tarefa difícil e, dada a importância da questão, esta será, provavelmente, uma preocupação da pragmática comparativa e da sociolingüística nos anos vindouros.

APÊNDICE: CONVENÇÕES DA TRANSCRIÇÃO

As convenções usadas neste capítulo em todos os exemplos de fontes citadas (exceto os de Merritt, 1976; Sinclair, 1976; e Labov e Fanshel, 1977) são, na maior parte, aquelas empregadas em Schenkein, 1978, xi-xvi e desenvolvidas por Jefferson e outros. As mais importantes são:

//	ponto de sobreposição da enunciação atual com a enunciação transcrita abaixo
*	o asterisco indica o alinhamento dos pontos onde termina a sobreposição
(0.0)	pausas ou lacunas medidas aproximadamente em décimos de segundo (medições mais próximas da realidade são freqüentemente irrelevantes porque a importância das pausas está ligada a um sentido do "ritmo" de qualquer conversação particular – ver Goodwin, 1981, 114)
(.)	micropausa – pausa potencialmente significativa, mas muito breve, comparável talvez à duração média de uma sílaba ou que varia abaixo de 0.2 segundo
CAPS	amplitude relativamente alta ou, entre parênteses duplos, rótulos analíticos
Itálico	ênfase nas sílabas, marcada por amplitude, altura e duração
::	sílabas alongadas
-	marcador de auto-edição de oclusiva glotal
= =	enunciações "presas", sem lacuna
?	não um sinal de pontuação, mas um contorno de entonação ascendente
.	usado para indicar contorno de entonação descendente
,	usado para indicar contorno de entonação "prolongada"
(( ))	usado para especificar "algum fenômeno com que o transcritor não quer mexer" ou alguma ação não verbal, etc.
→	chama a atenção para a localização do fenômeno de interesse direto para a discussão
hh	indica uma expiração audível; .hh indica uma inspiração audível

CAPÍTULO 7

CONCLUSÕES

Na história da investigação humana, a filosofia ocupa o lugar do sol central seminal e tumultuoso: de tempos em tempos ela se livra de parte de si mesma que então assume o status de ciência, de planeta, frio e bem regulado, avançando firmemente na direção de um estágio final distante... Não será possível que o próximo século consiga testemunhar o nascimento, por meio dos esforços conjuntos de filósofos, gramáticos e inúmeros outros estudiosos da linguagem, de uma verdadeira e abrangente ciência da linguagem? *Então nos termos livrado de mais uma parte da filosofia (ainda sobrará muito) da única maneira que sempre nos livramos da filosofia – chutando-a para cima.*

(Austin, 1956, 131-2)

7.0 INTRODUÇÃO

Nestas conclusões vamos procurar amarrar alguns fios soltos de idéias que percorreram este livro, refletindo sobre a relação entre a pragmática e as outras disciplinas. Uma disciplina ficará notavelmente ausente: a filosofia, a "pródiga provedora", não consegue reabsorver com facilidade os estudos empíricos que ela mesma gerou (cf., porém, Atlas, 1979). A característica geral deste livro tem sido a descrição de como, a partir de muitos conceitos em sua maioria filosóficos, originais, se desenvolveu uma série de modelos empíricos de investigação que, juntos, formam o clima da tradição anglo-americana em pragmática. Como a epígrafe mostra, Austin previu, e realmente esperava, que assim se desenvolvesse um campo que ele incentivou, talvez mais do que ninguém.

Nas seções abaixo, vamos primeiramente considerar as inter-relações entre a pragmática e os outros componentes "nucleares" da teoria lingüística, em seguida entre a pragmática e disciplinas lingüísticas "hifenadas" (a sociolingüística e a psicolingüística, em especial) e, finalmente, entre a pragmática e campos menos estreitamente relacionados.

7.1 PRAGMÁTICA E LINGÜÍSTICA "NUCLEAR"

Muito já se falou neste livro sobre as relações entre pragmática e semântica; sobre como a pragmática pode simplificar as análises semânticas (capítulo 3), permitir que uma teoria semântica seja construída de modo homogêneo e, de fato, numa base lógica, além de remover completamente problemas do campo semântico. Também defendemos que deve haver uma interação entre os dois componentes (capítulo 1), e especulamos sobre como essa interação pode responder por muitas das inferências que chamamos pragmáticas (capítulos 3 e 4). Mais especificamente, examinamos as razões por que nem todos os aspectos da dêixis podem ser propriamente considerados semânticos (no sentido vericondicional), por que a pressuposição em geral não deve ser considerada um problema essencialmente semântico e por que a análise performativa, que transformaria a força ilocucionária em noção semântica, acaba desmoronando. Ademais, a teoria de implicatura tem ajudado imensamente a distinguir (*tease apart*) entre o conteúdo semântico e o pragmático de palavras e sentenças. Por fim, observamos muitas maneiras pelas quais a pragmática interage com a teoria e a descrição do léxico; notamos, por exemplo, a existência de dimensões pragmáticas do significado em muitas palavras dêiticas, a existência de partículas pragmáticas (como *well* "bem" e *anyway* "de qualquer forma, seja como for" em inglês), cujo significado se explica melhor em termos de conceitos pragmáticos, e a capacidade preditiva da implicatura no que se refere ao conceito de "item lexical possível".

Entretanto, conforme foi indicado no Prefácio, um outro manual poderia ter dado mais ênfase à relação entre pragmática e forma lingüística, ou seja, entre pragmática e fonologia (incluindo a prosódia), morfologia e sintaxe. Neste ponto, é oportuno pelo menos reunir um conjunto de lembretes para indicar quão profundas essas relações podem ser. De fato, o processo geral de aliviar a teoria semântica de conceitos de difícil análise e reabsorvê-los ou reexaminá-los na pragmática tem um corolário interessante, a saber, que muitas das supostas interações entre a semântica e a forma lingüística que foram apontadas, especialmente durante o conflito entre a *semântica gerativa* e a *teoria padrão* no início dos anos de 1970, devem ser agora analisadas como interações entre a pragmática e a forma lingüística.

Comecemos por reunir algumas das interações entre sintaxe e pragmática que observamos de passagem[1]. Ao discutir dêixis social e implicatura convencional, vimos que os honoríficos levantam problemas significativos na morfologia e na descrição da concordância do predicado. Ao discutir implicatura, vimos que o fenômeno que G. Lakoff (1974) chamou **amálgamas sintáticos** parece ser regido por implicatura conversacional generalizada. Existem muitas conexões possíveis, sincrônicas e diacrônicas, entre as implicaturas de exploração (*exploitative*) (as figuras de linguagem) e a sintaxe e a semântica (ver, por exemplo, Sadock, 1974, a respeito das **queclarativas** ou questões retóricas do inglês). Quanto à pressuposição, visto que muitos tipos de acionadores de pressuposição parecem ser essencialmente sintáticos (por exemplo, as orações clivadas) ou ter conseqüências sintáticas (por exemplo, os factivos – ver Kiparsky e Kiparsky, 1971), parece haver relações íntimas entre os processos sintáticos e as inferências que chamamos pressuposições. Quando tratamos das teorias dos atos de fala, observamos que (a) ainda que seja uma questão controversa saber exatamente como, é plausível relacionar os fatos sintáticos fundamentais sobre tipos de sentença (imperativa, interrogativa, declarativa, optativa, etc.) que, por sua vez, regem todas as outras espécies de fatos sintáticos, com con-

▼

1. Para compilações mais sistemáticas dessas interações, ver Green, 1978a; Gazdar, 1980a.

ceitos de força ilocucionária; (b) há inumeráveis interações entre força ilocucionária indireta e a estrutura da sentença. Uma vez que a noção de força ilocucionária indireta pode ser reanalisada em termos da análise da conversação, como argumentamos no capítulo 6, segue-se que existem fortes relações entre a estrutura discursiva e a estrutura da sentença também nessa área. Há muitos outros tipos de interação entre a estrutura da conversação e a sintaxe que foram trazidos à baila no final do capítulo 6; há, por exemplo, muitos processos sintáticos gerais aparentemente motivados por aspectos da organização conversacional como a alternância de turnos e o reparo. Mas talvez o mais interessante se encontre na área subordinada à noção (um tanto obscura) de tópico, pois muitos dos processos sintáticos chamados **regras de movimento** parecem ter a função de indicar como as informações na oração se relacionam com o que já foi conversado antes. Aqui, uma especulação geral, levantada no capítulo 1, se torna pertinente: talvez a maior parte do mecanismo derivacional na sintaxe das línguas naturais possa ser funcionalmente explicada por referência às atividades de conversação especializadas que muitas estruturas de sentença parecem destinadas a executar (ver ensaios em Givon, 1979a).

As relações entre a pragmática e a fonologia (incluindo a prosódia e a entonação, em particular) têm recebido muito menos atenção. Mas observamos de passagem como há ligações entre a dêixis social e a fonologia (por exemplo, palatização em basco; Corum, 1975) e entre a dêixis social e a prosódia (por exemplo, o falsete polido/formal no idioma tzeltal; Brown e Levinson, 1978, 272). Grice (1978, 121) procurou dar uma explicação da importância do acento contrastivo em termos de implicatura conversacional, enquanto a relação da ênfase com a pressuposição já há muito tempo foi observada (Lakoff, 1971; Chomsky, 1972; Wilson e Sperber, 1979). Os versos da entonação desempenham claramente algum papel na desambiguação da força ilocucionária efetiva (às vezes indireta) (Liberman e Sag, 1974) e podemos evocar atividades ou esquemas de interpretação, atuando assim como **sugestões de contextualização** (Gumperz, 1977). O papel dos fatores prosódicos na regulação da interação conversacional foi observado em muitos lugares: nós nos referimos ao papel que desempenham no sistema de alternância de turnos, nas sílabas alongadas das falas que se sobrepõem ou de respostas despreferidas, na introdução marcada de novos tópicos e assim por diante. Contudo, tem havido poucas tentativas de fornecer uma descrição sistemática desses fenômenos (ver, porém, Brazil, Coulthard e Johns, 1980), e esse é um campo que precisa de muito mais atenção.

7.2. PRAGMÁTICA, SOCIOLINGÜÍSTICA E PSICOLINGÜÍSTICA

Já vimos no capítulo 1 que só as definições mais restritivas de pragmática estabeleceriam algo como um limite claro entre sociolingüística e pragmática, pois a sociolingüística é um campo que cruza os vários níveis lingüísticos ou componentes de uma gramática. Efetivamente, a pragmática e a sociolingüística compartilham muitas áreas de interesse comum, e a sociolingüística tem contribuído muito para certas áreas da pragmática, especialmente o estudo da dêixis social e os atos de fala e seu uso. Todavia, a pragmática, por sua vez, tem muito a contribuir para a sociolingüística; pois, ao tentar entender a importância social dos padrões de uso da linguagem, é essencial compreender as propriedades e os processos estruturais subjacentes que criam exigências à interação verbal. Assim, por exemplo, Bernstein (1973, capítulo 6) atribuiu causas sociológicas aos padrões de hesitação sem compreender as motivações conversacionais que estão por trás desses padrões (por exemplo, o papel da estrutura de preferências). No mesmo sentido, tem sido uma tendência dos sociolingüistas ignorar as motivações conversacionais para o uso e a localização de formas de tratamento (compare-se, porém, Ervin-Tripp, 1972, e Brown e Levinson, 1978, 187 ss.). De fato, em geral a análise da conversação tem muito a oferecer aos sociolingüistas. Por exemplo, o entendimento de que conversação é básica ou paradigmática e de que outras formas de intercâmbio verbal são especializações (Sacks, Schegloff e Jefferson, 1978, 45 ss.; Atkinson e Drew, 1979) pode ajudar a colocar a etnografia da fala numa base comparativa mais sólida (cf. Hymes, 1972). Do mesmo modo, o paradigma variacionista associado a Labov (1972a) teria muito a ganhar com a aplicação sistemática da própria observação desse autor de que as variáveis sociolingüísticas são em parte condicionadas pelo discurso (Labov e Fanshel, 1977, 139). Os campos, porém, têm tantas preocupações comuns que não há risco real da falta de fertilização cruzada, sobretudo entre os sociolingüistas com um interesse pela compreensão da linguagem (Ervin-Tripp, 1976; Gumperz, 1977).

As relações entre pragmática e psicolingüística podem ser consideradas sob dois aspectos principais. O primeiro é que existem inter-relações entre pragmática e psicologia cognitiva, e especialmente teorias do processamento e da produção da linguagem. Visto que ambas as disciplinas compartilham um interesse básico pelos processos de compreensão da linguagem, elas têm um interesse mútuo no desenvolvimento de conceitos como implicatura, pressuposição e força ilocucionária. Nesse contexto, a pragmática tende a ser a provedora, cabendo à psicolingüística a tarefa de aplicar testes, refinar ou rejeitar. Pois, no desenvolvimento de conceitos pragmáticos, pouca consideração tem sido dada às questões de plausibilidade psicológica, e as teorias pragmáticas têm muito a ganhar com os testes rigorosos aplicados pelos psicólogos (ver, por exemplo, Clark e Lucy, 1975, a respeito de pedidos indiretos). Por outro lado, avanços na análise do discurso poderão mostrar que certos parâmetros de produção de linguagem – por exemplo, pausas, hesitações e reformulações da própria fala – que os psicolingüistas consideram ser indicadores fiéis de processos cognitivos internos são, na verdade, passíveis de manipulação para objetivos interacionais (ver, por exemplo, Goodwin, 1981, 60 ss.).

O outro ramo da psicolingüística que tem muito em comum com a pragmática é a psicologia do desenvolvimento voltada para a aquisição da linguagem. Trata-se de um campo promissor que, como ficou claro no capítulo 1, recebeu muita coisa da pragmática e que, em compensação, agora está começando a dar muitas contribuições a respeito do papel que os contextos de aquisição de linguagem desempenham no sentido de explicar o que é aprendido, como e quando. A pragmática do desenvolvimento não foi tratada neste livro, mas Fletcher e Garman, 1979, e Ochs e Schieffelin, 1979, são fontes úteis.

7.3 PRAGMÁTICA APLICADA: A PRAGMÁTICA E OUTROS CAMPOS

A pragmática pode ser aplicada a todos os campos em que há interesse em entender enunciações. Esses campos incluem aqueles, como o estudo da retórica ou da literatura, que não têm preocupação imediata com problemas práticos (assim, Sperber e Wilson (no prelo) vêem uma relação estreita entre pragmática e retórica). Mas eles incluem também campos que estão principalmente interessados na solução de problemas de comunicação, e é aqui que as aplicações da pragmática provavelmente têm uma importância prática direta. Quatro áreas em particular parecem ser especialmente promissoras nesse aspecto: a chamada lingüística aplicada (isto é, a teoria e prática do aprendizado de uma segunda língua), o estudo da interação homem/máquina, o estudo das dificuldades de comunicação na interação face a face e o estudo das dificuldades de comunicação que surgem quando as pessoas que se comunicam não estão interagindo face a face. Nessas quatro áreas, as aplicações da pragmática prometem atenuar os problemas de comunicação. Vamos examiná-las uma a uma.

A aplicação da pragmática a problemas de aprendizagem de uma segunda língua baseia-se na premissa de que, apesar da possível universalidade de processos como a implicatura, é provável que haja diferenças significativas não só na estrutura das línguas como também no seu uso (Hymes, 1972). Mesmo onde existam universais de uso subjacentes, como parece ser o caso na construção de expressões polidas (Brown e Levinson, 1978), há espaço considerável para incompreensão entre diferentes culturas; os falantes do alemão, por exemplo, parecem ser significativamente mais diretos, ou menos polidos, em seus pedidos e reclamações do que os falantes do inglês (House e Kasper, 1981; ver também Walters, 1981). Desse modo, surge a possibilidade de uma pragmática contrastiva sistemática que isolaria áreas potenciais de incompreensão oriundas da suposição do aprendiz de que uma construção na língua que está sendo aprendida terá as mesmas implicaturas, pressuposições, força ilocucionária e usos na conversação que alguma construção análoga na língua nativa. Existe muita pesquisa em andamento sobre essas questões.

No campo da interação entre o homem e a máquina (isto é, no estudo das dificuldades que os seres humanos experimentam na interação com computadores), a pragmática também tem aplicações diretas. Os problemas, neste caso, surgem da necessidade que tem um contingente cada vez maior de trabalhadores com pouca prática em computadores de usá-los com êxito; se os programadores de computação conseguirem fazer com que a linguagem compartilhada por homens e máquinas funcione com base em princípios semelhantes às das línguas naturais e suas regras de uso, a era da informática não estará fadada a uma maciça reeducação da força de trabalho. Mas essa engenharia requer uma análise prévia das propriedades do uso das línguas naturais, e é aqui que a pragmática promete oferecer alguma ajuda. Por exemplo, o conhecimento de que o quantificador **some** "algum(a), algun(ma)s" pode, mas não precisa ter a implicatura "nem todos", permite que o programador evite fazer uma correspondência direta entre a palavra em inglês e o quantificador existencial da lógica; ao converter os dados do idioma inglês numa linguagem de programação lida por máquina, algum componente do programa deve testar a provável leitura num determinado contexto. As divisões de pesquisa das grandes empresas de computação continuam trabalhando com rapidez exatamente sobre esse tipo de problema – desenvolvendo algoritmos que simulam a pressuposição, a força ilocucionária e as rotinas de conversação (ver ensaios em Joshi, Webber e Sag, 1981). Além disso, e com outras aplicações num futuro mais remoto, existem projetos voltados para a síntese e a compreensão do discurso; à medida que as dificuldades técnicas imediatas nessas áreas forem superadas, haverá também um crescente interesse nas contribuições da pragmática para as teorias de compreensão da língua.

Finalmente, a pragmática pode contribuir para a solução dos problemas de comunicação entre seres humanos que falam (mais ou menos) a mesma língua. Por exemplo, podem ocorrer incompreensões significativas entre etnias diferentes devidas a análises pragmáticas diferentes de enunciados cujo conteúdo literal é perfeitamente bem compreendido; perguntas capciosas, indagações, indiretas, etc. podem muito bem não ser interpretadas de modo correto. Aqui, o trabalho de Gumperz

(1977, 1982; ver também Gumperz, Jupp e Roberts, 1979) desbravou uma área de grande importância prática. Uma outra área em que as análises pragmáticas podem ser de grande interesse é o planejamento (ou melhor, replanejamento) dos procedimentos institucionais: como devem ser organizados, por exemplo, os recém-criados tribunais de pequenas causas? Devem seguir uma orientação mais conversacional do que os tribunais comuns, ou serão os procedimentos tradicionais realmente mais apropriados para a busca ordenada da verdade (ver Atkinson e Drew, 1979)? Questões semelhantes surgem constantemente entre os interessados na reforma ou no aperfeiçoamento das práticas da sala de aula. Um conjunto um tanto diferente de preocupações é suscitado pela possível existência de patologias da linguagem, de natureza especificamente pragmática. Caso essa hipótese se confirme, mais uma vez a ajuda prática vai depender da análise pragmática do uso da língua normal (ver Lucas, 1981). Finalmente, existem problemas de comunicação conhecidos que surgem quando os seres humanos se comunicam à distância no tempo ou espaço, por meio de mensagens gravadas ou escritas. No capítulo 2 investigamos como se constroem as línguas naturais, por assim dizer, em torno do pressuposto da interação face a face, e observamos como os termos dêiticos podem ser mal interpretados quando não é satisfeita essa condição. Considerações analíticas podem ser bastante úteis aqui para o planejamento de comunicações cruciais (por exemplo, nas estradas, ou para a equipe de manutenção de aeronaves, etc.), questionários e outros usos práticos da linguagem escrita. Elas também podem ser úteis no planejamento de programas especiais de aprendizado para pessoas com dificuldades no uso da escrita. Para dar um outro exemplo, surgem problemas muito interessantes quando a alternância normal de turnos na conversação não consegue operar, como nas comunicações por rádio portátil, ou por telex, ou na capacidade de transmitir (*message capabilities*) mensagens dos terminais de computadores; de que modo devem ser planejados os substitutos para as práticas normais? Foi só recentemente que surgiu a possibilidade de emitir pareceres técnicos, com base no estudo detalhado do uso das línguas naturais, sobre essas questões relativamente simples, porém importantes.

Como sempre acontece com a aplicação de idéias acadêmicas a questões práticas vitais, existe a possibilidade muito real da aceitação e aplicação prematuras de conceitos e teorias não testados (com os riscos potenciais de que tem sido exemplo a aplicação prematura das teorias sociolingüísticas às práticas educacionais – ver a crítica em Dittmar, 1976). Aqui, o pragmaticista tem a responsabilidade de apontar as limitações das abordagens disponíveis e demonstrar a base empírica para as categorias funcionais utilizadas. É por essa razão que este livro optou por examinar um conjunto relativamente restrito de questões com uma profundidade que tornará claras essas limitações, em vez de cobrir uma área mais ampla de maneira relativamente superficial. A visão de Austin de uma "verdadeira e abrangente *ciência da linguagem*", conforme ele mesmo previu, ainda terá de esperar algum tempo.

BIBLIOGRAFIA

ALBERT, E. M. (1972). Culture patterning of speech behavior in Burundi. In Gumperz & Hymes (1972: 72-105).

ALLWOOD, J. (1972). Negation and the strength of presuppositions. Logical Grammar Report 2. Universidade de Gothenberg, Departamento de Lingüística. (Reimpresso em Ö. Dahl (org.), *Logic, Pragmatics and Grammar* (1977). Universidade de Gothenberg, Departamento de Lingüística, pp. 11-52.)

_____ (1976). *Linguistic Communication in Action and Co-operation: A Study in Pragmatics*. Monografias Gothenberg em Lingüística 2. Universidade de Gothenberg, Departamento de Lingüística.

_____ (1977). A critical look at speech act theory. In Ö. Dahl (org.), *Logic, Pragmatics and Grammar*. Universidade de Gothenberg, Departamento de Lingüística, pp. 53-69.

_____, ANDERSSON, L-G., e DAHL, Ö. (1977). *Logic in Linguistics*. Cambridge: Cambridge University Press.

ANDERSON, S. R. (1971). On the linguistic status of the performative/constative distinction. Mimeógrafo, Indiana University Linguistics Club.

_____ e KEENAN, E. L. Deixis. In Shopen (org.).

ANNAMALAI, E. e LEVINSON, S. C. Why presuppositions are not conventional: some cross-linguistic evidence. *Linguistics*.

AQVIST, L. (1972). *Performatives and Verifiability by the Use of Language*. Filosofiska Studier 14. Universidade de Upsala.

ARGYLE, M. (1973). *Social Interaction*. Londres: Tavistock Publications Ltd.

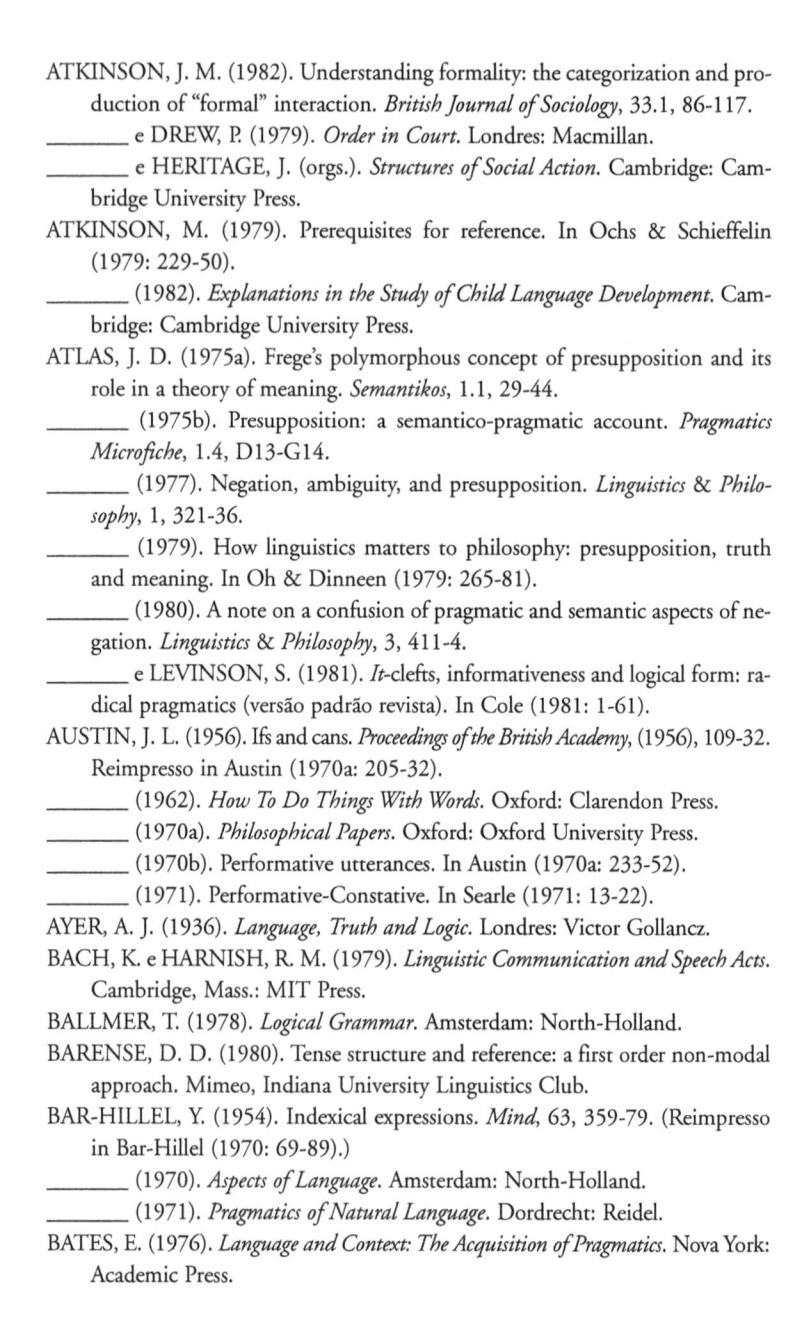

ATKINSON, J. M. (1982). Understanding formality: the categorization and production of "formal" interaction. *British Journal of Sociology*, 33.1, 86-117.
_____ e DREW, P. (1979). *Order in Court*. Londres: Macmillan.
_____ e HERITAGE, J. (orgs.). *Structures of Social Action*. Cambridge: Cambridge University Press.
ATKINSON, M. (1979). Prerequisites for reference. In Ochs & Schieffelin (1979: 229-50).
_____ (1982). *Explanations in the Study of Child Language Development*. Cambridge: Cambridge University Press.
ATLAS, J. D. (1975a). Frege's polymorphous concept of presupposition and its role in a theory of meaning. *Semantikos*, 1.1, 29-44.
_____ (1975b). Presupposition: a semantico-pragmatic account. *Pragmatics Microfiche*, 1.4, D13-G14.
_____ (1977). Negation, ambiguity, and presupposition. *Linguistics & Philosophy*, 1, 321-36.
_____ (1979). How linguistics matters to philosophy: presupposition, truth and meaning. In Oh & Dinneen (1979: 265-81).
_____ (1980). A note on a confusion of pragmatic and semantic aspects of negation. *Linguistics & Philosophy*, 3, 411-4.
_____ e LEVINSON, S. (1981). *It*-clefts, informativeness and logical form: radical pragmatics (versão padrão revista). In Cole (1981: 1-61).
AUSTIN, J. L. (1956). Ifs and cans. *Proceedings of the British Academy*, (1956), 109-32. Reimpresso in Austin (1970a: 205-32).
_____ (1962). *How To Do Things With Words*. Oxford: Clarendon Press.
_____ (1970a). *Philosophical Papers*. Oxford: Oxford University Press.
_____ (1970b). Performative utterances. In Austin (1970a: 233-52).
_____ (1971). Performative-Constative. In Searle (1971: 13-22).
AYER, A. J. (1936). *Language, Truth and Logic*. Londres: Victor Gollancz.
BACH, K. e HARNISH, R. M. (1979). *Linguistic Communication and Speech Acts*. Cambridge, Mass.: MIT Press.
BALLMER, T. (1978). *Logical Grammar*. Amsterdam: North-Holland.
BARENSE, D. D. (1980). Tense structure and reference: a first order non-modal approach. Mimeo, Indiana University Linguistics Club.
BAR-HILLEL, Y. (1954). Indexical expressions. *Mind*, 63, 359-79. (Reimpresso in Bar-Hillel (1970: 69-89).)
_____ (1970). *Aspects of Language*. Amsterdam: North-Holland.
_____ (1971). *Pragmatics of Natural Language*. Dordrecht: Reidel.
BATES, E. (1976). *Language and Context: The Acquisition of Pragmatics*. Nova York: Academic Press.

BAUMAN, R. e SHERZER, J. (orgs.) (1974). *Explorations in the Ethnography of Speaking*. Cambridge: Cambridge University Press.
BEAN, S. (1978). *Symbolic and Pragmatic Semantics*. Chicago: University of Chicago Press.
BEATTIE, G. (1978a). Floor apportionment and gaze in conversational dyads. *British Journal of Social & Clinical Psychology*, 17, 7-16.
_____ (1978b). Sequential temporal patterns of speech and gaze in dialogue. *Semiotica*, 23.2, 29-52.
BEAUGRANDE, R. DE e DRESSLER, W. (1981). *Introduction to Text Linguistics*. Londres: Longman.
BECK, B. (1972). *Peasant Society in Konku*. Vancouver: University of British Columbia Press.
BERNSTEIN, B. (1973). *Class, Codes and Control*, Vol. 1. St Albans, Herts.: Paladin.
BLACK, M. (1947). Limitations of a behavioristic semiotic. *Philosophical Review*, 56, 258-72.
_____ (1962). *Models and Metaphors*. Ithaca, Nova York: Cornell University Press.
_____ (1979). More about metaphor. In Ortony (1979a: 19-43).
BOËR, S. G. e LYCAN, W. G. (1976). The myth of semantic presupposition. Mimeo. Indiana University Linguistics Club.
_____ e _____ (1978). A performadox in truth-conditional semantics. *Pragmatics Microfiche*, 3.3, A3-C12. (Versão revista e impressa in *Linguistics & Philosophy* (1980) 4.1, 71-100.)
BOLINGER, D. L. (1967). The imperative in English. In M. Halle, H. G. Lunt, H. McLean e C. H. von Schooneveld (orgs.), *To Honour Roman Jakobson: Essays on the Occasion of his Seventieth Birthday*. Janua Linguarum ser. major 31. Haia: Mouton, pp. 335-62.
BRAZIL, D., COULTHARD, M. e JOHNS, C. (1980). *Discourse Intonation and Language Teaching*. Londres: Longman.
BROCKWAY, D. (1979). Semantic constraints on relevance. MS. University College London. Publicado como Brockway (1981).
_____ (1981). Semantic constraints on relevance. In Parret, Sbisà & Verschueren (1981: 57-78).
BROWN, P. e LEVINSON, S. (1978). Universals in language usage: politeness phenomena. In E. Goody (org.) *Questions and Politeness: Strategies in Social Interaction*. Cambridge: Cambridge University Press, pp. 56-311.
_____ e _____ (1979). Social structure, groups and interaction. In K. Scherer e H. Giles (orgs.), *Social Markers in Speech*. Cambridge: Cambridge University Press, pp. 291-347.

BROWN, R. e GILMAN, A. (1960). The pronouns of power and solidarity. In Sebeok (1960: 253-76). (Reimpresso in Giglioli (1972: 252-82).)

BRUNER, J. (1975). The ontogenesis of speech acts. *Journal of Child Language*, 2, 1-20.

BÜHLER, K. (1934). *Sprachtheorie*. Jena: Fisher. (Reimpresso em Stuttgart: Fisher, 1965.)

BURKS, A. W. (1949). Icon, index and symbol. *Philosophy and Phenomenological Research*, 9, 673-89.

BURLING, R. (1970). *Man's Many Voices*. Nova York: Holt, Rinehart & Winston.

BUTTERWORTH, B. (1975). Hesitation and semantic planning in speech. *Journal of Psycholinguistic Research*, 1, 75-87.

_____, HINE, R. e BRADY, R. (1977). Speech and interaction in sound-only communication channels. *Semiotica*, 20.2, 81-99.

BUTTON, G. e CASEY, N. Generating topic. In Atkinson e Heritage.

CARLING, C. e MOORE, T. (1982). *Understanding Language: Towards a Post-Chomskyan Linguistics*. Londres: Macmillan.

CARNAP, R. (1938). Foundations of logic and mathematics. In O. Neurath, R. Carnap e C. W. Morris (orgs.), *International Encyclopedia of Unified Science*, Vol. 1, pp. 139-214.

_____ (1955). On some concepts of pragmatics. *Philosophical Studies*, 6, 89-91.

_____ (1956). *Meaning and Necessity*. 2ª ed. Chicago: University of Chicago Press.

_____ (1959). *Introduction to Semantics*. Cambridge: Harvard University Press.

CHARNIAK, E. (1972). *Towards a Model of Children's Story Comprehension*. MIT Artificial Intelligence Laboratory Monographs, nº 226. Cambridge, Mass.

CHERRY, C. (org.) (1974). *Pragmatic Aspects of Human Communication*. Dordrecht: Reidel.

CHOMSKY, N. (1957). *Syntactic Structures*. Haia: Mouton.

_____ (1965). *Aspects of the Theory of Syntax*. Cambridge, Mass.: MIT Press.

_____ (1972). *Studies on Semantics in Generative Grammar*. Haia: Mouton.

CLARK, H. e HAVILAND, S. E. (1977). Comprehension and the given-new contract. In R. Freedle (org.), *Discourse Production and Comprehension*. Hillsdale, NJ: Lawrence Erlbaum, pp. 1-40.

_____ e LUCY, P. (1975). Understanding what is meant from what is said: a study in conversationally conveyed requests. *Journal of Verbal Learning and Verbal Behavior*, 14, 56-72.

COHEN, L. J. (1971). The logical particles of natural language. In Bar-Hillel (1971: 50-68).

_____ (1979). The semantics of metaphor. In Ortony (1979a: 64-77).
COLE, P. (1975). The synchronic and diachronic status of conversational implicatures. In Cole & Morgan (1975: 257-88).
_____ (org.) (1978). *Syntax and Semantics 9: Pragmatics*. Nova York: Academic Press.
_____ (org.) (1981). *Radical Pragmatics*. Nova York: Academic Press.
_____ e MORGAN, J. L. (orgs.) (1975). *Syntax and Semantics 3: Speech Acts*. Nova York: Academic Press.
COMRIE, B. (1975). Polite plurals and predicate agreement. *Language*, 51, 406-18.
_____ (1976a). *Aspect: an Introduction to the Study of Verbal Aspect and Related Problems*. Cambridge: Cambridge, University Press.
_____ (1976b). Linguistic politeness axes: speaker-addressee, speaker-reference, speaker-bystander. *Pragmatics Microfiche*, 1.7, A3-B1.
CORBETT, G. (1976). Syntactic destructors (problems with address especially in Russian). *Pragmatics Microfiche*, 1.7, A3-B1.
CORUM, C. (1975). Basques, particles and baby-talk: a case for pragmatics. In *Proceedings of the First Annual Meeting of the Berkeley Linguistics Society*, pp. 90-9.
COULMAS, F. (org.) (1981). *Conversational Routine: Explorations in Standardized Communication Situations and Prepatterned Speech*. Haia: Mouton.
COULTHARD, M. (1977) *An Introduction to Discourse Analysis*. Londres: Longman.
_____ e BRAZIL, D. (1979). *Exchange Structure*. Discourse Analysis Monographs, 5. Birmingham: Birmingham University. (Reimpresso em M. Coulthard e M. Montgomery (orgs.) *Studies in Discourse Analysis*. Londres: Routledge e Kegan Paul, pp. 82-106.)
CRESSWELL, M. (1973). *Logic and Languages*. Londres: Methuen.
CRYSTAL, D. (1969). *Prosodic Systems and Intonation in English*. Cambridge: Cambridge University Press.
DAVIDSON, D. (1980). What metaphors mean. In Platts, M. (org.), *Reference, Truth and Reality*. Londres: Routledge & Kegan Paul, pp. 238-54.
_____ e HARMAN, G. (orgs.) (1972). *Semantics of Natural Language*. Dordrecht: Reidel.
DAVIDSON, J. (1978). An instance of negotiation in a call closing. *Sociology*, 12.1, 123-33.
_____. Subsequent versions of invitations, offers, requests and proposals dealing with potential or actual rejection. In Atkinson & Heritage.
DAVISON, A. (1973). *Performatives, Felicity Conditions, and Adverbs*. Tese de doutorado não publicada, Universidade de Chicago.

DAVISON, A. (1975). Indirect speech acts and what to do with them. In Cole & Morgan (1975: 143-86).

DITTMAR, N. (1976). *Sociolinguistics: a Critical Survey of Theory and Application*. Londres: Arnold.

DIXON, R. M. W. (1972). *The Dyirbal Language of North Queensland*. Cambridge: Cambridge University Press.

_____ (1980). *The Languages of Australia*. Cambridge: Cambridge University Press.

DONNELLAN, K. S. (1966). Reference and definite descriptions. *Philosophical Review*, 75, 281-304. Reimpresso in Steinberg & Jakobovits (1975: 100-14).

_____ (1978). Speaker reference, descriptions and anaphora. In Cole (1978: 47-68).

DORE, J. (1975). Holophrases, speech acts, and language universals. *Journal of Child Language*, 2, 21-40.

DOWTY, D. R., PETERS, S. e WALL, R. (1981). *Introduction to Montague Semantics*. Dordrecht: Reidel.

DRESSLER, W. (1972). *Einführung in die Textlinguistik*. Tübingen: Niemeyer.

DREW, P. (1981). The organization and management of corrections in "instructional" talk: a response to Wells and Montgomery. In P. French e M. MacLure (orgs.), *Adult-Child Conversation: Studies in Structure and Process*. Londres: Croom Helm, pp. 244-67.

DUMMETT, M. (1973). *Frege: Philosophy of Language*. Londres: Duckworth.

DUNCAN, S. (1974). Some signals and rules for taking speaker turns in conversations. In S. Weitz (org.), *Nonverbal Communication*. Nova York: Oxford University Press, pp. 298-311.

_____ e FISKE, D. W. (1977). *Face to Face Interaction: Research, Methods and Theory*. Hillsdale, NJ: Lawrence Erlbaum Associates.

DURANTI, A e OCHS, E. (1979). Left-dislocation in Italian conversation. In Givon (1979a: 377-418).

EDMONDSON, W. (1978). A note on pragmatic connectives. Interlanguage Studies Bulletin (Utrecht), pp. 100-6.

_____ (1979). *A Model for the Analysis of Spoken Discourse*. Tese de doutorado não publicada, Ruhr-Universität, Bochum.

_____ (1981). *Spoken Discourse: A Model for Analysis*. Londres: Longman.

ERVIN-TRIPP, S. (1972). On sociolinguistic rules: alternation and co-occurrence. In Gumperz & Hymes (1972: 213-50).

_____ (1976). Is Sybil there? The structure of American English directives. *Language in Society*, 5, 25-66.

_____ (1979). Children's verbal turn-taking. In Ochs & Schiefellin (1979: 391-414).

_____ (1981). How to make and understand a request. In Parret, Sbisà & Verschueren (1981: 195-210).

_____ e MITCHELL-KERNAN, C. (orgs.) (1977). *Child Discourse*. Nova York: Academic Press.

FANN, K. T. (org.) (1969). *Symposium on J. L. Austin*. Londres: Routledge & Kegan Paul.

FERGUSON, C. A. (1964). Diglossia. In Hymes (1964: 429-39). (Reimpresso in Giglioli (1972: 252-82).)

_____ (1976). The structure and use of politeness formulas. *Language in Society*, 5, 137-51. (Reimpresso em Coulmas (1981: 21-35).)

FILLMORE, C. J. (1966). Deictic categories in the semantics of *come*. *Foundations of Language*, 2, 218-27.

_____ (1971a). Verbs of judging: an exercise in semantic description. In Fillmore & Langendoen (1971: 73-90).

_____ (1971b). Towards a theory of deixis. *The PCCLLU Papers* (Departamento de Lingüística, Universidade do Hawaii), 3-4, 219-41.

_____ (1973). May we come in? *Semiotica*, 9, 97-116.

_____ (1975). *Santa Cruz Lectures on Deixis*, 1971. Mimeografia, Indiana University Linguistics Club.

_____ (1981). Pragmatics and the description of discourse. In Cole (1981: 143-66).

_____ e LANGENDOEN, D. T. (orgs.) (1971). *Studies in Linguistic Semantics*. Nova York: Holt, Rinehart & Winston.

FISCHER, J. L. (1972). The stylistic significance of consonantal sandhi in Trukese and Ponapean. In Gumperz & Hymes (1972: 498-511).

FLETCHER, P. e GARMAN, M. (orgs.) (1979). *Language Acquisition*. Cambridge: Cambridge University Press.

FODOR, J. A. e KATZ, J. J. (orgs.) (1964). *The Structure of Language: Readings in the Philosophy of Language*. Englewood Cliffs, NJ: Prentice-Hall.

FOGELIN, R. (1967). *Evidence and meaning*. Nova York: Humanities Press.

FOLEY, W. e VAN VALIN, R. D. Information packaging in the clause. In Shopen.

FORMAN, D. (1974). The speaker knows best principle. *Papers from the 10th Regional Meeting of the Chicago Linguistic Society*, pp. 162-77.

FRASER, B. (1974a). An examination of the performative analysis. *Papers in Linguistics*, 7, 1-40.

FRASER, B. (1974b). An analysis of vernacular performative verbs. Texto mimeografado, Indiana University Linguistics Club.
FREGE, G. (1952). On sense and reference. In P. T. Geach e M. Black (orgs.), Translations from the Philosophical Writings of Gottlob Frege. Oxford: Blackwell, pp. 56-78. (Originalmente publicado em 1892, como Über Sinn und Bedeutung. In *Zeitschrift für Philosophie und philosophisce Kritik*, 100, 25-50.)
FREI, H. (1944). Systèmes de déictiques. *Acta Linguistica*, 4, 111-29.
FURBERG, M. (1971). *Saying and Meaning*. Oxford: Blackwell.
GALE, R. M. (1968). Indexical signs, egocentric particulars, and token-reflexive words. In P. Edwards (org.), *Encyclopedia of Philosophy*, Vol. 4. Nova York: Collier Macmillan, pp. 151-5.
GARFINKEL, H. (1972). Remarks on ethnomethodology. In Gumperz & Hymes (1972: 301-24).
GARNER, R. T. (1971). "Presupposition" in philosophy and linguistics. In Fillmore & Langendoen (1971: 23-44).
GARVIN, R. L. e REISENBERG, S. H. (1952). Respect behavior on Ponape: an ethnolinguistic study. *American Anthropologist*, 54, 201-20.
GAZDAR, G. (1978). Heavy parentheses wipe-out rules, okay? *Linguistics & Philosophy*, 2, 281-9.
_____ (1979a). *Pragmatics: Implicature, Presupposition and Logical Form*. Nova York: Academic Press.
_____ (1979b). A solution to the projection problem. In Oh & Dinneen (1979: 57-89).
_____ (1980a). Pragmatic constraints on linguistic production. In B. Butterworth (org.) *Language Production*, vol. 1: *Speech and Talk*. Nova York: Academic Press, pp. 49-68.
_____ (1980b). Reply to Kiefer. *Linguisticae Investigationes*, 3, 375-7.
_____ (1981). Speech act assignment. In Joshi, Webber & Sag (1981: 64-83).
_____ (1982). Phrase structure grammar. In P. Jacobson e G. K. Pullum (orgs.), *On the Nature of Syntactic Representation*. Dordrecht: Reidel.
_____ e KLEIN, E. (1977). Context-sensitive transderivational constraints and conventional implicature. *Papers from the Thirteenth Regional Meeting of the Chicago Linguistic Society*, pp. 137-46.
_____ e PULLUM, G. (1976). Truth-functional connectives in natural language. *Papers from the Twelfth Regional Meeting of the Chicago Linguistic Society*, pp. 220-34.
_____ e ROGERS, A. (1978). Conventional implicature: a critical problem. Manuscrito. Departamento de Lingüística da Universidade do Texas em Austin.

_____, KLEIN, E. e PULLUM, G. (1978). *A Bibliography of Contemporary Linguistic Research*. Nova York: Garland.

GEACH, P. T. (1962). Reference and Generality. Ithaca: Cornell University Press.

GEERTZ, C. (1960). *The Religion of Java*. Glencoe, Ill.: Free Press. (Extrato reimpresso como Geertz (1972).)

_____ (1972). Linguistic etiquette. In Pride & Holmes (1972: 167-79).

GEISS, M. e ZWICKY, A. (1971). On invited inferences. *Linguistic Inquiry*, 2, 561-5.

GIGLIOLI, P. P. (org.) (1972). *Language and Social Context*. Harmondsworth: Penguin.

GIVON, T. (org.) (1979a). *Syntax and Semantics 12: Discourse and Syntax*. Nova York: Academic Press.

_____ (1979b). From discourse to syntax: grammar as a processing strategy. In Givon (1979a: 81-114).

GODARD, E. (1977). Same setting, different norms: phone call beginnings in France and the United States. *Language in Society*, 6.2, 209-20.

GOFFMAN, E. (1976). Replies and responses. *Language in Society*, 5, 257-313.

GOLDBERG, J. (1982). *Discourse Particles: an Analysis of the Role of "Y'know", "I mean", "Well", and "Actually" in Conversation*. Tese de doutorado não publicada, Universidade de Cambridge.

GOLDMAN-EISLER, F. (1968). *Psycholinguistics: Experiments in Spontaneous Speech*. Londres: Academic Press.

_____ (1980). Psychological mechanisms of speech production as studied through the analysis of simultaneous translation. In B. Butterworth (org.), *Language Production*, vol. 1: *Speech and Talk*. Nova York: Academic Press, pp. 143-54.

GOODWIN, C. (1977). *Some Aspects of the Interaction of Speaker and Hearer in the Construction of the Turn at Talk in Natural Conversation*. Tese de doutorado não publicada, Universidade de Pennsylvania. (Versão revista e publicada como Goodwin (1981).)

_____ (1979a). The interactive construction of a sentence in natural conversation. In Psathas (1979: 97-121).

_____ (1979b). Review of Duncan & Fiske (1977). *Language in Society*, 8.3, 439-44.

_____ (1981). *Conversational Organization: Interaction between Speakers and Hearers*. Nova York: Academic Press.

GOODY, E. (org.) (1978). *Questions and Politeness: Strategies in Social Interaction*. Cambridge: Cambridge University Press.

GOODY, J. (1977). *Domestication of the Savage Mind.* Cambridge: Cambridge University Press.

GORDON, D. e LAKOFF, G. (1971). Conversational postulates. *Papers from the Seventh Regional Meeting of the Chicago Linguistic Society*, pp. 63-84.

_____ e _____ (1975). Conversational postulates. In Cole & Morgan (1975: 83-106). (Reimpressão de Gordon & Lakoff, 1971.)

GRAHAM, K. (1977). *J. L. Austin: a Critique of Ordinary Language Philosophy.* Hassocks, Sussex: Harvester Press.

GREEN, G. (1975). How to get people to do things with words: the whimperative questão. In Cole & Morgan (1975: 107-42).

_____ (1978a). Pragmatic motivation and exploitation of syntactic rules. Manuscrito do Departamento de Lingüística da Universidade de Illinois, Urbana.

_____ (1987b). *Discourse Functions of Inversion Constructions.* Relatório Técnico nº 98, Center for the Study of Reading, Universidade de Illinois, Urbana.

GRICE, H. P. (1957). Meaning. *Philosophical Review*, 67. (Reimpresso in Steinberg & Jakobovits (1971: 53-9) e in Strawson (1971: 39-48).)

_____ (1961). The causal theory of perception. *Proceedings of the Aristotelian Society*, Volume Suplementar 35, 121-52.

_____ (1967). *Logic and Conversation.* Manuscrito não publicado das Conferências sobre William James, Universidade de Harvard.

_____ (1968). Utterer's meaning, sentence-meaning, and word-meaning. *Foundations of Language*, 4, 1-18. (Reimpresso in Searle (1971: 54-70).)

_____ (1973). Probability, defeasibility and mood operators. Texto mimeografado. Artigo apresentado na Conferência do Texas sobre Performativos, Pressuposições e Implicaturas, 1973.

_____ (1975). Logic and conversation. In Cole & Morgan (1975: 41-58). (Parte de Grice (1967).)

_____ (1978). Further notes on logic and conversational implicatures. In Cole (1978: 113-28). (Parte de Grice (1967).)

_____ (1981). Presupposition and conversational implicature. In Cole (1981: 183-98).

GRIFFITHS, P. (1979). Speech acts and early sentences. In Fletcher & Garman (1979: 105-20).

GROSSMAN, R. E., SAN, L. J. e VANCE, T. J. (orgs.) (1975). *Papers from the Parasession on Functionalism.* Chicago: Chicago Linguistic Society.

GROSU, A. (1972). *The Strategic Content of Island Constraints.* Ohio State University Working Papers in Linguistics 13, 1-225.

GUMPERZ, J. J. (1977). Sociocultural knowledge in conversational inference. In M. Saville-Troike (org.), *Linguistics and Anthropology*. Washington: Georgetown University Press, pp. 191-211.

_____ (1982). *Discourse Strategies*. Cambridge: Cambridge University Press.

_____ e HERASIMCUK, E. (1975). The conversational analysis of social meaning: a study of classroom interaction. In B. Blount e M. Sanches (orgs.), *Sociocultural Dimensions of Language Use*. Nova York: Academic Press, pp. 81-116.

_____ e HYMES, D. H. (orgs.) (1972). *Directions in Sociolinguistics*. Nova York: Holt, Rinehart & Winston.

_____, JUPP, T. e ROBERTS, C. (1979). *Crosstalk*. Londres: Centre for Industrial Language Teaching.

GUNDEL, J. K. (1977). *Role of Topic and Comment in Linguistic Theory*. Texto mimeografado. Indiana University Linguistics Club.

HAAS, M. R. (1964). Men's and women's speech in Koasati. In Hymes (1964: 228-33).

HAIMOFF, E. Video analysis of Siamang (Hylobates Syndactylus) call bouts. Behaviour.

HALLYDAY, M. A. K. (1973). *Explorations in the Functions of Language*. Londres: Arnold.

_____ (1975). *Learning How to Mean: Explorations in the Development of Language*. Londres: Arnold.

HALVORSEN, P. (1978). *The Syntax and Semantics of Cleft Constructions*. Texas Linguistic Forum 11, Austin: Universidade do Texas, Depto. de Lingüística.

HAMBLIN, C. L. (1971). Mathematical models of dialogue. *Theoria*, 37, 130-55.

HANCHER, M. (1979). The classification of co-operative illocutionary acts. *Language in Society*, 8.1, 1-14.

HARADA, S. I. (1976). Honorifics. In M. Shibatani (org.), *Syntax and Semantics 5: Japanese Generative Grammar*. Nova York: Academic Press, pp. 499-561.

HARE, R. M. (1949). Imperative sentences. *Mind*, 58, 21-39. (Reimpresso in Hare (1971: 1-21).)

_____ (1952). *The Language of Morals*. Oxford: Clarendon Press.

_____ (1970). Meaning and speech acts. *Philosophical Review*, 79, 3-24. (Reimpresso in Hare (1971: 74-93).)

_____ (1971). *Practical Inferences*. Londres: Macmillan.

HARNISH, R. M. (1976). Logical form and implicature. In T. Bever, J. Katz e T. Langendoen (orgs.), *An Integrated Theory of Linguistic Ability*. Nova York: Crowell, pp. 464-79.

HARRIS, R. (1980). *The Language Makers*. Londres: Duckworth.
HARRIS, Z. (1951). *Methods in Structural Linguistics*. Chicago: University of Chicago Press.
HAVILAND, J. B. (1979). Guugu Yimidhirr brother-in-law language. *Language in Society*, 8, 365-93.
HAWKINS, J. A. (1978). *Definiteness and Indefiniteness*. Londres: Croom Helm.
HEAD, B. (1978). Respect degrees in pronominal reference. In J. H. Greenberg (org.), *Universals of Human Language*, Vol. 3: *Word Structure*. Stanford: Stanford University Press, pp. 150-211.
HEATH, J., MERLAN, F. e RUMSEY, A. (orgs.) (1982). *The Languages of Kinship in Aboriginal Australia*. Sydney: Oceania Linguistic Monographs, nº 24.
HEDENIUS, I. (1963). Performatives. *Theoria*, 29, 115-36.
HEINÄMÄKI, O. (1972). Before. *Proceedings of the Eighth Regional Meeting of the Chicago Linguistic Society*, pp. 139-51.
HENY, F. e SCHENELLE, H. (orgs.) (1979). *Syntax and Semantics 10: Selections from the Third Groningen Round Table*.
HERINGER, J. T. (1972). *Some Grammatical Correlates of Felicity Conditions and Presuppositions*. Texto mimeografado. Indiana University Linguistics Club.
_____ (1977). Pre-sequences and indirect speech acts. In E. O. Keenan e T. Bennett (orgs.), *Discourse Structure Across Time and Space*, SCOPIL 5. Universidade de Southern California, Departamento de Lingüística, pp. 169-80.
HERITAGE, J. A news-receipt token and aspects of its sequential distribution. In Atkinson & Heritage.
HERZBERGER, H. O. (1971). Some results on presupposition and modality. Texto mimeografado. Universidade de Toronto.
HILPINEN, R. (org.) (1971). *Deontic Logic: Introductory and Systematic Readings*. Dordrecht: Reidel.
HINTIKKA, K. J. J. (1962). *Knowledge and Belief*. Ithaca: Cornell University Press.
_____ (1974). Questions about questions. In Munitz & Unger (1974: 103-58).
HORN, L. R. (1972). *On the Semantic Properties of the Logical Operators in English*. Texto mimeografado. Indiana University Linguistics Club.
_____ (1973). Greek Grice. *Proceedings of the Ninth Regional Meeting of the Chicago Linguistic Society*, pp. 205-14.
_____ (1978). Some aspects of negation. In J. H. Greenberg (org.), *Universals of Human Language*, Vol. 4: *Syntax*. Stanford: Stanford University Press, pp. 127-210.
HORNE, E. C. (1974). *Javanese-English Dictionary*. New Haven: Yale University Press.

HOUSE, J. e KASPER, G. (1981). Politeness markers in English and German. In Coulmas (1981: 157-85).
HUDDLESTON, R. (1969). Some observations on tense and deixis in English. *Language*, 45, 777-806.
HUDSON, R. A. (1975). The meaning of questions. *Language*, 51, 1-31.
_____ (1980). *Sociolinguistics*. Cambridge: Cambridge University Press.
HULL, R. D. (1975). A semantics for superficial and embedded questions in natural language. In Keenan (1975: 35-45).
HYMES, D. (org.) (1964). *Language in Culture and Society*. Nova York: Harper & Row.
_____ (1971). Competence and performance in linguistic theory. In R. Huxley e E. Ingram (orgs.), *Language Acquisition: Models and Methods*. Londres: Academic Press, pp. 3-28.
_____ (1972). Models of the interaction of language and social life. In Gumperz & Hymes (1972: 35-71).
_____ (1974). *Foundations in Sociolinguistics: an Ethnographic Approach*. Filadélfia: University of Pennsylvania Press.
INGRAM, D. (1978). Typology and universals of personal pronouns. In J. H. Greenberg (org.), *Universals of Human Language*, vol. 3: *Word Structure*. Stanford: Stanford University Press, pp. 213-47.
IRVINE, J. T. (1974). Strategies of status manipulation in the Wolof greeting. In Bauman & Sherzer (1974: 167-91).
_____ (1979). Formality and informality in speech events. *American Anthropologist*, 81.4, 773-90.
JACOBS, R. A. e ROSENBAUM, P. S. (orgs.) (1970). *Readings in English Transformational Grammar*. Waltham: Ginn.
JAFFÉ, J. e FELDSTEIN, S. (1970). *Rhythms of Dialogue*. Nova York: Academic Press.
JAKOBOVITZ, L. A. e GORDON, B. (1974). *The Context of Language Teaching*. Rowley, Mass.: Newbury House.
JAKOBSON, R. (1932). Zur Struktur des russichen Verbums. In *Charisteria G. Mathesio*. Praga: Círculo Lingüístico de Praga, pp. 74-84.
_____ (1960). Linguistics and poetics. In Sebeok (1960: 350-77).
JAMES, D. (1972). Some aspects of the syntax and semantics of interjections. *Proceedings of the Eighth Regional Meeting of the Chicago Linguistic Society*, pp. 162-72.
_____ (1973). Another look at, say, some grammatical constraints on, oh, interjections and hesitations. *Proceedings of the Ninth Regional Meeting of the Chicago Linguistic Society*, pp. 242-51.

JEFFERSON, G. (1972). Side sequences. In Sudnow (1972: 294-338).
_____ (1974). Error-correction as an interactional resource. *Language in Society*, 3, 181-200.
_____ (1978). Sequential aspects of story-telling in conversation. In Schenkein (1978: 219-48).
_____ (MS). On exposed and embedded correction in conversation. MS. Universidade de Manchester, Departamento de Sociologia.
_____. Stepwise transition out of topic. In Atkinson & Heritage.
_____ e SCHEGLOFF, E. A. (1975). Sketch: some orderly aspects of overlap in natural conversation. Artigo apresentado na reunião de dezembro de 1975 da American Anthropological Association. Texto mimeografado. Departamento de Sociologia, Universidade da Califórnia, Los Angeles.
JOSHI, A. K., WEBBER, B. L. e SAG, I. A. (orgs.) (1981). *Elements of Discourse Understanding*. Cambridge: Cambridge University Press.
KALISH, D. (1967). Semantics. In P. Edwards (org.), *Encyclopedia of Philosophy*, Vol. 7. Nova York: Collier-Macmillan, pp. 348-58.
KAPLAN, D. (1978). Dthat. In Cole (1978: 221-43).
KAPLAN, S. J. (1981). Appropriate responses to inappropriate questions. In Joshi, Webber & Sag (1981: 127-44).
KARTTUNEN, L. (s.d.). Presuppositional phenomena. Texto mimeografado. Departamento de Lingüística, Universidade do Texas, Austin.
_____ (1971a). Some observations on factivity. *Papers in Linguistics*, 4, 55-69.
_____ (1971b). Implicative verbs. *Language*, 47, 340-58.
_____ (1973). Presuppositions of compound sentences. *Linguistic Inquiry*, 4, 169-93.
_____ (1974). Presuppositions and linguistic context. *Theoretical Linguistics*, 1, 3-44. (Reimpresso in Rogers, Wall & Murphy (1977: 149-60).
_____ (1977). Syntax and semantics of questions. *Linguistics & Philosophy*, 1, 3-44.
_____ e PETERS, S. (1975). Conventional implicature in Montague grammar. *Proceedings of the First Annual Meeting of the Berkeley Linguistic Society*, pp. 266-78.
_____ e _____ (1977). Requiem for presupposition. *Proceedings for the Third Annual Meeting of the Berkeley Linguistic Society*, pp. 360-71.
_____ e _____ (1979). Conventional implicature. In Oh & Dinneen (1979: 1-56).
KATZ, J. J. (1972). *Semantic Theory*. Nova York: Harper & Row.
_____ (1977). *Propositional Structure and Illocutionary Force*. Nova York: Crowell.

_____ e FODOR, J. A. (1963). The structure of a semantic theory. *Language*, 39, 170-210. (Reimpresso como Fodor & Katz (1964: 479-518).)

_____ e _____ (1964). The structure of a semantic theory. In Fodor & Katz (1964: 479-518).

_____ e LANGENDOEN, D. T. (1976). Pragmatics and presupposition. *Language*, 52, 1-17.

_____ e POSTAL, P. M. (1964). *An Integrated Theory of Linguistic Descriptions*. Cambridge, Mass.: MIT Press.

KEENAN, E. L. (1971). Two kinds of presupposition in natural language. In C. J. Fillmore e D. T. Langendoen (orgs.), *Studies in Linguistic Semantics*. Nova York: Holt, pp. 45-54.

_____ (1972). On semantically based grammar. *Linguistic Inquiry*, 3, 413-61.

_____ (org.) (1975). *Formal Semantics of Natural Language*. Cambridge: Cambridge University Press.

KEENAN, E. O. (1976a). Unplanned and planned discourse. *Pragmatics Microfiche*, 3.1, A3-D2. (Reimpresso como Ochs, E. (1979a).)

_____ (1976b). The universality of conversational implicature. *Language in Society*, 5, 67-80.

_____ e SCHIEFFELIN, B. B. (1976). Topic as a discourse notion: a study of topic in the conversation of children and adults. In Li (1976: 335-84).

KEMPSON, R. M. (1975). *Presupposition and the Delimitation of Semantics*. Cambridge: Cambridge University Press.

_____ (1977). *Semantic Theory*. Cambridge: Cambridge University Press.

_____ (1979). Presupposition, opacity and ambiguity. In Oh & Dinneen (1979: 283-97).

KENDON, A. (1967). Some functions of gaze-direction in social interaction. Acta Psychologia, 26, 22-63.

KIEFER, F. (1979). What do conversational maxims explain? *Linguisticae Investigationes*, 3, 57-74.

KIPARSKY, P. e KIPARSKY, C. (1971). Fact. In Steinberg & Jakobovits (1971: 345-69).

KROCH, A. (1972). Lexical and inferred meanings for some time adverbs. *Quarterly Progress report of the Research Lab. Of Electronics, MIT,* 104.

KUHN, T. S. (1979). Metaphor in science. In Ortony (1979a: 409-19).

KUNO, S. (1973). *The Structure of the Japanese Language*. Cambridge, Mass.: Harvard University Press.

LABOV, W. (1972a). *Sociolinguistic Patterns*. Filadélfia: University of Pennsylvania Press.

LABOV, W. (1972b). Rules for ritual insults. In Sudnow (1972: 120-69).
_____ e FANSHEL, D. (1977). *Therapeutic Discourse: Psychotherapy as Conversation*. Nova York: Academic Press.
_____ e WALETSKY, J. (1966). Narrative analysis: oral versions of personal experience. In J. Helm (org.) *Essays on the Verbal and Visual Arts*. Seattle: University of Washington Press, pp. 12-44.
LAKOFF, G. (1971). Presupposition and relative well-formedness. In Steinberg & Jakobovits (1971: 329-40).
_____ (1972). Linguistics and natural logic. In Davidson & Harman (1972: 545-665).
_____ (1973). Some thoughts on transderivational constraints. In B. B. Kachru et al. (orgs.), *Issues in Linguistics: Papers in Honor of Henry & Renée Kahane*. Urbana: University of Illinois Press, pp. 442-52.
_____ (1974). Syntactic amalgams. *Proceedings of the Tenth Regional Meeting of the Chicago Linguistic Society*, pp. 321-44.
_____ (1975). Pragmatics in natural logic. In Keenan (1975: 253-86).
_____ e JOHNSON, M. (1980). *Metaphors We Live By*. Chicago: Chicago University Press.
LAKOFF, R. (1970). Tense and its relation to participants. *Language*, 46, 838-49.
_____ (1973a). Questionable answers and answerable questions. In B. B. Kachru et al. (orgs.), *Issues in Linguistics: Papers in Honor of Henry and Renée Kahane*. Urbana: University of Illinois Press, pp. 453-67.
_____ (1973b). The logic of politeness: or minding your *p*'s and *q*'s. *Proceedings of the Ninth Regional Meeting of the Chicago Linguistic Society*, pp. 292-305.
_____ (1974). Remarks on this and that. *Proceedings of the Tenth Regional Meeting of the Chicago Linguistic Society*, pp. 345-56.
_____ (1977). Politeness, pragmatics and performatives. In Rogers, Wall & Murphy (1977: 79-106).
LAMBERT, W. E. e TUCKER, G. R. (1976). *Tu, Vous, Usted*. Rowley, Mass.: Newbury House.
LANGENDOEN, D. T. (1971). Presuppositions and assertion in the semantic analysis of nouns and verbs in English. In Steinberg & Jakobovits (1971: 341-4).
_____ e SAVIN, H. B. (1971). The projection problem for presuppositions. In Fillmore & Langendoen (1971: 55-62).
LEACH, E. R. (1964). Anthropological aspects of language: animal categories and verbal abuse. In E. Lenneberg (org.), *New Directions in the Study of Language*. Cambridge, Mass.: MIT Press, pp. 23-64.

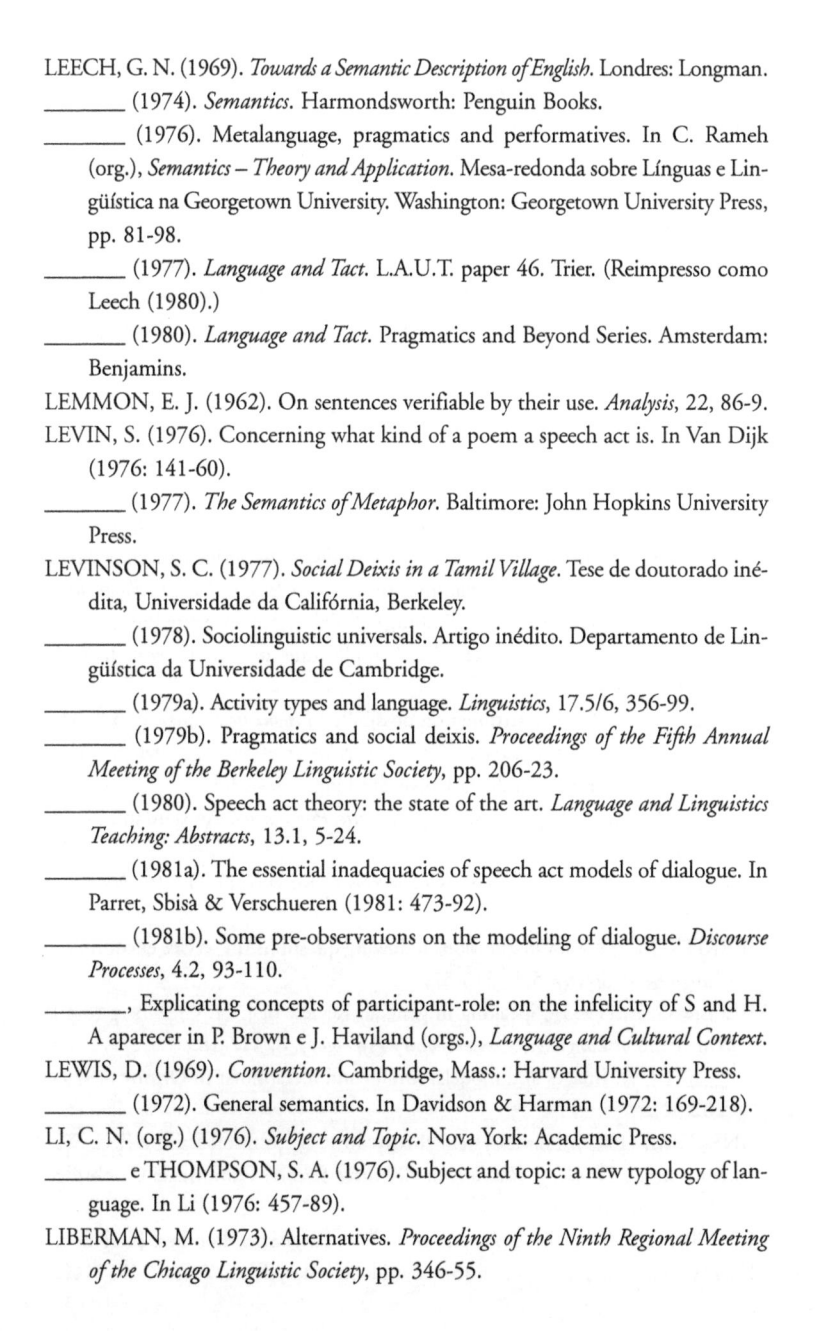

LEECH, G. N. (1969). *Towards a Semantic Description of English*. Londres: Longman.
_____ (1974). *Semantics*. Harmondsworth: Penguin Books.
_____ (1976). Metalanguage, pragmatics and performatives. In C. Rameh (org.), *Semantics – Theory and Application*. Mesa-redonda sobre Línguas e Lingüística na Georgetown University. Washington: Georgetown University Press, pp. 81-98.
_____ (1977). *Language and Tact*. L.A.U.T. paper 46. Trier. (Reimpresso como Leech (1980).)
_____ (1980). *Language and Tact*. Pragmatics and Beyond Series. Amsterdam: Benjamins.
LEMMON, E. J. (1962). On sentences verifiable by their use. *Analysis*, 22, 86-9.
LEVIN, S. (1976). Concerning what kind of a poem a speech act is. In Van Dijk (1976: 141-60).
_____ (1977). *The Semantics of Metaphor*. Baltimore: John Hopkins University Press.
LEVINSON, S. C. (1977). *Social Deixis in a Tamil Village*. Tese de doutorado inédita, Universidade da Califórnia, Berkeley.
_____ (1978). Sociolinguistic universals. Artigo inédito. Departamento de Lingüística da Universidade de Cambridge.
_____ (1979a). Activity types and language. *Linguistics*, 17.5/6, 356-99.
_____ (1979b). Pragmatics and social deixis. *Proceedings of the Fifth Annual Meeting of the Berkeley Linguistic Society*, pp. 206-23.
_____ (1980). Speech act theory: the state of the art. *Language and Linguistics Teaching: Abstracts*, 13.1, 5-24.
_____ (1981a). The essential inadequacies of speech act models of dialogue. In Parret, Sbisà & Verschueren (1981: 473-92).
_____ (1981b). Some pre-observations on the modeling of dialogue. *Discourse Processes*, 4.2, 93-110.
_____, Explicating concepts of participant-role: on the infelicity of S and H. A aparecer em P. Brown e J. Haviland (orgs.), *Language and Cultural Context*.
LEWIS, D. (1969). *Convention*. Cambridge, Mass.: Harvard University Press.
_____ (1972). General semantics. In Davidson & Harman (1972: 169-218).
LI, C. N. (org.) (1976). *Subject and Topic*. Nova York: Academic Press.
_____ e THOMPSON, S. A. (1976). Subject and topic: a new typology of language. In Li (1976: 457-89).
LIBERMAN, M. (1973). Alternatives. *Proceedings of the Ninth Regional Meeting of the Chicago Linguistic Society*, pp. 346-55.

LIBERMAN, M. e SAG, I. (1974). Prosodic form and discourse function. *Proceedings of the Tenth Regional Meeting of the Chicago Linguistic Society*, pp. 416-27.
LIEB, H.-H. (1971). On subdividing semiotics. In Bar-Hillel (1971: 94-119).
LIGHTFOOT, D. (1979). *Principles of Diachronic Syntax*. Cambridge: Cambridge University Press.
LONGACRE, R. E. (1976a). "Mystery" particles and affixes. *Proceedings of the Twelfth Regional Meeting of the Chicago Linguistic Society*, pp. 468-75.
_____ (1976b). *An Anatomy of Speech Notions*. Lisse: Peter de Ridder Press.
LUCAS, E. D. (1981). *Pragmatic and Semantic Language Disorders: Assessment and Remediation*. Germantown, Maryland: Aspen Systems Corporation.
LUCE, R. D. e RAIFFA, H. (1957). *Games and Decisions*. Nova York: Wiley & Sons.
LYONS, J. (1968). *An Introduction to Theoretical Linguistics*. Cambridge: Cambridge University Press.
_____ (1975). Deixis as the source of reference. In Keenan (1975: 61-83).
_____ (1977a). *Semantics*, vols. 1 e 2. Cambridge: Cambridge University Press.
_____ (1977b). Deixis and anaphora. In T. Myers (org.), *The Development of Conversation and Discourse*. Edimburgo: Edinburgh University Press.
MCCAWLEY, J. (1978). Conversational implicature and the lexicon. In Cole (1978: 245-59).
MARTIN, J. N. (1975). Karttunen on possibility. *Linguistic Inquiry*, 6, 339-41.
_____ (1979). *Some misconceptions in the critique of semantic presupposition*. Texto mimeografado. Indiana University Linguistics Club.
MARTIN, R. M. (1959). *Toward a Systematic Pragmatics*. Amsterdam: North Holland.
MATTHEWS, P. H. (9172). Review of Jacobs & Rosenbaum (1970). *Journal of Linguistics*, 8, 125-36.
MERRITT, M. (1976). On questions following questions (in service encounters). *Language in Society*, 5.3., 315-57.
MILLER, G. A. (1963). Speaking in general. Review of J. H. Greenberg (org.), *Universals of Language*. *Contemporary Psychology*, 8, 417-18.
_____ (1979). Images and models, similes and metaphors. In Ortony (1979a: 202-50).
MINSKY, M. (1977). Frame-system theory. In P. N. Johnson-Laird e P. C. Wason (orgs.), *Thinking: Readings in Cognitive Science*. Cambridge: Cambridge University Press.
MITCHELL, T. F. (1975). *Principles of Firthian Linguistics*. Londres: Longman.
MITTWOCH, A. (1976). Grammar and illocutionary force. *Lingua*, 40, 21-42.

_____ (1977). How to refer to one's own words: speech act modifying adverbials and the performative analysis. *Journal of Linguistics*, 13, 177-89.
MOERMAN, M. (1977). The preference for self-correction in a Tai conversational corpus. *Language*, 53.4, 872-82.
MONTAGUE, R. (1968). Pragmatics. In R. Klibansky (org.), *Contemporary Philosophy*. Florença: La Nuova Italia Editrice, pp. 102-21. (Reimpresso in Montague (1974: 95-118).)
_____ (1970). Pragmatics and intensional logic. *Synthese*, 22, 68-94. (Reimpresso in Montague (1974: 119-47).)
_____ (1974). *Formal Philosophy: Selected Papers*. (Organizado por R. H. Thomason.) New Haven: Yale University Press.
MORGAN, J. L. (1973). Sentence fragments and the notion "sentence". In B. B. Kachru et al. (orgs.), *Issues in Linguistics: Papers in Honor of Henry and Renée Kahane*. Urbana: University of Illinois Press, pp. 719-51.
_____ (1977). Conversational postulates revisited. *Language*, 53, 277-84.
_____ (1978). Two types of convention in indirect speech acts. In Cole (1978: 261-80).
_____ (1979). Observations on the pragmatics of metaphor. In Ortony (1979a: 136-47).
MORRIS, C. W. (1938). *Foundations of the Theory of Signs*. In O. Neurath, R. Carnap e C. Morris (orgs.), *International Encyclopedia of Unified Science*. Chicago: University of Chicago Press, pp. 77-138. (Reimpresso in Morris (1971).)
_____ (1946). *Signs, Language and Behavior*. Englewood Cliffs, NJ: Prentice Hall.
_____ (1964). *Signification and Significance*. Cambridge, Mass.: MIT Press.
_____ (1971). *Writings on the General Theory of Signs*. Haia: Mouton.
MUNITZ, M. K. e UNGER, P. K. (orgs.) (1974). *Semantics and Philosophy*. Nova York: New York University Press.
NEWMEYER, F. J. (1980). *Linguistic Theory in America*. Nova York: Academic Press.
NUNBERG, G. D. ((1978). *The Pragmatics of Reference*. Texto mimeografado. Indiana University Linguistics Club.
OCHS, E. (1979a). Planned and unplanned discourse. In Givon (1979a: 51-80).
_____ (1979b). Social foundations of language. In R. Freedle (org.), *New Directions in Discourse Processing*, Vol. 3. Norwood, NJ: Ablex, pp. 207-21.
_____ (1979c). Introduction: What child language can contribute to pragmatics. In Ochs & Schieffelin (1979: 1-17).
_____ (1979d). Transcription as theory. In Ochs & Schieffelin (1979: 43-72).
_____ e DURANTI, A. (1979). Left-dislocation in Italian conversation. In Givon (1979a: 377-416).

OCHS, E. e SCHIEFFELIN, B. B. (orgs.) (1979). *Developmental Pragmatics*. Nova York: Academic Press.

O'CONNOR, J. D. e ARNOLD, G. F. (1973). *Intonation of Colloquial English*, 2ª ed. Londres: Longman.

OH, C.-K., e DINNEEN, D. A. (orgs.) (1979). *Syntax and semantics 11: Presupposition*. Nova York: Academic Press.

OHMANN, R. (1971). Speech acts and the definition of literature. *Philosophy & Rhetoric*, 4, 1-19.

ORTONY, A. (org.) (1979a). *Metaphor and Thought*. Cambridge: Cambridge University Press.

_____ (1979b). Similarity in similes and metaphors. In Ortony (1979a: 186-201).

OWEN, M. L. (1980). *Remedial Interchanges: a Study of Language Use in Social Interaction*. Tese de doutorado inédita, Universidade de Cambridge. A aparecer in Owen (no prelo).

_____ (1981). Conversational units and the use of "well...". In Werth (1981: 99-116).

_____ (1982). Conversational topics and activities: final report to the SSRC of the projecton Topic Organization in Conversation. Texto mimeografado. Universidade de Cambridge.

_____. *Apologies and Remedial Interchanges*. Haia: Mouton.

PARRET, H., SBISÀ, M. e VERSCHUEREN, J. (orgs.) (1981). *Possibilities and Limitations of Pragmatics: Proceedings of the Conference on Pragmatics at Urbino, July 8-14, 1979*. Amsterdam: Benjamins.

PASSMORE, J. (1968). *A Hundred Years of Philosophy*. Harmondsworth: Penguin.

PETERS, S. (1977). A truth-conditional formulation of Karttunen's account of presupposition. *Texas Linguistic Forum*, 6, 137-49. Versão revista e publicada como Peters (1979).

POMERANTZ, A. (1975). *Second Assessments: A Study of Some Features of Agreements/Disagreements*. Tese de PhD inédita, Universidade da Califórnia, Irvine.

_____ (1978). Compliment responses: notes on the co-operation of multiple constraints. In Schenkein (1978: 79-112).

_____. Agreeing and disagreeing with assessments: some features of preferred/dispreferred turn shapes. In Atkinson & Heritage.

POWER, R. (1979). The organization of purposeful dialogues. *Linguistics*, 17, 107-52.

PRIDE, J. B. e HOLMES, J. (orgs.) (1972). *Sociolinguistics*. Harmondsworth: Penguin.

PRINCE, E. F. (1978a). A comparison of *wh*-clefts and *it*-clefts in discourse. *Language*, 54.4, 893-906.

_____ (1978b). On the function of existential presupposition in discourse. *Proceedings of the Fourteenth Regional Meeting of the Chicago Linguistic Society*, pp. 362-76.

_____ (1981). Towards a taxonomy of given-new information. In Cole (1981: 223-56).

PRIOR, A. N. (1968). *Time and Tense*. Oxford: Clarendon Press.

PSATHAS, G. (org.) (1979). *Everyday Language: Studies in Ethnomethodology*. Nova York: Irvington.

PUTNAM, H. (1958). Formalization of the concept "about". *Philosophy of Science*, 25, 125-30.

QUINE, W. V. O. (1960). *Word and Object*. Cambridge, Mass.: MIT Press.

QUIRK, R., GREENBAUM, S., LEECH, G. e SVARTVIK, J. (1972). *A Grammar of Contemporary English*. Londres: Longman.

RAWLS, J. (1955). Two concepts of rules. *Philosophical Review*, 64, 3-32.

REICHENBACH, H. (1947). *Elements of Symbolic Logic*. Londres: Macmillan.

ROGERS, A. (1978). On generalized conversational implicature and preparatory conditions. *Texas Linguistic Forum*, 10, 72-5.

_____, WALL, B. e MURPHY, J. P. (orgs.) (1977). *Proceedings of the Texas Conference on Performatives, Presuppositions and Implicatures*. Washington: Center for Applied Linguistics.

ROSS, J. R. (1967). *Constraints on Variables in Syntax*. Tese de PhD inédita, MIT. (Extratos reimpressos in G. H. Harman (org.) 1974. *On Noam Chomsky: Critical Essays*. Nova York: Anchor Books, pp. 165-200.)

_____ (1970). On declarative sentences. In Jacobs & Rosenbaum (1970: 222-72).

_____ (1975). Where to do things with words. In Cole & Morgan (1975: 233-56).

ROSTEN, L. (1968). *The Joys of Yiddish*. Nova York: McGraw-Hill.

RUSSELL, B. (1905). On denotating. *Mind*, 14, 479-93.

_____ (1957). Mr Strawson on Referring. *Mind*, 66, 385-9.

_____ e WHITEHEAD, A. N. (1910). *Principia Mathematica*. Cambridge: Cambridge University Press.

RUTHERFORD, W. E. (1970). Some observations concerning subordinate clauses in English. *Language*, 46, 97-115.

RYAVE, A. L. (1978). On the achievement of a series of stories. In Schenkein (1978: 113-32).

SACKS, H. (1967-1972). *Lecture Notes*. Texto mimeografado. Departamento de Sociologia da Universidade da Califórnia, Irvine.

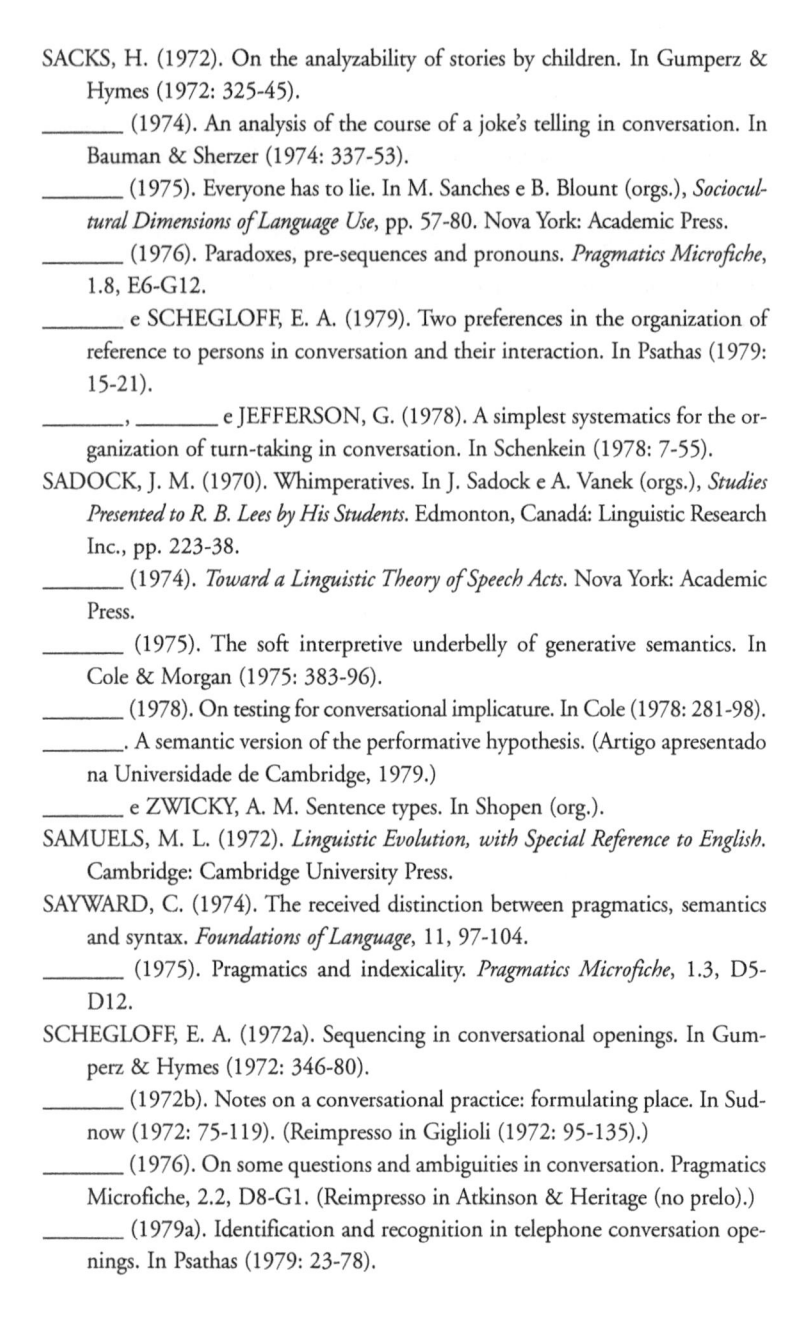

SACKS, H. (1972). On the analyzability of stories by children. In Gumperz & Hymes (1972: 325-45).

_____ (1974). An analysis of the course of a joke's telling in conversation. In Bauman & Sherzer (1974: 337-53).

_____ (1975). Everyone has to lie. In M. Sanches e B. Blount (orgs.), *Sociocultural Dimensions of Language Use*, pp. 57-80. Nova York: Academic Press.

_____ (1976). Paradoxes, pre-sequences and pronouns. *Pragmatics Microfiche*, 1.8, E6-G12.

_____ e SCHEGLOFF, E. A. (1979). Two preferences in the organization of reference to persons in conversation and their interaction. In Psathas (1979: 15-21).

_____, _____ e JEFFERSON, G. (1978). A simplest systematics for the organization of turn-taking in conversation. In Schenkein (1978: 7-55).

SADOCK, J. M. (1970). Whimperatives. In J. Sadock e A. Vanek (orgs.), *Studies Presented to R. B. Lees by His Students*. Edmonton, Canadá: Linguistic Research Inc., pp. 223-38.

_____ (1974). *Toward a Linguistic Theory of Speech Acts*. Nova York: Academic Press.

_____ (1975). The soft interpretive underbelly of generative semantics. In Cole & Morgan (1975: 383-96).

_____ (1978). On testing for conversational implicature. In Cole (1978: 281-98).

_____. A semantic version of the performative hypothesis. (Artigo apresentado na Universidade de Cambridge, 1979.)

_____ e ZWICKY, A. M. Sentence types. In Shopen (org.).

SAMUELS, M. L. (1972). *Linguistic Evolution, with Special Reference to English*. Cambridge: Cambridge University Press.

SAYWARD, C. (1974). The received distinction between pragmatics, semantics and syntax. *Foundations of Language*, 11, 97-104.

_____ (1975). Pragmatics and indexicality. *Pragmatics Microfiche*, 1.3, D5-D12.

SCHEGLOFF, E. A. (1972a). Sequencing in conversational openings. In Gumperz & Hymes (1972: 346-80).

_____ (1972b). Notes on a conversational practice: formulating place. In Sudnow (1972: 75-119). (Reimpresso in Giglioli (1972: 95-135).)

_____ (1976). On some questions and ambiguities in conversation. Pragmatics Microfiche, 2.2, D8-G1. (Reimpresso in Atkinson & Heritage (no prelo).)

_____ (1979a). Identification and recognition in telephone conversation openings. In Psathas (1979: 23-78).

_____ (1979b). The relevance of repair to syntax-for-conversation. In Givon (1979: 261-88).

_____ (a). "Repair after third turn". (Artigo apresentado na Conferência sobre Análise da Conversação na Universidade de Warwick, 1979.)

_____ (b). "Do you know where Mr Williams is". (Artigo apresentado na Conferência sobre Pragmática, Urbino, julho de 1979.)

_____ e SACKS, H. (1973). Opening up closings. *Semiotica*, 7.4, 289-327. (Reimpresso em Turner (1974a: 233-64).)

_____, JEFFERSON, G. e SACKS, H. (1977). The preference for self-correction in the organization of repair in conversation. Language, 53, 361-82.

SCHENKEIN, J. (org.) (1978). *Studies in the Organization of Conversational Interaction*. Nova York: Academic Press.

SCHIFFER, S. R. (1972). *Meaning*. Oxford: Clarendon Press.

SCHMERLING, S. F. (1975). Asymmetric conjunction and rules of conversation. In Cole & Morgan (1975: 211-32).

_____ (1978). Towards a theory of English imperatives. Texto mimeografado. Departamento de Lingüística da Universidade do Texas, Austin.

SCOTT, D. (1970). Advice on modal logic. In K. Lambert (org.), *Philosophical Problems in Logic*. Dordrecht: Reidel, pp. 143-73.

SEARLE, J. R. (1969). *Speech Acts*. Cambridge: Cambridge University Press.

_____ (org.) (1971). *Philosophy of Language*. Oxford: Oxford University Press.

_____ (1974). Chomsky's revolution in linguistics. In G. Harman (org.), *On Noam Chomsky: Critical Essays*. Nova York: Anchor Books, pp. 2-33.

_____ (1975). Indirect speech acts. In Cole & Morgan (1975: 59-82).

_____ (1976). The classification of illocutionary acts. *Language in Society*, 5, 1-24. (Reimpresso em Searle (1979b: 1-29).)

_____ (1979a). Metaphor. In Ortony (1979a: 92-123). (Reimpresso in Searle (1979b: 76-116).)

_____ (1979b). *Expression and Meaning*. Cambridge: Cambridge University Press.

_____, KIEFER, F. e BIERWISCH, M. (orgs.) (1980). *Speech Act Theory and Pragmatics*. Synthese Language Library, vol. 10. Dordrecht: Reidel.

SEBEOK, T. (org.) (1960). *Style in Language*. Cambridge, Mass.: MIT Press.

SELLARS, W. (1954). Presupposing. *Philosophical Review*, 63, 197-215.

SHOPEN, T. (org.). *Language Typology and Syntactic Fieldwork*. (Título provisório.) Cambridge: Cambridge University Press.

SILVERSTEIN, M. (1976). Shifters, linguistic categories, and cultural descriptions. In K. H. Basso e H. A. Selby (orgs.), *Meaning in Anthropology*. Albuquerque: University of New Mexico Press, pp. 11-55.

SINCLAIR, A. (1976). The sociolinguistic significance of the form of requests used in service encounters. Dissertação de Diplomação inédita, Universidade de Cambridge.

SINCLAIR, J. M. e COULTHARD, R. M. (1975). *Towards an Analysis of Discourse: the English Used by Teachers and Pupils*. Londres: Oxford University Press.

SMITH, N. V. (org.) (1982). *Mutual Knowledge*. Londres: Academic Press.

_____ e WILSON, D. (1979). *Modern Linguistics: the Results of Chomsky's Revolution*. Harmondsworth: Penguin.

SNOW, C. (1979). Conversations with Children. In Fletcher & Garman (1979: 363-76).

_____ e FERGUSON, C. (orgs.) (1977). *Talking to Children*. Cambridge: Cambridge University Press.

SOAMES, S. (1979). A projection problem for speaker presuppositions. *Linguistic Inquiry*, 10.4, 623-66.

SPERBER, D. e WILSON, D. (1981). Irony and the use/mention distinction. In Cole (1981: 295-318).

_____ e WILSON, D. *The Interpretation of Utterances: Semantics, Pragmatics, and Rhetoric*.

STALNAKER, R. C. (1972). Pragmatics. In Davidson & Harman (1972: 380-97).

_____ (1974). Pragmatic presuppositions. In Munitz & Unger (1974: 197-214). (Reimpresso como Stalnaker (1977).)

_____ (1977). Pragmatic presuppositions. In Rogers, Wall & Murphy (1977: 135-47).

_____ (1978). Assertion. In Cole (1978: 315-32).

STEINBERG, D. e JAKOBOVITS, L. (orgs.) (1971). *Semantics: an Interdisciplinary Reader in Philosophy, Linguistics and Psychology*. Cambridge: Cambridge University Press.

STENIUS, E. (1967). Mood and language game. *Synthese*, 17, 254-74.

STEVENSON, C. L. (1974). Some aspects of meaning. In F. Zabeeh, E. D. Klemke e A. Jacobson (orgs.), *Readings in Semantics*. Urbana: University of Illinois Press, pp. 35-88.

STRAWSON, P. F. (1950). On referring. *Mind*, 59, 320-44.

_____ (1952). *Introduction to Logical Theory*. Londres: Methuen.

_____ (1964). Intention and convention in speech acts. *Philosophical Review*, 73, 439-60. (Reimpresso in Searle (1971: 23-38).)

_____ (org.) (1971). *Philosophical Logic*. Oxford: Oxford University Press.

SUDNOW, D. (org.) (1972). *Studies in Social Interaction*. Nova York: Free Press.

TAMBIAH, S. J. (1968). The magical power of words. *Man*, 3, 175-208.

TANNEN, D. (1979). What's in a frame? Surface evidence for underlying expectations. In R. O. Freedle (org.), *New Directions in Discourse Processing*, vol. 2. Norwood, NJ: Ablex, pp. 137-82.

TANZ, C. (1980). *Studies in the Acquisition of Deictic Terms*. Cambridge: Cambridge University Press.

TERASAKI, A. (1976). *Pre-announcement Sequences in Conversation*. Social Science Working Paper 99. Escola de Ciências Sociais, Universidade da Califórnia, Irvine.

THOMASON, R. H. (1977). Where pragmatics fits in. In Rogers, Wall & Murphy (1977: 161-6).

TREVARTHEN, C. (1974). Conversations with a two month old. *New Scientist*, 62, 230-3.

_____ (1979). Instincts for human understanding and for cultural co-operation: their development in infancy. In M. von Cranach, K. Foppa, W. Lepenies e D. Ploog (orgs.), *New Perspectives in Ethology*. Cambridge: Cambridge University Press, pp. 530-71.

TRUBETZKOY, N. S. (1939). *Grundzüge der Phonologie*. Travaux du Cercle Linguistique de Prague 7.

TRUDGILL, P. (org.) (1978). *Sociolinguistic Patterns in British English*. Londres: Arnold.

TURNER, R. (1972). Some formal properties of therapy talk. In Sudnow (1972: 367-96).

_____ (org.) (1974a). *Ethnomethodogy: Selected Readings*. Harmondsworth: Penguin.

_____ (1974b). Words, utterances and activities. In Turner (1974a: 197-215).

ULLMAN, S. (1962). *Principles of Semantics*. 2ª ed. Oxford: Blackwell.

UYENO, T. Y. (1971). *A Study of Japanese Modality: a Performative Analysis of Sentence Particles*. Tese de PhD inédita, Universidade de Michigan.

VAN DIJK, T. A. (1972). *Some Aspects of Text Grammars*. Haia: Mouton.

_____ (org.) (1976). *Pragmatics of Language and Literature*. Amsterdam: North Holland.

VAN FRAASSEN, B. C. (1969). Presuppositions, supervaluations and free logic. In K. Lambert (org.), *The Logical Way of Doing Things*. New Haven: Yale University Press, pp. 67-92.

_____ (1971). *Formal Semantics and Logic*. Nova York: Macmillan.

VERSCHUEREN, J. F. (1978). *Pragmatics: an Annotated Bibliography*. Amsterdam: Benjamins. (Suplementos aparecem anualmente no Journal of Pragmatics.)

VERSCHUEREN, J. F. (1980). *What People Say They Do with Words*. Tese de PhD inédita, Universidade da Califórnia, Berkeley.
WALES, R. (1979). Deixis. In Fletcher & Garman (1979: 241-60).
WALKER, R. (1975). Conversational implicatures. In Blackburn (org.), *Meaning, Reference and Necessity*. Cambridge: Cambridge University Press, pp. 133-81.
WALTERS, J. (org.) (1981). *The Sociolinguistics of Deference and Politeness*. Edição especial do *International Journal of the Sociology of Language*, 27. Haia: Mouton.
WATSON, R. (1975). The interactional uses of pronouns. *Pragmatics Microfiche*, 1.3, A3-C1.
WATZLAWICK, P., BEAVIN, J. H. e JACKSON, D. D. (1967). *Pragmatics of Human Communications*. Nova York: W. W. Norton.
WEINREICH, U. (1966). Explorations in semantic theory. In T. Sebeok (org.), *Current Trends in Linguistics*, vol. 3. Haia: Mouton, pp. 395-477.
WERTH, P. (org.) (1981). *Conversation and Discourse*. Londres: Croom Helm.
WILKS, Y. (1975). Preference semantics. In Keenan (1975: 329-48).
WILSON, D. (1975). *Presuppositions and Non-Truth Conditional Semantics*. Nova York: Academic Press.
_____ e SPERBER, D. (1978). On Grice's theory of conversation. *Pragmatics Microfiche*, 3.5, F1-G14. (Reimpresso como Wilson & Sperber (1981).)
_____ e _____ (1979). Ordered entailments: an alternative to presuppositional theories. In Oh & Dinneen (1979: 229-324).)
_____ e _____ (1981). On Grice's theory of conversation. In Werth (1981: 155-78).
WITTGENSTEIN, L. (1921). *Tractatus Logico-Philosophicus*. (Reimpresso e traduzido como Wittgenstein (1961).)
_____ (1958). *Philosophical Investigations*. Oxford: Blackwell.
_____ (1961). *Tractatus Logico-Philosophicus*. Traduzido por D. F. Pears e B. F. McGuiness. Londres: Routledge & Kegan Paul.
WOOTTON, A. The management of grantings and rejections by parents in request sequences. *Semiotica*.
WUNDERLICH, D. (org.) (1972). *Linguistische Pragmatik*. Frankfurt: Athenäum.
ZWICKY, A. (1974). Hey, whatsyaname! *Proceedings from the Tenth Regional Meeting of the Chicago Linguistic Society*, pp. 787-801.

ÍNDICE REMISSIVO

Os números das páginas em **negrito** indicam definições ou discussões principais. A primeira ocorrência de abreviações está indexada; as demais serão encontradas depois da forma por extenso.

aberturas, de conversações, *ver* organização geral
"aboutness", 110, 279-82
AC, 363-4; *ver também* análise da conversação
ação:
   e atos de fala, 289 ss., 305, 312, 328
   e discurso, 366-73
   teoria da, 52-3, 72
acarretamento, 16, 62, 118-9, 129, 143-4, 159, 164-71 *passim*, 178, 215, **216-8**, 223, 233, 242 ss., 253-60, 272-5, 276-9, 282, 328; *ver também* conseqüência lógica
   de pano de fundo *versus* de primeiro plano, 278-9
   definição de, 217
   e condições de felicidade, 328-9
   e implicatura, 129, 143-4, 152-3, 165-72, 178, 271-3, 276-7, 282
   e pressuposição, 216-20, 223, 233, 242 ss., 253-60, 271-5
   escala focal de, 278
acarretamento semântico, 217, 253 ss.; *ver também* acarretamento
acarretamentos de primeiro plano *versus* de pano de fundo, 278-9
"acionadores", de inferências, 58 ss
   de implicaturas, 135
   de interpretações de força indireta, 345, 348
   de metáforas, 187, 195
   de pressuposições, 223, 226-34
ações:
   como reações à conversação, 301, 329, 366, 369
   envolvidas na fala, 300; *ver também* atos ilocucionários, atos de fala
   mapeamento das enunciações ligadas a, 334-52, 367-73

acontecimento discursivo, 102-3, 117; *ver também* evento de fala
AD, 363-4; *ver também* análise do discurso
adequação, 8, **29-32**, 37-8, 221, 260, 291 ss., 312
advérbios:
de lugar, 65, 74-5, 97 ss.
de modo, 232n
de tempo, 65, 74-5, 90 ss.
performativos, 315, **323-8**, 334-5, 338
advérbios performativos, *ver* advérbios
AFI, 334-5; *ver também* atos de fala indiretos
afirmação exagerada, 206
afirmações, 70-1, 214 s, 298-9, 307, 334-5, 352-3, 358n; *ver também* asserção, constatativos, representativos
versus sentenças, *ver* enunciação (*versus* sentença)
afirmações existenciais, 273-4; *ver também* descrições definidas
alemão, 88
alfabetização, 55, 485
alguns, 44-5, 148-51, 165, 117-8, 203, 484; *ver também* quantificadores
alongamento, de sílabas, 381, 432, 437, 481
alternância de turnos, 55, 83, **376-85**, 406-9, 411-7, 423-4, 455, 485
administrada localmente *versus* pré-alocada, 377, 381-3, 406
base etológica de, 383
e olhar, 383
e pausas, 379-80, 383-4, 416-7
e prosódia, 377, 383, 480
e sintaxe, 469
iniciação de, 411-2, 414

modelo de "sinalização" de, 383-4
motivação auditiva para, 382n
precisão de, 376, 378
propriedades de, 376-7
regras para, 376-7, **378**, 379-85 *passim*, 417
regras universais de, 382
suspensão de, 413-4, 420, 423, 447
término de, 414-5
alvo, da mensagem, 83, 88-9, 330
amahuaca, 96
amálgamas sintáticos, 204, 331-2, 479
ambiente, *ver* contexto, formalidade
ambigüidade:
alegações de, 44-5, 123-7, 135, 148-9, 164-81, 256, 258, 327
de escopo, 153-4, 214-6, 255-6, 281-2, 327
de força literal *versus* indireta, 343-52, 356, 422, 455, 467
de negação, 214-6, 246-7, **255**, 258, 267, 281-2
dêitica, 92-3, 101-2
e seqüência conversacional, 423-5, 455
ambigüidade, evitar, 127, 347; *ver também* modo, máxima do
amplitude, 381, 398, 475
anáfora, **81**, 105-8, 237-8, 314, 333
e dêixis de discurso, 99n, 105-6
análise componencial, de significado, 14-5, 84, 184 ss., 253, 259
análise da conversação, IX, 55, 354-5, 359, 363-4, 374 ss.
dados da, 364, 374-6, 416
e contexto, 375
e lingüística, 468-70, 479
e sentença ou estrutura de turnos, 365, 377, 384-5, 473-4; *ver também* turnos
funcionalismo na, 406, 411-5, 469-70

métodos de, 363-4, 406-16
"regras" em, 472; *ver também*
  alternância de turnos
  versus análise do discurso, 361-73
análise do discurso, 363-73
  atos de fala em, 366-73, 453
  categorias de, 364-6
  crítica de, 367-73, 453-4
  dados de, 363-4, 453
  interacional *versus* gramática
    textual, 366
  intuições em, 364-5, 371
  métodos de, 363-4, 406-7
  regras de seqüenciação em, 363-4,
    367-73, 389, 472
  sentenças em, 365-6
análise performativa, *ver* hipótese
  performativa
analogia, 193, 197-200
anomalia:
  pragmática, **7-8**, 30-1, 66-7, 123,
    131, 160, 197-9, 213, 253, 261,
    290-2, 294, 298, 314, 338-40,
    370-1; *ver também* adequação
  semântica, 107, 187-8, 247, 253,
    255; *ver também* contradição,
    falsidades (categoriais)
"antítese", 312 ss.; *ver também* atos de
  fala
anulabilidade, 16-7, 30, 141-2, 150-1,
  169-71, 177-9, 235-41, 253,
  259, 267 ss., 283, 372; *ver
  também* cancelabilidade, *e em*
  implicatura conversacional,
  pressuposição
  e contexto discursivo, 143-4, 234,
    240, 242 ss., 280
  e contexto lingüístico, 143-4, 234,
    241 ss., 279
anulação da equi-NP, 316
apreciações, 420, 423, 427
apresentativos, 78

aquisição, XII, 52, 56, 72-4, 83, 287,
  358-9, 362, 382, 474, 482
  de atos de fala, 358-9
  de dêixis, 74-5, 83
  de segunda língua, 474, 483
argumento griceano, *ver* implicatura
  conversacional (cálculo de)
artigo:
  definido, 73n, 102; *ver também*
    definitude
  indefinido, 156-7
artigo definido, *ver* artigo
aspecto, 95
aspectos condicionais de não-verdade
  do significado, 15-6, 22-3, 71-2,
  108-9, 116-9, 157-61, Cap. 3
  passim, 238n, 253-85, Cap. 5
  passim
aspectos convencionais do significado,
  15n, 17-8, 20-1, 23, 66, 140-1,
  157-63, 262-3, 269-70, 274 ss.,
  290-1, 301-2, 306, 309, 335,
  358-9, 473; *ver também*
  conteúdo convencional,
  gramaticalização, significado de
  sentença
  condição de não-verdade, 15-6,
    22-3, 118-9, 157-9, 263 ss.;
  ver também implicatura
  convencional, aspectos
  condicionais de não-verdade,
  pressuposição
aspectos não convencionais do
  significado, 15n, 18, 126-7,
  140-1, 145-7, 162-3; *ver também*
  implicatura conversacional, *e em*
  atos de fala (e intenções),
  pressuposição (redução de)
asserção:
  conceito de, 131, 211 ss., 307,
    312, 319-25, 331, 338-9, **353**,
    432-3; *ver também* constatativos,

representativos, atos de fala,
    afirmações
e pressuposição,
    211 ss., 224-5, 250-1; *ver*
    também pressuposição
atitudes proposicionais, 248, 306-7
atividade conversacional *versus*
    conversação, 406
ato de enunciação *versus* produto de
    enunciação, 22
atos de fala, 11, 32, 50, 53, 87, 110,
    131, Cap. 5, 362, 366 ss., 425,
    453, 455, 458 ss., 473, 479; *ver*
    também força ilocucionária,
    performativos
    abuso *versus* falha dos, 292
    ambigüidade do termo, 299-300,
        308
    aquisição de, 358-9
    aspectos interacionais dos, 301,
        329-30
    caracterização dos, 296-7, 303-7,
        309-10, 352-3; *ver também*
        condições de felicidade
    classificação dos, 297-8, 303-7, 310
    condições de felicidade nos, *ver*
        condições de felicidade
    conseqüências dos, 301, 329
    definição de, 300
    e conversação, 355 ss., 362, 365-
        73, 424, 473
    e intenções, 291, 305-6, 359
    e referência, 72-3
    e semântica das condições de
        verdade, 312-34
    e sinceridade, 292, 298
    e sintaxe, 313-18, 330-4, 337-41,
        479
    entendimento dos, 292, 301, 330
    indiretos, *ver* atos de fala indiretos
    irredutibilidade dos, 311-2, 318-34;
        ver também "tese"
    mapeados nas enunciações, 334-52,
        354-8, 365-73
    múltiplos, por sentença, 331,
        368-9
    natureza convencional dos, 291-2,
        301, 305, 308, 335, 359
    precondições institucionais para,
        291-2, 306-7, 313n, 328-9
    redução dos, 312, 318, 323, 328;
        ver também "antítese"
    "relações de família" dos, 302n,
        347-8, 355
    teoria da "antítese" dos, 312, 318
    teoria de "tese" dos, 308-9, 322,
        327, 334
    teoria de mudança de contexto dos,
        352-4
    universais dos, 344, 352
    versus perlocuções, **301**, 306,
        308-9, 369
atos de fala indiretos, 60-1, 205,
    334-52, 370, **458-68**
    definição de, 334-5
    e condições de felicidade, 345-8
    e entoação, 343, 480
    e pré-solicitações, 463-8
    e sintaxe, 337-41, 342-3, 347,
        467-8, 471, 480
    polidez de, 348-9
    problema de compreensão, 341 ss.,
        358
    regras para, 345-8, 367, 370
    teoria de inferência de, 341, 344-5,
        354-60, 370
    teoria idiomática de, 341-5, 351
    universalidade de, 344, 352
atos/efeitos perlocucionários, 300-1,
    306-7, 368, 371
    propriedades dos, 301, 371
    reações aos, 368, 371
atos ilocucionários, 293, **300-1**;
    ver também atos de fala

versus atos/efeitos locucionários, 300
versus perlocucionários, 300-1; *ver também* atos perlocucionários
atos locucionários, **300**
auto-edição, 398, 428, 437-8, 470, 482; *ver também* reparo
auto-identificação, *ver* falantes
autonomia:
 da semântica com relação à pragmática, 24-5, **40-2**, 72, 116-7; *ver também* componentes de teoria lingüística, pragmática, semântica
 da sintaxe com relação à pragmática, XI, 341-2, 478-9; *ver também* pragmática, regras sintáticas
avaliações, **430-1**, 432-4
avisos, 296, 303-5, 313

basco, 114
base ou conhecimento comum, 240, 260, 266; *ver também* conhecimento mútuo
bem (*well*), 40, 108, 122n, 201, 390, 428, 433, 471, 478
bicondicional, 181
bivalência, 217n, 219, **220**, 256; *ver também* valores de verdade
brevidade, 127, 134, 139, 167-8
"buracos", *ver* pressuposição

C, 391n; *ver* chamador
cadeias de ações, 432-3
calculabilidade, de implicaturas, 145, 147, 149, 158, 160; *ver também* implicatura conversacional
cálculo, de tempo, 89, 92-3
canal, de comunicação, 27, 76, 394, 408
cancelabilidade:
 de implicaturas conversacionais, 141-4, 147, 149, 166, 177-8, 284-5

 de inferências, 141-4; *ver também* anulabilidade, suspensão
 de pressuposições, 216, 236-41, 242-52, 264-7, 269-75, 284-5
 e implicaturas convencionais, 158-60
capacidade, pragmática, 29-30, 63-4, 471-2, 474
características incidentais *versus* definidoras, 136-7, 187; *ver também* conotação
centro dêitico, 77, 89
chamado, chamamento, 87, 114, 358n, 394
 razões para, 394-7, 401-2, 444-5
chamador, em ligações telefônicas, 391n, 393 ss., 418-9, 440-3
chinantec, 104
chinês, 96
chinook, 89
codificação, **12-3**, 25, 37; *ver também* gramaticalização
coerência, na conversação, 60, 133, 363, 366, 398-400; *ver também* conversação
colocação em primeiro plano, de informações na oração, 48, 278-9; *ver também* colocação implícita, tópico/comentário
colocação implícita, de informações na oração, 48-9, 277-81, 285-6, 480; *ver também* dado/novo, pressuposição
comentário, *ver* tópico/comentário
comissivos, 305
comparação:
 e implicatura, 41-2
 e pressuposição, 230
 versus símile, 192; *ver também* símiles
comparação, entre línguas, XI, 12, 50-1, 54-6, 84-8, 92-3, 100-4, 109-16, 150, 256, 275, 296, 307, 344, 352, 376, 382, 398n,

441n, 473-4, 483-4; *ver também*
   universais
competência comunicativa, 30; *ver
   também* capacidade (pragmática)
competência/performance, 9-10, 29,
   39-43
componentes de teoria lingüística,
   9-10, 15-9, 26, 34-5, 40-3, 71,
   160-1, 180, 194, 340-1, 478-81
composicionalidade, 241, 266 ss.,
   342, 344
compreensão da língua, 25-6, 28,
   57 ss., 93, 121-2, 181-2, 343 ss.,
   355-80, 425, 468-9, 481, 484;
   ver também inteligência artificial,
   comunicação, inferência
compromisso, do falante, 28n, 165,
   168-9, 178, 270n, 307, 352-4
comunicação, **18-21**, 28-32, 34,
   45-8, 59, 122, 126, 140-1, 306,
   359, 483; *ver também*
   significado-nn
conceitos atômicos, *ver* análise
   componencial
concordância:
   de predicados, 85-6, 113-4, 161,
      479
   na conversação, *ver* discordância
concordância de honoríficos, 85-6,
   113-4, 161-2, 316; *ver também*
   concordância
condição de conteúdo proposicional,
   ver também condições de
   felicidade
condição essencial, *ver* condições de
   felicidade
condição preparatória, *ver* condições
   de felicidade
condicionais, 143, 169-70, **175-6**,
   180-1, 237-8, 244-5, 247, 249-
   52, 254, 257, 264-5, 271, 284,
   339-40

condições de adequação, 29
condições de felicidade, 16, 29, 131,
   140n, 210n, 275, **290-3**, **303-4**,
   310, 318, 328-9, 339, 345-6,
   357-8
   baseadas no falante *versus* ouvinte,
      345
   capacidade, 328, 346, 459 ss.
   classificação das, 291, 303-4, 310
   como acarretamentos, 328-9
   como implicaturas, 131, 305-6,
      328-9
   como pressuposições pragmáticas,
      328
   constitutivas de forças, 303-4, 310-1
   conteúdo proposicional, 304, 310,
      346
   de avisos, 305
   de promessas, 300
   de solicitações, 304-5
   e atos de fala indiretos, 345-6,
   e condições de verdade, 313, 328-9
   essenciais, 303-6, 310
   inflexibilidade das, 302n, 348n,
      357-8, 473
   preparatórias, 304, 310, 328, 345
   sinceridade, 304-5, 310, 345
condições de filtragem, para
   pressuposições, 249-52, 265-7,
   284
condições de uso, 312-3
condições de verdade, 14-8, 23-4, 33,
   41-2, 67-72, 95-6, 116-9, 148,
   152 ss., 157-60, 204, 212 ss.,
   280, 288, 312-3, 318-34
   de declarativas, 318-24, 328
   de enunciações *versus* sentenças, *ver*
      enunciação
   de não declarativas, 312-9, 326-7
   de performativas, 312-3, 318-34
   de tempos verbais, 94-6
   e atos de fala, 288 ss., 298-9, 312-34

e condições de felicidade, 328
e implicaturas, 152-63
e indexicais, 23-4, 67-74, 116-9
e pressuposições, 211-21, 223, 253-60, 269-70
e tautologias, 138, 154-5
conectivos, *ver* conectivos lógicos
e discurso, 366
conectivos funcionais de verdade, *ver* conectivos lógicos
conectivos lógicos, 124, 172-6, 180-1, 203-4, 242n, 244-5, 265, 269-70; *ver também* condicionais, conjunção, disjunção
conhecimento, *ver* conhecimento ou crença implícitos, lógica epistêmica, conhecimento mútuo
conhecimento enciclopédico, 25-7, 98, 181-2, 187, 259-60; *ver também* conhecimento ou crença implícitos, conhecimento mútuo
conhecimento mútuo, **19**, 53-4, 141-2, 236-7, 240, 260, 362; *ver também* conhecimento ou crença implícitos, base ou conhecimento comum
conhecimento ou crença implícitos, 5n, 25-6, 28, 61, 63, 141, 154-5, 178, 181-2, 210-1, 216-8, 225-6, 236-7, 240, 251, 253, 259, 266-7, 273-4, 277-8, 280-1, 352, 357-8, 362, 425, 452-3, 455-6; *ver também* base ou conhecimento comum, conhecimento mútuo
conhecimento partilhado, *ver* conhecimento ou crença implícitos, base ou conhecimento comum, conhecimento mútuo
conjunção, 41, 123-4, 134-5, 148-9, 158, 160, 164-5, 170, 173, 181, 250, 266, 268; *ver também e, mas,* conectivos lógicos
assimétrica, 41-2, 123-4, 135n, 148-9, 181-2, 205
conotação, 58-9, 186-7; *ver também* características incidentais *versus* definidoras
conselho, 340, 354, 428
conseqüência lógica, 70, 117, 129, 173-4, 217, 253; *ver também* acarretamento, inferência válida
consistência, de inferências, *ver* contexto (modelo ampliado de), inferência (inconsistência de)
constância sob negação, *ver* negação
constatativos, 290 ss., 297-8; *ver também* asserção, afirmações
contato visual, na comunicação, 87, 118, 376, 383
conteúdo comunicativo, de enunciações, 17-8, 124, 162, 177-8; *ver também* significado de sentença, significado de enunciação, significado-nn, significado vocabular
conteúdo convencional, 15n, 17-8, 20-1, 23, 58, 121-2, 141, 158-9, 194; *ver também* significado de sentença
conteúdo proposicional, 289n, 304, 307, **310**
contexto, X, 5, 9-12, 15-6, 22-5, **26-8**, 32, 36-7, 56 ss., 65-72 *passim*, **76**, 97 ss., 110 ss., 117, 124, 143-4, 151, 178, 188, 200, 222, 235-41 *passim*, 261, 267-8, 269-75, 278, 301, 310, 344, 350, 352-60 *passim*, 368-9, 375
codificado em sentenças, 10-3, 36-7, 56 ss., Cap. 2 *passim*, 225 ss.
como conjuntos: de índices, 71, 117; de proposições, 28n, 178-9, 269-75, 352-4

definições de, 27-9, 76, 269-70
discursivo, 127, 143-4, 235-41,
  253, 268, 368-9, Cap. 6 *passim*;
  ver também seqüência
e atos de fala indiretos, 344 ss.,
  354-60, 369-70
e cancelamento de inferência, *ver*
  cancelabilidade, anulabilidade
e geração de inferência, *ver*
  implicatura conversacional,
  frames, inferência
"institucional" *versus* conversacional,
  46-7, 355-80, 361, 382
intra-sentencial, ou lingüístico,
  144, 177-8, 234, 240-52; *ver*
  também problema de projeção
modelo ampliado de, 28n, 36-7,
  177-8, 269-75, 352-4
vazio, 10
contexto ampliado, *ver* contexto
  (modelo ampliado de)
contexto discursivo, e cancelamento
  de pressuposição, 240-1, 253-4,
  268; *ver também* conversação,
  dêixis de discurso
contexto vazio, 10
contextos modais, e pressuposições,
  243, 245, 268-9, 279
contração, 340
contradição, 124, 135, 171, 174,
  247, 255
contrafactual, 231
convenção, 17n, 20, 274-5
convencionalização, de implicaturas,
  206
conversação, 52, 54-5, 354-5, Cap. 6
  aberturas de, *ver* organização geral
  análise da, *ver* análise da
    conversação
  centralidade da, 361-2, 409, 481-2
  coerência na, *ver* coerência
  definição de, 361-2, 406

e inferência, 46-7, 59, Cap. 3, 355,
  364, **416-25**, 468
e pragmática, 361-2, 468-70, 480
e sintaxe, 469-70, 480
encerramentos de, *ver*
  encerramentos
estrutura da, 59, Cap. 6
intuições sobre, 364, 371
modelos de atos de fala da, 366-73,
  385-6, 473
modelos "sintáticos" de, 364-5,
  367-73, 386, 472
organização geral da, *ver*
  organização geral
organização seqüencial da, *ver* em
  pré-seqüências, seqüência
regras de seqüenciamento em,
  367-73, 472
sistemas locais na, *ver* sistemas de
  administração local
turnos na, *ver* turnos, alternância
  de turnos
unidades de, 366-73, 377; *ver*
  também turnos
universais da, 376, 382, 473-4
variações culturais na, 376, 382,
  398n, 441n; *ver também*
  universais da
versus atividade conversacional, 406
versus discurso "institucional", 361,
  382, **406**, 410
convites, 419-20, 426-7, 430, 445
cooperação, 53, 59, 61, 126 ss., 135,
  150 e Cap. 3 *passim*, 209, 266,
  306, 348, 455
e procedimentos judiciais, 150-1
coordenação, na interação, 53-4,
  Cap. 6 *passim*
coreano, 94n, 112, 115
correções, 422-3, 437-8, 462-3; *ver*
  também reparo "embutido" *versus*
  "exposto", 463

co-referência, 82, 105-8, 316
crença, 3, 126, 131, 169, 352; *ver também* conhecimento ou crença implícitos, paradoxo de Moore
crer, 169-70
crítica literária, *ver* estilística
cubeo, 109

dado/novo, 109, 280-1, 285, 362, 455-6, 471; *ver também* colocação em primeiro plano, pressuposição, tópico
dados para uma teoria pragmática, *ver* autonomia, objetivos
de qualquer modo (*anyway*), 40, 105, 108, 119, 125, 201-2, 478
declarações, 305
declarativas, 48, 289, 307-9, 317-24, 334-54 *passim*, 450, 470; *ver também* tipos de sentença
decomposição léxica, 326
definição ostensiva, de pragmática, 32, 37-8
definitude, 102
dêixis, 4, 11, 32, 54, 61-3, Cap. 2, 317, 362, 469, 478
  abordagens filosóficas de, *ver* filosofia
  aquisição de, 74-5; *ver também* aquisição
  de discurso, **105-10**; *ver também* dêixis de discurso
  de lugar, **97-105**; *ver também* dêixis de lugar
  de pessoa, **83-9**; *ver também* papel de participante, pronomes
  de tempo, 89-97; *ver também* dêixis de tempo
  e condições de verdade, 23-4, 63, 70-4, 108-9, 116-9
  e fronteira semântica/pragmática, 67, 72, 116-9, 317
  e índices, *ver* índices pragmáticos
  e lógica, 3-4, 70-2
  estruturas descritivas para, 74 ss.
  redutibilidade de, 69-70
  relativizada ao texto, 81n
  social, **110-6**; *ver também* dêixis social
dêixis de discurso, 75, 94n, 97, **105-10**, 159-60
  e condições de verdade, 118-9, 159-60
  e implicatura convencional, 158-9
  impura, 107
dêixis de lugar, 61-2, 74-5, **97-105**; *ver também* espaço
  e dêixis de discurso, 104
  e dêixis de tempo, 104-5
dêixis de pessoa, 23-4, 67, 74-5, **83-9**; *ver também* pessoa
dêixis de tempo, 74-5, **89-97**
  e dêixis de discurso, 105
  e dêixis de lugar, 104-5
dêixis empática, 99
dêixis social, 54, 75-7, 85, 94n, **110-6**, 159-60, 206, 221, 480; *ver também* honoríficos, pronomes T/V
  absoluta *versus* relacional, 111
  e condições de verdade, 118, 159-60, 221
  e implicatura convencional, 159-61, 221
  e pressuposição pragmática, 221
dêixis textual, *ver* dêixis de discurso, dêixis
demonstrativos, 56, 72, 73n, 75, 78, 88, **97-105**, 105
demonstrativos distais, *ver* demonstrativos proximais *versus* distais
demonstrativos proximais *versus* distais, 75, 98 ss., 108

demora, na conversação, 390, 427-8, 431, 434, 438; *ver também* pausas
dependente do (ou sensível ao) contexto significado, 15-7, 24-5, 31, 43, 66-74, 116-7, 143-4, 170, 178, 180, 200, 235-41, 251, 254, 259, 296, 342 ss., 354-80, 368-9, 416-25; *ver também* anulabilidade
desambiguação, contextual, 9-10, 33-4, 92-3, 148, 169, 296, 342 ss., 354-60, 422 ss.; *ver também* ambigüidade
descrição de contexto, 27
descrições, teoria das, 213-7
descrições definidas, 73, 213-7, 226, 272
desculpas, 357, 385, 428, 430, 460
deslocamento, do centro dêitico, 77, 82-3; *ver também* alternância de turnos
deslocamento para a esquerda, 109, 471; *ver também* regras de movimento
despedidas, *ver* encerramentos, conversacionais
despreferidos, 392; *ver também* turnos despreferidos
destacabilidade, 144, 158, 263, **282-3**; *ver também* não-destacabilidade
destinatários, 19, 27, 62-3, 75, **83-9**, 100, 112-3, 141-2, 317-8, 330; *ver também* papel de participante
honoríficos, *ver* honoríficos
determinantes, 101-2; *ver também* demonstrativos, *e em* artigo
diacronia, e dêixis, 77-8
e implicatura, 205-6
dialeto, 34-5
dias da semana, palavras para, *ver* períodos diurnos

DIFI, 302; *ver* força ilocucionária (dispositivos indicadores)
diglossia, 112, **115**
diretivas, 305-6; *ver também* ordens, solicitações
discordância, na conversação, 392, 428, 430, 433-4
discurso, 32, 40-2, 78, 201, 240; *ver também* conversação
bem-formado *versus* malformado, 364, 370-3, 389-0, 409-10nn
não conversacional, 78, 362, 366, 382, 406, 410
disjunção, 166, 169-70, **172-4**, 175-6, 238n, 245, 249-52, 254, 257-8, 269, 271-2
exclusiva *versus* inclusiva, 172-4
disjunção exclusiva *versus* inclusiva, *ver* disjunção
"dito" *versus* implicado, 121, 139 ss., 158, 163
domínio do discurso, 99n, 108
dravidiano, 469
dyirbal, 88, 101, 112, 115

e (and), 41, 123, 134-5, 148-9, 158, 164, 166, 173, 244; *ver também* conjunção
ei!, 398, 400, 470
elipse, 205n
elogios, 434
emissor de sinais, 19, 76
encerramentos, conversacionais, 54, 59, 87, 97, **403-6**, 414-5, 444-5; *ver também* organização geral
elementos de, 402-3
pré-encerramentos, 403-4, 410-1, 414
reabertos, 411
ênfase, XI, 43, 173n, 229, 278, 437-8, 475, 480; *ver também* prosódia

entendimento, 292, 301, 330, 362;
  ver também compreensão da
  língua, *e em* atos de fala
  mostra de, 409-10, 424, 435-6
entonação, XI, 43, 296, 343, 375,
  383, 398, 442, 480
enunciação, 3, 19, **22-3**, 28-31,
  36-8, 41-2, 66-71, 118, 126,
  129n, 163, 177-8, 182, 211-5,
  219, 222, 261, 269, 270-1,
  278-9, 293n, 308-9, 329, 350-1,
  354-8, 365 ss., 367n, 416 ss.,
  424, 468
  como unidade de conversação, 365,
    369, 373
  definições de, 22-3, 23n, 367n
  não-lingüística, 19-20, 369, 409-10
  versus sentença, como portadora
    das condições de verdade, 20-4,
    41-2, 67-72, 118, 129n, 165-6,
    215, 218-9, 253 ss., 289 ss.,
    313-4, 317 ss., 350-1; como
    portadora de força, 293n, 308,
    350-1; como portadora de
    implicaturas, 212-5, 218-9, 222,
    263-7, 269-70, 278-9, 285-6
enunciações enganosas, 131-2, 144-5;
  ver também anomalia
enunciações inadequadas, *ver* anomalia,
  adequação, felicidade, infelicidade
escala, lingüística, **164**, 171, 202-3, 271
escala implicacional, *ver* escala
escalares, implicaturas, *ver* quantidade
escopo, ambigüidades de, *ver*
  ambigüidade
escrita, 27, 115; *ver também* diglossia,
  alfabetização, mensagens
  gravadas
espaço:
  categorias dêiticas de, *ver* dêixis de
    lugar
  conceituação de, 82, 97-8, 101-2

espaço de transição, 436
espanhol, 103
espectadores, 83, 111
  honoríficos para, 111-2
estilística, 183, 287
estilo, 112; *ver também* diglossia,
  formalidade, polidez
estrutura da língua *versus* uso da
  língua, 9-13, 51-2, 110, 115,
  200-7, 468-71, 478-81
estrutura profunda ou subjacente,
  313-9, 325, 342; *ver também*
  forma lógica, representação
  semântica
estrutura superficial:
  e atos de fala, 313-8, 330-1, 337-8
  e implicatura, 152-5
  e pressuposição, 223, 234; *ver*
    também "acionadores"
  e turnos na conversação, 377,
    383-4
  interpretada, 156n
estruturalismo, 42, 471
etnografia da fala, 355, 474, 481
etnometodologia, 55, **374**
eufemismo, 206
even, 158
evento de fala, **355-8**; *ver também*
  acontecimento discursivo
exclamativas, 50, 307n
exemplos de contextualização, 27-8,
  34, 480
explicação, 47 ss.; *ver também*
  funcionalismo
exploração:
  das máximas de conversação, 135-
    40, 146n, 156, 177n, 183-200;
    ver também infração, máximas da
    conversação
  de uma convenção comunicativa,
    31, 140-1, 473
expressão de extensão, 263 ss

expressão de herança, 265-6
expressão de implicatura, 264-6
expressividade, princípio de, 297, 306-7
expressivos, 305
expressões auto-referentes, *ver*
    reflexividade de ocorrência
expressões definidas, 106; *ver também*
    artigo, demonstrativos
expressões dêiticas, 77
extração-lambda, 280-1

factivos, *ver* pressuposições de, verbos
"fala infantil", 9-10, 13, 359
falantes, 1-6, 9-10, 19-21, 24, 28 e n,
    61-3, 67, 70, 75, 78, **83-9**, 100,
    112-4, 126-7, 130n, 141, 167-9,
    178, 195-6, 213, 217, 221, 261,
    270n, 271-2, 277, 303-4, 307,
    313, 317, 330, 346, 348, 353,
    376 ss., 396, 432, 440-4
    identificação de, 68, 393, 395-6,
        418, 440-5
    seleção de, *ver* seleção do falante
        seguinte
    transição entre, *ver* alternância de
        turnos
falantes/receptores autorizados, 113
falsidades, categoriais, 137, 190, 194
felicidade, 29, 260-1; *ver também*
    adequação, condições de
    felicidade
felicitações, 474
figuras de linguagem, ou tropos, 46,
    135-40, 156-7, 183 ss., 199,
    479; *ver também* exploração,
    ironia, metáfora, perguntas
    retóricas, etc.
    classificação das, 183-4
    interpretação das, 194-5, 199
filosofia, da linguagem, 1-6, 42, 363,
    477
    e atos de fala, 288-312

e dêixis ou indiciais, 67 ss., 83, 98,
    108, 116-9
e pressuposição, 209-21, 285
"filtros", de pressuposições, *ver*
    pressuposição
filtros, sintáticos, *ver* regras sintáticas
fonologia, 40, 114
fonte, da mensagem, 83, 88-9
força, *ver* força ilocucionária
força, semântica, 164, 172, 180-2;
    ver também informatividade,
    escala
força ilocucionária, 299 ss., 352, 362;
    ver também performativos, atos
    de fala
    aquisição de, *ver* atos de fala
    constituída por condições de
        felicidade, 302-4, 310-1
    dispositivos indicadores, 302-3,
        309-11, 312, 335
    e intenção, 305-6, 359
    e sintaxe, 313-9, 326-34, 337-41,
        341, 347
    indireta, *ver* atos de fala indiretos
    literal *versus* indireta, 334-52, 370;
        ver também atos de fala indiretos
    múltipla, 331, 368-9
    natureza convencional de, *ver* atos
        de fala
    redução às condições de verdade,
        312-3, 318-30
    tipos de, 303-7; *ver também* atos de
        fala (classificação dos)
    versus conteúdo proposicional, 299-
        301, 307-8, 310
    versus perlocução, 299-300, 305-6;
        ver também atos/efeitos
        perlocucionários
força literal *versus* indireta, 334-52
    passim, 458, 467; *ver também*
    atos de fala indiretos, hipótese de
    força literal

forma lógica, 138, 277, 279-85; *ver também* representação semântica
de descrições definidas, 213-5
de sentenças clivadas, 155, 277
e atos de fala, 319 ss.
e implicatura, 152-5, 277, 279-85
e pressuposição, 213-7, 277, 279-85
formalidade, 27, 54-5, 111, 114
formas supletivas, e honoríficos, 114
formulação, 362, 445, 473
fórmulas, polidez, 54-5, 87, 470
fórmulas "rituais", *ver* fórmulas, polidez
fragmento de sentença, 19, 22, 204, 205n, 369-70
frames, para interpretação, 357-9, 425, 481
francamente, 323, 333
francês, 33, 78, 221, 441n
frástico, 307
função conativa, da fala, 49
função emotiva, do discurso, 49
função fática da linguagem, 49
função poética da linguagem, 49
função referencial da linguagem, 49, 55; *ver também* funções da linguagem
funcionalismo, 8, **47-56**, 121, 406, 411-5, 473, 480
funções da linguagem, 43, 49 ss., 303-7, 354-60, 396, 416 ss.; *ver também* atos de fala

generalizações inter-lingüísticas, *ver* universais
gesto, 63n, 66, 72, 78-9, 358, 369; *ver também* uso gestual
gramática, teoria geral da, 9-11, 14, 35, 39, 161-2, 201; *ver também* componentes, *e em* pragmática
gramática de Montague, 117, 162, **263**, 264

gramática do texto, 364-5
gramaticalização, 9-13, 25, 38, 51, 65-6, 74, 76, 83-4, 111, 115-6, 201-7, 226-32, 262 ss., 309
Guugu Yimidhirr, 112, 115

hesitação, 391, 398, 416, 428, 453, 454n, 481; *ver também* pausas
HFL, 335; *ver também* hipótese de força literal
hindi, 92
hipótese de força literal, **335-8**, 341-2, 344, **349**, 356, 258-60
hipótese performativa, 313-34, 347-8
base semântica para, 312-3, 319-30
base sintática para, 313-8, 330-4
colapso da, 319-34
versão forte da, 317-8
história, da pragmática, 1-6, 42 ss.
histórias:
"linha principal" da, 109
na conversação, 412-3, 420-1, 423-4, 449-50, 452-4; *ver também* ordem, modo
holofrases, 358
honoríficos, 30, 33, 76, **111-5**, 160-1, 206, 275, 316
destinatário, 112-4
espectador, 112-3
referente, 90 ss.; *ver também* pronomes T/V
HP, 313; *ver também* hipótese performativa

idealização, 39-40
identificação, de falante, *ver* falantes
idiomatismos, 342-5
imperativo, 48, 133, 296, 307-9, 316-7, 334-52 *passim*, 450, 470
implicação, lógica ou material, 129, 143; *ver também* condicionais, acarretamento

implicatura, 11, 32, 40, 44-5, Cap. 3,
362, 371, 478; *ver também*
implicatura conversacional,
implicatura convencional,
máximas ou conversação
  e estrutura da linguagem, 201-7,
  472
  e significado-nn, 126
  problemas para teoria da, 147-52,
  169-70, 180-1
  tipos de, **156-63**
  universalidade da, 128-9, 149-50,
  159
implicatura convencional, 23, 108,
  119, 145-6, **157-63**, 266
  e pressuposição, 162, 275-7
  e sintaxe, 161, 480
  propriedades de, 158, 160, 274-5
  redução de, 158 ss.
  teoria de Karttunen & Peters de,
  162, 266-9
implicatura conversacional, 11, 16,
  53-4, Cap. 3; *ver também*
  implicatura
  calculabilidade de, *ver*
    calculabilidade
  cálculo de, 141-2, 152-5, 157,
  165-8, 277
  cancelabilidade de, *ver*
    cancelabilidade
  definição de, 140
  e atos de fala indiretos, 344, 347
  e comunicação, 121-2, 126
  e condições de felicidade, 131, 306,
  328-9
  e condições de verdade, 152-5
  e conectivos lógicos, *ver*
    implicaturas conversacionais
  e estrutura da linguagem, 121,
  201-7, 480
  e figuras de linguagem, *ver* figuras
    de linguagem
  e forma lógica, 152-5, 277, 279-83
  e metáfora, 183-200
  e pressuposição, 155, 249, 271,
  276-85
  e significado-nn, 126
  e simplificação da semântica, 124-7,
  164-83, 478
  e sintaxe, 203-5, 480
  efetiva *versus* potencial, 166
  escalar, *ver* quantidade
  "filtros" de, 284
  generalizada, 16, **130**, 151-3, **157**,
  164-83, 177n, 202, 206, 238n
  indeterminação de, 146, 158-9, 199
  oracional, *ver* quantidade
  padrão, **130**, 133, 145, 156
  particularizada, 16, **156-7**, 206
  por infração, *ver* exploração, infração
  projeção de, 284-5; *ver também*
    problema de projeção
  propriedades de, **141-52**, 282-5;
    ver também calculabilidade,
    cancelabilidade, anulabilidade,
    não-convencionalidade, não-
    destacabilidade
  testes para, 147-52; *ver também*
    propriedades de
  tipos de, 156-7, 161-3
  universalidade de, 128-9, 149-58
implicaturas conversacionais:
  de clivadas, 155, 277, 281-2
  de condicionais, 143, 169-70, **175-
  6**, 179-80, 238n, 271-2, 284
  de conjunções, 41, 123-4, 134-5,
  148-9, 164-5, 169-70, 173, 181-2
  de disjunções, 166, 169-70, **172-4**,
  175-6, 238n, 269, 271-2, 284
  de escalas, *ver* quantidade
    (implicaturas escalares de)
  de orações não-vinculadas, *ver*
    quantidade (implicaturas
    oracionais de)

de quantificadores, 44-5, 124, 149-51, 165-6, 172, 177-8
de sentenças negativas, 276-81
ver também itens lexicais específicos e "acionadores"
implicaturas generalizadas, *ver* implicatura conversacional
implicaturas oracionais, *ver* quantidade
implicaturas padrão, 130-2, 146, 150
implicaturas particularizadas, *ver* implicatura conversacional
imprecativos, 50
imprecisão, 123-4, 172, 454
indeterminação, de implicaturas, 146, 199
índices, *ver* índices pragmáticos
índices pragmáticos, ou coordenados, 69, **70-1**, 116-9, 316-7
indiciais, 67 ss., 69; *ver também* dêixis
infelicidade, 31, 291, 298; *ver também* anomalia, adequação, felicidade
inferência, pragmática, 15-6, 25-6, 57 ss., 93-4, Cap. 3 *passim*, Cap. 4 *passim*, 344-52, 354-80, 364-5, 416-25, 468-9; *ver também* anulabilidade, implicatura, pressuposição, atos de fala indiretos
anulável, *ver* anulabilidade
como corolário de limitações de uso, 162-3, 355-6
de força ilocucionária, 343-52, 354-80, 458-68
e eventos de fala, 355-6
e significado-nn, 126
estrutura lingüística e, 209, 337-41, 467-9
frames para, 357-9, 425, 480
inconsistência de, 178-83, 240, 271-5, 284-5; *ver também*
contexto (modelo ampliado de), contradição
indutiva *versus* dedutiva, 142-33
na conversação, 46-7, 58-9, 355, 364-5, 368, 396, 410n, **416-25**, 468-9
regras de, 344-6, 355, 475
sensível ao contexto, 15-6, 44, 67 ss., 126, 143-4, 151-2, 156-7, 170, 180, 221, 235 ss., 251, 355-80; *ver também* anulabilidade
tipos de, 15-6, 45-9, 156-63
versus inferência semântica, 10, 15-6, 44-5, 66-7, 116-9, 124-6, 164-83, 209, 221, 253-85, 312-18
inferência dedutiva, 142-3
inferência indutiva, 142-3
inferência ou implicação pragmática, *ver* implicação, inferência
inferência válida, 142-3, 175, 217
inferências convidadas, 180-1
inferências negáveis, 131, 143, 160, 178, 234-5, 245-7
informatividade, 126-7, 131-2, 138, 162, 167, 182, 277, 281
princípio de, 162, **182**, 277, 281
infração, das máximas de conversação, 130-1, 135-41, 156-7, 183-200, 370-1; *ver também* exploração
iniciadores de reparo do turno seguinte, 427, 434, 436, 438-9, 451, 462, 470
inteligência artificial, 26, 53-4, 200, 357, 364, 425
intenção, comunicativa, 13, 18-21, 34, 73, 126, 305-6, 349, 353, 359, 407
intenção comunicativa, *ver* intenção
interação, *ver* interação face a face, conversação

interação face a face, 52-6, 65-6, 76, 87-8, 301, 359, 361-2, 364-5, 373-4, 393 e Cap. 6 *passim*, 485
versus comunicação recolocada, 62, 83-4, 88-90, 376, 393
interação homem-máquina, 483-4
interação na sala de aula, 47, 355, 361, 406, 485
interação nos tribunais, 150-1, 361, 406, 485
interpelação, 76, 86, 159-60; *ver também* papel de participantes, chamado, vocativos
termos ou títulos de, 63, 86-7, 92, 110-1, 113-4, 159-62, 377, 384, 443-4, 481
interrogativas, 48, 231, 307-9, 317, 334-52 *passim*, 450-1, 470
significado de, 348-9
interrupção, 379, 407-8, 422
ioruba, 96
ir, 61-2, 102-3; *ver também* verbos (de movimento)
ironia, 9, 20-1, 31, 34, 115, **136**, 145, 157, 199, 205, 348
IRTS, 434; *ver também* iniciadores de reparo do turno seguinte
itens de polaridade negativa, 205
itens lexicais, *ver* léxico, significado vocabular

japonês, 85, 92, 94n, 103, 109, 112, 114-6, 160, 469
javanês, 50, 112, 114, 116, 275
jogos de linguagem, 289, 357; *ver também* acontecimento discursivo, evento de fala
jogos, linguagem, *ver* jogos de linguagem
justificativas, conversacionais, 389, 391, 428

kwakwala, 94n

lacuna, *versus* silêncio, 379-80
lacunas de valor de verdade, 217n, **220**, 256
lamentar, 30-1, 223, 226, 236, 283; *ver também* factivos
lapso, *ver* pausas
latim, 90, 100
lexicalização, 202-4
léxico:
informação pragmática no, 10-2, 39-40, 124, 158-61, 201-2, 223, 226-32, 262-3, 269-70, 274-5, 341-5, 470
limitações pragmáticas sobre, 44, 124, **202-4**, 470
redução de complexidade no, 44-5, 124-7, 170-8, 202-4, 274, 285, 341-2
limitações de sistema, 52-3
limitações distribucionais, *ver* regras sintáticas
limitações pragmáticas, sobre a sintaxe, *ver* regras sintáticas
limitações rituais, 52-5
limitações sociais sobre o uso da língua, X, 54-5, 110, 355; *ver também* limitações rituais
limitações transderivacionais, 347-8
linguagem das crianças, *ver* aquisição
línguas algonquianas, 109
línguas ameríndias, 50, 92, 94n, 96, 100, 104, 109; *ver também línguas individuais*
línguas australianas, 50, 86, 88, 100; *ver também línguas individuais*
línguas do pacífico, 112; *ver também línguas individuais*
línguas do sudoeste da Ásia, 94n, 112, 160; *ver também línguas individuais*

línguas indo-européias, 109; *ver também línguas individuais*
línguas naturais *versus* artificiais, 7, 172, 180, 218, 220, 483-4; *ver também* inteligência artificial, anulabilidade, lógica (e língua natural)
línguas sem tempo verbal, 95-6
"línguas" tabu, 88, 112; *ver também* espectadores, dêixis social
"língüística aplicada", e pragmática, 473, 483
litote, 195, 199
local de relevância da transição, **377-8**, 379, 381, 384, 413-4, 454
localismo, 104
lógica, 7, 45, 69-71, 95, 124, 142-4, 171 ss., 173-4, 180, 211 ss., 217-20, 253 ss., 256-7, 275 ss., 353
  clássica, 69-70, 218-9; *ver também* bivalência
  de segunda ordem, 189n
  deôntica, 353
  dos três valores, 220, 256
  e anulabilidade, 141-4
  e língua natural, 7, 70-1, 124, 172 ss., 180, 211 ss., 217-8, 220, 253-60, 317 ss.
  epistêmica, *ver* lógica epistêmica
  modal, 175, 257
  predicado, 45; *ver também* quantificadores
  tempo, 95
lógica do tempo verbal, 95
lógica dos três valores, 220; *ver também* lacunas do valor de verdade, valores de verdade
lógica epistêmica, 168-70, 175, 180, 271, 354n; *ver também* conhecimento
lógica modal, *ver* lógica
LRT, 377; *ver também* local de relevância da transição

madurês, 115
mais-que-perfeito, 95; *ver também* tempo
mal-entendidos, 356, 423, 454-5, 483, 485; *ver também* ambigüidade, reparo
malgaxe, 100
marcação, 390-1, **425-6**
marcadores de deslocamento, 398, 411
mas, 149, 158, 160, 268, 433
máximas da conversação, **126** ss., Cap. 3 *passim*, 277, 306, 372, 469, 472; *ver também* modo, relevância, qualidade, quantidade
  análogos não-lingüísticos das, 129
  infração *versus* observância de, *ver* infração, observância, *e em* exploração
  limites às, 201
máximas de Grice, *ver* máximas da conversação
medição do tempo conforme o calendário, 89, 92-3
medidas:
  de espaço, 79 ss.
  de tempo, 73 ss.
meio, de comunicação, 27, 76, 115
menção, *ver* uso *versus* menção
mensagens gravadas, e dêixis, 89-90, 485
metáfora, 104, 125, 136, 147, 157, **183-200**, 205-6, 348
  "acionadores" para, 187
  classificação da, 189-90
  e analogia, 193, 197-200
  e anomalia semântica, *ver* e violação de categoria
  e modelos, 183, 197-9
  e mudança lingüística, 206

e psicologia, 183, 188, 197 ss.
e relação de identidade, 189n, 199n
e representação semântica, 192
e símile, 188-9
e sintaxe, 191-2, 194, 206-7
e violação de categoria, 187-8, 191, 195
estrutura da, 184
foco da, 184, 187
indeterminação da, 146, 199
modelo de transferência de aspectos da, 184-8
nominal, 189
paráfrases da, 186, 193, 198-9
predicativa, 189-90
reconhecimento da, 195-7, 199-200
regras de interpretação para, 185-8, 196
sentencial, 190
teoria da correspondência, 197-200
teoria da interação, **184-8**
teoria de comparação, **184**, 188-9
teorias pragmáticas da, 193-202
teorias semânticas da, 184-94
metonímia, 183
"mitigadores", 349, 428-9, 437-8
modais, 124, 168, 172, **173-4**, 243, 257
modalidade, 95, 167-8
modalidade deôntica, 243, 257, 353
modelos lógicos, de linguagem, *ver* semântica das condições de verdade, *e em* lógica (e língua natural)
modelos sintáticos, de discurso, *ver* conversação
modo, 296, **308**; *ver também* tipos de sentença
modo, máxima do, **127**, 128, 134-5, 139-40, 145-6, 149, 152, 155, 167, 182, 205, 277
modus tollens, 220

monitoramento, audiovisual, 52-3, 78, 118
morfemas, distribuição de, *ver* regras sintáticas
morfologia, 76, 85, 94-5, 113, 161, 316
movimentos, interacionais, 366, 384, 394, 396
mudança lingüística, *ver* diacronia
mudança semântica, 206-7

não-convencionalidade, de implicaturas, 145, 147
de pressuposições, 262 ss., 274 ss.
não-cooperação, 150-1; *ver também* cooperação
não-destacabilidade, **144-5**, 148-9, **179**, 263, 296-7
e implicaturas convencionais, 158, 160
e pressuposições, 144, 282-3
não-sinonímia, e implicatura, 155, 179
narrativa, *ver* histórias
necessidade *versus* possibilidade, 166, 168, 170, **173-4**; *ver também* modalidade, *e em* lógica (modal)
negação, 173n, 203, 211-21,
ambigüidade de, 214-5, 246, 256, 258, 267, 281-2
constância na, 211 ss., 222-5, 231-2, 245, 253
definições de, 218-9, 222-3
e pressuposição, *ver* pressuposição
escopo de, 214-5, 255, 277, 281-2
externa *versus* interna, 255, 280-1
lexicalização de, 202-3
teste, para pressuposições, *ver* constância na
negativas, *ver* negação
nêustico, 307
níveis, de gramática, *ver* componentes de teoria lingüística

níveis discursivos, 112; *ver também*
  honoríficos
Nova Guiné, línguas da, 100
novidades, na conversação, 396n,
  450 ss.; *ver também* dado/novo, *oh*

objetivos:
  de atores, 52-4, 373; *ver também*
    intenção
  de uma teoria pragmática, 8, 35-8,
    71-2, 93-4
  de uma teoria semântica, 35-6, 260
obliqüidade, 20-1, 334-52, 429; *ver
  também* atos de fala indiretos
observância, das máximas de
  conversação, 129-35, 140-1,
  156-7; *ver também* exploração
ocorrências de sentença, 22
oferecimentos, 305, 328, 348, 368,
  372, 385, 394, 427, 430, 440,
  442, 461
  preferidos a solicitações, 440, 456,
    461
oh, 2, 4, 40, 160, 201, 395, 454
okay, 403-4, 411, 415, 444, 464
olhar, 383; *ver também* contato
  visual
opções estilísticas, não-sinonímia de,
  155
operador de grupo, 280
operador gama, 280-1
optativas, 50
oração performativa, 313-34 *passim*
  cancelamento de, 314-6, 318,
    419-20
orações causais, 273, 325, 333
orações parentéticas, 223, 231, 338
orações relativas:
  não restritivas, 205, 230-1, 331
  restritivas, 231
orações temporais com *antes*, 224,
  228, 236, 273-4

ordem, de acontecimentos relatados,
  41-2, 123, 134, 181-2; *ver
  também* modo, histórias
ordem das palavras, 109-10, 285
ordens, 307-8, 312, 334-5, 346, 351,
  353-4
organização de preferências, **390-1**,
  417, **425-44**, 457-68 *passim*,
  474
  de seqüências, 434-44; *ver também*
    seqüências preferidas
  de turnos, 425-34; *ver também*
    turnos despreferidos, turnos
    preferidos
organização geral, da conversação, 59-
  60, **392-406**, 410, 419-21, 471,
  474
  e tópico, 393, 396, 414
  seções de abertura em, 393-7,
    410-2, 418, 440-3, 471; *ver
    também* saudações
  seções de encerramento em, 403-6,
    410-1, 471; *ver também*
    encerramentos
organização local *versus* geral, *ver*
  sistemas de administração local,
  organização geral
orientação:
  a princípios conversacionais, 128-9,
    406 ss.
  espacial, *ver* dêixis
  mútua, em interação, 52-4
ostentação, *ver* uso gestual
ou, 166, 169-70, 172-6, 238n, 269;
  ver também disjunção
ouvinte, *versus* destinatário, 88
ouvintes casuais, 88; *ver também*
  espectadores

papel, de participantes no
  acontecimento discursivo, *ver*
  papel de participantes

papel de participantes, 28, 74-5, **83** ss.,
    88-90, 105, 110, 112; *ver*
    também pessoa, alternância de
    turnos
paradoxo de Moore, 131, 299
paralinguagem, 76; *ver também* olhar,
    prosódia
parataxe, 149
pares de adjacência, 368, 372, **385-92**,
    392-406, 409, 411-2, 414-5,
    418-9, **425-34**, 448-50, *ver*
    também pré-seqüências,
    perguntas, solicitações, chamado,
    etc.
  caracterização de, 385-6, 389-92
  como unidade fundamental, 385
  e estrutura lingüística, 469-70
  e relevância condicional, 389, 408
  nas aberturas, 393-4, 411-2
  nos fechamentos, 403, 414-5
  organização de preferências em,
    390-2, 425-32, 443-4
  primeiras partes, 385 ss., 414, 450
  regra de uso, 385-6
  segundas partes, 385-6, 389-92,
    408, 414, 426 ss., 450;
    despreferidas, *ver* turnos
    despreferido; alcance das, 389-90;
    não preenchidas, 390, 408, 418-9,
    428-9
participantes, 1-6, 28, **83**, **88**, 102,
    110 ss., 127, 260, 270, 374,
    377, 381, 432, 455; *ver também*
    destinatário, espectadores,
    conhecimento mútuo, papel de
    participantes, falantes
particulares egocêntricos, 69
partículas, 50, 108-9, 113-5, 160,
    201-2, 285, 296, 469, 470; *ver*
    também de qualquer modo, oh,
    bem etc.
passiva, 48

pausas, 324, **379-80**, 391, 408-9,
    416-21, 427, 431, 434, 442,
    475, 482
  "preenchidas", 61
  teorias psicológicas das, 416
  versus lacunas, 379
  versus lapsos, 379-80, 384, 409, 417
  versus silêncio, 379-80, 409, 414,
    416-21, 431, 434, 438-9
"performadoxo", 327; *ver também*
    advérbios (performativos)
performance, *ver*
    competência/performance
performativos, **290-301** *passim*,
    309-34 *passim*, 358; *ver também*
    atos de fala
  explícitos, 293-4, 301, 309, 319-24;
    condições de verdade de, 310-2,
    318-29, 334-5, 349-50
  forma normal dos, 293-6, 299,
    309, 313 ss.
  implícitos, 293, 297, 310, 313-4,
    318-24, 349-50
  tempo/aspecto dos, 293-5, 313n
  verdade *versus* felicidade dos, 290-3,
    298, 311-2, 318-34
  versus constatativos, 290-2, 297-8
perguntas, 131-3, **231-2**, 304, 307,
    334-40, 344, 350, 352, 354,
    358n, 367-8, 372, 377, 417,
    422, 430, 451-5; *ver também*
    interrogativas
  como solicitações a fazer, 325, 350
  e respostas, 367, 372, 385-6, 390,
    409, 422; *ver também* pares de
    adjacência, respostas
  retóricas, 137, 195, 205, 350, 479
  tipos de, 231-2, 348n, 350, 417-8,
    470; *ver também* perguntas em eco
perguntas em eco, 438, 451, 470; *ver*
    também iniciadores de reparo do
    turno seguinte

perguntas retóricas, *ver* perguntas
perguntas-tag, 55, 332, 377, 469-70
períodos diurnos, palavras para, 62-3, 91-3
permissões, 352-3, 357
perspicuidade, 127, 129-30; *ver também* modo
"pessimismo interacional", 349, 467
pessoa:
  primeira, 65, 74, 84, 235, 294, 315; inclusiva *versus* exclusiva, 84, 357n
  segunda, 65, 74, 78, 84, 114, 315-6
  terceira, 75, 78, 84-7
  quarta, 109
pistas não verbais, 432; *ver também* olhar, pausas, prosódia
"*plugs*", *ver* pressuposição
poder de comunicação, de uma língua, 140-1; *ver também* expressividade
poesia, 183, 194
polidez, 51, 103, 162, 206, 316, 349, 381, 483
ponapeano, 112
ponto de vista, 77, 88, 102; *ver também* projeção dêitica
pontos de referência, dêiticos, 70, 117, 315-6
  tempo de referência, 94-5, 103-4
por favor, 59, 337-8, 341-3, 347, 468, 470
por meio desto (*hereby*), 69, 295, 297, 323
posição:
  caracterizações de, 445-6, 449-53
  seqüencial, 448 ss.
  versus turno, 448-9
posição social, *ver* status social
positivismo lógico, XIII, 288
possibilidade, 124, 166, 168, 170, **173-4**, 243, 257, 266; *ver também* modais, necessidade *versus* possibilidade

postulados conversacionais, 345-6, 359, 370
postulados do significado, 345
"pragmantaxe", 341
pragmática, 15 ss., **29-31**, 57-64; *ver também* inferência
pragmática:
  aplicações da, 483-5
  como competência *versus* performance, 9-11, 28-30, 39-43
  como componente de teoria lingüística, 39-42; *ver também* componentes de teoria lingüística
  definições da, 1-42
  e filosofia, *ver* filosofia
  e fonologia, 479-81; *ver também* prosódia
  e lingüística "central", 8-9, 39-42, 470-81
  e psicolingüística, 33, 481-2; *ver também* psicologia
  e semântica, 1 ss., 14-26, 39-42, 67, 71-2, 116-9, 220, 253-60, 277-81, 285-6, 478-9
  e sintaxe, XI, 1 ss., 48, 110n, 114, 155, 161, 204-5, 226-32, 313-18, 330-4, 337-42, 347, 377, 468-71, 478-9
  empírica *versus* teórica, 39, 355, 363
  limites ou fronteiras da, 1-6, 14-26, **32-5**, 67, 72, 115-9, 481
  lingüística gerativa e, XII s., 42-8, 161-2, 210, 220, 313-19, 330-4, 470-81
  motivações para, 42 ss.
  objetivos da, 8, **35-8**, 72, 93-4
  pura *versus* descritiva, 1-3
  redução da, à semântica, 116-9, 220, 253-60, 312-34

universal *versus* de uma língua
específica, 12, 50-1, 54-5; *ver
também* comparação (entre
línguas), universais
pragmática radical, 44n, 281n
pragmatismo, 1, 69
pré-anúncios, *ver* pré-seqüências
precedência, de palavras dêiticas,
92-3
pré-encerramentos, *ver* pré-seqüências
preferidos, 391-2; *ver também* turnos
preferidos, turnos despreferidos
prefixo performativo, 309, 311, 314-5,
321-2
pré-s, 444; *ver* pré-seqüências
(primeiros turnos de)
pré-seqüências, 392, **444-68**, 474
abortadas, 446, 452, 461
caracterização de, 444-9
compostas de pares de adjacência,
449-50
e organização de preferências,
457-68 *passim*
em aberturas, 444-5
motivações para, 446, 455-6,
458-61, 467
posições *versus* turnos em, 448-9,
450
pré-acordos, 447-8
pré-anúncios, 412, **449-58**, 466
pré-auto-identificações, 442-3, 445
pré-convites, 445
pré-encerramentos, 403-6, 410-1,
414-5, 444
pré-oferecimentos, 449
pré-solicitações, 409, 417, 440,
442, 446-8, **458-64**; e
solicitações indiretas, 464 ss.
primeiros turnos de, 444-5, 450,
453-4, 458-61, 465-7, 470
truncamento de, 465-8
pré-solicitações, *ver* pré-seqüências

pressões funcionais sobre a língua,
47-56, 207, 473; *ver também*
funcionalismo
pressuposição, 11, 16, 30-1, 32, 53,
62, 140n, 143n, 144-6, 149n,
159, 162, Cap. 4, 298, 307,
318, 329, 362, 469, 479-80
acionadores de, 223, **226-32**, 260-1,
264, 269-70, 274, 277
análise de acarretamento/
implicatura da, 276-85
anulabilidade de, 235-41, 253,
259, 267 ss., 279
"buracos" para, 245, 248, 252,
264-5, 268, 274
cancelamento de, 240-52, **269-75**
conceito de Strawson de, 215-6,
218, 222, 224
convencionalidade de, 262-3, 269,
274 ss.
de falante, 213, 217, 221, 222n
definições de, 215, **218**, 220, 231-2
destacabilidade de, 263, **282-3**
e acarretamento, 218-23, 242-60,
271-85
e asserção, 211-2, 216, 224, 250, 307
e condicionais, 231, 233, 237-8,
244-5, 247, **249-52**, 254, 257,
264-7, 271-2, 362; *ver também*
"filtros" de
e condições de felicidade, 210, 329
e condições de verdade, 253-60,
269-70
e conhecimento mútuo, 30-1,
140n, 260, 267-8, 270, 273-4
e conjunção, 250, 266, 269
e contextos modais, 243, 245, 257
e crença implícita, *ver*
conhecimento ou crença
implícitos, base ou
conhecimento comum,
conhecimento mútuo,

pressuposição (e conhecimento
    mútuo)
  e disjunções, 238, 245, **249-52**,
    254, 257-8, 269, 271, 284
  e estrutura da sentença, 209, 263
  e filosofia, *ver* filosofia
  e implicatura convencional, 162,
    264-70, 274-6
  e implicatura conversacional, 144-5,
    169, 235, 247n, 249, 271-2,
    275-81
  e negação, 211-23, 231-2, 245, **255**,
    258, 267, 272-4, 276-8, 281-2
  e sintaxe, 263, 480
  e valores de verdade, 211-23
  efetivas *versus* potencial, 270
  em sentenças positivas, 245-7, 251
  "filtros" de, 250-2, 254, 264-8,
    274, 284
  heterogeneidade de, 224, 275
  negação de, 214-6, 242, **245-7**,
    255, 267, 272-3
  pragmática, 119, 221, **259-60**, 329
  projeção de, 242-56, 264-75, 282-5
  propriedades de, 234-52
  realocação de, 275-85
  redução de, 247n, **275-85**
  semântica, 217-21, 223n, **253-60**
  sentenças *versus* enunciações, como
    portadores de, 213-5, 218,
    222-3, 264-7, 269
  sobrevivência da, em contextos
    modais, 243, 257, 284; em
    sentenças compostas, 231-2,
    245; por meio de "buracos",
    245, 248-9, 252
  suspensão de, 143n, 251
  tampões (*plugs*) para, 248-9, 252,
    264-5, 268, 273-4
  universalidade de, 274-5
pressuposição pragmática, *ver*
    pressuposição

pressuposição semântica, *ver*
    pressuposição
pressuposições:
  de advérbios, 232n
  de clivadas, 155, 229, 239, 262,
    276-81
  de comparações, 230
  de contrafactuais, 231
  de descrições definidas, 215-7, 226
  de ênfase, 229, 278, 480
  de iterativos, 62, 228, 244
  de nomes próprios, 211-2, 217,
    223-4
  de orações relativas, 224, 230-1
  de orações temporais, 217, 224,
    228
  de perguntas, 231-2
  de quantificadores, 217
  de termos singulares, 217
  de verbos de julgamento, 228
  de verbos de mudança de estado,
    217, 227, 238
  de verbos factivos, 30-1, 223-4,
    226, 237, 240, 245, 479
  de verbos implicativos, 223, 227
primeiras partes, *ver* pares de
    adjacência
primeiro plano *versus* pano de fundo,
    278-9; *ver também*
    conhecimento ou crença
    implícitos
princípio cooperativo, **126**, 135, 141,
    145
princípios, de uso lingüístico, 10-3,
    38, 41-2, 45-6, 346; *ver também*
    expressividade (princípio de),
    implicatura, informatividade
    (princípio de)
princípios griceanos de inferência, *ver*
    implicatura
prioridade lógica, dos componentes
    da gramática, *ver* autonomia (da

semântica), componentes de
teoria lingüística
problema de projeção, 15
  para implicaturas, 165-6, 168-9,
    177-8, 180-3, **284-5**
  para pressuposições, 237, **242-52**,
    253-60, 269-70, 282-5
  para tópicos, X
projeção dêitica, 77, 82, 89-90
projetabilidade, de conclusão de
    turno, 377
promessas, 131, 292, **303**, 305, 329,
    353; *ver também* comissivos
pronomes, 4, 84 ss., 105-8
  análise componencial de, 84-5
  de preguiça, 107
  e anáfora, 105-8
  e dêixis de discurso, 105-8
  e dêixis social, 111 ss.
pronomes polidos, *ver* pronomes T/V
pronomes T/V, 33, 85, 111, 113,
    159-61, 206
  e condições de verdade, 117, 159-60,
    221
pronominalização, 107
proposições, 36-7, **70-1**, 98, 117,
    145, 307, 310
prosódia, XI, 43, 87, 114, 230, 285,
    324, 343, 375, 383, 396, 398,
    442, 469, 480; *ver também*
    entonação, alongamento, ênfase
provérbios, 188
psicologia, e pragmática, 2-3, 5-6, 33,
    197-200, 357, 375, 383, 416,
    425, 481-2
público, 88, 100, 111; *ver também*
    espectadores

qualidade, máxima de, **126**, 128,
    130-1, 136-7, 195; *ver também*
    ironia, metáfora
qualidade de voz, 396, 418, 443

quantidade, máxima de, **127**, 128,
    131, 137-8, 153, 162, 164-83,
    201-3, 271-2, 455-6
implicaturas escalares de, 164-8,
    172-82, 203, 271-2, 285
implicaturas oracionais de, 164,
    168-81, 238n, 271-2, 455-6
inferências conflitivas, 181-3
quantificador existencial, 45; *ver*
    também quantificadores, *alguns*
quantificador universal, 45, 153-4,
    165-6, 180, 202-3; *ver também*
    quantificadores
quantificadores, 44-5, 124, 151,
    165-6, 172, 177-8; *ver também*
    todos, quantificador existencial,
    alguns, quantificador universal, *e*
    em implicaturas conversacionais,
    pressuposições
queclarativas, 479
quileute, 51

R, 391n; *ver também* receptor
racionalidade, 53, 126, 129, 151-2,
    211, 306, 329, 352
receptor:
  de chamadas telefônicas, 391n,
    393 ss., 418, 440-3
  de sinais, 19, 76; *ver também*
    receptor de mensagem
receptor de mensagem, 19, 83 ss.,
    112, 306; *ver também*
    destinatários, papel de
    participantes, receptor
reconhecimento, de falantes por
    ouvintes, *ver* falantes
    (identificação de)
recusas, 427 ss., 459-62, 468; *ver*
    também turnos despreferidos, *e*
    em solicitações
redundância, 149, 204, 247; *ver*
    também tautologia

referência:
  e dêixis, 70-4, 97
  e pressuposição, 211-8
  e tópico, 398-400
referência do falante, *versus* referência semântica, 73
referentes honoríficos, 90 ss.
reflexividade de ocorrência, 69, 75, 106, 118, 254n
reflexivos, 314, 347
reforçabilidade, 149
regras constitutivas *versus* regulativas, 302, 472
regras de movimento, 480
regras de seqüenciação, na conversação, *ver* conversação
regras regulativas, *ver* regras constitutivas *versus* regulativas
regras sintáticas:
  filtragem pragmática de, XII, 43, 113-4, 161, 341, 347-8
  limitações pragmáticas a, XII, 42-3, 48-9, 113-5, 161, 203-5, 263, 334, 337-41, 343, 347-8, 467-9
  relacionamento social, 85-8, 110-6, 159-60, 355, 374; *ver também* honoríficos, dêixis social, status social
relações semânticas, 217-8, 253
relevância, máxima de, **127**, 128, 132n, 133, 136n, 138-9, 157, 167, 195, 204, 278, 371
relevância condicional, 372, **389**, 394, 408, 472
reparo, conversacional, 384, 392, 407, 422-3, 427, **434-44**, 448, **462-3**
  e sintaxe, 470
  iniciado por outrem *versus* iniciado pela própria pessoa, 436-8, 462, 469
  oportunidades para, 435-6, 437-8
  preferência em, 437-8

reparo alheio *versus* auto-reparo, 436-8
representação semântica:
  e atos de fala, 312-34, 342
  e implicatura, 152-5, 279-85
  e pressuposição, 263-4, 277-81
representativos, 305-6
respeito, *ver* honoríficos, polidez
resposta, na interação, 432
respostas, 131-3, 350, **371-2**, 385-90, 394, 397, 418, 430, 455, 465; *ver também* pares de adjacência, perguntas
restrições de ilha, 47
restrições seletivas, 136
retórica, 46, 183, 197, 483
risada, 369, 414, 423

saber, 169, 235
samal, 88, 100
saudações, cumprimentos, 31, 54, 87, 96, 358n, 367, 372, 385, 392n, **392-406**, 418, 440-3
se, 170, 176, 179-80, 244-5, 339-40; *ver também* condicionais
segmentos, conversacionais, 397 ss., 414, 423, 431-2, 435, 444-5, 472
segundas, ou segundas partes, *ver* pares de adjacência
"seleção de ambiente", teoria de, 9-10; *ver também* desambiguação
seleção do falante seguinte, 377, 381, 384, 409, 469
"semantaxe", 341
semântica:
  escopo de, 1-6, 14 ss., 33, 45, 66-7, 72, 116-9, 122-5, 164, 184-94, 253-60, 350
  fronteira com pragmática, *ver* pragmática
  interação com pragmática, 15-9, 24-5, 36-41, 66-7, 71-2, 116-9,

122-5, 152-83, 193 ss., 201-7,
218-21, 253 ss., 276-85, 300,
312-3, 319-34, 342-3, 350-1, 478
simplificação de, 44-5, 122-5, 135,
164-83
tipos de teorias de, 14-6, 184 ss.,
253 ss., 259 ss., 312; *ver também*
semântica das condições de
verdade
ver também semântica das
condições de verdade
semântica das condições de verdade,
14-18, 33, 40-2, 67, 116-9, 159,
171 ss., 204, 217 ss., 253-60,
288, 312-3, 318-34, 485
limitações da, 14 ss., 40-2, 57 ss.,
71, 116-9, 121-3, 142-4, 153-4,
159-60, 253-60, 278-9, 288 ss.,
312, 318-34
semântica gerativa, 4-5, 42, 220, 347
semiose, *ver* semiótica
semiótica, ramos da, 1-7, 39-40
semi-sentenças, 205n
sentença, 20, **22-3**, 29, 36-7, 41-2,
67-8, 71, 83-4, 116, 130n, 165-6,
212, 218-9, 222, 263-7, 269-70,
293n, 308-9, 313 ss., 318, 334 ss.,
350-1, 366, 371, 470, 478-81;
ver também fragmento de
sentença, significado de sentença,
tipos de sentença, enunciação
como unidade de conversação, 366,
369, 373, 377
versus enunciação, *ver* enunciação
sentenças atemporais, 95-6, 317-8
sentenças clivadas, 155, 276-81
condições de verdade das, 155,
262, 276-7
implicaturas de, 155, 276-81
implícitas, 229
pressuposições de, 229, 239, 262,
276-81, 480

sentenças complexas, 241n
e projeção, *ver* problema de
projeção
sentenças compostas, 241n, 244 ss.;
ver também conectivos lógicos
sentenças de sistema, 22
sentenças de texto, 22
sentenças eternas, *ver* sentenças
atemporais
sentido *versus* referência, 213
sentidos, proliferação de, 123-4, 135,
164-83; *ver também*
ambigüidade
seqüência, conversacional, 58, 355,
376, 392, 394-5, 416 ss., 434-74
passim; *ver também* pares de
adjacência, pré-seqüências,
reparo, *e em* conversação
de posições *versus* turnos, 448-50
localização em, 397, 416-25, 443 ss.
seqüência de chamado e resposta,
392 ss., 409, 412, 444-5
seqüências de inserção, 386-8, 447
seqüências preferidas, 434-44, 457 ss.
conjecturas *versus* narrações, 451n,
456, 461n
em aberturas, 440-4
em reparo, 434-44
oferecimentos *versus* solicitações,
440, 442-3, 457, 461-4
reconhecimentos *versus* auto-
identificações, 440-4
significação, 213-4, 288
significação principal de uma
enunciação, 123-4, 225, 277,
280-1
significado:
pragmática como ramo da teoria
do, 11 ss.
teoria híbrida do, 18, 163, 180, 286
tipos de, 15-6; *ver também*
inferência

ver também inferência, significado literal, significado-nn, pragmática, semântica, significado de sentença, significado de enunciação, significado vocabular
significado comunicado, 20n, 124; *ver também* implicatura, obliqüidade, significado de enunciação
significado de enunciação, 21-5, 71, 468
significado de sentença, 20-4, 71, 348; *ver também* conteúdo convencional, significado literal
significado do falante, 20; *ver também* intenção, significado-nn, significado de enunciação
significado literal, 17n, 20n, 58, 121, 123, 127, 145, 193-5; *ver também* significado de sentença, conteúdo convencional, significado comunicado, hipótese de força literal *versus* uso figurativo, 187-8, 192-4, 199, 206
significado-nn, **19**, 58, 126, 140, 163, 302, 305
significado vocabular, 40, 171, 184-5, 201-2, 259, 289n, 313, 328; *ver também* léxico
signos:
  indiciais, 69
  sistemas de, *ver* semiótica
silêncio, *ver* pausas
símiles, 188-9
simultaneidade dêitica, 90
sinceridade, 61, 127, 131; *ver também* condições de felicidade, qualidade
sinédoque, 183
sinonímia, 144, 148-9, 155, 179
sintaxe, 2, 6, 43; *ver também* regras sintáticas, *e em* pragmática

sistemas de administração local, na conversação, 377, 381, 405, 420, 474
situação canônica, de enunciação, *ver* situação de enunciação
situação de enunciação, canônica, 76, 89; *ver também* acontecimento discursivo, evento de fala, contexto, dêixis,
sobreposição, 376-7, 379, 383-4, 427, 469
sistema de resolução para, 381-2, 407-8
versus interrupção, 379, 407-8
sociolingüística, e pragmática, 3, 30, 32-5, 39-40, 115-6, 375, 474, 481-2; *ver também* variação
solicitações, 59-61, 122, 133, 304-5, 307-8, 328, 332, 334-52 *passim*, 357-8, 377, 387, 431, 446, 448, 458-68; *ver também* présolicitações
indiretas, 334-5, 339, 342-4, 346, 458-68
recusa *versus* aceitação de, 392, 426-30, 458-62
substituídas por oferecimentos, 440, 442, 456-7, 461-3
solicitações indiretas, *ver* solicitações
status social, 12, 27, 30, 76, 85-6, 159-60; *ver também* honoríficos, dêixis social
subentendido na comunicação, 20-1, 46-7; *ver também* obliqüidade
sugestões, 60-1, 332, 340, 354, 428, 431
sujeito:
  de imperativos, 316
  e tópico, 109, 280
  lógico *versus* sintático, 213-4, 279-82
suspensão:
  de pressuposições, 143n, 247-8

versus cancelamento, de
    implicaturas, 143, 177

tabelas de verdade, 123-4
tagalo, 109
tailandês, 113
tâmil, 86-7, 112, 114-5
tautologia, 125, 137, 154-5, 157
TC, 91-2; *ver também* tempo de
    codificação
telefone, conversação por, 62, 87,
    376, 383, 391n, 392-406, 418,
    440-3
tempo:
    advérbios de, *ver* advérbios
    computar o, 89
    semântica do, 89
    unidades do, 89 ss.
tempo de codificação, 75, 89 ss., 105
tempo de recepção, 75, 89 ss.
tempo-M, 94-5
tempo verbal, 24, 68, 90, **92-7**, 317-8
tempos epistolares, 90
tempos-L, 94-5
tentar, 223-4
teoria de mudança de contexto:
    de pragmática, 37
    dos atos de fala, **352-4**
teoria do significado de Grice, *ver*
    significado-nn
teoria do significado do uso, 289 ss.,
    312-3
teoria dos jogos, 52-3
teoria híbrida do significado, 18, 163,
    180, 286
teorias de traços de significado, 14-5,
    184-8, 259; *ver também* análise
    componencial, traços semânticos
terceira pessoa, 73n, 75; *ver também*
    dêixis de pessoa
termos de parentesco "triangulares",
    86

termos de parentesco, 86; *ver também*
    vocativos, *e em* interpelação
    (termos de)
"tese", 308 ss., *ver também* atos de fala
tipo de enunciação *versus* ocorrência
    de enunciação, 22
tipos de sentença, 48, 50, 296n, **307-9**, 317, 334-8, 350-2, 450, 458,
    470, 479
    e condições de verdade, 313 ss.,
        318 ss., 350-1
    secundários, 307n
    significado de, 296, 309, 317, 350-2
    sintaxe de, 317, 479
    universais, 48, 308, 352
    versus ocorrências de sentença, 22
tlingit, 100
todos, 45, 153-4, 165-6, 179, 203; *ver*
    também quantificadores
topicalização, 48
tópico, na conversação, 60, 138, 372,
    397-401, 414-5
    construção colaborativa de, 400-1
    e estrutura lingüística, 471
    e referência, 398-400
    em chamados monotópicos, 402
    mudança de, 399
    primeiro, 397-8, 401-2, 405, 412,
        414
    versus tópico de sentença, 94n,
        109-10, 470-1; *ver também*
        "aboutness"
tópico/comentário, X, 109-10, 286;
    ver também "aboutness",
    colocação implícita, dado/novo,
    conhecimento mútuo,
    pressuposição
traços semânticos, *ver* análise
    componencial
transcrição:
    ampla *versus* limitada, 375
    de prosódia, XI, 375

limitações de, 375, 447n
notação, 475
tricotomia, sintaxe/semântica/
  pragmática, 1 ss., 39; *ver também*
  componentes de teoria lingüística
trópico, 307
tropos, *ver* exploração, figuras de
  linguagem, ironia, metáfora,
  litote, *e em* perguntas (retóricas)
tunica, 50, 113
turco, 100
turnos, **376-85**, 390-1, 400-3, 409-10,
  423-34, 444-68 *passim*, 469, 473
  adiado, 427 ss.
  ampliado, 413-4, 455
  construção interativa de, 432,
    434-5, 473
  lacunas entre, 379-80, 383
  natureza da estrutura superficial de,
    377, 384-5
  planejamento de, 432, 451, 466-8,
    469-70
  prefácios a, 427
  sobreposição de, *ver* sobreposição
  tamanho de, 380
  unidades construcionais de, 377-8,
    380, 383, 469
  versus posições, 447-50
turnos despreferidos, 60, 390-2, 409,
  425-34, 459-60; *ver também*
  organização de preferências
  características de, 425-30
  conteúdos típicos de, 430-1
  evitar, 436, 445, 457, 459 ss.
turnos marcados *versus* não-marcados,
  390-1, 398, 411, 425-6, 439,
  470-1
turnos preferidos, 390-2, 425-7; *ver*
  também turnos despreferidos
tzeltal, 114

unidade de enunciação, 367 ss., 369

universais, da pragmática, XI, 12, 48,
  54-6, 84, 110, 128-9, 149-50,
  256, 274-5, 281, 307-8, 344-5,
  347, 352, 376, 382, 473-4, 483;
  ver também comparação (entre
  línguas)
uso anafórico, de expressões dêiticas,
  82-3, 99, 105-8
uso dêitico, tipos de, 77-83, 117; *ver*
  também uso anafórico, gestual,
  simbólico
uso gestual, de expressões dêiticas,
  78-83, 87, 99, 117
uso não dêitico, de expressões
  dêiticas, 78-83; *ver também* uso
  anafórico, de expressões dêiticas
uso simbólico, de expressões dêiticas,
  78-83, 87
uso *versus* menção, 8n, 106, 136n,
  173n, 313n
usos atributivos, *ver* usos referenciais
  versus atributivos
usos da língua, *ver* funções da língua
usos metalingüísticos da linguagem,
  8n, 49, 290n, 313n, 473; *ver*
  também reflexividade de
  ocorrência, uso *versus* menção
usos referenciais *versus* atributivos das
  expressões de referência, 73
usuário da língua, 1 ss., 27
usuários da língua, 1-6, 27; *ver*
  também destinatários,
  participantes, falantes

valores de verdade, 212-3, 218-20,
  289 ss.
  dois *versus* três, 219-20; *ver também*
  bivalência
  enunciações que carecem de, 289 ss.;
  ver também pressuposições, atos
  de fala
  pré-condições para ter, 211-21

ver também verdade, condições de verdade
variação, sociolingüística, 30, 34-5, 482
variação cultural, *ver* comparação (entre línguas), universais, variação (sociolingüística)
variáveis, sociolingüísticas, *ver* variação
verbos:
    classificação dos, 297, 303-6, 310
    de atitude proposicional, 248
    de dizer, 248, 273, 324; *ver também* verbos (performativos)
    de julgamento, 228
    de movimento, 102-3
    de mudança de estado, 217, 227, 238
    factivos, 30-1, 224, 226, 237, 240, 245
    performativos, 50, 295-7, 309, 313-4, 317, 324, 328, 335
    uso performativo *versus* descritivos dos, 295-6, 310-1, 319-24, 329

verdade, e falsidade, 4, 23-4, 67 ss., 95, 106-7, 126-7, 131, 136, 142-3, 146, 153, 169, 191-2, 213-7, 275, 288, 289n, 290, 298-9, 305, 307, 312-3, 319-20; *ver também* verificabilidade
pragmática *versus* semântica, 319-20
verificabilidade, 288
    pelo uso, 313, 318
verificações de
    audibilidade/compreensão, 377, 384, 435 ss., 448, 470; *ver também* iniciadores de reparo do turno seguinte, reparo
vir (*come*), 61-2, 77, 102-3; *ver também* verbos (de movimento)
visível/invisível, categoria dêitica de, 76n, 94n, 101
vocabulário, geral, 172, 180; *ver também* léxico
vocativos, 63, 76, **86-7**, 110n, 113-4; *ver também* interpelação, pronomes

ÍNDICE ONOMÁSTICO

Albert, E. M., 382
Allwood, J., 29, 35n, 70, 95, 168, 189n, 220n, 256, 280, 305, 328, 345, 400, 473
Anderson, S. R., XI, 51, 74, 76n, 81n, 94n, 100-1, 109, 330
Andersson, L.-G., 29, 35n, 70, 95, 168, 189n, 220n, 280, 345, 400
Annamalai, E., 275
Aqvist, L., 322n
Argyle, M., 383
Aristóteles, 125, 174, 183, 219n, 289n
Arnold, G. F., 375n
Atkinson, J. M., 46n, 54, 112, 364, 374n, 380-1, 394, 426-7, 430n, 444-5, 481, 485
Atkinson, M., 49, 56, 72
Atlas, J. D., XV, 72, 155, 162, 168, 182, 213, 229, 256, 268, 276, 279, 281n, 307, 477
Austin, J. L., 30, 42, 289-93, 296-304, 308, 311-2, 329, 335, 355, 477, 486
Ayer, A. J., 288

Bach, K., 305
Ballmer, T., 353
Bar-Hillel, Y., 4, 22, 27-8, 70, 72
Bates, E., XII, 287, 358
Bateson, G., 2
Bauman, R., 355, 474
Bean, S., In 69
Beattie, G., 383
Beaugrande, R. de, 364, 399
Beavin, J. H., 3
Beck, B., 86
Bernstein, B., 416, 481
Bierwisch, M., 7
Black, M., 2, 198
Boër, S. G., 260, 276, 327 e n, 333
Bolinger, D. L., 351
Brady, R., 383
Brazil, D., XI, 364, 365, 375n, 481
Brockway, D., 109, 201-2
Brown, P., XV, 12, 48, 54, 85, 111, 114, 150n, 162, 201-2, 205, 207, 341, 343n, 344, 346n, 347-8, 467, 480, 483
Brown, R., 33, 111, 114, 206
Bruner, J., 287, 358
Bühler, K., 49, 55, 74

Burks, A. W., 69
Burling, R., 84
Butterworth, B., 383-4, 416
Button, G., 401n

Carling, C., 186
Carnap, R., 3-5, 11, 24, 345
Casey, N., 401n
Charniak, E., 26, 358, 425
Cherry, C., 3
Chomsky, N., XII, 5, 9, 29, 39-40, 42, 48, 229, 278, 317, 480
Clark, H., 286, 362, 482
Cohen, L. J., 183, 185, 187
Cole, P., XIV, 44n, 207, 281n
Comrie, B., 50, 85, 96, 112, 114, 161, 425
Corbett, G., 114
Corum, C., 114, 480
Coulthard, M., XI, 356, 364-6, 372, 374n, 375n, 385, 401n, 458n, 481
Cresswell, M., 118, 327
Crystal, D., 375n

Dahl, O., 29, 35n, 70, 95, 168, 189n, 220n, 280, 345, 400
Davidson, J., 419, 432
Davison, A., 325, 339
Dinneen, D. A., XIV, 210
Dittmar, N., 486
Dixon, R. M. W., 51, 88, 101, 115
Donnellan, K. S., 41, 73-4
Dore, J., 358
Dowty, D. R., 263n
Dressler, W., 364, 399
Drew, P., XV, 46n, 359, 374n, 380-1, 394, 417, 426-7, 430n, 444-5, 458n, 481, 485
Dummet, M., 307
Duncan, S., 383
Duranti, A., 110, 471

Edmondson, W., 366, 371
Ervin-Tripp, S., 56, 115, 336, 351, 357, 376, 383, 460, 481-2

Fann, K. T., 289n
Fanshel, D., 349, 364-7, 373, 453, 459, 475, 482
Feldstein, S., 383
Ferguson, C. A., 54, 56, 115, 471
Fillmore, C. J., XI, XV, 56n, 63, 66, 74-5, 77-81, 84, 85, 89-93, 96-100, 102-7, 110, 113, 116, 228, 287
Firth, J. R., XII
Fiske, D. W., 383
Fletcher, P., 482
Fodor, J. A., 9, 26, 32, 184, 259, 366
Fogelin, R., 125n
Foley, W., 286
Forman, D., 346
Fraser, B., 330
Frege, G., 212, 216, 222, 224-5, 228, 286, 307
Frei, H., 74, 100
Freud, S., 5
Furberg, M., 289n

Gale, R. M., 69
Garfinkel, H., 374
Garman, M., 482
Garner, R. T., 219n
Garvin, R. L., 112
Gazdar, G., XII, XIV, XV, 4, 10, 14, 28n, 31, 36, 41, 43-4 e n, 84n, 131n, 143n, 149, 151-3, 156n, 162, 164, 166, 168, 172-3, 178, 180, 203-5, 235, 247, 256, 259-61, 266, 269-70, 272-5, 285, 306, 311, 317-8, 319n, 323, 330, 333, 341, 347, 348n, 349, 351, 353, 479n
Geach, P. T., 107

Geertz, C., 50, 112-3
Geiss, M., 181
Gilman, A., 33, 111, 114, 206
Givon, T., 48, 480
Godard, D., 441n
Goffman, E., 52, 88, 385, 458n
Goldman-Eisler, F., 382n, 416
Goodwin, C., 88, 367n, 375n, 377, 382n, 384, 432, 454n, 469, 482
Goody, E., 357
Goody, J., 55
Gordon, B., 287
Gordon, D., 43, 338-40, 345, 347, 350
Graham, K., 289n
Green, G., XII, 43n, 332, 342, 479n
Greenbaum, S., 307n
Grice, H. P., 19-21, 28, 31-2, 42, 58, 108, 119, 125-8, 131n, 135n, 136, 138-9, 149n, 156-60, 163, 167, 140n, 183, 194-5, 199, 238n, 264, 277, 282, 302, 306, 344, 348, 359, 371; 455, 469, 472, 480
Griffiths, P., 358-9
Grossman, R. E., 47
Grosu, A., 47
Gumperz, J. J., XV, 28, 34, 46n, 356, 358, 480, 485
Gundel, J. K., X, 109, 110n, 286

Haas, M. R., 50, 113
Haimoff, E., 383
Halliday, M. A. K., 49, 359
Halvorsen, P., 155n, 223n, 229
Hamblin, C. L., 28n, 353
Hancher, M., 305
Hany, F., 107
Harada, S. I., 85, 112, 114, 162
Hare, R. M., 307, 350
Harnish, R. M., 135n, 182, 305

Harris, Z., 23n
Haviland, J. B., XV, 112, 115
Haviland, S. E., 286, 362
Hawkins, J. A., 73n, 102
Head, B., 113
Heath, J., 51, 86
Hedenius, I., 313
Heinämäki, O., 228, 237
Herasimchuk, E., 46n
Heringer, J. T., 339, 346, 458n
Heritage, J., XV, 160, 364, 374n, 396n, 454, 458n
Herzberger, H. O., 257n
Hilpinen, R., 353
Hine, R., 383
Hintikka, K. J. J., 168, 350
Horn, L. R., 44-5, 143n, 164, 166, 173-4 e n, 203n, 247, 256
Horne, E. C., 113
House, J. 483
Huddleston, R., 96
Hudson, R. A., 332
Hull, R. D., 350
Hymes, D., 30, 88-9, 355, 481-3

Ingram, D., 84
Irvine, J. T., 54, 112, 471

Jackson, D. D., 3
Jaffé, J., 383
Jakobovitz, L. A., 287
Jakobson, R., 49, 55, 425n
James, D., 202
Jefferson, G., 361n, 375n, 378-80, 383-4, 401n, 406, 410, 413-4, 435-9, 456, 462-3, 470, 475, 481
Johns, C., XI, 375n, 481
Johnson, M., 197
Joshi, A. K., 484
Jung, C., 5
Jupp, T., 356, 485

Kalish, D., 4
Kaplan, D., 41, 74
Karttunen, L., 107, 144, 158, 162, 226, 233, 237-8, 245, 248-50, 257, 263-9, 272-6, 350
Kasper, G., 483
Katz, J. J., 9, 24, 26, 32, 36, 39, 184, 231, 259, 306, 317, 366
Keenan, E. L., XI, 51, 74, 76n, 81n, 94n, 100-1, 109, 119, 220-1, 239, 275
Keenan, E. O. (*ver também* Ochs, E.), XII, 150n, 359, 399, 471
Kempson, R. M., 9, 39, 158-9, 256, 260, 276, 311, 313n
Kendon, A., 383
Kiefer, F., 7, 151
Kiparsky, C., 226, 479
Kiparsky, P., 226, 479
Klein, E., XII, XIV, 43, 162, 347
Kroch, A., 151, 183
Kuhn, T. S., 197
Kuno, S., 112

Labov, W., 34, 349, 364-8, 373, 414, 453, 459, 475, 481
Laing, R. D., 2
Lakoff, G., XV, 43, 144, 197, 204-5, 220, 230, 317-8, 332, 339-40, 345-7, 350, 480
Lakoff, R., XV, 90, 96, 99, 122, 201, 323, 350
Lambert, W. E., 33, 114
Langendoen, D. T., 225, 242, 259, 270
Leach, E. R., 197n
Leech, G. N., 54, 89, 97, 259, 307n, 330, 346n, 349
Lemmon, E. J., 313
Levin, S., 183-5, 287
Levinson, S. C., X, 12, 25, 30, 48, 54, 85, 89, 111, 113-4, 150n, 151, 155, 162, 168, 182, 201-7, 229, 263n, 275-6, 279, 341, 343n, 344-6, 355-6, 368, 467, 473, 480, 483
Lewis, D., 17n, 19n, 71, 140n, 318-9, 323, 350
Li, C. N., 109
Liberman, M., 268, 343, 480
Lieb, H.-H., 3
Lightfoot, D., XI, 43
Locke, J., 1
Longacre, R. E., 50, 109, 202, 364, 366
Lucas, E. D., 485
Luce, R. D., 52
Lucy, P., 482
Lycan, W. G., 260, 276, 326, 327n, 333
Lyons, J., XIV, XV, 1n, 7, 14, 22, 24, 27, 30, 39, 49, 66, 70, 72-5, 84, 89, 95-7, 99n, 100, 102, 105-8, 116, 184, 231, 241n, 305-8, 323 e n, , 327n, 346, 350, 367, 425n

Martin, J. N., 257n, 260
Martin, R. M., 3
Matthews, P. H., XV
McCawley, J., 44, 180
Merritt, M., 46n, 386, 446, 458n, 459-62, 464, 475
Miller, G. A., 188, 191-4, 199n, 382n
Minsky, M., 357
Mitchell, T. F., 357n
Mitchell-Kernan, C., 56
Mittwoch, A., 325, 327n, 333, 341
Moerman, M., 474
Montague, R., 4-5, 71, 116-7, 263-4
Moore, G. E., 131, 299
Moore, T., 186
Morgan, J. L., XIV, 17n, 199, 205n, 207

Morris, C. W., 1-6, 11
Murphy, J. P., XIV

Newmeyer, F. J., 5 , 43n
Nunberg, G. D., 91

O'Connor, J. D., 375n
Ochs, E., XII, 27, 56, 110, 375, 471, 482
Oh, C.-K., XIV, 210
Ohmann, R., 287
Ortony, A., 183, 192
Owen, M. L., XV, 108, 160, 201-2, 357, 362n, 400-401nn, 427, 471

Passmore, J., 289n
Peirce, C. S., 1, 69
Peters, S., 144, 158, 162, 249, 254, 263-7, 269, 272, 274-6
Petöfi, J. S., 364
Pomerantz, A., 364, 427, 432-5
Postal, P., 317
Power, R., 54, 363
Prince, E. F., 229, 261, 469
Prior, A. N., 95
Psathas, G., 364, 374n
Pullum, G., XIV, 203
Putnam, H., 279, 399

Quine, W. V. O., 72
Quirk, R., 307n

Raiffa, H., 52
Rawls, J., 302
Reichenbach, H., 95
Reisenberg, S. H., 112
Roberts, C., 356, 485
Rogers, A., XIV, 329
Ross, J. R., XII, 40, 43, 47, 109-10, 205, 314-5, 341
Rosten, L., 83

Rumsey, A., XV
Russell, B., 213-6, 217, 219n, 247n, 307
Rutherford, W. E., 327
Ryave, A. L., 413

Sacks, H., 86, 364, 371, 374n, 377-80, 384-5, 393, 398-402, 406, 410-4, 420, 435-9, 455-6, 469, 472, 481
Sadock, J. M., XI, XV, 48, 50, 148, 151, 179, 205, 261, 287, 307-8, 314, 316-7, 320, 324-5, 329, 332, 334, 338-40, 342, 347, 350, 479
Sag, I. A., 343, 480. 484
Samuels, M. L., 206
San, L., 47
Saussure, F. de, 17n
Savin, H. Kb., 242, 270
Sayward, C., 4
Schegloff, E, A., 31, 46n, 87, 362, 364, 374n, 377-80, 382, 384-5, 389, 393-8, 405, 408, 410, 418-9, 421, 435, 436-9, 448, 454n, 455, 458n, 461, 470, 472, 481
Schenkein, J., XIV, 364, 374n
Schieffelin, B. B., XII, 56, 399, 471, 482
Schiffer, S. R., 19n, 21, 140n, 306, 309, 359
Schmerling, S. F., 135n, 350
Schnelle, H., 107
Scott, D., 71
Searle, J. R., 6n, 7, 17n, 21n, 30, 42, 48, 50, 72, 193, 198, 287, 297, 302-10, 336, 348, 472-3
Sellars, W., 217, 227
Sherzer, J., 355, 474
Silverstein, M., 2n
Sinclair, A., 460, 464, 466, 475
Sinclair, J. M., 356, 364, 366

Smith, N. V., 9, 19n, 109, 122, 140n, 157
Snow, C., 56, 359
Soames, S., 274
Sperber, D., 132n, 136n, 140, 144, 146n, 156n, 195, 198, 229, 276-9, 480, 483
Stalnaker, R. C., 23, 32, 41, 71, 260, 261, 353
Stenius, E., 312
Strawson, P. F., 23, 28, 42, 72, 215-9, 222, 225, 305-7, 359
Svartvik, J., 307n

Tambiah, S. J., 287
Tannen, D., 357
Tanz, C., 72, 74, 78
Terasaki, A., 393, 413, 449-51, 454, 456-7
Thomason, R. H., 25
Thompson, S. A., 109
Trevarthen, C., 383
Trim, J., XV
Trubetzkoy, N. S., 425n
Trudgill, P., 35, 78
Tucker, G. R., 33, 114
Turner, R., 357, 374, 473

Ullman, S., 206
Uyeno, T. Y., 85

Van Dijk, T. A., 27, 28n, 29, 186, 364, 371
Van Fraassen, B. C., 220
Van Valin, R. D., 286
Vance, T. J., 47
Verschueren, J. F., XIV, 473

Wales, R., 74
Waletsky, J., 414
Walker, R., 126
Wall, R., XIV, 263n
Walters, J., 483
Watson, R., 86, 469
Watzlawick, P., 3
Webber, B. L., 484
Weinreich, U., 186
Whitehead, A. N., 307
Wilks, Y., 186
Wilson, D., XV, 9, 41, 109, 119, 122, 132n, 136n, 140, 144, 146n, 157, 195, 198, 228-9, 239, 246-7, 256, 258, 267, 276-7, 279, 480, 483
Wittgenstein, L., 288-9 e n, 357
Wootton, A., 359, 391, 428
Wunderlich, D., 3

Zwicky, A., XI, 48, 50, 87, 114, 181, 307-8